Archaeology
Drawing 70
years

考古绘图

考古图

绘70

图年

中国社会科学院
考古研究所考古绘图
论文集

中国社会科学院
考古研究所
编

刘 方 李 淼
王亚蓉
主 编

U0127003

序

《考古绘图70年》是中国社会科学院考古研究所原绘图组人员编辑的一部考古绘图文集，是首部以论文集形式出版的专业考古绘图书籍，在考古绘图领域具有示范意义。考古绘图专业性强，从某种程度上说，考古绘图是遗迹、遗物的唯一"标准照"。考古绘图可以完整准确地展示文物的外表和内部结构，是考古调查、发掘和研究不可或缺的重要组成部分，也是文字描述和照片均不能替代的。

此书集中了考古研究所二十多位经验丰富的考古绘图专业人员和研究人员的四十多篇论文，以考古绘图为主要论述题材，从多个角度介绍和展示了70年来考古绘图理论、方法和技术在中国考古学研究中的广泛运用。

绘图组成立于中国科学院考古研究所（现中国社会科学院考古研究所）建所之初，主要从事田野考古绘图和考古出版物的插图工作，参与了近百项重要考古发掘和研究报告的整理工作。如何用线条准确表现遗迹、遗物的本来面貌，是绘图组的主要工作目标。绘图组人员经过多年的实践和理论探索，先后撰写了多种考古绘图著作，包括广为流传的20世纪50年代出版的《考古学基础》、20世纪80年代出版的《考古工作手册》等等，都曾列出专章对我国考古绘图的理论和方法做过详细的论述，这也奠定了考古研究所的考古绘图在全国考古界的权威地位。《考古绘图70年》展示了我国考古绘图理论、方法的不断完善和绘图技术的不断革新，从中尤其可以看到从20世纪80年代的"直角坐标绘图法"，到21世纪10年代的"数字摄影制图法"，考古绘图基本完成了从手工绘图向手工绘图与计算机制图相结合的转变。

《考古绘图70年》收录文章41篇，大多涉及考古研究所绘图人员参与过的工作，如：陕西临潼姜寨遗址、湖北枣阳雕龙碑遗址、北京龙泉务辽金瓷窑遗址、河南安阳妇好墓、湖南长沙马王堆汉墓、河北满城汉墓、山东滕州前掌大墓地等多个遗址和墓葬的测绘、绘图工作，积累了丰富的田野和室内绘图经验。这本书，不仅讨论考古绘图，也涉及考古学研究的很多方面，如一、考古绘图的理论、方法和技术，包括计算机考古制图的新技术；二、古代遗迹、遗物的复原研究，如城门和宫殿遗址、房屋和院落遗址、陶窑和瓷窑遗址、车马遗迹、漆木器等的复原研究；三、古代遗物功能和装饰艺术的研究，包括青铜器、金银器、漆木器、车马具、生产工具、陶瓷器、雕塑、壁画、纺织品等方面的内容。

　　《考古绘图70年》，既体现了70年来考古研究所几代绘图人对于考古绘图事业的执着坚守，也体现了几代考古绘图人对考古绘图技术的不懈探索和追求。这是一本实用性很强的考古绘图参考书，也是一本把艺术性和科学性完美结合展示古代遗迹遗物的美术参考书，此书在中国考古学开始走向第二个百年之际面世，相信一定会得到广大读者的欢迎。

陈星灿

2022年4月10日

目 录

考古绘图方法与技术

考古应用绘图 ················· 徐智铭 / 3

报告插图的画法和使用················ 张孝光 / 23

关于考古绘图的几点思考·············· 李 森 / 54

浅谈完全正交摄影在考古绘图中的应用

················· 李 森 刘 方 杨 锐 / 63

数字摄影制图法在考古绘图中的应用············ 刘 方 张亚斌 / 73

考古绘图中剖视图和剖面图的规范画法·········· 刘 方 / 89

多视角影像三维重建技术与考古遗物绘图

················· 刘 方 王博涵 王泽湘 何利群 沈丽华 / 116

考古遗址位置图的制图规范 ········· 刘 方 田 苗 吕 杨 / 143

浅谈考古制图中 Photoshop 的运用 ·········· 张 蕾 / 158

数字影像纠正与考古绘图 ········· 张 蕾 刘建国 / 176

考古绘图中计算机技术的运用 ········· 张 蕾 / 185

动物骨骼三维重建的探索 ········· 张 蕾 / 200

邺城佛教造像的三维重建探索 ········· 张 蕾 / 206

可移动文物多视角三维重建的拍摄方法探索 ········· 张 蕾 / 214

临淄齐故城阚家寨铸镜作坊遗址出土镜范的三维重建 ··· 张 蕾 / 223

遗迹、遗物造型艺术研究

满城汉墓农器刍议 ················ 卢兆荫 张孝光 / 229

殷墟青铜器的装饰艺术 …………………………………… 张孝光 / 240

漫话西汉木俑的造型特点 …………………………………… 张广立 / 263

漫话唐代金银平脱 ………………………………… 张广立 徐庭云 / 269

偃师杏园东汉壁画墓的清理与临摹札记 ………… 徐殿魁 曹国鉴 / 277

灵武窑西夏瓷的装饰艺术 ………………………… 马文宽 曹国鉴 / 291

大葆台出土的刺绣残片 …………………………………… 王亚蓉 / 304

汉代的组及其工艺研究 …………………………………… 王亚蓉 / 312

敖汉兴隆沟红山文化整身陶人艺术特征及性质探析 …… 王 苹 / 320

殷墟妇好墓出土人像及相关问题探讨 …………………… 王 苹 / 331

大甸子彩绘陶器纹饰试析 ………………………………… 王 苹 / 342

福州南宋黄昇墓出土纺织品纹样初探 …………………… 陈寒蕾 / 351

遗迹、遗物复原研究

含元殿外观复原 …………………………………………… 郭义孚 / 369

北京琉璃河西周燕国墓地出土漆器复原研究 …………… 郭义孚 / 378

窑炉复原 …………………………………………………… 郭义孚 / 394

邺南城朱明门复原研究 …………………………………… 郭义孚 / 402

龙泉务辽金瓷窑和辽代瓷器作坊的复原 ………………… 郭义孚 / 420

说伏兔与画𫐐 ……………………………………… 张长寿 张孝光 / 431

陇东镇原常山遗址14号房子的复原 …………………… 张孝光 / 437

殷周车制略说 ……………………………………………… 张孝光 / 443

西周时期的铜漆木器具 …………………………… 张长寿 张孝光 / 472

井叔墓地所见西周轮舆 …………………………… 张长寿 张孝光 / 484

陕西武功赵家来院落居址初步复原 ……………… 梁星彭 李 森 / 503

滕州前掌大马车的复原研究 … 李 森 刘 方 韩慧君 梁中合 / 512

先秦车马具的结构与画法 ………… 李 森 刘 方 韩慧君 / 537

雕龙碑房址的复原 ………………………………………… 李 森 / 597

附录 ………………………………………………………………… 613

后记 ………………………………………………………………… 687

考古绘图方法与技术

KAOGUHUITUQISHINIAN

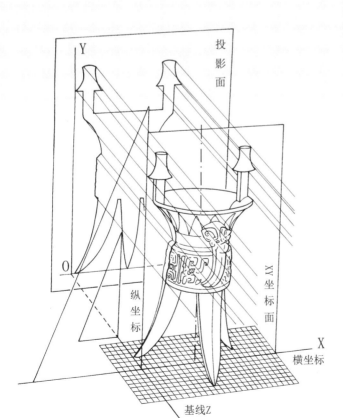

考古应用绘图

徐智铭

我们祖国正在进行经济建设，到处发现古物、古墓葬、古文化遗址、为了保存和研究古代历史文化艺术遗产，用科学的考古技术去发掘、整理，在目前，是急需注意的一件工作。考古绘图就是表现遗物遗迹的状况，提供研究参考的科学工作方法之一，是一般文物工作者应学习的技能和应具备的知识。

这篇考古应用绘图法是基于这种要求，并经许多同志的建议和应《文物参考资料》编者之约而写成的。内容主要是根据我们的体会及第一届考古训练班的同学实习时所提出的问题，综合研究后组成。由于篇幅的限制，有一部分问题，如各种花纹的投影，曲率面的展开，活动方向的表示，及墓葬器物各种角度的透视，在本文中都仅举一例，未详细解释。因为这部分在实际工作时应用甚少，如将来工作需要，再行补充。

笔者学识有限，在本文中不免有些错误或遗漏的地方，尚望读者指正。同时，希望通过本文引起各地文物工作者对考古测绘技术工作的重视与研究，并在认识上能得到一致。

本文写成后会送请各位领导同志指正，并经考古所技术组诸同志帮助提意见，均致谢意。

一九五三年八月

考古绘图的意义：把古代劳动人民遗留下的文物，按照一定的法则，真实地描绘成图画，以表现和记录古物的形状、花纹及正确的尺寸比例，供历史考古学家的研究参考。

考古绘图的要点：是以工程师们用于绘制机件的工程画和艺术家们用于写真静物时的素描法，两种技术的综合方法。工程师注重机件的正确、明晰，艺术家着重表现美感、真实，而古物画非但要求真实美感，同时更要表现明晰正确的尺寸。

考古绘图的对象：凡古代劳动人民的一切文物遗迹，如古城废墟、房基灰坑、桥梁建筑、壁画雕塑、衣着车具、陶、铜、铁、骨、木漆器等，都是考古绘图的对象。因为这些器物的质料不一样，制作技术也不相同，为了要表达适当，在绘图方法上就略有分别，现述如下：

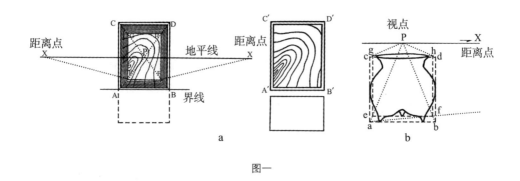

图一

一、室内古物绘图

（一）轮廓线：绘法有二，1. 透视绘法，2. 投影绘法。

1. 透视绘法：就是隔离一层透明体来看物景。我们通过视孔的一视点，看向物体的周围，其物体在透明体上形成的缩形，若用笔依影绘制，即成透视图。但透视图在考古图上采用的甚少，仅举一二绘法图例说明：如图一：a、b，先画地平线，次画界线，后定视点 P，在界线上定于 A、B 两点之距等平面图 A′B′ 之长，各作垂直线 CA、DB，等于 C′A′、D′B′ 之高。以 A、B、C、D 点连接视点 P，次连接 AX、BX，视距线并交 PA、PB 视线于 E、F 点，EF 连接线必平行 AB 线，作 EF 点之垂直线，各与 PC、PD 视线相交于 G、H 点，连接 G、H、F、E，及 A、B、C、D 点，即成方柱体之正透视图。绘陶、铜容器之透视图时，可以其长、宽、深假设一方柱体，绘制较易。

2. 投影绘法：它不仅可以表示器物的高、低、宽、狭的正确尺寸，同时可以绘出剖面的结构和形态，为考古研究技术人员所乐用。所谓投影法，即正投影为作目的物之垂线于二个或二个以上互成直角之平面所成之视图，以表达目的物真正形状之方法，如图二：a。在实际作图时，先在图纸上画上方格，若绘器物四分之一图，方格间距0.5厘米作为2厘米，绘二分之一图，以0.5厘米作为1厘米，并注以纵横坐标尺寸，然后把器物放正位置，紧贴其右边中间，竖立一个木尺，以作纵坐标，调整比例规，把螺丝游标尺上的横线对准所要的比例，并须纠正是否正确，即可开始绘图，绘时，右手持比例规，大头两针须成水平。这时须注意，两眼必须与比例规两端成一直线，垂直于器物转曲边，衡量木尺至器物转曲边的距离，作为横坐标，缩绘于图纸上，求得一点。以同法求各点，连接即成器物轮廓线。如图二：b，其比例，需视器物之大小和篇幅之容量来决定。一般器物投影图，为八分之一、四分之一、二分之一及原大。

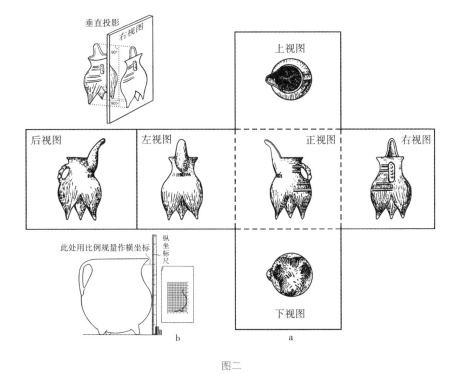

图二

（二）阴与影：绘古物大多数取其阴而不取其影。阴附在器物本身上，为使器物立体真实感，研究者一目了然，所以古物画上"阴"的绘法很重要。所谓阴，即未受光线接触的部分。因为受周围光线的影响或其他光线的反射关系，阴有淡有深，所以近光线的部分阴就淡薄，距光线远的部分，阴就深暗，因此，光源的强弱与器物阴的深淡成反比例。

一张具有真实美感的古物画，往往是由于阴的描绘得法。通常我们绘古物时所采用的光线，以在器物左上方约四十五度的缓和光线。制图室以北室为宜，光线缓和，明暗适中。绘法有五：

1. 着点：在质料细腻的器物上，或缓和的转曲面上，以细点描绘阴为最宜，如绘陶器、光面石器、玉器、漆器等，其要点，务求点大小均匀，明暗真实。而对粗面石器、骨器，可用粗细点混绘，有时中加断直线和小黑圆圈，如图三：a、b。

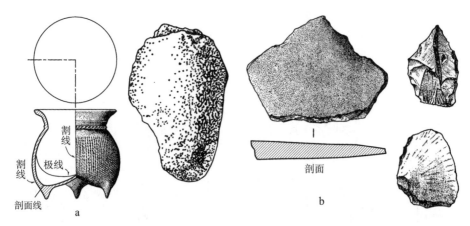

图三

2. 描线：线分硬线软线，硬线应用于铜器、木器、骨器及部分石器上。要点：线的粗细一致，生动有力，如图四：a。软线为描绘毛、布、麻织品，其线粗细不匀，而柔和流爽，如图四：b。

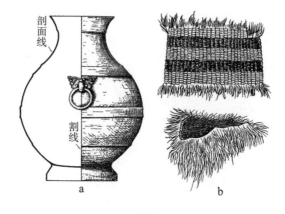

图四

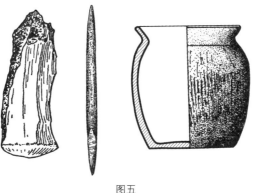

图五

3. 线夹点：即线与点同时应用。特点：能使器物上花纹突出，曲度明晰，大多数应用在骨器、玉石器及划纹的陶器、有花纹的铜器、木器上。其要点，点线相称，主宾分明，如图五。

4. 纯墨：系用淡墨描绘器物上阴的部分。因为绘制简捷，在展览图片及简单的报告上常用，如图六。

5. 彩色：根据器物上颜色的需要来决定。通常为写真器物的特殊本色，如彩陶器、五彩瓷器、漆器等，可用颜色来表示阴和花纹，在展览图表上和考古专集上常见到这种彩色容器图，就是用颜色绘成的。

（三）花纹：需要照一定的投影方法绘制，阴的部分，可用"烘云托月法"描绘，现分述如下：

图六

1. 关于陶容器上生纹的绘法：常见的为绳纹、方格纹、划纹等，绘法也用光阴衬托，点线表示，然比器物阴着点、描线难处理。当绘生纹陶容器时，首先需要细心地观察花纹的趋向和组织，并加以研究，用何种方法衬托较为真实美感，又节省时间。平常对简单的生纹，点线已足够表示亮面与阴面，而对于复杂的生纹亮面，绘制甚难，有时必须用白颜色来辅助。生纹绘好后，加以淡淡的阴，效果很好。如图三：a及图九。

2. 关于陶容器上有色花纹的绘法：现在的制版印刷已能用彩色版来印原器物的色彩。因为彩色版印刷费昂贵，手续较繁，大多数有色花纹的器物，仍用黑白点线的各种组织代表颜色的种类，尚不减其研究价值。

3. 关于铸造雕刻的花纹绘法：除黑漆雕花，多用拓片方法描绘，凸的绘黑，凹的绘白，转曲面处着点表示外，如图七：a，余均用双线描绘凸的花纹。向光的一面，用细线，背光的一面，用粗线。其阴的绘法，需视器物本身曲率大小来决定，如图七：b。而凹的单线刻纹，可用单黑线绘制，对于有规律的花纹，必须依照垂直投影原理绘制，其作法，如图七：c。今假设一铜卣，上面花纹系有规律，先照（一）2节投影法，绘好正视图轮廓后，以其最宽一点Q，作垂直线gQ，次顺中心线引伸，并在线上定一点O，作为圆心，以og为半径，作一圆，此圆即为上视图之轮廓线。后在正视图上每组花纹的上下两边点H′ J′、G′ 7，各作垂直线交于Og，于H、J、G、7以O为圆心，OH、OJ、OG、O7为半径，各作一圆，即为上视图各组花纹的上下边界线，然后在上视图轮廓线上（外圆）取右下方圆的四分之一部分，分成若干等分，连接中心O，成△Oab，△Obc等三角形，由Oab之三角形内，Oa线交于上视图花纹边界线于H、J、A、1，Ob线交于花纹边界线于M、N、B、2，则在HMJN及AB12绘成的花纹，是为上视图垂直投影花纹，余用同法绘制。至于正视图上之花纹，亦必须与上视图花纹互成垂直投影，绘时，在上视图花纹每部分之角点作垂线，交于正视图各组花纹之边线于H′、J′、A′、1′及M′、N′、B′、2′……诸点。因此在1′ 2′ A′ B′及J′ N′ H′ M′内绘成的花纹，即为正视图上花纹垂直投影图。

（四）剖面（section）：是假想一物体或机件被割削或被断裂，移去割除部分，以暴露内部构造的习用方法。我们绘古物容器，都以左半面为厚度的记录（剖面），右半面为容器形态的写真。一般铜陶器剖面线，需视剖面宽窄而定，剖面宽的是以两边粗割线中画以四十五度等距细斜线。如图三：a。剖面窄的，则以全黑色表示器物原来的厚度，如图四：a。但对于形态特殊，花纹复杂的容器不在此限。而采取多面剖绘法，或附加剖面图，以充分表达各部分的特征和花纹的完整。举例如下：

1. 三足剖面：约分二种：一种如陶彝、陶爵等。足部无兽头及花纹的，绘时注意三点：（1）三足容器剖面的割线，应稍移前方一些，即居前左足的中间，假设断面；（2）二足宜放前方，与两眼视距相等，则后足必居其中；（3）被割除部分，可视见极限的，必须绘极线，如图三：a。

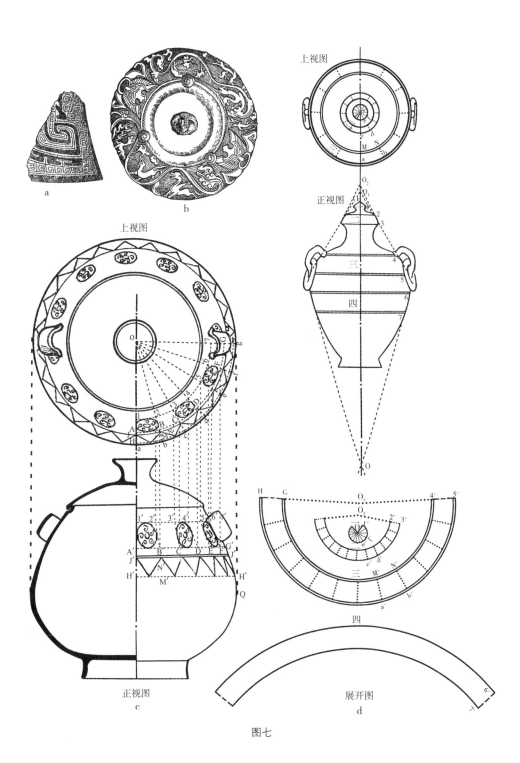

上视图

正视图

上视图

正视图

展开图

c

d

图七

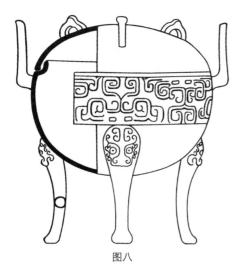

图八

另一种如陶鼎、铜鼎等，两侧有耳，足部有兽头或花纹的，与前者绘法稍异。器物两耳与我们的两眼成平行，二足置后，一足置前，以便表示兽头形态，其割线亦有所更改，如图八。

2. 四足剖面：断面宜假设其中，即割除容器左半面四分之一。前二足与后二足成平行，而前二足必须与两眼视距相等，必要时附加上视图或仰视图，以观四足之构造，如图九。其足是空心的，附足剖面不添绘剖面细线，足是实心的，需添绘细斜剖面线。

3. 实心器物剖面：大多数用于石器、骨器、木器上。是假定该器物从中部折断，就看见内部的构造和实际宽厚。通常石、玉、骨器，只绘横剖面、竖剖面。横剖面看它的厚薄，竖剖面看刃的斜度，研究它的锋锐与迟钝，如图三：b。

（五）割线的处理：在不妨碍器物的形态，花纹组织的完整下处理。往往作图者遇到形态花纹较复杂的容器，割线的假设，就感困难，但基本上只要注意二点，就很容易解决。

1. 花纹整组：古器物上的花纹，多数是图案式的，由许多组

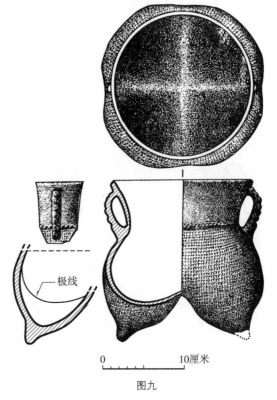

极线

0　　　　　10厘米

图九

相同的花纹，互相连接组成，像铜鼎上的饕餮纹、夔龙纹等。绘图者在假设割线时，须注意研究上的需要，再处理适当割线。为保持花纹的完整，多取曲折割线，如图八。

2. 花纹展开：在古器物中，遇到四周花纹仅为一组，若用以上剖面法，全部花纹必受影响，为增进研究价值，必须予以展开绘制，被割开所成的割线，均应改用展开线，如图十。

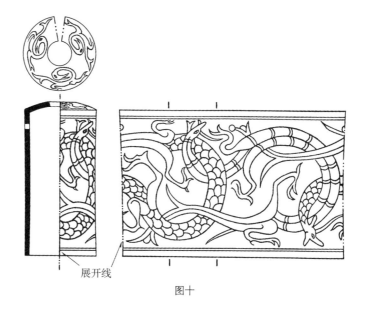

图十

怎样展开呢？作法如图七：d。假设一个罍，上有花纹四条，每条花纹之组织，四周均为一组，不可分割，今却使展开。先绘正视图及上视图，取其正视图上每组花纹的边弧线，作弦，如第三组花纹边弧线之弦为5—4，第四组花纹边弧线之弦为6—7等，各顺其方向延长，交于中心线之引伸线O_3、O_4上。第一、二组花纹边弧线之弦的引伸线交于中心线之引伸线于O_1、O_2处任意定一点O_3作为圆心，以4、O_3、5、O_3点作半径，作同心二个圆，此二圆即为第三组花纹之展开轨线。在上视图上以第三组花纹之外边圆，分割若干份，如分割十二个（ab）等分，然后以十二个等分总和之长，截O_3外圆（展开外轨线上于5′、H，则$12\overparen{ab} = \overparen{5'H}$），连接圆心$O_3$，交于展开内轨线于4′、G，则4′5′HG为第三组花纹之展开面。展开之花纹，可参照投影法或方格法缩放，绘成如在上视图abMN内之花纹缩放于展开面a′b′M′N′内，余用同法进行。

（六）活动性的器物绘制法：有些古器物上，零件可以抽离主体，或有一定的活动范围和活动方向，通常均用箭头来表示，如图十一。

（七）复原：古器物在发掘出来时，多半是破碎零散，或不完整的碎片，作图者应尽力求其合理复原，方法如下：

1. 对只知片段口径的复原（求直径），法有二：（1）圆求直径。先以圆规绘以相隔0.5厘米的大小等分同心圆多个，在通过圆心的纵横轴上记以尺度，然后以断片有弧度口径处，覆于圆周上移动，看求到符合口径的圆周，即为此古物口径的大约直径，如图十二：a。（2）几何法。采取断片口径上任何三点，作一三角形。用几何定理"弦的垂直二等分线，必通过圆的中心"，因而在任何一个三角形的二边（弦），作垂直二等分线，二线必交于一点，即为圆心。以圆心为中心，圆心至角顶之距为半径，绘一圆，即为该碎片口部的正确直径，如图十二：b。

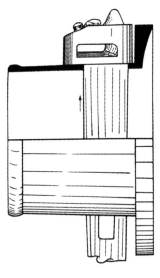

图十一

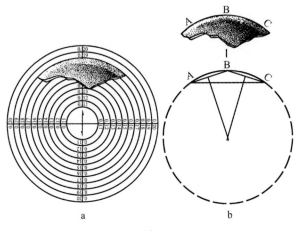

a   b

图十二

2. 附合线复原法：以口径、腹底及其他部位的残陶片，先用残片部位方向测定器，固定其地位，绘在图纸上，再以外边（外轮廓线）的上下两片延长线，求到附合，即可复原。此法必须注意被复原器物之形态，属于何类，才能正确绘制复原图。如图十三。图内横线上注的数字，系求得残片各部分的直径尺度。

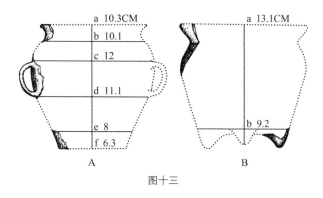

图十三

3. 对称复原法：若是一小部分碎片，可以衔接成一边，求其整个器物形态的复原法。先寻视可以用上法求得上下两圆周，取其圆心，连接作中心轴线，折合复印，即成一整个器物轮廓线。

（八）线的应用： 线在工程绘图上，应用繁多，而在考古学上亦甚重要。一个器物虽然外表一致，然为研究整个结构问题，可以表示器物之三种方向的改变：（1）退隐面（Receding Surface）即垂直于投影面之面之边，以一线示之，称为边视图（Edge View）。（2）二面相交所成的线，称为交线（Intersection）。（3）曲面的转向素线（或翘曲面之一串转向点）称为面之极限（Surface Limit）。而在实际考古绘图工作中，线的用法如下：

1. 实线与虚线：凡一器物面之边视图（边线）、交线及面之极限，我们可以看见的，均用实线表示。为图面清晰起见，又分粗实线、中实线、细实线。被遮蔽或损坏以致不能看见的，就用短断线或点断线表示，通称为虚线，图十四。

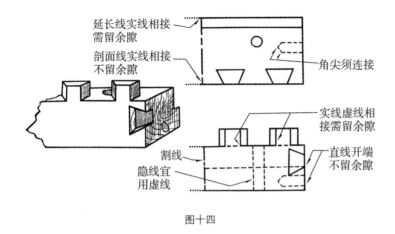

延长线实线相接
需留余隙

剖面线实线相接
不留余隙

角尖须连接

实线虚线相
接需留余隙

割线

直线开端
不留余隙

隐线宜
用虚线

图十四

2. 剖面线和割线：是在被割之面，用一种线或色彩表示，此线或色彩谓之剖面线。在器物墓葬图上，剖面线极需精细绘制。一般均以目力排列其间隔，依图之大小决定剖面线之间距离。通常0.5毫米到1.5毫米。其方向约成45°角。若遇到轮廓线与剖面线几乎平行时，可用30度或60度。又邻近物件之剖面线，可用方向相反之剖面线予以区别，如图二十一：c。割线是表示被割处所成的边线，用于剖面线两边之割线（剖面轮廓的）以粗实线绘之，如图二十一：c。用于机械性器物上的割线，则以长短断线表示，如图十四。而陶、铜容器中部之割线，可用细实线作为割线，如图三：a、图四：a。又器物被割开后，却表示展开的，则把割线改为展开线，如图十。

3. 复原线和延长线：往往一个古器物，部分已被损，坏毁或遗失，我们若知其遗失部分的可能形态，通常用延长线或复原线。在机械建筑工程图上，一般用短断线即虚线表示，而在器物图或墓葬图上，可用点断线作为复原线，以便和隐线有所区别。

4. 中心线和尺寸线，应用在机械性的器物和古建筑墓葬图上。中心线是假定之中心轴线。尺寸线：是标明器物的三度量度，尤对复制模型，研究工作上方便得多。绘时在尺寸线的中间，记以实测数字，如图二十一：c，而对于非机械性的器物图上，我们为避免图面不受图版缩小之影响，常绘一个比例尺附在图之下面或左面，以代尺寸线，如图九。

5. 缩短线：凡遇到墓葬、古建、机械性的大图时，因限于篇幅，或为美观起见，往往在同一长度中间，截去一段，使缩小图面，此线需有尺寸线说明实际长度，如图二十一：b。以上各种线的绘法如图十五。

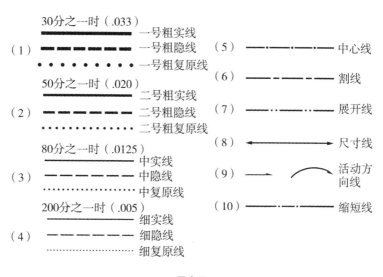

图十五

（九）视图的组合：任何实体目的物，不论其简单零件或复杂的结构，均有确定之形状，因而在空间有三度量度，即高度、宽度、深度，以此三度可以求得该物体在空间所估的体积，这仅是物体的轮廓线、垂直线、平行线的度量，而对于物体各面的详细表达，则必须以视图来说明。我们常选用的为上视图、正视图、右侧视图及左侧视图，必要时，尚需绘底图（仰视图）和后视图。这六个视图的组合，在图面上有一定的相对位置，如图二：a。又每一视图须表示高、宽、深三度之二。在实际工作时，作图者须注意视图能否详察该物体所具有的特征，来决定视图的需要，所以在选择适当视图时，要以最佳、最经济的方式表示目的物的形状，一般选用二三种视图，如绘柱形、弧形、正方形及长方形等物体。

（十）图稿校对和修改：绘图工作，一般先绘草稿，后绘正稿，考古绘图亦不例外。当草稿绘好后，必须以认真严肃的态度来校对，才能使图面真实，研究正确。校对分形态上的校对和细部上的校对。形态校对，最好训练目测。一件图稿是否与器物形态相符，具有目测能力的人，一望就知。主要是注意：线条角度上的校对，对象形体部位上的校对。至于细部校对，在形态、角度校对后，发现错误的部分，用投影绘法重新仔细地校对。初学绘图者，草绘须校对数次，因为由于下列的原因，容易产生错误：

1. 只顾部分，不看全部；

2. 比例规度量时，两针未注意水平；

3. 眼睛高或低于比例规的两端，不垂直于器物之转曲面；

4. 纵横坐标上尺寸看错；

5. 比例错误；

6. 器物被移动，度量时不在同一曲线上。

草稿校对正确后，即可着手上墨。正稿的上墨画线，需要认真，并且要有长期的训练。一幅美好正确的古物画，无论何种曲线、影阴，要看不到接头，看不到粗细，流爽有力，浓淡真实。这对初学者，尚是一个难题，若能掌握修改工具得法，一定会增加图面的美观。修改工具一般都喜刀片及沙橡皮。

二、田野发掘绘图

（一）遗址绘图：遗址包含物甚广，它是古代人民居住的废墟，很可能发现人类衣、食、住、行的残破遗物和遗迹。因此，遗址绘图亦较复杂。现仅举几例说明：

1. 探沟绘图：一般遗址探沟，只绘平面图和纵剖面图，特殊情况，可以加绘横剖面图。

（1）探沟平面图，是看探沟内包含遗物和墓葬的分布情况。作图时，首先确定开掘探沟的方向，记录在图纸上，绘好方向线，然后在探沟的长边，拉直皮尺，且注意水平，固定后作为纵坐标。手持二米钢卷尺，垂直于皮尺作为横坐标。其一头挂垂球，垂直于墓葬和遗物的中心或土层边线诸要点，如图十六：a。探沟平面图内土层边线转角点a，系在纵坐标37米与横坐标2.6米相交之点，比照例缩绘于米厘纸上，连接诸测点，则成土层线。而对于上下有几层遗址建筑物时，线的处理一般用复原线表示已被挖去的遗存，如图中版筑层及柱线等。在绘平面图之土层以下者，可用隐线表示其位置，如图中"井"线。其比例常用十分之一、二十分之一、五十分之一、或百分之一，并须与地图上测点有联系，以便缩入地图。

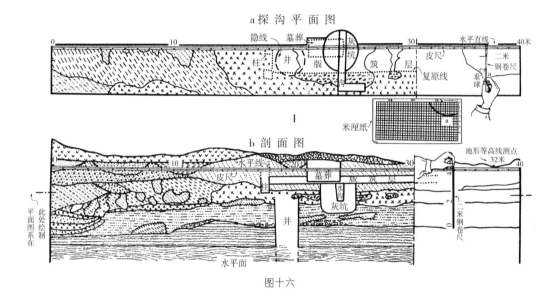

图十六

（2）探沟剖面图：它是表示地层变化和时代先后的可靠说明。当我们着手绘制剖面图时，先拉水平线，水平线的要点：①以地表土最低的一点作水平线的起点。②水平线应与地图上等高线一致。③探沟与探沟水平线应取得联系。④用小水平仪置于水平线的中部，纠正其线是否水平。然后以水平线作准绳，用皮尺伸展依靠水平线作为横坐标。用小钢尺向上或向下垂直量地层的分界线，缩绘于米厘纸上，即成遗址地层剖面图，如图十六：b。线的处理，探沟地表土宜用粗线，地层线用中实线，而代表各地层的土质，则以各种符号绘制。其常用土色符号如图十七。

2. 灰坑绘图：灰坑多似圆袋形，发掘时通常先开掘一半或四分之一，观察灰坑内地层的变化，以便绘制剖面图。一般只绘平面图和中剖

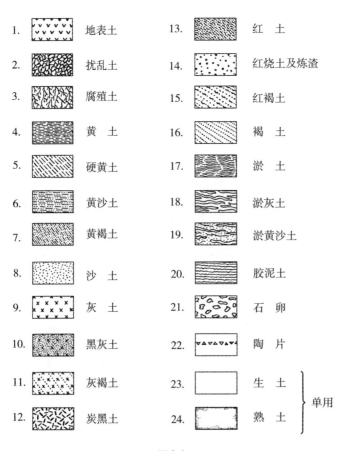

1.		地表土	13.	红 土
2.		扰乱土	14.	红烧土及炼渣
3.		腐殖土	15.	红褐土
4.		黄 土	16.	褐 土
5.		硬黄土	17.	淤 土
6.		黄沙土	18.	淤灰土
7.		黄褐土	19.	淤黄沙土
8.		沙 土	20.	胶泥土
9.		灰 土	21.	石 卵
10.		黑灰土	22.	陶 片
11.		灰褐土	23.	生 土
12.		炭黑土	24.	熟 土

单用

图十七

面图，灰坑依地层上下，分层编号。其边线宜粗，地层线较细，如图十八。

3. 建筑遗存：在遗址发掘中，遇到房基（一般叫土台子）、屋基和城墙基等，我们必须予以明晰绘制，切不可与地层线及其他线混合。遗址或墓葬区域地势有研究价值的，需绘写生图，如图十九。

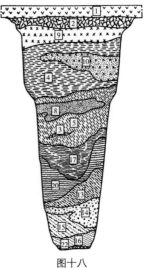

图十八

发掘工地远景写生

图十九

（二）**墓葬绘图**：须视墓葬的形制和结构繁简来决定视图的多寡，平常只绘平面图和剖面图，砖石墓及复杂的建筑墓群，可添绘前视图、仰视图及透视图等。

1. 墓葬平面图：在表示：（1）墓葬所估地面的面积，殉葬品及骨架的位置。（2）墓室与墓室之间的关系。绘法有三：第一，纵横坐标法：与绘探沟平面图同。第二，三角集点法：中号墓葬适用。在墓坑的二角点，各插一铁针，固定后套上皮尺一个，随器物的放置位置徐徐伸展，并须注意水平，使垂球尖端垂直于器物之中心或两边，两皮尺即交于一点。缩绘时，用圆规以 A 角点作为圆心，以 AO 之长为半径，绘一弧，以 B 角点为圆心，BO 之长为半径，绘一弧与 AO 弧相交于 O 点，即为器物在墓葬图中的位置，如图二十。第三，小平板测绘：在缩绘大的墓葬平面图时较为方便，测量时，把平板放置墓室中，固定后画好方向线，在图纸上设立一适当之测点，用平面测量学中"射线法"测得各器物在墓葬图中的位置。为了使图面清晰，研究方便，墓口线均须应用粗实线，墓底线应用中实线，二层台线或台阶线用细实线。复杂的墓葬或古建，视其结构形态之主要次要来决定用线。一般对主要突出之结构，如栋梁框架等用中实线绘制，次要的结构，可用细实线绘制，如图二十一：c，主宾分明，必增加图面之美观。

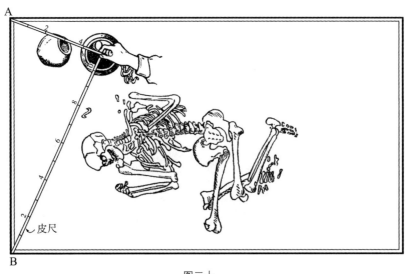

图二十

2. 墓葬剖面图：在表示墓葬的容量和墓葬的内容及结构。墓门至墓后的剖面，谓之纵剖面，须注明由左视向右，或由右视向左。墓室的右边墙左边墙中间假设的剖面，谓之横剖面，须注明由前视向后，或由后视向前。有的附绘箭头，表示视向。现举三种墓葬绘法，如图二十一。

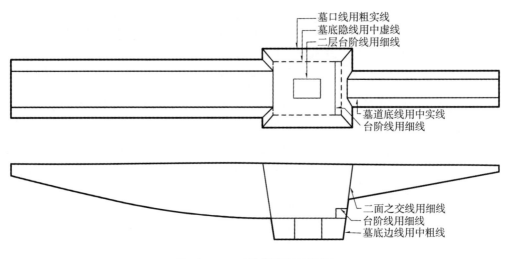

图二十一 a. 土坑墓平面及剖面图

（三）**临摹壁画**：首先需要十分耐心，并需掌握高度的技艺，才能把壁画的精神手法临摹下来。绘时必须注意：1. 忠实于原状。虽然壁画经年久色变，或受自然力和人为的破坏，使它失去原有的光彩面目，这正是说明它的历史。假使我们没有具备正确的推断色彩演变的科学知识，就擅自把它复原为本色，或单凭自己的技巧，改变当初的笔法，那么可能弄巧成拙，把原有的艺术价值失掉。2. 不可印模壁画，因为印模的图纸，通常是薄薄的，在着墨着色之后，墨迹及颜色会透印在壁画上，这样，就很容易损毁壁画，破坏古代的伟大艺术遗产。3. 掌握壁画的风格和精神。因为每一时期甚至每一国家的艺术风格都有不同，它是代表时代的可靠说明。要掌握它的精神，首先决定于我们的技术和观察力。比如临摹一个佛像，它的眼睛似沉思微笑的神态，那么就不能把它临摹成两眼无神的态度。这是比较困难的，但只要多学习，多观察，自能体会入微，表现逼真。4. 纠正资产阶级的观点。在旧社会里，一般的美术工作者，大多受了资产阶级教育的影响，看不起工匠的作品，因此就不虚心学习，这是极错误的。事实证明，中国有名的敦煌壁画及最近发现的

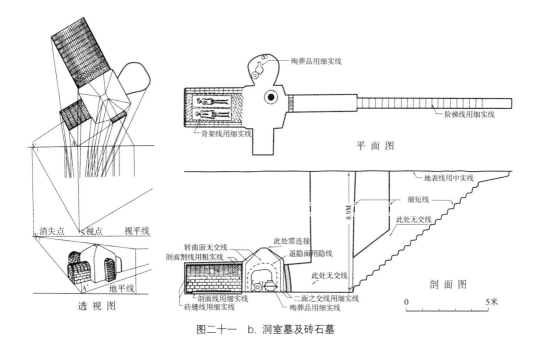

图二十一　b. 洞室墓及砖石墓

宋墓壁画，都是由无名的工匠们用自己的智慧和劳动创造出来的优秀艺术作品。因此，要把壁画临摹得好，必须端正艺术思想，虚心学习历代工匠们的伟大艺术创作。

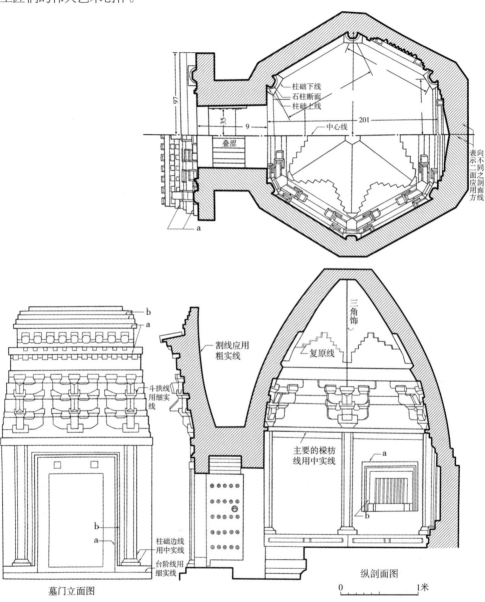

图二十一　c. 宋墓平面图及仰视图

（本文引自：《文物参考资料》，1953年第9期）

报告插图的画法和使用

张孝光

　　田野考古工作是考古学的基础，编写调查、发掘报告是田野工作的最后一环。它的主要任务是报导我们田野工作的经过和发现的遗迹、遗物，重点指出我们的收获，为考古学研究提供新资料。报告一经发表，这些资料就将成为大家研究的对象或依据，因此用科学的方法整理和编写报告，符合客观的真实和准确，是对报告的首要要求，同样也就是对报告插图的要求。按现在通常的模式，一篇报告总是由文字、插图和图版三个部分组成，三者互相配合共同完成报告的任务。但就插图在报告中的地位与作用来说，绝不同于一般历史书籍的插图，只是作为文章的辅助，在考古调查、发掘报告中的插图有时较文字更为重要，这不仅是因为它简要不繁明白易懂，更主要的原因是它能对报告的内容做出更具体而明确的表达，它的这种地位也正是由考古学本身的特点所决定的。因此在报告的编写过程中，编制好插图和真实的文字报导具有同等重要意义。

　　怎样才能做到使用好、画好插图呢?

　　第一，要用其长，避其短。图作为一种手段有它的长处和短处，一般地说图所表现出来的往往具有十分明确而肯定的性质，如遗迹、遗物的形状、各部分的关系结构等，在这方面只靠文字是难以做到的，但在质地、色泽、保存状况以及它们的直观效果等方面的表现又不及图版。因此在整个报告要完成的任务中，应合理地安排图的任务，要充分发挥其所长。要做到这点就必须明确每一幅图的目的和要求，当有多项要求需要去完成的时候，应分清主次，在同一幅图上若不能同时完成多项要求时，则应放弃某些次要方面，或转由文字、图版去完成，在必要的情况下则需另幅完成，切不可因为过于求全而冲淡主题。

第二，要有严格的科学态度，尊重遗迹遗物的原貌，是什么样就画什么样。对于不能十分肯定的现象要明确告诉读者它的不肯定性。具备复原条件的可以复原，并使用科学的作图方法在图上将复原部分与实存部分明确地加以区别。但条件不足时不宜勉强进行复原。

第三，要精简扼要、明白易懂。这里包括两个方面，一是使用插图不一定越多越好，不从任务与需要出发片面地提倡"图文并茂"的主张并不可取。如有的人在报告的遗物部分，分型过繁过于注意那些细小的差异，以致看不出所分的各型之间的差别和主要特征，从读者的角度说使人不得要领，从绘图的角度说不在图上夸张就表现不出型与型的不同。当然有时适当地强调某些特征是需要的，但不能违背真实性的原则，否则就是失真不科学，严重地说会有作伪之嫌，这是绝不允许的。二是在画法上使用正投影图能表现清楚的，除特殊需要一般就不用其他投影，表现上也尽量作到简明，去掉那些对考古学研究意义不大的描绘。

第四，要适应当前的出版条件，按出版要求使用和绘制插图。

下面按报告中常用的几类插图分别介绍它们的使用和画法。

一、地　图

目前常用的地图有两种，一种是发掘地点（或墓葬）位置图，这是正式发掘报告中所必须的，一般发掘简报也可以使用简图或示意图；另一种是在某一地区内的遗迹（址）分布图。这是调查报告的重点图，可以看作是工作成果的重点部分。它们的任务都是让读者了解发掘地点或遗址分布的确切位置。比较复杂的还兼有标示地形。由于地图一般包括面积较大，往往都不是自己去进行实测，而是利用国家颁布的或较为可靠的大比例尺成图，在成图上标出发掘地点或遗迹分布点。编制这类图应注意以下几个方面。

（一）确定适当的图廓范围

编制遗迹分布图的主要任务是说明在某一区域范围内遗迹的分布情况，和各个遗址的确切位置，而不是表现这一地区，因此就不一定把这一地区区划完全包括在内，图廓范围不宜过大。要将没有遗址的部分截掉以相对扩大有遗址的部分，以免遗址多的地方因过于密集挤到一起看不清（图一）。

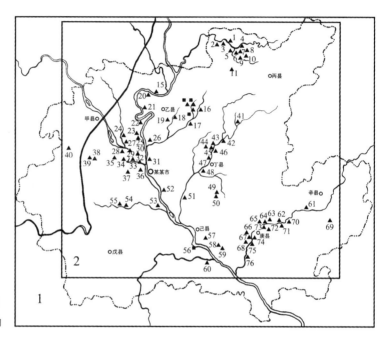

图一　遗迹分布图的轮廓
1. 范围偏大　2. 较适宜的

编制发掘（或墓葬）地点位置图，图内必须包括一个相对位置点，并且这个点应该是在公开发行的地图册中能够找到的，一般使用县级或县级以上的城镇作为对比，因此图廓范围不宜过小。若仅用一两个村镇作为对比去说明发掘点的位置，尽管文字中写明了它的方位，读者在普通地图中查不到这两个村镇，对该发掘点的位置仍得不到确切的了解，更不用说想使用这张图了，形同虚设也就失去了它的意义（图二）。

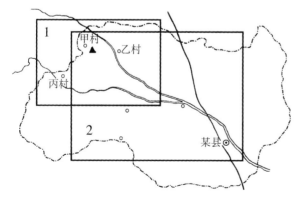

图二　发掘地点位置图的轮廓
1. 范围偏小　2. 较适宜的

（二）图面整理

无论是自己实测的还是选用的成图，在准备发表时都需要进行整理，按照考古学的要求和报告的内容需要，进行有目的的取舍。凡属于自然方面的地理地貌等特征，和能反映遗址环境特点的，应多保留一些，凡属于与现代的建筑设施或与说明上述内容无关的，应适当地予以删减。使图面重点突出避免繁杂。

（三）补点

补点可使用交绘法，即选图上两个点（一般选择两个村镇）为基点，以欲补遗迹地点分别与该两点的距离为半径作弧，相交点A即该遗迹地点（图三）。用这个方法补一个和二个点比较容易，只要两个点的方位正确一般无问题。但三个点以上则必须注意，例如在甲、乙、丙三个点中，甲和

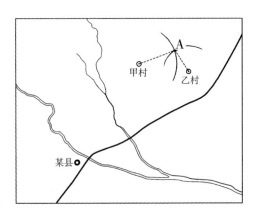

图三　用交绘法补点

乙、甲和丙两组相对位置正确，并不能保证乙和丙的相对位置也正确，因为在补点时所使用的尺寸（该遗迹距两个基点的数值）是按图的比例缩小的，尤其是图的比值愈小误差也就愈大。因此要反复核对各点之间的位置关系，尤其是点比较密集的时候是很容易出错的。

（四）图例和注记

1. 地图上使用的各种符号，要按国家颁布的标准，标准中所没有的可自行设计，设计要求简单易画，并与其他符号有明显差别，易于识别。如遗址点的符号，使用黑色三角形就比正方形好画，但三角形若画得太瘦又容易与山峰的符号相混淆，因此多用等边三角形。有时也可使用黑点则更省工。若一幅图只有一个遗迹地点其名称可直接注在符号旁边，若两个以上则须另绘图例，并将图例另行括出，不可把图例也直接绘入图内。

2. 注记的字体，必须使用1956年国家公布的简化字方案，不符合规

范的一律不用。字要写工整大小适当。按当前16开本大小，除个别可作折页的，一般的图最大制版尺寸为15×20厘米，何况有些图只能占二分之一或小于二分之一的版面。因此可根据所绘图幅大小、图面繁简与可能作版大小进行换算。保持在制版后普通注记字在0.12—0.15厘米，重点物注记字达到0.15—0.2厘米即可。

在条件许可的情况下，应争取使用照排机排字后进行剪贴，对保证字体的规范和工整都是十分有利的。在剪贴时要注意留边不要过宽。

3. 注记的字要在被注记的符号附近，在一张图内位置尽可能的一致，如被注记的符号过密也允许有少数例外，但最好不要远离被注符号，否则将造成混乱。

4. 河流与道路分不清，是地图上经常出现的不足，由于我们使用的全为单色版，无法用颜色去加以区分。因此需要在表现上适当强调两者的不同特征。在小比例尺地图上道路与河流均使用单线，道路用线要光滑均匀一致，少小弯曲；河流上下游用线粗细有差别、不均匀，上游多小弯曲。在大比例尺地图上道路用双线，两线距不要过宽且永远保持平行一致，河流则是自上游至下游，开始为单线，逐渐变成双线，两线距也不是十分一致并且向下游逐渐加宽，两线的弯曲情况也可以有不同的变化。河流、道路等在与字冲突时要断线不断字，但在布局上要尽量减少这种现象，尤其是要躲开道路、河流的交叉点。

二、遗迹分布图

这里要说的是一个发掘地点的遗迹分布图，它的目的主要是介绍发掘的总体情况，如果是一个墓地它就作为墓葬分布图用以介绍整个发掘区墓葬的分布，有时还兼有表示这批墓葬的分期布局的。如果是一个遗址则是作为探方分布图，介绍探方坑位和所有遗迹在各探方的分布。这方面的情况是极其多样的，因此在使用时要根据实际需要灵活掌握。

（一）遗迹分布的分幅表现

当一个墓地的墓葬或遗址探方十分集中，面积又不大的时候，只作一幅坑位图即可，墓葬分布图中要逐一注上墓号，遗址坑位图则需注明探方编号并绘出各方出土遗迹的简要轮廓。若遗迹层次虽较多但上下叠压或打破关系不十分复杂，同时表现在一幅图上又能看清楚时，也可以只用一幅。反之这一墓地或遗址发掘面积较大，墓葬或探方又比较分散，在这种情况下则需要分幅。分幅的方法一是按发掘工作中自然形成的区块进行划分；另一种难以按上述方法分幅时也可做经纬分割。但在做分幅表现时还要先有一幅包括全部墓葬或探方的总图，这时的总图除概略地介绍总体情况外，同时它将作为分图的索引。由于这时的总图具有了不同的目的，因此在表现要求上也不同于前面谈到的单幅遗迹分布图，一是它包括的范围较大，可使用较小比例尺的图，墓葬分布图可以不必逐一注明墓号，遗址探方坑位也只需绘出探方格网只在格内注明探方编号即可，更要紧的是要介绍分幅情况或绘出分幅的分割线。如果能结合表现地形则更好。乐都柳湾墓葬分布总图没有表现地形，而是着重表现了几种不同文化类型的墓葬分布情况和分幅情况，这是引用了其他学科的图示方法，它近似图表，是否可取还需读者的选择。

对于各个分幅图的要求和表现方法则与单幅的遗迹分布图相同。有的在探方分布图中只绘探方并注明方号而不画遗迹，各遗迹出土位置只靠在文字中去说明，这样做是很不完全的。另外也有的虽在各方中绘出了遗迹的简要轮廓，但与报告中各章节的各方遗迹的结构图在尺寸、方位甚至形状上不一致，这类问题也是时有发生的，必须予以注意。

（二）遗迹分布的分层表现

在文化层堆积厚、层次较多的情况下，同一层或不同层的遗迹相互叠压或打破，存在多种复杂现象，很难在单幅分布图中表达清楚，这时就需要采用分层绘图的方法。分层绘制分布图，就是每一幅图只表现这一层的遗迹而不包括其他层的。但这又容易造成图幅过多的缺点。另一方面各遗迹保存的深度各不相同，上层的打破下一层乃至二层遗迹的现象也是常有的，它们不是那么容易拆开，因此在计划分层绘图的时候又不能分得过细，不一定一幅只表现一层的也可以同时表现上下相邻两层的遗迹。

所以处理好分层绘图是一项细致的工作，并且要特别强调绘图人、用图人与从事发掘的人几方面的密切配合。在绘图前首先对原始资料进行认真的整理，有些在原始图中必须包括的东西，在发表时不一定全画上去，还有些则需要参照其他记录、资料进行必要的增删和订正。根据经验在完成这方面的任务时应注意以下几点。

1. 简化，首先在认识上要明确遗迹分布图的主要任务是表现遗迹的分布情况和各遗迹间的位置关系，而不是表现各个遗迹的具体结构，更不要总想兼顾其他，因此在完成这类图的主要任务的前提下，各个具体的遗迹必须尽量予以简化。

如有的人使用了多种线型在遗迹分布图上表现了上口轮廓线、底的轮廓、隐蔽部分以及被破坏部分的轮廓和被破坏部分的复原，这样就很容易造成混乱，尤其是发表时再经过缩小就更难使读者看清楚并抓住要领。

2. 分层，能按该遗址在时间上的分期分层画是最好的，若整个遗址分期不明显或不好分期则按各层遗迹的多少和关系分层分幅。

假设一个有四层文化遗迹的遗址，欲作分层的遗迹分布图，则至少分成两幅，即一二两层为一幅，三四两层为一幅。若其中第二层遗迹最多也可分成三幅，即第一层一幅，第二层一幅，第三第四层绘成一幅。再若这篇报告只准备报导某一时代的内容，这四层中最上和最下两层与其相去甚远在内容上无联系，也可以只发表中间的两层，画成单幅或分层画二幅分布图，但最上层的遗迹中有打破第二层遗迹的，这些上一层的遗迹也要在下一层的分布图中绘出，有几个画几个。所以分层要从内容需要出发，方法要灵活。

3. 明确绘图的体例，要确定这个体例应包括哪些原则，首先要摸清整个遗址都有哪些现象，也就是各种遗迹的结构和它们之间的位置关系。按这个体例在表现所存在的任何现象时，都是清楚的，无矛盾的。

下面介绍一个分层绘图的体例供参考：

（1）两个遗迹之间有完全打破关系，则被打破的遗迹不作复原（图四：1）。

（2）上下两层遗迹在平面位置上互相叠压，但在纵向上并不打破，这时可在单幅图中表现上下两层遗迹，上层的用粗线、下层的用细线。也可以分层画成二幅，各层的图画各层的遗迹（图四：2）。

（3）一个遗迹只打破了另一遗迹的上面一部分，反映其主要结构的底部仍保留全形，这类情况暂称它们为半打破关系，被打破部分仍以细线绘出（图四：3）。

（4）口小底大的袋状遗迹，口部轮廓用实线，底部轮廓用虚线。有半打破下层遗迹时仍可作不分层的单幅图，画法同（3），若两层分层绘作两幅，画法同（2）（图四：4）。

（5）袋状遗迹打破下层遗迹，二层不宜画在一起，在分层绘图时，下层图中的上层遗迹则按底的轮廓绘出，或按下层层面高度上的横截面轮廓绘出（图四：5）。

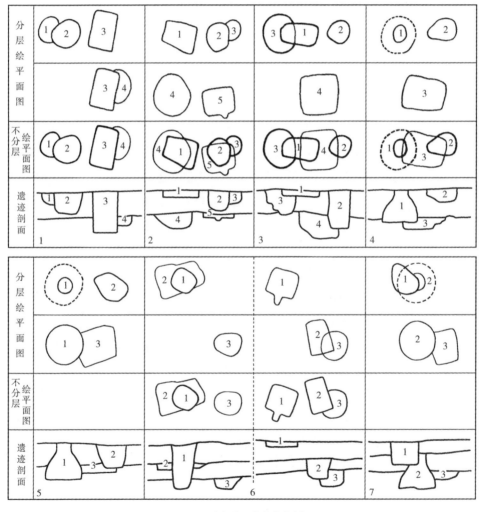

图四　分层绘图的参考体例

（6）有三层遗迹，最上或最下一层与其他两层既不相叠也无打破关系，可不分层绘成单幅图，否则应分层绘图（图四：6）。

（7）三层遗迹有打破关系，不作不分层的单幅图，至少应分层作两幅（图四：7）。

三、地层图

地层的堆积情况和遗迹遗物出土层位，是考古学上分期断代的依据，因此地层图在报告插图中具有十分重要的地位。地层图的绘制要求层次清楚，各层遗迹间的关系正确。画地层图通常是选某一个或几个探方的某个壁面测绘成图，这时这个壁面即成为该处地层的剖面，这个探方壁在平面上的投影就变成了这个剖面的位置线又称剖线。画地层图应注意以下几个问题：

第一，在地层图中各个遗迹的位置和大小，要与其在平面图（即遗迹分布图）剖线上的位置和大小对应一致。防止任何错位或丢失，特别是在遗迹情况复杂，遗迹分布图是按层分幅绘图的时候更要格外注意。

第二，地层的划分要防止过繁过细，在堆积较厚的情况下，有时分成了1、2、3、4、5若干大层，每大层又分A、B、C、D数小层，这在发掘阶段是必要的。但也要考虑到目前我们对地层的划分主要是根据了土质和土色，而在许多情况下土质并不纯净，土色又带有很大的可变性，因此离开了地层中的遗迹和遗物，有些土质和土色上的差别是没有任何意义的。所以在清绘发表前应根据各层的包含物进行必要的整理，需要合并的合并，需要化简的化简，这样才能做到层次清楚，明白易懂。

第三，地层图要做到层次清楚的另一条件是图例的设计，图例作为一种特殊语言，无需去追求它的直观性或形象性，而是越简单越好，越省工易画越好。在目前情况下我们的地层图例还无法固定下来做出统一的规范。这样就要求每篇报告都要单独设计，但在同一报告中若有两幅以上地层图的时候，其图例必须统一一致，以防疲劳读者。

地层图还有一种简单画法，就是当某一遗址的地层剖面，层次起伏小，夹层少，遗迹也少的情况下，可以用粗线画大层间的分隔，以细线画大层中的小层，然后逐层编号不再使用图例，各层的名称可在图外排字。这种画法既能保证层次清楚又十分省工，也是一种可行的方法。

四、遗迹图

遗迹图是指建筑基址、窑址、墓葬、棺椁和车、船等单个遗迹的实测图，这些遗迹是发掘收获的重要部分，也是作者和读者研究的重要内容。使用和绘制这类图，除了要完成报告插图的一般要求，同时更要突出其特殊方面，也就是这一遗迹不同于其他同类遗迹的主要特征。因此除了要注意绘图角度、视图主次的选择以及剖视图剖线位置的安排。为使读者通过图对该遗迹有一个符合原物真实情况的全面了解，还要特别注意防止各视图之间出现任何矛盾、差错或反映不全。有的图看了使人捉摸不定或产生误解，都是由于上述缺点造成的。出现上述问题的主要原因大体上有如下几个方面：一是对自己所要表现的对象缺乏深入地了解，认识不足，这样就很难做到画出来的图能使读者清楚。其二是对投影原理理解不够，不能预见自己所要表现的对象画出来的图应该是什么样，错了而不能自觉。第三是技术不够熟练、方法不妥或作图不仔细。下面结合实例讨论以下几个问题：

（一）熟悉正投影图的基本特点和规律，是防止视图间产生矛盾的认识基础

正投影是平行投影的一种特殊形式，即假设投影线是平行的，它通过物体的表面将其轮廓形状投影到一个承影屏（即投影面）上，所得到的该物体的图形。这里有两个必须遵守的条件，一是投影线必须是平行的，二是投影面必须与投影线垂直。在使用中我们一般是将物体正放，以立方体为例，就是令其一个面与投影面平行。这样每得到物体的一个面的投影（又称视图），都只能反映该物体长、宽、高三个要素中的两个，因此要全面表现一个物体就必须用两个以上的视图，所以正投影这一图示手段又有一个多视图表现的特点。

图五所示，是一个夯土台基的三面视图，从图上可以看出有如下特点和规律：

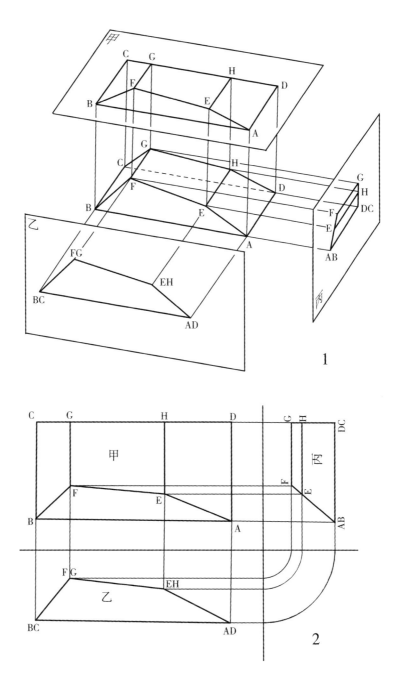

图五　正投影的基本原理与各视图间关系

1. 任何一个视图都不能单独反映该土台的全面情况。

2. 甲只能反映它的长和宽，乙只能反映它的长和高，丙只能反映它的宽和高。但它们三者之间的各对应部位（即各个角）都处在纵横成正交的两个坐标轴的平行线上。

3. 土台轮廓的各条边棱均可看成是一个线段，凡平行于投影面的，其投影仍是一线段并反映实长。如AB在甲乙两图、EH在甲丙两图。

凡垂直于投影面的，则线段两端点重合，其投影变成了一个点。如EH、FG在乙图，AB、DC在丙图。

凡与投影面处于倾斜位置的，则该线段的投影仍为一线段，但永远小于实长。如FE、AE、FB在甲、乙、丙三个图。

4. 土台的各个面，凡平行于投影面的，均反映其实形，且形状和大小不变。如ABCD（底面），于甲图（此时底视图与现在的甲俯视图重合故作了省略）。

凡垂直于投影面的，则这个平面的投影变成了一条线。如AEHD、EFGH在乙图。

凡与投影面处于倾斜位置的，则该平面产生投影变形，其形状大小均不同于原形，并且永远小于原形。如EFGH于甲丙两图、ABFE于甲乙两图。

5. 请注意线段投影的重合，在乙图中可以反映DH、HG和GC的实长但却不能反映AE、EF和FB的实长。

明白和熟悉了以上这些特点和规律，就可以避免各视图之间出现矛盾和不一致，同时还可以作到在成图之前预见成图后大致的图形。下面举几个常见错误的实例：

图六：1是一座窑的底平面及剖视图，剖视图中有错画和漏画。从平面看窑床前沿为弧形，在剖视图中漏画了剖线以北的窑床前沿轮廓线，并误将

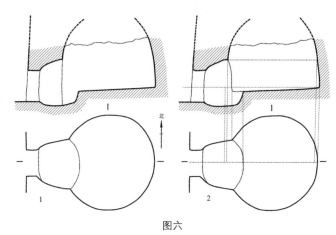

图六

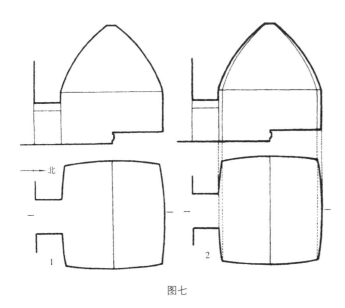

窑门内口线下达到窑底，造成两图的矛盾不一致。图六：2是修正后的图。

图七：1是一座砖室墓的底平面及剖视图，在剖视图中，没有绘出墓室南北两壁在剖线以西的可见部分，也就是没有绘出倾斜面的投影，西壁的水平宽度两图不一致，结构也不同，因此很容易导致在绘西壁上的各种细部时，均出现位置和尺寸上的误差。图七：2是修正后的图。

图八：1是一座竖穴土坑墓的俯视和剖视图，墓壁斜度较大，在东西两壁上有台阶，由于在平面图上没有处理好倾斜面上物体的投影，台阶并未得到正确的反映。要画好它，按一般作图步骤先完成平面图再画剖视图的方法是难于画好的，而且十分费事。较为准确而省工的画法是，在完成俯视图和剖视图的主要轮廓后，按东西壁倾角作辅助线，然后按

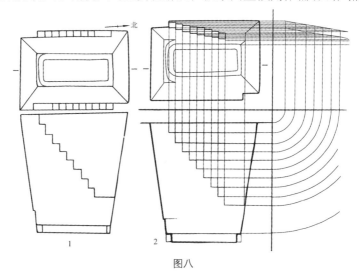

图八

投影作图步骤，俯视、剖视两图边测边绘同时进行。图八：2是修正后的情况（省略了东壁台阶未画）。

以上几例差错的原因虽各有不同，但主要还是对投影原理不够熟悉，所以多进行些投影作图的训练，对掌握物体在不同位置时的投影规律，提高对空间的理解力是十分必要的。

（二）讲究工作方法，作图要仔细

在田野工作阶段所测绘的遗迹图，我们称之为原始图，它是报告中遗迹插图的基础，因此必须强调要搞好遗迹图，从田野工作阶段起就要开始注意。

使用坐标法（又称导线垂距法）（图九：1）测绘遗迹，一般先画平面图，当基线确定以后，不要从某个局部开始便按照一个点接一个点的顺序测绘，这样很容易出现积累误差，不利于控制整体。较好的方法是分别主次，首先抓几个大部位的控制点或称主控点。就是决定这个遗迹整体形状的一些点，如墓室的四个角、甬道、墓门的内外口以及棺床前沿的位置和它的两端点等等，画好这些点是画好平面图的重要关键，因此为了保证其准确无误，还要跟着就进行一次或两次复核，核对的方法可以在基线上确定两个点（图九：2：P、Q），以交绘法复测。也可以用测量边长、对角线等方法检测。首先将这些主控点画准确即可控制住全局。然后再进行各个分部的测绘，同样在进行各分部测绘时也要把它看成一个较小的整体，选择几个控制点或称分控点，最后再完成各个细部，这时即或出现差错也是好纠正的，它不会影响全局。

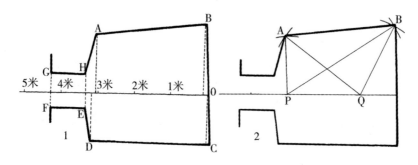

图九　遗迹平面图的测绘与复核

在作纵横剖视图的时候，首先要在平面图上绘出剖面位置线，或称剖线，它可以在原来基线的位置也可以另选。作这些图的时候，凡平面图上已有的尺寸（即长或宽）就不需要再去重新测量，从平面图用投影作图的方法就可以得到，只测量那些在平面图上不包括的尺寸，这时要特别注意与已绘各点的相对位置，随时想着几个视图之间的对应关系，每添一个点或改动一个点都要在几个视图中同时进行，只要有遗漏都会造成差错。

作图要仔细，几个视图间出现的不一致，有时是尺寸上的问题，尺寸不一致也会造成位置和形状的改变，甚至造成结构上的改变。当然错画和漏画，哪怕是个细小的局部也可能造成图上的大错误。

图十：下，是两幅木棺局部剖视图，其盖板下缘线段A，若高低上有误差，不仅是影响盖板厚度问题，同时还会改变棺盖板的子口形式，画的靠上一点是普通箱式盖口，画的靠下一点就成了沟槽形盖口（图十：上）若画的不上不下或一头高一头低，就让读者很难捉摸了。

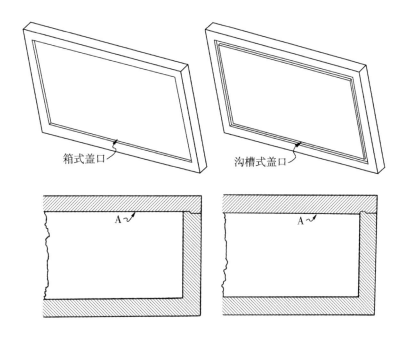

图十

图十一，上面的两幅是木棺棺口左前角的局部平面图，在角上表现棺侧板与头档板的榫结合部位，若是疏忽，可能在一小段线上的错画，就会造成榫结构形式的改变。由侧板内壁线段A向头档方向延伸一点，其头档板的榫头就是一种简单的单肩透榫（图十一：左），由头档板内壁线段B向侧板方向延伸一点，其头档板的榫头就是另一种有槽透榫，这个结构比前一种就复杂了（图十一：右）。尤其是这个部位的结构情况，在我们惯用的纵、横剖视图中都是反映不出来的，因此要格外仔细。

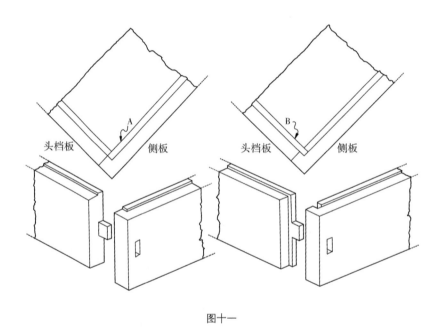

图十一

图十二，是一个有二层台和墓道的竖穴土坑墓平面及剖视图。这个图使人感到有问题，但其错误粗看还不易发现。仔细分析，该墓墓道填大量卵石，在平面图上卵石范围北端的轮廓呈不规则状并宽于墓道，在这方面出错的可能较小，这个现象反映了墓道中的卵石有些已堆到二层台上，由于漏画墓道北端的底线和墓室南壁上的墓道口，所以错把A面（即墓室倾斜的南壁水平投影），当成了B面（二层台的台面）。因此其卵石范围北端的轮廓位置画错，还应再向北延伸。剖视图上的错误则是跟着平面图的错误而画错的。其实这也是要画好倾斜面的问题，因该墓穴四壁倾斜连接墓室一侧的墓道下口是在倾斜面上，忽略了它的立面情况

在水平投影上是能反映出来的。以上分析不一定对，要准确做出判断并予以纠正，必须靠多方面的资料给予证明。但这类错误是由于不够仔细是肯定的。

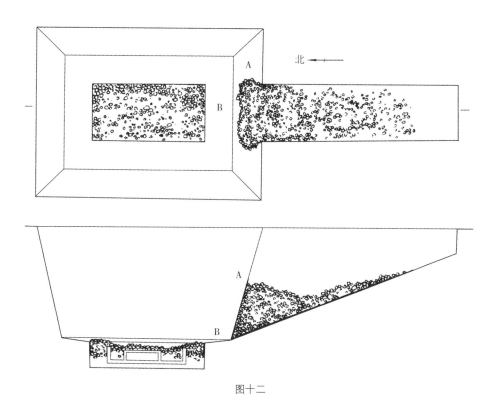

图十二

（三）选择表现方法，简练不等于简单

遗迹图既要做全面的反映，方法又要求简练，是要多想些办法的。一味地只按常规，我们的考古绘图也难以发展。但方法的选择绝不能有损于它的科学性。

图十三，是一个半地穴式居址图，对剖视图就有几种不同的表现方法，1是按照常规沿纵轴剖，这时只能反映灶坑深度和门道台阶，却不能反映居住面上几个主要柱洞的深度。2是在这个基础上，又增加了一个柱洞的局部剖面图。3是使用了纵横两个剖视图。4则是剖线在居住面位置作了几个转折。比较以上四个方法第1自然是反映不全，第2虽然有它的优点，在把柱洞用稍大的比例绘出时还能表现柱洞的结构，但它比较零

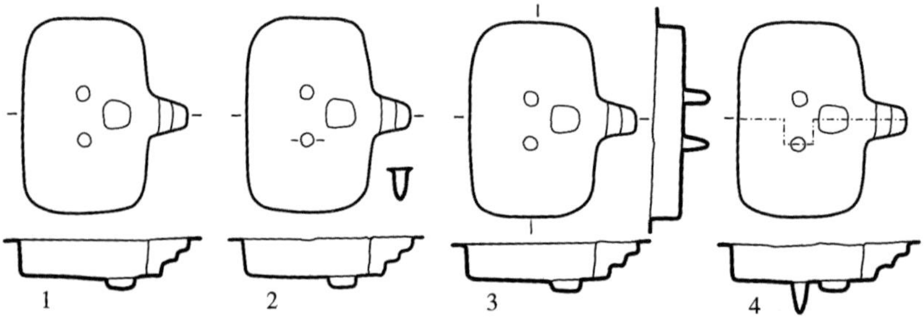

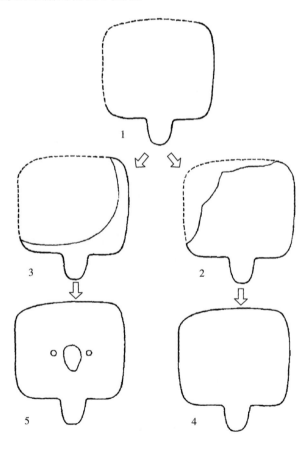

图十三　遗迹剖视图的选择

散，第3虽然反映全面但它增加了图的数量多占了版面。因此都不及第4更为简练。关于折剖线目前应用还不多，它是从其他绘图规范中引进的，引进它可能还会遇到一些新问题，但它确有一定长处，在我们的考古绘图中不妨在条件许可、又不易发生误解的情况下使用。

采用简练的画法不等于作不适当的省略，有时用对遗址的复原虚线，代替遗址现状的部分轮廓线，这实际上是表现不全，不符合遗迹图的要求。如一个居址（图十四：1）我们从图上看到，尽管它保存下了两个完整的边，可以复原成圆角方形的房子，并且图上也用虚线和其他两边作了区别。但这种表现方法不论意图是什么，客观上给读者的都是一个不完全的认识，有些方面则是模糊的。比如居住面的情况是怎样的？它可能是大部分完好，被破坏的只是靠近复原的两个边上（图十四：2）；也可能是大部分被破坏（图十四：3）。若是前者就可以认为这个

图十四　不恰当的省略易造成图的多解

居址的居住面是平的无其他结构，这是一个类型（图十四：4）。若是后者那么这个居址就可能和前一个类型相同，也可能居住面上还有其他结构，是另一种类型建筑（图十四：4、5）。作为第一手资料，哪些地方是清楚的，哪些是没弄清或被破坏了的，应客观地介绍清楚，是什么样画什么样，这点应该是确凿的不容讨论的。至于对它的复原则是需要另外解决的问题，因此不应作不适当的省略或替代。

（四）遗迹图中的几个其他问题

1. 不要画错指北针

画错指北针的原因可能有以下几种情况：（1）在理解上颠倒了图与指北针的关系。在一张图上（有经纬线的除外），只有指北针才能代表南北方向，在没画指北针以前图上的线段是没有确定方位的。若不自觉地总把图上绘图的基线或遗迹的某一个直边当作是正南北向，再按罗盘读数沿顺时针方向旋转后画针注上"北"，于是遗迹的方位30° 变成了330°。顺时针旋转是指计数方位角时的原则，当以罗盘测准度数后，应该以图上测方向时所使用的直边为0按逆时针方向旋转至测得的角度画角的一边为指北针。（2）不管是方位多少，只平行遗迹的一条直边画个"指北针"，针头上注度数，这种情况等于没画。（3）在将象限角换算成方位角时计算上失误而画错。换算方法很简单，凡北偏东多少度就是方位角多少度，凡北偏西多少度就用360° 去减，凡南偏东多少度就用180° 去减，凡南偏西多少度就用180° 去加。（4）原始图漏画而根据文字记录补画指北针，这时出现的差错就更多了，甚至出现南北颠倒。其原因也是多种多样的，但主要的还是记录不详尽，尤其是当时是以什么测得的方位，是绘图的基线还是遗迹轮廓的某一直边，没有明确的注明，只有一个基本方向怎能补上准确的指北针？

2. 使用虚线时要使读者明白易懂

虚线在我们的图上由于使用不同具有不同的含义。作为隐蔽部分的轮廓线它是确定的，作为复原线、断折部分的延伸线，这时则代表了作者的看法和意见，它也是确定的但是可以商榷的，而作为各种痕迹等范围的轮廓线往往又是大体上确定的。因此说使用不同其含义也不同，单独使用大家都能理解。但当在一幅图上同时有两种内容需要使用虚线时，一定要在线型上加以区别，并附加图例或说明，以防混淆。

3. 剖面要明显清晰

无论是平面图中的剖面（如砖石墓四壁的横截面），还是剖视图的剖面，它们的内外两侧轮廓线都要使用加粗的线。有的因外部未清理（如墓壁、窑壁），不绘外侧轮廓线，但剖面部分最好画斜线。有的图在剖面中画了砖层，或木纹（在木棺椁图中），又未严格按实际情况画，而仅仅是把它当作图例，这在剖面轮廓线不够粗的情况下，剖面部分与未剖部分极易混淆不清，既没有表现出更多的内容，也没使图面变得更清晰易懂，反不如也使用斜线（图十五）。

剖面斜线要细，间距要匀并相互平行，画成散射状或粗细、间距不均匀都是不好的。间距大小要根据图幅大小和剖面

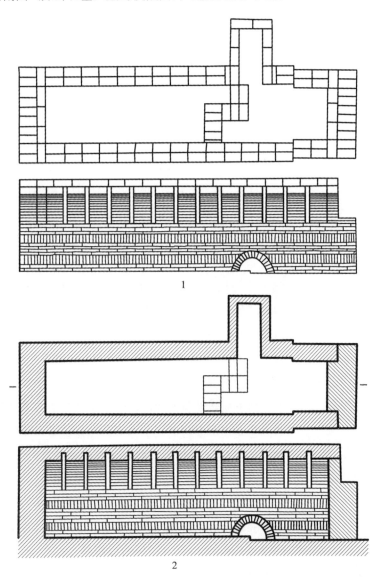

图十五　剖视图上的剖面轮廓要加粗
1. 结构表现不清晰，且细部有差错
2. 修正后的

本身的宽窄薄厚两方面情况来决定，如图幅虽大但剖面很窄也不宜过稀，一般需要密时间距在0.7毫米，稀时在1—2毫米左右。简单的结构在一幅图内斜线方向和角度一致较好，在表现一些复杂结构时，可以按其结合方式，把能开合的部分和不能开合部分区别开，也可以根据内容需要，每一组件调整一下斜线方向，也能使剖面更清晰，结构更清楚。

（五）提高田野绘图质量是画好遗迹图的基础

我们报告中的遗迹图，无一不是以田野的原始图为蓝本，经过整理后清绘发表。有些图甚至不加任何整理，直接以田野原始图作稿，清绘成图。因此一篇报告中遗迹图的水平也就直接联系到发掘工作的粗细。另一方面从我们的工作方法和工作过程来看，多数遗迹图从它的原始图稿到最后完成，很少是出自一人之手。由于认识不同，理解不一，在图面上往往出现多种不同的处理方式，更何况有的实地发掘的同志缺乏绘图的知识和技术，或者是不愿亲自动手，而把这项工作交给不适合担任这项工作的人去做，以致原始图拿回室内进行整理时发现许多矛盾或漏洞，有些问题是可以依据照片、文字记录等原始资料予以纠正，但这要看资料是否翔实，因此就不是所有问题都能解决的。若凭着记忆或印象去进行弥补以求自圆其说，它不但有损于图的科学性，也影响报告的信誉。

五、器物图

类型学是考古学研究遗物的习用方法，因此在报告中器物图常占较大比重。涉及投影原理方面的问题上节已谈过，应用到器物绘图上是一致的，这里主要谈对器型的观察和器物图的表现方法。

（一）要观察和分析器物的形体特征

有的同志绘图十分认真，对每个控制点都经过反复的测量，但画出来的图仍感不像，没有表现出考古学所要求的器型特征。其原因我觉得是缺乏一定的观察分析，往往是拿来就画，画完虽经检查也只限于尺寸上的核对，而没有意识地去注意其造型。当然数与形存在不可分割的联系，没有数也就没有形，但还应看到当前我们所使用的测绘方法虽然是科学的，但它基本上又是手工操作，况且一件器物也不能去测量无限个点，因此单纯地掌握这个方法对考古绘图特别是画器物图来说是很不够的，还必须锻炼观察和表现形体的能力，这一方面往往为许多同志所忽略。观察的方法是多种多样的，可能每个人有每人的习惯，即使同一个人在不同的情况下方法也不一定相同。现在介绍两个方法供大家参考。

1. 单个地分解器型　陶器的造型是和它的加工工艺有密切联系的，尤其是手制陶器有许多就是由几个分件组成的。因此很适于把一件器物分解为数个简单的几何形体，分析每个形体最基本的特征和它们的高宽比。在这个基础上再去分析器物两侧的外轮廓线，各段直线与直线、直线与曲线、曲线与曲线是怎样连接的，也就是要注意各个拐点的变化与特征，它们之间的过渡缓急情况或软硬变化。在整体的基本尺寸和形状控制了以后，一件器物的造型风格和味道往往就表现在这里，这方面单纯地靠机械地测量是难以把握的。图十六是一个分解形体的例子，这三个长颈壶器型相近，图中的水平线是分解形的分割线，虚线是各部分形体全形的复原线，从各锥台两腰的延长线上可以看出虽然每件都有圆锥台，但它们两腰的角度各不相同，锥台的高宽比也不一样，构成腹部基本形，椭圆或卵圆的长短轴比或大小端位置各不相同，所以器物的最大腹径也各有高低。由于有这些差别存在，虽然组成它们三个器型的基本形体十分相近，但风格有

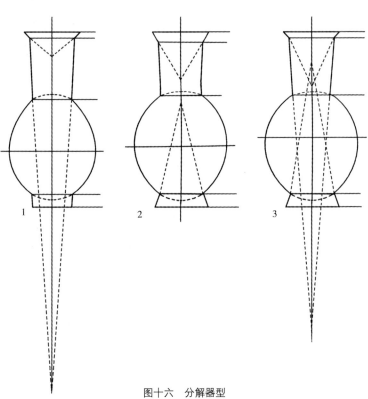

图十六　分解器型

显著不同，1显着稳定，2较敦实，3感觉瘦削。

2. 在比较中观察器型　观察分析器型不要只是单一的一件件进行，要把报告中所选用的同一器类标本，放在一起在群体中进行比较分析，这将有助于对每一件器物造型特征的把握。尤其在报告分型分式较繁细的情况下，用这种观察方法更为合适。

（二）选择表现方法要重效果

目前器物图的表现方法，基本上可以归为两大类，一是单线勾勒法，俗称线图，另一类类似素描画法，俗称点点子或排线。作为不同的表现手段它们各有长短，但当我们对它们进行选择时就不能脱离我们的任务与需要，不能不讲条件不讲功利。

报告中所用器物图的要求不同于绘画，它要求绘图者对器形大小、器型结构、纹饰以及和它们相联系的加工特点和使用情况等给予明确的表现。点点子和排线的表现方法是用点子或线条的疏密形成不同的明暗层次，去表现体面转折与凹凸，尤其对于模糊不确定的物象更具较强的表现力，它所表现的明暗退晕效果也能博得许多人的喜好，尤其这种表现方法还能满足制作锌版的要求。但成图效果不易掌握，即或能画很好，出版后也不一定理想，随便在制版、印刷的某一环节上的不足或失误，都会造成失败。经常出现的是亮面的点子或线丢失，变成一片白，暗面的又极容易并在一起形成一片黑，反差增加暗面纹饰，瞎作一团。从生产者角度说废品率高，从读者角度看不利于引用。另一方面这种画法耗工大，出图慢，用工往往超过单线图四五倍乃至十几倍。所以用它表现个别特殊遗物是合理的，但用其绘制大量器型排比的器物图是十分不合算的。考古图有它鲜明的专业性，这个特性是由它的专业特点和专业需要所规定的，从而也规定了尽量使用正投影图的这一要求。正投影图对对象体积感和量感的表现有它自己的特殊形式，若离开几个视图的配合或剖视图的使用，要求在一个视图中做出对器物体积和明暗效果的表现，对考古学研究的实际意义是不大的，于是也就抵消了这种表现方法的主要优点，更何况这种方法所能表现的各种直观效果再强再好，也赶不上图版。

单线勾勒是我国绘画的传统技法，现在我们把这种线描技术与西洋画在认识和表现空间形体的原理和原则相结合，在多年大家共同实践的基础上，概括出适合我们专业要求，器物绘图的技法原理和原则，这种方法就是要求不仅用简练的线条表现出器物的形体结构，同时通过线条上的粗细、刚柔等变化对器物的质感和明暗效果做出一定程度的表现，因此它具有十分明确而肯定的突出优点。所谓简练就是尽量做到在一幅图中，没有多余的线，每根线都要表现更多的内容。所以要掌握这种方法，不仅要求有较好的线描功力，同时还要具备对形体的观察和概括能力。一般外轮廓线上的变化相对地说较容易把握，而较难的是对内轮线的处理。因为要将这些器表的凹凸起伏的面概括为线，同时又能准确地表现器物的形体结构，是相对地更难一些。如果在用线上心中无数或过于随便，用几根断续游移的线条去表现十分肯定的外轮廓线，或在边棱转角口沿等关键部位若即若离地张着口，就不能使人得到完整形的认识，不仅显着潦草，线条没表现出应表现的东西，还显着空、看着浮。受这样图的影响也无怪一些人常把简练和简单相联系。这对绘图技术的提高和发展都是不利的。

表现方法是多样的，除上述两种还有其他，这里不一一介绍。建议大家在选择器物图的表现方法时，要多从表现内容的主要要求去考虑，多从它的客观效果去考虑。这不单纯是画图人的问题，也是用图人和看图人的问题。

（三）对器物图的要求要合理，插图方式要灵活

对报告中的器物图，往往有多方面的要求，但我们提出的要求要合理，所谓合理一是它必须是表现内容的需要，而不是只想到个人的偏爱，二是符合客观条件，两者必须兼顾。我觉得前者是为我们的插图形式不断发展和创新提供场合与条件。后者则说明当前的条件对我们还有许多限制，我们的主观要求要符合客观实际，否则不仅达不到预想的目的，反而会造成时间、人力和物力的浪费。所以有时就需要分解和简化我们的要求，突出一个或两个最主要的，还有时甚至改变我们的想法，换一个角度去考虑，重新提出要求。

当前我们的报告插图主要是单色锌版，这种版的特点和表现能力是有限的。若是在器物图上要求对器物的形状结构、纹饰乃至体积、光暗等情况做出全面的表现，实际上是达不到的。在这种情况下何不顺应这个条件，索性明确强调对器型结构的表现，突出这单一要求，将其他方面要求放在次要地位或用其他手段予以完成。为符合结构形状表达清楚这一主要要求，不妨多几个视图、多几个剖图，而纹饰也可以进行简化，为表现结构剖掉了某些纹饰也应该允许。再如一件较大的战国细纹铜器，若不考虑出版的开本大小，只想到我们的愿望，提出要求一幅图中要充分表现其形状结构，又要把细密的纹饰画清楚。图自然不能画小，由于开本问题制版就要缩得多，纹饰则很容易瞎作一团。当然有时可以折页，但那只是少数并且还须预先有计划。因此在有几项要求需要完成而不能同时完成时，就可以分作两步去实现，用较小的比例绘成器型图，这个图上只画简单的纹饰轮廓，目的只是表示纹饰的分布部位；用较大比例另画纹饰局部或全部的展开图，有时也可用拓片进行补充。

　　在绘制彩绘陶器和漆器图的时候，有不少同志愁于要在单色锌版图上表现不同色彩，过去虽也想了些办法，确定了几个图例或关于表现方法的意见，但那也只限于表现二三种颜色差别，如黑、红、白或红、黄、白等等，而某一图例在这幅表示黑，在另一幅也许又代表红，尤其在不表示地（器物胎）色时，其效果又是反的，深地浅花会变成白地黑花，因此这个方法也并不完善。特别是当纹饰的纹线细而密时，就连使用这个图例的条件也不存在了。勉强要这样去表现，结果只能造成纹样混乱结构不清。出现这种情况，我们是应该沿着这条路再去想办法，还是换一个角度考虑重新规定这类图的任务与要求？索性明确规定在表现纹样的造型、纹样的组织结构等方面，应着重强调用笔特点。当然这绝不排斥在条件许可的情况下去表现色彩差别，而是要明确侧重点应放在哪。当这样提出任务和规定要求时，在客观上还能起到一种引导作用，引导绘图的人去钻研纹样结构，琢磨纹样特点，想办法辨识模糊的纹样痕迹，搞清楚它的来龙去脉，完成文字和图版所难以完成的任务。而不再为解决在单色锌版上表现色彩问题去分散精力。应该说这才是更好地发挥图的作用，体现图的意义。

六、整座墓的成组器物图

按现在报告的编写方法，遗迹和遗物都作为独立的章节。在遗物部分对遗物按不同器类逐项编写，用类型学的方法分解每件器物各方面的特征，综合排比它们诸特征的异同，确定其型、亚型和式。选出适量典型标本绘图发表。从编图角度说，这个方法存在的缺点是，使读者只能了解它们形制的演变过程，而不便于读者了解每一单位内各种遗迹和出土遗物的共存关系。由于认识上的不同，型和式的确定和典型器物的选择，以及在这基础上所提出的分期意见，倘有问题，读者只能存疑。

因此有的报告，在遗物一章的器物图之外，另行编绘了以介绍遗物组合情况为主要目的的成组器物图，单独地或与遗迹部分排在一起使用。无疑它对读者是有利的。用过这类图的有《西安半坡》，用4幅图介绍了墓葬出土器物的四种典型组合情况，它的用法与上面说的稍有不同。《大汶口》则是选用了七座不同期的典型墓，集中同墓出土的绝大部

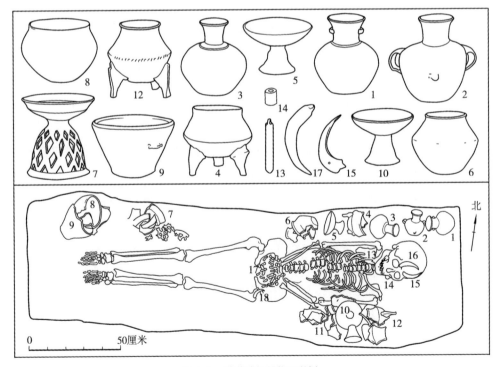

图十七　墓葬成组器物图举例

分遗物（删去了重复器型），与墓葬图编排在一起。其他数座典型墓没作组合图的，多是遗物少的小型墓，在墓葬图中遗物的组合情况基本上是清楚的，因此它的意义更贴近我们前面所说的目的了。此外在《乐都柳湾》和待出版的《胶县三里河》以及正在编写中的其他报告，使用了和计划使用这类图（图十七）。

在技术上它的要求不像遗物一章插图那么严格，允许搞得活泼些，为节省版面，器物可互相插空或叠压，也不要求使用统一的整数值比例，只要能在图面上反映出相对大小就可以了，有纹饰的器物也可以只做示意能看出是哪件即可。在《大汶口》中使用的是透视图，大部是根据照片摹绘，部分是写生完成。《乐都柳湾》、《胶县三里河》使用的是正投影图，大部分是用了遗物一章插图稿再经调整比例后绘制，其中缺少的是另行补画的。当然报告要使用这种插图，自然要为绘图增加很大工作量，这里只做个简单介绍，是否值得，留待大家选择。

七、器物图表

按不同的目的和要求，把许多器物编排成表，用以说明作者的意见或论点，是应用范围较广的一种插图形式。这种表的表现力十分丰富，说明的问题多种多样，可大可小。作者用这种方法可节省大量笔墨，有时还可发挥文字难以起到的作用，对读者说可以节省时间，免去查阅资料的麻烦。由于它具有鲜明的图解性，因此要讲究编制方法，做到直观易懂，每个表说明的问题要集中，避免庞杂，尤其表中内容之间的关系要十分清晰，表的形式设计也要灵活多样，这是用好器物图表的主要要求。已见发表的这类图表中，有些不够理想，是否应注意以下几方面问题。

（一）注意篇幅不要把表排得过大

我们的报告大多为16开本，表若是太大就难以容纳，勉强用，缩版太多，表中器物必然太小，有的竟小至5、6毫米，图看不清也就失去了作用。还有些表不但篇幅大，空格也过多，这既影响了主要方面的突出，又浪费了版面。造成这种现象的原因，一是在设计上表的内容安排过多，项目过繁过细，有的除要表现的主要内容以外，把一些可以附带说明也可以不说明的问题统统包括进去，或者把本来应该用两个表的内容也挤到了一起，这是使表过大空格过多的主要原因。若能在项目上减少些，比如以说明器型演变过程为主要目的的，就可以把各期独有的器类去掉，突出能看出演变的器类。以说明各期都出现哪些主要器型为目的，那么只要同类器做到上下基本对应就不需要类类都上下对得很正。总之同样的对象着眼的角度不同，就会有不同的主题，表的编排方法也不同。二是表中的器物大小过于悬殊也是造成篇幅过大的原因，这也许是由于片面强调要合比例，也许是引用的图未经加工调整而将就了原图大小，于是自然要小的迁就大的，所以虽没有过多的空格，却有不少是格特别大而器物又特别小，产生空荡的效果。编这类表，器物是不需要统一比例的，虽不要求都画得一样大也不一定非要看出相对大小。

（二）表中的器物画法要尽量简略

一幅器物图表有时含几十件甚至上百件的器物，制版缩小后有些仅1厘米大小，还有的不足1厘米。所以要根据表的内容要求进行不同的简化。以说明不同期器物组合情况为目的的，可以只画轮廓不画剖面；以说明器型演变关系为主的，器物纹饰可以只稍加示意，若只是说明纹饰变化也可以只画纹样单位不画器形等等。总之表中的器物画得过繁过细反而不能取得好效果，尤其不要使用点点子的图。

（三）在编排设计上要充分利用版面

表的内容确定以后，可先绘出单个的器物图，根据它们的应处位置在一个框内进行试排，然后决定作横幅还是竖幅，行距和间距大小，是用格网还是只用横、竖线分割或相连，用格也可以使部分稍大的图突破格线以尽量缩小行距与间距。进行试排的框要按出版物版心的比例放大，但放大的倍数不要求一定是整数。这里介绍一个表现西周鸟纹演变过程的"鸟纹图谱"，说明版面利用是否充分对表中图大小的影响（两图原图纹样绘图大小相同）（图十八）。

以上几类是报告中的常用图，其他用量少或特殊的图就不列举了。

最后谈一下使用和绘制插图与编辑出版方面有关的问题：

首先，编辑除对报告作文字加工，还要进行插图的编排工作，这是编辑考古报告特有的工作。一篇报告往往有大量的插图，不能插得过于

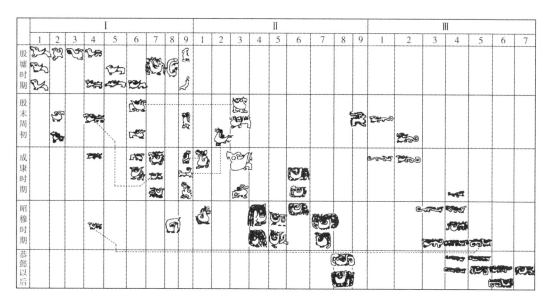

图十八上

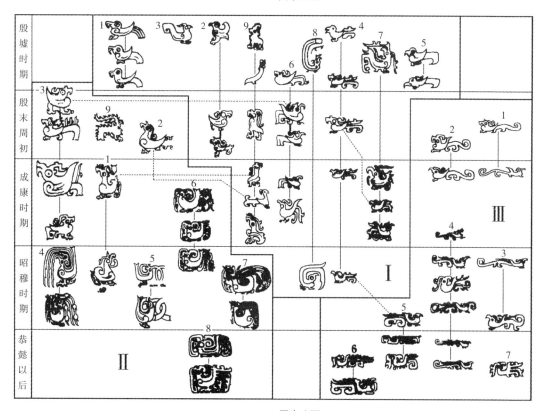

图十八下

零散，尤其是器物图，一般都是按报告章节，按器类七八件或十几件排作一个图，因此要求按比例绘成缩小的图。有人不论器物大小，有无必要一律画成原物大，认为这样出版效果好，其实不然，图画得大对几方面都不利，图大自然要多费工。而且制版缩小倍数多，绘图用线粗细、密度以及对细部表现如何处理得当难以掌握。对编辑说图大不便拼排，制版要求较大的照相设备，这些都直接影响出版效果。当然也不宜过小，有人按出版时图的大小画，原大作版。这样也不好，不仅图小了误差大，对细部的表现同样难以把握，而且图上的瑕疵也会变得更显露。那么画多大合适？根据经验，以器物图为例，一般控制在图幅（图的有效部分最大尺寸）为制版尺寸的 $1\frac{1}{3}$ — $1\frac{1}{2}$ 为宜。例如25厘米左右的器物，用1/3的比例缩绘，素面无纹饰的也可用1/4的比例，有简单纹饰的铜器画1/2，纹饰细密的可画2/3或原物大。当然上述意见虽具体，也只是个参考。

在一个报告中选用绘图的标本大小不可能一致，有些相差悬殊，因此在确定绘图的比例时使用的比值尽量要少。最好是在绘图前对整个报告所要画的图预先计划好，有多少器类，每一器类又有多少种，每种又分几个型几个式，总共多少件要排成多少幅图等等。不同的器类可分别使用不同的比例。同一器类的同一种器物，尽量把大小悬殊的不排在同一幅，不同幅虽然也可使用不同的比例，但仍要尽量争取一致，以便以后需要调整图幅编排时减少麻烦。若有大小悬殊的器物必须排在同一幅时，也尽可能地迁就一下统一比例，实在不能迁就时，对特大或特小的也可换一个比例，但在图面上要能看出各器的相对大小，并且在一幅图中不超过两个缩图的比例为宜。

此外每幅图均应使用图解比例尺，因为受开本限制，制版时往往不能按整数值缩小作版，这样无图解比例尺要为编辑带来许多换算上的麻烦，且在插图说明中出现过多的约数。

遗迹图的情况比较复杂，很难举例，但仍要注意图幅大小，就一般的图面繁简程度，当图幅尺寸超过允许作版尺寸五倍时，就应考虑更换绘图的比例缩小图幅，或将图化简，另设细部分幅图。

其次，插图必须使用墨线图，并且墨色要浓黑，凡是用墨淡、图中有渲染的、用铅笔画的以及晒印、复印但线不黑的均不宜作版。绘图的线要实，特别是遗迹图的主要部位轮廓线，器物图的外轮廓线，都要适当的粗一些。使用细线的地方也不能太虚。这个要求是绘图必须遵守的。

再次，在编辑对报告进行编辑加工时，有时发现有些图表现不清，虽对照文字仍然费解。还有时对同一对象的表现与描述，图、文不一致，而尺寸上图、文不一的现象更时有发生。对这类问题有些根据其他方面提供的情况可以找到原因判断其正误，但不具备条件的时候，别人就很难判断究竟是图错了还是文错了。所以在报告完成后将插图对照文字作仔细的检查核对，这对用图的人来说也是十分必要的。

从发掘到报告完成是一个繁杂过程，有时要持续很长时间，所以必须自始至终对图给予足够的重视。有些差错在发掘阶段就早已存在了，并不都是在最后成图的时候。另一方面报告的执笔、图版拍照与绘制插图大多数是分工进行的，这种分工虽有积极的一面，但也不可忽视由于分工过死缺乏相互了解与照顾往往只是个形式上的集合。所以有的报告插图不少，图版也很多，当读者在使用某些材料时，一方面感到重复，另一方面又觉得想知道的介绍不全和深度不够。其原因可能是多方面的，但不善于发挥文字、插图和图版各自的长处以长补短，恐怕这也是原因之一。因此要把这三个方面更有效地结合起来，首先要注意的不是形式上的完美，而应该是如何使用这三种不同手段把内容准确而深入地表达清楚，这样就要求有一个包括几方面的周密计划，按照它们自身的特点和规律提出要求，合理地规定它们各自的任务。而对于绘图的同志，也就不该只满足于对绘图理论和技术的学习与掌握，同时还要具备相应的考古学知识和对报告内容、编写方法等方面的了解，这样才能画好图、用好图，这对提高报告的质量和水平将是有益的。

（本文引自：《华夏考古》，1990年第1期。）

关于考古绘图的几点思考

李　淼

关键词：考古绘图；科学化；规范化；现代化

考古绘图是把制图学应用于考古学研究的一门技术，它是考古学研究必不可缺的组成部分。自考古学诞生时起，考古绘图就贯穿于考古工作的始终，它用制图学的理论和技术形象地记录和说明考古材料，是考古学研究的基础手段之一。随着考古学研究的深入和发展，对考古图件精度和品种的要求也将不断提高和扩大，考古绘图工作必然面临着新的问题，因此，我们有必要进行一次全面的回顾与总结，力争在新的世纪里使考古绘图更好地为考古学研究服务。本文拟在对我国考古绘图工作进行简要回顾的基础上，就考古绘图的科学化、规范化和现代化等问题阐述自己的认识。

一、考古绘图的回顾

20世纪初，西方现代考古学传入我国，照相、测量和制图等技术开始被应用在考古学上。现代考古学中的科学研究方法，是考古绘图产生的主要原因，为了准确地表现出遗迹、遗物的位置、大小、形状和结构，就要把遗迹和遗物利用投影原理绘制成线图，以便进行比较研究。由于线图精确、清晰，并能直接度量遗迹、遗物的尺寸，给考古学研究带来了极大的方便，这具有照片所不能取代的作用。

考古绘图作为一门专门技术，在我国经过几十年的实践，从一开始完全照搬西方的内容和形式，到根据中国考古学研究的需要，逐渐摸索出一套简练实用的表现方法，形成了自己的体系。早在20世纪20年代末期，我国考古学家就在河南进行了第一次独立的科学发掘，并出版了《安阳殷墟发掘报告》。30年代以后，又陆续出版了《城子崖》、《小屯》等发掘报告，其插图严谨，画法细腻，奠定了中国考古绘图的良好基础。中华人民共和国成立以后，考古事业也步入了一个新阶段。50年代出版的《辉县发掘报告》，60年代和70年代出版的《西安半坡》、《长沙马王堆一号汉墓》等，从插图的配置、图形的表现、线条的运用上，都达到了相当高的水平。20世纪80年代至今，是中国考古学蓬勃发展的时期，著述丰厚，成果累累。插图的内容和形式也更加丰富多彩，《殷墟妇好墓》、《定陵》、《侯马铸铜遗址》、《秦始皇陵铜车马发掘报告》和《张家坡西周墓地》等，都是这时期考古插图的代表作。

　　关于考古绘图的技术理论和方法，中华人民共和国成立后不断完善，20世纪50年代，《考古学基础》一书中，就概括阐述了考古绘图的基础知识[1]。80年代，《考古工作手册》中，将30多年来的考古绘图工作加以总结，较详尽地论述了考古绘图的理论与技术[2]。90年代，马鸿藻编著的《考古绘图》，是第一部独立完整的考古绘图理论和实践的工具书[3]。近20年以来，文博、考古类的书刊杂志中也有多篇考古绘图方面的论文发表[4]，这些都是我国考古绘图专业技术方面很好的总结。

　　回顾国内几十年的考古绘图工作，取得了很大成绩，为中国考古学做出了贡献，这是几代绘图专业技术人员辛勤劳动的结果。当然，考古绘图是一门较年轻的技术学科，许多方面还存在着不少问题，它的理论和方法还不够完善。以往有关考古绘图的论述多注重具体方法的探讨，对于理论上的思考还不够。这就造成了考古绘图工作的盲目性，有的没能紧密结合考古学课题论证考古绘图的内容和形式，有的没能针对不同类型的学术著作，制定出较为系统的配图体例。我们不难看出，一些考古学著作的插图不够科学，不够精确，不够规范，有的甚至存在明显错误。还应该指出，随着现代科学的飞速发展，许多新技术尚未应用在考古绘图中，使考古绘图仍停留在较低的水平。这些都影响了考古学的深入研究，是我们今后亟待改变的。

二、考古绘图的科学化

同所有技术学科一样，考古绘图的科学化是今后发展的关键问题。考古学是以古代遗迹、遗物为研究对象的，当语言描述出现困难或表达不清时，就需要有插图做科学地、形象地说明。利用投影原理绘制的各类线图，不仅能准确地表现出遗迹、遗物的大小和形状，而且能清楚地表现物体的结构和文化特征。从而能精确地比较遗迹、遗物的演变规律，为类型学的研究提供科学的依据。因此，提高图件的科学性和精确度，加强图件的表现力和概括力，这无疑仍然是今后考古绘图的发展方向。

考古绘图要达到科学化，一方面要注重专业性的发展，另一方面要注重整体性的发展。注重专业性，首先要求绘图者有一定的美术基础和制图学理论、实践经验，并且具备考古学的基础知识。其次，要求绘图者有较高的分析力和观察力，在对遗迹、遗物进行清绘之前，必须对它的文化性质有明确认识，并对表现手法进行认真推敲，这样，才能选择最理想的角度或位置进行测量绘图，抓住主要特点，准确地刻画出遗迹、遗物的图像。既表现出它的文化共性，也反映出它的独立个性。现在国内的考古学期刊、专刊、专著和论文集与日俱增，应该说这些考古学著述的插图大多数是较准确的，但也有一部分不理想，并且存在着一些问题，需要在今后的考古插图工作中认真加以解决。

在遗迹图方面，有些遗迹位置图绘制过于简单、草率，有的图廓范围选取不当，没有县以上地名，失去了遗址位置示意的作用。有的大中型发掘报告中缺少必要的遗迹分布图、遗迹地形图、探方位置图和反映遗迹结构的各种平面图、剖面图，以及平面、立体复原图等等，降低了考古发掘的科技含量。有的虽然设置了相关的遗迹图，但搭配不当，前后衔接不上，也不能很好地反映遗迹的全貌。在复杂遗迹的表现上，目前一些重要遗址的绘图问题更加突出，由于绘图人员专业技术水平有限，使得表现内容失去了科学性，有的没有抓住对象的主要结构进行处理，而将与遗迹无关的现象画得十分突出，图面效果混乱不清。有的遗迹本身的平面与剖面对应不上，图与文字、图与照片对应不上，有的表现方法欠妥，视图选择不合适，或是剖面处理不恰当等，有的缺少轴测投影图或透视图的补充。有的则是画法错误，使人难以看懂或产生误解，以上这些都在不同程度上影响了读者的阅读、引用和研究，是我们今后要特别注意的。

在遗物图方面，最常见、最主要的问题是：器物形状画的不准确，尤其是那些能反映器物文化特征的关键部位，往往表现不到位，失去了真实性，影响了分型分式。另外，有些器物摆放角度不科学，或剖面位置设计不当，没有表现出器物主要的造型特点。有的是表现方法不理想，具体说，就是在确定了器物的表现形式后，没有对描绘内容进行必要的梳理和取舍。特别是一些复杂器物的结构表现不清，有些器物的纹饰画得过于简单粗糙，没有表现出纹饰的细部变化。有的虽然画得很仔细，但线条或呆板生硬，或软弱无力，没有表现出纹样的韵味和艺术特色。有些器物画得过于烦琐，一味地追求立体感，布点过多、过密，经印刷出版后，变得一团黑，实际效果反而不好。有的则是线条缺乏组织和变化，没有粗细、软硬之分。有的器物图甚至在大的造型和结构上发生错误，使读者根本无法利用。这些都给考古学研究带来一定的损失。

考古绘图的科学化，除了要注重专业性的发展外，还要注重整体性的发展，要将考古绘图置身于考古学大的学科环境中考虑问题。紧紧围绕考古学开展工作，做到真正为考古学研究服务。随着新世纪的来临，中国考古学必将更加生机蓬勃，它的自身理论和方法论也将不断更新和完善，自然科学在考古学中的应用日见突出，科技考古已成为中国考古学的主要组成部分。考古绘图必须顺应这种形势，探讨新的理论和方法。这就要求考古工作者和考古绘图者在考古发掘时就要有多学科介入的意识，进行深入细致的测绘摄影工作，准备好各方面相关的影像资料和实测底图，以便后期整理发掘报告的插图时使用。与此同时还要求在课题启动时就拟定出插图的配置方案。使发掘报告真正做到科学化。

在室内清绘时，也要注意多种表现形式的结合运用。过去我国考古学著作的插图，种类比较单一，缺乏多元性的整体思考，一般都是遗迹平剖面图加出土器物图。没有针对具体的发掘对象设计出表现力最强的插图。如对新石器时代的发掘报告，重点应放在遗迹的地形地貌上，反映人类依赖环境生存的各种迹象。要增加一些模拟考古方面的示意图和复原图。墓葬图可以和该墓出土的器物进行组合，绘成墓葬组合图。在多学科、综合性研究中，应利用科学手段绘制出各类定量、定性分析图表或各类文化类型对比图、分期图、集成图等。商周以后进入文明社会，人类的物质文化与经济基础、意识形态密不可分，出土的遗迹、遗物也发生了一些变化，除了使用功能外，功利目的和审美意识加强，考古绘图的重点也应转移到造型艺术上面来。可用多视图表现，或用正投影图与纹饰展开图、拓片、照片组合的形式表现出来。也可用轴测投影图、透视图表现大型、复杂的遗迹和遗物，要适当增加制作工艺图、彩色复原图和立体复原图的比例，使考古学研究的成果更加科学和直观。

总之，考古绘图的科学化是今后我们面临的首要课题，应该引起整个考古学界的高度重视，每个绘图者都要努力加强自身专业素质的培养，以科学的态度进行工作，严格要求，精益求精，认真绘制好每一张插图。为考古学研究打好坚实的基础。

三、考古绘图的规范化

考古绘图的规范化十分重要，它是考古绘图工作的根本保障。只有建立完整的规范化体例，才能使考古研究更加深入地发展。经过几十年的积累，考古绘图已有了一些约定俗成的表现手法，今后应在此基础上进一步改进和完善，建立起一整套适合我国考古学研究的插图规范化体例。

在遗迹位置图中，现代城市、建筑、道路、河流等注记要参考现行国家地图制定统一图例，并与古代遗迹加以区分。遗迹位置图的图廓范围应选择恰当，不能过大或过小，至少要包含一个县以上的地名，使读者便于查询。图中的现代注记应在尽量简化的基础上进行规范，文中涉及的古代遗迹注记应画大些、突出些。目前，国内考古学期刊中的发掘位置图有相当一部分绘制不规范，河流、铁路、公路分不清，古代遗迹注记标注不明显，古代遗迹与现代注记相混淆，亟待今后解决。

考古学中常见的遗迹现象，如古代城墙、城门、宫殿、房屋、寺院、石窟、洞穴、道路、水渠、窑址、祭坛和墓葬等等，都要有统一的符号，不宜随意改变。每种遗迹的具体画法，也要有相应的体例，图例力求简洁统一。有些特殊的遗迹现象，可根据具体情况制作出特殊图例，但也应在一个发掘报告中，同种遗迹现象，前后图例要保持一致。视图的排列应按机械制图的视图排列顺序，不能随意摆放。遗迹图使用的指北针、比例尺一般在大小、形状和位置上应有统一安排。一些自然地貌的注记，如等高线、断崖等，也要和国家地图保持一致。有些遗址规模很大，要用多幅图表示，要设置遗迹总分布图和局部图。总图和分图不仅要相互衔接，而且图例、注记均要统一。发掘简报、中型发掘报告的图例可分幅设置。大型发掘专刊、专著应在卷首设总图例，将常用图例一并列出，避免重复。

考古学中特有的地层图，原来画得比较复杂，每一层都设置图例，层位多时图例造型容易接近，致使一些图缩小出版后辨认不清。而且地层图例五花八门，很不规范，画起来又非常费事。因此，现在多使用简单画法，省略各层图例，改为编号处理，生土用斜线表示，各层性质在图下对号注字说明。这已基本成为地层图的规范化表现形式。当然，一些较特殊的地层图，应酌情处理，有的仍需设置图例。

考古发掘报告中的遗迹平面图、剖面图，十分重要，应根据不同性质的遗迹，设置与其相吻合的规范化体例。例如一座汉代木椁墓，需要有总平面图、剖面图，棺椁平面、剖面图，棺椁榫卯结构图、墓葬遗物分布图等一系列与文字相配合的插图，每幅图的具体表现形式力求规范统一，以便于和其他汉墓比较研究。

目前，我们的考古学研究中，使用了较多的遗物图，大部分是正投影图。由于遗物种类繁多，造型各异，结构复杂，这就造成了表现形式的混乱。例如，最常见的破损陶器，在各地区的发掘报告中，就有许多种画法。认真分析这些画法，有的是正确的，应予以肯定。但也应指出，多数画法是不规范的，有的甚至是错误的。应加以纠正。因此，各种类型的遗物都要有相对固定的表现方法。当然，一种类型的遗物，由于个体的差异，也可以有两种以上固定的表现形式，例如三足器的画法，就是这样[5]。但每种画法也应规范和统一。一些特殊的器物和使用工具，要按照使用时的方向放正，不能随意摆放。以前发表的插图中，一些生产工具、兵器、车马器、装饰品等，经常出现放错方向的问题，应引起重视。剖面的选择和放置要一致，如陶器残片的剖面均向外旋转置于主视图的左面，而小件器物的旋转剖面均应向内旋转，置于主视图的一侧。一些结构复杂的器物，可多视图、多剖面表现，但应尽量简洁明了。

四、考古绘图的现代化

考古绘图的现代化，主要体现在计算机在考古绘图中的应用上。目前，计算机在考古绘图中的应用已成为考古界比较关注的问题。我们正在开展的工作主要有：通过平面扫描仪将手工绘制好的遗迹、遗物图或已发表的插图输入计算机中，再使用图形图像处理软件，对其进行修改和加工，使图中的线型、图例、注记、图廓均符合一定的要求。同时还可以将遗迹、遗物的单个图形编排在一起，制作成适合发表或其他目的的图版。这些无疑都大大提高了考古插图制作的工作效率，是使考古插图达到科学化、规范化的有利保证，也是考古绘图现代化的开端。当然，计算机在考古绘图中的应用比例还很小，现在主要应用在考古绘图的后期加工上。计算机绘图在前期的应用主要是在遗迹绘图方面，特别是遗迹的位置图和地形图、古代环境变迁图和遗迹三维虚拟复原图的制作等方面。现在，数字摄影测量技术、电子全站仪配合电子图版技术以及全球定位系统（GPS）技术在考古测绘中逐渐得到应用，达到了高效、快速、精确绘制考古地图的效果，对考古学研究将起到一定的推动作用。但是，在田野遗迹图和室内遗物图的绘制方面，国内外的前期处理仍以手工操作为主，其原因可能有以下几个方面：

一是软件移植的问题。目前，国内外已有多种较为流行的数字摄影测量软件，此外有的公司正在开发小型数字摄影测量软件，这些软件可以测绘地形图与各种各样的物体、器物表面的图形，而且测量的精度高、速度快、操作简便，能够提供各种物体表面的等值线图、正射影像图、正投影图乃至三维模拟图，可以通过多种方式打印输出或保存成不同的图形图像格式，完全满足数字产品生产的要求。然而，相对于考古研究目的经费来说，这些软件的价格都极其昂贵，所以考古行业对数字摄影测量软件一直无法问津，同时这类软件也没有针对考古行业的绘图特点进行调整和磨合，不便于移植到考古绘图领域，致使考古绘图技术一直停留在手工制作的程度上。

二是技术储备的问题。由于考古发掘出土的遗迹、遗物种类繁多、情况复杂，有些遗迹、遗物残损严重、模糊不清，即使应用数字摄影测量软件制作出的图形，也与现在考古研究的要求有较大的差距。而手绘图注入了考古绘图者对遗迹、遗物的理解和认识，能够将破损变形或模糊不清的对象进行矫正复原和梳理提炼，使之变为完整准确的或清晰简洁的图像。所以数字摄影测量软件产生的图形，还需要做进一步的加工和处理，有的甚至需要转移到其他的图形图像处理软件中进行加工，这就要求作业员不仅具备较好的考古绘图专业技术，而且具备较高的计算机图形图像处理技术，只有这样才能在实际应用中充分发挥不同软件的优势，制作出精美的图形。

三是传统观念的问题。传统的考古绘图模式已经十分牢固，即利用正投影原理手工绘制的单线图，它被广泛应用于考古学研究中，而且能够满足当前考古学研究的需要，计算机系统制作出的各种图形还没有多少需求。随着现代信息技术对考古学研究领域的不断渗透和影响，数字摄影测量技术将会成为考古绘图中不可缺少的重要组成部分。

当然，今后要实现考古绘图手段的现代化，就必须逐步实现计算机在考古绘图中的应用，那么，也就必须加大数字摄影测量等绘图软件的购买、应用和开发移植力度，使计算机室内直接清绘出土遗物成为现实。另外，随着世界高科技的不断发展，随着考古学研究水平的不断提高，考古学界的一些传统观念也必然会发生变化，相信计算机制图与考古绘图一定会找到一个很好的切入点。使世界最先进的计算机绘图技术真正为中国考古学研究服务。

五、结　语

通过几十年的考古绘图工作，我们初步形成了有自己特色的考古绘图体系，为中国考古学做出了贡献。在新的世纪到来之际，我们要紧跟中国考古学和世界考古学的发展大趋势，在不断实践与探索的过程中，更新自身的观念，提高自身的技术水平。使考古绘图更好地为考古学服务。与此同时，我们还要面向世界，积极开展对外交流，不断吸收国外同行的先进经验，特别是要认真学习国外考古绘图的新理论、新技术、新方法、新形式，将其利用在我们的绘图工作中。我们要进一步提高图件的科学性和精确度，增强插图的表现力。要拓宽插图的种类，把握插图的质与量，真正做到考古绘图的科学化。我们要逐步建立考古绘图的规范化体例，努力推广计算机在考古绘图中的应用，使考古绘图尽快实现数字化和现代化。我们相信，在新的世纪里，通过不懈的努力，考古绘图一定能为中国考古学和世界考古学的发展做出更大贡献。

（本文引自：《21世纪中国考古学与世界考古学》，

中国社会科学出版社，2002年12月。）

注释

[1] 郭义孚：《考古绘图》，《考古学基础》第三部分，科学出版社，1958年。

[2] 张孝光、郭义孚：《考古绘图》，《考古工作手册》，文物出版社，1982年。

[3] 马鸿藻：《考古绘图》，北京大学出版社，1993年。

[4] 近20年以来发表的考古绘图论文主要有：

a. 李爱云：《考古绘图的一点体会》，《中原文物》1984年第1期。

b. 刘萱堂：《考古绘图浅谈》，《博物馆研究》1984年第2期。

c. 张鸿修：《唐墓壁画的临摹》，《文博》1986年第4期。

d. 陈红冰：《谈三足器的画法》，《考古》1990年第10期。

e. 张孝光：《报告插图的画法和使用》，《华夏考古》1990年第1期。

f. 安立华：《应重视考古绘图的应用》，《中国文物报》1992年3月29日。

g. 邵锡惠：《近景摄影测量技术在文物考古测绘中的应用》，《文物工作》1993年第4期。

[5] 同注［4］d。

浅谈完全正交摄影在考古绘图中的应用

中国社会科学院考古研究所考古科技实验研究中心

日本国际航业株式会社文化事业部

李　淼　刘　方　杨　锐

关键词：考古绘图；完全正交摄影；正投影图像；矢量图

前　言

考古绘图是把制图学应用于考古学研究的一门技术。自考古学诞生时起，考古绘图就贯穿于考古工作的始终，它用制图学的理论和方法形象地记录和说明考古发掘材料，是考古学研究的基础手段之一。但过去几十年来，考古绘图一直停留在手工测量绘制的阶段，它的缺点是绘制速度慢、图形精度低，因此影响了考古学研究的深入发展。

近年来，现代测绘技术逐渐应用到考古测量中，特别是遥感影像和电子全站仪的应用，使得田野测绘技术得到了飞速发展[1]。而室内考古绘图如何引进新方法、新技术，尚未得到解决。目前，一些文物考古部门开始尝试利用数字摄影技术进行考古绘图，但由于使用数字相机拍摄时，影像会产生近大远小的效果，为尽量减少影像的变形，接近考古绘图需要的正投影图像，通常是在远距离使用长焦镜头拍摄。利用这种方法拍摄需要较大的空间，同时在解决图像分辨率的大小和相机的稳定上更要花费很多时间，即使做到了上述几点，也仍然无法得到正投影图像。因此，如何将文物的普通影像转化为正投影图像，是考古绘图技术革新的关键，也是考古绘图数字化面临的主要课题之一。

一、完全正交摄影技术概述

完全正交摄影是在数字摄影的基础上，将出土文物拍摄成正投影图像的创新型技术[2]，它为考古绘图彻底摆脱手工测量绘制提供了先决条件。完全正交摄影的核心部分是"完全正交摄影装置"，它相对于普通数字相机，可以通过计算机控制数字相机进行拍摄，并在电脑屏幕上确认所拍摄文物的影像。另外，根据对影像的不同要求可以随时改变摄影条件，进行再次拍摄，从而大大提高了工作效率。把所拍摄的文物放在摄影的允许距离内就可以免去烦琐的对焦过程，直接进行拍摄。如果文物大小超过了成像范围，可以对文物实行有一定重叠度的分幅摄影，然后用计算机图像处理软件在电脑上进行合成。最后，用矢量绘图软件对文物影像进行线条的提取，就可以完成一幅文物的正投影矢量图。

该装置有较长的景深，使所拍摄文物的纵向部位都可以在影像中清晰地表现出来，有利于提取文物表面的结构线或纹饰线，从而大大提高了文物图像的精确度（图一）。

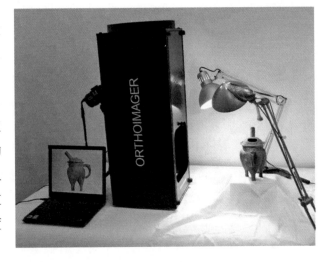

图一　用完全正交摄影装置拍摄文物数字图像

二、完全正交摄影装置的设计原理和内部结构

以 ORTHOIMAGER 300 型 [3] 完全正交摄影装置为例，它是利用放射线镜的远心光学系统（Telecentric System）研制而成，镜头对焦在被拍摄对象空间的后侧焦点或者是前侧焦点时相对应的所有主光线，无论是在物体空间还是影像空间里都是与光轴相对平行的。经它拍摄的照片，可以消除图像的远近感，使得图像的大小不会因为摄影距离的变化而改变，即把文物的中心投影转换为平行投影（图二）。

该装置的主体为一个 320 毫米 × 320 毫米 × 850 毫米的长方形金属箱，在其一端开方形入摄口，另一端安装一个天文望远镜中所使用的放射线凹面镜。在入摄口和凹面镜之间插入半透光镜，金属箱的一侧设金

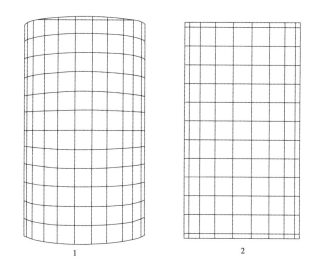

图二　正交摄影与
普通摄影的比较
1. 普通数字相机
　拍摄带网格圆
　柱体的示意图
2. 正交摄影装置
　拍摄带网格圆
　柱体的示意图

属筒，其中装有伸缩式镜头，它与半透光镜之间装有反射镜。凹面镜的口径大小决定摄影范围，伸缩式镜头的焦距决定摄影画面的大小。该装置的凹面镜口径为300毫米、焦距为1200毫米，伸缩式镜头焦距为105毫米，摄影范围为237毫米×156毫米，入摄口到被摄物的距离大于或等于430毫米（图三）。

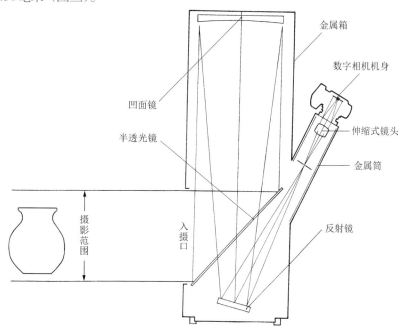

图三　ORTHOIMAGER300型完全正交摄影装置内部结构示意图

被拍摄的文物首先通过与其成45度角的半透光镜将影像折射到凹面镜上，再由凹面镜穿过半透光镜反射到反射镜上，然后再由反射镜折射到伸缩式镜头上，最后成为正投影图像显示在数字相机的机身中。

三、应用完全正交摄影装置进行考古绘图的具体方法

（一）设置完全正交摄影台架

根据文物形体的不同特点，一般需要有两种摄影台架。第一种摄影台架用于拍摄竖直放置的文物，即立拍台架。它由两部分组成，一边为正交摄影装置台（一般的工作台即可），将其固定好，保持水平。另一边为文物台架，它的上部由平台和立板组成，立板与平台之间用合页固定，便于开合；下部为一个摄影三角架，与平台中部固定。平台通过三角架能够上下升降、左右移动，以便较大文物的分幅拍摄。另外，在拍

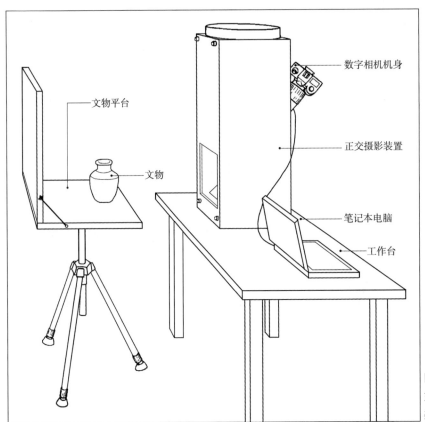

文物平台

文物

数字相机机身

正交摄影装置

笔记本电脑

工作台

图四　完全正交摄影立拍台架结构示意图

摄前要检查文物是否放置水平，可以通过三角架的旋钮调节台面的角度，最后达到台面水平（图四）。第二种摄影台架用于拍摄水平放置的文物，即俯拍台架。它由两部分组成，上部为完全正交摄影装置架，通高大于1600毫米，顶部正好可以横放完全正交摄影装置；下部为文物台架，可以将平台一边的立板放下，以便置换文物（图五）。

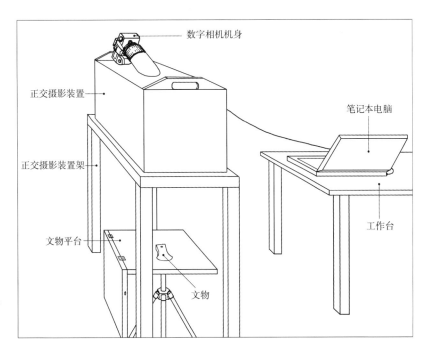

图五　完全正交摄影俯拍台架结构示意图

（二）调整文物方位

将尼康D70数字相机安装在ORTHOIMAGER 300型完全正交摄影装置上，将所拍文物放在摄影平台上，旋转文物，把要绘图的一面与正交摄影装置入摄口对正，将文物前缘到入摄口的距离调至430毫米以上。然后连接数字相机和计算机。

（三）调整光源

根据考古绘图表现形式的需要，文物左上方为主光源，用100瓦白炽灯即可；文物右上方为次光源，用60瓦灯泡。对于一些比较复杂的文物，应根据形状、质地和纹饰的特点，增加光源，使文物的各个部位都达到曝光均匀、结构清晰，以便提取线条。

（四）调整曝光时间

根据文物表面的颜色深浅和光洁程度，确定曝光时间，一般文物需要曝光4秒左右，颜色浅、质地光滑的为2秒左右，颜色深、质地粗糙的可加大到6秒以上。拍摄时可以随时在计算机屏幕上观察文物影像的效果，以便调整曝光时间，最后拍摄出文物的最佳影像。

（五）处理文物影像

将拍好的影像在计算机上进行处理和加工。如果文物大小超过了成像范围，可以对文物实行有一定重叠度的分幅摄影，然后用Photoshop软件在电脑上进行合成[4]（图六）。

图六　用Pho-toshop软件处理文物影像

1、2. 分别拍摄的影像

3. 用Photo-shop软件拼合好的正投影图像

（六）绘制文物矢量图

在处理好的正投影图像上用矢量绘图软件对文物进行线条的提取，最后形成矢量图（图七、图八）。我们主要使用了CorelDRAW软件[5]所提供的"手绘工具"中的"3点曲线工具"提取图像的线条（具体过程从略），它比AutoCAD软件更易于操作[6]，是目前最适合于考古图形矢量化的软件之一。

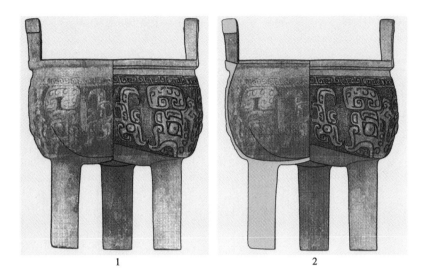

图七　在正投影图像
上提取线条
1. 提取轮廓和纹饰
2. 绘制剖面

四、完全正交摄影装置的主要特点

经过对出土文物的拍摄实验，我们认为ORTHOIMAGER300型完全正交摄影装置有以下特点。

（一）提高了考古绘图的精确度。利用该装置拍摄的文物影像，与文物的理论正投影图像基本一致，其误差很小而可以忽略不计，非常符合考古绘图的要求，它比手工测量起稿的精确度高出很多（图八、图九）。特别是绘制复杂文物时，由于在计算机上提取线条可以随时调整放大，使得细部结构及纹饰更加准确，大大提高了考古绘图的科学性。

（二）实现了考古绘图的高效率。利用该装置摄制的文物正投影图像，可以直接输入到计算机中进行线图的绘制，免去了绘制文物时烦琐的人工选点测量的过程，一般情况下利用该装置绘图的速度是手工起稿清绘的5—10倍，大大提高了考古绘图的工作效率。

（三）推动了考古绘图的数字化。该装置首先配合数字相机对文物进行拍摄，然后采用相应的计算机图形处理软件（如Photoshop、Illustrator [7]、CorelDRAW、AutoCAD等）将所拍图像转化为正投影矢量图。初步完成了考古绘图的数字化，是几十年来考古绘图技术的一次重大飞跃。同时也为文物图形数据库的建立打下了坚实的基础。

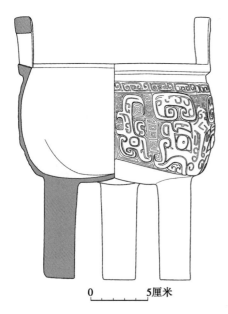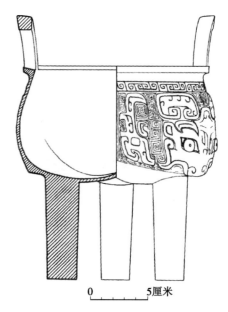

图八　用CorelDRaW软件在正投影图像上　　　　图九　用手工测量绘制的线图
　　　绘制的矢量图（前掌大M38:76铜分裆圆鼎）　　　（引自《滕州前掌大墓地》图一五一:2,
　　　　　　　　　　　　　　　　　　　　　　　　前掌大M38:76铜分裆圆鼎）

五、结语

　　综上所述，完全正交摄影在考古绘图中发挥的重要作用已毋庸置疑。除了完全正交摄影技术，三维激光扫描技术[8]也可以获取文物的正投影图像，它的特点是获取文物图像信息更加全面和丰富，不仅可以显示文物的立体图像，也可以同时展现文物多个角度的正投影视图和任意部位的剖面图，是今后考古绘图必然引进的新技术之一。只是它的价格昂贵，目前尚未实际应用到考古绘图上来。当然，完全正交摄影技术在考古绘图中的应用也还处于研制阶段，ORTHOIMAGER300型完全正交摄影装置目前的成本仍比较高，在考古绘图领域的推广和普及还需要一段时间。另外，完全正交摄影装置拍摄范围以及计算机绘图软件功能的局限，也给绘制线图的精度和速度带来一定的影响。以上这些问题，有待于相关科技不断发展而得以解决。

　　我们认为，完全正交摄影技术的应用不仅仅是对考古绘图技术的更新和发展，更重要的是对考古绘图传统思路和工作模式的冲击与改革。

步入21世纪以来，随着考古学的深入发展，研究者对出土文物的图形精度要求越来越高，对图形内涵的要求也越来越丰富，考古绘图传统的方法和技术已经很难达到和满足这一需求，必须得到新方法、新技术的支持。因此，在现有传统技术上加以革新，加强考古图形的精确度和表现力，真正实现考古绘图的科学化、规范化和现代化，是我们今后的工作目标[9]。除了完全正交摄影技术外，三维激光扫描技术、计算机图形处理技术、数据库技术等都会对考古绘图的革新产生深远的影响。我们相信不久的将来，这些相关的现代科学技术一定会在考古绘图专业中得到广泛的应用，为中国文物考古事业做出贡献。

　　附记："完全正交摄影在考古绘图中的应用"为中国社会科学院考古研究所考古科技实验研究中心与日本国际航业株式会社文化事业部合作项目"考古绘图技术交流"的内容之一，中方负责人为李淼，日方负责人为门屋铁男，中方参加人员有李淼、刘方、韩慧君、张蕾，日方参加人员有川崎义雄、杨锐等。本文插图由刘方、李淼、韩慧君、张蕾绘制。

（本文引自：《考古》，2007年第11期。）

注释

[1] a. 刘建国：《"数字考古"纵论》，见《21世纪中国考古学与世界考古学》，中国社会科学出版社，2002年。

　　b. 秦岭、张海：《电子全站仪在田野考古中的应用》，《考古》，2006年第6期。

[2] "完全正交摄影"是将普通照相机的中心投影图像转换为正投影图像的摄影技术。它主要通过"完全正交摄影装置"将中心投影的发散状入射光线转换成平行入射光线并产生与被照物垂直的等身大的正投影图像。完全正交摄影技术不仅使考古绘图实现了高效率和高精度，而且推动了考古绘图的数字化进程。

[3] ORTHORIMAGER300型完全正交摄影装置是日本国际航业株式会社开发研制的仪器，现正在申请专利。

［4］张蕾：《浅谈考古制图中Photoshop的运用》，见《科技考古》第一辑，中国社会科学出版社，2005年。

［5］CorelDRAW是加拿大Corel Corporation公司研制的平面矢量绘图软件，该软件具有较强的线条提取功能，对任意曲线的矢量跟踪提取十分准确和快捷。实践证明，它是目前利用文物数字图像绘制矢量图的首选软件。

［6］黄文新：《AutoCAD在考古绘图中的应用》，《江汉考古》，2006年第3期。

［7］Illustrator是美国Adobe公司研制的平面矢量绘图软件，与CorelDRAW结合使用，可以更好地满足考古绘图的各种需求。

［8］"三维激光扫描技术"是继GPS空间定位系统之后又一项创新型立体测绘技术。它可以通过高速激光扫描测量的方法，大面积地获取被测对象表面的三维坐标数据。由于该技术具有快速性、不接触性、高密度、高精度、数字化、自动化等特性，避免了光学变形因素带来的误差，真正做到直接从实物中进行快速的逆向三维数据采集及模型重构，其应用推广会像GPS一样引起测量技术的又一次革命。实践证明，近年来三维激光扫描技术在考古测量、古建保护、文化遗产保护等方面均有成功的应用。

［9］李淼：《关于考古绘图的几点思考》，见《21世纪中国考古学与世界考古学》，中国社会科学出版社，2002年。

数字摄影制图法在考古绘图中的应用*

刘　方　张亚斌

摘　要：运用数字摄影制图法绘制遗物图，是考古绘图从手工向数字化制图转变的一种全新方法，近年来数字摄影制图法逐渐应用于考古绘图中。选用适宜的摄影器材、拍摄清晰的器物图像、用图像软件处理器物图像、利用绘图软件绘制线图，为数字摄影制图法的步骤。对比可知数字摄影制图法为目前多种考古绘图方法中最为理想、最为实用的方法之一。

关键词：考古绘图；数字摄影制图法；遗物线图

考古绘图是将制图学应用于考古学的一门制图技术。它利用投影原理绘制考古图样，具有很强的学科专业性。近二十年来，数字摄影技术、计算机制图技术不断发展，并在考古绘图领域得到了广泛的应用，但如何规范地运用这些新技术，并能够准确又高效地完成遗迹、遗物的绘图工作，仍是考古绘图人员面对的一个主要课题。

我们经过近些年的工作实践，总结出利用数字摄影结合计算机绘制考古图样的有效方法，简称"数字摄影制图法"。它比传统的"直角坐标绘图法"、"轴对称绘图法"、"灯影起绘图稿法"[1] 等手工起稿的方法更为快捷、精确，是目前考古绘图工作最为实用的一种方法。本文重点介绍数字摄影制图法在遗物图绘制中的应用问题。

---
* 本文为中国社会科学院创新工程资助项目成果。

一、摄影器材的选用

选择数字相机、镜头及其他器材十分重要，它是拍摄好符合计算机制图所需遗物图像的先决条件。

（一）数字相机的选用

数字相机又名数码相机，是一种利用电子传感器把光学影像转换成电子数据的照相机。它的种类较多，其中数字单反相机是数字相机中的专业级相机，它的主要优点是感光元件比其他数字相机的尺寸大、品质高，并可以根据不同的拍摄对象更换相应的镜头，以达到最佳的拍摄效果。因此也是考古绘图首选的数字相机类型。

（二）镜头的选用

不同品牌的数字相机均有自己匹配的镜头系列，应根据拍摄遗物的大小选用最适合的镜头[2]，目的是最大限度地减少所拍摄图像的投影变形，使遗物图像更加接近考古绘图所需的正投影图样，即投影变形所产生的相对误差应控制在《田野考古制图标准》所规定的 ±1.0% 的范围之内[3]。我们用网格圆柱体代替遗物作为拍摄对象，将不同镜头拍摄的网格圆柱体图像与它的正投影图像进行对比，测试变形大小并计算出它们的相对误差，最后确定最适合的镜头。这里以佳能（Canon）镜头为例进行测试。

本文主要测试一般器物（即普通大小的器物，高度或宽度大致在 10~50 厘米之间）和小件器物（高度或宽度大致在 1~10 厘米之间）所适合的镜头。

1. 拍摄一般器物

用一个网格大圆柱体代替一般器物，圆柱体实高 22.8 厘米、直径 12.2 厘米，单元网格为边长 2 厘米的正方形。拍摄时网格大圆柱体充满画面。

测试镜头1：EF 85mm f/1.2L 定焦镜头。焦距 85 毫米，圆柱体距镜头 100 厘米即充满画面，且镜头中心与圆柱体中心在同一水平线上（以下同此），拍摄得到的图像（图一：2）与其正投影图形（图一：1）作对比，可以看出水平的网格直线呈现出明显的弧形，说明投影变形较大，即圆柱体的高度会产生较大误差；而垂直的网格直线仍为直线，说明基本上没有投影变形，即圆柱体的宽度不会出现较大误差。也就是说，我们只要对圆柱体高度的相对误差进行计算就可以了。

相对误差公式：e=（E/A）×100%

其中 e 为相对误差，E 为绝对误差，即摄影测量尺寸与真实尺寸之差。A 为真值，即器物真实的尺寸。

圆柱体真实高度 A 为 22.8 厘米，图上的比例尺为 1：5，图像高度为 4.81 厘米。则圆柱体的摄影测量高度 a=4.81×5=24.05 厘米。

绝对误差 E=a-A=24.05-22.8=1.25 厘米

相对误差 e=（E/A）×100%=（1.25/22.8）×100%≈5.48%

圆柱体摄影测量高度的相对误差为 5.48%，超出了 4.48%，不符合《田野考古制图标准》对器物图误差的相关规定。

因此证明：EF 85mm f/1.2L 定焦镜头不适合拍摄一般器物。

测试镜头 2：EF 70-200mm 变焦镜头。调焦至 200 毫米，镜头距圆柱体 260 厘米即充满画面，拍摄的图像仍有一定的变形（图一：3），用上述的计算方法可以得出相对误差为 2.63%，超出了 1.63%。

因此证明：EF 70-200mm 变焦镜头也不适合拍摄一般器物。

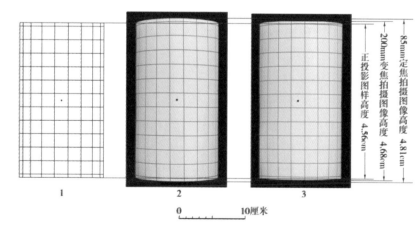

图 一 85mm、200mm 焦距拍摄的网格圆柱体图像变形比较

1. 网格圆柱体正投影图样
2. 85mm 焦距拍摄的图像
3. 200mm 焦距拍摄的图像

测试镜头 3：EF 100-400mm f/4.5-5.6L IS 变焦镜头。分别以焦距 300 毫米、距离圆柱体 350 厘米和焦距 400 毫米、距离圆柱体 400 厘米进行拍摄，可以看出变形依次缩小，得出相对误差分别为 1.75% 和 0.88%。说

明焦距调至300毫米时拍摄的图像相对误差仅仅超出0.75个百分点，已经比较接近正投影图样（图二：2），焦距调至400毫米时拍摄的图像相对误差0.88%，在±1.0%的范围之内，符合标准规定（图二：3）。

因此证明：EF 100-400mm f/4.5-5.6L IS变焦镜头适合拍摄一般器物。

以上是用圆柱体高度进行的测试，其他尺寸的测试方法与此相同，这里不再赘述。

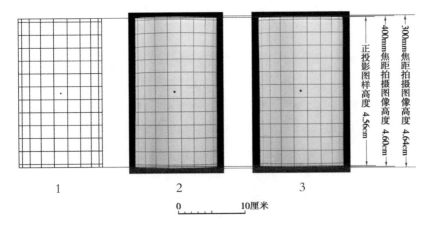

图二　300mm、400mm焦距拍摄的网格圆柱体图像变形比较
1. 网格圆柱体正投影图样
2. 300mm焦距拍摄的图像
3. 400mm焦距拍摄的图像

2. 拍摄小件器物

用一个网格小圆柱体代替小件器物，检测它在使用不同镜头拍摄时图像所产生变形大小，拍摄时以所拍器物充满画面为统一标准。圆柱体实高4.3厘米、直径2.1厘米，单元网格为边长0.5厘米的正方形。

测试镜头4：EF 100mm f/2.8L微距镜头。调焦至100毫米，距离网格小圆柱体为37厘米即充满画面，拍摄得到的图像（图三：2）与其正投影图形（图三：1）作对比变形较大。

用相对误差的公式e=（E/A）×100%（其中e为相对误差。E为绝对误差，即摄影测量尺寸与真实尺寸之差。A为真值，即器物真实的尺寸）可以计算出它的具体数值：

圆柱体真实高度A为4.30厘米，图上的比例尺为1：1，图像高度a为4.37厘米。它的相对误差计算如下：

绝对误差E=a-A=4.37-4.30=0.07厘米

相对误差 e＝（E/A）×100%＝（0.07/4.3）×100%≈1.63%

圆柱体图像高度的相对误差为 1.63%，超出了 0.63 个百分点，不符合标准规定。

因此证明：EF 100mm f/2.8L 微距镜头不适合拍摄小件器物。

测试镜头 5：EF 180mm f/3.5L 微距镜头。调焦至 180 毫米，距离网格小圆柱体为 66 厘米即充满画面，拍摄得到的圆柱体网格变形较小（图三：3）。

用上述的计算方法可以得出圆柱体图像高度的相对误差为 0.70%，在 ±1.0% 的范围之内，符合标准规定。

因此证明：EF 180mm f/3.5L 微距镜头适合拍摄小件器物。

根据对上述不同佳能单反相机镜头的测试结果，得出了考古绘图最适合使用的镜头型号为：

EF 100-400mm f/4.5-5.6L IS 变焦镜头适合拍摄一般器物。

EF 180mm f/3.5L 微距镜头适合拍摄小件器物。

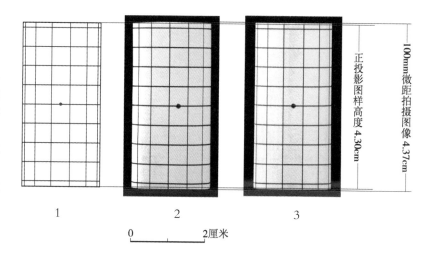

图三　100mm、180mm 微距拍摄的网格圆柱体图像变形比较

1. 网格圆柱体正投影图样

2. 100mm 焦距拍摄的图像

3. 180mm 焦距拍摄的图像

3. 摄影平台

摄影平台宜选择圆形台桌，台面要求平整，结构牢固、材质厚重，以确保平台的水平和稳定。平台上配置旋转转盘，转盘下部为不锈钢转芯，上部为木质圆形台面，台面上包裹平整的黑色衬布（或白色衬布，根据拍摄器物深浅选择衬布颜色），一般多采用黑色衬布。上可标注圆心

和圆周刻度线，四条刻度线的夹角均为90°。拍摄时需将器物摆放在转盘的中心位置，它的正面对准其中一条刻度线，这样就可在不搬动器物的情况下拍摄到它的侧视、后视图像，使拍摄工作达到快捷、准确的效果（图四）。

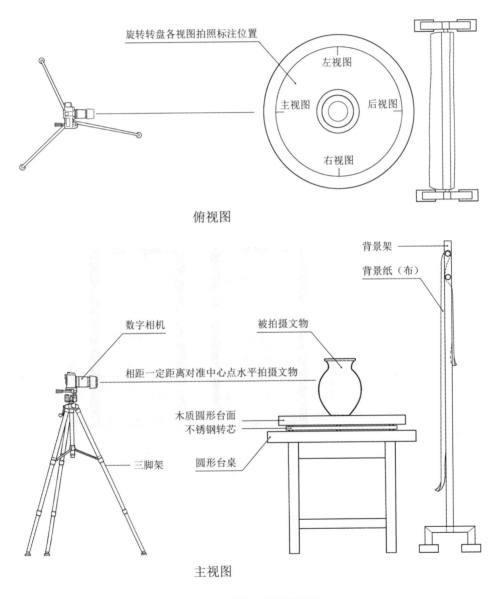

旋转转盘各视图拍照标注位置

左视图

主视图　　　后视图

右视图

俯视图

背景架

背景纸（布）

数字相机

被拍摄文物

相距一定距离对准中心点水平拍摄文物

木质圆形台面
不锈钢转芯

三脚架

圆形台桌

主视图

图四　摄影平台及拍摄示意图

4. 背景架和背景纸（布）

背景架立于摄影台的后面，其上覆背景纸（布）。拍浅色器物用黑背景纸（布），拍深色器物则用白背景纸（布），主要是为了突出器物轮廓，有利于计算机制图时提取器物完整轮廓（图四）。

二、器物的拍摄

拍摄理想、适合提取纹饰和线条的器物图像，需要在拍摄场地的选择、光线的运用、机位的放置、拍摄的模式等方面进行推敲，从而获得器物图像的最佳效果。

（一）场地的选择

拍摄场地首选室内，房间面积应大些，以便拍摄大件器物时数码相机有足够的移动空间。当器物过大、室内空间不够时也可以在室外拍摄。

（二）机位的选择

1. 水平拍摄

相机镜头在水平放置时，适合拍摄竖放或横放的器物。注意镜头中心与器物中心应在同一水平线上。需要旋转器物时，把选定为主视图的一面与长焦镜头对正。调整数字相机与器物的距离，以器物充满相机取景器画面为好。较小的器物距离可适当调近些，较大的器物应适当调远些。

2. 垂直拍摄

相机镜头向下垂直放置，也称俯拍，适合拍摄扁平或小件器物。由于机位不宜设置过高，所以俯拍的器物不宜过大，并且镜头中心与器物中心在同一铅垂线上。

3. 局部拍摄

大件器物水平拍摄时可以采用分段局部拍摄的方法，以免一次拍摄变形过大。一般高60厘米以上的器物可分上、下两段拍摄，150厘米左右的可分上、中、下三段拍摄图像变形更小。各段的拍摄方法与一般器物相同。细长器物垂直拍摄时也可分段拍摄以减少图像变形。结构和纹饰较复杂的器物应拍摄相应的局部图像，为了校正机位较近引起的变形，应另外绘制草图记录局部纹饰结构和纹饰的主要尺寸，以便后期清绘时作为底本，使细部的结构和纹饰更加准确（特别是在脱离原器物的情况下绘制线图）。

（三）其他工作

1. 器物的固定

拍摄器物时经常会遇到一些不规整或放不稳的器物，为了使器物摆放角度合理、稳定，应使用橡皮泥固定好器物，再进行各视图面的拍摄工作。

2. 器物的标识

拍摄前应在每件器物旁边放置拍摄顺序号标签，以便后期清绘时按拍摄顺序号标签与器物清单编号核对，避免因图像过于相似而出现编排错误。

3. 器物的登记

拍摄器物时应填写器物登记表，器物登记表的内容主要包括拍摄顺序号、器物名称、出土编号和器物原大尺寸等信息。

三、器物图像的处理

器物的图像处理均在 Adobe Photoshop 中进行。主要工作有删除背景、确定尺寸、调整变形和拼合图像，为计算机制图做好准备。

（一）裁剪图像、删除背景

（1）用"裁剪"工具将器物四边多余的背景剪裁掉。

（2）选择"魔棒"工具，一般将文本框的"容差"设置在15左右。单击需要清除的背景（图五：1），出现背景的虚线轮廓选区。注意"容差"数值的大小与器物、背景的色彩对比有关，对比明显的，可以选用大一些的"容差"；对比不明显的，选用小一些的"容差"，以便使器物轮廓虚线相对完整。

（3）在已选轮廓界面，选择"以快速蒙版模式编辑＞铅笔工具"修补图像轮廓，主要是对器物图像的边缘内外界限进行修补，使器物轮廓完整无缺（图五：2）。

（4）回到"魔棒"工具，按"Ctrl+X"或"Delete"删除掉背景（图五：3）。

1　　　　　　　　　　2　　　　　　　　　　3

图五　删除图像背景示意图

1. 用魔棒选中轮廓　2. 用快速蒙版—铅笔加工轮廓　3. 删除背景

（二）确定图像格式、分辨率和缩放尺寸

1. 确定图像格式

将原有格式JPEG进行批量转换成TIF格式的操作，执行动作窗口＞新建动作＞JPEG存储为TIF格式＞录制结束＞自动批量处理＞选所要处理的文件。TIF为编辑出版首选无损格式，以便后期绘制线图时不用再储存为TIF格式。

2. 确定图像的分辨率

器物图像分辨率过小会影响图像清晰度，过大会影响作图速度并占用电脑空间。执行"图像＞图像大小"命令，在"文档大小"对话框中将"分辨率"设置为600像素/英寸。

3. 确定器物图像制图尺寸

第一步：确定器物的缩放比例。第二步：根据器物的原大尺寸计算出器物图像按比例缩放后的高度和宽度，并在图像上设置高度和宽度参考线。第三步：执行"编辑＞变换＞缩放"命令，将器物图像缩放至高度和宽度参考线内。

（三）调整图像变形

1. 准备工作

第一步：在带有尺寸参考线的器物图像上，选择"矩形选框"工具，框住画布。第二步：执行"编辑＞变换＞变形"命令，画布上出现"井"字形控制格线（图六：1）。

2. 调整轮廓变形

将黑箭头移至顶部的一端，按下鼠标左键，并拖动鼠标，使器物口沿外轮廓与参考线重合。重复以上方法就可以完成对图像顶部和底部进行变形的纠正，使原来的弧线变为水平的直线（图六：2）。

3. 调整图像内部结构线及纹饰的变形

根据前期对器物测量的尺寸，执行"编辑＞变换＞变形"命令，对器物图像内部结构线及纹饰进行变形纠正，操作方法同上。最后得到器物的正投影图像（图六：3）。

1   2   3

图六 调整图像变形
1. 调整图像变形前
2. 调整图像变形
3. 调整图像变形后

（四）拼合器物图像

大型器物分段拍摄的若干幅局部图像需要进行拼合处理，使它们接合成一幅完整的器物图像。拼合的方法有以下两种：

1. 用数码相机拼合

大型器物在拍摄距离不变（相机只可以垂直或水平移动）的条件下，两幅或两幅以上的图像可以用相机软件进行拼合，如用佳能（Canon）PhotoStitch软件自动拼接：打开"合并图像"，在"选择和排列"中打开要拼接的图像，执行"合并"将两张或两张以上图像自动合并为一张，最后 "保存图像"拼合图像工作完成。

2. 用计算机拼合

通过Photoshop软件手动拼合：分别打开所要拼接的两幅图像，将其中一幅全选（Ctrl+A）＞复制（Ctrl+C）＞叠加到（Ctrl+V）另一幅上，将"图层＞不透明度＞100%"改为50%，利用两幅半透明图像进行拼合；也可同时打开两幅图像，用"移动工具"将其中一幅拖入另一幅中，鼠标左键单击"图层–正常–正片叠底"，利用两幅全透明图像进行拼合。

要使拼接处精确吻合，可用"缩放工具"或"Ctrl+"放大图像，再用"移动工具"或"Ctrl+光标移动键（上、下、左、右箭头）进行图像微调拼接，最后合并图层，即完成图像拼合。

（五）编排器物视图

1. 前期准备

将一件器物各个面的图像均按前面的四个步骤分别进行处理，得到器物相同尺寸各个视图的正投影图像。

2. 设定主视图位置

打开主视图的图像文件，执行"图像＞画布大小"命令，弹出"画布大小"对话框，在"新建大小＞定位"文本框中设定主视图的位置，用鼠标左键单击九个方格中的某一方格，即是主视图在新建画布上的确定位置。

3. 设置画布大小

根据器物视图排列的多少和每幅视图的大小计算出新建画布的尺寸。继续在"新建大小定位"文本框中输入新画布的高度和宽度，单击"确定"，新画布设置完成（图七：1）。

4. 编排视图

在新建画布上，以主视图为基准依次编排其他视图。首先增设主视图口部宽度的参考线。其次打开要编排的其他视图，粘贴或移动到画布相应的位置上（图七：1、2）。

| 1 | 2 | 3 |

图七　编排视图

1. 设置新画布及主视图位置　2. 将俯视图移动到画布上　3. 调整编排好的视图

粘贴过来的视图会对下面的视图产生叠压关系，特别是多余的白纸部分，所以需要通过执行＞橡皮擦工具＞魔术橡皮擦工具＞点多余白纸，得到完整器物抠图。

当被编排的视图与主视图出现尺寸和角度的偏差时，可以单击鼠标右键"自由变换"或通过"编辑＞变换＞缩放（或旋转）"进行尺寸和角度的调整。注意在缩放时同时按下Shift键，即可锁定图像长、宽比例，使被编排的视图不会变形（图七：3）。

四、器物图的绘制

在处理好的图像上可以利用各种绘图软件对器物的轮廓、结构和纹饰进行清绘。对于一些复杂的器物，应将实物放在计算机旁边，一边观察一边清绘，使线条的结构更加准确。

（一）器物图的绘制方法

以彩绘陶俑头像为例（图八：1）简单介绍绘制方法：

1. 提取外轮廓线

选择"魔棒"工具，单击画布的空白处，出现器物图像的虚线轮廓。创建一个新图层，执行"编辑＞描边"命令，弹出"描边"对话框，在"宽度"文本框中输入线宽数值（可根据图的大小，确定px数值），在"颜色"文本框中选择黑色，在"位置"文本框中选择"内部"，最后单击"确定"按钮，器物的外轮廓线就提取到新建图层上（图八：2）。

2. 提取颜色区域轮廓线

选择"魔棒"工具，单击需要提取的颜色区域，出现相应的虚线轮廓，如果尚未全部选中，可按住Shift连续点选，直到取得完整的颜色区域轮廓虚线为止，不好选中的可放大后使用"蒙版"工具细修。描边的程序与提取外轮廓线的方法相同（图八：3）。

3. 填充颜色

在"背景"图层上选择"吸管"工具点击所要提取的颜色，选择"油漆桶"工具，在绘画图层上点击相应的颜色轮廓线内的区域，色彩填充即可完成。如果不能满足"油漆桶"工具填充的，可以选择"铅笔"

或"画笔"工具，设置好线条的颜色和粗细，即可完成器物色彩的绘制（图八：4）。

　　4. 绘制细部

　　有些器物内部存在一些不十分明确的结构线，这也是绘制一些器物图中的难点。在不能直接提取线条的情况下，可以通过数位板对这些结构线进行勾绘。数位板又名绘图板，它同键盘、鼠标、手写板一样都是计算机输入设备。数位板由一块触屏和一支压感笔组成，它的绘画功能是鼠标和手写板无法替代的，数位板所使用的压感笔可以像毛笔一样绘出线条的粗细变化（图八：4）。

　　用数位板绘图时需要创建一个绘画图层和一个白色背景图层，白色背景图层应调到背景图层和绘画图层之间，这样就能在绘图过程中随时查看已绘线条的清晰效果，便于修改不理想的线条。数位板在考古绘图中的广泛使用，使在计算机上自如手绘器物图成为现实。在处理好的器物图像上利用各种制图软件均可进行考古图样的清绘。

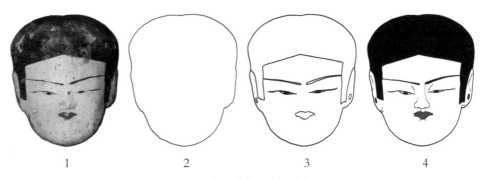

1　　　　　2　　　　　3　　　　　4

图八　提取和绘制线条示例

1. 原始数字图像　2. 提取外轮廓线　3. 提取颜色轮廓线　4. 绘制结构线和填充颜色

（二）器物纹饰的表现方法

　　器物纹饰种类很多，提取的方法也要具体情况而定。下面仅就几种常见纹饰的提取和绘制做一简单的介绍。

　　1. 在器物图像上提取纹饰

　　这种方法适用于彩绘、压印、铸造、刻画较为清晰的纹饰。如印纹陶器、彩陶、彩绘陶器、漆器、石刻、壁画、带纹饰的青铜器、金银器等。以绳纹陶器为例：

第一步：打开需要提取纹饰的器物图像，执行"编辑＞变换＞变形"命令，将器物调整为正投影图像（图九：1）。

第二步：执行"图像＞调整＞色阶"命令，弹出"色阶"对话框，在其上部的"输入色阶"直方图中向右拖动黑色滑块，向左拖动白色滑块，适当减少灰色（图九：2）。

第三步：执行"图像＞模式＞位图"，弹出"位图"对话框，在"使用"文本框中单击"扩散仿色"，即可完成纹饰的提取。

第四步：利用数位板及压感笔修改、加工考古图样，补画出剖视部分，使纹饰、轮廓线和结构线融为一体（图九：3）。

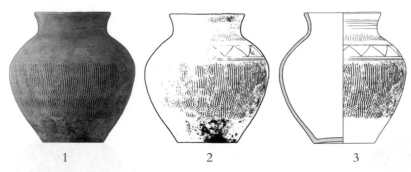

1　　　　　　　　　2　　　　　　　　　3

图九　直接提取器物图像上的印纹
1. 调整变形后的器物图像
2. 色阶提取后的器物图像
3. 绘制加工后的器物线图

2. 在器物拓片上提取纹饰

主要适用于压印、镌刻、铸造纹饰不十分清晰的器物。需要在拍摄时将有纹饰处做好拓片，这样黑白对比效果更加清晰，方便后期提取纹饰。其中包括两种方法：

第一种为阴纹，即主体纹样均为凹陷纹饰。执行"图像＞调整＞反相"或按住"Ctrl＋I"提取纹饰。如刻画纹、戳刺纹陶器等，适合用"反相"提取纹饰（图十）。

1　　　　　　　　　2　　　　　　　　　3

图十　提取陶器拓片上的纹饰
1. 器物拓片图像
2. 反相后的图像
3. 加工后的线图

第二种为阳纹，即主体纹样为凸起纹饰或凹凸相间的纹饰。制作拓片后采用"在器物图像上直接提取纹饰"的方法，得到提取的纹饰后再进行加工。

（三）器物质地的表现方法

器物因质地的不同会产生不同肌理，有些是器物材质天然的肌理，有些是腐蚀损失后形成的肌理。这些肌理有时也需要清绘时适当表现。

（1）铁器的表面大都锈蚀，锈蚀状况的表现方法与"在器物图像上直接提取纹饰"相同。首先打开器物图像文件，再执行"图像＞调整＞色阶"、"图像＞模式＞位图"等命令，最后修改和加工线条，即可完成器物图的绘制，效果比较理想（图十一）。

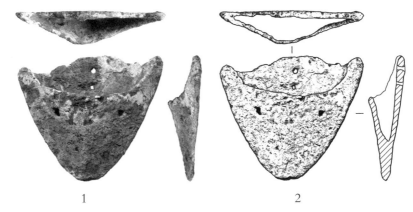

图十一　锈蚀铁器
的表现方法
1. 铁器原图像
2. 加工后的铁器
　线图

1　　　　　　　2

（2）有一类汉代陶灶制作非常细腻，纹饰既浅平又有凹凸感，用肉眼很难观察到纹饰的细微变化。发表的照片也不能将所有的纹饰信息反映出来，这类纹饰是用制陶工具刮出来的，采用单线或双线的绘制方法都不理想，均不能完美体现原来器物本来的效果。为了能够更好地反映原有纹饰的制作特点，如刮划的粗细变化、纹饰的交叉叠压关系等，最适合采用先做拓片，然后从拓片图像上提取纹饰（具体提取方法同图十），最后拼合其他线条的方法（图十二）。

以上简单介绍了利用数字摄影制图法绘制器物图的过程，从摄影器材的选用到各类器物的拍摄；从器物图像的处理到器物图的绘制方法，其中的每个步骤都很重要，都是快速绘制高质量器物图的保障，需要我

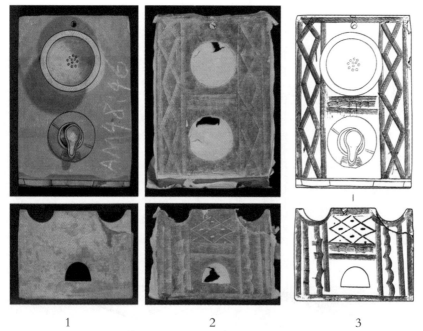

图十二　特殊纹饰的提取方法

1. 照片
2. 拓片
3. 提取纹饰后的完成图

1　　　　　　　2　　　　　　　3

们全面了解、掌握和熟练运用。

　　数字摄影制图法仅仅是考古绘图数字化迈出的第一步，要使传统的考古绘图方法与现代化的科学技术相结合，仍需要我们在工作中不断探索和实践，获取更加快速、精确的技术制图手段，从而推动考古绘图领域的技术进步。

（本文引自：《四川文物》，2014年第6期。）

注释

[1] 中国社会科学院考古研究所：《考古工作手册》，第237~301页，文物出版社，1982年。

[2] （日）田中希美男著，牛冰心、陈兵译：《数码单反摄影从入门到精通：镜头篇》，第49~111页，中国青年出版社，2011年。

[3] 国家文物局：《田野考古制图标准》，第12~43页，文物出版社，2012年。

考古绘图中剖视图和剖面图的规范画法

刘　方

内容提要：剖视图和剖面图是考古绘图中最为重要的图样表现形式，它贯穿在遗迹和遗物图中，成为考古学研究中不可缺少的研究内容，在考古绘图中广泛运用，因此有必要对各类考古剖视图和剖面图的不同剖法、表现形式、视图配置等内容进行画法上的统一和科学规范。以《田野考古制图》标准为参照，对剖视图和剖面图种类、视图配置、剖面区域的表示法等问题进行解释，界定考古绘图中的剖视图和剖面图。在剖视图和剖面图的视图配置上明确统一使用"第三角画法"制图。在遗迹图原有剖面图的基础上增加"剖视图"。将以往"旋转剖面"的概念改为"移出剖面"和"重合剖面"。规范了剖视图和剖面图的标注方法，还精选了一些剖视图和剖面图在各类遗迹、遗物图中的典型画法，从理论和方法上对剖视图和剖面图进行多角度诠释。

关键词：考古绘图；剖视图；剖面图；规范画法

前　言

考古绘图是一门专业性技术学科，是将制图学应用于考古学的一门制图技术。它依据测绘制图、技术制图、建筑制图等相关国家标准，形成适合考古学的制图体系，用以准确记录和说明考古发掘材料及文物资料，是考古学研究的基本方法之一。考古绘图主要采用正投影法制图，必要时也采用斜投影法或透视投影法制图。图样分为遗迹图和遗物图两大类，绘图方法包括手工制图和计算机制图。

考古绘图的最终目标是制作各类遗迹、遗物图样，通过科学的制图方法和手段绘制准确、合理、统一、规范的考古插图，发表各类遗迹、遗物图在文物、考古出版物中，考古插图与文字、照片具有同等重要的作用。

随着考古绘图的科学化、标准化、数字化的逐步普及，考古绘图人员的整体绘图能力得到了提高。由于在历年的考古出版物中，剖视图和剖面图在不同时期都用不同的方法绘制，制图形式多样，符号标注也不统一。在考古遗迹、遗物的视图、剖视图和剖面图中都出现了一些问题，主要包括画法和视图配置错误、剖法及标注不规范等，尤其对剖视图和剖面图的总体概念理解不够清晰，给读者带来困惑。本文主要就剖视图和剖面图的规范画法谈几点认识。

一、剖视图和剖面图的使用概况

（一）剖视图和剖面图最初的画法和发展过程

20世纪初期，近代西方考古学的先进理念传入我国，考古工作者就借鉴了国外考古学的研究方法，形成我国从田野考古调查、发掘到后期整理一整套考古学研究方法，同时也借鉴了国外科学的制图理论，使考古绘图的传统理念和方法在我国奠定了良好的基础。早期的考古工作者很早就基本掌握了国外的绘图方法，从最初的研究者自己绘图，逐步发展到专业技术人员绘图。

20世纪二三十年代，考古工作者在安阳殷墟陆续进行了多次考古发掘，现场除拍摄了大量照片外，同时也系统地实测绘制了各类遗迹、遗物图，并陆续整理发表。在剖切面的种类、剖视图和剖面图的表现形式上，为以后的规范应用奠定了坚实的基础。

1953年，徐智铭发表了《考古应用绘图》[1]一文，文中包括"室内古物绘图"、"田野发掘绘图"两大部分。在"室内古物绘图"中对三足器的剖面及贯心器物剖面的画法、花纹整组及花纹展开图的处理、实线与虚线、剖面线和割线等进行了阐述，特别是对器物的剖面图的画法理论进行了剖析。两大部分已经初步对绘图的基础理论进行了体系化的论述，如对透视图的绘法（图一：1），对正投影的基本原理的表现形式（图一：2），对手工起稿器物轮廓的方法（坐标法）和米格纸的使用方法（图一：3），以陶鬲为例四分之一剖开后用箭头指示割线、剖面轮廓线、剖面线和剖视的裆线（图一：4）。这些插图既有绘画理论，又有绘图方法，简明扼要。

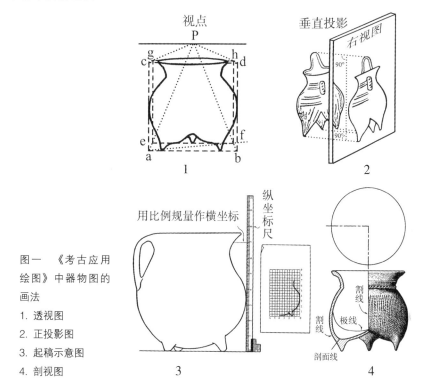

图一　《考古应用绘图》中器物图的画法

1. 透视图
2. 正投影图
3. 起稿示意图
4. 剖视图

该文第二部分"田野发掘绘图"中，他主要对平面画法、线条的表现论述较为细致，如对墓葬形状及结构的表示方法，实际间接地讲述了"剖视图"理论，对墓葬图的纵剖面和横剖面原理进行了阐述，此外对视图的对应关系遵循第三角配置，剖面部分采取空白画法，平面和剖面都用指示线标注（图二）也进行了阐述。

徐智铭的《考古应用绘图》一文开启了国内考古绘图教学理论的先河，也是我国第一篇专门以考古绘图为研究对象的学术论文，对于提高和普及国内初期考古绘图理论做出了应有的贡献，奠定了中国考古绘图的理论基础。

中华人民共和国成立后，中国科学院成立考古研究所，随即设立技术室绘图组，专门负责考古研究所的考古绘图工作。这一时期考古研究工作迅速发展，考古绘图的方法逐渐完善，走向专业化。1954—1956

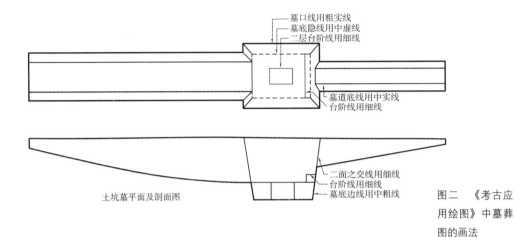

土坑墓平面及剖面图

墓口线用粗实线
墓底隐线用中虚线
二层台阶线用细线

墓道底线用中实线
台阶线用细线

二面之交线用细线
台阶线用细线
墓底边线用中粗线

图二　《考古应用绘图》中墓葬图的画法

年，考古所抽调有经验的业务骨干对各科室进行辅导授课，其中包括考古绘图，最终在1958年出版了《考古学基础》一书[2]，该书中的"考古绘图"部分由郭义孚先生编写，其中包括墓葬"断面图"（图三：1）；在器物绘图中谈到 "剖面图"又可称为"剖视图"，有全剖视、半剖视、附加剖面、旋转剖面、幻像剖面、详细剖面等内容（图三：2），并特别指出陶鬲裆部的曲线不应与剖割断面相接触（图三：3），强调器物内壁有花纹时，则应在剖视图上将花纹绘出。《考古学基础》首次确立了"剖视图"在器物绘图中的理论和方法，以及"断面图"在墓葬图的运用方法。并对《考古应用绘图》一文中的相关理论进行了细化阐述。

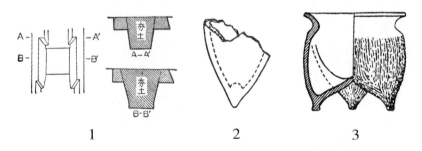

图三　《考古学基础》中剖视图及剖面图的画法
1. 墓葬断面图
2. 幻像剖面图
3. 陶鬲剖视图

1982年，中国社会科学院考古研究所出版了《考古工作手册》一书[3]。该书对器物图中的剖视图进行了较为全面的总结，对剖视图的概念进行界定，并介绍了常用剖视图的四种形式，包括半剖、全剖、隐剖、局部剖。剖面图在这之前也常被称为"断面图"或"截面图"。在

《考古工作手册》中首次提出"旋转剖面图"的概念，同时将《考古学基础》中"幻像剖面"改称"隐剖"。《考古工作手册》在"剖视图的画法和要求"中提到，剖割部分（或称"剖口"）应该选择在器物最外轮廓线上，剖割后显示的一切可见部分在图上都应绘出。断面形状及其结构关系，必须按剖口部位的情况绘出等。另外，还对三足器中鬲的"剖视图"及"裆线"的画法进行论述。该书的出版使器物剖视图的应用更加规范。

1993 年，北京大学马鸿藻编写出版了《考古绘图》专著[4]，这是我国第一本专业的考古绘图大学教材。考古绘图进入体系化成熟期，考古绘图学也成为一门非常重要的技术性学科。宿白评价此书："本教材比较全面系统地讲述了考古绘图的基本原理和操作要领，较好地做到了理论与实践的结合。"该书的"器物的剖面及剖视图"部分包括全剖面、半剖面、旋转剖面、局部剖面、隐线剖面（图四：1）、附加剖面、详细剖面的内容（图四：2），并对三足器鬲和鼎的剖视图应注意的问题进行了论述。马鸿藻于 2008、2010 年又先后出版了《考古器物绘图》[5]、《田野考古绘图》[6] 两本考古绘图专著。《考古器物绘图》、《考古绘图》都对各类遗物的剖视及剖面图的画法进行详细论述。马鸿藻在《田野考古绘图》中，对剖面图的不同画法论述得比较细致，未提及遗迹剖视。经过马鸿藻多年的努力，考古绘图从遗物图到遗迹图的理论都基本形成了学科体系，他为考古绘图理论的发展做出了重要贡献。

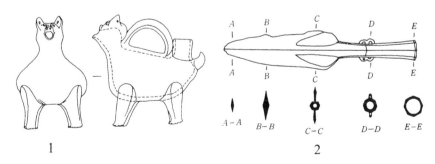

图四　《考古绘图》中隐线剖面、详细剖面画法示例
1. 兽形器隐线剖面图　2. 铜矛详细剖面图

（二）现行剖视图和剖面图的绘制标准

进入21世纪后，国家文物局发布了《中国人民共和国文物保护行业标准·田野考古制图》（以下简称《标准》）[7]，目的是更好地在考古绘图行业内部统一绘图理论和绘图方法，《标准》中明确了剖视图和剖面图的规范画法。

2008年12月，由国家文物局（委托方）、中国社会科学院考古研究所（承担单位）开始对《标准》进行编写工作。《标准》在编写过程中经过三次专家评审，并提出进一步修改完善的意见和建议。2010年7月，全国文物保护标准化技术委员会秘书处召集北京大学考古系、北京市文物研究所、中国社会科学院考古研究所部分专家对《标准》框架及内容又进行了广泛深入的讨论，提出了很多宝贵意见。

为使《标准》能够保证达到公开、公正、透明、充分协商的行业标准要求，2010年10月，《标准》编写组向全国35个考古、文博单位寄送征求意见稿，在一个月内收到不同单位、专家的反馈意见32人次。编写组对反馈意见逐一讨论汇总，对《标准》采纳的意见进行了补充、修改，并于当年12月最终通过专家组评审，2012年正式出版发行。

《标准》是首次制定的田野考古制图行业标准。《标准》以国家文物局2009年发布的《田野考古工作规程》第二章考古调查、第五章考古发掘的相关内容为编写基础，以《测绘制图》、《技术制图》[8]、《机械制图》[9]和《建筑制图》[10]国家标准相关内容为参考，结合考古绘图多年约定俗成的表现方法，制定出剖视图和剖面图的规范画法。本标准与国家《技术制图》、《建筑制图》、《机械制图》等标准的部分条款有所区别。《标准》代号为WW/T，为推荐性标准。

（三）《标准》对以往考古绘图方法的修改和补充

1. 剖视图在遗迹图中的应用

马鸿藻在《田野考古绘图》的"遗址图"和"墓葬图"两个章节中，谈到了遗址剖面图的基本画法，以及墓葬平面与剖面图的对应关系，只提到了剖面图，没有谈到剖视图。《标准》将遗迹和遗物的剖法和表现形式进行了统一，均分为剖视图和剖面图两个部分。

2. 修改"旋转剖面"的概念

《考古工作手册》和《考古器物绘图》中都提到了"旋转剖面"的概念，马鸿藻定义"旋转剖面是直接画在某一物体的剖切位置上，也就是假设把该物体的剖面旋转九十度的横切面"。《标准》现在改为"移出剖面"和"重合剖面"，原因是"旋转剖面"只反映了一个剖面概念，它实际上包含两个概念，就是剖切面旋转有时可以放在物体内，有时则不可以放在里面，必须移出放在外面，因此就形成了"移出剖面"和"重合剖面"的概念。

3. 剖视图和剖面图标注、剖切符号的修改和统一

对以往烦琐的剖视图和剖面图的多种标注方式进行修改和统一，剖视图方面借鉴《建筑制图》剖面图的标注符号，对剖切对象确定剖切投射方向，并要求画出投射方向内可以看到的部分，增加有方向性的剖视符号，对符号大小及线的粗细进行统一规范。遗物的剖视图一般宜省略剖切符号和字母。剖面图中的移出剖面图，剖切位置仍使用原来的符号，标注形式与剖视图相同。

4. 简化剖视图和剖面图的种类

《考古器物绘图》中剖视图和剖面图的剖法有9种，《标准》简化为5种：全剖视图、半剖视图、局部剖视图、移出剖面图和重合剖面图。

5. 增补内容

在剖面区域的表示法中，对剖面线粗细、间距、不同质地剖面线方向的填充进行具体的规范，除剖面线外，增加了阴影、调色、特殊材料以及剖面区域空白的使用方法等，使剖面区域的表现形式更加多样化。

二、剖视图和剖面图中常见的问题

历年发表的考古调查发掘报告在插图方面都存在着各种各样的问题，集中表现在对剖视图和剖面图的认识不清晰，制图不严谨，忽视考古插图在考古研究中的重要作用。在制图表现形式上画法随意、风格繁杂，插图说明、图注不准确等，下面简述目前各类考古插图中存在的问题。

（一）剖视图和剖面图命名不统一

在考古调查发掘报告中，多数报告可以按照考古绘图理论对剖视图和剖面图进行插图绘制并命名，但也有一些报告命名混乱。如早期的考古报告经常把地层图称为断面图，将一幅图总称为剖面图，该图中又出现断面图和立面图，标注不统一，也有将剖视图或剖面图都统称为剖面图，甚至在一张图中把剖视图和地层图都称为剖面图。

（二）视图配置不统一

我国目前考古绘图均采用正投影法"第三角画法"[11]作为视图配置的基本方法，因此，在遗迹图只有一个剖视图或剖面图的情况下，剖视图或剖面图宜对应水平放置在平面图之下。以往文物、考古出版物中的插图有按"第一角画法"（投影面在观者与物体之后）配置的，也有按"第三角画法"（投影面在观者与物体之间）配置的。以《考古》和《文物》为例，1980年以前多数遗迹图的剖面都是按"第一角画法"配置视图，1980年以后"第一角画法"和"第三角画法"混用，但"第三角画法"明显增加，自2000年开始基本采用"第三角画法"制图，只有极少量的"第一角画法"视图配置。出版物中视图配置的混用情况，使读者对考古插图的理解和引用出现偏差。

（三）剖切符号及标注不统一

首先是剖切位置符号不统一。传统剖面图的剖切符号一般标注形式是"—"，但在以往的发掘报告中用法不统一，有的用一条虚线表示剖切位置，代替剖切符号，有的在"—"符号上再添加方向箭头，有的以"＋"作为剖切位置符号等。还有的不标注剖切位置，使读者无法判断是从哪个位置剖切的；还有在已经有剖切位置"—"符号的基础上再画视图连线，使图面上产生多余线条。

其次是剖切符号上标注字母不统一。遗迹图中多数在平面和剖面图左侧标注"A"，右侧标注"A′"，还有一些在左侧标注"A"，右侧标注"B"、左侧标注"C"右侧标注"D"。还有左侧标注"甲"、右侧标注"甲′"。另外，在同一幅图上，平面标注"A-B"，剖面标注"A′-B′"。根据《标准》目前统一改为"A-A"、"B-B"、"C-C"，简单、明确、易于操作。还有的剖视或剖面随意摆放，并且不加标注、说明及方向符号的。

（四）遗迹图中存在的问题

由于对制图原理了解不透，造成遗迹剖视图和剖面图的混用。其实，区别剖视图和剖面图不能单纯看剖面部分有没有封口线（封口线是判断是否为剖视图最基本条件），还应该从插图的实际性质加以区分，例如：地层图和探方立面图基本都有剖面部分的封口线，但理论上仍然是剖面图，它反映的只是一个单一的剖切面。另外，有些遗迹的剖面由于建筑时会进行夯打平整，有加固、防护材料，加之一些烧结面形成不同的堆积层位，这类遗迹现象一般也按剖面图处理。

1. 灰坑

灰坑在考古遗迹中较为常见，大量出现在考古调查、发掘报告中，有的按剖面处理，多数按剖视处理，有些遗迹叠压关系较为复杂，绘图时可以用剖视和剖面结合处理。

绘图时应该特别注意一个灰坑打破另一个灰坑的现象，形式上看似简单，实际上也常出现画法上的错误，如图五为H6（大灰坑）的平面、剖视图，从平面上看虽然H7（小灰坑）打破了H6，但在剖视图中，H7并未打破H6的剖面轮廓，况且H7已经在发掘过程中被清理掉，所以理论上H7可以不绘，如果作为重要的研究现象研究者需要表现两者的叠压关系时，H7只能画成虚线，另外灰坑的标注符号应该按剖视图处理。

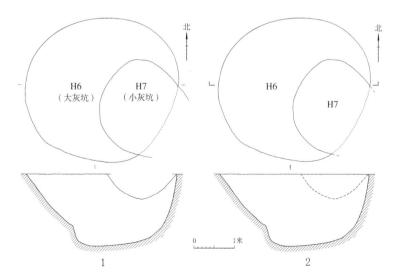

图五　灰坑剖视
图画法示例
1. 错误画法
2. 正确画法

2. 带墓道的大墓

多见于商周以后的墓葬，一般宜按基本视图配置平面图和剖视图。这里需要注意的是，两视图相关部位的结构线要对应一致。如图六：1所示，平面图中C处画法是错误的，剖视图中漏画了结构线AB，图六：2为正确的画法。

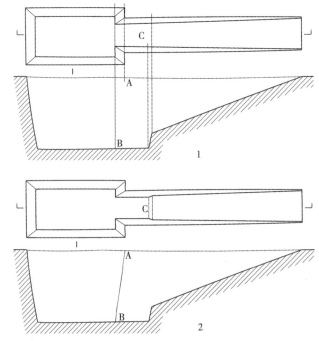

图六 带墓道的大墓画法示例
1. 错误画法
2. 正确画法

3. 砖室墓

砖室墓的平面、剖视图常出现的问题有视图不对应，墓室剖切面结构表现不清楚、不完整或不正确，遗漏关键可视结构线等。另外，平面图中墓葬朝向的选择，应统筹兼顾。如图七：1，墓门向右放置，实际上墓葬的西北角已被破坏无存，与剖视图立面产生了矛盾，应将平面图旋

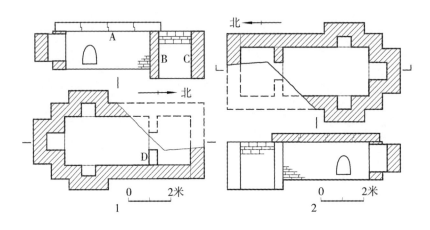

图七 砖室墓画法示例
1. 错误画法
2. 正确画法

转180度重新清绘。原图中A、D处是被剖切到的砖壁，应加剖面斜线。B、C处是没有剖切到的砖壁，不应加剖面斜线。图七：1平面的方位选择不当，是造成此图错误的主要原因。图七：2才是正确画法。

（五）遗物图中存在的问题

遗物剖视图和剖面图在运用中常出现很多问题，包括主视图与剖视、剖面图不对应，视图排列不规范，剖面剖法不规范等，这里举一些典型例图加以说明。

1. 完整器物

在完整器物图中，剖视图经常会忽略、遗漏一些结构线。如图八，俯视图排在全剖的主视图上方，而灶口所在的立面则作为侧视图放在主视图的左边，是一种约定俗成的视图配置。但在全剖的主视图中，剖切面的画法存在问题，见图八：1。一般陶灶上面的陶盆和下面的灶体是可以分开的，所以不应画为一体，而规整的器物一般从中心剖切，从俯视图上看是可以剖到4个孔，但在全剖视图中这些孔都缺失了，正确画法见图八：2。

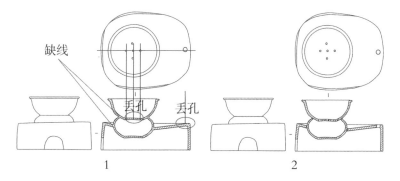

图八　器物视图对应画法示例
1. 错误画法
2. 正确画法

三足器一般有这几种剖法。两足在前，一足在后且居中。左边半剖后将剖掉的一足再放回原位，鼎腹剖面部分被遮挡。还可半剖后将左足外轮廓用虚线画出。还可一足在前，放在中间，两足在后。宜将剖掉的半个足放回原处。也可将半剖改为局部剖视，即将剖切面左移，中间一足不剖。不宜直接将前边中间一足剖去一半。

在考古绘图中，三足器的剖法错误较为常见，主要是对三足器的剖切原理了解不够。如图九：7没有将左足完整画出，同时鼎纽画得过直，

正确画法如图九：8。其他的画法问题见图九：1~6、9、10。器物中的
四足器虽然没有三足器多见，但在实际绘图中也常会出现剖法错误，都
需要在绘图时加以重视，如图九：11，四足位于长方形鼎形器的四角，
绘图者将一足和器身整体剖切是错误的。器物四分之一剖切时左侧前足
是被剖掉的，同时可以看到后面一足，后面的一足和器身的剖面是没有
剖切关系的，所以可以看到剖切后后面一足的轮廓线，正确画法如图
九：12。

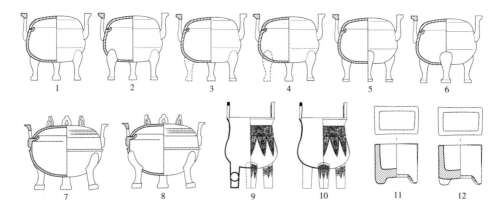

图九   三足器、四足器剖视图画法示例
1、3、5、7、9、11. 错误画法
2、4、6、8、10、12. 正确画法

绘制遗物剖视图应根据器形结构的变化而调整剖面的轮廓。器物图
常见的剖法错误还有剖切位置选择不当，或剖切后漏画或多画线条。如
图十：1，就漏画了后面的线条，这是因为器皿类遗物大多按剖视图处
理，不宜画成剖面图，正确画法如图十：2。图十：3、5都画了多余的线
条，陶井和陶豆都是正投影中线剖切，虽然中心剖线理论上是贯通的，
但在遇到器物中空时，中空的位置就不能将中心线画出，图十：4、6是
正确画法。图十：7、9、11都是对剖视的剖法理解不够造成了画法上的
错误，图十：9绘图者没有观察到耳被剖切后的结构关系，造成器壁和器
耳的剖面连成一体的错误画法，正确画法如图十：8、10、12。

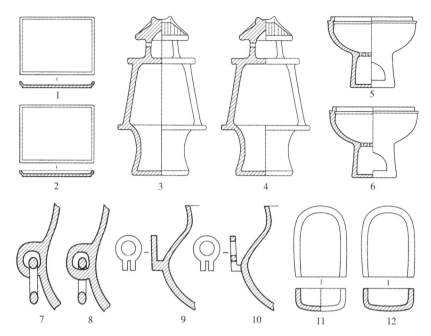

图十 器物剖视
图画法示例

1、3、5、7、
9、11. 错误画
法

2、4、6、8、
10、12. 正确画
法

　　器物图中还有一种剖切方法不规范，绘图者主观设计剖切位置，在图的完整性方面不够严谨。如图十一：1、3陶瓷和陶壶都是过于强调局部剖视而忽略了器物的整体剖视关系，画法上欠妥，不够规范，正确画法如图十一：2、4。

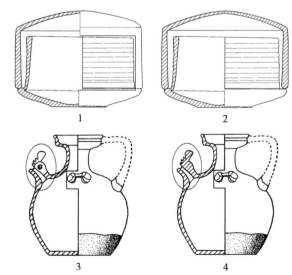

图十一 器物图剖法示例

1、3. 错误画法

2、4. 正确画法

2. 残损器物

考古发掘中出土大量残损遗物。残损器物的画法和剖法也比较复杂多样，规范残损器物的画法对于更好的反映器物本身的特性和用途具有重要意义。下面举例进行说明。如图十二：1，这件纹饰就颠倒了，彩陶片一般都有花纹，有些残片纹饰面积很小，这就需要特别注意观察它的纹饰走向和剖面所处器壁的位置，需要把它放正再画，图十二：2为正确的画法。还有一种残片比较特殊，如图十二：3，从图上看只是件陶片，陶片左下角还有一个残孔，不注意很容易被忽略，其实陶片的完整器叫"枭面罐"，陶片左下角的残孔就是猫头鹰的另一只眼睛，绘图者没有准确把握残片的基本结构，所以造成了细节刻画上的缺失。另外，剖视图中的孔没有与主视图对应，略微画高了一些，图十二：4是对上述问题进行了修正。

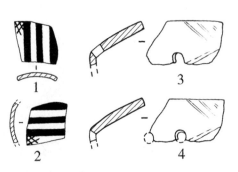

图十二　器物残片画法示例
1、3. 错误画法
2、4. 正确画法

对陶器残片的处理，除了涉及剖后波浪线的处理，也涉及陶片的复原。陶器复原主要采用"同心圆纸"的方法，比较简单，一般在测量残片圆径时，必须将口沿置于和"同心圆纸"水平的位置，还要注意残片本身有无变形，最好不用变形陶片复原。一块残陶片上若带有纹饰，可以将残片整体画成实线，下面部分敞口，复原残片摆放中间，左边画剖面，右边画器形轮廓线，上面用复原水平线连接，如图十三：2所示。图十三：1陶片采取虚线和实线混用画法，剖视部分残片下沿虚线与没被剖到残片部分虚线相连，理论上是不对的。图十三：3是一个上下残缺的陶器器底，画法比较繁琐，虚线引线过多，剖视下部剖切画法错误，将后面的线画到了前面，主要问题是中线不能延长到底部波浪线，剖视看到后面的波浪线不建议画成双线，致使双线部分有向内翻的错觉，正确画法见图十三：4。图十三：5陶片没有按整体复原，理论上中心剖线剖空是不对的，另外上下两部分陶片没有使用波浪线复原整体，规范画法见图十三：6。

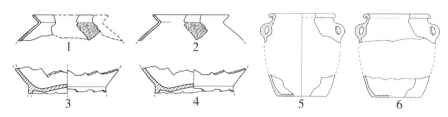

图十三　陶残片剖法复原示例

1、3、5. 错误画法　2、4、6. 正确画法

3. 小件器物的剖法

考古绘图中小件器物剖切方法一般比较单纯，对于很多实心的小件一般将剖面放置在器物内，这样既节省了版面，也更具整体性。重合剖面图需要特别注意与器物本身结构线的连接关系，剖面的形状必须按剖切面和遗物接触部位的轮廓绘制。有几种剖面容易画错，如图十四：1、3、5、7，这几件器物都是在绘制剖面时没有注意根据器形结构的变化而调整剖面轮廓，图十四：1镞的剖面上面棱线是不能与镞的结构棱线相交的，因为剖切面在镞的剖面最下面位置，图十四：3、5都是围绕着器物的圆形轮廓线来画剖面，致使画出的剖面变形，并且脱离了既定的剖切位置。图十四：7剖面形状完全变样，实际这件石磬的剖面放置在器物内有些勉强，最好的处理方法是绘制移出剖面图更为妥当，这几件的正确

图十四　小件器物图的剖法示例

1、3、5、7. 错误画法

2、4、6、8. 正确画法

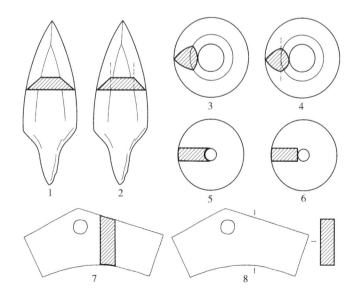

画法见图十四：2、4、6、8。

总之，在绘制剖视图和剖面图过程中都会出现这样或那样的问题，有些问题属于制图原理方面的错误，有些问题属于画法不严谨或画法不规范，通过以上分析示例，希望能够对考古绘图科学化、系统化、规范化产生积极的促进作用。

三、剖视图和剖面图的规范画法

《标准》对考古插图的剖面部分给出了两种概念：剖视图和剖面图，都要求用尽可能少的剖面部分来反映尽可能多的内容。为了使图形更加清晰，剖面部分一般不画虚线。剖视图和剖面图本身不能反映剖切平面的位置，必须在主视图上标出剖切平面的位置及剖切形式。剖视图和剖面图包含以下几种剖切面种类。

（一）剖切面的种类

根据物体结构的特点，可以选择以下几种剖切面剖开物体。

1. 单一剖切面

如图十五，一般是对一个主体或主体局部确定剖切位置后用一个剖切平面水平或垂直剖切。

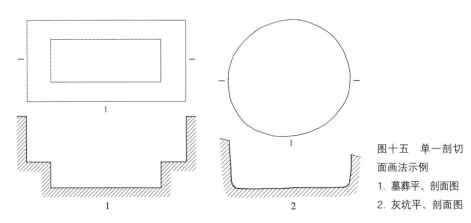

图十五　单一剖切面画法示例
1. 墓葬平、剖面图
2. 灰坑平、剖面图

2. 几个平行的剖切面

如图十六，一个房址的平、剖面图，从房子中间剖开只能剖到中心的灶坑，不能剖到四个柱洞，采用几个平行的剖切面进行剖切，不仅可以剖到灶坑，还可以剖到平面上方的两个柱洞，通过一个剖面就能完整

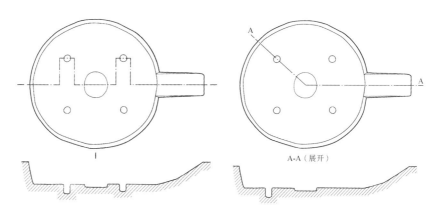

图十六　几个平行的剖切面画法示例　　　　图十七　几个相交的剖切面画法示例

反映房址主要部位的信息。

3. 几个相交的剖切面

如图十七，几个相交的剖切面，是一种对特殊遗迹现象的剖切方法。田野考古发掘中经常会遇到较为复杂的遗迹，如窑址、墓葬等，在不方便通过几个平面的剖切面剖切时，可以采用几个相交的剖切面剖切遗迹。这种剖切方法的特点是平面和剖面的投影不能完全对应。平面图有时因为剖切位置角度的原因，剖面图尺寸一般大于平面图尺寸，所以需要在平面图剖切位置上标注A、A，在剖面图上标注A-A（展开）。如图十八，此墓为一洞穴墓，墓室的前后方向不一致，中室后面的两个耳室和后室角度向南偏约15度，比较适合采取两个相交的剖切面剖切，用以全面显示墓葬的结构。

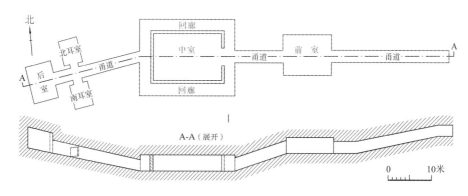

图十八　墓葬图中几个相交的剖切面画法示例

（二）剖视图

1. 剖视图的基本原理

假想用剖切面剖开物
体，将处在观察者和剖切面
之间的部分移去，而将其余
部分向投射面投射所得的图
形。剖视图可简称剖视。

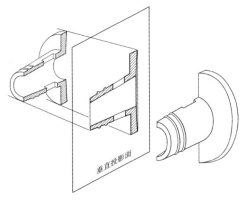

图十九　剖视图
投影原理

以青铜车軎为例，假设
将青铜车軎从中心剖开，可
以看到剖开一半后剩余部分内部结构与投影面之间的投影关系，如图十
九所示。剖视图的画法需要注意以下几点。

一是确定剖切平面位置应平行于投影面并通过辖孔的中心线。

二是剖视图应注意剖切后哪些部分被移去，哪些部分是对称的，哪
些部分被留下，以及其剖面形状与结构。

三是剖视图的剖切符号标注。由于剖视图本身不能反映剖切面的位
置，就必须在其他投影图上标出剖切平面的位置及方向。

2. 剖视图的种类

一是全剖视图。用剖切面完全地剖开物体所得的剖视图。全剖视图
适用的范围一般外形比较简单，内形相对复杂，整体图形又不对称。在
考古遗迹图中较多使用，特别是砖室墓、壁画墓等，如图二十所示。

图二十　全剖视
图示例

二是半剖视图。当物体具有对称平面时，向垂直于对称平面的投影面上投射所得的图形，以对称中心线为界，一半画成剖视图，另一半画成视图。半剖视图适用的范围一般是内、外形都需要具体表述，物体形状基本对称。在考古绘图中多见于旋转体器形，如图二十一所示。

图二十一　半剖视图示例

器物半剖视图能完整的表现器物的外表和内部特性，是考古绘图经常使用的方法，具体的剖法原理如图二十二，右图为镂空卮杯的正投影图，其中主视图为半剖视图，可以看到剖开后的器物内部的剖面结构，俯视图可以看出圆形左下部四分之一区域被剖掉，它的透视关系见左图，从A、B两个标注位置可以看到两个不同方向的垂直剖口。

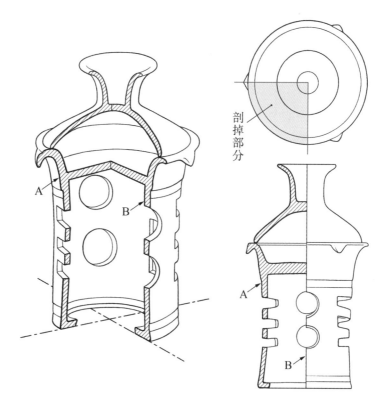

图二十二　器物图半剖剖视图原理示例
A、B两个标注位置均为剖口，由于所处的位置不同，形成不同的投影，B点作为中线成为剖切后的轴线。

剖掉部分

　　三是局部剖视图。用剖切面局部剖开物体所得到的剖视图。局部剖
视一般是对复杂遗迹或复杂器物进行的一种非常规剖切，目的是更完
整、科学地展示遗迹、遗物本身的内部结构和使用特性。如河北省满城
中山靖王刘胜之妻窦绾墓出土的"长信宫"鎏金铜灯，构思巧妙，人物
造型优美。由于内部结构比较复杂，如果采取常规剖视方法则不能完整
反映每个部位的结构特点，所以采取几种不同的剖视画法。图二十三：
1，在完整透视展示器物的基础上，对灯部分采取了四分之一局部剖视；
图二十三：3是以正投影制图方法，对双手执灯跽坐的宫女采用全剖视的
画法，可以看清头和身体安装结构；图二十三：2则以局部纵剖视的形式
对宫女右袖（虹管）袖首与灯的衔接处进行剖切，可以看清烟道内部结
构和安装方法。

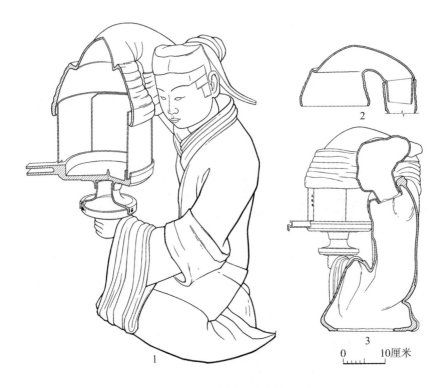

图二十三　长信宫灯局部剖视图示例
1. 灯（透视图）　2. 右袖烟道局部剖视　3. 执灯宫女全剖视

3. 双耳器皿的剖视画法

应将双耳置于左右对称的位置上，器皿半剖后左边的耳从中间剖开，用以表现耳的结构特点。双耳与器皿一般有三种关系，现分别加以说明。

第一种是双耳在口沿上。如果口沿平面向内倾斜，口沿外轮廓线、口沿剖面轮廓线与耳根轮廓线的结构关系应如图二十四：1所示。不应将耳根轮廓线接在口沿外轮廓线上（图二十四：2），也不应接在剖面轮廓线上（图二十四：3）。

第二种是双耳在内壁上。耳根轮廓线与器壁剖面轮廓线应有一定的间距（图二十四：4）。不应将耳根与器壁剖面轮廓线重合在一起（图二十四：5）。第三种是双耳在外壁上。左边耳根轮廓线均应接在器壁剖面轮廓线上，右边耳根处的器皿外轮廓线应被耳根外轮廓遮挡住（图二十四：6、7），不应将耳根和器壁的轮廓线重合在一起。

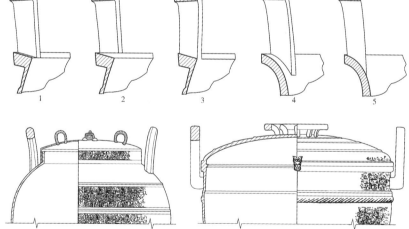

图二十四　器耳剖视图示例
1、4、6、7. 正确画法
2、3、5. 错误画法

（三）剖面图

假想用剖切面将物体的某处剖开，仅画出该剖切面与物体接触部分的图形，称为剖面图，剖面图可以简称剖面。将剖面图置于视图之外，称移出剖面图。轮廓线用粗实线绘制，有四种配置方法。

一是一般情况下可按基本视图配置，如图十五。

二是特殊情况下也可以按向视图配置，如图二十五。

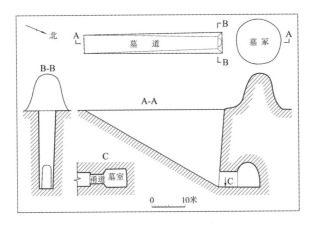

图二十五　按向视图配置剖视图的标注示例

三是长条形遗迹、遗物的横剖面宜配置在剖切线的延长线上，如图二十六。

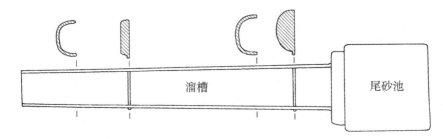

图二十六　长条形遗迹移出剖面图示例

四是器皿残片的纵剖面宜配置在主视图的左面，如图二十七。

将剖面图置于视图之内，称重合剖面图，宜画在剖切面所在的位置，剖面轮廓线用粗实线绘制。当视图中结构线与剖面重合时，可以略去不画，如图二十八：1。也可将剖面

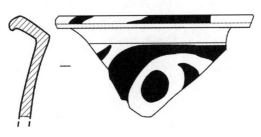

图二十七　器皿残片的移出剖面图示例

空白或加浅灰阴影，保留视图中所有结构线，如图二十八：2。原来视图内的剖面称为旋转剖面，现在均改称为重合剖面。

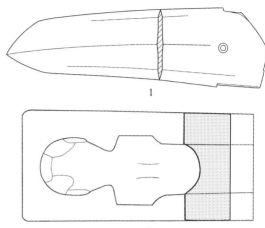

图二十八　重合剖面图示例

1. 删去剖面内遗物结构线

2. 保留剖面内遗物结构线

（四）剖视图和剖面图的标注

在两个视图以上的考古图样中，凡是含有剖视图和剖面图的都应在图上进行标注。剖视图和剖面图有四种标注方法。

一是按基本视图配置时，剖视图或移出剖面图可不标注编号，仅在主视图上画出剖视或剖面剖切位置符号，并在两个视图间加视图连线，如图十五所示。

二是按向视图配置时，可标注剖视图或移出剖面图的编号"×－×"（×为大写拉丁字母或阿拉伯数字），在相应的视图上用剖切符号表示剖切位置和方向，并标注相同的大写字母，如图二十五。其中A－A与B－B即为按向视图配置的墓葬纵、横剖视图，而C则为向视图中的一种特殊

图二十九　剖切符号、剖切线和拉丁字母的标注示例

1. 详细标注

2. 简化标注

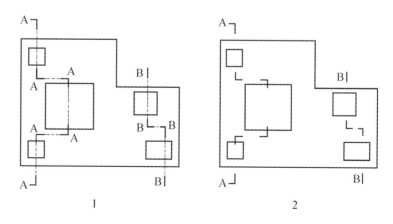

标注，由于此图为掏洞墓，总平面图中不能看到掏洞内C的平面部分，所以需要另外绘制墓底平面图，也按向视图配置，并分别用箭头和C指示墓室平面部分。

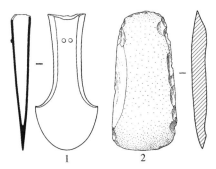

图三十 遗物剖视图和移出剖面图示例
1. 剖视图
2. 移出剖面图

三是剖切符号、剖切线和拉丁字母可组合在一起详细标注，如图二十九：1。剖切线及考古图样内的拉丁字母也可以简化标注，如图二十九：2。

四是遗物的剖视图和移出剖面图宜省略剖切符号、剖切线和拉丁字母，仅画出视图连线，如图30。

（五）剖切符号的画法

剖切符号在剖视和剖面中有不同的画法，应在制图时加以区分。

1. 剖视图中剖切符号的画法（图三十一）

一是剖切符号由剖切位置线及投射方向线组成，均以中粗实线绘制。

二是投射方向线应垂直于剖切位置线，长度比例为2：3。

三是剖切符号不应与其他图线接触，宜留有适当的间距。

四是编号可标注在投射方向线的端部，字母或数字均宜排正。

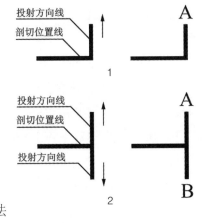

图三十一 剖视图的剖切符号的画法
1. 单向剖切符号
2. 双向剖切符号

2. 移出剖面图中剖切符号的画法

一是剖切符号只用剖切位置线表示，以中粗实线绘制。

二是剖切位置线与其他图线应留有适当的间距。

三是编号可标注在剖切位置线的一侧，其所在的一侧是该剖面的剖视方向。

（六）剖面区域的表示法

剖面区域内可用剖面线表示，剖面线的画法应注意以下几点。

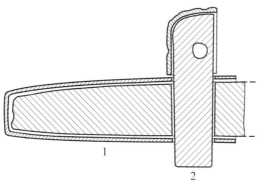

图三十二　相邻物体剖面线画法示例
1. 车軎
2. 车辖

一是剖面线由若干条间距相等的平行线组成，与剖面的整体方位成右斜或左斜的 45 度角。剖面线的最小间距不宜低于0.7毫米。

二是相邻物体的剖面可用方向不同的剖面线表示，如图三十二。

三是在剖面区域较大的情况下，可使用沿周线的等长剖面线表示（见图十五）。

四是在同一件遗物中，不同材质的剖面宜用不同的剖面线表示。

（七）器物剖视图中三足器的画法

器物图中的三足器分为实心三足器和空心三足器。

1. 实心三足器的半剖画法

实心三足器种类较多，在双耳对称放置的前提下，常用的画法有四

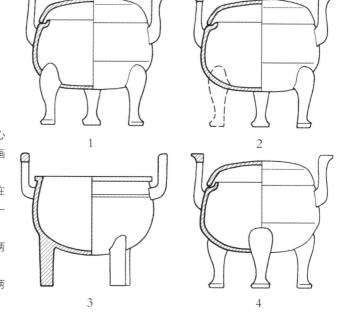

图三十三　实心三足器的半剖画法示例

1、2. 两足在前，一足在后
3. 一足在左，两足在右
4. 一足在前，两足在后

1　2　3　4

种，以鼎为例说明如下。

一是两足在前，对称放置，半剖后将左边一足放回原处，如图三十三：1。

二是两足在前，对称放置半剖后将左边一足用虚线表示，如图三十三：2。

三是将一足放在左边的剖切面上进行全剖，另外两足放在右边，如图三十三：3。

四是一足在前，居中放置，仅半剖器壁，保留完整的鼎足，如图三十三：4。

2. 空心三足器的半剖画法

常见的器物包括鬲、斝、盉、甗、鬶等，画法有以下两种。

一是两足在前，对称放置，沿左边一足的外轮廓进行剖切，半剖后将左边一足放回原处，如图三十四：1、3。

二是将一足放在左边的剖切面上进行全剖，另外两足放在右边，如图三十四：2。

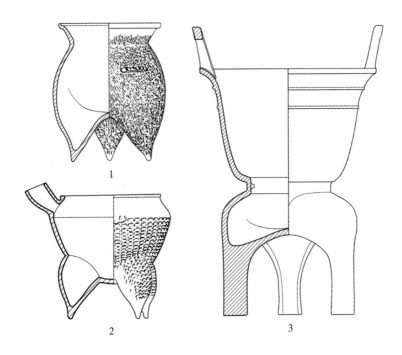

图三十四　空心三足器的半剖画法示例
1、3. 两足在前，一足在后
2. 一足在左，两足在右

四、小　结

综上所述，通过回顾剖视图和剖面图最初的画法和各时期的使用情况，可反映出考古绘图方法与技术的发展过程，同时进一步使读者认识到剖视图和剖面图在考古研究中的重要性。

通过典型示例分析以往文物考古出版物插图中存在的相关问题，阐述剖视图和剖面图依据《标准》应采用的规范画法，希望对今后考古制图的科学化、标准化起到推动作用。

附注：本文在写作过程中得到了李淼先生指正，在此表示感谢！

（本文引自：《考古学集刊》第21集，2018年10月。）

注释

［1］徐智铭：《考古应用绘图》，《文物参考资料》1953年第9期。

［2］中国科学院考古研究所编辑：《考古学基础》第340、346页，科学出版社，1958年。

［3］张孝光等：《考古绘图》，见《考古工作手册》，文物出版社，1982年。

［4］马鸿藻：《考古绘图》，第150～153页，北京大学出版社，1993年。

［5］马鸿藻：《考古器物绘图》，北京大学出版社，2008年。

［6］马鸿藻：《田野考古绘图》，北京大学出版社，2010年。

［7］中华人民共和国文物保护行业标准：WW/T0035-2012《田野考古制图》，文物出版社，2012年。

［8］全国技术产品文件标准化技术委员会：ISBN 978-7-5066-4335-1《技术制图卷》，中国标准出版社，2006年。

［9］全国技术产品文件标准化技术委员会：ISBN 978-7-5066-4336-8《机械制图》，中国标准出版社，2007年。

［10］a. 中华人民共和国国家标准：GB/T 50001-2001《房屋建筑制图统一标准》，中国计划出版社，2002年。

　　b. 中华人民共和国国家标准：GB50104-2010《建筑制图统一标准》，中国计划出版社，2010年。

［11］中华人民共和国文物保护行业标准：WW/T0035-2012《田野考古制图》第12、13页，文物出版社，2012年。

多视角影像三维重建技术与考古遗物绘图

刘　方　王博涵　王泽湘　何利群　沈丽华

前　言

经过多年的实践和探索，考古绘图已经形成了一套完整的理论和方法，在继承传统手工制图的基础上，近些年引进了多种数字化绘图方法，如：完全正交摄影法、数字摄影制图法等。这些新方法也存在着不足之处，如操作不方便、存在变形及误差问题等，这些都有待我们今后解决。

多视角影像三维重建技术是基于摄影测量原理发展起来的。其过程可用摄影测量中的空中三角测量原理来解释，软件中的"对齐照片"功能，就是根据影像同名点识别与设定，在软硬件中进行同名点匹配，产生少量控制点，并将其命名为"稀疏点云"。根据稀疏点云，将其作为参照依据进行控制点加密，求得加密点在三维空间中的高程和平面位置（也就是软件中涉及的Z坐标和X、Y坐标）的测量方法。

多视角影像三维重建技术可满足各种类型的考古遗迹和遗物的三维建模，它以数字相机作为影像获取工具，从多个角度全方位拍摄物体，获取多幅数字影像，再根据计算机视觉和数字摄影测量原理迅速、准确地解算二维遗物图像，生成被拍摄物体的表面三维点云，加载影像信息后得到真实的三维模型。运算过程所占内存比其他3D建模软件都要小，为快速绘制结构复杂、纹饰精细或体积较大的遗物图提供了便捷，对于还原和展示遗物的精确信息起到了其他软件无法替代的作用。为考古绘图找到了一种全新的制图理念和技术方法。

多视角影像三维重建技术无需相机检校，可以对任意照片进行处理，无论是航摄照片，还是高分辨率数码相机拍摄的照片。其精度高，形态和图像纹理记录全面，时间可控性强，信息采集面大，资料采集快、时间成本低、全天候使用受环境因素影响小等优点。通过对至少两张或多张照片进行分析从而获得三维建模和纹理贴图，生成正射投影等功能，并且支持OBJ、FBX、WRJ等多种数据输出，便于第三方软件处理制作各种立体、平面图像和绝对正投影图像、3D动画虚拟现实等，其优势在于不依赖3D扫描等昂贵设备，只需要相机和软件便可完成整个操作，其建模精度可与一些3D扫描仪媲美，而生成的法线及纹理贴图效果高于当前一些3D扫描仪的贴图效果，最突出的特点是快速获取精准的三维图像。为计算机绘制多面正投影、轴测投影等考古遗物图提供了精确的数字图像资料，进一步推动了考古绘图方法科学化、多样化、规范化的发展。

多视角影像三维重建Agisoft Photoscan软件（以下简称A软件）。

一、遗物图像的获取

（一）拍摄遗物前的必要准备

1. 摄影平台

宜选择圆形或正方形台桌，台面平整、结构牢固、材质厚重，以确保平台的水平和稳定。在墙上或者背景板上固定纯色不反光背景布，并平缓延展转折铺至台面。平台上配置旋转转盘，转盘下部为不锈钢转芯，有不同直径尺寸标准。上部为木质圆形台面。

2. 拍摄背景

木质圆形台面上包裹平整的衬布，一般多采用黑色衬布（植绒布或迪沙布，不会出现反光或褶皱）。根据拍摄遗物深浅选择黑色、灰色、白色等不同颜色的衬布，选择统一色调衬布的目的是为达到更准确的匹配效果，保持环境变量相对稳定可以增强系统的匹配精度和运算速度，系统会自动组合式运算每张照片。统一色调的背景照片在匹配运算过程中会被自动跳过，可以大幅度节省运算时间。

通过工作实践我们发现，往往在背景杂乱的时候都不能得到好的匹配和好的建模效果，图一：1为两张照片在拍摄时没有注意遮挡背景，使拍摄角度导致系统没有跳过对环境进行的匹配，所以造成了匹配效果不佳（蓝线是匹配成功的点线，红线是匹配不成功的点线），可以看出图一：1匹配很不成功；图一：2正好相反，全黑的背景几乎将所有匹配的点线都集在主题遗物上，达到理想的匹配效果，因此背景色调一致对于两幅图像匹配效果好坏是至关重要的。

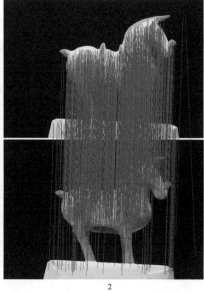

图一　两组不同环境背景拍摄遗物匹配后的效果对比

1. 环境杂乱导致系统没有跳过对周围环境进行的匹配

2. 环境色调一致匹配效果完美

3. 拍摄相机对应的位置贴点

　　A软件三维重建的光学扫描图片云点计算系统要求两张照片保证80%重合度，因此我们设定了两个贴点之间的夹角约30°，转盘的外侧一周布设12处彩色贴点（见图二：1），贴点可以使拍摄者快速对准遗物的位置，并得到照片的合理重合度。所以在一个角度层面每隔30°拍一张，共拍摄12张照片较为合理（见图二：2）。增强了最终的建模精度，避免重复计算或漏拍。桌面正对相机位置同样需要粘贴一个点，此点可使拍摄者迅速找到拍摄每张照片时对应水平旋转转盘上的彩色圆点。

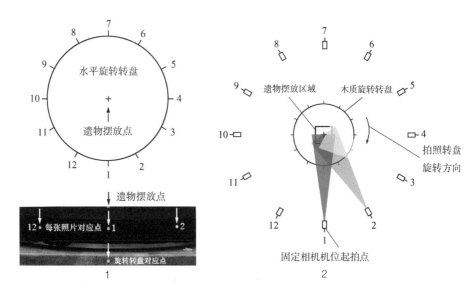

图二　相机拍摄遗物参照点

1. 旋转转盘布点和遗物与桌面对应点示意　2. 固定相机拍摄各点重合示意

（二）点云解算测量控制点模板与定位识别点测量

1. 点云解算控制点模板测量

测量控制点模板是在所拍遗物周边布设或放置的测量识别点（A软件Photoscan称为"标志点"）。摄影测量建模过程中，要获得物体的真实尺寸，需要在进行特征点匹配的成像原片上进行有空间坐标信息的特征点的标注。照片对齐的计算过程，就是根据有标志点的空间坐标的点，将整个器物表面点的空间坐标逐个计算出来。当所有拍摄物体表面的照片都被加入到这个计算过程中时，其中标注有空间坐标的点，将作为整体点云的尺寸和坐标的数值参照。

A软件系统本身在摄影测量建模过程中，不能完成在三维模型上直接量取遗物真实空间数据，所以需要我们在遗物建模前设置直角坐标系统标记点，也就是遗物测量控制点。设置控制点有几个使用条件：①至少设置3个控制点；②点与点之间交汇的夹角以90°为宜；③点和点的布设位置宜与遗物在同一水平面上；④控制点必须清晰，有明确的中心点或自身的空间坐标数值。在设置遗物控制点的基础上，对生成的三维模型通过控制点的三维坐标数据给予方向设定，并将三维模型安置在设定好的坐标系中，就能直接得到遗物模型真实空间尺寸和比例。控制点可以设计成圆形，直径1厘米，以红、黄90度扇形相间，中心黑色圆点为测量校准点（见图三：1）。

为方便批量建模，在电脑中设计一个40cm×40cm的黑底，白色线正方形，并按5厘米间距标上尺寸刻度，在正方形线框上每隔10厘米设置1个控制点，一周共设置16个控制点。多设控制点可以减少拍摄遗物不同角度时遗物对控制点的遮挡，有利于建模尺寸识别和匹配。在正方形的中心标注十字中心点（放置器物点）。我们可以用120克左右涂料纸（不反光）打印黑底模板，再用双面胶粘贴在黑色卡纸上，放置在拍摄台面上，模板与转盘衬布要求铺绷的布面平整（见图三：2、3）。

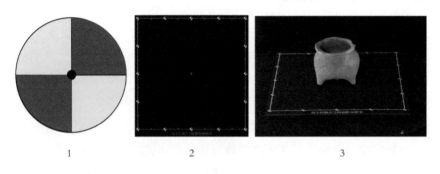

图三　控制点测量模板实测和示意图
1. 控制点图标
2. 控制点测量模板
3. 遗物与控制点模板示意图

1　　　　　2　　　　　3

2. 创建遗物空间三角测量控制点标记

A软件摄影测量建模过程中，要获取物体的真实尺寸，需在特征点匹配的成像原片上进行有空间坐标信息的特征点的标注。照片对齐的计算过程，就是根据有标志点的空间坐标的点，将整个器物表面点的空间坐标逐个计算出来。当所有拍摄物体表面的照片都被加入到这个计算过程中后，其中有空间坐标的已经创建标注的点，将作为整体点云的尺寸和坐标的计算参照（见图四）。

以图中陶马建模为例，陶马所在平面矩形为0.43m×0.21m，在拍摄到该矩形角点的照片中，将陶马左前足最近点定为Point01，左后足最近点定为Point02，右前足最近点定为Point03，则Point01点的坐标为x=0、y=0、z=0；Point02点的坐标为x=0.43、y=0，z=0；Ponit03点的坐标为x=0、y=0.21、z=0。

1　　　　　　　　　　2　　　　　　　　　　3

图四　在长方形台面上创建空间三角测量控制点标记
1. 创建控制点标记　2. 选择标记的控制点　3. 对齐照片设置精度

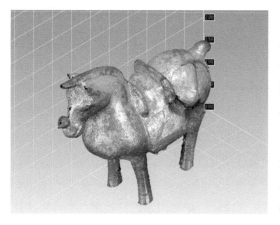

图五　带三维坐
标信息的遗物点
云轴测图

在一个三维空间中，从几何学上来讲，要确定一条直线，需要两个点，要确定一个平面，需要三个点。器物所生成的三维点云的最终坐标位置的确定就是基于这个原理。只有进行了三个或以上的特征点的标注，物体在三维空间中的坐标和尺寸才能被确定下来。所设定器物的标注点间距离尺寸，具备与真实物体完全相同的尺寸和坐标（见图五）。

生成点云之后，点云文件可以在任意第三方点云编辑软件中导入或打开，切换至正交视图的所需方向后，即可获得该方向的轴侧或正投影图。

通过在遗物上设置的定位识别点标记，对于一般遗物赋予一个精确的测量值，就可以直接测量两点或三点间任意距离数据，对于有转折的遗物借助定位识别点可以提高匹配识别的质量。

在外出拍摄遗物也可以借助简单的控制点测量工具，例如：一把直角三角板（见图六），或利用一张 A4 纸（A4 纸的尺寸是 210mm × 297mm），同样可以完成空间三角测量。

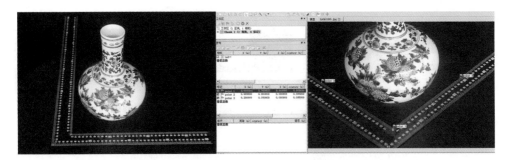

图六　工业丁字尺打点测量示意图

　　拍照光滑、球柱形、白色、少纹饰的遗物时，系统建模计算时不易完整识别遗物轮廓，需要在遗物上自定义粘贴一组或多组识别贴点，也可以完成控制点测量。识别贴点可在任意位置设置，方便后期拼接并生成真实坐标的三维模型。这种方法主要用于系统建模无法对点云自动拼接时，利用定位点可以在后期进行手动或定位点辅助点云拼接。定位识别贴点一般由3个贴点为一组，选择在空当处横向排列或三角形状排列粘贴3个点。一件遗物上可以根据情况粘贴一组或两组定位识别贴点，之所以设置两组定位点是为了防止一组定位点在建模计算发生错误变形时，另一组可以备用，如果遗物形状过于复杂也可设置三组以上的定位贴点。这种方法既可以对建模起到容易匹配和识别的好效果，也可以快速在建好三维图形上测量遗物的尺寸（见图七）。贴点的缺点，会影响到建模的整体效果。

图七　赋予一个精确的测量值得出建模上任意两点间的距离数值

（三）遗物拍摄要求

1. 拍摄光线

遗物拍摄多在室内完成。使用 A 软件生成点云和纹理，一般要求拍照时的光线应尽可能分散，经过多次漫反射的大散光为最佳。这样可以回避局部过亮或者过暗，精度、纹理、都更匀称。室内拍摄的优点是对光线具有可控制性不会受到自然光的影响，拍摄最好采用专业照相灯具拍摄，如果采用钨丝灯或白炽灯拍摄最好打光均匀，使遗物每个角度的光线基本一致，这样便于之后的识别处理，如果物体存在死角或阴影区域可以适当增加光源或使用无色反光板补光。使用一般灯具拍摄时注意提前设置白平衡。

利用室外光源拍照，在没有阳光直接照射或阴天状况下拍摄，光线不能太强，也不能太弱，要让遗物每一个面光线均匀，拍摄时遗物上避免出现明显的阴影，如果物体存在死角或明显阴影，可以采用无色反光板或白纸进行适当补光，这样拍摄的照片可以使处理的贴图更清晰。避免在直接太阳光线照射的条件下拍摄。

2. 相机设备

单反相机为拍照相机首选，也可以采用微单或任意数码相机（使用数码相机至少保证 1000 万像素）。镜头首选定焦镜头，一般遗物最好选择 50mm 和 100mm 微距镜头，焦距应设置最大焦距值或最小焦距值。或选用尺寸相对应的变焦、微距镜头。避免使用超广角和鱼眼镜头拍照。对同一件遗物拍照时，要杜绝变焦镜头不停改变焦段的做法。拍摄时需配合使用三角架设备，以保证照片质量。

3. 相机设置

为了获得遗物图像的最佳效果，拍摄前需要对拍摄模式进行设置，室外拍摄，一般使用手动档（M 档），设置统一的光圈大小和曝光时间。使用测光表测光时要选择遗物最亮部区域，光圈值一般为 8~13 左右，以确保数字影像具有足够的景深，曝光时间不低于 1/60 秒，感光度设置在 100~400 之间，光线比较暗的时候需要适当增加感光度和曝光时间。对焦模式选择中心位置单点、单次自动对焦。拍摄同一件遗物要在尽可能短的时间内完成拍摄，使每幅数字影像的亮度、反差、阴影等相对一致。

如果使用闪光灯自动曝光拍摄，应该选择TTL模式。需要合理布局光线，采用三个光源，使被拍遗物光线更具有可控制性。

4. 机位设置

在一般情况下，我们可以手持相机围绕遗物进行拍摄，只要拍够满足建模所需照片的基本张数便可以建模，但有一个问题，这样拍摄难以把握所拍全部建模照片的完整性、一致性以及拍摄角度，会出现重复拍摄和漏拍，影响了建模效果。所以拍摄阶段的科学规划是十分必要的。我们总结了固定相机机位拍摄的方法，在拍摄层次上设定了6个层面的拍摄角度（图八），每个水平拍摄平面共有12个拍摄点，每两个拍摄点与遗物中心点之间的夹角约为30°。

最后在遗物中心位置上、下各补拍一张，完成建模的全部照片拍摄（74张），根据建模用途需要，对于简单器物可以酌情减少拍摄照片的张数。

实际工作中仰视拍摄相机角度难以把握，所以根据器物的实际情况采取先拍1、2、3角度一周，再将器物倒置摆放拍摄4、5、6角度一周；某些器物比如佛像、镂空器皿等，可以左侧放倒或右侧放倒，再拍摄一周，完全达到无死角获取图像。

拍摄遗物时需将器物摆放在转盘的中心位置，它的正面对准拍摄台面的彩色贴点，这样就可在不搬动器物的情况下拍摄到它的正、侧、后视等图像，使拍摄工作达到快捷、准确的效果。为了保证拍摄的遗物每个位置纹饰基本清晰，拍摄时注意对焦点取中。有些特别复杂的遗物可以拍一些清晰的局部照片，常规拍摄主要是构建整体点云，细节局部照片是为了之后辅助计算机形成清晰的纹理贴图提供素材。按照以上几点要求，一般遗物基本都可以实现完整建模。

5. 建模前对照片的处理

照片在导入系统前可以用Pho-

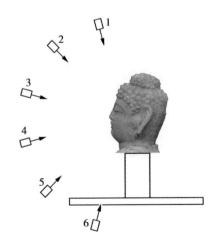

图八　相机拍摄角度示意图

toshop（简称 PS）等图片编辑软件进行调光、裁切和背景环境的去除，尽量减小环境对建模系统的影响。少数拍到周边环境导入系统的照片，同样会增加一定的运算时间，如果背景环境杂乱，几乎没有遮挡或照片重合率小于80%，A软件点云的运算精度将受到很大影响。

二、建模过程和技术处理

在图像点云计算前，首先应该对全部照片进行统一调整，包括所拍照片达到亮度一致，如出现反差过大或光线过暗，一般在 Photoshop 进行处理；也可以选用 RAW 模式拍照，使用 Lightroom 软件进行调色处理，并将遗物的环境背景全部变为统一背景色。以上调整对于后面的建模工作会有极大帮助，可以有效的进行识别匹配，并能加快照片的运算速度。

（一）三维模型构建的过程包括四个主要阶段：

1. 匹配

首先对照片整理和筛选。删除相同位置的重复照片、补拍有问题的照片，切记对遗物本身不做修改。

匹配前需要对 A 软件进行必要的设置：选择工具>偏好设置（选择语言对话框）>选 Chinese>OpenCL（选择硬件、CPU 分配，将刻度拉到端点），方框里勾上显卡>应用>确定>偏好>高级（全速）。压缩级别>默认6>启用选项 VBO 支持显卡运算加速模式（专指 AMD 显卡）。

匹配即搜索关于每组照片的共同点，并计算出点云的过程。这个阶段为相机对准阶段，在此阶段 A 软件，即找到相机的位置，为每个画面细化和相机校准参数，并匹配它们（图九）。"点云"是在同一空间参考系下表达目标空间分布表面特性的海量集合或可直接生成三维网格建模的数据。通过对点云的自动处理（三维补点算法）获得三维建模和彩色纹理贴图（通过 OpenGL 纹理映射），其结果是生成一个稀疏的点云和一组相机位置的形态，为快速检测照片是否能够正确完整生成建模对象提供参考。稀疏点云表示光取向的结果，不会被直接用于进一步的三维模型构建过程中（除稀疏基于点云的重构方法）。然而，它可以导出为进一步使用的外部程序。例如，在稀疏的点云模型可以在 3D 编辑作为参考使用。在此基础上生成密集点云并通过计算获得的建模和彩色纹理贴图。

软件生成的点云也相当于遗物表面轮廓和贴图坐标的还原信息。

计算匹配的运算精度分高、中、低三个层次级别，点云设置得越高相对计算精度就越高。以遗物"马"为例：运算精度选"中"，将调整好的照片全部导入系统并计算相机位置：工作流程>添加照片>选全部照片>打开（拍摄好的一组照片，见图十）；再选工作流程对齐照片（匹配）>成对预选>已禁用（默认模式）>确定。

图九　建模照片匹配原理

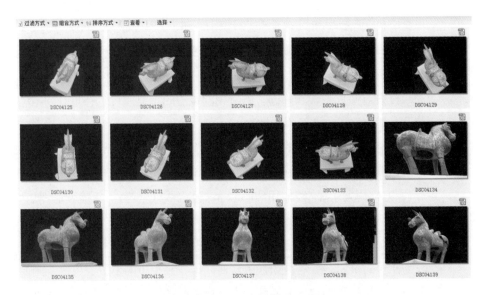

图十　部分陶马建模前的图片排列

匹配点（也叫检测点），匹配点越多、越密集，遗物的匹配精度就越高（见图十一：1）。为了减少不必要计算，在工具栏中选择调整区域大小，截去区域外多余匹配点，区域外匹配点不会被再次计算。如果点云计算有错误就必须调整照片重新计算。

在生成的遗物稀疏点云之外是一组蓝色长方形标记，显示的是固定相机拍摄位置和角度，相机拍摄位置决定拍摄照片的总体张数，拍摄位置是否合理有序，是决定建模完整性的重要指标。按X、Y轴固定相机位置拍摄的陶马点云匹配，可以看到相机位置和角度（蓝色的长方形色块）的有序排列效果（见图十一：2）。

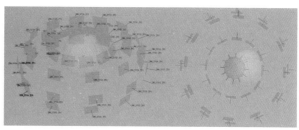

图十一　生成稀疏点云并标定拍摄位置

1. 匹配生成的稀疏点云　2. 相机标定拍摄位置排列有序

2. 生成密集点云

通过匹配照片中的各类参数和对零散点云的契合拼接生成一组遗物形状的点云坐标数据集，这些数据集是匹配过程中通过对遗物形状数据集的还原获取一些物体表面形状、轮廓点的坐标数据集合生成的点云，称为密集点云（见图十二）。在一样的设置下，照片的像素越大，拍摄每张照片之间的角度越小、照片越多，最后生成密集点云的数量就越多，遗物建模精度也就越高。同时映射纹理贴图的还原效果也跟遗物照片的像素和整体清晰度有很大关系，在整体清晰度一致的情况下，照片像素越大映射的纹理贴图还原度越高。可以根据需要在操作中选择一个适合的照片像素大小进行拍摄。

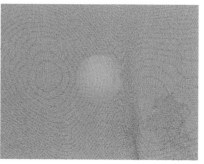

图十二　陶马生成的密集点云和密集点云局部放大图像

1. 生成有19万点密集点云的陶马　2. 放大的陶马密集点云局部

　　密集点云包含庞大的空间位置和颜色信息，现在技术对点云的处理和还原还是有限的，点云数据可以储存起来，以备以后新技术的出现，仍然可以对它进行加工和再处理。

　　生成密集点云操作步骤为：工作流程>建立密集点云>质量>选中>高级（避免选择深度过滤和进取）>选中度。在密集点云生成中受高反光或是阴影部分或图像存在的固有异常值影响会产生很多位置不正常的错误点云，尽管多数情况下都可以通过点云编辑模式下进行手动编辑，但是A软件在深度过滤下可以自动识别这些错误点云并删除。软件为错误点云的识别提供三个选项"轻度、中度、进取"，从轻度到进取识别和删除错误点云的范围会逐渐加大，轻度和中度只会删除安全范围内的错误点云，基本不会删除构成遗物形态特征的点云。进取选项会识别和删除大量的"错误点云"，同时也会将准确的点云部分删掉，这样会影响之后建模的精度。所以一般情况下选"中度"，这样没被删掉的错误点云可以在点云编辑模式中继续进行编辑。

　　由密集点云构网后凹凸起伏的噪点产生的原理是基于照片解算点云，所以照片的RGB信息就成为点云空间坐标的重要依据。当照片上一部分像素和周围像素的明度色相等信息有巨大差异时，容易使A软件在解算时，将这两部分认定为不在同一个高差曲面上，有前后高差起伏。

　　适当使用过滤有助于减少三维构网后器物表面的噪波凹凸，但是不应该不考虑具体情况对物体泛泛使用。使用过程中应该区别对待，表面有纹饰，且纹饰部分被拍摄为数字化照片之后，纹与地之间的色相、明度等对比信息差异巨大，这时就应该考虑使用过滤。器物整体上接近一个色系，没有高反差对比的纹饰，不建议使用轻度过滤；局部有高反差对比的色彩纹理，建议使用轻度过滤。假设彩陶纹饰的两种颜色同处于一个水平面上出现过大的颜色反差时，没有经过深度过滤，在生成三维空间模型后，会出现错误的计算纹理特征，主要表现在建模的平面纹饰变成有立体感的凹凸效果，原因在于运算过程将深色部分判断成凹下去的部分，将浅色部分判断成凸起部分。表面局部的噪点起伏，可以通过Zbrush或者Geomagic等第三方软件来进行局部修饰。如同画人像素描，五官和手要局部重点绘画，关节转折处动态位置取准，衣服褶皱等地方简要虚化处理即可，这样整体会有张弛节奏。全盘交给软件去处理，从美学上看，容易丧失节奏感。

　　受相机视角、阴影和局部曝光不足的影响，所拍摄的遗物都会出现局部图像点云的计算错误，因此需要对建模有瑕疵的密集点云点部分进行修改。进入编辑模式进行删除错误点云点的操作。点云类别编辑模式所有点云会生成黑白两种颜色，杂乱的黑色区域是需要去掉的多余点云，用选择工具尽量选择所有孤立的黑色点云和认为不需要的部分，选中并将它们删除（见图十三）。具体操作：设置密集点云编辑>密集点云类别>删除黑点>自由选择>用鼠标框住没用的点>Delete或Shift+Ait可以局部去除多余错误部分，也可以连续Ctrl+Z返回原状态，选区保留。

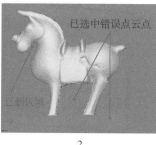

1　　　　　　　　　　　2　　　　　　　　　　　3

图十三　对错误点云修改和删除过程

1. 错误的点云显示为黑色　2. 选中孤立和错误的点云部分　3. 删除错误点云后

　　密集点云可以先于出口或在进行三维网格模型生成编辑和分类。密集点云计算时间较长，先用稀疏点云检测照片是否能生成正确坐标的点云。密集点云是对稀疏点云进一步复杂化、具体化步骤，经过处理的点云就可以进行非接触式虚拟测量、展示等。

　　3. 建立网格

　　A软件三维重建技术重建三维多边形网格，表示的是基于密集点云的物体表面。此外，还基于稀疏点云为基础的方法进行快速几何生成（图十四）。A软件为建模提供了两种计算方法：1. 工作流程>生成网格>在一般表面类型中选>任意（"任意"这个选项是对拍摄对象进行全方位构网计算）。运算网格面的质量，在多边形数选"中"（"中"比"低"运算网格数量密度约增加3倍）。在高级插值中选"默认"。2. 在多边形数选>自定义选择设定需要的面数，根据对建模用途的需要设定面数多少，一般控制在100万以内。

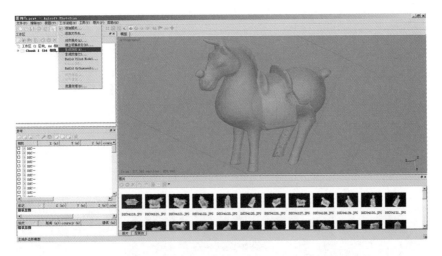

图十四　由密集点云生成网格面片模型

　　在前后两次拍摄器物，器物相对摆放平面发生了位置变更的情况下的，需要采取"对齐堆块"的操作方法。这种情况常见于有上下结构或复杂器形的器物，比如：第一次口沿朝上拍摄，做一个堆块，第二次口沿朝下，底部朝上做一次拍摄，做出另一堆块，可以得到器物完整建模。具体步骤：工作流程>对齐堆块，运用点云编辑工具删除器物周围以外的杂物和离散噪点（就是尽量减少两个堆块间契合运算的干扰因素）。再运行工作流程>合并堆块>选择菜单中的>合并密集点云选项，软件自动生成一个名为"Merged Chunk"的堆块，回到>参照面板中点击>设置。再次运行工作流程>菜单中的>生成网格。但并不是每一件器物都可以通过这个方法做两个堆块的合并，比如：罐就可以，但是这个罐有一个很扁平的盖子，这个盖子一般是做不出完整建模的。

　　密集点云由三维补点算法构成三角网格模型，点云个体可以和周边点云相互作用形成网格面，一个点云个体可以形成3个网格面（见图十五）。它在计算的运算过程中会形成重叠的点云。这些错误的点云在有限单元计算生成建模网格时会影响到建模计算的精度和最终的建模效果，所以应该将多余的点云去掉之后再进一步运算建模和贴图。

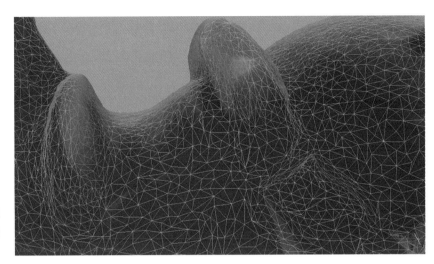

图十五　陶马
三角网格面局
部截图

4. 生成纹理

生成纹理是软件自动以 OpenGL 纹理映射技术生成贴图，并按照坐标附在建模上简化模拟真实物体的过程。即采用物体的真实纹理图形映射到绘制的三维模型表面，使其呈现出更加逼真的效果。

OpenGl 纹理映射技术指的是纹理图像映射到物体表面，即在一个平面区域（纹理空间）上预先定义出纹理图案，然后建立物体表面空间和纹理图案坐标之间的映射关系，当物体表面的可见点确定后，就可以根据纹理空间对应点的值将纹理图案附到物体表面上（物体的表面即是建模）。

以陶马为例：计算贴图大小为 4096dpi×4096dpi（像素）。由于显卡驱动程序计算方式的限制，生成的纹理贴图，一般分辨率是用 2 的幂次方的尺寸，显卡驱动通常只支持最大 4096dpi×4096dpi。如果需要更高精度，可以将纹理贴图的数量增加，即变为 2 个 4096dpi×4096dpi，或 3 个 4096dpi×4096dpi 的纹理，以此类推。在遗物的原照片绝对清晰的情况下贴图越大视觉感官越好，但如果有一张照片不够清晰，都会影响整体建模后的纹理效果。另外生成纹理的精度，与所使用镜头和拍照视距也有密切关系。比如佳能 100mm 微距镜头，成像与实物是 1:1，也就是说，30mm 物体，在佳能相机的感光元器件上所成影像，就是 30mm。若相机感光元器件分辨率足够高，这 30mm 成像距离上有 5000 像素，则实物 3D

化之后，最理想状态下，器物表面能够获取的最大分辨率就是30mm×30mm面积上有5000dpi×5000dpi的纹理，如陶马生成纹理后的效果（见图十六）。

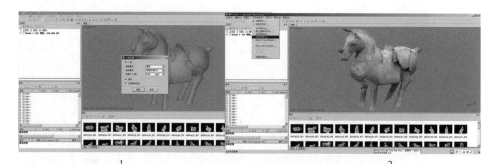

图十六　由4096×12张的陶马贴图获得纹理
1. 确定陶马贴图纹理大小　2. 获得陶马贴图纹理

（二）映射贴图及优化处理

映射贴图具体操作为：如果不用在数字化展示的三维引擎时，贴图辨率视原始照片分辨率、及要用来（根据）输出正射影像的正射影像分辨率需求而定。用于交互演示时，由于常规三维引擎只识别4096像素的贴图，建议生成的贴图为4096dpi×4096dpi，至于贴图张数，常规诸如佳能5D4单反相机，可以给到4096dpi×4096dpi的6张贴图。纹理大小×贴图一张，贴图张数越多，图片清晰度越高。一般一次性完成贴图，反复贴图会影响整体的贴图效果。如果能够快速计算，可以考虑颜色校正（在生成贴图时选择颜色矫正项）。

贴图由像素和建模上的相对位置组成，一个像素的位置对应建模上一个像素单位的位置，通常软件自动形成的贴图都是有一定形状规律的，自动生成的映射贴图，可以导入PS在一定范围里进行修改，修改原则是不能破坏贴图的真实性，一组成功的照片生成的贴图几乎不需要任何PS处理。这样的处理可以使贴图展现更好的还原效果。而生成的映射纹理贴图效果高于当前一些3D扫描仪的贴图效果（见图十七）。

（三）网格建模在需要时手动拼接方法

个别遗物无法一次性拍摄到所有的面时就需要用对齐手段，对齐分手动对齐和点云自动对齐。手动对齐是通过设定标记点对齐的一种操

图十七　陶马和
佛像的映射贴图
例图
1. 陶马的映射
　　贴图
2. 佛像的映射
　　贴图

1　　　　　　　　　　　2

作，当一个遗物点云无法大部分重合时利用贴在遗物上的定位贴点作为
参考，贴点是手动拼接的必要参考坐标，属于不想用且不得不用的备选
方案。手动拼接在贴点上的定位点上，按照一定顺序设定两组标志，并
使其两组标志顺序一致，再选择将两个建模堆块合并得到一个完整的遗
物建模（见手动拼接示意，图十八）。手动对齐的建模合并后会有很多的
建模计算不完整，造成的塌陷或是由于手动对齐的误差造成的重叠面这
些需要3DS Max（简称Max）或是一些软件的处理和美化。

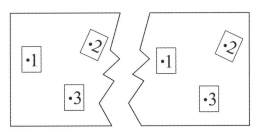

图十八　手动拼
接模型示意图

　　自动对齐是当点云大
面积重合时自动计算将两
组点云对齐成一组再通过
合并点云获得一个整体的
遗物建模。自动对齐的建
模精确度要比手动对齐的
精度高，操作时间上也更加节省。正常情况下我们很少采用手动拼接的
方法（一组好的照片除特殊情况基本无需手动拼接便可获得完整的建
模，具体参照论文拍摄部分）。

三、A软件技术手段运用与第三方软件结合绘制遗物图

　　A软件三维重建技术，可以根据研究方向，通过"文件"下拉菜单
导出包含三维模型、正射影像、轴测投影、高程模型等在内的各种通用
格式文件。选择制作方案，通过导出点云或模型与其他软件进行图像处

理，它支持的软件包括：OBJ、FBX、WRL、JEPG、TIFF、PNG、BMP等多种数据输出形式，便于第三方软件处理制作各种立体、平面、剖面、剖视图、绝对正射影像（正投影）图、VR等，也可以通过第三方软件渲染输出任意角度的图像制作3D遗物的动画演示虚拟测量等。这些格式文件可以在相应的软件中进行兼容使用。

关于软件格式的互用：OBJ是国际通用的三维模型格式，一般三维软件都可以识别这一格式。导出这一格式，目的是为了让后期编辑用的三维软件能够顺利导入并编辑。WRL格式是一种虚拟现实文本格式文件，也是VRML的场景模型文件的扩展名。实际上，导出为WRL格式之后，已经可以通过某些WRL浏览器去进行多角度移动旋转缩放的观看和尺寸的测量了。FBX格式最大的用途是用在诸如在Max、Maya、SOFTIMAGE等软件间进行模型、材质、动作和摄影机信息的互导，这样就可以发挥Max和Maya等软件的优势。可以说，FBX方案是最好的互导方案。因为在常规三维软件比如Max，由于某些演示需要，需要给物体本身加入动画编辑器中的动作，或者灯光动画，或者材质动画，这样保存下来的文件，导入到别的软件中会导致信息丧失。在文物和遗址的数字化复原过程中，国内比较通用的是unity3d这个3D交互引擎，那么我们做文物3D数字化，输出为FBX最大的用处，就是为了在unity3d编辑器中能够进行导入。

A软件建模绘制考古遗物图的应用技术路线如图十九所示：

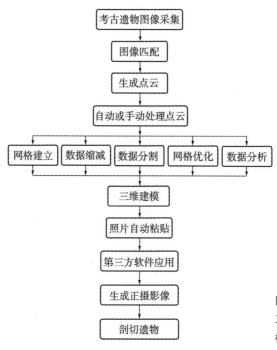

图十九　A软件三维重建技术建模及应用流程

1. VRP虚拟现实展示的制作

建模可以根据计算精度，选择面数设置，完成不同需求的文件图像制作。一般对动画制作需要面数较高，30—100万面数。如果制作VR虚拟现实展示，仅需16万面数左右即可。15万以下的可以用于其他平台（ERP）等。可以导出格式包括：OBJ、FBX、WRL、3DS等与Max等软件兼容的格式。

对已经在A软件中完成处理的遗物模型和纹理，设定导出模型为带纹理的WRL格式，在Max中，将同一尺寸单位并导入这个WRL模型，进行少量项目设置的编辑。变换操作编辑，然后在Max中的安装的VRP（Virtual Reality Platform，简称VRPlatform或VRP）插件中打开。WRL文件是一种虚拟现实文本格式文件，也是VRML的场景模型文件的扩展名（图二十：1、2）。

1   2

图二十　陶马导出A软件模型输出选项设定为WRL格式

1. 陶马导出A软件模型输出选项　　2. 将所导出的模型设定为WRL格式

先将A软件输出的文件导入至Max并编辑，再通过Max里安装的VRP插件将建模导入VRP编辑器（见图二十一），或将OBJ格式直接通过VRP的工业模型接口导入VRP软件（VRP12版本或以

图二十一　将Max里的建模导入VRP（软件输出的兼容格式）

上功能），它可以对OBJ设置交互制作、编程手动处理遗物数据，导入后进行少量变换操作，使物体的纹理贴图路径保持正确，坐标保持真实统一。使用Max里的VRP插件，导出VRP文件。

在VRP编辑器中进行少量纹理通道编辑，即可以输出交互EXE文件或者网页格式的交互文件。完成打包输出发布，或通过默认模式在软件中进行网络三维虚拟技术的个体展示（见图二十二：1、2）。

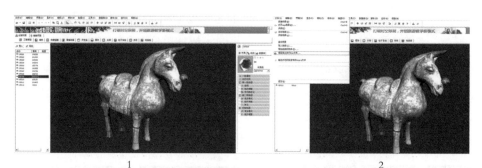

图二十二　在VRP编辑器中编辑后完成输出EXE或网页交互文件
1. 在VRP编辑器中进行少量编辑　2. 输出EXE或网页交互文件选项

它的优点是可以更直观的360度任意角度截取不同位置图像，可以脱离遗物的质量从任意面观察和索取遗物细节图像。陶马VRP默认模式的三维展示截图（见图二十三）。

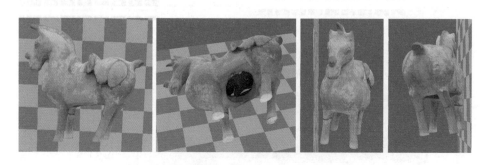

图二十三　陶马VRP的不同角度截图示意

2. 自动生成正射影像绘制线图

具有生成正射影像图像功能。在已生成的3D建模基础上，选择正射影像不同视图面（即正投影各视图面），是完成绘制考古遗物图必要的参考图像。考古绘图最基本的要求是绘制正投影线图，正投影图是基于投影法中多面正投影原理。比较以往手工测量、目测绘制正投影图具有革命性的进步，自动生成的每个正射影视图均可达到准确对应无误，对应迅速，使进一步绘制正投影线图更加便捷。由A软件建模生成的正射影像为绝对正射影像不带有任何透视色彩。

将遗物每个视图面生成正射影像，并将它们按正确视图排列在一起，高、宽尺寸相同，视图对应准确。例如图二十四释迦像，造像制作设计复杂，凿刻精湛，具有极高的艺术价值。除正面雕刻主佛像外，整个佛像每个面都布满纹饰图案，坐像底部还雕刻有铭文，这也对建模的完整性提出了较高的要求，必须保证佛像每个面纹饰建模足够清晰完整。

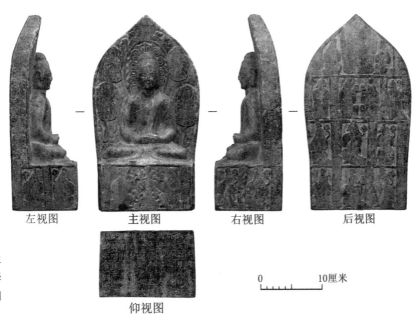

左视图　　　　主视图　　　　右视图　　　　后视图

0　　　　10厘米

图二十四　对生成的正射影像释迦像按基本视图排列

仰视图

将密集点云导出PLY格式文件，通过第三方点云编辑软件获取陶马的正射影像此图精确度极高，严格遵循正射影像概念，几乎无偏差。将此图作为底图制作线图，具有极大优势（见图二十五）。

绘制线图工作，可以通过矢量绘图软件进行绘制，如CorelDRAW、Adobe Illustrator等，也可以使用Photoshop软件结合数位板工具绘制线图，都能达到很好的插图效果（见图二十六）。

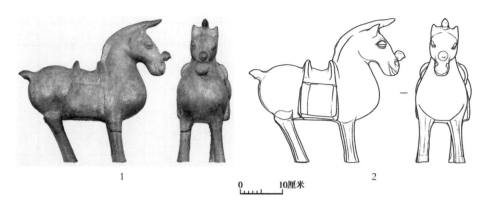

图二十五　密集点云导出 PLY 格式文件生成的正射影像绘制线图

1. 密集点云导出 PLY 格式文件获得陶马正射影像　2. 通过正射影像绘制的陶马线图

图二十六　自动生成正射影像绘制平面、剖视图

1. 自动生成的倚坐弥勒像正射影像　2. photoshop 结合数位板绘制的佛像平面、剖视图

3. 利用不同软件剖切遗物

利用A软件对正射影像进行任意部位剖切。可以全剖，也可以四分之一剖或局部剖。由于它可以直接观察剖开器物的整个切面，使绘制的剖面更加准确具体。利用A软件对生成的正射影像青铜鼎进行四分之一剖切，可以清晰看到青铜鼎的耳部剖开结构和铜鼎器壁薄厚的轮廓变化，并且直接得到剖视图内部的正投影铭文图案（见图二十七）。

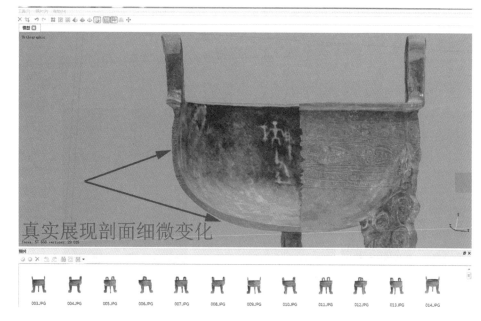

图二十七　A软件对青铜鼎的正射影像剖视图像

在陶器的制作工艺方面，研究者可以根据对部分陶器剖面缝隙和色彩变化的观察，搞清泥条的不同盘筑方法，准确获得泥条相互衔接的位置，为陶器的制作工艺研究提供了新的手段。另外手工绘图量取剖面尺寸，往往不能准确画出倾斜壁面的线条走向，特别是有些器物无法手工测量剖面，特别是镂空器、石窟造像、带有雕塑的器物等，只能根据经验目测或手摸判断，给研究的科学性带来了不准确的剖面信息，这些都在A软件的自动剖切图像中得到解决。

复杂遗物建模剖面也可以借助Max、Maya等三维编辑软件中的布尔值操作，在布尔值运算中，有两个原始对象被称为"运算对象"，一个叫运算对象A，另一个叫运算对象B（也可以说一个是原始对象，一个是被拾取物）两个对象在Max里选择需要调整剖面的位置和区域。在建立布尔运算前，首先要选择需要剖的网格建模对象，这时对象B的功能被激活，再选择剖面的具体位置建模。一般我们常用两种操作，一种是以对象B的轮廓为区域将其删除便得到一个剖面。第二种操作以A对象建模和B对象建模的轮廓为区域，选取A和B对象的交集，并以B的轮廓为面，得到一个 A 对象剖面的实体化或 A 对象剖面的剖切面。这两种操作一般会复合使用，任何形状的剖面都可以通过布尔值操作来实现，其剖切精度极高，甚至可以将遗物形态做成截面切片，从多个角度和切面来观察研究不同位置剖切面之间的规律和内部结构（见图二十八）。

1   2   3

图二十八　利用
3DMax 从不同角
度剖切视图
1. 二分之一剖切
　正立面视图
2. 二分之一剖切
　右侧立面视图
3. 四分之三视角
　剖切视图

三维软件的剖切技术，为考古绘图提供了快速获取，便捷运用的工作方法，它解决了以往绘制剖面的难点问题，就是我们无法想象被遗物自身遮挡的剖面轮廓，这种先进的剖切方法必将为考古研究提供可靠的科学手段。

四、结语

Agisoft Photoscan 目前已经广泛应用于考古遗迹、考古遗物的建模工作中，对考古数字化绘图的发展起到了推动作用。同时在文物保护、文物虚拟修复、古代建筑的三维建模、数字博物馆、3D 打印等领域也有广泛运用。但软件本身也存在一些不足：

1. 模型空间视图变换操作方面不够简便，视图旋转和选择点云对象需要进行工具栏的按键切换。

2. 拍摄照片时所设定的标记点坐标方向如果和器物本身有略微偏差，在点云解算出来后不能后期调整。在航拍确定大地坐标解算三维地形时，后期不能调整属于软件严谨方面的要求可以理解，但在制作器物三维模型视图时，需要这个功能。

3. "对齐堆块"只有"基于点"、"基于标记"和"基于相机"三个选项，当拍摄特别扁平的器物，将器物底部平放在工作台面上制作一个堆块，且将器物倒扣过来制作一个堆块时，这种堆块对齐难以实现。很多点云编辑软件里有 N 点对齐功能，可选择对每个对象至少有三个对应点来对齐对象。Agisoft Photoscan 只能够通过堆块之间的点云重合部分达到了足够重叠度来进行"对齐堆块"。缺乏机动灵活性。

4. "消瘦点云"功能单一，不能够通过设定一个阈值，使平坦面上的点数目减少量一致，并规定剧烈转折曲面上的点数目的减少量。

5. 解算出网格之后，"消减网格"的功能也和第 3 点相似，平坦网格面上可以大量消减，剧烈转折曲面上应通过一个阈值限定减少消减。Agisoft Photoscan 只是善于解算出照片量并不大的器物的点云，对于点云编辑和网格编辑并不擅长。

6. "消减空洞"之类的网格编辑功能孱弱，对于点云生成网格面后的小碎片面自相交、钉状物等细微修整，没有对应的编辑选项。

综上所述，用来解算带有空间坐标的三维点云，Photoscan 是一个比较合适的软件，在点云的后期编辑和网格面建模修整方面，我们需借助第三方软件，比如 Cyclone、solidworks、Geomagic Studio 等。在纹理生成和编辑方面，可以借助 Zbrush、Cinema 4D 和武汉大学的 ModelPainter 等软件。

总之对 Agisoft Photoscan 软件的运用还有很多需要探索的内容，这些都需要我们在一线工作绘图人员不断总结。随着计算机数字化的发展，多视角影像三维重建技术在考古绘图和文物保护领域的应用将会持续增加。尤其在考古绘图领域还有巨大的发展空间，它的最大优势在于方便了绘图者对复杂的考古发掘现场，减轻了田野绘图人员的现场工作量，绘图者可以通过事前定好控制点，逐层发掘、逐层进行拍照记录，不会影响发掘的工作进度，在控制好大尺寸的前提下，回到室内对每一层的全真彩正射影像进行三维模型的建模工作，再生成正射影像绘制线图。

Agisoft Photoscan 软件可以根据需要进行各种 3D 软件的交汇运用，使考古绘图的手段得到不断拓展，完整多角度的视图、绝对正射影像视图、对复杂结构器物的剖切，都会得到研究者不可预期的效果。文物不用频繁搬运移动（可以避免在研究和观察过程中的二次损伤），获取高精度建模和照片纹理，可以将一些随时间不断消失的文物遗迹现象、器物形态和纹理颜色尽量完整的记录下来。这无疑对文物起到必要的保护作用。可以预期Agisoft　Photoscan软件一定会在未来的考古绘图和文物保护中发挥更重要作用。

（本文引自：《南方文物》，2019年第1期。）

参考文献

［1］刘建国. 辽宁建昌县东大杖子M40的三维建模与探索［J］. 考古，2014（12）.

［2］张蕾. 动物骨骼三维重建的探索［J］. 四川文物，2014（6）.

考古遗址位置图的制图规范

刘 方 田 苗 吕 杨

关键词：考古绘图；遗址位置图；规范化制图

前 言

考古遗址位置图在考古研究中有着特殊的地位，它是文物考古出版物必不可少的插图形式，是发掘报告、简报最先出现的插图要件。本文谈到的遗址位置图泛指遗址位置图、遗址地理位置图、遗址位置示意图、遗址分布示意图；遗迹位置图、遗迹分布图；考古文化区域图；其功能简明、清晰地反映遗址、遗迹点的具体位置及周边环境等重要信息。目前已经形成了独立的插图体例，有必要对其进行梳理总结，使其制图方法更加规范。

随着计算机数字化的发展，考古绘图的手段更加多样化。根据不同的研究对象选择适当形式的遗址位置图，是绘图者需要把握的基本原则，掌握这些理论和画法，才能高效地服务于考古研究。本文侧重论述遗址位置图的规范画法，供广大考古工作者绘图时参考。

一、以往遗址位置图的表现方法和存在的问题

考古遗址位置图在考古学研究中有着较为完善的表现模式和绘制方法。遗址位置图的种类较多，大致分为两大类：一是以田野考古发掘遗址、遗迹为对象，对其进行现场实测绘图的考古遗址位置图，重点反映遗址、遗迹的分布位置及分布状况；二是以国家出版的规范地图为底本，对已经发掘的遗址、遗迹地点在地图上进行位置标注并清绘的遗址位置图。从已发表的各类遗址位置图看，存在诸多不足与亟待解决的问

题，特别是要摒弃那些使读者不能准确认识插图的概念和内容，以便准确传达考古研究资料。

（一）以往遗址位置图的表现形式

遗址位置图在出版的考古发掘报告、简报中表现形式多样，总体看大致可分以下几种：

1. 绘有等高线的遗址地理位置图

等高线图属于地形图中的重要内容，为了多角度反映遗址信息概况，把它绘制成遗址地理位置图。这类图内容复杂，用等高线表现遗址周边地形、地貌、河流、湖泊、水库、池塘、山脉、城市、村庄、铁路、公路等要素，有完整的图例符号、指北针和比例尺。一般情况下等高线不能相交，如《拜城多岗墓地》第2页图二，多岗墓地墓葬分布图，线条流畅，错落有致，绘制规范。等高线排字一般为黑体数字，数字的排字方向应朝着地势高的一面。

2. 绘有经纬线的遗址位置图

20世纪较为多见，以国家出版有经纬线的地图为底本进行清绘。经纬线图有单线或双线图框，双线图框外粗内细，有图例者居多，有些标注线段比例尺，图上均标注经纬线度数。由于较为繁琐，后来很少使用此种画法。

3. 绘有政区界线的遗址位置图

图上同时存在省（自治区、直辖市）、地区（自治州、盟）和县界界线，或地级和县级界线等，常见于省、市间或地、市间交界区域，遗址、遗迹间都有相同文化属性或分属几个时期。跨区域研究是考古学中比较研究的重要环节，可以理清古代遗址、遗迹的文化属性和文化分布状况。

4. 绘制内容简略的遗址位置图

只绘主要地区地点名，村庄、居民点、水系、交通路线等，不标注指北针和线段比例尺，一般以示意图的形式标出遗址、遗迹的具体所在位置。

5. 古代城址、建筑、寺庙遗址及聚落遗迹分布图

古代宫殿建筑、寺庙遗址，聚落遗迹、墓葬遗迹分布图比较常见，

主要反映遗址的建筑布局和聚落遗迹布局、墓葬朝向等；同时反映古代遗存的各种遗迹、遗物位置状态；也反映古代居民的生产、生活方式。

（二）遗址位置图表现方法上存在的问题

20世纪50—90年代，遗址位置图多为手工绘制插图，大多图线绘制规范，也有一些插图的图线绘制不够讲究，字体书写随意、潦草，字迹含混不清。近些年遗址位置图画法逐步成熟，计算机制图与手工制图相结合，手写字体最终被新的印刷技术所取代。遗址位置图看上去画法相对简单，绘图者常会忽略一些细节，下面针对存在的问题进行简要阐述。

1. 地图底本选用不妥、图框绘制不统一

引用的地图底本不够正规。选取图幅的范围过大或过小，有的细长，有的过宽，缺乏严谨性。有些遗址、遗迹点偏到左、右上角或左、右下角处。图框线过细或过粗，还有不加图框线的插图，画法过于随意。

2. 线条粗细不均

遗址位置图在表现居民区或水系时，填铺的45度斜线过粗、过密，造成图面整体形成大片黑色区域，影响了遗址点的识读。有些图线条画得过粗，或粗细不匀，造成双线重合在一起，形成瞎线，降低了插图的视觉舒适性。

3. 图例符号、指北针、比例尺标注问题

遗址、遗迹点标注符号种类过多，造成图例说明繁琐；有些使用了不规则符号，如：单圈中加×、还有直接以×标注；有的用黑圆点标注乡镇，遗址点也同样使用黑圆点标注；有的河流、铁路、公路，政区界线都使用相同粗细线条表现；还有只注字表示遗址所在位置；有的遗址点标注了等边黑三角，山脉也同样标注等边黑三角；有的图例符号、指北针、比例尺位置放置随意，缺乏总体规划，没有规律可循。

4. 字体缺乏统一规范

插图字体反映着最重要的研究内容，主要问题在写错或排错字、没有排在该排的位置。没有统一字型、字号，有些含混不清难以辨认。涉及海洋、河流、湖泊、山脉等字体倾斜角度各异，公路、铁路等排字间距、方向、角度随意。

5. 境界图例绘制错误或漏绘

国家标准地图的境界都有相应的图例符号，只要存在两个不同层级的界线，都应有区别地绘制，并要明确所绘界线符号是否符合规范。

考古出版物中经常出现涉及海上国界线的问题地图，主要表现在漏绘、错绘地图内容。在中国全图上漏画钓鱼岛、赤尾屿及南海诸岛屿；在南海地图上漏绘了九段线内的东沙、西沙、中沙、南沙四个群岛以及最南端的曾母暗沙。造成错误的原因主要是使用和引用国外出版的地图，或在网上下载不规范的地图。

二、遗址位置图的规范画法

考古插图的规范化主要包括三个方面的内容：一是准确和科学；二是简明和清晰；三是标准和规范。考古遗址位置图则要求准确标注遗址点的位置，留取地图上与遗址点有关联的自然和人工标的，做到去除繁琐、简明、概括、准确地提炼，合理截取地图范围，规范图例符号等内容。

（一）遗址位置图基本内容的规范画法

1. 遗址位置图参照底本要求

要求使用中国地图出版社或星球出版社出版的中国、世界地图集以及不同比例的分省地图作为底本进行清绘。从"国家测绘地理信息局"（官网）下载不同开本的标准地图。避免使用非国家正规出版社出版和国内外不正规网站下载的地图。国家对地图相关规定详见《公开地图内容表示若干规定》和《地图管理条例》[1]。

2. 图框、范围和方位

（1）图框

遗址位置图均应有单线图框，外形应为长方形或正方形，图框线不宜过粗。

（2）范围

图框内涵盖的地域范围应将遗址所在的县、市政府驻地包括在内，还应考虑临近遗址的河流、湖泊、山脉、铁路、公路等要素。

（3）方位

遗址位置图一般以坐标北地图为底本，不画经纬线和指北针，图框的方位应保持正南北，即图框上方指向北。

3. 图例

（1）图例的制定

图例应尽量简明。现代注记可以引用《中华人民共和国地图集》图例作为参照。图例选择的范围应结合发掘报告、简报的内容。图例栏内一般仅标注古代遗址的图例，特殊需标注的现代图例应放在古代图例的后面，顺序由左至右。居民点、水系、地形、境界、交通等现代注记属于常用图例，可不列入图例栏内。图例栏一般放置在左下角或右下角空置区域。

（2）遗址、遗迹图例

遗址点图例一般使用黑色等边三角形，在有主次遗址区分的情况下，以大小等边三角形区分。多种文化遗址地点图例依次使用▲△■□▼▽等。复杂遗址、遗迹分布图可以自行设置简单、明确的图例符号，如图一[2]。

（3）居民点图例

以村庄为主的遗址位置图，村庄图例以小单圆圈标注；乡镇与村庄同时存在时，乡镇用圈中加小圆点表示；图上只有乡镇一级层次，乡镇也可以小单圆圈标注；图中有三个层级地点出现时，如县、地、省，县级可在圈中加小圆点，地级图例画成双圆圈，省级（直辖市）为大单圆圈中间加大圆点。

（4）交通图例

宜画出铁路及主要公路（高速公路、国道、省级公路）。铁路一律用黑白相间的线性图例表示。公路一般用中粗黑单线表示。大比例位置图可以画出一些相关小路，公路可用双细线表示。

（5）水系、地形图例

水系用单线表示时，主要河流如长江、黄河可适当加粗，其他河流次之。图上只有一至两条河时可以考虑双勾河流线。水系线内需要填充调色，有两种形式：一是平行上下等距间断性虚线，二是填充浅灰色或灰网。

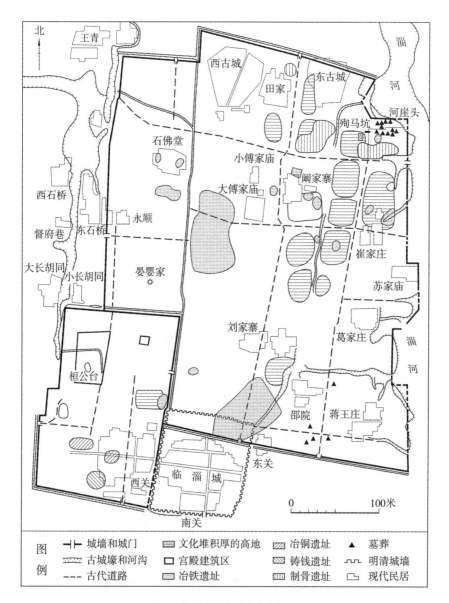

图一　临淄齐国故城遗迹分布图

地形一般只标注山脉名称，山峰处标注细长等腰三角形图例。

（6）城市图例

城墙、街区及道路、车站、机场、政府机关、古迹景点、文教卫生设施等图例的规范画法。

多为大比例尺的城市政区或辖区图，应尽量简化提炼底本中复杂的内容，如图二[3]，城址范围基本占据了插图的中心位置，需要标注线段比例尺和指北针方向。古代遗迹线条直接压绘在现代设施或道路上。主要街道注字可以压在道路上排字，应适当添加遗址周边重要的现代地标。

4. 图线

应根据遗址位置图所取范围大小设计线条。

（1）河流线根据大比例尺或小比例尺图选择勾线方式。用单线绘制时，上游用细线下游逐渐变粗，大河也可用双线或单粗线绘制。河流线均不宜太光滑。

（2）公路线应画均匀、光滑。铁路线与公路线交叉时，一般铁路线压公路线，公路线被断开。注意高速公路和铁路、公路的叠压关系。铁路线、公路线与河流交叉时，铁路线、公路线压河流，河流被断开。公路与河流交叉时不画桥梁图例。

图二　郑州商城
遗址分布平面图

（3）古代城墙、寺庙遗址范围或古代宫殿遗址、聚落遗迹范围一般用黑粗线或粗虚线表示，可以压住所有现代注记，如铁路、公路和居民区等，使遗址轮廓清晰贯通。应注意合理设置标注不同图例，使读者可以准确理解图中所绘内容。所有图线应画完整，遗迹线与图框线相交时必须接实。黑白线图中图字与图线重叠时，图线应断开，使图字清晰。

5. 图字

（1）字体

考古出版物的插图字体一般为6号宋体。规模较大、较复杂的图，遗址名称、大江、大海、主要地名可以用小5号字。图中有省、直辖市、特区等行政区划名称的，字体一般选用小5号黑体、5号黑体。

（2）字距

采用标准字距，字距应随形调整保持均匀。注记要贴近所对应的地物符号，使人易于区别某一注记说明的某个地物。行政区划、交通路线、河流、海洋、湖泊、山脉等名称可以随形排列，字体大小、方向一致。

（3）字序

平行字列均从左向右排列，竖直字列均自上向下排列。随形字列以45°为准，当河流的流向、交通路线的走势与水平线所成的角度大于45°时，字序由上向下排列，小于45°时，字序由下向上排列。

（4）倾斜字体

河流、湖泊、海洋等名称采用左斜体，字的竖画均向左上倾斜，与铅垂线的夹角为15°。山脉名称采用右耸肩体，字的横画均向右上倾斜，与水平线的夹角为15°。世界地图河流、湖泊、海洋等名称采用右斜体，倾斜角度与国内河流相反。

6. 比例尺

大比例尺遗址位置图一般设置线段比例尺，具体规范标准参照《田野考古制图》标准。

（二）遗址位置图境界的规范画法

绘制有境界插图时，要严格按照国家公开发表的地图作为参照底本进行清绘，准确绘制考古遗址位置图中陆路国界线和领海国界线十分重要，关系到对国家领土主权的完整表述，对此绘图人员需更加注意。

1. 小比例、大比例尺图境界的规范画法

（1）小比例尺图境界的规范画法

省、自治区、直辖市界线采用等间距的画点线绘制，线、点的长短、间距均相等，如图三[4]。界线线条粗细一致、流畅平滑。小比例尺多为遗址分布图、文化分区图，应该注意遗址的地域关系，一定要将临近遗址周边重要的省会、直辖市、地级市等地名位置标注清楚。可以不绘公路、铁路等现代设施，侧重清绘遗址周边的重要河流、湖泊、山脉等以及遗址、遗迹相关的内容。

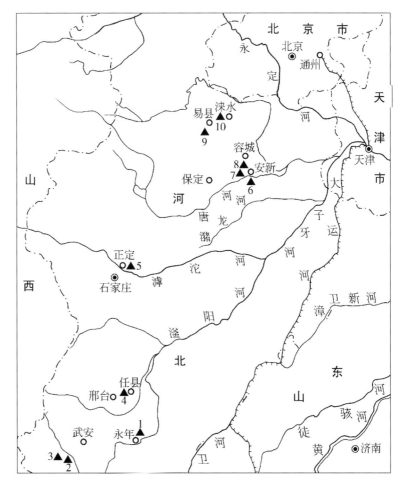

图三　省界界线线型符号表现示例

（2）大比例尺图境界的规范画法

大比例尺地图一般常见于区县、乡镇、村一级，区县级界线一般采用"画点线"，如图四[5]，多岗墓地地理位置图重点反映了墓地与拜城县、新和县、库车县间的地理关系以及遗址周边的河流、山脉等自然环境。

乡镇、村庄、城市街道等遗址、遗迹位置图不设界线，应注意遗址点在乡镇一级范围的情况下在选取底图范围时将选图范围扩大到邻近的县（市）；遗址点在村庄一级范围时，应将选图范围扩大到临近乡镇。

小比例尺和大比例尺常用境界的线型如表一。

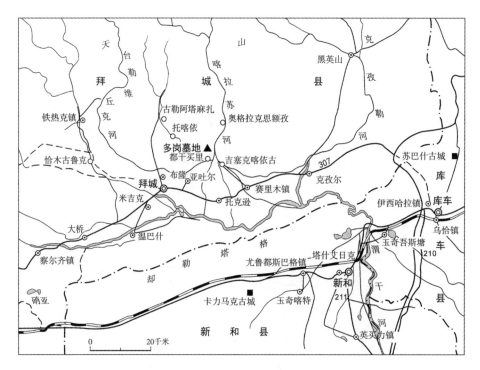

图四　多岗墓地位置图县界的画法示例

2. 国界线的规范画法

线型为长H型，中间为粗实线，两端画对称细实线，长H型符号沿边界走向有弯曲变化。两个长H型符号之间以点相隔，未定国界之间无点（表一）。

（1）中朝边界国界线的规范画法

不得在河流中心线上绘制中朝国界，因中朝界河为两国共有江面。鸭绿江口处国界的画法：当比例尺小于1:1000万时，国界线最南端应在丹东市以北；当比例尺大于等于1:1000时，还须在江口两侧各配置跳绘的国界；鸭绿江、图们江河名应标注在我国一侧。

（2）中印边界国界线的规范画法

中印边境全长约2000公里，分为东段、西段和中段。中印边境东段注意不能错沿"麦克马洪线"绘线。中印边界西段新疆阿克赛钦地区和中段我国门隅、珞瑜、下察偶地区（即麦克马洪线以南区域）应参照我国正规出版社出版的规范地图绘制。

（3）中国南海的规范画法

南海位于我国南部，南接大巽他群岛的加里曼丹岛，东临菲律宾群岛，西面是中南半岛和马来半岛，面积约350万平方千米。在绘制南海全图时必须完整表现东沙、西沙、中沙、南沙四个群岛以及最南端的曾母暗沙，以及南海诸岛海上归属线（即"九段线"）。黄岩岛比例尺大于1:400万时，黄岩岛应注为"黄岩岛（民主礁）"。

表一　小比例、大比例尺常用线型参照表

小比例尺常用线型			大比例尺常用线型		
线型号	线型	一般应用	线型号	线型	一般应用
1	┡━┥┡━┥	国界	1	┡━┥┡━┥	国界
2	┡━┥┡━┥	未定国界	2	┡━┥┡━┥	未定国界
3	▬ — ▬ — ▬	省、自治区、直辖市界	3	▬ — ▬ — ▬	省、自治区、直辖市界
4	▬ ▬ ▬ ▬	地级、自治州、盟界	4	▬ ▬ ▬ ▬	地区、州、盟界
5	▬ ▬ ▬ ▬ ▬	特别行政区界	5	▬ ▬ ▬ ▬ ▬	特别行政区界
6	▬ ▬ ▬ ▬ ▬	特种地区界	6	▬ — ▬ — ▬	特种地区界
7	··············	军事分界线	7	··············	军事分界线
8			8	▬·▬·▬·▬	县界

（三）彩色遗址位置图的规范画法

近年来彩色遗址位置图越来越多地运用在发掘报告、简报中，它有图像清晰、效果美观、视觉舒适、方便制图等优势。绘制时应该严格挑选像素高、清晰度好的航空影像图片。要注意色彩图例的简洁性、合理性。下面简要介绍几种不同的表现方法。

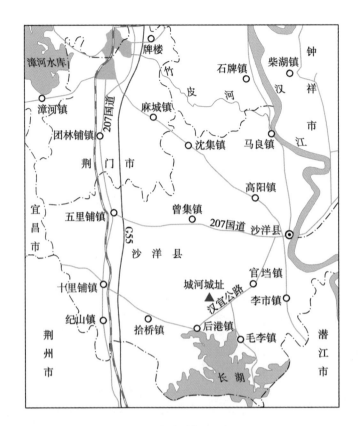

图五　彩色遗址位置示意图

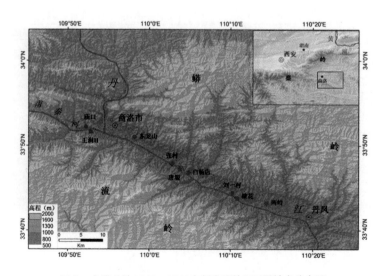

图六　商丹盆地2010～2012年新发现的旧石器地点分布图

1. 借助地图底本绘制彩色线图

除了前面谈到的遗址位置图的规范画法，还要重点注意色彩方面的运用。图面总体色彩宜清淡，色彩差异需明显，避免使用过纯、过深的颜色，尤其是大面积填充较重的色彩。可以把经常出现的一些图例设定为固定色彩，如图五[6]中的河流、铁路、公路、城市等均可以作为固定色彩图例使用。如果遇到普通公路与高速路交叉存在时，高速路可用红色或用较淡一些的黄色表现。彩色插图可直接将黑字录排在任何色彩线条上。

图七　屈家岭遗址历年发掘位置示意图

2. 彩色地形图

以地形图为底本，简化加工彩色遗址位置图，图上标注地形图高程数据和比例尺，如图六[7]，高程数据以（m）为单位，采用颜色色块深浅图例标注数字，区分不同海拔高度。在图的四周标注有经线、纬线刻度和度数，使遗址点位置精确度更高。

3.彩色卫星影像图

以卫星影像图片为底本，对周边自然环境进行简单提炼，如对河流、湖泊、山脉范围进行勾线然后填充适合色彩，使水系、山脉层次更加清晰分明，整体看上去协调一致。

在卫星影像图上直接用色块标注遗迹位置等重要信息。注意使用的图例色彩不能和背景色彩过于接近。遗迹区域面积较大时，可以用透明度50%的不同色彩填充，不会影响填充色下背景的整体可视效果。插图排字应该注意背景图颜色较浅时，排黑色字比较清晰，反之则应该排浅色或白色字体，避免字体与背景过于靠色，可有选择地给字体填描白边或其他色彩边，如图七[8]。

三、小　结

遗址位置图是考古报告、发掘简报中首先向读者呈现的重要图件。合理选用不同类型的底本作为参考对象，精选和遗址相关的基本信息和重要图例，使插图做到全面、清晰、准确。注重创新画法理论，丰富多样化的制图手段，发挥彩色遗址位置图的长处，进一步系统规范彩色插图的表现方法是我们一直努力的方向，希望通过此文能够推动我国考古绘图规范化体系更趋完善。

（本文引自：《草原文物》，2019年第1期。）

注释

[1] a. 国家测绘局国测法字［2003］1号文件印发了《公开地图内容表示若干规定》，本规定自2003年5月9日起施行。

　　b.《地图管理条例》中华人民共和国国务院令，第664号，2016月1月1日施行。

[2] 刘方、刘建国、李淼等：《田野考古制图》，文物出版社，2012年。

[3] 刘庆柱：《中国古代都城考古学史述论》，《考古学集刊》（第16辑），科学出版社，2006年。

[4] 中国社会科学院考古研究所：《中国考古学·新石器卷》，中国社会科学出版社，2010年。

〔5〕中国社会科学院考古研究所、新疆维吾尔自治区阿克苏地区文物局、拜城县文物局：《拜城多岗墓地》，文物出版社，2014年。

〔6〕中国社会科学院考古研究所、湖北省文物考古研究所、荆门市博物馆等：《湖北沙洋县城河新石器时代城址发掘简报》，《考古》2018年9期。

〔7〕陕西省考古研究所史前考古研究室：《2008～2017陕西史前考古综述》，《考古与文物》2018年5期。

〔8〕湖北省文物考古研究所等：《湖北荆门市屈家岭遗址2015～2017发掘简报》，《考古》2019年3期。

浅谈考古制图中 Photoshop 的运用

张　蕾

　　考古绘图是把制图学应用于考古学研究的一门技术，它是考古学研究必不可缺的组成部分，是考古学研究的基础。考古绘图一直以来都是采用传统的手绘方法，经过多年来的实践和总结，已经形成了一套比较成熟和规范的方法和理论。随着近几年来计算机技术的迅猛发展，计算机在各个学科中的运用成为一种必然趋势，同时也取得了巨大的成绩。如何把计算机技术运用到考古绘图中来，使考古绘图向着更高效、更规范的方向发展，是我们面临的一个课题。

　　考古绘图的主要技术方法是将遗迹和遗物绘制成正投影线图，它与现在的设计绘图有着根本的区别，正是由于考古绘图所具有的这种特殊性，一直以来都没有一个专门的绘图软件供我们使用。在此情况下，我们只有利用现有的一些绘图软件来解决考古绘图中的问题。

　　Adobe 公司开发的 Photoshop 是一款专业的图像处理软件，具有强大的图像处理和编辑功能。我通过近几年来在实际工作中对 Photoshop 软件的运用，努力探索如何让 Photoshop 软件的使用与考古绘图的实际相结合，制作出规范、准确、美观的考古插图，同时又能进一步提高考古绘图工作效率的方法。经过几年来的摸索，目前我通过 Photoshop 软件可以比较圆满地完成一些考古绘图的工作，并得到认可。

　　现在，我将分别介绍在线图、图片两种图稿类型中，如何利用 Photoshop 软件解决考古绘图中的问题。（下面所介绍的方法，主要应用于通过扫描仪扫描到计算机里的图稿。）

一、线图

线图是考古绘图中主要的图稿类型，它包括遗迹位置图、遗迹分布图、遗迹地形图、遗迹探方图、地层图、遗迹图和遗物图。

由于遗迹图比遗物图更容易做到规范化，所以目前利用Photoshop软件解决的问题也是以各类遗迹图为主。

1. 模式转换：

由于以线图模式扫描的图稿要在转换成为灰阶模式时，Photoshop软件里的多数编辑功能才能使用。所以需要执行菜单中图像（Image）/模式（Mode）/灰阶（Grayscale）功能，完成模式转换。

2. 裁切图稿：（图一）

通过使用裁切工具，得到范围恰当的图稿。

（1）可以调整图稿裁切的范围。

（2）可以调整图稿裁切的角度。

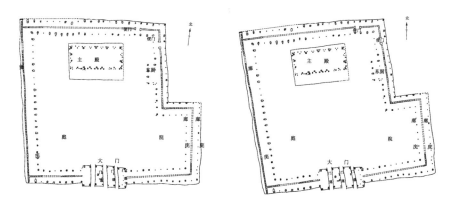

图一

3. 去除图稿的斑点、污迹和多余部分：（图二）

（1）使用选择类工具、、，选择需要去除的部分，然后进行删除。

（2）使用放大镜工具，放大难以选择和删除的部分，便于进一步进行删除的操作。

（3）使用橡皮擦工具，直线工具等，对选择需要去除的部分进行删除，得到清晰整洁的图稿。

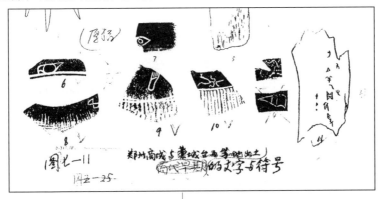

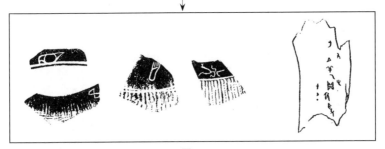

图二

4. 绘制图廓：（图三）

通过使用矩形选框工具，描边（Stroke）功能和变换选择（Transform Selection）功能，可以绘制出符合考古绘图规范的图廓。

（1）形状：可以绘制正方形、长方形或多边形的图廓。

（2）框线：可以绘制普通的细单线的图廓；或是外框较粗，内框较细，双线之间标注经纬度数字的双线图廓。而且框线的粗细可任意设置。

（3）地域范围：可以调整图廓的大小，选择恰当的地域范围。

（4）方位：可以绘制任意角度的图廓。

5. 绘制指北针和河流方向线：（图三）

通过使用直线工具，可以绘制出符合考古绘图规范的小箭头单线指北针和单线箭头河流方向线。

（1）可以设置箭头线段的粗细。

（2）可以设置箭头的形状，如：等边三角形、等腰三角形、内凹三角形等。

（3）可以设置箭头的任意方向。

6. 绘制比例尺：（图三）

通过使用直线工具⟍、矩形选框工具▣和标尺（Show Rulers）功能，可以绘制出符合考古绘图规范的比例尺。

（1）方位：水平。

（2）刻度：准确。

（3）线段形式：用单粗线画出比例尺的长度，其上标出主要刻度，刻度线以细短线绘制。

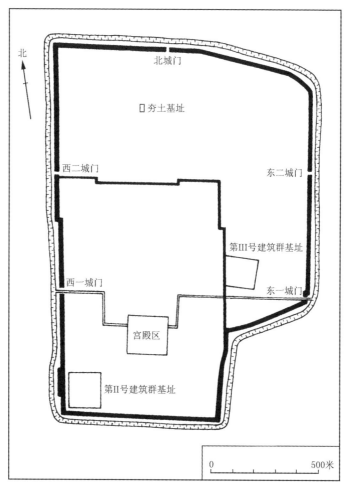

图三

7. 绘制图例：（图四、图五）

由于考古图例的多样性，我们需要通过多种工具和功能的组合使用，绘制出符合考古绘图规范的各类图例。

（1）居民点：按照考古绘图规范：① 级别不同的省、市、县、村、乡、镇等，需要绘制不同的标识，如单线小圆圈、单线圆圈内加黑圆点、大小同心圆圈等。② 居民区可绘制外轮廓表示。

（2）遗迹点：按照考古绘图规范，可以绘制出实心等边三角形、单线等边三角形、黑圆点、单线方框、黑方块等遗迹点的图例。

（3）水文及地形：① 可以绘制出按照国家规定的图例标准的海岸、河流、湖泊、渠道、水库等水文图例，并且可以分别画出较粗的背光线和较细的迎光面，以及河流上下游线条的粗细变化；② 可以绘制出用细长的等腰三角形表示的山峰等地形图例。

（4）交通：可以绘制出 ① 用黑白相间的线性符号表示的铁路；② 用黑粗单线或双细线表示的公路。

（5）境界：可以绘制出按国家规定的标准地图图例的国界和政区界。

（6）其他图例：

除以上所述图例外，可以绘制的图例还包括：

①线状图例：用粗线、细线和虚线表示的图例，表现古代城墙、宫殿基址、河道、路面、壕沟等。

②符号图例：用设计简单的符号，如黑圆点、方块、圆圈、方框等表示的图例，表现柱洞、础石、水井、砖块等。

③层面图例：用设计简洁、规整的各种特殊的成片注记图例，如布点、涂黑、组合平行斜线等，表现沙土、黄土、灰土、花土、夯土、路土、红烧土、白灰面等。

④不规则形状图例：需要在图稿中标注的任何形状的图例均可绘制。例如现代泉眼、水井、树木、电线杆、古代碑墩、古窖藏、柱础、灰坑等地物。

Photoshop 软件除了可以绘制各种图例外，还可以将常用的图例以笔刷、图案、自定义形状的形式进行保存，在需要时直接选取使用。这即提高了绘图的效率，又十分方便快捷。

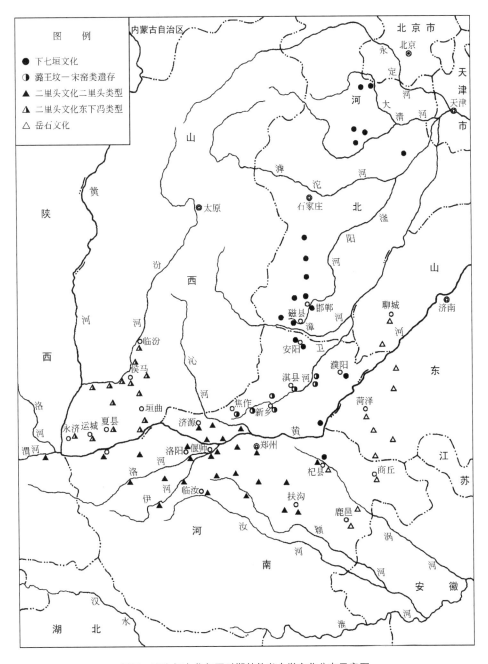

图四　下七垣文化与同时期其他考古学文化分布示意图

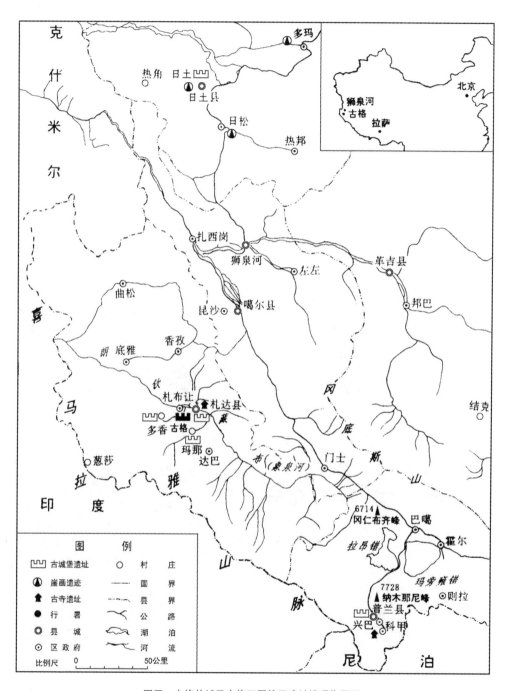

图五　古格故城及古格王国辖区遗址地理位置图

8. 输入文字：（图六）

Photoshop 软件在使用文字工具 T 进行文字输入时，能够创建文字层，这样就便于我们可以随时对文字层中的文字进行各项设置。

（1）文字输入设置：

①输入方向：水平或垂直。

②输入方式：点文字，或段落框文字，以及载入文字处理软件中的已输入完成的大段文字。

（2）文字属性设置：

①字符属性设置：字体、尺寸、样式、颜色、间距等。

②段落属性设置：对齐方式、缩进方式、间距等。

③绕排样式设置：样式、方向、参数等。

④变换方式设置：方向、角度、变形、随形排列等。

例如：需要左斜的表示江、河、湖、海的字体，如：海；以及需要右耸肩的表示山峰、山脉的字体，如：泰山。

9. 修改图形、线段：（图七）

对图稿中错误、不清楚的图形和线段等，均可以进行修改、重绘等操作，使图稿符合考古绘图规范的要求。

（1）使用选择类工具 ⊞ 、 ◣ 、 ◿ ，选择需要修改的部分。

（2）使用放大镜工具 🔍 ，放大难以选择、删除和绘制的部分，便于操作。

（3）使用橡皮擦工具 ◿ ，直线工具 ◥ 等，对选取的需要去除的部分进行删除。

（4）使用直线工具 ◥ 、钢笔尖工具 ◭ 等，对需要修改、重绘的部分进行绘制。

10. 图稿的拼贴和缩放：（图八）

田野工作中绘制的大型遗址、器物等图稿，由于过大，不便于使用。而通过 Photoshop 软件可以完成对它们的拼贴和缩放工作。

（1）通过扫描仪把过大的图稿分成几部分扫描到计算机里。

（2）在 Photoshop 软件里通过使用图层（Layer）功能、图层调板（Layer Palette）和相应的工具，把它们拼贴到一起，做到与原图稿无异。

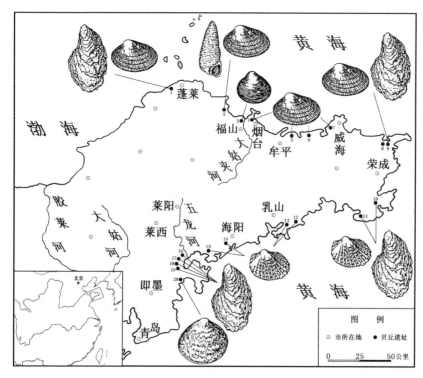

图六 胶东半岛
贝丘遗址贝类分
布示意图

1.蓬莱南王绪　　2.蓬莱大仲家　　3.福山邱家庄　　4.烟台白石村

5.牟平蛤堆顶　　6.牟平蛎碴埒　　7.威海义和　　　8.荣成东初

9.荣成北兰格　　10.荣成河西乔家　11.荣成河口　　12.乳山桃村王家

13.乳山翁家埠　　14.海阳蜊岔埠　　15.海阳桃林　　16.莱阳泉水头

17.即墨北仟　　　18.即墨南仟　　　19.即墨东演堤　20.即墨丁戈庄

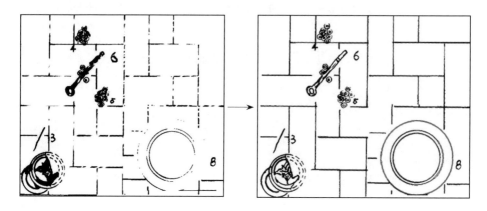

图七

（3）通过执行菜单中图像（Image）/图像尺寸（Image Size），可以在不损害图像质量的前提下，缩小到打印范围之内（A4纸，竖打：宽最大值为19.8厘米，长最大值为28.8厘米；一般出版所需版心宽为14.5厘米。），便于打印出版。

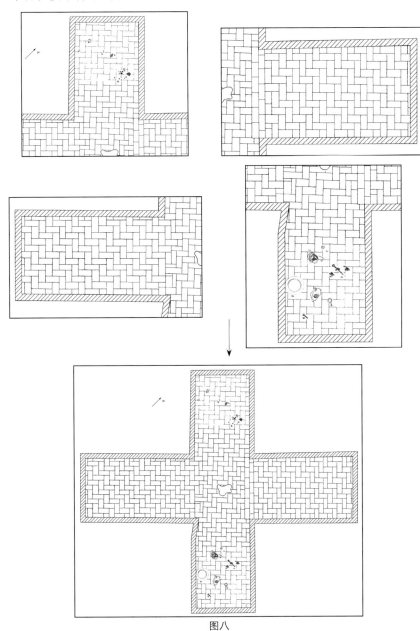

图八

11. 绘制斜线：（图八）

在考古绘图中，经常要使用到斜线（指左斜或右斜45度的平行线），如：遗址、器物的剖面和剖视图；生土线；某些居民区以及需要特殊标注的图形等。手工绘制斜线是非常麻烦又费时的工作，但是在Photoshop软件中却可以非常快捷方便地完成这项工作。

（1）利用标尺（Show Rulers）功能和直线工具 ，可以绘制不同宽度、密度、绝对45度的平行斜线，制作成不同型号的斜线图稿，作为资料保存备用。

（2）在需要使用斜线的图形中，选择型号合适的斜线图稿，复制、粘贴使用即可。

12. 缩放图像和版面编排：（图九、图十）

绘制器物分期图、器物集成图、器物与墓葬的组合图等复杂图稿时，需要我们能够制作出符合出版要求的图版。

图九

（1）通过使用选择类工具▣、✎、◯，自由变换（Free Trans-form）功能，对遗迹、遗物的单个图形先进行按比例缩放、角度调整。

（2）通过使用图层（Layer）功能和图层调板（Layer Palette），对单个的遗迹、遗物图像进行粘贴排列和版式编辑的工作。

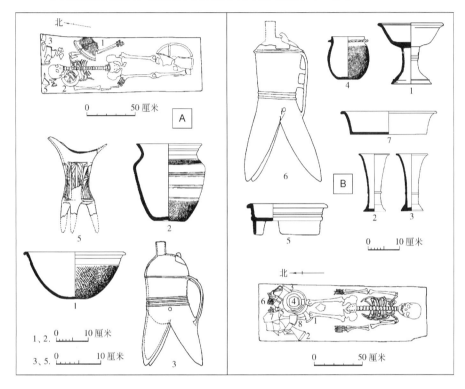

图十

13. 填充颜色：（图十一、图十二）

可以对地形图、遗址分布图、器物图等填充颜色，绘制成彩图。

（1）执行菜单中图像（Image）/模式（Mode）/RGB 彩色（RGB Color）功能，把图像模式转换成彩色模式。

（2）通过使用选择类工具▣、✎、◯，选择需要填充颜色的线段和图形。

（3）通过使用油漆桶工具▣，点击前景色▣，选择需要的色彩，可以对选定的部分填充颜色。

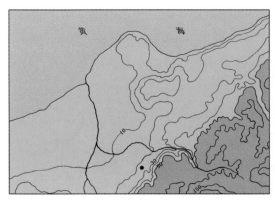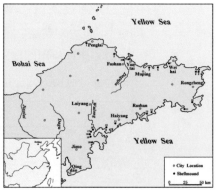

图十一　　　　　　　　　　　　图十二

14. 撤销错误操作：

在使用Photoshop软件的过程中，经常会遇到错误操作的情况，撤销错误操作的方法有以下几种：

（1）撤销一步操作：使用快捷键Ctrl+Z。

（2）撤销多步操作：通过历史调板（History Palette）、橡皮工具　、历史画笔工具　的配合使用，可以撤销多步错误操作，最多可达100步。

（3）恢复到最后一次保存的状况：使用复原（Revert）功能。

15. 一图多用：（图十三、图十四）

在一张图稿的基础上，利用Photoshop软件特有的图层（Layer）功

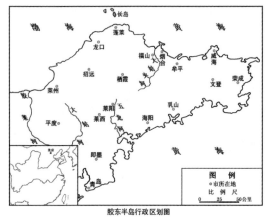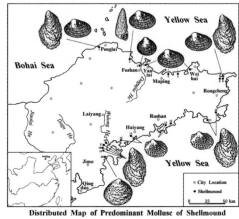

胶东半岛行政区划图　　　　　Distributed Map of Predominant Mollusc of Shellmound

图十三　　　　　　　　　　　　图十四

能，通过图层调板（Layer Palette）可以在不改变原图面貌的情况下，在多图层上绘制不同的图形、图例、比例尺、指北针等，输入不同的文字，并且可以对它们随时进行修改，做到了一图多用，从而避免了多次重复绘制图稿的情况，减少了工作量，提高了工作效率。

二、照片、图片

在考古工作中，经常需要使用到大量的照片和图片，对于它们的编辑和处理，也是我们时常会碰到的。下面我将介绍使用Photoshop软件在编辑和处理照片、图片时能够解决的问题。

1. 裁切图像：（图十五、图十六）

同线图一样，可以使用裁切工具，对扫描后范围过大、角度不正的图像进行裁切修整，得到取景范围合适的图像。

图十五　　　　　　　　　　　　　　　　图十六

2. 去除图像的斑点、划痕和需要替换的部分：

可以通过去噪滤镜、选择类工具、、仿制图章工具、模糊工具和涂抹工具的使用，去除图像中的斑点、划痕和需要替换的部分，得到清晰整洁的图像。

3. 调整图像的整体对比度、色调范围：（图十七）

（1）调整整体对比度：

通过执行菜单中图像（Image）/调整（Adjust）/色阶（Levels）、自动色阶（Auto Levels）、自动对比度（Auto Contrast）、曲线（Curves）、

亮度/对比度（Brightness/Contrast）功能，可以调整图像的整体对比度，避免图像出现偏暗或偏亮的情况。

（2）调整整体色调：

通过执行菜单中图像（Image）/调整（Adjust）/色彩平衡（Color Balance）、色相/饱和度（Hue/Saturation）功能，可以调整图像的整体色调，避免图像出现偏色的情况。

（3）通过执行菜单中图像（Image）/调整（Adjust）/变化（Variations）功能，可以在对话框中直观地调整图像的对比度、饱和度、亮度和色彩平衡。

（4）除了使用菜单中的图像（Image）/调整（Adjust）功能外，还可以通过执行菜单中的图层（Layer）/新调整图层（New Adjustment Layer）功能来调整图像的对比度和色调。

图十七

4. 调整图像局部的亮度、颜色和色调：

（1）调整局部亮度：

①使用减淡工具，可以提高图像局部亮度，相当于降低了图像的曝光度。

②使用加深工具，可以降低图像局部亮度，相当于增加了图像的曝光度。

③使用光线渲染滤镜，可以调整图像中不理想的光线布局。

（2）调整局部颜色和色调：

①使用海绵工具，可以增加或降低图像局部的色彩饱和度（黑白照片则是增加或降低对比度）。

②使用菜单中图像（Image）/调整（Adjust）/替换颜色（Replace Color）功能，可以对图像中选择的区域进行替换颜色的操作。

5. 调整图像整体或局部的清晰度：（图十八）

这是针对焦点模糊的图像进行修补的功能。

（1）调整图像整体清晰度：

使用USM锐化滤镜增加了图像边缘的对比度，可以使图像的整体效果更清晰。

（2）调整图像局部清晰度：

使用锐化工具，可以增加图像局部的清晰度。

图十八

6. 正片和负片的转换：

底片扫描后，执行菜单中图像（Image）/调整（Adjust）/反相（Invert）功能，就会以正常的照片效果显示；反之，正常的照片执行"反相"功能，就会以底片效果显示。

7. 彩色图片和黑白图片的转换：

（1）执行菜单中图像（Image）/模式（Mode）中灰阶（Grayscale）或RGB色彩（RGB Color）功能，可以将图片在彩色和黑白之间进行转换。

（2）执行菜单中图像（Image）/调整（Adjust）/去饱和（Desaturate）功能，可以将彩色图片转换成黑白图片。

8. 抠像和背景替换：（图十九）

想将图像中的器物、人物等所拍照对象挪用到其他图片中，或是对于它们的背景不满意，这就需要我们进行抠像和背景替换的操作。

（1）抠像：

①通过选择工具、、，编辑模式中的标准编辑模式

（左）和快速蒙板编辑模式（右）的配合使用，制作出所需对象的精确选区。

②通过复制、粘贴功能，抠选的对象会形成一个新图层，我们就可以随时将它挪动到其他图像中使用了。

（2）背景替换：

①使用选择工具▣、▨、◯，编辑模式◉◉中的标准编辑模式（左）和快速蒙板编辑模式（右）的配合使用，制作出需要替换的背景的精确选区。

②在选区中填充别的颜色，或粘贴入其他的图片作为新背景。

图十九

9. 撤销错误操作：

同线图一样，撤销错误操作的方法有以下几种：

（1）撤销一步操作：使用快捷键Ctrl+Z。

（2）撤销多步操作：通过历史调板（History Palette）、橡皮工具◢、历史画笔工具✍的配合使用，可以撤销多步错误操作，最多可达100步。

（3）恢复到最后一次保存的状况：使用复原（Revert）功能。

通过以上介绍，我们了解到Photoshop软件作为一款专业的图像处理软件，它不仅在处理照片、图片时具有强大的专业功能，而且通过软件的某些特性还可以帮助我们完成考古绘图中的部分工作。但是由于这并不是一款专门针对考古绘图的软件，它还不能完全替代手工绘图，解决考古绘图中的所有问题。如它目前还不能完成遗物图的直接起稿工作，进行遗物清绘时也存在一些困难。首先这是由于遗物图需要按照正投影原理绘制，而 Photoshop 软件本身的特性很难解决以正投影的方式绘制遗物的问题；此外出土遗物种类繁多，造型、纹饰都很复杂，由于 Photoshop 软件的功能并不以处理线图为主，所以使用它绘制复杂的遗物图时也难以做到规范高效。因此，Photoshop 软件还不能完全满足我们利用计算机技术在绘制精确、规范、美观的考古图稿的同时提高考古绘图效率的愿望。

所以说考古绘图中计算机技术的运用才刚刚起步，需要我们进一步开发和探索新的软件，不仅使计算机在考古绘图中运用的范围更加广泛，而且在规范、高效方面获得进一步提高。同时，除了解决平面绘图之外，利用计算机技术绘制立体、动感的考古图稿，以更生动、更直观的方式展示考古成果，使考古绘图向着数字化、信息化的方向发展，也是我们应该努力的目标。

（本文引自：《中国社会科学》，2005 年 10 月期。）

数字影像纠正与考古绘图*

张　蕾　刘建国

摘　要： 数字影像纠正是运用专门的计算机影像处理软件，根据影像中明显像点的影像坐标及其在纠正后参考坐标系中的理论坐标，建立纠正前后控制点的坐标关系多项式，并根据一定数目控制点的坐标数值来解求多项式中的系数，然后根据此多项式对影像的每个像元进行纠正处理，对整幅影像重新采样，精确地改正影像中线性和非线性变形。考古研究中运用数字影像纠正技术，可以对多种文物、建筑物、石刻等的立面、考古遗址等整体或局部影像进行纠正，将成像过程中产生的多种影像变形降低到精度要求的范围之内，经过镶嵌后得到完整的正射影像图，以便进行工程量算、精确绘图等工作。

关键词： 数字影像纠正；正射影像图；考古绘图

考古绘图一直是考古学研究中不可或缺的重要技术，能够反映考古遗迹分布状况或者典型器物的多重特征。但是随着考古学研究的深入和需求的增加，考古绘图技术却始终停留在通过直尺等量取数据，再使用直尺和铅笔绘图的水平上，成图精度很低、周期较长、图形品种单一，远远不能满足现代考古学研究的需要。

随着摄影技术和设备的不断进步，通过数字影像成图具有很好的发展前景。然而照相机拍摄的影像为中心投影影像，成像面有起伏时会产

＊本文研究为"十一五"国家科技支撑计划《大遗址保护关键技术研究与开发》中《文物出土现场保护移动实验室研发》课题的内容，课题批准号为2006BAK30B04。

生投影差。此外，一般情况下照相机对成像面很难进行垂直摄影，由此影像还会产生一些变形，加之照相机镜头产生的畸变，一幅影像中包含有多种变形，使其在应用中产生诸多的不便。

本文介绍使用数字影像纠正的方法，对拍摄的航空影像或文物影像进行纠正，得到数字正射影像图，使其符合考古绘图的精度要求，然后根据影像的纹理进行绘图。

一、影像纠正的原理与方法

（一）影像纠正的原理

数字影像纠正是运用专门的计算机影像处理软件（如ENVI等），根据影像中明显像点（控制点）的影像坐标及其在纠正后参考坐标系中的理论坐标，建立纠正前后控制点的坐标关系多项式，并利用一定数目控制点的坐标数值来解求多项式中的系数，然后根据此多项式对影像的每个像元进行纠正处理，对整幅影像重新采样，精确地改正影像中线性和非线变形（图一）。

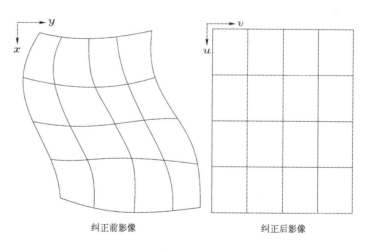

纠正前影像　　　　纠正后影像

图一　影像纠正原理示意图

用多项式近似地描述纠正前后相应点的坐标关系，其一般简化式为：

$$u_i = a_0 + a_1 x_i + a_2 y_i + a_3 x_i y_i + a_4 x_i^2 + a_5 y_i^2 + \cdots$$

$$v_i = b_0 + b_1 x_i + b_2 y_i + b_3 x_i y_i + b_4 x_i^2 + b_5 y_i^2 + \cdots$$

其中，u、v 为控制点在参考坐标系中的理论坐标；x、y 为同名控制点对应的原始图像坐标（行列号）；a_i、b_i 为多项式系数。

实际工作中多项式最高次数一般取2就足以满足精度要求。可以看出，只要求解出 a_i、b_i 各6个系数就可以直接利用上式进行纠正[1]。

（二）影像纠正的方法

能够进行数字影像纠正的软件很多，可以很轻松地完成影像纠正工作。采用多项式法纠正影像时，纠正结果影像的精度与选择控制点的精度、分布、数量及纠正范围有关。控制点的位置精度越高，则几何纠正精度越高。适当增加控制点的数量，可以提高几何纠正的精度，但过多地增加控制点的数量，不仅不会显著提高纠正精度，而且会增大选择控制点的工作量，有时甚至难以选出大量的控制点。同时，控制点应尽可能在整幅影像内均匀分布，否则控制点密集区域几何纠正精度较高，而分布稀疏区域将出现较大的拟合误差。影像纠正范围的边缘区域也应该有控制点。

控制点数目在一般情况下，一次多项式有6个系数，至少需要3个控制点；二次多项式有12个系数，至少需要6个控制点；三次多项式至少需要10个控制点。实际应用中，控制点的数目应大于最少控制点数目很多。同时，在选择控制点时，应遵循以下原则：

1. 均匀分布：一般先在影像的四角和对角线交点附近选择控制点，然后逐渐加密，保证均匀分布。

2. 特征明显：尽可能选在明显地物点（如山顶、房角或道路、河流叉点）上（图二左、右中的A、B、C三个同名点）。

3. 数量足够：每幅影像的控制点数量宜在25～35个。表面起伏较大、形状不规则时应该适当增加控制点数目，平坦的区域可以减少控制点的数目。控制点的分布要能够最佳体现纠正区域的起伏状况，而且参考图形的四角应该有控制点。

图二表示根据左边的地形图对右边的航空影像进行纠正，一般同时选择左、右图中明显的道路交会点作为控制点。选择足够的控制点之后，可以通过预测控制点的方法，确定地形图四个角点在航空影像上的对应点位，以便使纠正后的影像范围比较规则。其中预测功能是ENVI等

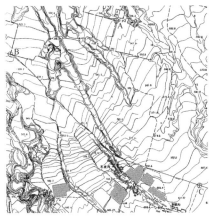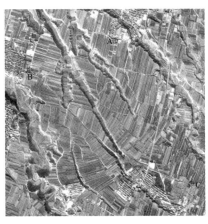

图二　影像纠正
时选择控制点的
情况

软件在选择三对控制点之后，就可以根据地形图中选择下一个控制点的
位置，软件就可以通过计算，预测其对应航空影像中的大致点位，然后
可以手动微调选择精确点位。对于表面平坦的成像区域，而且基本上是
垂直摄影获取的影像，则只需选择其四个角点作为控制点即可进行纠正。

　　控制点选择完毕，即可对航空影像进行纠正。影像纠正的方法也有
几种，如双曲线纠正、不规则三角网纠正等等，一般使用后者对遥感影
像进行纠正的效果更好。纠正后的影像可以与地形图进行很好的叠加，
据此能够检验影像纠正的效果（图三）。

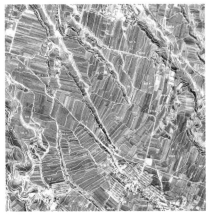

图三　纠正后的
影像及其与地形
图叠加图

　　遥感影像与地形图进行合成，生成信息更加丰富，而且易于使用的
影像地图。通过这种方式还能够对旧地形图上发生变化的地面要素（如

村镇、道路、水系等）进行更新和修改，然后将全部的线划要素分离出来，得到新的遗址地形图。

二、遥感影像的融合与配准

影像纠正技术经常用于遥感影像的融合与配准，以增强影像的解译效果与应用范围。实际应用中，航空影像一般是全色黑白影像，高分辨率的卫星影像价格昂贵，所以经常需要将低分辨率彩色卫星影像与高分辨率黑白航空影像进行融合，生成新的高分辨率彩色影像，使其相互间能够取长补短，提高遥感影像的分析、研究效果。影像融合时，纠正后的卫星影像需要变换成Lab色彩模式，即亮度L、色彩a、色彩b模式，并分离成L、a、b通道的三幅灰度影像，然后用航空影像替换其中的L通道后（要求航空影像为灰度影像，且影像的宽、高像素数值与L通道影像像素数值一致），再合成一幅新的Lab色彩模式的影像。这样航空影像的分辨率就很好地与卫星影像的色彩结合在一起生成了新的影像（图四）。

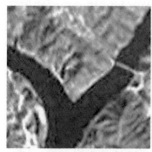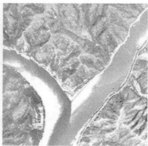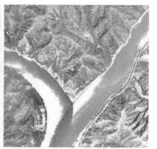

　a. 彩色卫星影像　　　　　b. 黑白航空影像　　　　　c. 彩色合成影像

图四　航空影像与卫星影像合成前后的效果

合成后的影像需要再转换成真彩色（RGB）模式，并且根据影像中地物的实际色彩对新影像的亮度、色彩进行调整，使之更接近于自然色彩，便于进行影像的判读和解译。

很多时候需要在地理信息系统软件中同时调用遥感影像，作为考古地理信息系统的基本数据，或者生成真实的三维模型，进行可视化分析。这时需要在影像上选择控制点的位置后，输入各控制点的真实大地坐标值，控制点的数量和密度合适后即可进行纠正。其中控制点的大地坐标值可以在大比例尺地形图上量取[2]。新生成的影像转换成GeoTIF格式输出，同时生成扩展名为TFW的文件，记录影像的左上角大地坐标和地面分辨率，使栅格数据的遥感影像与矢量数据的地形、水系等要素具有统一的坐标系，以便地理信息系统软件能够直接加载，进行进一步的应用和研究（图五）。

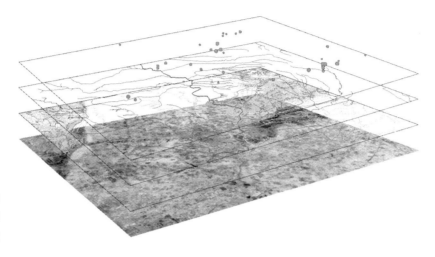

图五　航空影像、等高线等数据的叠加图

三、文物影像的纠正与绘图

在文物绘图中，可以运用影像纠正技术对文物的影像进行纠正，然后在AutoCAD或其他矢量化软件中绘制成图。

具体操作过程中，应该使用长焦距镜头的照相机在远距离对文物进行拍摄。对于扁平的文物，可以将其放置在坐标纸上拍摄，然后直接选择坐标纸的格网作为控制点对影像进行纠正。在此需要强调的是，即便对于扁平的文物，也不能直接根据拍摄的一般影像进行绘图，必须先进行纠正。再将纠正后的影像导入AutoCAD或其他矢量化软件中，沿文物的边缘轮廓线、纹饰线等绘制线条，很多时候可以使用样条曲线工具来绘制曲线，这样绘制的线条显得平滑流畅，适合表现玉器、彩陶等很多类型的文物（图六）。这种方法也适合于壁画等文物的绘图，可以拍摄壁画的多个局部影像，并且使用全站仪测量一些控制点，影像纠正之后可以将不同局部的影像精确地进行拼接，最后绘制成图。

图六　扁平文物影像的纠正与绘图

　　使用AutoCAD绘制的样条曲线，需要保存为R12/LT2 DXF格式的矢量文件，否则样条曲线不能进行正常转换。如果需要将矢量图形转换成栅格图形，可以在Adobe Illustractor软件中打开矢量文件，设置线条的粗细、线型、颜色，添加注记等之后，再输出为TIF等格式的栅格图形文件，输出时应该根据实际需要选择分辨率，输出窗口中的"反锯齿"选项不要选择，以保证图形中全部要素的输出质量。

　　对于表面起伏较大的大型文物，一幅影像往往需要分割成很多局部来进行纠正，以满足较高的精度要求。每个分割的局部都需要运用电子全站仪测量一些控制点，再对其影像进行纠正。

　　在北京西黄寺内的清净化城塔保护工作中，需要获取四个立面的正射影像图，以便精确标注各种病害的分布范围，并绘制各立面的细部纹理图，制定详细的保护规划方案。为此，研究人员使用长焦距摄影机，尽量垂直地拍摄每个立面多个局部的影像，然后对各个局部影像进行纠正，最后在Photoshop软件中将其拼接在一起，生成各立面完整的正射影像图。

　　清净化城塔立面影像的很多局部都是长方形，选择长方形四个角作为控制点纠正后，拼接时一般没有重叠区域。圆弧形表面应该根据其成像特点进行纠正，不规则面则需要选择大量控制点才可以纠正。另外，由于很多局部影像拍摄的时间和角度不同，导致拼接时很多局部的影像往往色调和亮度不一致，此时需要在拼接前对那些局部影像的色调和亮度进行调整，然后再进行拼接（图七）。然后将影像图调入AutoCAD或地图矢量化等软件中，对其细部进行绘图，或直接标注残损、病害等的位置或范围。

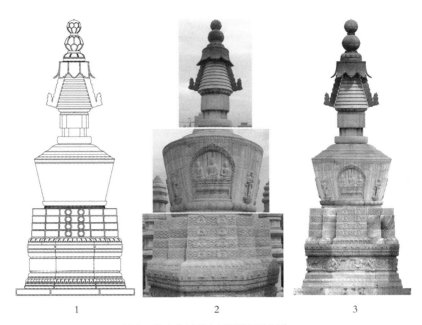

图七　清净化城塔立面影像图的制作
1. 立面线划图　2. 各局部影像　3. 合成影像图

清净化城塔每个立面的影像拼接完成后，为了产生更好的效果，还需要对其背景进行制作。各立面背景影响均为单独拍摄的晴朗少云的天空，地面设计为草绿色，天地之间的色调为均匀过渡。背景图形处理完毕后，再与立面影像进行叠加，即可得到自然、逼真的各立面正射影像图。

四、结语

运用影像纠正的方法，可以对多种文物、建筑物、石刻等的立面、考古遗址等整体或局部影像进行处理，将成像过程中产生的多种影像变形降低到精度要求的范围之内，经过镶嵌后得到完整的正射影像图，以便进行工程量算、细部绘图等工作。

然而，通过软件进行的纠正也有一定的限度，并不能解决所有的变形。所以摄影时最好选择空气能见度好而没有强烈阳光直接照射的时候，尽可能应用垂直摄影的方式，在远距离使用长焦距拍摄，拍摄后的影像在纠正前不要进行任何其他的处理。对于一些特别复杂的文物立面，最好是运用数字摄影测量的方法进行摄影、控制测量和数据处理，以便提高成图精度与速度。

（本文引自：《考古》，2009年第7期）

参考文献

［1］李德仁等．摄影测量与遥感概论［M］．北京：测绘出版社，2001：215．

［2］刘建国．考古测绘、遥感与GIS［M］．北京：北京大学出版社，2008：63．

考古绘图中计算机技术的运用

张　蕾

内容提要：考古绘图是把制图学应用于考古学研究的一门技术。自20世纪初，西方现代考古学传入我国，照相、测量和制图等技术开始被应用在考古学上。其中考古绘图所制作的线图能够准确地表现出遗迹、遗物的位置、大小、形状和结构，具有照片和文字所不能取代的特点，为考古学研究提供了准确的形制数据，成为考古学研究的基础，是考古学研究中必不可缺的组成部分。多年以来，考古绘图一直都是采用传统的手绘方法，并且经过多年来的实践和总结，已经形成了一套比较成熟的理论和规范的方法。近来随着计算机技术的迅猛发展，把计算机图形、图像学的方法、数字摄影技术、电子全站仪、扫描仪等先进的科技手段和设备运用到考古绘图中，已经成为一种必然趋势。而这些技术的运用不仅大大提高了考古绘图工作的效率和精确度，使考古绘图向着更高效、更规范的方向发展，推动了考古绘图的数字化，还满足了考古学进一步深入研究的要求，并且拓展了考古研究和展示的新视角、新思路和新观念。

关键词：考古绘图；数据测量；影像获取；影像提取；线图绘制

一、考古绘图中的数据测量和影像获取

考古绘图主要分为遗迹图和遗物图两部分。遗迹图主要包括遗迹位置图、遗迹地形图、遗迹探方图、遗迹实测图和遗迹复原图。遗物图可以从遗物的功能和质地上进行分类。其中遗迹地形图、探方图和实测图一般需要进行田野测量绘制。而遗物图也需要测量遗物各部分的尺寸，

并以正投影的方式绘制成线图。

（一）传统方法

考古绘图中所必需的测量工作，过去全部依赖手工完成。在进行田野测量时主要使用卷尺和罗盘来进行布方与细部测绘，工作量十分繁重，而且受到很多野外条件的限制，测量精度低。卷尺是直线丈量中应用最广泛的工具，适用于平坦地区的距离测量工作，地形起伏较大的地区则较难开展工作，而且不便于进行长距离的丈量。罗盘仪是田野考古工作常用的仪器，主要用途是测定磁北方向、磁方位角和地面坡度的倾斜角等。罗盘仪根据盘面刻度的不同分为象限罗盘和方位罗盘两种，根据功能又分为地质罗盘仪和五一式罗盘仪。其中地质罗盘仪常在考古工作中使用，用于测定磁方位角和测量倾斜角[1]。

遗物图的测量经常使用丁字尺、三角板、卷尺、卡尺、卡钳、比例尺、量角器等工具测量。其中丁字尺的主要用途是与图板配合，用来画水平线，仅在大型的或复杂的遗迹、遗物图中使用。三角板是考古绘图的必备工具，一块三角板与丁字尺、图板配合，可以画出水平线的若干条垂直线，还可以画出与水平线成15°整数倍角度的倾斜线。一副三角板相互配合，还可以画出任意已知直线的平行线或垂直线，也经常用来画剖面线。卷尺分两种，一种为皮卷尺，用于度量较大遗迹的尺寸。另一种为钢卷尺，它携带方便、伸缩灵活，是考古绘图测量起稿时必备的工具之一。在考古绘图中卡尺用于测量器物的长、宽、高或局部的尺寸。卡钳也是医学测量工具，在考古绘图中用于测量器壁的厚度，以便绘制器物的剖面。比例尺俗称三棱尺，是一种计算比例的工具，用来量取各种比例的尺寸，还可作为缩小或放大比例之用。量角器俗称半圆仪，在考古绘图中，经常用量角器检查遗迹图的指北针，或已知遗迹的方位角，并制作出遗迹的指北针。考古绘图要以正投影制图为前提，需配合测量，采用直角坐标法、轴对称法、灯光投影法、平面勾勒法和灯光反射法的方式完成。步骤烦琐，效率低，而且遗物细部的测量精度不高。

（二）电子全站仪

目前在田野测量工作中广泛应用的新型测量仪器是电子全站仪，它同时具备了电子经纬仪和光电测距仪的功能，能够方便、快捷地进行角度测量和距离测量，可以在野外直接获取被测点位的坐标和高程。同时它还能够自动显示、记录、存储、处理各种数据，只要配置相应的软件，就能够将电子全站仪里面的数据传输到计算机中，由软件自动编辑和绘制数字地图，提供线划图、数字地面模型等多种图形产品，这些图形产品可以作为地理信息系统软件的基础数据，或者再通过绘图仪按一定的比例尺打印输出。

新推出的全站仪一般都具备（或部分具备）自检与改正、双向传输、程序化、满足特殊性作业的要求、系统的统一性和开放性等多种功能和特性。目前常用的电子全站仪主要有拓普康（TOPCON）GTS-211D/GPT-2005电子全站仪和索佳（SOKKIA）SET 505 / 510 / 530R 电子全站仪，分别可以采用角度测量模式、距离测量模式、坐标测量模式、特殊测量模式〔包括悬高测量（REM）、偏心测量（OFSET）、对边测量（MLM）〕以及无棱镜测量（激光测量）功能进行测量。

现在电子全站仪在田野考古中具有非常重要的作用，从发掘前的探方布设到各种遗迹的精细测量，电子全站仪都是最佳的测绘仪器（图一）[2]。

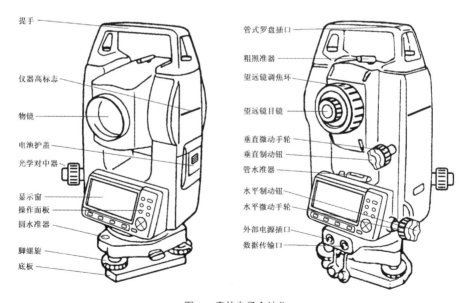

图一　索佳电子全站仪

（三）数字摄影技术

随着摄影技术和设备的不断进步，通过数字影像成图展现出很好的发展前景。考古绘图作为考古研究的基础，为了能够反映考古遗迹、遗物的真实面貌和特征，便于考古研究的深入进行，所需要的是以正投影的方式绘制成的线图。而一般情况下照相机对成像面很难进行垂直摄影，加之成像面有起伏时会产生投影差，照相机镜头也会产生畸变，一幅影像中包含有多种变形，难以获得正投影的影像。但是，随着数字影像纠正技术、数字影像测量技术、完全正交摄影技术等先进的科技手段在考古中的应用，已经初步解决了通过摄影获得正投影影像的问题。

1. 数字影像纠正技术

数字影像纠正的方法是运用专门的计算机影像处理软件（如 ENVI 等），对拍摄的航空影像或文物影像进行纠正，得到数字正射影像图，使其符合考古绘图的精度要求，然后根据影像进行绘图的一种数字摄影技术。它是根据影像中明显像点（控制点）的影像坐标及其在纠正后参考坐标系中的理论坐标，建立纠正前后控制点的坐标关系多项式，并利用一定数目控制点的坐标数值来解求多项式中的系数，然后根据此多项式对影像的每个像元进行纠正处理，对整幅影像重新采样，精确地改正影像中线性和非线变形。采用多项式法纠正影像时，纠正结果影像的精度与选择控制点的精度、分布、数量及纠正范围有关。在选择控制点时，应遵循均匀分布、特征明显、足够数量的原则。

遥感影像是考古地理信息系统的基本数据。数字影像纠正技术经常用于遥感影像的融合与配准，以增强影像的解译效果与应用范围。数字影像纠正技术还多应用于对多种文物、建筑物、石刻、壁画等的立面、考古遗址等整体或局部影像的纠正上，将成像过程中产生的多种影像变形降低到精度要求的范围之内，经过镶嵌后得到完整的正射影像图，以便进行工程量算、细部绘图等工作。其方法是使用长焦距镜头的照相机，采用垂直摄影的方式，在远距离对文物进行拍摄，然后通过选定的控制点进行影像纠正。然后将拍摄的影像输入计算机，在 Adobe Photo-shop 软件中可以将分开拍摄的影像拼接在一起，生成各立面完整的正射影像图。影像的最终绘制成图则需要使用矢量化软件（AutoCAD、Adobe Illustractor、CorelDRAW等）来完成（图二）[3]。

图二　清净化城塔立面影像图的制作

2. 数字影像测量技术

摄影测量来自测量的交会，利用影像进行量测。更确切地说，它是利用每个影像的像点摄影光线（量测时称为投影光线）进行交会，获得对应点的物方空间坐标。数字摄影测量是基于摄影测量的基本原理，应用计算机技术，从影像（包括硬拷贝，数字影像或数字化影像）提取所摄对象，以数字方式表达的几何与物理信息的摄影测量分支学科。它包括计算机辅助测图（常称为数字测图）与影像数字化测图。其中影像数字化测图，是利用计算机对数字影像或数字化影像进行处理，用计算机视觉（其核心是影像匹配与影像识别）代替人眼的立体量测与识别，完成影像几何与物理信息的自动提取。

数字影像测量软件种类很多，Lensphoto多基线数字近景摄影测量系统是其中的一种，它可以充分满足考古调查与发掘中空间信息的采集和展示的要求。多基线数字近景摄影测量系统是以计算机视觉原理（多基线）代替人眼双目视觉（单基线）传统摄影测量原理，从空间一个点由两条光线交会的摄影测量基本法则变化为空间一个点由多条光线交会而成的全新概念，从而研发产生的一套全新的数字近景摄影测量系统。它使近景摄影测量技术发生了质的巨大飞跃，并为其打开了巨大的应用空间。这是一种以少量点的空间坐标与摄影测量丰富的影像信息结合在一起，建立高精度的被摄物数字立体模型的技术。

Lensphoto 多基线数字近景摄影测量系统与其他同类产品比较具有如下优势：（1）与激光扫描仪比较使用寿命更长，产生的数据量小，处理速度快，点云与照片拟合效果更佳。（2）具有高技术、高精度（相对精度可达到 1/16000，原则上 4 个控制点便可控制一个区域的精度）的特点。（3）使用范围广：既适合不同比例尺的地形测量和多角度的地上文物测量，远测距可达 1500 米以上。又可以生成 DEM、正射影像、三维景观图、等高线图。还可以完成古建筑、文物等的三维重建。

通过使用 Lensphoto 多基线数字近景摄影测量系统对考古遗址、考古发掘区域、摩崖石刻、造像、文物器物等的摄影测量与数据处理，其表现出以下一些特点：它能够与在田野考古工作中广泛使用的全站仪相结合，达到精确测量的效果。只需通过数字相机完成短基线、多重叠度的摄影测量，将拍摄的照片输入计算机，该软件就能够检校照相机参数。然后根据电子全站仪的控制测量数据和拍摄的照片进行数据处理，就可以生成数字表面点云、数字高程模型、正射影像图与真实三维模型等多种产品，进一步处理可以得到等值线图、线划图等传统类型图稿。它还能够对发掘区、文物进行高精度的摄影、测量和建模，实时记录考古发掘过程中出现的各种遗迹和现象，全面记录发掘现场出现的文物和文化层的三维空间信息，为考古学研究和文化遗产保护提供精确的图形和逼真的三维模型。通过三维模型可以观察考古发掘过程中出现的各种遗迹和现象的整体或局部，而且能够任意变换角度进行观察和研究，所以即使是没有到达现场，也能够通过多角度观察这种三维模型来研究现场的情况。这一切都满足了考古研究与文化遗产保护中空间信息快速提取与三维展示的要求（图三）。

3. 完全正交摄影技术

完全正交摄影是通过完全正交摄影装置，使用计算机控制数码相机将出土文物拍摄成正投影数码图像的技术。

完全正交摄影装置是将透视投影转换成完全正投影的一个设备，经它拍摄的数码照片，可以消除图像的远近感，使得图像的大小不会因为摄影距离的变化而改变，也就是把文物的中心投影图形转换为平行投影图形，为考古绘图摆脱手工测量绘制创立了先决条件。该装置有较长的景深，使被照文物的纵向部位都可以在图像中清晰地表现出来，有利于提取文物表面的结构线或纹饰线，大大提高了遗物图制图的精确度。使用完全正交摄影装置时，根据文物形体的不同特点，一般需要有两种摄影台架。第一种是立拍台架用于拍摄竖直放置的文物，第二种是俯拍台架用于拍摄水平放置的文物。在该装置允许的成像距离内拍摄文物，可以免去烦琐的对焦过程，直接进行拍摄。如果文物大小超过了成像范围，还可以对文物实行有一定重叠度的分割摄影，然后用计算机图像处理软件（如Adobe Photoshop）进行合成。另外，根据对图像的不同要求可以随时改变摄影条件，进行再次拍摄，大大提高了工作效率。

完全正交摄影装置的主要特点包括：（1）符合考古绘图正投影图像的要求。（2）提高了考古绘图测量和绘制的精确度。由于在计算机上可以将拍摄的影像随时调整放大，使得绘制细部结构及纹饰可以更加准确，大大提高了考古绘图的精确性。（3）实现了考古绘图的高效率。一般情况下利用该装置绘图速度是手工起稿清绘的5倍左右，大大提高了考古绘图的工作效率（图四）。

图三　使用数字影像测量技术制作的考古遗迹三维模型

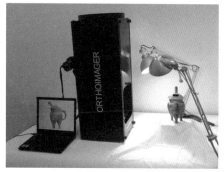

图四　使用正交摄影装置拍摄正投影数字图像示意图

（四）扫描仪

扫描仪是一种计算机外部设备，通过捕获图像并将之转换成计算机可以显示、编辑、储存和输出的数字化输入设备。扫描对象可以是照片、图纸、文本页面、各类图片、照片底片、反转片，甚至平面和三维实物等。扫描仪可分为二大类型：滚筒式扫描仪和平面扫描仪。扫描仪的主要特性指标有：分辨率、灰度级、色彩数、扫描速度、扫描幅面。

针对考古绘图工作中已完成而需要修改的线图（包括遗迹位置图、遗迹分布图、遗迹地形图、遗迹探方图、地层图、遗迹图和遗物图），以及需要再加工的各类图稿，可以通过扫描仪扫描的方式输入到计算机里，然后再用相应的计算机图形、图像软件进行进一步的处理。

二、考古绘图中的影像提取和线图绘制

将测量和拍摄的遗迹和遗物绘制成所需要的线图，是考古绘图最主要的工作之一。

（一）传统手工方法

手工考古绘图的步骤包括：构图、起稿、上墨、修改线条。其中需要使用到米格纸、硫酸纸、复印纸等绘图纸张，还要使用到铅笔、绘图笔、直线笔等各种笔具，圆规、比例规、缩放仪、曲线板、图形板等各种绘图仪器，以及橡皮、刀片和涂改液等各种修改工具。总之，使用的工具和手段都相对烦琐，工作效率偏低。

（二）计算机图像、图形软件

由于考古绘图所要绘制的是正投影线图的这种特殊性，它与现在的美术设计制图有着根本的区别，所以一直以来都没有一个专门的绘图软件可供使用。但是通过几年来在实际工作中的摸索，我们目前已经可以利用现有的一些图像、图形软件来解决考古绘图中的很多问题。

1. 计算机图像软件——Adobe Photoshop

Adobe公司开发的Photoshop是一款专业的图像处理软件，具有强大的图像处理和编辑功能。Photoshop产生的文件是像素图，又称栅格图，而像素图的质量依赖的是图像分辨率。图像分辨率有多种衡量方法，通常表示成ppi（每英寸包含的像素点）和dpi（每英寸所打印的点数和线

数）。图像分辨率越高，图像质量就越好，文件也就越大。用于网页的图像通常分辨率达到72dpi-120dpi就可以了，而用于印刷的连续调的图像（如照片）扫描分辨率一般采用300dpi—400dpi，图形以及字体的扫描分辨率可采用600dpi。

Adobe Photoshop软件可以完成的考古绘图工作包括图像、图形的预处理，线图的绘制、修改和编辑，线图的保存和输出。

通过电子全站仪、数字摄影技术和扫描仪所获取的数字图形、图像，在输入计算机后往往都需要经过各种预处理，作为计算机绘制线图的基础。使用Adobe Photoshop软件进行预处理的步骤包括：（1）改变图像模式：如果要把以Line Art模式扫描所得到的线图在Adobe Photoshop软件中进行进一步的编辑，则需要将其转变为Grayscale灰阶模式，否则Adobe Photoshop中的许多编辑功能将不能使用。（2）裁切图像：扫描后图像可按照需要对图像进行裁切，得到范围恰当的图稿。（3）调整图像角度：如果扫描后图像角度不正，则需要对图像角度进行调整。（4）调整图像对比度：如果是用RGB颜色模式和Grayscale灰阶模式扫描的图稿，可通过调整图像整体或局部的对比度获得令人满意的效果。（5）拼接图稿：过大的遗迹、遗物需要拍摄多张照片，过大的图稿也需要通过扫描仪分几部分扫描，然后再输入到计算机里。再将多幅图稿重新拼接，拼成完整的一幅图使用。（6）去除图像中的斑点、污迹和多余部分，对图像进行清除处理。

Adobe Photoshop作为像素图（又称栅格图）软件，其图像质量依赖的是图像分辨率。为了保证图像质量，在Adobe Photoshop软件里进行线图的绘制、修改与编辑时线图至少需要达到出版标准的300ppi分辨率。除了基本的线图绘制、修改和编辑功能，在绘制器物分期图、器物集成图、器物与墓葬的组合图等复杂图稿时，它还能够制作出符合出版要求的图版（图五）。

当线图绘制完成后需要采用合适的格式进行保存，Adobe Photoshop中线图的保存格式包括：（1）PSD/PDD（简称PSD格式）：它是Adobe Photoshop软件的内定格式，支持所有图像模式。如果需要图稿在其他软件中可识别，则要通过执行菜单中File（文件）/Save As（存储为）将线

图五　器物分期图

图保存为别的格式。（2）EPS：是一种通用的行业标准格式，可在不同类型的计算机之间交换图形，适用在印刷前的排版软件中，还可在专用的PostScript 打印机上打印。不支持图层，支持 CMYK 颜色模式。（3）TIFF：可支持跨平台的应用软件，是比较常用的一种文件格式。如果要在 PC 机使用就在保存时选择"IBM PC"。它采用的 LZW 压缩方式是一种无损的压缩型式，在压缩大面积单色图像时最为有用。它还可在专用的 PostScript 打印机上打印。支持图层。支持 CMYK 颜色模式。（4）PDF：是一种跨平台的文件格式，适用在印刷前的排版软件中。支持图层。支持 CMYK 颜色模式。（5）BMP：是在 DOS 和 Windows 平台上常用的一种标准图像格式。不支持图层。不支持 CMYK 颜色模式。（6）JPEG：是一种常用的图像压缩格式，是一种有损的压缩格式。适用于网络。保存时可以选择质量等级，数值越高，图像质量越好，文件越大。不支持图层。支持 CMYK 颜色模式，但不支持 Bitmap（位图）颜色模式。（7）GIF：是一种图像压缩格式，采用 LZW 的无损的压缩型式。适用于网络。不支持图层。不支持 RGB 和 CMYK 颜色模式。另外，保存文件时黑白线图的颜色模式应转换为 Bitmap（位图）。彩色图稿要印刷出版或用印刷色打印时，应将颜色模式转换为 CMYK。

2. 计算机图形软件 — Adobe Illustrato、CorelDRAW、AutoCAD

Adobe 公司开发的 Illustrator 是一款专业的矢量绘图软件，具有优秀的平面设计、编排版面等功能。用 Illustrator 制作的文件，无论以何种倍率输出，都能保持原来的高品质。另外，因为同为 Adobe 公司产品，所以它和 Photoshop 能够完美地进行整合，出色地完成 Illustrator 文件和 Photoshop 文件的转换。

Corel 公司的产品 CorelDRAW 是基于矢量图的软件，它的功能可大致分为两大类：绘图与排版。矢量图的特点是无论放大或缩小，都不影响其清晰度。CorelDRAW 支持了大部分图像格式的输入与输出。几乎与其他软件可畅行无阻地交换共享文件。

AutoCAD（Auto Computer Aided Design）是美国 Autodesk 公司首次于 1982 年生产的自动计算机辅助设计软件，用于二维绘图、详细绘制、设计文档和基本三维设计。AutoCAD 具有广泛的适应性，它可以在各种操作系统支持的微型计算机和工作站上运行，并支持分辨率由 320×200 到 2048×1024 的各种图形显示设备 40 多种，以及数字仪和鼠标器 30 多种，绘图仪和打印机数十种，现已经成为国际上广为流行的绘图工具。DWG 文件格式成为二维绘图的事实标准格式。

在进行线图的绘制、修改与编辑时我们通常使用的软件包括：Adobe Photoshop、Adobe Illustrator、CorelDRAW。Adobe Illustrator、Corel-DRAW作为基于矢量图的软件，其特点是无论放大或缩小，都能保持原来的高品质。但在使用它们绘制和修改线图时，通常需要把Adobe Photoshop处理过的图像文件转换到其软件平台上去，那就需要将这些图像文件进行置入或导入的操作。

通过使用Adobe Photoshop、Adobe Illustrator、CorelDRAW软件里相应的绘图工具，可以完成以下线图所需的各项绘制、修改与编辑。（1）绘制图廓：依照考古插图规范化要求，遗迹位置图均应有图廓。图廓外形必须是正方形或长方形，框线一般用细单线即可。有些需绘出经纬线的图应采用双线图廓，外框较粗，内框较细，双线之间标注经纬度数字。用其他形状或以政区边界线作为图廓，都是不规范的。遗迹地形图也均要有图廓，一般用细单线表示。通过绘图软件可以绘制出符合考古插图规范的图廓。（2）绘制指北针：依照考古插图规范化要求，指北针均采用单线箭头型，箭头为黑实心等腰三角形。在指北针中部偏上需加比箭头底边略宽的短线。通过绘图软件可以绘制出符合考古插图规范的指北针。（3）绘制比例尺：按照考古插图规范化要求，比例尺采用简化的线段，用单粗线画出比例尺的长度，其上标出主要刻度，刻度线为细短线。比例尺的横线即是遗迹图的水平线，因此必须放正。通过绘图软件可以绘制出符合考古插图规范的比例尺。（4）绘制图例：由于考古图例具有多样性的特点，常见的图例包括单线小圆圈、单线圆圈内加黑圆点、大小同心圆圈、实心等边三角形、单线等边三角形、实心等腰三角形、黑圆点、单线方框、黑方块、黑白相间的线性符号、黑粗单线或双细线、不规则形状图例等。鉴于此需要通过多种工具和功能的组合使用，绘制出符合考古绘图规范的各类图例。（5）绘制斜线：在考古绘图中，经常需要使用到斜线（指左斜或右斜45度的平行线），如：遗址、器物的剖面和剖视图，生土线，某些居民区以及需要特殊标注的图形等。通过绘图软件的相关工具可以快捷方便地完成这项工作。（6）绘制各类图线：通过绘图软件对图稿中错误、不清楚的图形和线段等，均可以进行修改、重绘等操作，使图稿符合考古绘图规范的要求。（7）填充颜色：通过绘图软件可以对地形图、遗址分布图、器物图等填充颜色，绘制成彩色图稿。（8）输入文字：按照考古插图规范化要求，河流、湖泊、海洋、水库、渠道等的字形均应左斜，字要排水平。山峰、山脉的字体均应右斜，字要排竖直。排列地名、山峰等均采用标准字距、水平字列。交通线路、江、河、湖、海和山脉应在主区域内采用均匀字距、随形排列。河流、交通线路的走势小于45度时，字列从左向右排列，大于45度时自上由下排列。通过软件里的文字输入与编辑工具可以制作出符合考古插图规范化要求的文字。（9）图层的使用与一图多用：在一张图稿的基础上，利用Adobe Photoshop、Adobe Illustrator、CorelDRAW软件具有的图层（Layer）功能，可以在不改变原图的情况下，在多图层上绘制不同的图形、图例、比例尺、指北针等，输入不同的文字，并且可以对它们随时进行修改，做到了一图多用，从而避免了多次重复绘制图稿的情况，减少了工作量，提高了工作效率。（10）撤销错误操作：在遇到错误操作的情况时，通过绘图软件可以及时撤销错误操作，提高制图的效率。（图六）

当线图制作完成后，Adobe Illustrator和CorelDRAW软件不仅需要采用合适的格式进行保存，另外还需要文件能在不同的图形、图像软件之间以正确的格式输出。

Adobe Illustrator软件线图的保存常用文件格式包括：（1）AI：是Adobe Illustrator专用的文件格式。（2）PDF：保存时选择"保持Illustrator编辑性能"，可以使图稿重新在Adobe Illustrator软件中打开和编辑。（3）Illustrator EPS：排版用的文件格式，如果文件要使用排版软件进行处理，则以此格式保存。

Adobe Illustrator软件线图的输出常用文件格式包括：（1）PSD：是把Adobe Illustrator软件完成的图稿输出到Adobe Photoshop软件的最佳的格式，因为许多图稿往往需要继续在Adobe Photoshop软件里编辑。在执行"输出"功能后可以在"Photoshop导出选项"对话框里进行颜色模式、分辨率、Photoshop版本、图层、最大编辑能力、消除锯齿等选项的设置。（2）TIFF（3）JPEG（4）BMP。

CorelDRAW软件线图的保存常用文件格式包括：（1）CDR：是CorelDRAW专用的文件格式。（2）AI。

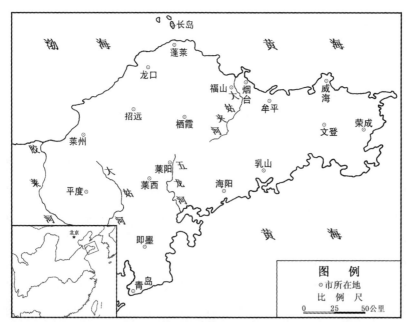

胶东半岛行政区划图

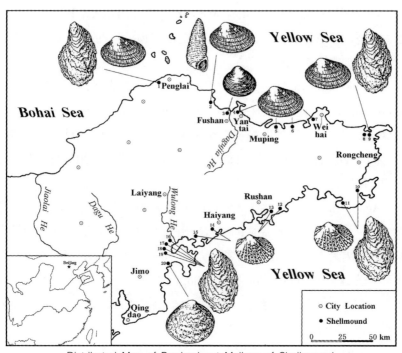

Distributed Map of Predominant Mollusc of Shellmound

图六　图层的使用与一图多用

　　CorelDRAW软件线图的输出常用文件格式包括：（1）PSD：可以把CorelDRAW软件完成的图稿输出到Adobe　Photoshop软件里继续编辑。在执行"导出"功能后可以在"转换为位图"对话框里进行图像大小、分辨率、颜色模式、光滑处理、应用ICC预置文件、保持图层等选项的设置。（2）EPS（3）TIFF（4）BMP（5）JPEG（6）GIF。

　　随着计算机技术在考古绘图中运用的不断拓展和深入，不仅使传统的考古绘图更规范、更高效，还可以绘制立体、动感的考古图像，以更生动、更直观的方式展示考古成果，并且使考古绘图向着数字化、信息化的方向发展，为文物图形数据库的建立打下了坚实的基础，这是几十年来考古绘图技术的一次重大飞跃。

　　（本文引自：《考古学集刊第18集》，科学出版社，2010年7月。）

注释

[1] 刘建国：《考古测绘、遥感与GIS》，北京大学出版社，2008年8月。
[2] 刘建国：《考古测绘、遥感与GIS》，北京大学出版社，2008年8月。
[3] 张蕾、刘建国：《数字影像纠正与考古绘图》，《考古》2009年8期。

动物骨骼三维重建的探索

张 蕾

摘 要： 随着考古学和动物考古学研究的不断深入，全方位空间信息的采集和展示显得越来越重要，而三维影像重建技术在其中发挥了重要作用。目前我们中国社会科学院考古研究所科技中心通过使用数字摄影测量与多视角三维影像重建技术进行动物骨骼三维影像重建的探索。通过真实再现的动物骨骼三维影像进行动物考古学的研究，不仅对动物骨骼标本起到了保护作用，也为动物骨骼数字化的展示和动物骨骼种属谱系数据库的建立提供了良好的技术支持和信息保障。而且这项技术具有操作简便，建模效果好，在保证一定重建精度的前提下提高了数据采集和三维影像重建的灵活性和便捷性。在考古中的应用具有很好的发展前景。

关键词： 动物考古；动物骨骼；数字摄影测量；三维影像重建；Agisoft Photoscan软件

前 言

动物考古学是研究考古遗址出土动物遗存的学科。而大量出土的动物遗存也正是动物考古学研究的基本对象。对出土的动物遗存进行研究需要进行观察、测量、照相、绘图、实物与数据的保存等一系列的相关工作。

随着考古学研究的不断深入，全方位空间信息的采集和展示显得越来越重要。动物考古学面临着同样的需求，它需要建立庞大的数据信息库，获得全面精确的数据来进行动物特征数据的比较研究。传统手工测量的方法效率低，精度不高。有些结构复杂的动物骨骼在绘制线图上也存在着一些困难。另外动物骨骼在常年的保存中和人为观测研究中都会产生磨损，对动物骨骼完整数据库的建立产生不利的因素。平面数据也已经难以满足以后更深入细致研究的需求。

动物考古学作为科技考古的一个重要组成部分，随着科学技术的发展也在不断地发展变化，其研究方法和手段也在不断地拓展和创新。目前中国社会科学院考古研究所科技考古中心将三维信息获取和三维影像重建技术引入到动物考古学研究中来，极大地提升了研究的精度和深度。

一、三维影像重建技术在考古中的应用与探索

三维激光扫描技术是1990年代中期开始出现的一项高新技术，它可以完成在复杂的现场环境及空间中进行三维扫描的操作要求。随着考古学研究的不断深入，这项新技术将会发挥越来越重要的作用。目前考古研究中引进了三维激光扫描、数字摄影测量及多视角三维影像重建技术，用于对考古遗址、发掘区域、考古遗物等进行三维信息提取，生成三维影像图、正射影像图、各种线划图、等值线图、数字高程模型等产品，满足各种文物考古工作的需要。

多视角三维影像重建技术是以普通数字相机作为影像获取工具，从不同角度围绕被拍摄物体以最佳成像焦距拍摄多幅数字影像，然后使用三维建模软件根据计算机视觉原理，对获取的全部数字影像进行相互匹配，生成被拍摄物体的表面三维点云，加载影像信息后得到真实的三维模型，实现被拍摄物体三维模型重建的技术。与三维激光扫描仪比较，多视角影像三维重建技术获取被拍摄对象特征点的数目较少，点云与照片纹理可以严格对应，能够自动贴附纹理，建模速度快、效果好，并且不需要专业的培训，便于推广。此外多视角三维影像重建技术不仅提高了数据采集和三维影像重建的灵活性和便捷性，而且能够满足考古三维影像重建的精度要求，因此这项技术在考古中的应用具有很好的发展前景。

二、动物骨骼三维影像重建的步骤与操作

经过以上实践比较，我们决定在完成动物骨骼三维影像重建工作中

使用数字摄影测量及多视角三维影像重建技术。目前我们进行动物骨骼三维影像重建的主要动物遗存对象是哺乳类动物骨骼标本。其目的是建立野生和家养不同种属哺乳类动物骨骼三维影像数据库，便于进行骨骼谱系的建立和基本数据的比较，为以后更深入精确的研究奠定良好的数据基础。

（一）将拍摄的动物骨骼用透明的鱼线悬挂在拍摄架上，便于对其进行360度多视角的拍摄。在拍摄架下铺上拍摄反光板，避免动物骨骼正面和底部拍摄光线反差过大，以便减少后期照片的再处理。悬挂拍摄可以一次性完成动物骨骼重建所需的全方位照片获取，在后期三维建模的过程中能够更好地减少运算处理的错误，提高三维建模的速度（图一）。

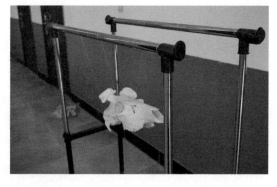

图一　动物骨骼拍摄现场

（二）使用高分辨率数码相机进行拍摄。相机的设置需要使用手动档（M档）设置统一的光圈大小和曝光时间，并且在尽可能短的时间内完成拍摄，使每幅数字影像的亮度、反差、阴影等情况比较一致。光圈值一般为8或10左右，以确保数字影像具有足够的景深；曝光时间不低于1/30秒（视拍摄者具体情况而定），光线比较暗的时候需要适当增加感光度进行拍摄。动物骨骼本身反差较小，头骨结构复杂，需要注意相机参数的设置和拍摄的角度，保证拍摄数字影像的质量，最终才能满足三维重建模型在精度和效果上的要求。

（三）使用的三维影像重建软件进行后期处理。在后期处理中使用的三维影像重建软件是Agisoft Photoscan，由于这款软件无需设置初始值，无需相机检校，可以对任意照片进行处理，对照片的拍摄位置没有要求，可自由选定是否使用控制点，而在使用控制点的设置下就能够生成真实坐标的三维模型。

基于这款软件的特点，对拍摄没有太多过高过严的要求，因此获取影像十分便利。拍摄动物骨骼时我们需要对其进行正面、侧面、底部全方位的拍摄，一个动物骨骼根据实际大小和情况需要拍摄大约几十张照片。如果拍摄照片的反差、亮度比较合适，可以不用进行匀光等处理即可使用；如果照片存在比较暗淡等问题，则需要在Photoshop软件中进行反差和亮度的调整，增强影像的质量，以便提高后续三维处理的速度和精度。

打开Agisoft Photoscan软件，将软件进行一些语言、背景的基本设置后，在工作区添加模块，再添加我们拍摄并处理好后的一组动物骨骼照片。然后在工作流程中依次进行对齐照片、生成网格和生成纹理的处理（图二）。再针对每组照片的现有效果和生成三维影像模型的精度要求来设置相关的参数，最后完成初步的三维影像重建。我们可以在视图中选择相机（位置）、标记、区域、轨迹球、资讯的显示或隐藏，进行相关数据的查阅与展示（图三）。

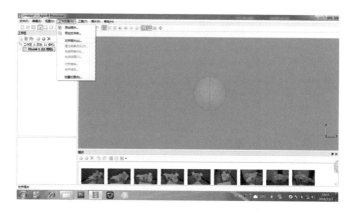

图二　Agisoft Photoscan软件的设置和工作流程

图三　Agisoft Photoscan软件三维影像重建过程

如觉得三维影像模型的纹理效果不够满意，比如亮度、反差不够，或是有需要修改的瑕疵（比如我们在悬挂拍摄中形成的鱼线痕迹），我们可以在工具中导出纹理，通过Photoshop软件进行相应的处理和修改，然后再在工具中重新将修改后的纹理导入。这个步骤可以重复进行，直到取得满意的效果，最终完成动物骨骼三维影像模型的重建（图四）。三维影像重建技术生成的产品包括多种样式，我们可以导出模型，以其他的文件格式在别的软件里进行展示。也可以导出点云、正射影像、DEM（数字高程模型）等。其中正射影像图、立面影像图等应该确定导出影像的分辨率，以便在绘制线图的时候确定图解比例尺。

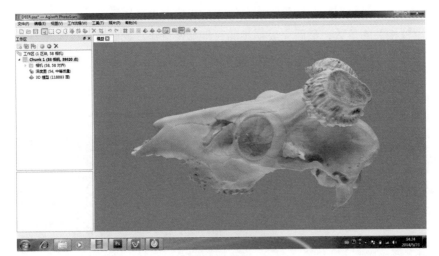

图四　Agisoft Photoscan软件三维影像重建鹿头骨三维模型

Agisoft Photoscan软件基于多视角影像三维重建技术原理，是一款能够将平面影像进行重建，生成高质量的三维点云模型、三维真实模型、高分辨率真实坐标的正射影像图（使用控制点可达5cm精度）、带有详细彩色纹理的DEM模型等的三维模型制作软件。整个工作流程无论是影像定向还是三维模型重建过程都是完全自动化的，即使是非专业人员也可以进行操作，生成专业级别的摄影测量数据。Agisoft Photoscan软件支持输入格式包括：JEPG、TIFF、PNG、BMP、JEPG Multi-Picture Format（MPO），输出格式包括三维建模常见的格式GeoTiff、xyz、Google KML、COLLADA、VRML、Wavefront OBJ、PLY、3DS Max、Universal 3D、PDF。这些格式的文件可以在相应的软件中进行兼容使用。

三、结语

基于数字摄影测量基础上的多视图三维影像重建技术能够进行空中三角测量，也可以通过设定的控制点进行测量，数据更精准全面。在绘制线图方面既可以生产高分辨率真实坐标的正射影像图（使用控制点可达5厘米精度），也可以利用导出的三维模型图，配合其他绘图软件进行线图的绘制。三维影像重建可以真实再现动物骨骼的原貌，进行360度的观察、研究、展示。对于传统研究方法存在的问题，动物骨骼的三维影像重建都能给予很好的解决。这些都为动物骨骼种属谱系数据库的建立提供了强大的技术保障。

目前，动物骨骼的三维影像重建还只是三维影像重建技术在考古中全面应用中的一个探索，三维影像重建所提供的一些技术功能和科技成果必将在考古学研究中发挥越来越重要的作用。

（本文引自：《四川文物》，2014年第6期。）

邺城佛教造像的三维重建探索

张　蕾

摘　要： 邺城作为六世纪中国北方佛教中心，其出土的大量佛像具有独特的历史价值、科学价值和艺术价值。邺城佛教造像的三维影像重建探索，为文物的三维影像拍摄和 Agisoft Photoscan 软件实际使用提供了宝贵的经验，也将会对邺城佛像全方位空间信息的采集和展示以及完整数据库的建立提供有力的帮助，必将在其研究中发挥越来越重要的作用。

关键词： 邺城佛教造像；数字摄影测量；三维影像重建；Agisoft Photoscan 软件

一、邺城佛教造像

邺城遗址，位于河北省临漳县西南约 20 千米处，由南北毗连的两座古城邺北城和邺南城组成。曾是曹魏、后赵、冉魏、前燕、东魏、北齐诸王朝的都城，故邺城又称为六朝古都。邺城都城布局前承秦汉，后启隋唐，是中国古代都城发展史上的里程碑之一。

邺城初兴于十六国后赵时期，至东魏北齐达到顶峰，长期积淀了深厚的文化艺术、科学技术和宗教民俗等传统，是当时中国北方的文化中心之一。邺城的曹魏时期的建安文学、十六国时期的建筑技术、东魏北齐时期的佛教艺术等等，无不对后世有着持续而深远的影响。

东魏北齐时期邺城佛教兴盛，为中原北方地区的佛教文化中心，根据历史记载"都下大寺略计四千，见住僧尼仅将八万。讲席相距二百有余，在众常听出过一万"。许多著名高僧曾驻锡邺城寺院，对中国佛教流派的形成也做出了重要的贡献。邺城从寺院布局到造像艺术均独创一格，邺城佛教上承北魏传统，下启隋唐宗派，"邺城模式"有继承，更有创新，其艺术内涵丰富，影响深远，在中国佛教史上占据着极其重要的地位。

目前邺城遗址内时有佛教遗迹、遗物发现。进入21世纪，邺城考古队还先后在外郭区发现了赵彭城北朝佛寺遗址、北吴庄佛教造像埋藏坑等一批重要遗迹和遗物，为东魏北齐邺城的全面研究提供了重要的资料。邺城出土的大量佛教石造像，折射出东魏北齐佛教艺术的璀璨光芒，深刻影响了世俗文化与艺术，成为隋唐艺术源流之一。

二、三维重建的影像拍摄

为了将这批佛教造像进行系统化的数据采集、记录与展示，我们中国社会科学院考古研究所科技中心与邺城考古队和邺城博物馆合作，通过使用数字摄影测量与多视角三维影像重建技术进行佛教造像三维影像重建的探索。

多视角三维影像重建技术是以数字相机作为影像获取工具，从多角度围绕被拍摄物体以最佳成像焦距拍摄多幅数字影像，然后使用三维建模软件根据计算机视觉原理，对获取的全部数字影像进行相互匹配，生成被拍摄物体的表面三维点云，加载影像信息后得到真实的三维模型，实现被拍摄物体三维模型重建的技术。

进行多视角三维影像重建首先要进行影像的采集和拍摄，这需要使用高分辨率数码相机进行拍摄。相机的设置需要使用手动档（M档）设置统一的光圈大小和曝光时间，并且在尽可能短的时间内完成拍摄，使每幅数字影像的亮度、反差、阴影等情况比较一致。在拍摄邺城佛像时根据拍摄场地和环境，我们将相机进行了相应的设置：光圈值一般为8或10左右，以确保数字影像具有足够的景深；感光度小于400，避免产生明显的噪点；曝光时间定到1/60秒或1/80秒（视拍摄者具体情况而定），光线比较暗的时候需要适当增加感光度进行拍摄。

另外因为要进行多视角三维影像重建，这就需要对佛像进行360度的全方位拍摄。我们根据所拍摄佛像的形制和状况，采取了多种方法的拍摄。首先需要对拍摄的佛像的顶部和底部分别进行360度的多组拍摄，另外为了在三维建模时的空间参照和计算，以便区别顶部和底部影像的不同，建立完整的空间数据，这就需要分别在对佛像进行顶部和底部拍摄时将佛像安置在不同的两个台面上，且将这两个台面安置在不同的位置以示区别。

为了便于以后对三维影像重建的佛像进行测量和绘图，我们将有底座的佛像在其底座下铺垫上米格纸，方便以后在图像处理时加注控制点，从而能够生成真实坐标的三维模型。而为了对底座部分进行360度拍摄，我们采用了两种方法，一是将佛像的顶部进行包裹保护之后插入沙箱（图一）；二是将佛像倒放然后铺垫其他支撑物，使底座突出悬空，便于进行360度的拍摄（图二）。还有一些佛像由于无底座造型或已经残破的原因，不能正常摆放，我们就只好将佛像顶部和底部分别进行包裹保护之后插入沙箱完成360度拍摄。

图一

图二

　　为了保证对佛像进行全方位多角度的拍摄，我们在进行顶部和底部拍摄时都要采用正拍、俯拍、仰拍的方法进行两到三圈的360度拍摄，并对佛像顶部和底部的正面进行拍摄，而对一些复杂和镂空的局部则需要增加拍摄角度和拍摄数量，保证佛像数据的全面获取。

　　照片拍好之后，如果拍摄照片的反差、亮度比较合适，可以不用进行匀光等处理即可使用；如果照片存在比较暗淡等问题，则需要在Photoshop软件中进行反差和亮度的调整，增强影像的质量，以便提高后续三维处理的速度和精度。

三、三维影像的数据处理

　　关于使用的三维影像重建软件进行后期处理，我们使用的软件是Agisoft Photoscan。Agisoft Photoscan软件基于多视角影像三维重建技术原理，是一款能够将平面影像进行重建，生成高质量的三维点云模型、三维真实模型、高分辨率真实坐标的正射影像图（使用控制点可达5cm精度）、带有详细彩色纹理的DEM模型等的三维模型制作软件。针对其他一些三维影像重建软件，这款软件无需设置初始值，无需相机检校，可以对任意照片进行处理，对照片的拍摄位置没有要求，可自由选定是否使用控制点。其特点和优势是获取被拍摄对象特征点的数目较少，点云与照片纹理可以严格对应，能够自动贴附纹理，建模速度快、效果好。并且整个工作流程无论是影像定向还是三维模型重建过程都是完全自动化的，即使是非专业人员也可以进行操作，生成专业级别的摄影测量数据，便于推广。

　　打开Agisoft Photoscan软件，将软件进行语言、背景、视图等的基本设置。在工作区先添加一个模块，将我们拍摄并处理好后的佛像顶部照片选择添加。在工作流程中设置相应的参数，依此进行对齐照片、建立密集点云的处理（图三）。如果是需要添加控制点的话，还需要在工作流程中继续进行生成网格和生成纹理的处理。然后在处理好的三维影像的四个角添加标记，作为控制点（图四）。在完成佛像顶部三维影像重建后，在工作区再添加一个模块，将我们拍摄并处理好后的佛像底部照片选择添加。同样在工作流程中设置相应的参数，依此进行对齐照片、建立密集点云的处理（图五）。将佛像顶部和底部三维影像重建完成后，继续在工作流程中设置相应的参数，依此进行对齐模块和合并模块的处理，最终形成完整的佛像三维重建影像（图六）。我们可以在视图中选择相机（位置）、标记、区域、轨迹球、资讯的显示或隐藏，进行相关数据的查阅与展示（图七）。

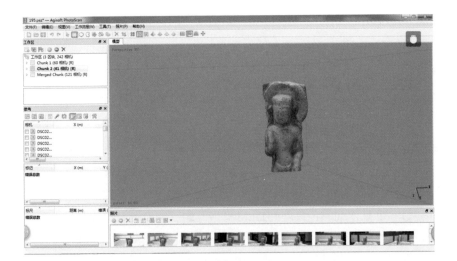

图三

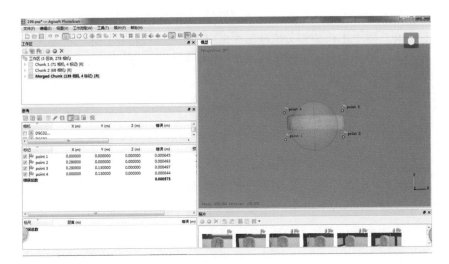

图四

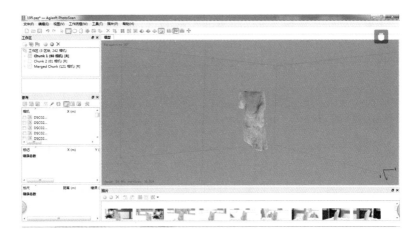

图五

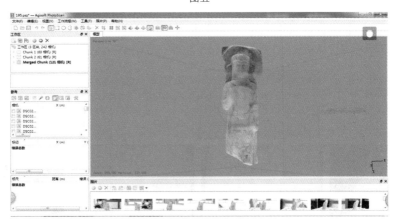

图六

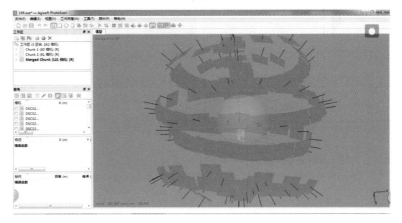

图七

　　如觉得三维影像模型的纹理效果不够满意，比如亮度、反差不够，或是有需要修改的瑕疵，我们可以在工具中导出纹理，通过Photoshop软件进行相应的处理和修改，然后再在工具中重新将修改后的纹理导入。这个步骤可以重复进行，直到取得满意的效果，最终完成佛像三维影像模型的重建。

　　三维影像重建技术生成的产品包括多种样式，我们可以导出模型，以其他的文件格式在别的软件里进行展示。也可以导出点云、正射影像、DEM（数字高程模型）等。其中正射影像图、立面影像图等应该确定导出影像的分辨率，以便在绘制线图的时候确定图解比例尺。而正射影像图可以使考古绘图更方便和精准，在设置标记（控制点）的前提下，可以导出佛像顶部、底部、前面、背面、右侧和左侧共六个方向的正射影像图（图八）。

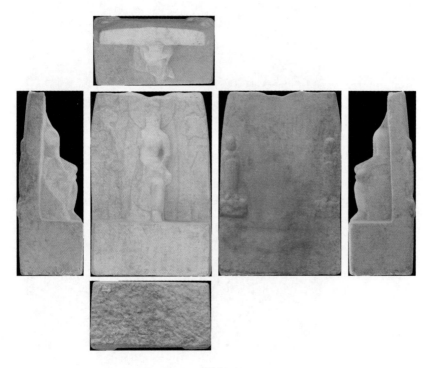

图八

四、小结

多视角三维影像重建技术不仅提高了数据采集和三维影像重建的灵活性和便捷性，而且能够满足考古三维影像重建的精度要求，因此这项技术在考古中的应用具有很好的发展前景。邺城佛教造像的三维重建探索是为了更好地促进三维影像重建技术能够为考古的各项工作提供服务与帮助。通过邺城佛教造像的三维重建探索，我们进一步掌握了在实际操作中针对拍摄文物和拍摄环境的不同，所需要关注的重点并能够及时注意并加以调整。以及了解了使用Agisoft Photoscan软件处理不同拍摄方法的照片时所需采用的不同方法和步骤。总之，邺城作为六世纪中国北方佛教中心，其出土的大量佛像具有独特的历史价值、科学价值和艺术价值。而邺城佛教造像的三维重建探索将会对邺城佛像全方位空间信息的采集和展示以及完整数据库的建立提供有力的帮助，也将在其研究中发挥越来越重要的作用。

（本文引自：《南方文物》，2015年第4期。）

可移动文物多视角三维重建的拍摄方法探索

张 蕾

摘 要： 通过数字摄影与多视角三维重建技术，能够完成多种可移动文物的三维重建工作。为满足 Agisoft Photoscan 软件进行三维重建的技术要求，在进行可移动文物的多视角影像获取时，针对形态各异、种类繁杂的可移动文物，需要采用不同的拍摄方法，保证可移动文物三维重建的最佳效果。

关键词： 数字摄影；多视角三维重建；Agisoft Photoscan 软件；多视角拍摄

一、三维重建和影像拍摄

随着三维重建技术的快速发展，基于全方位空间信息采集和展示的技术优势，三维重建技术已经越来越多地被运用到考古研究和博物馆展示中来。其中多视角三维重建技术不仅能够完全满足考古遗址、文物信息提取的精度要求，更因其使用的便捷性和灵活性，在考古、文博工作中得到了广泛的推广和应用，取得了很好的成果。

数字摄影测量（Digital Photogrammetry）是基于数字影像和摄影测量的基本原理，应用计算机技术、数字影像处理、影像匹配、模式识别等多学科的理论与方法，提取所摄对象以数字方式表达的几何与物理信息的摄影测量学的分支学科。计算机对数字影像或数字化影像进行处理，使用计算机视觉（其核心是影像匹配与影像识别）代替人眼的立体量测与识别，完成影像几何与物理信息的自动提取，重建空间物体的三维模型。

多视角三维重建是以数字相机作为影像获取工具，从多角度围绕被拍摄物体拍摄多幅数字影像，然后使用三维重建软件根据数字摄影测量原理，对获取的全部数字影像进行相互匹配，生成被拍摄物体的表面三维点云，加载影像信息后得到真实的三维模型，实现被拍摄物体三维模型重建的技术。

目前在考古领域中被广泛使用的三维重建软件是 Agisoft PhotoScan。Agisoft PhotoScan 是一款基于影像自动生成高质量三维模型的优秀软件。由于这款软件无需设置初始值，对照片的拍摄顺序位置没有严格的要求，无论是航拍还是地面拍摄的影像都可以使用。它可自由选定是否使用控制点，而在使用控制点的设置下就能够生成真实坐标的三维模型。Agisoft PhotoScan 可生成高分辨率正射影像及带精细色彩纹理的 DEM 模型。完全自动化的工作流程，即使非专业人员也可以生成专业级别的三维模型和摄影测量数据。

进行多视角三维重建首先要进行影像的采集和拍摄，高分辨率数字相机是获取影像的工具。考古工作中三维影像的获取包括出土文物的多视角拍摄和田野考古遗址的多视角地面和高空拍摄。

二、可移动文物的多视角拍摄方法

拍摄出高质量的数字影像是三维重建的前提与基础，拍摄的基本要求是使用高分辨率数字相机，避免使用超广角和鱼眼镜头，图像质量要设定为最高像素。手持拍摄时相机快门不要设定太慢，要保证拍摄时不会产生抖动。ISO 设置不要过高，避免产生噪点，光圈在拍摄期间要保持不变。拍摄的照片要求对焦清晰，并使相邻影像具有一定的重叠度，确保可移动文物全方位的影像获取。

使用高像素数字相机，相机设置为手动档（M 档）设置统一的光圈大小和曝光时间，光圈值一般为 8 或 10 左右，以确保数字影像具有足够的景深；曝光时间不低于 1/30 秒（视拍摄者具体情况而定），光线比较暗的时候需要适当增加感光度进行拍摄，但不要过大，避免产生明显的噪点。并且要在尽可能短的时间内完成拍摄，使每幅数字影像的亮度、反差、阴影等情况比较一致。

本文将着重介绍出土文物在不同形态状况和拍摄条件下，配合 Agisoft Photoscan软件后期数据处理，为完成多视角三维重建所采用的不同拍摄方法和技巧。

　　1. 悬挂拍摄法

　　悬挂拍摄法是在自然光条件下将文物用坚韧而透明的鱼线悬挂在拍摄架上，拍摄者围绕文物对其进行正面、侧面、底部全方位的多视角拍摄。根据文物实际大小和造型特点需要拍摄大约几十到一百多张照片。为避免文物正面和底部拍摄光线反差过大，需要在拍摄架下铺上拍摄反光板（图一），这样可以减少照片的后期处理加工，增强拍摄效果提高后期处理效率。如果拍摄照片的反差、亮度比较合适，可以不用进行匀光等处理即可使用；如果照片存在比较暗淡等问题，则需要在Photoshop软件中进行反差和亮度的调整，增强影像的质量，以便提高后续三维处理的速度和精度。

图一

　　使用鱼线是因为其柔韧而透明的特点既可以保证文物悬挂时的安全性也可以减少悬挂线对文物表面的影响。而对于生成三维模型后鱼线在文物表面生成的痕迹，我们可以在Agisoft Photoscan软件的工具中选择导出纹理，通过Photoshop软件进行相应的处理和修改，然后再在工具中重新将修改后的纹理导入。这个步骤可以重复进行，直到取得满意的效果。

　　悬挂拍摄法的优点是可以一次性完成文物全方位照片获取，在后期三维建模的过程中能够一次性完成数据处理，提高三维建模的速度（图二）。缺点是因为采用自然光线，天气情况和光线条件会对拍摄效果影响比较大。另外文物是由细细的鱼线悬吊，在室外环境下风的大小会对拍摄产生不利影响。而且这种方法只适用于重量比较轻，体积比较小，便于悬吊的文物，不能满足各种各样文物三维重建拍摄的要求。

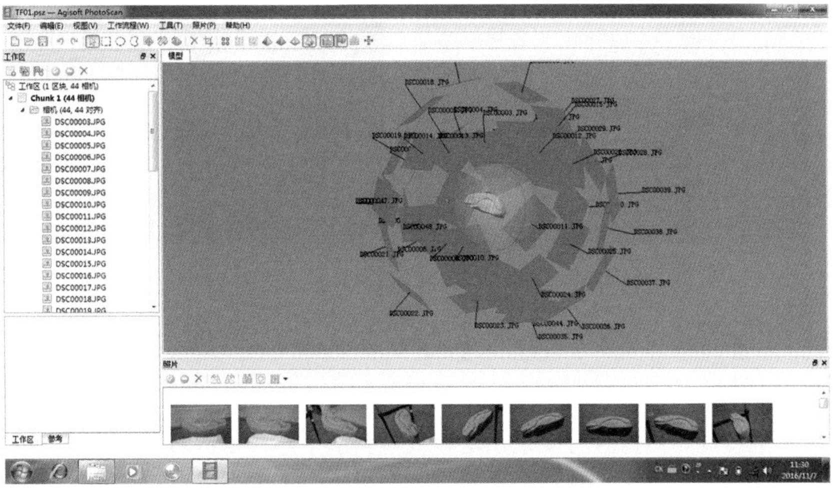

图二

2. 拼合拍摄法

拼合拍摄法是在自然光条件下将文物的上部和底部分别进行全方位多视角拍摄，再在 Agisoft Photoscan 软件中将两组照片进行处理和计算，将生成的堆块进行对齐和合并，最终生成三维重建模型。基于三维建模空间运算和匹配时的技术要求，为了符合三维建模时的空间参照和计算，以便区别二者的不同，建立完整的空间数据，这就需要在对文物进行上部和底部拍摄时，将文物放置在不同的两个台面上并分别安置在两个不同的位置上，使正反面拍摄时的背景环境形成差别。为了便于以后对三维重建的文物进行测量和绘图，如果在其中一个拍摄台面上设置控制点，就可以生成具有真实坐标的三维模型以及高分辨率真实坐标的正射影像图等，满足对文物数据的精确测量采集，文物线图的绘制以及多种相关研究的要求。

面对形态各异的文物，在使用拼合拍摄法的时候，我们可以根据其造型特点，采用多种方法来进行多视角三维影像拍摄。

在拍摄正反两面都可以正常垂直摆放的文物时，我们只需将文物的正反两面分别摆放在不同台面上进行全方位多视角拍摄。例如在拍摄陶豆时就采用这种方法进行拍摄（图三）。

图三

　　在拍摄底部可以垂直摆放而顶部无法对应垂直摆放的文物时，我们先对垂直摆放文物的上部进行全方位多视角拍摄，而在对文物底部进行全方位多视角拍摄时可以采用垂直或倾斜悬空两种摆放方式。例如拍摄顶部呈圆弧形的佛龛时，将佛龛的顶部进行包裹保护之后垂直插入沙箱（图四），然后对露出的底部进行全方位多视角拍摄。在拍摄另一个顶部呈圆弧型且窄薄易损的佛龛时，我们将佛龛倒放然后铺垫其他支撑物，使佛龛倾斜，底座突出悬空（图五），以便于进行全方位多视角拍摄。

图四

图五

在拍摄正反两面都无法垂直摆放的文物时，我们可以使用辅助手段使文物垂直摆放，或将文物平放两面翻转拍摄。例如在拍摄佛像残件时，我们将佛像的两头分别进行包裹保护之后垂直插入沙箱，然后对露出的部分进行全方位多视角拍摄。而在拍摄人骨骨骼时将其正反两面水平摆放（图六），分别进行全方位多视角拍摄。

图六

在拍摄体积重量巨大无法轻易移动位置的文物时，我们可以在全方位多视角拍摄完正面后原地翻转文物，然后将周围拍摄环境用各种适合的材料进行遮盖，使拍摄反面时的背景与拍摄正面时的背景产生差别，再对反面进行全方位多视角拍摄，从而满足 Agisoft Photoscan 软件在进行三维建模空间运算和匹配时的技术要求。例如在拍摄石雕人像时，我们先是对人像的左侧进行了全方位多视角拍摄，然后在原地翻转到人像的右侧，用木板遮盖人像的四周（图七），造成两面拍摄背景的不同，再对人像右侧进行全方位多视角拍摄。

图七

　　拼合拍摄法的优点是拍摄方式灵活，可以完成多种形态类别文物的多视角三维影像获取。缺点同样是因为要采用自然光线，天气情况和光线条件会对拍摄效果影响比较大。

　　3. 转盘拍摄法

　　这种方法的要求是在室内使用摄影灯光，也可加闪光灯进行补光。使用高分辨率数码相机，相机的设置需要使用手动档（M档）设置统一的光圈大小和曝光时间，光圈值一般为14或16左右，曝光时间设置为1/125秒。

　　拍摄时将文物放置在转盘上，在转盘上标画出刻度，每旋转 10-20 度拍摄一张。使用三脚架固定相机位置，通过三脚架高度的调整，拍摄不同角度，完成全方位的多视角拍摄。拍完正面后再将文物翻

图八

转，以同样的方法拍摄文物的底面（图八）。

　　转盘拍摄法同样需要对文物的上部和底部分别进行全方位的多视角拍摄，但由于这种方法是将文物放置在同一个转盘平台上进行双面的拍摄，拍摄背景一样。基于三维建模空间运算和匹配时的技术要求，我们就需要将拍摄背景设置成完全单一的颜色，例如白色、黑色、灰色等。同样如果在其中一个拍摄台面上设置控制点，将两组照片在Agisoft Photoscan软件中进行处理和计算，就可以生成具有真实坐标的三维模型以及高分辨率真实坐标的正射影像图等。

　　例如在拍摄人骨骨骼时，我们使用白色背景板，将人骨放置在白色标有刻度的转盘上，再用白色方块将人骨两头垫起，增大全方位多视角拍摄的面积。每旋转10度横向拍摄一张。再通过三脚架高度的调整，拍摄不同角度，最终完成人骨骨骼正反两面的全方位多视角拍摄。

　　转盘拍摄法的优点是在室内采用灯光拍摄，不会受到天气情况和光

线条件影响。目前这种方法更适合拍摄一些特别细小和复杂的文物，其三维建模的效果和完成率要高于悬挂拍摄法和拼合拍摄法。缺点是目前使用转盘的尺寸和承重都有限，适用的文物受到了限制。另外拍摄方式不够灵活，拍摄设备相对复杂。

三、文物三维影像的重建与应用

文物三维影像的获取是文物三维重建的基础，多种拍摄方法保证了各类文物的三维影像获取，从而使文物的三维重建得以实现。完成文物三维重建，需要将拍摄的文物照片导入 Agisoft Photoscan 软件。然后在工作流程中依照软件的步骤，设置相关的参数进行处理，最终完成文物的三维重建。我们可以在视图中选择相机（位置）、标记、区域、轨迹球、资讯的显示或隐藏，进行相关数据的查阅与展示。

Agisoft Photoscan 软件基于多视角影像三维重建技术原理，是一款能够将平面影像进行重建，生成高质量的三维模型、点云模型、DEM（数字高程模型）、正射影像等的三维模型制作软件。Agisoft Photoscan 软件支持输入格式包括：JEPG、TIFF、PNG、BMP、JEPG Multi-Picture Format（MPO），输出格式包括三维建模常见的格式 GeoTiff、xyz、Google KML、COLLADA、VRML、Wavefront OBJ、PLY、3DS Max、Universal 3D、PDF。这些格式的文件可以在相应的软件中进行兼容使用。

三维模型（图九）可以真实再现文物的原貌，进行全方位的观察，满足目前对文物数字化、信息化、数据化存储、展示和研究的需求。而

图九

正射影像图可以使文物绘图更方便和精准，在设置控制点的前提下，可以导出顶部、底部、前面、背面、右侧和左侧共六个方向的正射影像图（图十），在此基础上绘制文物线图将比传统的方法更精确更便捷。

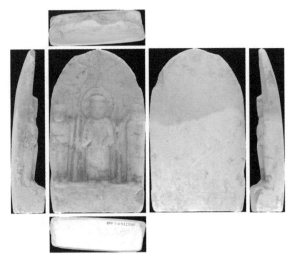

图十

　　基于数字摄影基础上的多视图三维重建技术对可移动文物全方位空间信息的采集更精准，展示更全面，从而为考古研究提供了新的方法，也为文物数据库和数字博物馆的建立提供了强大的技术保障，因此这项技术必将在考古和文博的工作中具有很好的发展前景。

（本文引自：《华夏考古》，2018年第1期。）

临淄齐故城阚家寨铸镜作坊遗址出土镜范的三维重建

张　蕾

为了实施"齐故城冶铸考古"项目，2011—2014年项目组对临淄齐故城阚家寨遗址进行了田野考古调查和发掘。在阚家寨遗址B区第Ⅱ地点的发掘中，清理并揭示出一处秦汉时期的铸镜作坊遗址，出土一批镜范。根据多学科合作研究的计划，我们通过使用数字摄影测量与多视角三维重建技术对遗址出土的部分镜范进行三维重建的探索。

多视角三维重建是以数字相机作为影像获取工具，从多角度围绕被拍摄物体拍摄多幅数字影像，然后使用目前在考古领域中被广泛使用的三维重建软件Agisoft Photoscan根据数字摄影测量原理，对获取的全部数字影像进行相互匹配，生成被拍摄物体的表面三维点云，加载影像信息后得到真实的三维模型，实现被拍摄物体三维模型重建的技术。

此次共对保存较为完整，纹饰比较清晰的6件镜背范进行了三维重建的工作。包括蟠螭纹镜背范F13:1，龙纹镜背范H118:2，蟠螭纹镜背范H115:8，四乳弦纹镜背范H118:4，草叶纹镜背范T3696④:1，素面镜背范H82:1。

进行三维重建的拍摄需要使用高分辨率数字相机，相机设置为手动档（M档），设置统一的光圈大小和曝光时间，光圈值一般为8或10左右，以确保数字影像具有足够的景深；曝光时间不低于1/30秒（视拍摄者具体情况而定），光线比较暗的时候需要适当增加感光度进行拍摄，但不要过大，避免产生明显的噪点。并且要在尽可能短的时间内完成拍摄，使每幅数字影像的亮度、反差、阴影等情况比较一致。

通过使用悬挂拍摄法对镜范进行多视角三维重建的影像采集，在自然光条件下将镜范用坚韧而透明的鱼线悬挂在拍摄架上，围绕镜范对其进行正面、侧面、背面全方位的多视角拍摄。为避免镜范正面和背面拍摄光线反差过大，在拍摄架下铺垫反光纸，这样可以减少照片的后期处理加工，增强拍摄效果提高后期处理效率（图一）。如果拍摄照片的反差、亮度不够理想，则需要在Photoshop软件中进行反差和亮度的调整，增强影像的质量，以便提高后续三维处理的速度和精度。使用鱼线是因为其柔韧而透明的特点既可以保证镜范悬挂时的安全性也可以减少悬挂线对镜范表面的影响。悬挂拍摄法可以一次性完成镜范全方位影像获取，能够提高在Agisoft Photoscan软件中数据处理和三维建模的速度。

图一

根据镜范的形制、体积、纹饰等情况，全方位多视角拍摄1件镜范大约需要30至40张照片，然后用Agisoft Photoscan软件对照片进行处理。打开Agisoft Photoscan软件，将软件进行语言、背景、视图等的基本设置。在工作流程中选择添加照片，将拍摄并处理好的一组镜范照片全部添加，在工作流程中设置相应的参数，依此进行对齐照片、建立密集点云、生成网格和生成纹理的处理，最终完成整体的镜范三维模型重建。可以在三维模型的视图中选择相机（位置）、标记、区域、轨迹球、资讯的显示或隐藏，进行相关数据的查阅与展示（图二）。

如果三维模型的纹理效果不够理想，包括亮度、反差不够，或是有需要修改的瑕疵，比如生成三维模型后鱼线在镜范表面生成的痕迹，我们可以在Agisoft Photoscan软件的工具中选择导出纹理，通过Photoshop软件进行相应的处理和修改，然后再在工具中重新将修改后的纹理导入。这个步骤可以重复进行，直到取得满意的效果，最终完成镜范三维模型的重建。

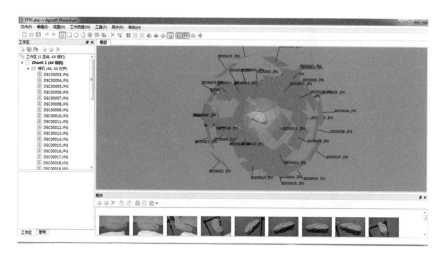

图二

在 Agisoft Photoscan 软件中可以将三维重建的镜范以模型的格式导出，便于在其他相关的软件中使用，这包括使用率很高的pdf格式文件。通过这些软件我们可以自由旋转放大镜范三维模型，以一种便捷直观的形式观察研究镜范（图三）。也可以导出正射影像，包括顶部、底部、前面、背面、右侧和左侧共六个方向的正射影像图，在此基础上进行考古绘图，其相较于传统考古绘图方式具有更便捷和精准的优势（图四）。另外还可以导出点云、数字高程模型（DEM）等，以多种形式保存镜范的信息和数据。

随着考古学研究的不断深入，全方位空间信息的采集和展示显得越来越重要，而三维重建技术在其中发挥了重要作用。根据"临淄齐故城

图三

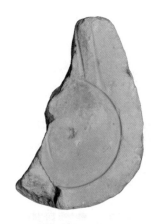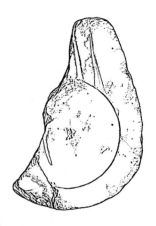

图四

冶铸遗存考古发掘与研究"项目多学科合作研究的需求，通过开展临淄齐故城阚家寨秦汉铸镜作坊遗址出土镜范的三维重建探索，可以为镜范研究提供便捷性、精确性、直观性和系统性的数据采集、记录与展示，可以为镜范的进一步研究提供有力的技术支撑。

（本文引自：《临淄齐故城冶铸业考古（全三册）》，
科学出版社，2020年9月。）

遗迹、遗物造型艺术研究

满城汉墓农器刍议

卢兆荫　张孝光

中华人民共和国成立以来，在汉代遗址和墓葬中，出土了不少铁农具，但有准确年代可考者为数不多。满城西汉中山靖王刘胜和其妻窦绾墓所出的铁农具，时代明确，种类也较多，是一批研究西汉中期农业发展水平的重要资料[1]。

满城铁农具（包括农具铁范）出土于刘胜墓的甬道和中室，窦绾墓的墓道、北耳室、中室、后室和墓门外堆积中。所出农具都属于挖土、翻土的工具，计有镬、铲、二齿耙、三齿耙和犁铧五种，铸范有镬、锄的内范和三齿耙的外范；其中除15件铁镬出于刘胜墓外，其余都是窦绾墓所出。现分别介绍如下。

一、铁农具

（一）镬　两墓共出17件，器形基本相同。镬作楔形，两面刃，顶部有长方形銎。多数已残断。器形和巩县①铁生沟亚Ⅱ式镬相似[1]，但较为宽扁；而和湖南长沙、衡阳战国墓中所出的一种器身较宽的镬也很近似[3]。窦绾墓出土的一件（2:008），銎的口部饰凸弦纹两周，长11.5厘米、宽6.4厘米、銎5.5厘米×1.5厘米（图一：1；图版左上）。其器形、纹饰和河南临汝夏店汉代炼铁遗址所出的大型铁镬基本相同（图一：2）[4]，同时和河北兴隆所出战国铁镬及其铸范的形式也极为相似[5]，说明此种铁镬在战国时期已经出现。

（二）铲　7件。器形相同。作铸形，圆肩，肩以下逐渐加宽，刃部

①巩县，今河南省巩义市，编者注。

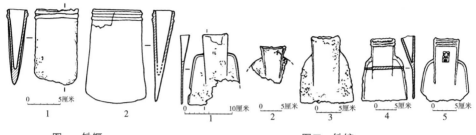

图一　铁镢
1. 满城汉墓出土
2. 河南临汝夏店出土

图二　铁铲
1. 满城汉墓出土　　2. 洛阳烧沟出土　　3. 洛阳中州路出土
4. 巩县铁生沟出土　5. 陕西陇县出土

平直，銎为长方形。合范铸成。2:001长14.2厘米、肩宽8.8厘米、銎4.6厘米×1.6厘米，刃部一角已残缺（图二：1；图版左中）。铁铲在战国遗址、墓葬中就有出土，汉代的铁铲发现更多。满城汉墓所出铁铲的器形和洛阳烧沟汉墓第四型铲（图二：2）差别较大，而同洛阳中州路Ⅱ式铲（图二：3）、巩县铁生沟铸形直刃铲（图二：4）和陕西陇县"东二"铲（图二：5）等相类似[6]。《小校经阁金文拓本》（卷十三）著录的汉代农器中，有两件铸出"中山"二字铭文的铲子，未注明质料，可能也是铁铲。其中一件铭文为隶体，位于右侧肩部；另一件铭文为篆体，分铸于銎的两侧。这两件带"中山"铭文的铲，应是铁业官营之后铸造的，所以铸出郡国名称。发掘出土的铁铲铭文多铸在銎上，在肩部铸出铭文的少见。

（三）二齿耙　或称"双齿镢"。1件（2:3116）。顶部有方穿，二齿略作八字形，系单范铸成，通长20.5厘米（图三：1）。器形和巩县铁生沟所出双齿耙大体相同而稍有差别[7]。巩县耙的双齿上宽下窄，齿端略向内敛（图三：2），而此器的双齿则略作外敞。从使用观点看，双齿内敛更适合于深挖土地，所以前者的器形可能是从后者发展而来的，当然也不排除地区性差别的因素。

（四）三齿耙　或称"三齿镢"。1件（2:3099）。顶部有长方形穿，三齿已残（图三：3；图版右中）。单范铸成。汉代的三齿耙曾在辽阳三道壕、临淄齐故城、保定壁阳城、徐州利国驿等地出土过。三道壕耙为西汉时物，器形不详[8]。临淄耙虽出在齐故城内，但系采集所得，当为汉代器物[9]。壁阳城耙和利国驿耙则属东汉时期[10]。从器形观察，临淄耙（图三：5）和壁阳城耙（图三：4）与此器较为相似，而利国驿耙则

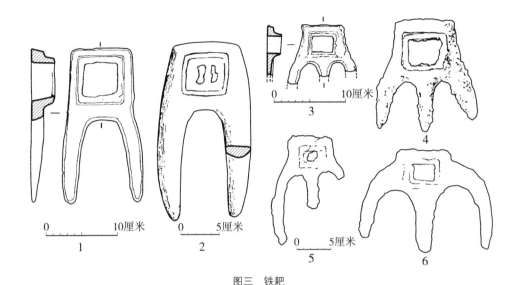

图三 铁耙

1. 满城汉墓二齿耙　2. 巩县铁生沟二齿耙　3. 满城汉墓三齿耙　4. 保定壁阳城三齿耙
5. 临淄齐故城三齿耙　6. 徐州利国驿三齿耙

差别较大（图三：6）。后者系在铁矿场内采集的，原报导认为是"采矿工具"，器形上的差别可能是由于用途不同的缘故。

（五）犁铧　1件（2:01）。全器略呈三角形，刃部弧形，当中起脊，后部为三角形銎，平底。脊长32.5厘米、底宽30厘米，重3.25公斤（图四；图版左下）。这种大型铁犁铧适用于牛耕和深耕，是当时较为进步的

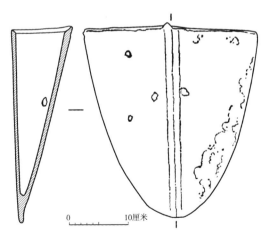

图四 铁犁铧

农具。这件犁铧是大型铁铧中有准确年代可考的最早的一件。类似的大铁铧，过去在陕西省西安市及富平、蓝田、蒲城、长安、礼泉、咸阳、陇县等地曾有出土，犁铧的长宽多在30厘米以上，重9公斤左右，年代为西汉中期到东汉初期[11]。其他如辽阳三道壕和河北承德、石家庄等地也曾出土大型铁铧，但时代都较晚，属于西汉晚期或东汉时期[12]。

二、农具铁范

（一）镢内范　共11件，可分为两型。

Ⅰ型　7件。作长楔形，上宽下窄，下端成Ⅴ形或Ⅴ形交角，又可分为三式：

1式　5件。两侧上部有一长条形突起，下部有合范铸痕。2:4069长20.2厘米（图五：1；图版右下）。

2式　1件（2:3117）。两面中部稍鼓起，比1式更加厚重，但已残断（图五：2）。

3式　1件（2:4068）。一面上部突起0.3厘米，在突起的下部中间有三角形凹槽，可能是浇铸口。长21.2厘米（图五：4）。

Ⅱ型　4件。作长条镢形，一面略作弧形，另一面上部有梯形浇铸口，两侧面上部突起。2:4073长25.3厘米（图五：3）。形状和河北兴隆所出战国铁镢内范（图五：7）大体相同[13]。

（二）锄内范　8件。略作长方形。一面平直；另一面下部斜杀似刃，上部当中有一凹槽，可能是浇铸口，两侧有左右对称的长条形突起各一。2:0011长12.7厘米、上宽14.2厘米、下宽13.2厘米（图五：5；图版中央）。使用这种锄范铸出的应为长方形锄刃，锄的上部为木质，称为"铁口锄"，也有称之为"耒"者。铁口锄也是从战国时期就开始使用，辉县固围村1号墓出土铁口锄达28件之多，可见当时使用之普遍[14]。

（三）三齿耙范　1件（2:0010）。下部已残断，从残存的三条凹槽观察，似为三齿耙的铸范。但其形制和上述三齿耙不同，当为另一种三齿耙的铁范（图五：6）。

从以上铁农具和农具铸范的出土情况观察，除了刘胜墓的铁镢外，其他出于窦绾墓的农具和铸范可能不是作为随葬品埋入墓中的。例如：二齿耙和三齿耙应是修建墓室时遗留下来的工具。一部分锄、镢内范的下端有经过加工磨制的痕迹，可能是被用作开凿墓室的工具而以后遗弃在墓内的；另一部分内范上残存朽木，推测是作为垫置随葬器物用的。至于铲和镢都出在墓门外堆积中，这些铁器多数已残断，都是在墓道封门砖墙之间浇灌熔化的铁水时剩下的残料，而弃置在墓门附近的。大型

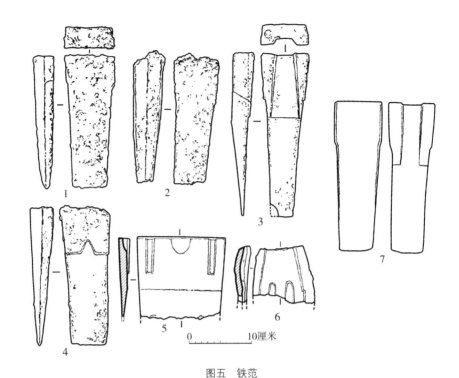

图五　铁范

1—4. 镢内范（Ⅰ型1式、Ⅰ型2式，Ⅱ型、Ⅰ型3式）　5.锄内范　6.三齿耙范
7. 镢内范（除7为河北兴隆出土外，余皆满城汉墓出土）

铁犁铧则是在没有熔化的情况下而被丢进一砖墙之间的。

　　为了进一步了解满城汉墓铁器的质量，对部分农具及铸范进行了科学的分析鉴定。金相分析结果表明：在铁镢中，有的是经过可锻化热处理的可锻铸铁，具有较好的韧性；有的是白口铁和灰口铁混合组织，即麻口铁铸件；有的则是亚共晶白口铁铸件。铁铲也是可锻铸铁，韧性较好。铁犁铧的显微组织为灰口铁和麻口铁，铧的尖端部分是麻口铁组织。三齿耙铸范的显微组织为亚共晶白口铁。锄内范的材质是灰口铁，它是我国目前发现的纯灰口铸铁中最早的器件之一。镢内范的显微组织和锄内范相似，也是灰口铁铸件[15]。灰口铁在冶炼过程中需要较高的温度和较低的冷却速度，它具有硬度比白口铁低、脆性较小、耐磨和润滑性能良好等特点。以上事实说明，西汉时期的冶铁手工业在战国的基础上有所发展和提高，特别是灰口铁的出现标志着冶铁工艺的新发展。

　　汉武帝为了从盐铁商贾手中夺取手工业利益，以增加政府的收入，于元狩四年（公元前119年）实行盐铁官营政策，在产铁的郡国设置铁官，全国共设铁官近五十处，当时中山国的北平县（今河北满城）也设有铁官。满城汉墓出土的铁农具，应该就是北平县铁官铸造的，铁器中有数量颇多的农具铸范，也说明当地冶铸手工业的存在。

满城汉墓出土器物中，和农业有关的还有一盘石磨（1:3001）。这盘磨出于刘胜墓北耳室，磨下有一大型铜漏斗（1:3002），磨旁还有一具用于推磨的牲畜遗骸。这是一套完整的农作物加工工具。石磨分上下两扇，上扇表面中心作圆形凹槽，周边突起，当中有一道横梁，两侧各有一个长方形孔，底面满布圆窝状磨齿，中心稍内凹。下扇磨齿亦为圆窝状，表面微隆起，中心有一圆形铁轴。磨通高18厘米、径54厘米。铜漏斗上部大口，下腹收敛作小口，腰部外施宽带纹一道，上口径94.5厘米、下口径29厘米、高34厘米。自上口向下16厘米处，漏斗内壁平伸出四个支爪，两两相对，其跨度超过石磨直径，这说明四个支爪上原当置有承托石磨的木质器具，但已朽烂无存[16]。这套石磨和铜漏斗可以说是发掘出土的最为讲究的西汉农作物加工工具（图版右上）。这种铜漏斗在考古发掘中还是第一次发现，它在研究西汉农作物加工方面具有重要意义。因而有必要对石磨、铜漏斗的使用和安装做些探讨。

过去发现的石磨，时代早晚不一，但多数只有磨盘，能反映其装置情况的只有一些明器。例如陕西三原隋代李和墓所出的陶磨，磨盘系安置在一个上粗下细的圆形台座上[17]，但其时代比满城汉墓晚数百年，只能反映石磨台座的较晚的形式。时代与满城汉墓相近的有江都西汉墓出土的石磨，也是明器。简报介绍该磨上片为圆形，下片为方形，底部四角凸出座足[18]。报导很简略，所附照片也不甚清楚。我们认为底部凸出座足的方形下片并不是石磨的下扇，而应该是石磨的磨台，至于石磨本身因系明器所以简化成一扇。如果以上看法是正确的，那么这个例子告诉我们，西汉石磨的安装方法是放置在一个带足的方形磨台上；同时由于是明器，其原料也不一定是真实的反映，磨台及其四足为木结构的可能性也是存在的。时代比满城汉墓晚些的有亳县①马园村二号墓所出的陶

---

①亳县，今安徽省亳州市，编者注。

磨模型，从附图观察，该磨有上下两扇，磨的台座是一个方形架子，上部框架中间为凹槽，磨置槽中，下面由四足支撑，所有部件都较粗大，从形状看显系木结构[19]。该墓的时代为东汉晚期，但其磨的装置方法可能在西汉时期已经出现。

满城汉墓的石磨，出土时置于铜漏斗内，说明使用时必须将漏斗支撑到一定的高度，而出土时漏斗下未发现任何有关遗物，推测原来支撑漏斗的可能是个木架结构。当然，这种木架结构可以有不同的形式。为了具体表达我们的设想。试对石磨和铜漏斗的装置进行了复原（图六：左）。

复原时参考了上述江都西汉墓的石磨明器和亳县东汉墓陶磨模型，设计了四条腿的方形木架，其细部结构主要是参照同墓所出帐构和其他西汉木椁的榫结构方法。

漏斗内承托石磨盘的支架，既要考虑它的强度，又要考虑便于发挥铜漏斗的功能，所以设计成用三根扁方木搭成的十字形支架形式，支架的四个端点开槽卧在四个铜支爪上，使其不能左右滑动，中间交叉处则用搭榫相接（图六：右1）。

漏斗支架四条腿的顶端支撑在上述十字形支架四个端点的位置，以便于承重，架子上层横掌交圈成方形，使用半透榫与腿相接，榫头外侧以木销钉固定（图六：右2）。上层掌稍低于腿的顶端，这样可以使架子有八个点与漏斗接触，不致形成以方套圆产生的四个空角。下层掌设在腿的根部，是按对角线的位置交叉成十字形，交叉点用扣榫使两根掌卧平（图六：右3），四端用不透榫加楔与腿拉紧，防止四腿受力外张（图六：右4）。

木架高度的设计主要是按照磨杠高度适于牲畜推动而定，而木架上下两层掌子的结构方式则是考虑了便于从漏斗下方取放容器。

通过以上复原工作，可以看出满城汉墓石磨和江都汉墓明器石磨在用途上有所不同。后者可能是西汉时期干磨的模型，它主要用于磨粉；而前者应是湿磨（或称水磨），它的主要用途是将农作物磨成流质的浆类，如麦浆、米浆、豆浆等，磨出的浆通过铜漏斗的下口顺利地流入放置在下方的容器。复原图上的容器，是依据墓中出土在石磨附近的Ⅱ型陶盆绘制的。

其次关于磨齿问题。类似的石磨过去在陕西栎阳故城、洛阳中州路汉代遗址和汉河南县城出土过[20]。栎阳故城为先秦至汉初的遗址，所出石磨（仅存下扇）的大小、形制和满城石磨十分相似，可能也是汉磨。洛阳中州路和汉河南县城所出石磨都属东汉时期。以上石磨的磨齿均为密布的小长方形或椭圆形小窝，和满城石磨的磨齿基本相同，但还难于得出这些磨都是湿磨的结论。安徽阜阳双古堆一号汉墓也出土一合石磨，径13厘米、厚1.5厘米，当为明器；至于磨齿，原简报只说"齿不规

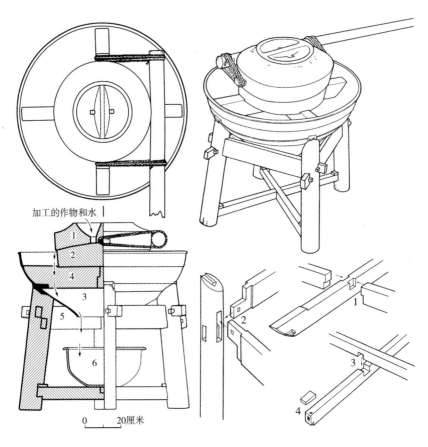

图六　满城汉墓出土石磨的复原及局部结构.

左：1. 石磨上扇　2. 石磨下扇　3. 铜漏斗　4. 承托石磨的十字形支架　5. 支撑铜漏斗的
　　木架　6. 接浆的容器

右：1. 承托石磨的十字形支架搭榫　2. 铜漏斗木架上层掌半透榫　3、4. 铜漏斗木架下层
　　掌扣榫及头端不透榫

则"，没有详细描述 [21]。该墓的年代属西汉文帝时期，比满城汉墓稍早。另外，洛阳烧沟汉墓也曾出土作为明器的石磨和陶磨，时代都晚于满城汉墓，属于西汉晚期至东汉中期，其磨齿为斜线形或辐射状沟槽 [22]；这种磨齿比上述圆窝状磨齿较为进步，前者应是从后者发展而来的。看来，沟槽状磨齿从西汉晚期出现后，在东汉时期和圆窝状磨齿同时存在，以后则逐渐代替了圆窝状磨齿，而一直沿用到现在。

满城汉墓的时代明确，属于西汉社会经济高度繁荣的武帝时期。墓中所出的铁农具，有些是继承战国时期的器形，如铲、镢等；有些则是西汉时期新出现的农具，如二齿耙、三齿耙、大型犁铧等。二齿耙和三齿耙都是当时较为进步的农具，适用于深挖土地和打碎土块。大型铁犁铧的出现是犁铧形制上的一大进步，它对提高耕作效率、促进农业生产的发展具有重要的作用。《盐铁论·水旱篇》记载，铁业官营之后，铁官鼓铸的铁器"大抵多为大器"。这种大型铁铧应即所谓"大器"。同时，对铁农具进行分析鉴定的结果表明，当时农具的铸造质量也是相当高的。这些都说明，西汉中期的铁农具，无论在种类或质量上都较前有所发展和提高，由于农具的进步，因而大大地促进了当时农业生产的发展。总之，满城汉墓所出的铁农具和农作物加工工具，对研究西汉中期的农业和冶铁手工业都具有重要的意义。

（本文引自：《农业考古》，1982年第一期。）

注释

[1]《满城汉墓发掘报告》，111、279—283页，文物出版社，1980年10月版。

[2]《巩县铁生沟》，31—32页，图二二，1；文物出版社，1962年版。

[3]《长沙、衡阳出土战国时代的铁器》，《考古通讯》1956年第1期。

[4]《文物》1960年第1期60页。

[5] 郑绍宗：《热河兴隆发现的战国生产工具铸范》，《考古通讯》1956年第1期。文中称为"铁斧"。

[6]《洛阳烧沟汉墓》，188—189页，图版五三，6；科学出版社，1959年12月

版。《洛阳中州路（西工段）》，51页；图版三七，5；科学出版社，1959年1月版。同（2），33页；图二二，6、7；图版十三，2、3。《陕西省发现的汉代铁铧和镈土》，《文物》1966年第1期。

[7] 同（2），33页，图二一，13。书中称为"双齿镗"。

[8]《新中国的考古收获》，76页，文物出版社，1961年12月版。黄展岳：《近年出土的战国两汉铁器》，《考古学报》1957年第3期98页。但上述二书所注出处未见此器，后者在注释中有"并参照原稿"字样，推测可能是作者参照《辽阳三道壕西汉村落遗址》（《考古学报》1957年第1期）一文的原稿而写上的。

[9]《山东临淄齐故城试掘简报》，《考古》1961年第6期。

[10]《保定东壁阳城调查》，《文物》1959年第9期82页，原报导作"三齿锸"。《利国驿古代炼铁炉的调查及清理》，《文物》。1960年第4期。

[11]《陕西省发现的汉代铁铧和镈土》，《文物》1966年第1期。

[12] 黄展岳：《近年出土的战国两汉铁器》，《考古学报》1957年第3期。

[13] 同[5]。

[14]《辉县发掘报告》，82页，科学出版社，1956年3月版。

[15] 同[1]，附录三。

[16] 同[1]，143—144页。

[17]《陕西省三原县双盛村隋李和墓清理简报》，《文物》1966年第1期。

[18]《江都凤凰河西汉木椁墓的清理》，《考古通讯》1956年第1期。

[19]《亳县曹操宗族墓葬》，《文物》1978年第8期，37页，图一三。

[20]《秦都栎阳遗址初步勘探记》，《文物》1966年第1期。《洛阳中州路（西工段）》，49页，《一九五五年春洛阳汉河南县城东区发掘报告》，《考古学报》1956年第4期。

[21]《阜阳双古堆西汉汝阴侯墓发掘简报》，《文物》1978年第8期，14页，表五。

[22]《洛阳烧沟汉墓》，142、206页，图九〇，1；图版六二，2、4。

△西汉铁镢（2∶008）

西汉石磨及铜漏斗▷

△西汉铁铲（2∶001）

△西汉铁锄内范（2∶0011）

△西汉铁三齿耙（2∶3099）

▽西汉铁犁铧（2∶01）

▽西汉铁镢内范（2∶4069）

图版　河北满城汉墓出土铁农具及石磨、铜漏斗

殷墟青铜器的装饰艺术

张孝光

从公元前十六世纪起，我国已进入极为灿烂的青铜时代。如果说以彩陶为代表的新石器时代艺术，与世界其他社会发展阶段相同的一些地区的文化艺术还有许多相似之处，那么我国的青铜文化在很多方面却可说是独具特色。特别是殷墟青铜器，器类的多样，造型的奇巧，纹饰的繁丽，装饰气氛的神秘，在世界文化艺术史上占有重要的地位。对殷墟青铜器全面系统的探讨，是研究商代社会政治、经济、文化和艺术的一个重要课题。关于青铜器的装饰艺术，前人已有不少论著，这里仅就殷墟青铜器纹饰的题材、纹样的构成方式和装饰手法几方面，谈一些粗浅的看法，以就正于读者。

一、纹饰的题材和类型

（一）几何纹样

几何形纹样是以最单纯的点、线以及圆形、方形、三角形等为基本要素，按照美的法则构成的图案。它们可能是源于对某些具体形象或事物的表现。由于造型上的变化和抽象，今天我们只能对它做出种种推测，很难确切说明它们本来的内容和含义。殷墟时期这类纹样种类繁多，其特点结构严谨，纹线均匀，主要的可归纳为如下几类。

1. 以直线、圆、点为纹样构成基础。弦纹、平行线纹、同心圆圈纹、圈点纹等即属此类，它们是纹样中最简单的形式（图一：21）。

2. 以螺线为纹样构成基础。这类纹样中最主要的是云雷纹。它应用最多，是一种自中心逐渐外展的螺旋线，纹线有单双之分，间隔均匀，故它的效果能给人以动感。有人把呈圆形的称作云纹，方形的称作雷纹，但其分别不是都很明显，故又合称云雷纹。这种纹样变化较多，它可以呈单向的螺旋，也可以在纹线两端呈同向螺旋，或呈对称的反向螺旋。因此演化成"C"形云雷纹、"T"形云雷纹和"S"形云雷纹（图一：1—5）。斜角云雷纹，结构较复杂，为上下两条平行线，被数条平行斜线所截，斜线两侧填以云雷纹（图一：6）。

3. 以网格为纹样构成基础。这类纹样有斜方格云雷纹和T形勾连纹，前者以宽纹条交叉成网格，格内填以云雷纹或T形纹。有些在网格中心，再增加一半球状凸起的"乳钉"，这种又称斜方格雷乳纹（图一：19）。后者以"T"形宽线条交错勾连在一起，空当处填以云雷纹（图一：20）。这两种纹样多为四方连续图案。

一些带状二方连续的三角形纹、回形纹和席纹，也可以归入这一类（图一：8—10、25）。

4. 以旋转辐射线为纹样构成基础。这类纹样有涡纹。它形似旋涡，两圈单线或双线的同心圆，两圆之间有三个或三个以上钩状线，作顺时针或逆时针方向旋转排列（图一：23、24）。另一种是以弧线或呈"3"字形折弧线，作旋转辐射排列（图一：22）。这两种都是单独的适合纹样，分别用于盖纽及爵、斝的柱顶或动物纹样的眼睛。

5. 以三角形为纹样的框架。这类纹样有三角纹和蕉叶纹。前者形较矮，两腰多直边，后者瘦长，两腰接近平行，近顶处成弧线。由于它们都是以"F"形纹、蝉纹、夔纹等为主要内容，因此也属于一种适合纹样（图一：13—18）。这类纹样用于装饰，较引人注目。它们可能是表现花果的蒂，因施用部位不同，可给人以一种扩展或收拢的不同感觉。

6. 以一个"目"形为纹样的中心。这类纹样有四叶纹、四肢目纹和斜角目云纹。四叶纹。在一个圆角方形的眼睛的四角，各有两瓣叶片形花饰，有的繁有的简（图一：27—29）。四肢目纹同样以一眼形为中心，取斜角对称之势，各有一向内的弯钩，一组为圆角尖形，另一组为方角矩形，另外向两侧伸展的"四肢"也是分为两组，一组近"目"形处有一弯钩，远端收拢成刀形，另一组中段带钩，远端成卷尾（图一：30）。斜角目云纹，与斜角云雷纹十分相似，只是"目"形纹为纹样的中心（图一：7、12）。

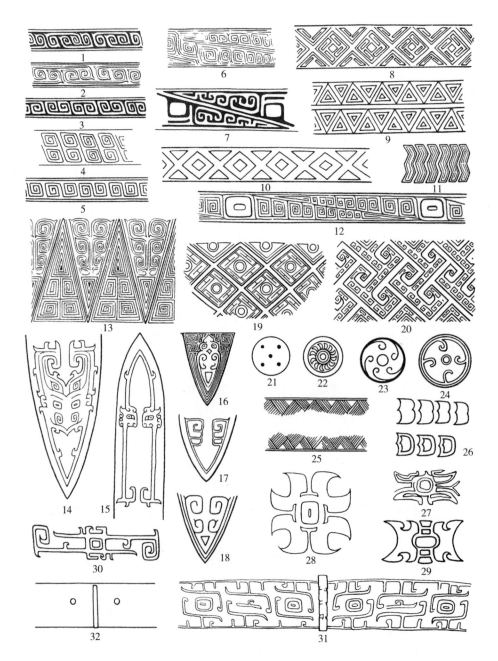

图一　各种几何纹

1—5. 云雷纹　6. 斜角云雷纹　7、12. 斜角目云纹　8. 斜方格云雷纹　9. 网格三角形纹　10. 连续回
形纹　11. 折线纹　13、16—18. 三角纹　14、15. 蕉叶纹　19. 斜方格雷乳纹　20. T形钩连纹　21. 圈
点纹　22—24. 涡纹　25. 席纹　26. 鳞状纹　27—29. 四叶纹　30. 四肢目纹　31、32. 几何兽面纹

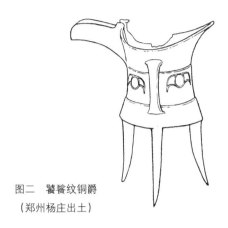

图二　饕餮纹铜爵
（郑州杨庄出土）

我们把这几种纹样归作一类，是因为它们的原型可能与动物纹有某些联系。商代，人们在意识上可能对眼睛怀有一种特殊情感。这一点在动物纹、饕餮纹中也有反映，即使整个形象的其他部分几乎都简化掉，眼睛仍然要突出出来。郑州杨庄出土的一件铜爵，就是以两只较写实的眼纹作为整面装饰的（图二）。

7. 几何形兽面纹。这类纹样像个"小"字，鼻子已变成一条很窄的竖棱，两眼为分列两侧的圆点，是饕餮纹的极度简化形式。无论其形状、大小和位置均已失去原型，而是按照一种几何关系进行的布置。其造型富有一种简洁朴素的美（图一：32）。另一种结构稍复杂些，眉和眼作成间隔平列，上下括以"T"纹（图一：31）。

8. 其他的还有折线纹、鳞状纹（图一：11、26）、放射状方格纹等，或很普通或为数较少，此处就不一一说明了。

在殷墟铜器中，上述各类几何纹除少数情况是作为主要纹饰，多数则只是用作几条主要纹带的分割或边饰，起到规矩和界划作用。而其中的云雷纹则大量用作衬托的地纹。

（二）写意的动物纹样

各种动物纹样，富有浓厚的生活气息，是殷墟铜器纹饰中最为生动的部分。所以称作写意，是因为它在不同程度上都经过了很大的简化和变形，有些已抽象化，但使你仍能辨认出它们的基本类别。在表现形式上，除作平面的纹样外，有些则是近于浮雕或立体的圆雕，由于它们连成一体，故未做区分。下面介绍几个实例。

1. 兽类纹。有牛纹、羊纹、象纹和虎纹等等，其中虎纹最多。妇好墓四足觥盖顶有两个虎纹，一个身体修长，尖耳后背；另一个头大身短，圆耳竖立。这简单的一身长一身短，一耳尖一耳圆，一个耳后背一个耳竖立，反映了两虎年龄的区别，显示了神态的差异（图三：19、20）。妇好墓铜钺上两个虎纹，刻画比较细致，以两个套合的"C"形纹，描写出虎身上美丽的条纹。虽然像个虎崽，但却是巨口獠牙，异常凶猛（图三：18）。

图三　写意的动物纹

1—12. 鸟禽纹　13. 蛇纹　14—17. 蝉纹　18—20. 虎纹

2. 鸟禽类纹样。这个题材的纹样在商代早中期还是少见的。殷墟妇好墓的偶方彝、834号小方鼎已把它作为主要纹饰，但在其他器物上多数还不占显要地位。它几乎都经过了较大的变形和夸张，嘴短的似雀，钩嘴的似鹰，头生冠羽的似葵花、田凫，有长长尾羽的似孔雀、锦鸡，一只小鸟背上有一个很大的弯钩，在现实中似除了鸳鸯的饰羽还找不到与之相似的其他形象。除以上这些特点外，这类纹样还有许多在嘴的下方特意拱起一个弯钩，表现的似为雉科动物下垂的肉瓣（图三：1—9、11、12）。这种抓住不同特征并加以概括的方法，在鸱鸮纹的刻画上更显得巧妙，一方面它不像所有鸟纹均用侧面的形象表现的传统，只采用正面的角度来勾画，另一方面它又不去突出鹰的利嘴，而是夸张了两只又大又圆的眼睛，并在围眼部位以涡纹大面积地刻画了圜生的硬毛（图三：10），显得毛茸茸的招人喜爱。这说明作者在摄取对象特征，并选择合适的角度去表现自然美的方面，具有相当高的水平。在神态的表现上，如果说圈足觥的鸱鸮仰头展翅似正翱翔高空，那么妇好墓鸮尊的鸱鸮，两翅平展微微下合，则像正在疾速俯冲向下，不仅形象生动，而且还给我们留下联想的余地。

3. 爬虫类纹样。只蛇纹一种，数量也不多，但应用巧妙，极其生动。妇好墓圈足觥盖顶把手装饰的蛇纹，头紧贴地面，上身拱起，线条十分柔和，刻画出一条蟠卷的蛇正缓缓的舒展着身体。另一件盉的提梁做成绳子样，仅在两端各饰一蛇头，蛇头稍稍上翻，似在做倒垂的动作，使你觉得这个金属的提梁既不是那么棒硬硌手，也不是软得没筋骨（图三：13）。鸮尊两侧各有一条蟠卷的蛇，像在冬眠，静态感极强，它具有双重作用，一方面加强了整个器物的稳定感，同时又表现了鸱鸮收拢起来的翅关节，比一般在这个位置只用一个卷云纹要丰富得多。

4. 昆虫类纹样。蝉纹最多，变形极大，两个过大的眼长到了背上。腹部则分别以不同的云纹、折弧线纹表现了体节，由于多作为三角形的适合纹样，体型有的似纺锤，有的像橄榄（图三：14—17）。蝉纹使用在器物上一般总是大量重复出现，所以其生动处不在于它本身的形象，而是总体上给人的一种噪耳的声音感。

作为装饰艺术，这些动物纹在从自然形变为图案形的过程中，造型同时也是造意，因此有些地方必须加强，同时有些地方又需要减弱。加强的是造意所需要突出的属性和特征，减弱的是造意所必须省略的东西，只有这样，才能使造型简练而生动。我们看到上述动物纹样都充分体现了这一点，这不仅反映了作者具有深厚的生活体验和高超的技巧，同时也体现了我国装饰艺术的传统风格。

（三）怪异的动物纹样

这类动物纹在现实中并不存在，但有些形象又十分具体。这种现象在装饰艺术中，从新石器时代晚期就已开始出现，并一直持续到明清。商代晚期特征，主要是以饕餮纹、夔纹为代表，龙纹也占一定数量。饕餮和夔这两个名称分别见于《吕氏春秋·先识览》[1]《说文》[2]和《庄子·秋水》[3]。由于文献上对饕餮和夔的描写与商代铜器纹样确有许多相符，故这两个名称为青铜器研究者所引用。但这些文献均成书较晚，所著录的也不完全是指商代铜器的纹样，因而也有一些不尽相符之处，只是因自宋代即使用了这个名称，所以以后许多人也就一直沿用下来。由于前人看法不同，对这类纹样分类或是过于繁细，或是过于笼统，从而使饕餮和夔变得更加神秘，令人感到不易捉摸。本书收录殷墟青铜器数量较多，也比较系统，现对这些铜器上的此类纹饰试作如下分类：

1. 饕餮纹。是一种兽的正面形象，有些两侧各有一身，有曲有直，也有的无身而有腿。可归纳为五类。

第一类，有廓具象型。它的头面、身尾等所有部分均有明确的轮廓，有单层的，纹、地与器表相平；有复层的，形象部分浮出器表一定高度，呈阶台状，并在嘴边、角尖等处作不同的翘曲。这两种都是在轮廓以外填密集的细线云雷纹，以内以粗线云雷纹勾画其他细部轮廓。多数以器物扉棱为鼻梁，两眼球再作一层半球状凸起（图四：1）。

第二类，无廓分解型。这类没有整体轮廓，各局部器官按应在位置散列，并浮出器面呈弧面凸起，空地部分满填云雷纹，其他与前者接近。这一类多无身。这种形式可能是受当时骨牙器、漆木器镶嵌工艺的影响（图四：2）。

第一、二两类乃是代表殷墟青铜器主要特征的复层纹饰（又称"三叠层"饰纹或"三层花"），它们多安排在器物较宽阔而显眼的位置，构成装饰的主纹。

第三类，细线云雷纹型。中心以一条竖棱或器物的扉棱、把手为鼻，两眼作半球状凸起，有的勾出眼睑轮廓，有的只具眼球。其他空地均为细线云雷纹，靠云雷纹的大小和形状的不同，隐现出脸，身体等各部分的轮廓（图四：3）。

图四　饕餮纹、夔纹的几个不同类型

1–5. 第一至第五类饕餮纹　　6、7. 第一类夔纹　　8、9. 第二类夔纹　　10、11. 第三类夔纹

第四类，宽线云纹型。除两个圆角方形眼明确外，其他部分均为云纹，整体形象接近几何化，较抽象。其云纹形状，以两条较长的线将身体分成上、中、下三等分，形成上中下三排云钩，靠近中间上排左右各两个表现角，下排各三个，靠近中间的两个表现鼻，靠外的各两个表现嘴，其他的不甚明显（图四：4）。

第五类，双体云纹型。中部头面处与四类相似，身体部分为向左右展开的各两条粗线纹，上面的外端收拢成刀形，线段中间有云钩，下面的外端卷尾，线段中间有的为云钩，有的是腿和足，空地填细线云雷纹（图四：5）。

以上三类，第三类可大可小，多饰于腹部，觚、爵使用较多。第四、五两类多呈带状纹，饰于器物的颈、肩部。第五类还用于圈足。

2. 夔纹。是一种动物整身的侧面像，比饕餮纹有更多的变化。可归纳为四类。

第一类，兽型。巨口有角，直身卷尾，多数无腿只身下有钩，或身有两歧。（图四：6、7）。

第二类，鸟型。尖钩形嘴，头上有角或带冠羽，直身的尾卷曲钩向背，曲身的卷尾钩向臀，多有一足，身也有分作两歧的（图四：8、9）。

第三类，蛇形。头作兽形有角，身似蛇呈波曲形，卷尾，多在腹下有一两个钩形，个别的有一足。身内填鳞状纹，也有的只沿身体纵轴饰一条粗线（图四：10、11）。

第四类，变形夔。这一类是上述三种夔纹的变体形式，它或作为其他纹样的辅助纹，或用于填空补白，因此就必须适合空余面积，在形象上常出现对某个局部做出不可想象的变形和夸张，造型带有很大偶然性。也有时代替其他纹样的某个局部，或相叠合在一起互为头尾，其形象变化不定，很难找出规律，故将它们笼统的归为一类（图五）。

3. 龙纹。又有称它作蟠龙纹或夔龙纹的。它是兽头蛇身的动物纹，头有正面和侧面的两种，均大嘴巨眼头上生角。身上分别饰连续的"回"形纹、三角纹或鳞状纹，作螺旋状蟠曲的多饰于盘内，一首两身的用于器物的肩部。

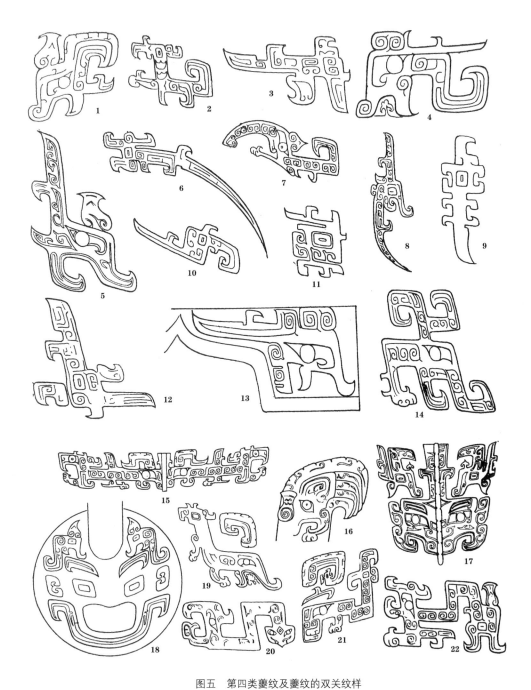

图五　第四类夔纹及夔纹的双关纹样

1-12、14. 各种变形夔纹　13. 夔纹适合纹样　15、16、19、20、21. 夔纹的叠合双关纹

17、18、21. 夔纹的替代双关纹

二、纹样的组织和装饰布局

这一节要说明的是上述各种纹样单位，在装饰器物时是依照的什么样的形式和规则，由于形式不同，产生了什么不同的艺术效果。

（一）纹样单位的排列与组合

1. 顺列反复。用一种或几种不同的纹样单元，以头尾相接的顺列反复，或颠倒的顺列反复组成带状的二方连续图案，是许多器物上较常见的。几何纹采用这个方式的往往互相勾连或扣合，如C形、S形、T形云雷纹，一般纹带较窄。妇好墓连体甗，颈部几何形兽面纹是一个颠倒排列的例子（图一：31），纹带稍宽。其他的动物纹如夔纹、鸟纹等，多为正向很少颠倒，纹带也较宽（图六：1、2）。

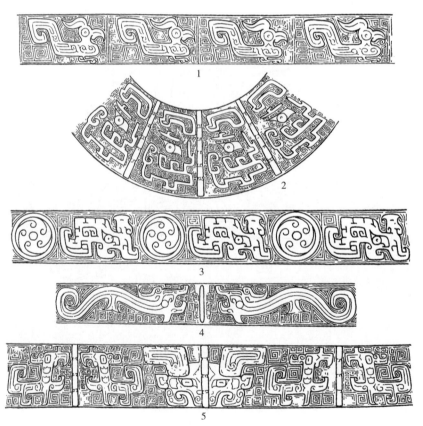

图六　纹样的两种排列组合方式

1-3. 顺列反复　4、5. 对称

以两种不同纹样单元组成纹带者，多做间隔排列。三联甗座上夔纹和涡纹相间隔，是比较典型的（图六：3）。除此而外，还有涡纹与蝉纹、涡纹与蚕纹的组合。涡纹呈现较扁的弧面凸起。两种不同的纹样占有不同的分量，因此表现了主从的区别。

在一条纹带中有三种不同纹样单元的，则作交替反复。如妇好墓盘内壁边饰，是由鸟纹、虎纹和鱼纹三种组合在一起，每种纹样所占面积大小一致，手法相同，所以没有主从区别。

这种顺列反复或交替反复的组织排列形式，使图案富有一种规律性和节奏感，它的使用可以唤起人们一种活泼轻快的感情，在繁缛的装饰中起到一种调节和统一的作用。

2. 对称。以饰面正中的一个扉棱或立体的兽面为对称轴，两侧纹样相同，方向相反，组成带状的二方连续图案，这种形式在效果上富有庄严稳定感。纹带不很宽的多以对夔、对鸟、四肢目纹组成，有一种在对称轴两侧的纹样分别两两对称（图六：4、5），还有的对称轴两侧纹样为两段方向相反的顺列组合，总之形式比前一种有更多的变化。另一类特别宽的纹带，中间多为饕餮纹，两侧辅以鸟纹、夔纹等，两者大小相差悬殊，构成明显的主从关系。作为辅纹的夔纹，这时必须适应主纹以外的空间大小和形状，所以有的拉长、有的压扁，在角上的甚至就变成了矩尺形，它们和饕餮纹组成一个完整的画面，就整体说又具有适合纹样的性质，所以也可称作"一幅"。在殷墟铜器中属于这类形式的很多，它是区别商代早中期纹饰的特征之一。

少量的斜方格雷乳纹或T形钩连纹均为四方连续图案，在器物上常做大面积装饰，它们的组合情况可另作为一类。

（二）纹样的布局

纹样在器物上如何安排，与器物的用途、类别以及器物外轮廓线的形状变化，存在密切联系。殷墟青铜器上存在三种不同的装饰形式。

1. 简单的装饰形式。以几道弦纹、斜平行线纹或十分概括的单线兽面纹，在器物适当位置稍加点缀，即可突出这个部位，对整体造型起到画龙点睛的作用。妇好墓圆肩平底盉，在筒状短流的口上饰一周斜角云雷纹，似加上了一道箍，从而增加了器物的厚重感；流虽短而不秃，"妇好"铭文刻于其下，位置十分醒目，有着很强的装饰作用，它与简洁的轮廓线配合协调而统一，整个造型干净利落（图七）。229号墓带盖铜鼎，只颈部饰以最简单的兽面纹，不再添加任何东西，通身素雅，当为这种格局的又一实例。

图七　妇好平底盉（M5:837）

2. 带状装饰。以一条或多条二方连续图案，饰于器物不同部位，将整个器物按不同比例做出分割，饰纹部位与空白部位的虚实对比，造成不同的体量感觉。这一装饰手法在殷墟铜器中应用较普遍，大体上有下面一些规律。

使用一条纹带的，一般饰于器物的颈或肩。使用两条纹带的，饰于簋、盉等圈足型器，在它们的上层，多饰于颈部，下层饰于圈足，两条纹带很少等宽。鼎类器型两条纹带往往上下并排，上层为带状，下层为倒向的连续三角纹，以上层的为主纹带，下层为辅，有些足上另加饰其他纹饰。三条或三条以上的为多条带状装饰，常用于器型轮廓线起伏变化大的，如尊、觚、爵、斝等器类。因这些器物一般都侈口大，在多条纹带中颈部往往使用蕉叶纹，以助其敞口放开之势。颈过长者在颈肩之间的凹线脚位置再加一条窄带状纹，以缩短蕉叶的长度，削除蕉叶纹过长会形成的割裂感，起到一种约束作用，这在尊和觚上最为明显。

带状装饰，使用在方形鼎上则比较特殊，它除了口下一条为周带状外，其他均沿各边棱布置饰纹带，在各面组成框架形式。一般在口下的一周为主纹带，其他各边纹饰为辅助纹。框架中心空白者多。

3. 满纹装饰。通身几乎无一处整周的空白，一般也可以看作是带状装饰的满排。它的特点是，在轮廓线起落变化大、凹凸线脚明显的尊、斝等类器物中，各层纹带分别与器口、肩、腹、足同宽，在各线脚处以及口边、足边留出稍粗的边线，既界划了纹带又加强了器型变化。对于上下过宽的部位，如口至肩或过深的腹，有时也分成两段，但两段的宽窄相差较大，以区别主从。在轮廓线属于曲线过渡型的器物上，一般都缺少明显的凹凸线脚，如妇好墓扁壶、瓴等，则以上下多层纹带界划出口、颈、肩、腹足各部位，纹带间以宽弦纹隔开。这些纹带总是宽窄相间，依其宽窄比例上的增减，影响轮廓线节奏感的变化。另一类是各种兽形器，如鸮尊、四足觥等，装饰多为双关的适合纹样，其位置的经营各个不一，尚难找出规律。

以上不论是带状装饰还是满纹装饰，整周纹带纹样单元或幅的数目，在两耳器上以耳为分界，整周二幅或四幅。在三足器上整周为三幅，纹样中心位于两足之间，各幅的交界对应三足。簋、瓴类圈足器也多作三幅，方形的鼎整周为四幅。在一幅中的纹样单元如包括两个，则中间一个整的两侧各半个。因此对于较小的纹样单元，整周数目也只能是二与三的倍数，而绝无五、七之数。这个特点是由铸造的工艺所决定的，和范的块数及范缝的位置安排有关。

三、饕餮纹、夔纹的构成方式及其与其他纹样的关系

饕餮纹和夔纹这些想象中的形象，无论它们如何怪谲，总是人的认识的表现。因此它们的每个部分我们都可以在现实中找到形象根据，它们无非是各种不同动物器官的拼合，在这种拼合中同时还揉进了人类自己的形象。可能是由于作者想象上的差别，这些形象具有不同的倾向，有的像虎，有的像牛。所以我们说它们是幻想的内容，具象的表现形式（图八）。

根据第一部分所做的分类，能代表殷墟特点的主要是第一类的饕餮纹和第一至第二类夔纹，因此下面的讨论将以这几类为主：

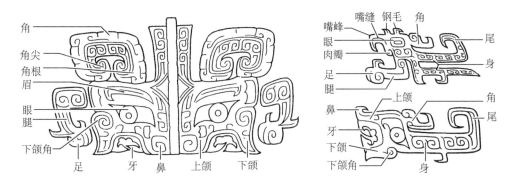

图八　饕餮纹、夔纹的构成

（一）局部形象的程式化

程式化是这两种纹样主要的构成方法。角、眼、嘴、身等几种基本程式的交叉组合，产生各种不同样式。这几个主要部分可以归纳为以下几种类型（图九）。

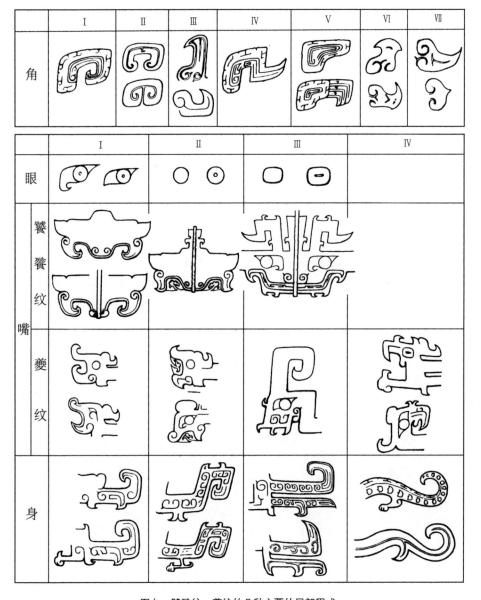

图九 饕餮纹、夔纹的几种主要的局部程式

角：（均以左侧为例，下同）

Ⅰ型　卷角，横向，角根部圆，角尖向下向内钩曲。

Ⅱ型　云形角，像"C"形横卧，角根和角尖均呈圆头内曲。

Ⅲ型　刀形，角根粗大为云头形，横向者尖上钩，竖立者尖内弯。

Ⅳ型　"几"字形，角根圆齐，角身三折尖外伸。

Ⅴ型　矩尺形，角身宽，两端齐头，有的外端连一钩状羽翼。

Ⅵ型　瓶形，角尖似菌状，有颈，根端肥大如蒜头。

Ⅶ型　尖状云形，有的尖很长。

眼：

Ⅰ型　甲骨文"目"形，内眼角大而下垂，有的带钩，外眼角小呈三角形，眼球圆形，有的有瞳孔。

Ⅱ型　圆形，无眼睑眼白，有的有瞳孔。

Ⅲ型　方圆形，无眼睑眼白，有的有长条形瞳孔。

嘴：

饕餮纹

Ⅰ型　咧口多数无牙，下唇内钩。

Ⅱ型　张口多有牙，下唇外撇。

Ⅲ型　闭口，吻端横宽，口缝处数个弯钩似表现龇出的牙。

夔纹：

Ⅰ型　卷鼻，下唇内钩咧嘴状。

Ⅱ型　卷鼻，下唇外撇张口状。

Ⅲ型　闭嘴，吻端宽大。

Ⅳ型　钩嘴，下弯成锐角，嘴尖内钩嘴峰突出。

身：

Ⅰ型　直身，尾上卷钩向背，有有足无足两种。

Ⅱ型　身曲三折，尾下卷钩向臀部，有有足无足之别，有足者腕部有一翎羽形似长毛。

Ⅲ型　直身双体，其他同Ⅰ型。

Ⅳ型　波曲形，尾上卷，有有足无足两种。

（二）纹样的构成和几种纹样间的关系

关于第一类有廓具象型饕餮纹的构成。凡有身者身多为Ⅱ型，其头面以三种嘴型和Ⅰ—Ⅴ型角进行交叉组合，均为一种兽类的形象。

而夔纹的组合，则产生三种类型，即第一部分划分的三个类别。

第一类，多是以Ⅰ型身与Ⅰ—Ⅲ型嘴，以及除Ⅴ型以外各型角的组合。构成的形象也为兽形。它与第一类饕餮纹在形象上具有极大的相似性。这里当然存在着造型上要协调统一的原因，但作为一种形象的表现，形象的相似反映的是所表现的内容上的相似，至少可以说在这两个形象的构思过程中都是以兽类为假想原型的，一个是正面的，另一个是侧面的。至于饕餮纹的一首两身则另有原因。

第二类，是以Ⅰ型（有足的）、Ⅱ型、Ⅲ型身和Ⅳ型嘴以及Ⅱ、Ⅲ、Ⅳ、Ⅵ、Ⅶ型角组合的。基本为鸟禽形，它可能是以鸟禽类动物为假想的原型，所以在形象上与同时代的鸟纹有很大联系。有些鸟纹在身型与头型上和它十分相近，在突出头尾不突出翅膀的处理方法也很一致。自商代晚期起才多起来的鸟纹，可能就是由这类夔纹演化而来，在演化中逐渐向较写实的方向发展，作为鸟类特征的翅膀逐渐被强调。

第三类，是以Ⅳ型身和Ⅰ、Ⅱ型嘴以及Ⅵ、Ⅶ型角组合（有少数例子与Ⅳ型嘴相组合），在形象上与龙纹存在较大联系。

四、关于表现方法和多种装饰形式的结合

（一）在平面上表现立体的形式

在绘画和装饰艺术还没有分离的时候，要在平面上表现空间的立体形象，曾有过这样一种方法，即单纯的只作正面的或侧面的描写。我国商周时期的象形文字是一个很好的例证，一些关于动物的字形，就是对动物的直接描写，有些是取其头部的正面像，有的是全身的侧面形，而"黾"字则同时存在平面俯视和侧面形的两种不同写法。最耐人寻味的是"车"字，它以两个车轮为代表的侧面形与车舆的平面相拼合，变成了三个面的展开形（图十）。虽然文字与装饰纹样不能等同，但作为一种对对象的认识和表现方法却有相通之处。这里一方面反映了当时有对对象作更全面表现的要求，同时也反映了当时在平面上表现立体时曾采用过的

图十　象形文字字形（摹自《古文字类编》）

1、2. 象动物的正面形　3—6. 象动物的侧面形　7. 象动物俯视形　8、9. 车子的侧面与俯视平面的拼合形
（1. 牛　2. 羊　3. 马　4. 虎　5. 鸟　6、7. 龟　8、9. 车）

方法和形式。饕餮纹的造型表现了相同的特点，也是一个左右两侧面相和正面相的拼合，因此面颊特别横宽，正面的形象长着两个侧面形的嘴。说它像一个实物从中间剖开展平，只是一种比喻。至于说饕餮纹两侧有身与否，主要是取决于构图的需要，在作为表现立体的方法和形式上性质是一致的。从实物上观察，凡两侧有身的，往往用于较窄的纹带，凡无身或添有两腿的，多出现在较宽大的部位。郭宝钧先生在分析了商代纹饰以后说"在对称纹中，四足兽只显二足，二足鸟只显一足，有种动物显出一首二身形式，这些卯牲中剖之象，也是早期画法的两面表现法，从具体形象看可以分别得到其例证"[1]。饕餮纹如此，有实例说明虎纹、龙纹也是如此（图十一）。

图十一　在平面上表现主体展开方法举例

1. 饕餮纹　2. 龙纹　3、4. 虎纹（3. 殷墟妇好墓石瓿纹饰，4. 安徽阜南月儿沟出土铜尊纹饰）

（二）两种构图的骨架形式

在大多数以第一、二类饕餮纹为主纹的整幅图案中，构图往往是以一组对称的平行四边形为基本骨架。这类图案中的主纹、辅纹用线总是沿着这个几何形的经纬方向。基本上可以把它们归纳为两种形式。

一种是在构图中凡横线都接近水平，在对称轴两侧的竖线其下端分别向轴倾斜，轴两侧呈对称的横向平行四边形（图十二：1）。另一种凡是横线均以对称轴为中心，左右两侧外端上翘，竖线接近垂直，在轴两侧呈对称的纵向平行四边形（图十二：2）。画面就以这大大小小的平行四边形，把整幅面积按不同比例做出分割，因此纹样各部分的大小和占面积多少常呈现一定倍数的比例关系。纹样轮廓，直线均沿骨架的角度和方向，弧线则剖方为圆，位于两钝角的曲率小转折圆缓，处于两锐角的曲率大转折硬。在画面上同一纬度的两段横线往往有竖线相间，而在同一经度上的两段竖线总有横线相隔，线的组织形成间隔相错的格局。

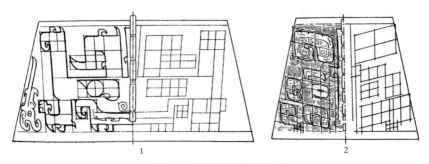

图十二　两种构图的骨架形式

这两种构图，后一种多用于觚、爵等近似柱体的腹部，纹样大轮廓线与器型轮廓线一致。前一种，既用于瓿、尊类器型的下腹部，纹样大轮廓线与器型轮廓线一致，同时也用于呈椎台形器物的肩部，纹样轮廓线与器型轮廓线相违。因此纹样构图的骨架形式与器型不存在必然的联系。

从整体效果看，这两种构图形式，为器物庄重、稳定的造型，增添了挺拔升腾的气势。

（三）线与面的结合和对比

铜器纹样的装饰只能通过对器表的刻画（当然是对模和范的刻画）

才能实现。纹样的线条表现为不同程度的凹凸纹线，纹线两侧对光线的向背不同，形成不同的亮度和阴影。因此通过纹线的粗细、深浅和疏密，以及施纹与空白的种种对比关系，可以获得多种不同效果。

单纯依靠纹线的不同疏密，可以使形象产生不同的虚实。18号墓铜盘，中心龙纹是盘的主要纹饰它身作螺卷，四周一圈鱼纹头尾相接，像密麻麻的鱼群被游龙有力的盘旋所搅动，失去自控能力随着涡流在快速旋转。这种强烈的动感，应说是来源于构图和造型，但它所表现出来的空间深度，龙和鱼的虚实效果则全在于用线。龙纹表现细腻，以粗细相间的斜方格回形纹刻画满覆鳞甲的身体，面部为突出双眼也填满花纹不留空隙，可以说用线刻意求繁，但繁而不乱，其造型结实形象清晰。而鱼纹用线十分简练，造型极为概括，如果把龙纹比作浓墨重彩，鱼纹则是铁线勾勒。两者的"形"具有同样的明确性，但却有不同的虚实，线密者实，线疏者虚。

从上述例子可以看出，铜器上的用线与绘画有相似的规律。一件轮廓线起伏变化不大的器型，在颈部加施一条纹饰，可以使这个部位变得强度增加，有一种收紧的力度感，无纹的腹显得有更大的体量和容积。但纹样上少变化，纹线粗细一致排列均匀密集，则纹样"形"的感觉也能减弱变成"面"，不过这个面已不同于原来的器表，它呈现一种灰色调，产生一定的色彩感，于是又获得另一种块面上的对比，施纹处实，无纹处虚。殷墟铜器的装饰大量细密地纹的使用，也正是利用了这个规律创造了复层的纹饰。

在复层纹饰中，由于层次的增加和对比，又形成各层间虚实关系的转化。细密的地纹变虚给人的感觉是一块色面，它包围和衬托的主纹为实，虽然有些主纹部分和不施纹的空白，同为器表，但它却比器表显得明亮突出，其装饰效果也更加丰富。这里显然是利用了人的视错觉效应，不论当时是否意识到这点，却在实践中普遍应用着。

（四）平面的纹样和立体的造型结合

这是殷墟铜器装饰的又一特征，结合方式有两种。

1. 一般容器型器物。将作为装饰的动物形体的一部分，主要是头颈部或包括部分身体，采用高浮雕或圆雕的形式伸出器面，而其余部分仍为装饰器物的纹样形式。或将器物的足、鋬、流等塑造成动物形，刻画这些动物的花纹，同时也是装饰器物的纹样。妇好墓司䵼母方壶是较典型的一例，肩部四只怪鸟，鸟身大部分已成圆雕，而长尾仍是器面上的纹样，上腹部四面正中饰龙纹，头颈为圆雕，躯体平贴器面，虽近似浮雕，仍可算作纹样。此外，在这件器物腹部整周饰四个饕餮纹，它不像一般的手法把纹样安排在腹面正中，而是放到了方形体的四个转角，巧妙地利用了器身的体积获得更强的立体效果。这一手法在其他器物如司母辛方鼎、戌嗣子鼎、偶方彝的圈足四角上虽然也都可以见到，但却没有司䵼母方壶这么引人注目。这种装饰方法从技巧上说是高明的，从功能上说它比一般的复层纹饰，能更强烈的体现出礼器的目的和要求。

2. 兽形器器型。殷墟有多件出土。妇好墓779号圈足觥，盖流前端塑造成兽头，自颈以下基本上还保持了一般的容器形，但器身的纹饰已不似一般容器的周带状装饰，而是打破了带状装饰的格局。在整个器物的前半部，自上至下地刻画了一个蹲踞的兽身纹样，它的首部就是盖流前端圆雕的头，后半部则为鸱鸮的翅膀所布满。如果说圈足觥还不能算完全的兽形器，那么鸮尊则是完全的形式，它造型奇特，周身布满夔纹、蝉纹、蛇纹等，从而它是一个鸮又是一群动物的集合体，上面每个动物都很生动又都服从了刻画这个鸮形的整体，装饰纹样已和整体造型完全融合在一起。

（五）镂空与镶嵌

1. 镂空。在许多尊、觚型器圈足上，常见一些圆角方形或"十"字形孔，这些孔有一定装饰效果，但其与纹样不发生关系，它是由铸造工艺所形成，不应算作装饰范畴。妇好墓605号有"妇好"铭的铜觚，是以镂空作装饰的实例，它的圈足饰变形夔纹，整周六个单元顺向排列，镂空呈窄条状沿夔纹主要轮廓线勾拐蟠曲，孔形相当复杂。这种装饰形式的效果可以拿同墓出土无镂空的亚其觚做比较。两者器型差别很小，纹样相同，只是排列有别。在相同的光照角度下，亚其觚纹样轮廓起亮，沉稳而富丽，有金银错嵌的效果。妇好觚，纹样轮廓线透空，富有一种玲珑精致的美，显得轻巧。

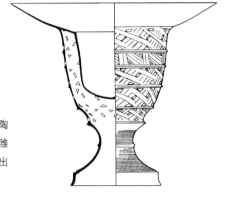

图十三　蛋壳陶豆形器（山东潍坊市姚官司庄出土，M10:5）

镂空技术在我国早有应用，山东潍坊姚官庄出土龙山文化蛋壳陶豆形器（图十三）已有一些较小的三角形、矩形镂空，但当时还不能作较长的连贯。这一装饰手法在铜器上的应用，做出呈一定纹样形象的复杂孔形，大大提高和发展了镂空技术的表现能力。它一方面反映了商代对金属性能的掌握、利用和技术的成熟，另一方面也反映了在装饰形式上的继承和发展。

2. 松石镶嵌。这是自商代才发展起来的一个新工艺，最早的实物见于洛阳二里头商代遗址出土的铜泡和圆形铜器，它们虽然还较粗糙，但作为一种新的装饰形式，却解决了在金属器上无法使用色彩的矛盾。

殷墟妇好墓出土数件松石镶嵌的铜戈和虎形器，经修复，效果十分富丽。这种装饰是在铸造时先将纹样的纹线凸起一定高度，要求纹线两侧边墙陡立，然后以绿松石碎片填镶在纹线之间而成的。这些松石片形状不甚规矩，大小不一，大者不过三四毫米，小的仅一毫米。根据对740号铜戈的估计，装饰面积仅几十平方厘米范围，镶嵌绿松石约两千多片。另外几件铜虎形器还说明在殷墟时期不仅能在较平坦的饰面上镶嵌，而且还能在有较大变化的曲面上镶嵌。可见技艺之精湛。

由于工艺上的特殊要求，使得纹样在造型方面和风格上都发生一定变化。纹样的纹线既要完成对"形"的表现，又要适合镶嵌，因此线条粗细较一致，少变化，无过密集处，也少有两周以上的螺线纹。这种装饰形式效果的获得，主要不是线条上的变化和对比，而是一种天然的色彩和质感的对比，尤其是细碎的松石片颜色的浓淡和冷暖存在一定差别，也为巧用颜色提供了条件，而那些似开片瓷器的松石拼缝，又为装饰增添了一种意想不到的美。

根据以上几方面的简单分析，殷墟青铜器的装饰艺术主要特点是：

1. 装饰纹样的题材以饕餮纹、夔纹占主要地位，其造型繁缛和一定程度的程式化，构成的图案多采取对称的构图形式。

2. 在商代早中期单层纹饰基础上发展起来的复层纹饰，成为较普遍的形式。

3. 平面上的纹样与立体的塑型相结合，以及通身满装纹饰的器物数量显著增多。

4. 一些以动物形体为器型的容器出现，使纹样的设计和布局又表现了灵活多变的特殊性。

5. 饰纹、镂空、镶嵌多种装饰形式的并存和应用。

作为装饰艺术，在很大程度上要为功能、材料以及工艺特点所限制，而每一时代的新要求，又促进了对新材料的使用和工艺技术的提高，因此它们又互为条件。殷墟青铜器就正是在继承先于它创造的各种印、刻、塑、镂等装饰陶器的方法，并受到其他工艺影响而形成和发展了自己的风格和特点。它为以后更复杂的造型和装饰奠定了技术的和艺术的基础。

（本文引自：《殷墟青铜器》，文物出版社，1985年。）

注释

[1] "周鼎著饕餮，有首无身，食人未咽，害及其身，以言报更也"。

[2] "夔，神魅也，如龙，一足"。

[3] "夔谓蚿曰：吾以一足趻踔而行"。

[4] 郭宝钧：《商周铜器群综合研究》156页。

漫话西汉木俑的造型特点

张广立

用木俑随葬，大约始于东周，在当时的楚国境内较为盛行。湖南长沙的楚墓中出土过不少木俑[1]。战国时期的楚木俑制工拙稚，俑体多扁平，只雕刻出粗略的轮廓，画出口鼻眉目，表情呆滞，体态也不生动，衣饰则用彩绘。模拟的主要是武士和侍仆，也有舞乐俑，个别的俑加上手臂，可以表示捧物。西汉时期，分布在原来楚地的墓葬中的随葬俑群仍旧沿袭楚墓传统，用木雕制，而不像中原地区用陶俑；在湖南长沙和湖北云梦、江陵等地的西汉墓中都有木俑出土[2]。西汉木俑艺术造型已比战国楚木俑有了很大进展，能够表现所模拟人物的特点，而且姿态生动传神。其中最有代表性的一组是在长沙马王堆一号墓中获得的[3]。十年以前，笔者参与了该墓报告的绘图工作，有机会仔细地观察过这批考古标本，对它们的造型特点有很深的印象。

这批木俑共计一百六十二件，是分别从马王堆一号汉墓的东、南、北三个边箱和锦饰内棺盖上、锦饰内棺与朱地彩绘棺的夹缝中发掘出来的。虽然衣服多已残破，但俑体完好无损。共有戴冠男俑、着衣侍女俑、着衣歌舞俑、彩绘乐俑、彩绘立俑、辟邪木俑等六种类型。

粗略看来，这批木俑彼此似乎无大区别。但从仔细的比较分析中可以看到，它们有共同的古拙和淳朴，而体态、神情又各具特色，表现出藏巧于拙、寓美于朴的艺术魅力，显示出人物的社会地位和职务的差异。刻板的楚木俑是不能与此同日而语的。正因为如此，把这批木俑与同墓中出土的帛画、服饰、器具、乐器、食品等文物结合起来，在我们面前就构成一幅西汉轪侯家族中歌舞饮宴的画面。

在六类木俑中，体型最大、冠服区别于群俑的是两件戴冠男俑。俑高分别为84.5厘米和79厘米，置放于东、南两边箱的最上层。衣服虽已残破，但仍然可以辨认出穿的是深蓝色菱纹罗绮广袖长袍，领口、袖口及衣襟都包饰锦缘。头顶后部向上斜冠一板，板后又附一梯形平板，冠下有墨绘帽带直达额下，与附着于额下的小木条相连接（图一）。足部附以木雕男式圆头鞋，其中一俑的鞋底部刻有"冠人"二字。

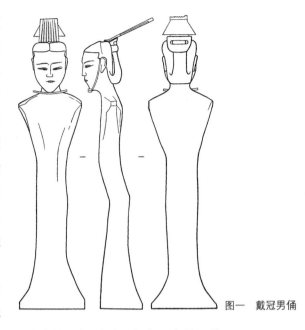

图一　戴冠男俑

据考证，"冠人"当即文献中的"倌人"或"官人"，为众奴婢之长，在西汉时也称为"监奴"。在王公贵族和朝廷重臣之家，有的"监奴"往往深得主人的宠幸。西汉权臣霍光就"爱幸监奴冯子都，常与计事"；霍光妻霍显甚至与冯发生暧昧关系（《汉书·霍光传》）。这一类豪奴不仅生活豪华，并且经常依仗主子的势力为非作歹。就是那个冯子都，招摇过市，调戏当垆卖酒的胡姬，为汉乐府《羽林郎》所刻画："昔有霍家奴，姓冯名子都，依倚将军势，调笑酒家胡……"，活现出一副可憎的嘴脸。这里的两件戴冠男俑，身高为彩绘立俑的一倍，膀大腰圆，颙颙挺立，俨然以众奴婢之长自居，为自己能够替主子发号施令而踌躇满志。

着衣侍女俑共有十件，全部出自北边箱东部。所穿衣服虽也已残破，但仍可清晰地看出是绢地"信期绣"或描银彩绘云纹纱两种质料的长袍，均以菱纹锦为缘饰，长可曳地。面部雕琢细腻，墨绘眉目，朱涂口唇，眉清目秀，具有一种恬淡娴静的风姿。俑高69—78厘米，比戴冠男俑矮，而比其余的俑高大。形体大小的这种比例，说明着衣侍女俑是地位较高的侍女的象征。她们的面前放着几杖、绣枕、香囊、梳妆用品和盛有食物的漆盘、漆案，也正说明她们是墓主的贴身侍女，每天侍奉主人盥洗、梳妆、更衣、进食。

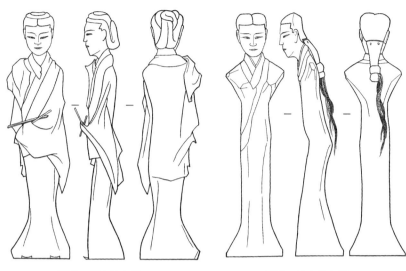

图二　着衣侍女俑　　　　　　图三　着衣侍女俑

　　这批着衣侍女俑的发式，前面都是正中分缝，但脑后有两种形式：一种是盘髻，即头发至脑后挽回，总成一束，再平盘于头顶（图二）；另一种是垂髻，用另一块木料雕刻，以竹钉贯穿钉合，垂髻的右侧垂下散发和发辫（图三）。《后汉书·梁冀传》记梁冀妻孙寿"色美而善为妖态，作愁眉、啼妆、堕马髻、折腰步、龋齿笑"。李贤注引《风俗通》云："堕马髻者，侧在一边。"汉乐府《日出东南隅行》描述美丽的采桑女子罗敷时说："头上倭堕髻，耳中明月珠。"崔豹《古今注》云："倭堕发，一云堕马之余形也。"着衣侍女俑的垂髻应是西汉流行的一种发式，这种发式和东汉的堕马髻、倭堕髻之间，或许存在着衍变的关系。

　　北边箱内同时出土了八件着衣歌舞俑和五件彩绘乐俑。其中的四件歌俑，两件一组，用竹钉固定在木板上，高32.5—38厘米。都作屈膝跪坐的姿势，面部丰腴而秀美，敷白粉（图四）。乐俑中两件吹竽，三件鼓瑟。吹竽俑的手臂和手都是单另雕成后用竹钉连在俑身的，掌心向上，拇指分开，作持竽的手势。双眸微微下视，神情专注地吹奏，似是已为自己的乐声所陶醉（图五）。鼓瑟俑高32.5厘米，手臂与俑身用同一木料雕成，手腕以下另行雕刻，安装到手臂上。俑跪坐，膝前横陈一瑟，双臂前伸于瑟的上方，掌心向下，拇指内屈，食指内勾略成环状，作抹弦之势，其余三指自然舒展，从造型的细腻处传达出娴熟的演奏技巧。

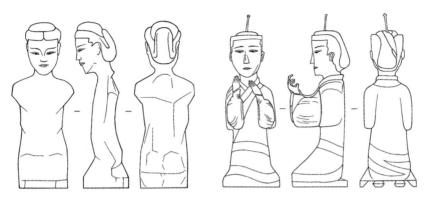

图四　歌俑　　　　　　　　　图五　吹竽俑

墓中的四件舞俑，当是死者生前舞蹈女奴的替身。舞俑身高48—49厘米，敷粉的面部丰腴而娟秀，一双蛾眉微微突起。特别具有舞伎特点的是，她们脖颈柔美，腰肢纤细，臀部丰满，双腿修长而匀称（图六）。没有雕出手，原来是用细竹条把衣袖支撑在下腹部的。可惜衣服严重残朽，在出土之际尚可依稀辨认出短襦和长裙，出土不久就完全无存了。但是我们参照墓中出土的帛画和其他着衣俑、彩绘俑的服饰，还可以大致想见舞俑的服装款式。例如，同墓帛画上人物的衣袖都很宽大，而舞俑又要求"长袖善舞"，她们的衣袖一定既长且广。舞裙的式样，从舞俑的底座特别宽大这一点上可以反映出来。底座宽大，固然是为了降低重心，使舞俑站立稳当；更重要的是为了便于配上宽大的长裙，舞伎穿上这种长裙飞舞旋转，才能构成美丽动人的造型。可以作为旁证的是，湖南长沙楚墓中出土的龙凤人物帛画上，妇女裙裾曳地，显出雍容的姿态。舞俑的腰肢纤细，反映了当时的审美观点。早在战国时期，宋玉在《高唐赋》中就用"腰如束素"来形容巫山神女。汉乐府诗描绘焦仲卿妻的美丽，也称她"腰若流纨素"。长沙楚墓木俑也是细腰造型。对于舞伎，细腰自然更是表演的需要。这些舞俑头部微倾，膝部微屈，恰似正踏着乐曲的节拍翩翩起舞。二千多年前的能工巧匠，是多么善于捕捉最美妙的瞬间的情影，创造出美的造型和神韵。

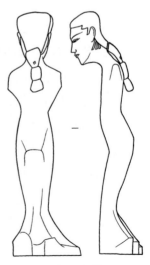

图六　舞俑

数量最多的是彩绘立俑，达一百零一件，其中九件头顶削成平面的似为男俑（图七），其余头顶上都有发髻，为女俑（图八）。这些俑以墨绘眉目，朱绘两唇，衣服是以朱、墨二色绘制的曲裾长袍，饰菱纹或云纹。俑体矮小，双手缩在袖内，拱于腹前，表情呆滞压抑，制作也显得粗糙，反映出地位的低下。这些应该是在"冠人"的监视和呵斥下做粗活的侍者。

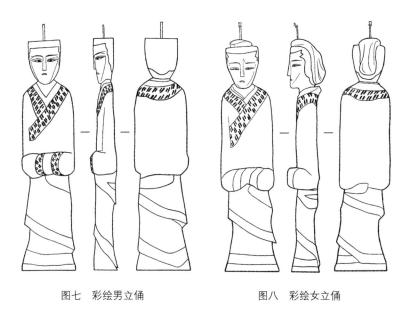

图七　彩绘男立俑　　　　　　　图八　彩绘女立俑

辟邪俑三十六件，其中除三件着丝、麻衣外，其余都是略施墨绘的木条（图九）。此类辟邪用物制作简陋，本不宜以"俑"名之，只因也绘有眉目，故附于木俑之列，可不赘述。

综上所述，马王堆一号墓出土的木俑是一批珍贵的西汉木雕艺术品。制作这样的艺术品，要有高超的技艺。考察一下木俑的制作，可以认识到这一点。

首先，男女木俑的高度和宽度，身体各部分的位置和大小，都合乎实际的比例。这说明二千年前的雕刻匠师已经了解人体解剖的知识，具备从事人体雕塑的基础。

其次，木俑的制作手法简练，取舍大胆。对于暴露在外的脸部细加雕琢，务使其逼真神肖；而对于被服装掩饰起来的身体部位，则大胆砍削成粗线条的木胎。但砍削又是基于对人体、对生活的深入了解，先有成竹在胸，抓住了特征，把人物改造成装饰形象，凝聚着生活中的美。在这里，艺术的语言真可以说达到了出神入化的地步。

正因为如此，木俑的制作者不仅和谐地处理了生活与艺术的关系，同时也和谐地处理了生活与工艺、工艺与生产的关系。装饰性工艺品要求条理性和规格化，便于雕琢和生产。为此必须掌握高度的艺术概括能力，创造出简练的造型。在这个意义上，马王堆一号墓的木俑制作工艺，有可供借鉴的价值。

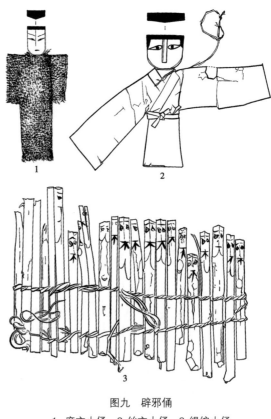

图九　辟邪俑

1. 麻衣小俑　2.丝衣小俑　3.绳编小俑

（本文引自：《文物》（文物丛谈），1982年第6期。）

注释

[1] 中国科学院考古研究所：《长沙发掘报告》，科学出版社1957年版；蒋玄怡：《长沙楚民族及其艺术》，今古出版社1951年版；湖南省文管会：《长沙出土的三座大型木椁墓》，《考古学报》1957年第1期；同上：《长沙仰天湖第25号木椁墓》，《考古学报》1957年第2期。

[2] 纪南城一六八号汉墓发掘整理小组：《湖北江陵凤凰山一六八号汉墓发掘简报》，《文物》1975年第9期；湖北省博物馆：《云梦大坟头一号汉墓》，《文物资料丛刊（4）》，文物出版社1981年3月版。

[3] 湖南省博物馆等：《长沙马王堆一号汉墓》，文物出版社1973年版。

漫话唐代金银平脱

张广立　徐庭云

　　金银平脱是我国古代金银制造业的一种重要工艺，它的产生经历了漫长的历史过程。战国时期，人们在某些漆器的外缘镶嵌一圈金银圈，意在使漆器美观耐用，有的学者认为这就是平脱的最初形态[1]。到汉代，出现了真正的平脱。江苏连云港海州网疃庄汉墓出土的金银平脱漆器[2]，广西合浦牛岭汉墓出土的已朽漆器上的金银箔饰片[3]，是汉代漆胎平脱的重要实物。特别是广西合浦牛岭汉墓出土的金平脱片，"图案中的飞鸟展翅，走兽奔跑，狩猎者骑马飞驰，或引弓待发，或张索欲投，形象生动活泼"[4]，已经达到了相当高的水平。以后，至少在唐代初年，以金属为器胎的平脱器物开始出现，并且在整个唐代，特别是开元、天宝年间广为流行。唐代的金银平脱纹饰雍容华贵，工艺精湛绝伦，令人叹为观止。

　　金银平脱器是耗工费时的豪华型器物，在唐代，常与金银器、玉器、丝绸一起，用来赏赐朝廷重臣和四方藩属，也是官僚、贵族的日常用品。唐宋人的著作如唐人姚汝能的《安禄山事迹》、段成式的《酉阳杂俎》，宋人司马光的《资治通鉴》及乐史的《杨太真外传》等，在记载唐玄宗、杨贵妃赏赐安禄山的大量珍贵物品时，就列举了若干金银平脱器。归纳起来，有以下十余种：金银平脱犀头匙、犀头箸、着足叠（碟）子、金平脱五斗饭罌、宝枕、装（妆）具玉合（盒）、铁面碗，银平脱五斗淘饭魁、隔馄饨盘、破瓢、掏魁织锦筐、食台盘、屏风、破方八角花鸟药屏帐等[5]。这为我们提供了有关唐代金银平脱的重要线索。它表明，一、唐代的金银平脱器物实际上远比迄今为止考古发掘所见的同类器物丰富，其中匙、箸、隔馄饨盘、有足的碟子、掏魁织锦筐、饭罍、宝枕、屏风、食台盘、梳妆盒等，至今在考古发掘中未见有实物出土。二、唐代平脱器物器胎的种类也较已经出土的为多，其中犀角胎、玉胎、铁胎是迄今为止考古发掘中尚未发现的。三、当时有五斗饭罍、五斗掏饭魁及屏风等大型平脱器物。此外，据唐人张鷟《朝野佥载》，当时还有大型平脱铜镜："中宗令扬州造方丈镜，铸铜为桂树，金花银叶，帝每骑马自照，人马并在镜中。"这段文字是对唐代有大型、超大型平脱器物的很重要的补充。目前发掘出土的金银平脱铜镜，直径最大的也仅30多厘米，与《朝野佥载》记述的超大型铜镜相去悬殊。当然，上述著述记载的赐物单只是无意中保留了一批平脱器物的名目，而不是对平脱器物的全面的记载，所以尚难于反映当时平脱器物的全貌。

迄今为止，考古发掘和传世的唐代金银平脱实物，以胎料划分，可分为铜、漆及瓷胎三大类，其中以铜胎和漆胎为大宗，瓷胎仅有一例。

铜胎平脱器物有：1. 葬于唐天宝九年（750年）的河南洛阳关林卢氏少女墓中出土的鸾凤花鸟纹铜镜，圆形，直径30.5厘米。圆纽外布满金银平脱团花、同心结纹、折枝花及鸾凤等富有写实性的华丽纹饰（图一）[6]。2. 陕西省博物馆收藏的天马鸾凤纹铜镜，圆形，直径30厘米。主要纹饰为缠枝花及两两相对的双天马、双鸾凤。天马与鸾凤中间是天鹅、喜鹊和小凤凰等纹饰（图二）[7]。3. 西安长乐坡村出土的鸾鸟绶带纹金银平脱铜镜，圆形，直径22.7厘米。纽周围为银片莲叶纹，外有金丝同心结纹，主题纹饰是相间环绕的四只金箔同形衔绶鸾凤及四组银箔同

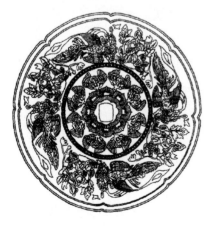

图一　金银平脱鸾凤花鸟纹铜镜

图二　金银平脱天马鸾凤纹铜镜

图三　金银平脱对鸟纹铜镜

形花卉，边缘又是金箔同心结纹[8]。4. 河南郑州出土的金银平脱羽人花鸟纹镜，圆形，直径36.2厘米。镜纽周围为一朵银片重瓣宝装莲花，外面环绕着银平脱的双羽人和双飞凤，其间点缀金箔构成的花鸟，色调生动明快[9]。5. 葬于唐大历十三年（778年）的河南偃师杏园村郑洵夫妇合葬墓出土的金银平脱对鸟纹铜镜，圆形，直径21厘米。主要纹饰是银箔构成的衔花对鸟，中间点缀着金箔构成的石榴（图三）。此镜出土时，粘附金银箔的漆已经老化分解，金银箔也变得极易脆裂，后经专家精心修复，才得以重现光彩[10]。

漆胎平脱器物有：1. 葬于唐开元二十六年（738年）的河南偃师杏园村李景由墓出土的银箔平脱漆方盒，长20.5厘米、宽21厘米、盖高3厘米、通高12厘米。正方形的盒盖上装饰四组完全对称的正方形缠枝花卉。盒的四壁也有精美的缠枝花、二方连续的花卉带纹、联珠纹和对称的折枝花，繁缛细密，富丽堂皇，是开元盛世的典型纹饰（图四）[11]。2. 河南上蔡贾庄唐墓出土的圆形漆盒与筒形漆盒的银平脱残片，厚约0.25毫米。从现存残片中可以看出有凤、鹰、雁、蜜蜂以及卷草、折枝花、如意云等纹饰（图

Ⅰ

图四　银箔平脱漆方盒纹饰

图五　银平脱漆筒形盒纹饰（局部）　　　　图六　银平脱漆圆盒纹饰（局部）

五、六）[12]。3. 河南郑州二里冈唐墓出土的银平脱木质朱漆镜盒，出土时盒已朽坏，仅余8片银饰片。镜盒的盖面、盖侧及盖体四壁都均匀地布满银箔雕镂成的缠枝花卉图案，图案基本相同，均系"经过艺术加工的毛茛科属植物的叶、果为主题组成的缠枝图案"。构图复杂却又井然有序，细密而毫无凌乱之感（图七）[13]。此外，美国堪萨斯市纳尔逊博物馆藏有唐代金银平脱圆盒[14]；英国伦敦大英博物馆藏有唐代银平脱碗[15]；日本正仓院藏有唐代金银平脱文琴及银平脱胡瓶等[16]。这些传世的唐代金银平脱器物，也同样是稀世珍宝。

瓷胎平脱器有陕西扶风法门寺出土的金银平脱瓷碗，是文献记载和以往的考古发掘所不曾见到的，弥足珍贵。在瓷胎和前面提及的玉胎、铁胎这样硬而滑的器胎上加工金银平脱，无疑需要更高超的技术。因此，从工艺角度看，这件金

图七　银平脱木质朱漆镜盒盖面纹饰（局部）

银平脱瓷碗也具有非同寻常的地位和意义。

令人十分遗憾的是，对金银平脱器物的制作工艺，唐人未能留下文字记载。明人方以智的《通雅》曾对平脱做过详细说明，但当代学者认为"方氏所言虽详，而实不免穿凿之嫌"[17]。综合多年来我国考古学界对平脱的研究，其工艺过程大体如下。

一、准备好欲装饰的器物的素胎，以及经捶揲或碾压而成的金箔、银箔。金银箔的厚度一般不到0.5毫米，如河南上蔡贾庄唐墓所出银箔厚约0.25毫米，河南偃师杏园村唐郑洵夫妇合葬墓出土的金银平脱对鸟纹镜，其金银箔的厚度为0.2—0.3毫米。

二、预先按照器胎的大小、形状及部位，设计出花卉、鸟兽或人物等纹样，再用各式各样小巧的平錾、圆錾、尖錾，按图样要求将金银箔雕凿成所需纹饰。

三、将雕凿成纹饰的金银箔用漆或胶平整周正地粘贴在器胎预先安排好的部位上。

四、在粘贴好金银箔纹饰的器胎上髹漆，待漆料阴干后，再次髹漆，如此反复多遍，直至油漆掩没粘贴的金银箔纹饰为止。

五、仔细打磨髹漆后的器胎，直至光滑细腻并露出金银贴花图案，方告功毕。因粘贴上的金银花纹与漆面平齐，又自漆面中脱露出来，故称"金银平脱"。

从金银平脱的工艺过程可以了解到，金银平脱所耗用的金银数量极其有限，远少于制作金银器所需的金银。然而，金银平脱竟然与金银器同被视为贵重的奢侈品，被视为绝等奇作，原因即在于其纹饰的精美绝伦。将金银平脱纹饰与同时代的石刻纹饰、金银器纹饰、玉雕纹饰及丝织品纹饰相比，可以看到，平脱器物纹饰繁缛富丽、线条流畅、刻画细致的特点显得格外突出，因而成为唐代纹饰中的精粹。例如前述郑州二里冈唐墓出土的木质朱漆盒的平脱银片，画面以盒面正中为中心，纹饰层次分明地向四周布散开来，枝蔓花叶重重覆压，层层缠绕，曲曲折折，但同时疏密得宜，繁而不乱，构图技艺卓越超群，可以称为唐代纹饰设计的代表作。又如郑州出土的金银平脱羽人花鸟纹镜，装饰在镜纽周围的银片构成重瓣多层宝装莲花，每重莲瓣又分数层，最多的可达七层（图八：1）。纹饰纤细繁密，尺寸精确，没有高超的技巧，是很难制作成功的。

　　平脱纹饰对所刻画的形象表现得细致入微，特别善于表现细部特征。有些金银平脱器物，纹饰的线条本来就非常纤细了，但是在其上还刻画更细的线条，用以表现兽毛、羽毛等，所以有人称这种工艺为"毛雕"[18]。如洛阳关林唐墓出土的金银平脱鸾凤花鸟纹铜镜上的羽毛，陕西省博物馆收集的金银平脱天马鸾凤纹镜中天马的鬃毛等。这些"毛雕"成的细线，使被装饰的部位有一种毛茸茸的效果，把平脱纹饰富有表现力的特点表现得非常突出。使用与"毛雕"相同的雕刻手法，还可以用来表现花卉纹饰

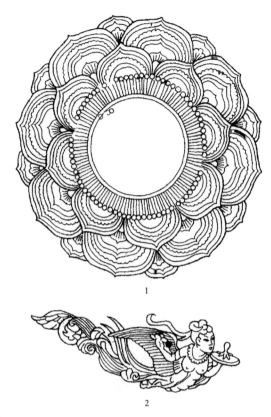

图八　金银平脱羽人花鸟纹铜镜纹饰（局部）

的花蕊和叶脉。如河南上蔡贾庄唐墓筒形漆盒上的银平脱残片，河南偃师杏园村唐郑洵夫妇墓出土的金银平脱对鸟纹镜的金银平脱纹饰，其中的花卉纹就使用了"毛雕"的方法，使得叶脉、花蕊的脉络清晰分明，花卉的细部特征表现得非常真实。

　　由于平脱纹饰具有细致入微的表现力，所以特别适用于写实性纹饰，无论是花卉、鸾鸟，还是天马、人物，一经制作为平脱纹饰，无不栩栩如生。如西安长乐坡村出土的鸾鸟绶带纹平脱铜镜上的四只鸾凤，头向上昂，足向后蹬，奋然展翅、冲天而起的形象非常生动。再如河南郑州出土的金银平脱羽人花鸟纹镜上的飞天，面庞丰满，眉目俊秀，俨如一位风姿绰约的少女，凌空飞翔的优美姿态格外飘逸动人（图八：2）。可以认为，平脱器物的器胎大都是价格低廉的寻常之物，雕錾纹饰

所用的金银箔耗用的金银在数量上也微乎其微，但金银平脱器物以其华丽无比的纹饰和精湛绝伦的工艺而身价百倍。

金银平脱在开元天宝年间风行一时，安史之乱后，唐王朝势力骤衰，为了摆脱财政上入不敷出的窘境，肃、代二帝都曾下诏扭转"淫巧之风"，禁止生产耗工费时的器物，金银平脱也在禁例之中。如至德二年（757年）十二月，唐肃宗下诏云："禁珠玉、宝钿、平脱、金泥、刺绣。"[19]大历七年（772年）六月，唐代宗下诏云："不得造假花果及手脱宝钿等物。"[20]此后，金银平脱的极盛时代即告逝去，逐渐走向末路。但是，金银平脱作为一种豪华型工艺品不是禁令可以禁止的。直到五代初期，仍然有做工考究的金银平脱制品，如蜀主王建墓中出土的金银平脱器物[21]，但是这些器物已不再有开元、天宝年间的气势和规模。当然，金银平脱的衰微不只是政治上强行禁止所致，还有艺术自身的原因。总而言之，金银平脱是我国古代艺术宝库中一颗璀璨瑰丽的明珠，它还是"明清金银嵌的前身"[22]。因此，从工艺技术发展演变的角度来看，对金银平脱进行深入研究也是必要的。

（本文引自：《文物》（文物丛谈），1991年第2期。）

注释

[1]［14］［15］刘万航：《平脱与螺钿》，台湾《故宫文物月刊》1985年第3卷第2期。

[2] 南京博物院：《江苏连云港市海州网疃庄汉木椁墓》，《考古》1963年第6期。

[3]［4] 广西壮族自治区博物馆：《合浦牛岭发掘的一座汉墓》，《光明日报》1972年7月6日第3版。

[5] 见《酉阳杂俎》卷1；《资治通鉴》卷216；《杨太真外传》卷上。

[6]［18] 洛阳博物馆：《洛阳关林唐墓》，《考古》1980年第4期。

[7] 刘向群：《唐金银平脱天马鸾凤镜》，《文物》1966年第1期。

[8] 珠葆：《唐鸾鸟绶带纹金银平脱铜镜》，《考古与文物》1981年第3期。

[9] 孔祥星、刘一曼：《中国古代铜镜》，文物出版社，1984年。

[10] 王振江：《唐代金银平脱铜镜的修复》，《考古》1987年第12期。

［11］中国社会科学院考古研究所河南第二工作队：《河南偃师杏园村的六座纪年唐墓》，《考古》1986年第5期。

［12］河南省文化局文物工作队：《河南上蔡县贾庄唐墓清理简报》，《文物》1964年第2期。

［13］郑州市博物馆：《郑州二里冈唐墓出土平脱漆器的银饰片》，《中原文物》1982年第4期。

［16］傅芸子：《正仓院考古记》。

［17］［21］冯汉骥：《前蜀王建墓出土的平脱漆器及银铅胎漆器》，《文物》1961年第11期。

［19］《新唐书·肃宗纪》。

［20］《旧唐书·代宗纪》。按"手"与"平"，形近，故"手脱"当系"平脱"之讹。

［22］王世襄《中国古代漆工杂述》，《文物》1979年第3期。

偃师杏园东汉壁画墓的清理与临摹札记

徐殿魁　曹国鉴

1984年春季，中国社会科学院考古研究所河南二队，在河南省偃师杏园村配合首阳山发电厂基建过程中，发掘清理了一座东汉壁画墓[1]。这是一座有前后二室的东汉晚期砖室墓。壁画画在横前室的南、西、北三面墙壁上部（第292页图版一：1、2；第293页图版二：1、2）。内容是一幅前后连续的车骑出行图。壁画从南壁券门的西侧开始，向西连接着整个西壁，然后再折向北壁，一直延续到北壁券门东侧为止，前后总长12米，幅宽0.6米，上下均有红线为界。另外，在北壁东端车骑出行图之下，有一幅描绘墓主家内筵宴的图画，可惜剥落较甚，画面模糊，此文从略。壁画墓发现之后，考古研究所非常重视，迅即组织人力，对壁画进行初期加固，并由考古所技术室曹国鉴同志到现场担负壁画的临摹工作。同年秋季，洛阳市文管部门将该壁画墓拆迁至洛阳古墓博物馆，今天已重建展出，目前在古墓博物馆中展出的壁画，是由博物馆美工人员临时摹绘的，原壁画尚在进一步修复加固之中。现将我们在发掘、清理与临摹期间的一些初步认识，札记于此。

一

汉代壁画墓的发掘清理工作，主要是新中国成立以后才展开的，以前在洛阳地区仅有偶然的发现，如在二十年代，洛阳旧城以西八里台一座西汉空心砖古墓被盗掘，墓内发现了壁画，其部分空心砖现藏美国波士顿美术馆。此后，东北辽阳及旅顺等处，有几座汉魏壁画墓相继被日本人挖掘。

建国后已发现的汉魏壁画墓已达二三十处，撮其要者大致为以下十余处（依发表次序）：河北望都东汉壁画墓[2]；山东梁山后银山壁画墓[3]；辽阳三道壕壁画墓[4]；内蒙古托克托县壁画墓[5]；望都二号汉墓[6]；辽阳上王家村壁画墓[7]；山西平陆枣园西汉壁画墓[8]；辽阳县南雪梅村壁画墓[9]；辽阳市棒台子二号壁画墓[10]；洛阳烧沟西汉晚期壁画墓[11]；河南密县（今河南新密）打虎亭东汉壁画及画像石墓[12]；洛阳西汉卜千秋墓[13]；内蒙古和林格尔壁画墓[14]；河北安平逯家庄壁画墓[15]；辽阳三道壕3号墓、鹅房1号墓及北园2号壁画墓[16]；洛阳西工东汉壁画墓[17]及洛阳金谷园新莽时期壁画墓[18]等。墓室内所保留的一幅幅汉魏绘画真迹，不但为我国的绘画艺术宝库增添了国之瑰宝，而且对于壁画墓在我国的分布、分期以及榜题、绘画题材、绘画技法等方面的问题，也都成为汉代考古学研究中的学术课题之一。

目前我国发现的壁画墓以西汉时期的为最早，东汉时期盛行。偃师杏园壁画墓的墓葬形制与伴随出土的陶器，经与洛阳烧沟汉墓资料[19]对比，可判断为东汉晚期的墓葬。1985年，我队在这座壁画墓之西数百米内，又清理了一座建宁元年（168年）东汉纪年墓，墓内出土各类陶器共百余件，经与壁画墓内出土陶器进行比较，在同类陶器中，其器型、纹饰等方面，二者完全一致。由此我们可以进一步判定，这座壁画墓的埋葬年代，应距汉灵帝建宁元年不远。

二

偃师壁画墓所绘题材以长幅车骑出行图为主，这个题材是东汉壁画墓中最为习见的题材之一。广而言之，不仅仅局限于壁画墓，此期遍布四川、陕北、山东、南阳等地的画像石墓、画像砖墓，也都广泛地流行着这一题材。流行的原因之一是出行图可以充分显示墓主出行时刻的那种前呼后拥、威尊无上的凌人盛气。今天，这一幅幅生动的画面，又成为当年权贵们炫耀威仪的生动纪录。即使在正史的记载中，也不乏这方面的记述，例如《三国志·吴书·士燮传》："燮兄弟并马列郡，雄长一州，偏在万里，威尊无上。出入鸣钟磬，备具威仪，笳箫鼓吹，车骑满道……妻妾乘辎軿，子弟从兵骑。"[20]《后汉书·中长统传》中也有类似记载。士燮仅为汉末南疆边陲的交趾太守，从其文中所记述的车骑出行的奢华景象，由此可见一斑。

偃师杏园壁画墓的车骑出行图，在排列组合和画面的结构组成上，与以前发现的几座壁画墓均略有不同。据不完全统计，目前在东汉至魏晋的壁画墓中绘有车骑出行题材的为以下九座：河南密县打虎亭东汉墓；洛阳西工东汉壁画墓；望都一号汉墓；山东梁山后银山淳于谒卿墓；河北安平逯家庄东汉壁画墓；辽阳棒台子和三道壕壁画墓；内蒙古和林格尔及托克托两座壁画墓。这九座墓内壁画，从车骑出行的队列结构上又可分为以下三类：

第一类，以密县打虎亭壁画墓为代表。将长幅车骑出行图绘于墓室南壁，着重表现墓主出行时前导和从骑环卫的显赫情景。主车白马驾曲辀，上饰华盖，四骑护卫分列左右，车前有辂车两乘，伍伯二人，骑吏二人，车后骑吏并排五人，辂车一乘。排列组合方式与山东沂南画像石墓很接近。

山东梁山后银山壁画墓也属于这一类。壁画绘于前室，内容主要是淳于谒卿出行图，共绘三辆辂车排列出行。墓主的主车居中，上书题榜，车置四维，其车盖、车辆的尺寸也较大，车前、车后各有一名骑吏，与前后二车区别明显。三车一列出行，正驰骋在凹凸不平的山路上。

安平逯家庄壁画墓有白粉书"惟熹平五年"隶书榜题，壁画构图与前两幅大致相同，画在前室四壁上部，分上下四层，有马车八十余辆。

第二类，以内蒙古和林格尔壁画墓为代表。这是目前汉墓壁画中的重要发现之一。内容可分为六十余组，包括燕居、乐舞、农耕、采桑、出任西河长吏、举孝廉、使特节乌桓校尉出行、离石城府舍图等内容，墨书榜题二百五十条。其中，仅使特节乌桓校尉车骑出行图一幅，即绘有各种车辆十乘，不同颜色的骏马一百二十九匹，文武属吏、士卒、仆从一百二十八人，画面人众如流，旌戟如林，主车居中，队列两翼，层层环护，连车列骑，冠盖相逐，森然一片，把一个权倾一方的官吏威仪勾勒得栩栩如生。

辽阳三道壕车骑出行场面比和林格尔壁画简单，但墓主车披皂色华盖，褚红四维，车后骑吏护卫相随，曲辀辂车，马披红罃，颜色清晰可辨，也可归为此类佳作。

第三类，以望都一号汉墓为代表。画有车前伍伯以及衬托墓主人身份的僚属出迎场面，但不见车马骑吏，共绘人物25幅，多附墨书榜题。在墓门两侧画的是"门亭长"和"寺门卒"，其他有"仁恕橡"、"贼曹"、"追槌鼓橡"、"主记史"、"主薄"、"辟车伍伯八人"等。从属吏们出迎的躬懂姿态中，可知权贵车驾已即将莅临。

杏园车骑出行图的大体格局与第一类相似。这幅出行图共计画了九乘安车，七十余个人物，五十余匹奔马。依照壁画先后次序可分成前导属吏、墓主及前后护卫、随从及眷属三大组。站在队列最前的是徒步士卒，肩杠旌旄，分列左右，后面紧跟几员头戴平巾帻的骑吏，均身穿圆领宽袖袍，胯下黑马红缰，有鞍无镫。墓主之车，辕马飞奔，曲辀红缰，四维车辐，彩绘盖斗。就整体观察，这幅车骑出行图的布局有依制排列的特征，并且前后井然有序，作为研究东汉车骑导从制度来说，是一份比较完整的研究资料。例如主车之前的三辆安车，应即《后汉书·舆服志》所记之"三车导"，车上的乘员应分别为贼曹、督盗贼和功曹三人。主车前后并排行进的骑吏，应即所谓"公乘安车，则前后并马立乘"[21]。以上图画与文献所记完全吻合，这一出行图，再现了东汉车舆出行的规制。

关于车辐制度，文献记载也比较清楚。"景帝中元五年（公元前145年）始诏六百石以上施车辐……三百石以上皂布盖，千石以上皂绘覆盖，二百石以上白布盖，皆有四维杠衣"[22]。杏园车辐情况是，前导车三乘以及第五车、第六车均施白布伞盖，应为二百石以下的属吏，这五车所乘之人或即所谓的"门下五吏"。第七车、第八车施皂布盖，车前各有骑吏二人，应为三百石以上属吏或亲眷。第九车又施白布盖，车之前后全无骑吏环护，显系出行队伍的随员。主车彩盖涂朱，身份高于千石。

关于伍伯的人数，《舆服志》载："璙弩车前伍伯，公八人，中二千石、二千石、六百石皆四人，自四百石以下至二百石皆二人。""五百，字本为'伍'，伍，当也。伯，道也。使之导引当道陌中以驱除也。"[23]杏园壁画墓中，主车之前的骑吏及车前伍伯的人数均与文献记述有一些出入，是属越制，还是东汉后期制度混乱所致，尚不得而知。有人认为东汉后期由于政局混乱，当时变相僭越的权贵豪右已司空见惯，出行多用本家子弟充作兵骑，尤其是拥有大量部曲私兵的大庄园主，当时到底按照哪一种规制出行，现还无从知道[24]。我们倾向认为，杏园壁画被封砌在夹墙之内，很可能是因为壁画内容有明显越制之处，为免生枝节，所以将画好的壁画封砌在夹墙之内。

三

杏园壁画墓的绘画风格和绘画技巧，充分体现了汉代绘画的古拙质朴和雄浑奔放的特点。题材上的写实性和表现手法上的写意相概括，是这幅车骑出行图在绘画技法上的主要特征。

这幅壁画保存最好的三部分画段是：1.第一车与第二车之间的六员骑吏及一名伍伯；2.主车之前的骑吏和伍伯；3.第五车与第六车之间和第七车与第八车之间的骑吏，图画保存相当清晰。原壁画中的骑吏一般高约20厘米，马车前后总长45厘米。在保存较好的画段内，其人物的眼耳口鼻、衣着服饰，甚至其面部的眼神和表情均能看得一清二楚。骑吏一般头戴平巾帻，身穿圆领宽袖袍，右手执缰，左手持棨戟（图一：1）。平巾帻在东汉最为普遍，《后汉书·舆服志》："平巾帻为上下通服。"有的骑吏头戴平巾帻加纱冠，其地位或稍高。圆领袍的颜色，一般为赭红色，个别为暗绿色（图一：2）。坐骑有黑、赭黄、棕红等颜色。马背上鞍垫清晰，但无镫。

图一
1. 北壁第八车之前平巾帻骑吏　2. 南壁第一前导车后平巾帻加纱冠骑吏

　　杏园壁画是东汉晚期的一幅壁画作品。就绘画史的分期来说，此期尚处于我国绘画艺术的早期阶段，但就绘画技法上来说，东汉中晚期已冲出了西汉时期的先勾勒轮廓，然后平涂施色的单一技法，出现了四种新技法：1.大笔涂刷的写意法；2.单线勾勒的白描法；3.表现明暗和质感的渲染法；4.施色而不勾勒的没骨法。杏园壁画画工着重使用的是大笔涂刷的写意法，但同时也继续沿用着单线勾勒、平涂色块的方法和表现质感的渲染法。

　　杏园壁画在画马的表现技法上有其独到之处。这幅画共画马五十余匹，其中，又可分为辕马和乘马两类。辕马一般昂首曲颈做奔驰状，体形硕壮，周身曲线强劲有力。绘者以转折顿挫简洁流畅的笔墨，塑造了奔马的矫健身躯、浑圆体态和丰厚的肌肉，运用洒脱洗练的画笔，使得整体画面颇具一番神韵。经常是一笔侧卧弯转而下，即准确地勾画出马臀部形体的圆润刚健，说明画工经过了深入的观察和深刻的理解之后，才能在此基础上做到准确的下笔和一挥而就。在马蹄的画法上，既形象准确，又生动真实，达到了结构造型完美与生动简洁用笔的和谐统一，仿佛使人听到了蹄足的蹬踏之声，看到了一种劲健的弹力，令观者叹服。如果试与和林格尔壁画墓在马蹄画法上相比较，"和"墓侧重于线的起伏顿挫简洁流畅，达到形神兼备；而"杏"墓则侧重于意笔的概括，以粗犷、豪放、酣畅而取胜，二者均代表了这一时期绘画艺术的较高水平（图二：1、2）。乘马一般步履轻捷，作腾跃疾驰状，画工们利用颠簸的车舆来烘托奔马的神速。马尾顺风飘摆，一笔顺势而下，由浓渐淡，形象准确。有的稍加补笔，以求形象上的完整和表现技巧上的变化，增强其动感，使人看了顿觉生机盎然（第290页图版三：1、2、3；图三）。主车之后，六马分两排并辔行进，由于担负着环卫主人之责，所以步履显得稳健，动作十分整齐。

　　杏园壁画对人物的刻画，能根据不同的对象，运用不同的线描技法，粗细刚柔交错使用，使人物形象神采奕奕。如对南壁前导车之间的一名骑吏和北壁主车之前的一名骑史以及伍伯的眉、眼、胡须的画法上，都能注意区别人物的不同身份、不同相貌、不同性格特征和精神气质，表现得恰到好处，尤其是已注意传神之妙在于点睛。点睛之妙笔在

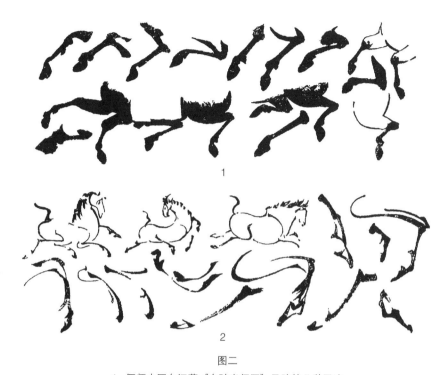

图二
1. 偃师杏园东汉墓《车骑出行图》马蹄的几种画法
2. 内蒙古和林格尔东汉墓壁画马蹄的几种画法

图三　杏园东汉墓壁画《车骑出行图》马尾的几种画法

我国确实有悠久的历史，晋人顾恺之言："四体妍蚩，本无阙少于妙处，传神写照，正在阿堵中。"[25] 清人郑绩在《梦幻居画学简明》中指出："生人之有神无神在于目，画人之有神无神，亦在于目。……故点睛得法，则周身灵动，不得其法，则通幅死呆。"[26]（图五）。对照西汉、东汉不同时期的壁画，如洛阳烧沟东，西汉壁画墓中的"二桃杀三士"，河北望都一号墓，辽宁营城子壁画墓及内蒙古和林格尔壁画墓中，都可以举出许多实例来说明古代画师在人物神态刻画和点睛上的高深造诣（图四，1—7）。通过对比，既可以认识它们之间的继承和发展关系，又可以加深理解传统技法在用线上的功力，画师不仅注意了造型上的准确，而且特别注意发挥线本身的表现力。

图四

1、2. 河南洛阳西汉墓壁画《饮宴图》人物眼神的刻画

3、4. 辽宁营城子汉墓壁画人物眼神的刻画 5—7. 河北望都一号东汉墓壁画人物

壁画中的四十名骑吏，大部分是环卫导从，由于担负着守卫随从之职，一般身躯前躬，伏鞍疾驰，表情严肃。如仔细观察，个别骑吏显然另外担负着管理队列的责任。例如主车之前的一名骑吏，一边催马行进，一边回眸后顾，似在监察着伍伯及并马立乘的秩序（图六；第290页

图五　杏园东汉墓壁画人物眼神刻画　　　　图六　北壁主车前平巾帻加纱冠骑吏

图版三：2）。在第一画段中，一名骑吏头戴平巾帻加纱冠，挺胸昂首，显然与其余骑吏的低首顺从状迥然有别，似在管理着前导的队列（图一：2）。人物中，伍伯画了不足十名，但其神态各异，服饰装束均宛然可见。从其大步疾行的动态中，尤其是步行在前后车马疾驰之中，留出了人们对其步履轻捷予以想象的余地。北壁墓主车之前的六名伍伯，衣纹勾勒流畅，宽袖袍随风飘摆，行笔显得格外潇洒，此刻，画师们显然不完全拘泥于第一次点飞渲染的部位，而是考虑到人物的动态，所以采用了不同的弯转曲线以加强其动势，从而取得了完美的艺术效果（图七）。

图七　车前伍伯图（第一名伍伯绘在南壁第一前导车之后、第二前导车之前；
后面三名伍伯绘在墓主车之前）

杏园车骑出行图的整体结构，是将几壁画面连成一个主题的平列布局。在画师的精心安排下，不但画面显得疏密适当、层次分明，而且车制而行、结构严谨，给人一种气势连绵、宏伟壮观的感觉，画师之苦心，浑然可见。

壁画的制作也与许多东汉壁画墓相同。先在墓室砖壁上涂抹一层0.5厘米厚白垩（石灰岩的一种），经过打磨使其光平，再绘制壁画。壁画的颜料相当丰富，虽没有经过化验，但经仔细观察，许多颜色历经千余年泥土浸袭仍相当鲜艳，可能使用的是朱砂、朱膘、土红、赭石、石青、石绿、土黄、石黄等矿物质颜料，另外兼用了一些花青、胭脂等植物色。整个壁画着色以黑、红二色为主色，其他诸色均为衬色，因而色调显得典雅古朴。从绘画程序上来观察，未发现有起稿的墨线或色线，不同于这个时期其他地点清理的汉墓壁画保存着赭色起稿线，而是直接以色、墨晕染，分出浓淡层次。同时，也保存着西汉平涂色块、单线勾勒的技法，一般是先以淡色点乩，继而覆盖重色，最后再以浓淡不同的墨线或色线勾勒。如伍伯衣纹、轺车华盖及马的轮廓等。分别不同的对象，笔法上有的粗犷遒劲，求其神韵；有的婉转顿挫，起伏轻重运转自如，求其稳健而富于变化。

从壁画的构图、设色以至线描技巧等几个方面分析研究，这幅车骑出行图无疑可推为东汉晚期壁画绘画艺术水平的一幅代表作。为我国美术史的研究提供了一份重要的实物资料，丰富了我国汉代绘画的艺术宝库。

（本文引自：《考古》，1987年10期。）

注释

[1]《河南偃师杏园村东汉壁画墓》，《考古》1985年1期。

[2]《望都汉墓壁画》，中国古典艺术出版社，1955年。

[3]《梁山汉墓》，《文物参考资料》1955年5期。

[4]《辽阳三道壕两座壁画墓的清理简报》，《文物参考资料》1955年12期。

［5］《内蒙古自治区托克托县新发现的汉墓壁画》，《文物参考资料》1956年9期。

［6］《望都二号汉墓》，文物出版社，1959年。

［7］《辽阳上王家村晋代壁画墓清理简报》，《文物》1959年7期。

［8］《山西平陆枣园村壁画汉墓》，《考古》1960年9期。

［9］《辽宁辽阳县南雪梅村壁画墓及石墓》，《考古》1960年1期。

［10］《辽阳市棒台子二号壁画墓》，《考古》1960年1期。

［11］《洛阳西汉壁画墓发掘报告》，《考古学报》1964年2期。

［12］《密县打虎亭汉代画像石墓和壁画墓》，《文物》1972年10期。

［13］《洛阳西汉卜千秋壁画墓发掘简报》，《文物》1977年6期。

［14］《和林格尔汉墓壁画》，文物出版社，1978年。

［15］《河北省出土文物选集》，文物出版社，1980年。

［16］《辽阳发现三座壁画墓》，《考古》1980年1期。

［17］《洛阳西工东汉壁画墓》，《中原文物》1982年3期。

［18］《洛阳金谷园新莽时期壁画墓》，《文物资料丛刊（第九期）》1985年10月。

［19］《洛阳烧沟汉墓》，科学出版社，1959年。

［20］《三国志·吴书·士燮传》，中华书局标点本1192页。

［21］《后汉书·舆服志》，中华书局标点本3651页。

［22］同上，3648页。

［23］《后汉书·曹节传》中李贤注引韦昭《辨释名》，中华书局标点本2525页。

［24］吴曾德：《汉代画象石》，文物出版社，1984年；刘志远等：《四川汉代画象砖与汉代社会》，文物出版社，1983年。

［25］《晋书·顾恺之传》，中华书局标点本2405页。

［26］见《画论丛刊》下卷，人民美术出版社，1962年8月第一版第二次印刷本576页。

1. 南壁全景

2. 西壁全景

图版一　河南偃师杏园东汉壁画墓壁画摹本

1.北壁全景西段

2.北壁全景东段

图版二　河南偃师杏园东汉壁画墓壁画摹本

1.北壁主车

2.北壁主车前骑吏

3.北壁第八、九二车

图版三 河南偃师杏园东汉壁画墓壁画摹本（局部）

灵武窑西夏瓷的装饰艺术

马文宽　曹国鉴

　　《宁夏灵武县磁窑堡瓷窑址的调查与发掘》[1]揭示了长期以来鲜为人知的西夏瓷的面貌。这使人们了解到地处祖国西北边陲的西夏王国（1038—1227）有着高度发达的制瓷手工业，生产着精美的瓷器。对这份珍贵的历史遗产我们应给予认真的研究和总结。这不仅对西夏境内、西北地区乃至北方的制瓷业有着重要意义，而且通过研究还会使我们对以党项族为主体的西夏王国的文化有进一步认识。本文仅对灵武窑西夏瓷的装饰艺术作一初步探讨。

一、装饰技法

（一）釉色与造型

　　灵武窑素釉瓷有白、青、黑、褐、紫、茶叶末等色，并有复合釉瓷，其中以白釉瓷最具特色。由于制瓷原料是煤系地层中共生的"高岭石质泥岩"或"高岭石泥岩夹矸"[2]，故瓷胎多呈浅灰白色，有些呈浅黄色。为了克服胎体白度不足的缺点，白釉瓷均施化妆土。这种装饰器物的技法早在西晋时期的婺州窑已经采用[3]，唐代以来的邢窑、定窑、磁州窑也使用过。从发掘资料得知，本窑用煤作燃料，其火焰短；在窑炉内易形成氧化焰。在氧化焰气氛中烧成的白釉瓷呈色为白中闪黄，即牙黄色，属暖色调。

　　经测试瓷釉的化学组成属石灰釉（或称灰釉），即属$CaO-Al_2O_3-SiO_2$范围，应是黏土与石灰石配制而成。由于石灰釉黏稠度低、故釉层较薄，有利于展现化妆土的白色。另外，白釉中的Fe_2O_3仅占0.60%，说明釉料淘洗较精，以提高釉的透明度。如把此釉施在不上化妆土的器物上，由于胎体的缘故则呈青色。

灵武窑瓷釉化学成分表（%）[4]

编号	产品名称	SiO₂	Al₂O₃	Fe₂O₃	TiO₂	CaO	MgO	K₂O	Na₁O	MnO	P₂O₅	I L	Total
LC-1	白釉碗片釉	62.72	20.61	0.66	0.08	12.24	0.20	2.39	0.76	/	/	0.01	99.61
LC-2	白釉剔刻花大罐釉	67.90	17.20	0.69	0.09	13.47	0.23	1.32	/	/	/	0.05	100.95
LC-3	黑釉剔刻花瓶片釉	64.50	15.90	3.65	0.40	8.37	1.99	2.04	1.23	/	/	0.05	98.13
LC-4	黑釉窑变甬壶釉	60.69	18.75	4.25	0.37	11.43	1.35	3.05	/	/	/	0.03	99.92

　　从上表中可以看出黑釉的呈色剂是 Fe_2O_3，在分析的两个标本中，其含量分别为3.65%、4.25%。但在烧制过程中，由于温度的高低、保温时间的长短和窑内气氛浓度的不同来决定其呈色效果。如温度过高，氧化气氛较强，则易产生褐釉和棕（紫）釉；若釉中 CaO 的含量较高、釉的高温黏度减小，则易使液-液相分离呈不混溶状态，而呈显窑变现象；倘窑内还原气氛较强，易使 Fe^{3+} 转化 Fe^{2+} 离子，故呈茶叶末釉。从上述分析可知，本窑瓷釉基本上为白釉与黑釉两种，但由于掌握了上述烧成工艺而能生产出各色的素釉瓷。

　　灵武窑的产品种类繁多，仅生活用具就有21类52种，其他尚有文房用具、娱乐用品、雕塑品、宗教用具、建筑材料等24类41种。其中绝大部分出现于一期（西夏中期），这可能有两个原因。一是与西夏境内缺乏金属矿藏有关，因而一些日常民用的金属制品不得不由瓷器来代替。二是本窑的特殊产品较多，这与党项民族的生活习俗和宗教信仰有关，如适合于游牧生活的各种形式的扁壶，娱乐用具中的牛头瓷埙，雕塑品中的大量秃发人像、骆驼……，佛教用具中的法轮、金刚杵、佛花、塔庙中泥塑像所用的瓷眼珠，建筑材料中的瓦件、白釉贴面等。这些均为其他窑址所少见。

　　西夏瓷的造型有两大特点。第一是注重整体造型，力争达到以形取胜的艺术效果。如白釉花口瓶有五瓣双曲匀称的花口，细长颈微撇，曲度恰到好处的扁圆腹，横线多层的喇叭口圈足。其造型是用准确流畅的曲线和直线来完成，各部之间的曲度、宽窄、长短比例颇为谐调，因而显得修长而秀美 [5]，再加上白中闪黄的温暖釉色，体现了白瓷的艺术魅力，给人以美的享受。本窑其他素釉瓷也都反映了以造型和釉色取胜的时代风尚。第二是造型重实用性，多表现在具有民族特点的器物上，以扁壶最为凸出。扁壶有大小两种，大者为斜唇小口、短束颈，扁圆腹略鼓，腹的正反两面各有一圈足，腹两侧有两系或四系。从整体造型来看，扁圆形适于马、驼长距离行走时携带，两侧之两系或四系便于穿绳捆绑和提取，腹背之圈足在放置时起平稳的作用，正面之圈足有对称和加固胎体的作用。另外其胎体也较厚重，并在前、后腹的接合处施附加堆纹，以使之坚固耐用。小扁壶为斜唇小口、腹扁圆，正面无圈足，背面有一凹足，肩两侧有两系。小扁壶用于随身携带，因而其造型设计得体态轻盈，再施以黑、褐或茶叶末釉又有素雅之感。扁壶体现了党项族的生活与习俗，可视为灵武窑的典型产品，如辽瓷中的鸡冠壶。

（二）剔刻花技法的大量使用

黑、白釉剔刻花瓷在产品中占有突出地位，是本窑的一大特点。其可分刻釉、剔刻釉、刻化妆土、剔刻化妆土四种。刻釉是在胎体施釉后，待其稍干后用刻刀在釉面上刻出花纹，近似于阴刻，但因刻纹较细，胎、釉间色差不明显，很少单独使用。剔刻釉是在施釉的胎体上用刻刀剔掉部分釉面而形成主体纹饰，近似于阳刻，但细部纹饰和地纹还需用刻釉技法刻出。刻化妆土是先在胎体上施化妆土，阴干后刻出花纹，再罩以透明釉，烧成后刻掉化妆土部分，由于露胎而呈浅青色，余呈白色。剔刻化妆土是在施化妆土的胎体上先用刻刀剔掉部分化妆土，使之形成主体纹饰，再刻画细部和地纹，然后罩以透明釉。烧成后剔花部分是在浅青地上呈现出白色花朵，刻花部分则在白地上显出浅青色花纹。

在前述的化学成分表中，白釉剔刻花瓷的釉中，Fe_2O_3 的含量低，为0.69%，说明釉料经多次淘洗；CaO 的含量高为13.47%；而 K_2O（Na_2O）的含量较低为1.32%。这说明釉质较稀，釉层较薄，以增加透明度。黑釉剔刻花瓷的釉中 CaO 的含量低，为8.37%；而 K_2O（Na_2O）的含量为3.27%。低钙高钾、钠是为了增加釉的浓度，以提高釉在高温下的黏度，从而避免流釉现象，保证了剔刻釉技法的广泛使用。

除剔刻花外，装饰技法尚有点彩、印花、刻花等，但产品较少。

点彩多用在白釉、青釉的碗、盘、盆内壁。一种是由5、6或7点组成的梅花点纹；另一种是由9点组成的菱形点纹。几组稀疏的褐色点彩使白釉、青釉瓷增添了恬静的性格，给人以宁静之感。

印花多用于姜黄釉碗的内壁。从出土的一片刻工精细的印花碗模子来看，是在碗模坯上直接刻纹，然后入窑烧成，属即刻即绕。从印花瓷的姜黄釉色和艺术风格来看与陕西铜川耀州窑[6]和旬邑窑[7]产品相似。另外在瓦当、滴水、围棋子和一些佛教用具上亦有印花，均为单模压印。

刻花是在阴干的胎体上刻出纹饰，再施以透明釉。由于未施化妆土且釉层较薄，产品烧成后虽成青色，但未能克服胎体较暗的缺点，故色调欠佳。

二、装饰题材

（一）反映民间生活的题材

在一片白釉剔刻花罐片上刻有婴儿攀花[8]。婴儿肥头大耳，尖鼻小嘴，两眼凸起炯炯有神，颇有怡然自得的神态。前述碗印模片上刻裸体婴儿，头上梳一"冲天槌"，攀缘在牡丹花中。婴儿代表了人们的希望与对未来美好生活的追求，故为宋、辽、金、西夏时南北诸窑广为流行的题材。

鹿衔花纹多出现在经瓶上。鹿纹是我国传统的装饰纹饰[9]，但鹿嘴衔花则可能始于唐代，宋金时期较多[10]。从本窑出土的鹿纹形态来看应属于夸张、变形一类的图案化形式，其共同点是鹿均回首衔花[11]。如图一：1为开光内剔刻一形态矮小的幼鹿，匠师仅用几笔简单的线条就把鹿的灵巧身躯，善于奔跑的动态和戒备机警的性格表现的非常成功。通过艺术的夸张使鹿的颈部富于弹性，体态矫健优美，亦表现了幼鹿的稚气和活泼的神态。鹿嘴衔一朵牡丹花，花瓣繁茂，其两侧花叶朝相反方向延伸，布满空间，有着对称的特点，达到了花繁叶简，繁简得当的艺术效果。图一：2为鹿衔莲花，鹿的形体偏瘦，颈部长伸，轮廓转折有起伏，柔中有刚，四肢做奔驰状，显得劲健轻快。从整体画面看，鹿的位置居中、四个边角的叶纹则有意简化。这不仅突出了鹿的形象，也造成画面整体上的平稳。另外，鹿背上站立的头顶花柄小人，开光左侧所刻的图案，其含义不明，有待考证。

（二）反映西夏统治者生活的送葬狩猎图

此图刻在一小口深腹瓶的腹部，最前方是一惊慌奔逃之兔，其后有一动势较大的猛禽在抓扑一鹅，后面又有一奔跑之狗似在协助扑鹅或在追扑逃兔。中间刻一马，鞍上插有幡旗似刻有字（不清），应为死者之名。马的后方刻有双靴挑灯（图一：4），靴后尚应刻有它物，惜瓷片短缺而未能看到完整画面。

此图所绘猛禽学名鹘，亦名海东青，善猎鹅雁，辽统治者特别喜养之，因用鹘扑鹅乃契丹之旧俗。辽国有春水秋山，冬夏捺钵之制，亦可称四捺钵。捺钵是皇帝出行狩猎时的行帐。在冬夏捺钵时大小内外臣僚随行，皇帝"与北南大臣会议国事"。辽代诸帝每年春季至某水行猎60天，凿水取鱼、纵鹘扑鹅雁，名为"春水"，即扑鹅之水。每当鹘扑到鹅后，随人即用刺鹅锥将其刺死，获头鹅者受重赏。皇帝得头鹅要"荐庙"，故"春水"亦属朝廷大典[12]。此瓶画面中亦可看到西夏贵族狩猎时亦用海东青击鹅。史载西夏还将海东青向宋[13]、辽[14]、金[15]统治者进献。西夏王国的主体民族——党项族"本以羊马为国"，善骑射、尚武喜战。他们不仅把狩猎看成是一种猎食、强身和提高战斗力的活动，而且在政治生活中亦占有一定作用。故其开国雄主李元昊每出兵必率部长与猎，有获则下马环坐而食，割鲜佐饮，各问所见，择取其

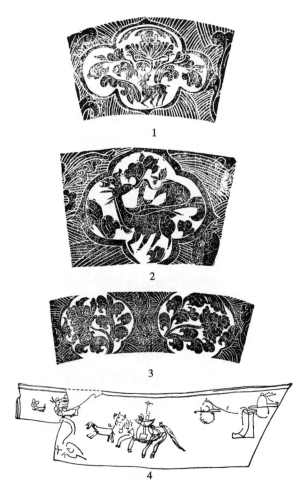

图一．黑釉、褐釉瓷瓶的局部花纹复原图
1. 黑釉剔刻花经瓶　2. 褐釉剔刻花经瓶
3. 黑釉剔刻花经瓶　4. 褐釉小口深腹瓶

长[16]。这是在狩猎中团结部下，制定军事计划，准备战斗。我国历史上游牧民族所建立的政权都很重视狩猎，原因就在于此。图后高靴挑灯表明什么含义？这需加以探索。内蒙古奈曼旗辽陈国公驸马合葬墓内有金花银靴两双[17]。喀喇沁旗上烧锅辽墓[18]、宁城县小刘仗子辽墓[19]、翁牛特旗解放营子辽墓[20]均发现有铜靴垫。这些靴子和靴垫可能反映了人死后要走向祖灵的思想，并表示在阴间继续过着同人间一样的生活，当然包括他们最喜爱的狩猎活动。前述陈国公主墓出土的刺鹅锥（即玉柄

银锥）也说明了这一点[21]。此图似表明西夏党项族人有着与此相同或相近的思想，妄想死后走向祖灵，继续过着人间一样的生活。

（三）表现象征寓意的花卉

在扁壶、经瓶、瓮、罐、盆、钵等器物上剔刻有大量的牡丹花，其数量几占花卉纹饰的80%以上。牡丹花可分折枝、缠枝和串枝三种。折枝均在开光内，以一个花头为最多，少数为两个花头，个别有三个花头。花姿各异，有的花头向上亭亭玉立，有的呈45°斜出或180°平出（图一：3）。缠枝则无开光界限布满整个画面，如在扁壶上可用一花枝曲折缠绕着4个花头构成一圆形画面（图二：3），在经瓶上则用一花枝平向缠绕，花头一上一下交错一周。串枝多用在瓮和扁壶上，花枝、花头平串一周。众多的牡丹花体现了西夏王国居民对之有着特殊的喜爱心理。究其原因可能有两点：一是认为牡丹花有着雍容雅致的花姿，被看作是美好幸福的征兆，表现了人们生活的充裕和美满，当然这也与其时西夏王国正处于鼎盛时期有关。二是受到宋、辽时期盛行牡丹的传统影响，如宋陵石刻群中牡丹花比比皆是[22]，辽庆陵中的东陵（即辽圣宗永庆陵）中室所绘著名的《四季山水图》中的《夏图》就是三大朵牡丹花[23]。

在经瓶、建材和一些佛教用具上多有莲花纹。莲花轻盈娇媚，亭亭玉立于碧波之上，飘香弄影于清风之中，给人以赏心悦目的美感。它"出于淤泥而不染，濯清涟而不妖"，在人们的心目中是圣洁的化身，高雅的象征，素为人们所喜爱。在佛教盛行地区，莲花又成为日常用具、雕刻、建筑及佛教用具上常见的纹饰。这在本窑产品上亦有所体现。

另外尚有少量的菊花、梅花、石榴花等纹饰。

（四）表现动物造型的纹饰

动物纹饰以鹿和鱼较多，鹿纹前已叙及。鱼纹亦是我国传统的装饰纹饰[24]。古人对鱼的喜爱不仅是因其体形优美，在水中出入从容给人以联想，而且与人们的经济生活紧密相关。西夏统治中心地区黄河流贯其中，沟渠纵横。西夏建国前，曾长期为其首府的夏州，滨临红柳河。距夏州不远的城川古城附近湖泊较多[25]，因而西夏时渔猎在人们生活中应占有一定地位。本窑白釉、青釉盆内壁多有鱼纹，均为单独纹样的连续图案，一般为2—3条。鱼纹外轮廓的长线和轮廓内的短线一气呵成。鳍用短曲线、尾由间隔不等的7—8道长线刻画而成。刀法起伏顿挫婉转自如。鱼鳞的刻法除常见的半圆重叠外，尚有圆圈排列和近似圆圈排列两种。鱼的眼睛虽在简单的刻画圆圈上任意点去，却颇为传神。鱼嘴是由向里弯曲的一勾完成亦表现得恰如其分，十分洗练。总之，匠师精湛娴熟的技艺在刻画鱼的神态上得到了充分的体现。

三、装饰艺术风格

（一）独具特色的黑白装饰艺术

黑白两色对比强烈，有着一种素雅、庄重、宁静的美感。因而在宋代瓷器装饰中被广泛应用。制瓷匠师利用剔刻花的空白处来突出主体物像、表现空间，构成画面的空灵感，给人以联想的作用，同时还借助于两色多层次的视觉效果，并结合宋代写意画的以虚托实，虚实相生的艺术手法，对黑白两色的艺术效果进行了新的探索。现以4个实例分析其巧妙的构思。

1. 黑釉剔刻花双系扁壶（图二：1），画面以两个左右对称的开光牡丹花为主体纹饰。两开光间刻有密集的弧线来衬托单线的牡丹叶纹。两者共同作为地纹把主体纹饰烘托的更为突出。这说明匠师在总体色彩上的块面对比当中，还注意到局部块面色彩强弱的对比。这种双层次的对比丰富了整体色彩的变化。开光内一朵折枝复瓣牡丹挺立于中间，四周衬以叶纹，显得疏朗而明快。花头和花叶的造型是靠长短曲线的组合，开光轮廓和地纹有赖于娴熟的线刻技巧，两者结合表现了完美的整体造型。因而做到了主、地纹均衡协调而富于变化，在变化中求得统一。

2. 深褐釉剔刻花四系扁壶（图二：2），在画面的右上方和左下方安排了两个椭圆形四瓣开光。在其内一侧各向上伸出折枝复瓣牡丹一朵，花叶分枝左右、疏密相间，均衡了与花的比重，使黑白两色分布均匀。两朵牡丹花所以在画面上显得突出还要归到独具匠心的地纹设计。在占画面近1/4的左上方，两开光间线刻婉转自如、轻柔优美的水波纹。在右下方的1/4处是在先划好的格子中线刻宛若游丝、方向各异的漩涡纹。整个画面就某一局部而言似不太匀称，但从整体上看则朴实无华。大面积运用地纹突出主体纹饰的装饰手法在其他瓷窑中尚属少见。

3. 褐釉剔刻花四系扁壶（图二：3），整个画面仅用一花枝缠绕、伸延与穿插烘托出四朵盛开的牡丹花，均朝向画面中心。这里没有使用大面积的地纹与开光来突出主体纹饰，而是用洗练准确的线条，叶纹的繁简，花、叶结构的巧妙处理及块、面色差的对比来表现牡丹花的品格。其布局既严谨又不显呆板，近似对称而又不严格恪守，因而画面显得粗犷、简洁，有着素雅质朴的美。

4. 深褐釉剔刻花双系小扁壶（图二：4），画面正中是一朵穿过花叶挺拔而出的牡丹，纤细的刻线使花头保持了大面积的深色调。其左右两侧各有一朵较小的碎瓣牡丹，从而减轻了深色调的比重，以此来衬托中间的牡丹。几占画面1/2的下部刻画叶纹与水波纹，以此与主纹相呼应。从整体画面看，主纹牡丹周围保留大块的白色块面有着举足轻重的作用，如减少白色面，色差对比就不能强烈，画面就会显得沉闷。此种构图在主宾关系、色差对比的运用上都具有独特的艺术性。

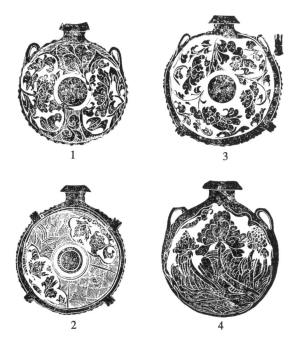

图二　黑釉、褐釉瓷扁壶花纹复原图
1. 黑釉剔刻花双系扁壶　2. 深褐釉剔刻花四系扁壶
3. 褐釉剔刻花四系扁壶　4. 深褐釉剔刻花双系小扁壶

（二）写实兼写意的画风与装饰艺术的结合

融合绘画技法的陶瓷装饰艺术在宋代以前已经存在，绘画与陶瓷装饰艺术是有着密切联系的。写实就是反映现实和社会生活。前述送葬狩猎图表现了党项族的生活，真实地反映了狩猎的几个侧面，有着写实的意味。此图从线刻技法上看虽欠熟练，但颇具韵味。如用几条简洁的曲线把马和狗的各个部位在动态中的结构特点准确地刻画出来，很有写意画"意笔"的味道。另一情节是海东青在抓扑一鹅，而鹅在惊恐之下已失去了平衡，奔跑的狗跟踪而至，同时一恐慌之兔在拼命逃窜。这一刹那的紧张情景生动地展现在画面上，质朴的线刻把动态、神态一一勾画了出来，其造型的概括手法正是写意。前述婴儿攀花纹瓷片，仅用几条刻线就勾画出了婴儿的五官，把其天真烂漫的情态惟妙惟肖地展现出来，尤其是眼神的刻画既传神又传情。这是写实兼写意，在写实的基础上写意。前述鱼纹盆是凭借富于变化的线条来体现以形写神，从而使画面达到形神兼备的意境。所谓写意就是讲究艺术手法上的提炼、概括和意趣，从写实中掌握严谨的造型，然后再以形写神，以达到写意的目的。本窑瓷器在装饰艺术手法上的写实与写意正是从绘画艺术中借鉴而来。

（三）宾主有序的完美构图形式

在绘画和装饰艺术上历来重视构图的宾主从属关系，宾主有序方能做到主次分明。主，指纹饰结构的主体；宾，指纹饰结构中作为陪衬的次要辅助纹饰。本窑瓷器装饰在处理宾主关系上采用了以下的技法。第一大量利用开光构图，几占一期剔刻花器物的70%以上。开光以内的物像作为主体纹饰，开光以外的地纹及边饰起辅助衬托的作用。第二用多层次的色差对比，也就是在总体色彩上的块面对比当中，还注意到局部块面色彩强弱的对比。这是从对比中找对比，使主体、客体纹饰非常谐调地处于同一画面之中。第三在非开光的画面中则运用线条的粗细、疏密、繁简，花、叶结构的巧妙安排以达到合理的构图布局来突出主体纹饰。由于本器物装饰注重宾主关系的妥善处理，增强了其艺术效果。

综上所述，西夏素釉瓷中以白釉瓷最具特色，达到了以釉色和造型取胜的艺术效果。这应与党项民族崇尚白色有关。剔刻花技法的广泛应用是西夏瓷的另一特色，而大量开光的运用使它的优点——色差对比鲜明、宾主有序，"实"、"意"相兼等表现得更为突出。从西夏瓷总体装饰艺术来看具有朴实无华的特点，颇具粗犷、洗练风格，而少有繁缛、纤细表现。这应与游牧民族质朴的性格有关。就装饰题材而言，既有当时南北诸窑流行的代表人们希望的婴儿，表示吉祥的幼鹿，象征美好幸福的牡丹，也有反映党项人送葬狩猎的场景和其他有关的内容。

本文所述器物装饰均属灵武窑一期，即夏崇宗（1086—1139）晚期和夏仁宗（1140—1193）时期。此时宋室已南迁，金国初建，夏金之间保持了80年的友好关系，因而社会较为安定，文化有了较大的发展。夏崇宗晚期有西夏文字典《文海》、《文海杂类》、《音同》等成书。夏仁宗在位54年，他"崇儒"、"尚文"，著名的西夏文与汉文对照字典《蕃汉合时掌中珠》于此时问世。他还制定了《天盛年改定新律》，并大量刻印佛经，仅在1189年的一次佛事中就散发了25万卷佛经[26]。在这样的历史时期内，制瓷匠师的追求是要通过高超的技艺和美好的题材来表达"太平盛世"的情景。通过前述分析，西夏瓷的装饰艺术效果是成功的，因而其艺术追求与艺术效果达到了较完美的统一。

灵武窑一方面代表了西夏王国的制瓷业，另一方面它受到中原诸窑系，特别是磁州窑系的强烈影响，亦应视为12世纪我国制瓷业在西北地区崛起的一支。它的装饰艺术除了反映其时代总的特点以外，也保存了大量的民族特点。当然这些特点都与西夏王国的社会习俗密不可分，并与它的历史进程息息相关。因而这些内容丰富的装饰艺术从一个侧面展现了西夏王国的文化。

（本文引自：《中国考古学论丛——中国社会科学院考古研究所建所40年纪念》，科学出版社，1993年。）

注释

[1] 中国社会科学院考古研究所内蒙古工作队：《宁夏灵武县磁窑堡瓷窑址发掘简报》，《考古》1987年10期，第905—913页。

[2] 陈直等：《煤系地层中高岭石质泥岩可能用作古陶瓷原料》，《中国的陶瓷》

第338页，轻工业出版社，1983年修订本。

[3] 贡昌：《谈婺州窑》，《中国古代窑址调查发掘报告集》第22—31页，文物出版社，1984年。

[4] 李国桢等：《宁夏灵武窑制瓷工艺的总结和研究》，《中国陶瓷》1991年1期。

[5] 中国社会科学院考古研究所编：《宁夏灵武窑》，图42，紫禁城出版社，1988年。本文所用资料均见此书。

[6] 陕西省考古研究所：《陕西铜川耀州窑》，科学出版社，1965年。

[7] 咸阳地区文物管理委员会：《旬邑安仁古瓷窑遗址发掘简报》，《考古与文物》1980年3期。

[8] 早在东罗马帝国，波斯萨珊朝时多有裸体童子采摘葡萄的纹饰，并被认为与酒神节有关。后来葡萄纹出现在我国的器物上，在唐代广为流行，但不见童子。约从宋代开始大量出现裸体婴儿攀花的纹饰，而葡萄被莲花、牡丹、梅花、石榴花及三果（桃、石榴、枇杷）等所替代。童子葡萄与婴儿攀花应存在着某些联系，但两者是如何发展变化的尚有待选一步研究，从中或许可以看出中西文化交流的某些因素。

[9] 鹿纹早在西安半坡新石器时代遗址出土的彩陶上即已出现，但画法稚拙，是在写实基础上概括了的图案化形式（《西安半坡》图一二二，15，16，17）。秦代瓦当中亦多有鹿纹（《新编秦汉瓦当图录》图8—17）。唐代金银器上的鹿纹则摆脱了图案化，趋向写实，镂刻用线繁缛细腻（《唐代金银器》图11、12、74、75、145、146、210、211）。

[10] 唐代金银器上已有鹿衔花纹（《唐代金银器》图74），宋代吉州窑有鹿衔芝草纹（见中国硅酸盐学会编：《中国陶瓷史》，第304页）。山西永和县金墓出土的石棺帮上有10幅雕刻，其中一幅为鹿衔牡丹花、一幅为鹿衔莲花（《山西永和县出土金大安三年石棺》，《文物》1989年5期，图六、九、十）。

[11] 9世纪伊斯兰陶器上有鹿衔椰枣树叶纹（或棕榈叶纹）。椰枣树、棕榈树是西亚地区常见的树种；莲花、牡丹、灵芝则是我国人们所喜爱的花草，地域不同，鹿嘴所衔的花、叶亦有所区别，两者或存在某种联系。

[12] 参看傅乐焕：《辽代四时捺钵考五篇》见《辽史丛考》，第36—173页，中华书局，1984年。

[13] 《宋史·夏国传》"淳化初……保忠乃献白鹘，名海东青"，第13985页，中华书局。

[14] 叶隆礼：《契丹国志》，第204页载西夏向辽国贡"兔鹘五只，细犬十只"，上海古籍出版社，1985年。

[15] 吴广成：《西夏书事》卷三八，三页载淳熙元年（1174年）夏仁宗向金国贡"海东青五，细犬五"。文奎堂影印本，1935年。

[16] 同［15］卷十一，十页。

[17] 内蒙古文物考古研究所：《辽陈国公主驸马合葬墓发掘简报》，《文物》1987年11期。

[18] 项春松：《上烧锅辽墓群》，《内蒙古文物考古》第二期，1982年。

[19] 内蒙古自治区文物工作队：《昭乌达盟宁城县小刘仗子辽墓发掘简报》，《考古》1961年9期。

[20] 翁牛特旗文化馆等：《内蒙古解放营子辽墓发掘简报》，《考古》1979年4期。

[21] 孙机：《一枚辽代刺鹅锥》，《文物》1987年11期。

[22] 张广立：《宋陵石雕纹饰与〈营造法式〉的"石作制度"》，《中国考古学研究》（二）第254—280页，科学出版社，1986年。

[23] 鸟居龙藏：《辽の文化・图谱》卷3，图版206，东京，1936年。

[24] 鱼纹早在西安半坡新石器时代遗址出土的彩陶上即已出现（《西安半坡》图一二〇、一二一），并在殷周青铜器（《殷周青铜器通论》图九二、九三）、玉器（《殷墟玉器》图版30、41、71），秦汉时期的漆器（《湖北江陵凤凰山西汉墓发掘简报》，《文物》1974年6期，图十六）、彩绘陶器（《满城汉墓发掘报告》图版二〇二、二〇三、二〇四）上也均有饰之。

[25] 侯仁之：《从红柳河上的古城废墟看毛乌素沙漠的变迁》，《文物》1973年1期。

[26] 史金波：《西夏佛教史略》，第267、338页，宁夏人民出版社，1988年。

大葆台出土的刺绣残片

王亚蓉

1974 年 8 月 15 日，由北京市委和国家文物事业管理局直接领导下，成立了大葆台汉墓发掘组，中国社会科学院考古研究所曾派人协助工作。发掘工作至 1975 年 6 月中旬结束。该墓随葬器物多被盗走，所余亦多残碎不全，且有不少又被移动原位。出土随葬器物约有 850 件。可分陶器、铜器、铅银器、铁器、玉石器、骨角牙器、漆木器、纺织品、车马器和其他共 10 类。在纺织品方面，虽然仅存残片，但也发现有刺绣和细绢等高级丝织物，其中细绢残片呈现棕黄至深褐色，经纬密度最细，每平方厘米 180 根×75 根，平滑光洁，细薄如纸，是当时称为纨素的高级平纹织物，密度仅次于满城汉墓出土的细绢。另外，漆纱冠及附属物组缨残片的发现，颇为重要。组缨是漆纱冠的带子，通体作斜格，格眼呈正八边形，其组织结构十分清晰，是件复合式组带。这一发现对于"组"的定名和识别，得到了肯定的证据。周秦两汉以来，组这种条带，多作为冠、服、印、璧等物的系饰。就该墓的墓葬形制及出土的文物判断，年代为西汉中晚期。

纺织品 共出土 12 件。有绢类、刺绣、漆纱和组带等。均出土于外棺与中棺底板上。因棺椁坍塌，纺织品多错落褶皱黏结为一体，很难展开，故全貌已不可辨。下面仅取一些标本加以介绍：

表一 一号墓出土器物简表

类别	编号	名称	数量	出土地点	图号	图版号
纺织品	842	绛紫地绣绢	1	外棺与中棺底板上		
	843	绛紫地绣绢	1	外棺与中棺底板上		

续表

类别	编号	名称	数量	出土地点	图号	图版号
纺织品	844	绢	1	中棺内底板上		
	845	绢（小麻绳绢）	1	外棺与中棺底板上		
	846	绢（大麻绳套）	1	外棺与中棺底板上		
	847	细绢	1	外棺与中棺底板上		
	848	细绢	1	中棺内底板上		
	849	细绢	1	中棺内底板上		
	850	细绢	1	外棺与中棺底板上		
	851	漆纱	1	外棺与中棺底板上		图五：2
	852	漆纱	1	外棺与中棺底板上		图五：1
	853	组带	1	外棺与中棺底板上		图七

表二　纺织品简表

编号	名称	标准 长×宽 cm	尺寸 厚 mm	密度 经×纬/ cm²	经纬 经mm	投影宽 纬mm	备注
842	绛紫地绣绢	61.5×35.5	0.18	46×28	0.18−0.20	0.25	锁绣花纹
843	绛紫地绣绡	80×40	0.18	46×28	0.18−0.20	0.25	锁绣花纹
844	绢		0.10	88×58	0.10−0.12	0.15	经丝屈曲很大、厚实
845	绢（小麻绳套）		0.20	65×42	0.10−0.15	0.15	
846	绢（大麻绳套）			84×34	0.05−0.15	0.15	
847	细绢	小残片	0.7	120×52	0.08−0.10	0.14	有"木理"压纹
848	细绢	小残片	0.08	142×72	0.08	0.13	夹绵涂朱

编号	名称	标准 长×宽 cm	尺寸 厚 mm	密度 经×纬/ cm²	经纬 经mm	投影宽 纬mm	备注
849	细绢	小残片	0.08	180×75	0.07	0.09	
850	细绢	小残片	0.06	131×78	0.10	0.12	
851	漆纱	小残片	0.11	18×18孔			纂组结构表面涂漆薄
852	漆纱	小残片	0.16	20×20孔			纂组结构表面涂漆薄
853	组带						

绢类 得到的绢织物较多（见表一、表二），如标本（844）、（848）和（849）残片，均发现于中棺内底的南端。（844）现呈驼色，经纬密度每平方厘米88根×58根。（848）现呈棕黄至深褐色。绢中不规则地夹有丝棉及朱砂，其密度为每平方厘米142根×72根，（849）最细，为185根×75根，平滑光洁细薄如纸，在低倍显微镜下可以看到，织物表面几乎全为均匀的轻浮点所组成，织得极为紧密，其密度仅次于满城刘胜墓出土的细绢[1]（每平方厘米200根×90根）是当时称为纨素的高级平纹丝织物。

刺绣 绛紫绢地刺绣残片有2件，都发现于外棺棺底的内面南端，（842）残长61.5厘米、宽35.5厘米。（843）残长80厘米、宽40厘米，它们正好为中棺底板所压，被紧紧地夹封在有完好漆膜的两层棺底板之间，从而得以较好地保存下来，但因错落褶皱和重压，已黏结为一体，表面平滑得如同蜡笺纸一样，很难完全展开，推

图一 外椁底板上的丝带和丝绳

测可能是棺衣的某一部分，棺衣的形制或与江陵凤凰山 167 号汉墓类似。绢上附有数段压扁了的绳索（可能为麻制品，已碳化）。有粗细两种，皆为双股拈合，绳外还套着绢条缝制的套子。窄的 1.5 厘米、宽的 3 厘米。绳索可能是向外棺安放中棺时使用的（图一）。此外尚有长 60—80 厘米不等的 4 合股丝绳数根，散放于绣绢织物上或棺底中，粗约 0.2 厘米，末端有的还结有绢带 5—6 厘米长，双分作燕尾式，也许是葬具上的某种饰件，或者是乐器散乱之后留下的弦线。绣绢的密度为每平方厘米 46 根×28 根，绢厚 0.18 毫米，织造得很结实。绛紫色，色调沉着、艳丽，应是战国以来名贵一时的"齐紫"传统染法染成的[2]。

刺绣花纹，是典型的汉代藤本植物图案，单位纹样由 1 条反 S 形为主干，两端再饰以蓓蕾和花穗构成（图二），马王堆一号汉墓出土的印花敷彩纱花纹，诺因乌拉墓出土的针黹箧上的刺绣花纹及甘肃武威磨咀子第

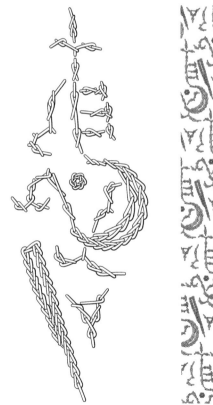

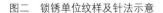

图二　锁绣单位纹样及针法示意　　　　图三　绛紫地绣绢花纹（842）

二二号墓出土的东汉织锦刺绣针黹箧都和这基本相同，是两汉规范化了的装饰纹样[3]。单位花纹的外廓，略作菱形，约高4.7厘米、宽2.2厘米，按菱形格排列组成面饰（图三）。

花纹的色彩已经消退，从标本上仅能约略看出一些差别，究竟原来是什么颜色已不能分辨，但从背面观察其穿针引线，分针设色的形迹，可以知道花纹有6个颜色（图四）。色彩可大体照针黹箧予以复原。

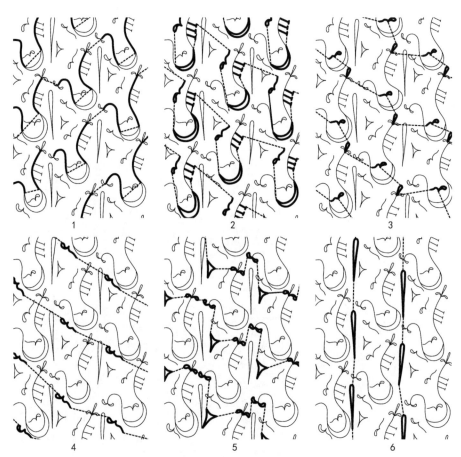

图四　绣绢花纹设色示意图
粗实线为正面同色绣线花纹，虚线表示背面的针迹联系

绣工也很精致，在绢底上先以墨线绘出底稿，然后全部采用锁法绣成。由于纹样单位较小，条蔓花叶都很纤细，故须分丝劈缕着意刻画，尤其针法灵活多变，富于表现力，五彩缤纷，实为一件优秀作品。

　　经编加工的漆纱和组带，在内棺北端，还发现漆纱冠的若干残片。这是一种丝织编结的手工艺品，实物有粗细两种，编号（851），每平方厘米18目×18目，厚0.11毫米（图五：2）。编号（852），每平方厘米20

1. 漆纱冠残片（852）

2. 漆纱冠残片（851）

图五　一号墓出土的漆纱冠残片

目×20目，厚0.16毫米（图五：1）。外观皆呈棕黑色，涂施的漆膜富有光泽。初见之下，仿佛是角质薄板精工打孔做的，又很像是平纹织物制成的，但据显微切片观察，漆膜中包埋着的织物组织，为纂组结构（图六：1、2）。编制方法见附录一一（本书《汉代的组及其工艺研究》一文）。这种编织物的残片，以往曾有出土，只是近年来才在武威磨咀子、长沙马王堆汉墓中见到完整的实物[4]。推测这种漆纱冠的形制可能与之大同小异。若就漆纱的细密程度而言，却都不能和这两件残片相比。编织加工难度大，工艺水平高，是当时具有代表性的产品。

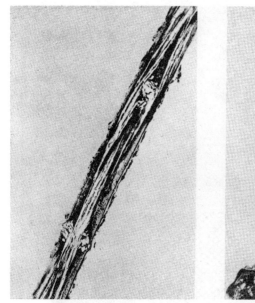 

1. 漆纱纵切面（放大90倍）　　　　2. 漆纱横切面（放大90倍）

图六　一号墓漆纱切面

这种织物，两汉时称之为"漆纚"，以后又称作"漆纱，"相沿约六七个世纪，一直是制冠的高级材料。但所谓的"纚"或"縰"唐人解释为"方目纱"，从那时起这项工艺便失传了。其后千余年来，一直被误认为是一种平纹的机织物。如今从实物分析中才使我们知道它是极为费工的编结制品，其组织就是最基本的组带形式（可叫作纂组结构），它与平纹织物是断然不同的东西。

此外，与漆纱同出的还有经编的组带残片（853）。外观铁锈色。仅

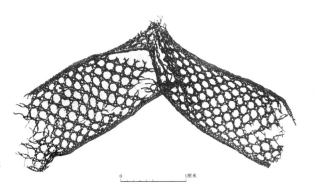

图七　一号墓组带（853）

一小段保存较好，带宽约 1.2 厘米、残长 5 厘米。通体编作斜格，格眼为正八边形，孔径约 1.3—1.5 厘米。单头的丝线为反手（Z）拈的合股线。直径 0.15 毫米左右。其组织结构十分清晰，为一般纂组的复合形式（图七）。其编织方法见附录一一（本书《汉代的组及其工艺研究》一文），出土时组带和漆纱冠残片相毗连，说明应是冠上的附属物–组缨，即冠的带子。它的发现给组的定名和识别，得到了肯定的证据。

（本文引自：《北京大葆台西汉墓》，文物出版社，1989 年 12 月。）

注释

［1］中国科学院考古研究所满城发掘队：《满城汉墓发掘纪要》，《考古》1972 年第 1 期。

［2］《史记·苏秦传》中所载的《苏代遗燕昭王书》中说："齐紫，败素也，而贾十倍。"正义：韩子云，"齐桓公好服紫，一国尽服紫，当时十素不得一紫，公患之。"《韩非子》卷十一·五"为五素不得一紫"。

［3］《长沙马王堆一号汉墓》上，56 页右：印花敷彩纱（N5），单位纹样见《化学通报》1975 年 4 期，《蒙古にウう发现の遗物》图版第三三、三四、五八锁绣花纹。《丝绸之路》图一织锦刺绣针黹箧。

［4］湖南省博物馆，中国科学院考古研究所：《长沙马王堆二、三号汉墓发掘简报》，《文物》1974 年 7 期。甘肃省博物馆：《武威磨咀子三座汉墓发掘简报》，《文物》1972 年 12 期。

汉代的组及其工艺研究

王亚蓉

组，是中国古代一种特有的绦带手工艺品，属蚕丝经编织物。编织方法有许多不同花式，其共同特点是斜网格结构，这种结构具有很大的变形和复原性能。单层的组，在满城汉墓、长沙马王堆汉墓、武威汉墓以及朝鲜乐浪汉墓都曾有所发现[1]。起花（编出花纹）的组，在江陵马山一号楚墓、凤凰山汉墓也出土过实物[2]。文献记载，周秦两汉以来多用组带作裹发、系冠或悬系印璧杂珮为穗饰。用组作铜镜[3]、官印的纽系具有代表性，故组又有官印的代称、"去官"谓之"解组"。过去由于实物少见，对组的结构及编织工艺了解不多。1974年，北京南郊大葆台一号汉墓出土了少量纺织品，其中值得注意的是漆纱和组带实物的发现，为我们提供了研究古代纂组编织工艺的实物资料。

漆纱冠残片呈棕黑色，涂施的漆膜富有光泽。初见之下，仿佛是用角质薄板精工打孔做出来的，表面平滑，漆纱格眼方正，直观很像由平纹织物加工制成。但据在漆纱组织点上所做显微切片观察，漆膜

图一　大葆台汉墓出土纂组结构漆纱组织断面
上　漆纱组织断面图（放大90倍）
下　漆纱丝束断面图（放大450倍）

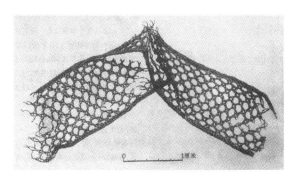

图二　大葆台汉墓出土冠缨组带

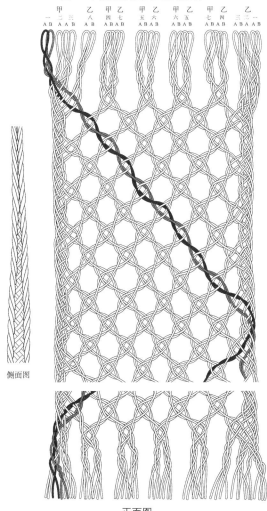

侧面图

正面图

图三　大葆台汉墓出土冠缨组带结构正面图、侧面图

中包埋的织物为纂组结构（图一、图二），其编结方法是以两组合股（双头）的经线，相互垂直交穿编结而成的，由于这种组织结构具有极好的格眼变形性能，如把编好的成品，蒙贴到制冠模具（盔头）上，可通过织物变形与冠膜完全服贴而无皱褶。然后再经特别的涂漆处理，孔眼不堵不糊、光洁均匀，等漆膜干燥适当，再碾压平整，最后定型制成漆纱冠。这种所谓的漆纱，实非织机上织造的方目纱或罗纱，而是最基本的组编织物，当时又称为缅、继，以示和经纬纺织物的区别。

与漆纱冠同出的还有经编的组带残段。丝质纤维已呈碳化状态，外观呈铁锈色，仅一小段保存稍好。组带宽约 1.1 厘米，残长 5 厘米，通体编作斜格，格眼为正八边形，孔径 1.3—1.5 毫米。每根丝线为 Z 向（反手）捻的合股线，直径 0.15 毫米左右。其格眼组织结构为双层，十分清晰，是一般纂组的复合形式（图三）。

为了认识这种织物的结构及编结方法，我们反复进行了编结试验，对这种形式的经编组带，有了基本的了解。

大葆台出土组带的经线共有56个单头，实际上每2个单头乃是一根弱捻的合股线（每米约500个捻回，Z向），总数为28根合股线，分作甲乙两组折转45°，沿相互垂直方向推行交穿编结（图四）。经线的配置，甲组为13根合股线，又以2根为1对排列。其中左侧组边占用2.5对（5根），中间部分4对（8根），向右45°斜编；乙组为15根，右组边也占2.5对，中间5对10根，向左斜编。因2组经线不等，故幅面上形成横向4.5个格眼，现将具体编结工艺例述如下：

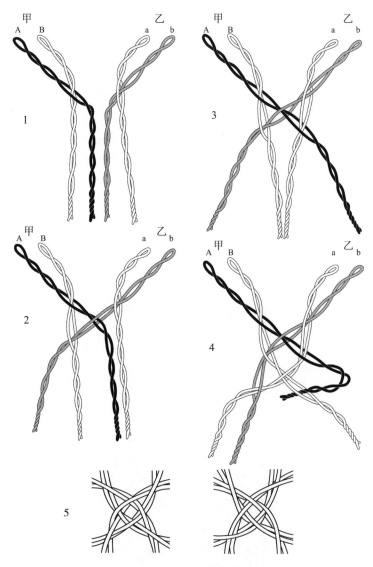

图四　大葆台汉墓出土冠缨组带格眼编结示意图
1—4. 格眼穿编工艺　5. 格眼编结正面与背面结构

（一）格眼部分

穿编时（图五：1—4），甲组的1对经线（甲A、B），首先自行交穿，乙组经线（乙a、b）亦同。然后乙b与甲B、A交穿，甲A与乙a，再甲B与乙a交穿，最后甲A、B，乙a、b再自穿，形成编结点如示意图。每个结点都是由4根合股经线，交穿构得双层马莲垜花纹，正面作右旋形、结构显得紧密，背面左旋形，较为松放（图五：5）。

图五　冠缨组带边（右）编结示意图

1. 将组边的五根双股线，自外向内编为1—5号演示

2. 首先将2、3放拈不使打绞，把1从2、3中穿过。其次把4从5中穿过，5的根部有绞

3. 图2动作后，股线的位置编为2、3、1、5、4

4. 将5再穿过1，注意，1始终保持分股状态不打绞

5. 一个编扣动作完成之后，股线的位置变化。2处于最外，成为第一根，3处于第二根的位置

6. 2开始新的一扣，依次类推进行编结

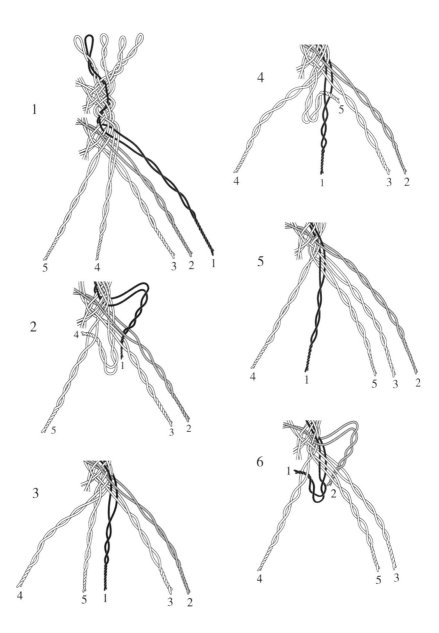

（二）组边部分

为保持格眼和组带长度的稳定，以适应使用要求，边组织是作了特别设计的。边用5根合股经线编织，时常有规律地甩出一根经线参与格眼部分的编结，同时也引进编结格眼的一根经线来补偿，照此往复，始终保持着5根经线进行边组织的编结。组边也是双层结构（图四），但在标本上也间或看到稍有变化及交联编结成一层的情况。然而左右两边的编纹走向确是相同的，这是因参与编结的经线捻向统一，编穿叠压关系就全部一致的缘故。现以右边为例，它的穿编方法可见示意图（图六）。左组边则相反，要用套编法编结，两条边组织如两条绳索般，控制着组的幅面。

（三）经线的走向

相邻两根合股经线，在编结过程中并非始终都是同行的。例如：甲一，A、B两根经线由左边开始并行，当编到右侧同时参与右组边地编结，但A在纵向编过一个格眼距离，便折向对边，与它并行的是从右边组织中甩出的另一根经线，而B却要编过4个格眼距离才返折向左编结。因而它们的运行轨迹显出不同的"波长"，当A经过16个转折，B经10个转折后，AB才又重并成一对经线参与编结，各自都占据了纵向98个格眼长度（图六），构成一个反转对称循环。

（四）对组的编结工艺几个问题的推测

1. 纂组的编线宜用生丝制成，因生丝挺爽利落，编结时易于拾找和穿编。编得成品以后，根据需要或生坯使用，或再经脱胶练熟、染色等处理。

2. 编结时每一根经线前端似应有一根针，才利于穿编，但因此会造成经线的相互纠缠，不利于操作。比较可能的做法，是把经线的下端（双头）散开的地方，梳理使其略尖细，浸蘸胶水捻作"引头"，长可

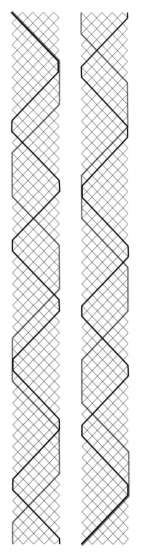

图六　大葆台汉墓出土冠缨组带经丝走向循环图

2—3厘米，晾干成为硬棒，表面再上一次蜡，以防吸湿回软。办法省便，作用与针无异，确无经线屢乱的弊端，最后，胶蜡皆可在煮练时脱除。

3. 编结过程不需任何工具，只要把适当长度的合股经线，在形成套扣的一端穿入一根小木棍或径直用绳串起挂住，就可以编结了。而且可随时随手辍作，不受限制。

4. 组带的开头和结尾，可把各对经线互相穿套数扣编作流苏。

5. 按试验估计，编结这种组带，加上准备工作，每厘米快手也要2—3小时，若编结长60厘米（汉制二尺半多），至少10天半月才能完成。工力之大可想而知。史称"锦绣纂组害女红者也"，正反映了这种情况。

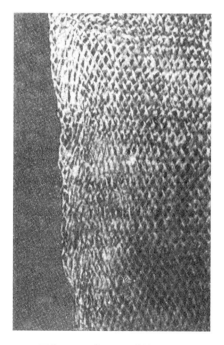

图七　马王堆一号汉墓约发组带
（放大）

比较而言，纂组织物的基本特点，在于这种穿编结构具有很大的变形性，成品纵横方向的尺寸都是不稳定的，但又可以恢复格眼的正确形状，绝无平织纱"并丝起柳"的纰病。因而适应各种形体的束裹装潢。马王堆一号汉墓的组，便是这种标准组带的代表（图七、图八）[4]。至于大葆台汉墓这件复式组带，却是一般纂组的特殊形式。它是以保持稳定长度和格眼形状，来适应实际需用的组带。组这个名字有可能是这类编织物的总称，成品往往因不同地区、不同用途、不同形式而有不同的名目。比如单层宽幅一类，用以约发的称作"帻"、"继"；系物作标志的称"组"、"绶"；制冠子的叫"緅"或"漆緅"；做冠系的则谓之"组缨"或"冠缨"[5]，如此等等不一而足。

大葆台汉墓出土这段双层结构的组带，编制得非常匀净工致，出土时和漆纱冠残片相毗连，同出于棺内，无疑是冠上的附属物–组缨。所谓缨，就是系冠的带子，这在战国秦汉出土人物绘塑形象中多有反应，史籍中有关服饰制度、社会生活的描述上常提及。许慎《说文》称:"组、绶属。其小者以为冠缨。"又《礼记·玉藻》记述"玄冠朱组缨,天

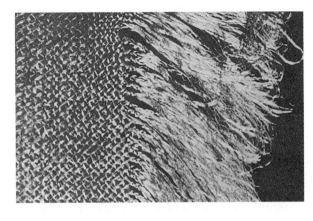

图八　一号墓漆纱切面与马王堆汉墓组带结构

子之冠也。玄冠丹组缨,诸侯之齐冠也,玄冠綦组缨,士之齐冠也。"汉代大体本于旧制,这种冠缨的使用与墓主身份是相当的。

由于组用于表示冠服等级,区分尊卑的标志,又有许多历史事件与它有些瓜葛。如春秋孔子弟子子路,被人以戈断缨,子路曰:"君子死,冠不免。"(《左传》);"楚庄王鲜冠组缨、绛衣博袍,以治其国。"(《墨子》);楚庄王宴群臣,"不绝冠缨者不欢"(《说苑》);秦王子婴投降"素车白马,系颈以组";《史记·高祖纪》等等,都可见出制作异常精工讲究的组带,在服饰制度、社会生活中的重要地位。

(本文引自:《北京大葆台西汉墓》,文物出版社,1989年12月。)

注释

[1]《乐浪》东京帝国大学文学部,原田淑人等编,图版一二〇,中棺内遗存冠并缨残片。

[2] 湖北省荆州地区博物馆:《江陵马山一号楚墓》,文物出版社,1985年。

[3] 1982年湖北江陵战国中晚期墓葬中发现有完好铜镜的组组,宽约10.5厘米,呈绛红色。参见《江陵马山一号楚墓》图版三四。

[4] 湖南省博物馆、中国科学院考古研究所编:《长沙马王堆一号汉墓》下册,图版一〇一组带(原编号443—5,全长145厘米,宽11厘米),左右两组经线各60根,股线隔一绞,穿一绞是最基本的纂组结构,此应是约发用的帻纵之类。

［5］《汉书·元帝纪》"齐三服官"李斐注"春献冠帻缝为首服"，颜师古注"缝与缅同，音山尔反，即今之方目纱也"，今以漆缅反证之，缝为组之未漆者。又《仪礼·士冠礼》载："缁缅广终幅，长六尺。"注："缅，今之帻梁者，终充也，一幅，长六尺，足以韬发而结之矣。"又《急就篇》载"冠帻簪簧结发纽"，颜注"帻者，韬发之巾，所以整㡾发也，常在冠下，或但单著之，冠帻非一称也"可通证。《尔雅·释器》载："缒，绶也。"注："即佩玉之组。"又《汉官仪》载："绶长一丈二尺……此佩印之组也。"《礼记》载"弟子缟带并纽约用组"。关于涂漆者，《后汉书·舆服志》有"长冠，促漆缅为之"。《说文》载"组，绶属也"，段注"属，当作织，浅人所改也，组可以为绶，组非绶类也。绶织犹冠织，织成之帻梁谓之缅，织成之绶材谓之组……大为组绶，小为组缨，其中之用多矣。"看来段氏之注最近实。

敖汉兴隆沟红山文化整身陶人艺术特征及性质探析

王　苹

关键词：红山文化；陶人；筒形罐；泥条盘筑；史前雕塑艺术风格；萨满

一、敖汉陶人的发现与认识

2012 年 5 月考古工作人员在对内蒙古敖汉旗兴隆沟遗址第二地点进行测绘时发现特殊的红山文化陶片，6 月由中国社会科学院考古研究所刘国祥研究员带队在发现陶片的区域进行发掘，最终完整复原出一件目前最大的红山文化晚期整身陶人（图一）。王巍所长评价其意义为："首先它是史前考古的一个重大发现，其次它是中华文化起源研究中重要的新成果，第三是对红山文化乃至整个辽河流域文明的演进过程，包括当时的宗教信仰等方面的研究提供了难得的第一手资料。第四它的艺术和造型体现了史前艺术的结晶，当时的雕塑技术令人震惊，也为论证中华文明 5000 年提供了新的资料。"关于陶人的形象特征此处不再赘述，详见发掘者刘国祥研究员在中国考古网站上的专文介绍[1]。区别以往红山文化塑像，敖汉陶人的特点可以归纳为：（1）男性形象；（2）高度写实；（3）较大，完整；（4）为泥质红陶。

图一　红山文化陶人

目前对于敖汉陶人的研究还处于初步阶段，学者意见并不统一[2]，主要分歧亦集中于陶人的性别及陶人的性质或意义。王仁湘认为是家族

图二　红山文化牛河梁遗址泥塑人物胳膊残片

祖先的人像可能更切合实际一点，或者可称"祖神"；李健民认为巫师级的人物供奉这个陶像，宣讲的时候请出来；栾丰实倾向认为是一个神像或者是一个巫师的神像，不是王或者更高级别的人物；殷志强认为可以确定是男的；王明达认为从表情、姿态都进入一个特定的状态，是一个巫；冯时认为是"女祝"，掌六宫之间的祭祀；田广林认为是神不是人，不应该把它定义为人或者是定义为"祝"，可能是仿照巫祝的形象造的神；索秀芬偏向于是巫；张星德认为表现的是当时的巫师的形象，并且认为兴隆沟出土的陶人，和牛河梁、东山嘴等遗址既有区别也有联系（图二），是宗教领域所反映出来现实社会当中的人群组织结构、层次的差别；席永杰认为是祖先和首领。

二、气韵生动：敖汉陶人的制作工艺和艺术特征

在陶人修复的过程中笔者有幸为其绘制素描图像，在绘制过程中得以全面观察陶人的制作工艺和艺术特征（图三）。

敖汉陶人的体型比较大，高55厘米左右，泥质红陶，贴塑或捏塑制成，里面中空，似筒形罐（图四）。制作筒形罐的技术为陶人的制作奠定

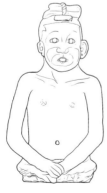

图三　红山文化陶人考古
线描图（王苹绘制）

图四　红山文化三期彩陶罐

了基础，工艺手法采用筒形罐常用的制作方法之一，即"泥条盘筑"，从陶人底座处向中空的内部观察，筒形的内壁隐约有泥条盘绕的接痕。制作时先把泥料搓成长条，然后按器型的要求从下向上盘筑成型，按照设想中的雕塑外形形体变化，一圈一圈围筑起造型，再用手或简单的工具将里外修饰抹平，使之成器。用这种方法制成的陶器，内壁往往留有泥条盘筑的痕迹，具有质朴、粗放、自然的特点（图五）。

图五　红山文化陶人（底部）

头部与身体是分两部分制成的，然后进行拼接，头部是用1.5—2厘米的窄泥条盘筑而成，身体是由宽2—4厘米的宽泥条盘筑而成的。胳膊与腿部实心，由类似草茎的筋状物加固，由于年代久远，草筋已不复存在，只留下管状印痕。在各部位衔接好之后调整身体各部位的结构、位置、表情及动态。

制作这尊陶人的工匠，具有一定的解剖学知识。陶人后颈部隐约可见的第七颈椎表现出稍向前倾斜的坐姿，用贴塑手法塑制的瞠圆的眼、厚实的耳朵、短粗的鼻头、呼状嘴唇及用捏塑手法塑制的肢体都符合真实人体的结构（图六）。突出的颧骨、凹陷的锁骨（图七）、绷紧的小腹，甚至手臂末端的尺骨茎突与手指指甲都表现无遗。尺骨茎突是尺骨末端在手腕背面小手指一侧圆形的突起，在绘画或雕塑中容易被忽视，红山先民没有忽略（图八）。另外配合表情正在做呼吸状的胸廓，制作者也观察细致入微，表达手法立体简洁。制作好陶人后，外表用骨器和蚌壳类工具进行磨光，脸部为精细打磨十分光滑，最后用黑颜料描了眉，画了眼睛。黑色上扬的眉毛，炯炯有神的黑眼睛，与红陶形成对比，加之呼状唇形，使陶人的表情更为传神。这尊栩栩如生的陶人是裸身端坐，从沿发髻线至脑后翘起的部分分析，原先貌似头发的部分是一顶麻或皮质的帽子，贴合头部，顶部有一穿洞（图九），头发从穿洞中出来，整齐的盘绕之后，形成横向的发髻，由一根碾挫均匀的麻或皮质绳子扎成。帽子前端的长条状物，类似后代帽子上的帽正。（图十）

 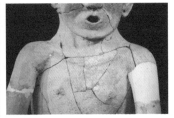

图六　红山文化陶人局部（侧面）　图七　红山文化陶人局部（嘴部）

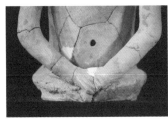 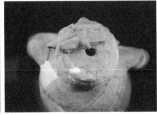 

图八　红山文化陶人局部(手部)　图九　红山文化陶人局部(顶部)　图十　红山文化陶人局部(头部)

综合诸多因素，敖汉陶人表现的是一位带冠长者形象，表情丰富气韵生动，他的形象就像我们身边的人。

三、由神到人：敖汉陶人性质与意义的探讨

敖汉陶人的发现具有偶然性，虽经过相关的发掘，但因此处遗址的性质及保存状况等原因发现较少，目前的研究限于就敖汉陶人的本体进行，因此其造型特征、艺术风格及制作工艺就成为研究重点，同时还要注意结合陶人所处的时代背景与遗址的文化内涵。以下通过三个方面进行析：

1. 造型特征的分析。对于敖汉陶人的性别认定还存在一定的分歧。有学者认为陶人为女性形象，并举出甲骨文、金文及较晚时期雕塑形象作为比照。考古发现比较明确的以坐姿分男女的雕塑最早见于商代，史前有无这种差别没有足够多的材料支持。就陶人坐姿来判断性别或族属似乎都缺少直接的证据。敖汉陶人采用这种坐姿更多的像是史前人类的一种自然姿势，而非具有特殊的含义。就同一考古学文化范围内相近时段的材料来看，敖汉陶人的形象与之前已经确认的女性雕塑形象有着较大的差别，刘国祥指出了两者在形象方面的多处不同，并且红山文化牛

河梁遗址中心大墓的葬者为男性，因而应为男性形象，而且随葬玉器众多，本文同意他的判断。（图十一）

图十一　红山文化牛河梁地区积石冢随葬玉器

　　敖汉陶人最突出的造型特点在于多孔与呼气的形象。陶人的耳孔、鼻孔、口、肚脐都与颅腔、腹腔连通，并且口部做呼气状，这种多孔而连通的设计是目前发现的史前雕塑人像中唯一的一件。结合民族学的资料分析，敖汉陶人塑造的是一位萨满的形象。萨满的基本概念是信神鬼的存在，人与神之间想设法沟通，于是承认有些人有通神的能力，得神的帮助，用神法能知道神异的现象，这种人即为萨满[3]（图十二）。气论即神论，是萨满教宗教信仰的核心学说，"萨满教的气化气感意识，在萨满教整个观念中占有突出地位，是其神祇原道观念的核心"[4]。这种观念也就是凌纯声在考察赫哲族宗教观念时所讲到的气生主义[5]。"据萨满自述，认为萨满教气化神功不单来自体内，而是借外气引内气产生神气功能"[6]。萨满们所追求的气，是企盼自然界充满宇宙万能之气，为己所得，为己所用。满族萨满神谕文本中提到不仅"气"要附于头，附于腰间，附于全身，并且要渗透[7]。敖汉陶人身上的孔恰好位于头部和腰腹，这种设计恐怕不是无意识的结果，而是便于"气"依附。凿孔以便于气之出入的遗俗流传至今，满族等民

图十二　内蒙古地区萨满

族死者火葬后的骨殖装于陶罐，陶罐上部凿灵魂孔，便于魂气出入[8]。尽管红山时期萨满的具体操作方式不得而知，但可以推测陶人身体上的孔洞能承接宇宙之气并引领内气，又通过口部"运气"达到与神交通或治疗疾病的目的。近世赫哲族萨满做法有一套专业的神衣、神帽，据凌纯声介绍：神帽是一铁圈，外包皮或布，铁圈的前面有一个小铁神，戴的时候好像是个帽准[9]，也确实和敖汉陶人所着帽正有神似之处。

　　2. 艺术风格的分析。敖汉陶人体现红山文化雕塑从象征到写实艺术风格的转变。东山嘴所出女神塑像着重突出腹部、臀部等孕妇特征，是象征丰收、生育等的"地母"形象（图十三）；女神庙所出"女神"头像写实性已经很强，从艺术风格看五官特征理想化，着重塑造庄严肃穆的特征，而且其材质为泥塑并非陶塑，没有经过烧制（图十四）。敖汉陶人则基本是真人的形象，经过高温烧制，具有高度的写实风格。

　　从艺术史的发展过程中来说，史前雕塑从象征到写实的转变意味着史前人类的关注点从神到人的转变。金维诺指出："这些形象（京山、天门所出人物塑像）与辽西出土的神庙中被祭拜的偶像不同，似乎表现具体生活中的物……由按照人塑造神，返回到直接表现现实中的人，从想象的神境回到实在的人世间，这就意味着：除了从属于祭祀等活动的雕造外，还存在逐步摆脱原始宗教束缚，有意识地表现周围事物的雕塑制作。"[10]

图十三　红山文化东山嘴遗址
出土陶塑孕妇像

图十四　红山文化妇女神头像
（泥塑非陶塑）

陶人的尺寸也是一个值得注意的方面。有两种红山文化女性雕塑的大小与性质的差别：小型孕妇塑像有可能是原始人施行巫术的道具，而大型人物塑像有可能是祖先崇拜的偶像。敖汉陶人作为一个中型的塑像，处于"工具"和"神像"两者之间，也正好符合其沟通人神的萨满身份。

3. 制作工艺的分析。前已述及，敖汉陶人的制作方式和工艺与筒形罐有相似之处，是在其基础上发展起来的，也与女神庙女神头像制作方式相似[11]，但是敖汉陶人为泥质红陶，意味着必须经过高温的烘烤。红山文化中这样大而完整的红陶塑像还是第一次出现，史前人类的制作工艺发展缓慢，敖汉陶人的制作方法在技术上具有进步意义，使用先进的工艺来表现新出现的人物形象，正是新的思想意识的体现。

古代称女巫为"巫"，男巫为"觋"，合称"巫觋"。通过敖汉陶人本身的造型特点、艺术风格和制作工艺分析，陶人很有可能体现了一位远古时期男性萨满的形象，也即广义上所说觋的形象（图十五）。

图十五　红山文化陶人修复

四、绝地天通：敖汉陶人的时代与背景

敖汉陶人的出现不是偶然的，回归到当时的时空框架和文化背景下有助于我们对于陶人的深入认识。

张光直认为中国古代的文明是萨满文明。他指出："中国古代文明中的一个重大观念，是把世界分成不同的层次，其中主要的便是'天'和'地'。不同层次之间的关系不是严密隔绝、彼此不相往来的。中国古代许多仪式、宗教思想和行为的很重要的任务，就是在这种世界的不同层次之间进行沟通。进行沟通的人物就是中国古代的巫、觋。从另一个角度看，中国古代文明是所谓萨满式（shamanistic）的文明。这是中国古代文明最主要的一个特征。"[12] 他在该书中又称：中国古代文明的许多表现，跟天地人神之间的沟通都是有直接关系的；具体进行沟通工作的是巫师，也就相当于民族学上的"萨满"[13]。

李伯谦在谈到中国文明演进的两种模式时，专门指出红山文化的巫或王，"红山文化时期特别是它的晚段，当时社会虽已发生分化，凌驾于社会之上的所谓'公共权力'已经存在，但掌握行使这种公共权力的并非世俗的王，而是这些掌握着通神权力的巫师或曰'神王'，神的权力高于一切"[14]。

红山文化晚段，学术界一般认为已经看到了文明的曙光，已经步入阶层社会且阶层比较严谨（图十六）。红山文化四期前段社会出现了分层现象，四期后段社会分层加剧。坛庙冢、坛冢和坛、冢等不同祭祀等级建筑和不同形式祭祀活动，形成了完备祭祀礼制（图十七）。墓葬形制和随葬玉器种类、数量、质量是权力阶层内部等级的标志，形成严格的丧葬礼仪。在牛河梁祭祀遗址中高级别墓葬只随葬象征社会地位的玉器（图十九、图十八），不见夸富的随葬品，说明社会贫富差别不大，所谓的社会上层显贵也是贵而不富。同时"红山文化四期晚段祭司阶层利用特权，集中社会资源，役使民众建造大型坛、庙、冢等大型宗教设施。通过祭祀，与神沟通，体现其有别其他民众的特权。葬于积石冢上的少数人拥有玉器，表明他们特殊的社会地位，其他大部分成员无权获得玉

图十六　红山文化
草帽山石雕戴冠人像　　　　　　　图十七　红山文化女神庙壁画

图十八　红山文化玉凤　　　　　　　图十九　红山文化玉兽面形器

器等奢侈品"。敖汉陶人出土地兴隆沟第二地点处于第四期晚段，社会的分层已然出现，特权阶层逐渐形成。敖汉陶人的形象是写实的，中型尺寸，出土于一个小型的房屋之内（与具有"神性"的女神庙显然有着区别），显示出新的文化因素并没有占据统治性的地位，而带有过渡期的性质。这个特权阶层准确的说就是萨满，萨满陶像的出现表明萨满地位的上升，通过"绝地天通"日渐掌握了权力。

　　文献中对远古宗教祭仪的追述有助于理解这一过程，《国语·楚语》记载：

　　古者民神不杂。民之精爽不携贰者，而又能齐肃衷正，其智能上下比义，其圣能光远宣朗，其明能光照之，其聪能听彻之，如是则明神降之，在男曰觋，在女曰巫。是使制神之处位次主，而为之牲器时服，而后使先圣之后之有光烈，而能知山川之号、高祖之主、宗庙之事、昭穆之世、齐敬之勤、礼节之宜、威仪之则、容貌之崇、忠信之质、禋洁之服而敬恭明神者，以为之祝。使名姓之后，能知四时之生、牺牲之物、玉帛之类、采服之仪、彝器之量、次主之度、屏摄之位、坛场之所、上下之神、氏姓之出，而心率旧典者为之宗。于是乎，有天地神民类物之官，是谓五官，各司其序，不相乱也。民是以能有忠信，神是以能有明德，民神异业，敬而不渎，故神降之嘉生、民以物享，祸灾不至，求用不匮。及少昊之衰也，九黎乱德，民神杂糅，不可方物。夫人作享，家为巫史，无有要质。民匮于祀，而不知其福。蒸享无度，民神同位。民渎齐盟，无有严威。神狎民则，不蠲其为。嘉生不降，无物以享。祸灾

图二十　红山文化陶人真人复原图（王苹绘制）

荐臻，莫尽其气。颛顼受之，乃命南正重司天以属神，使火正黎司地以属民，使复旧常，无相侵渎，是谓绝地天通。

从地域上看，敖汉陶人出土地西辽河流域正好位于萨满文化的核心圈。一般认为，萨满信仰往往都在狩猎或者渔猎部族中比较流行，而在以农业经济为主的民族中难以见到其痕迹，而"红山文化具有比黄河流域古文化丰富的经济形态，红山文化宗教信仰中相信通过动物中介，一些特殊人物能够与神灵沟通"。在这样一片自然条件相对恶劣的地域中，为了求得生存特别需要特殊人物的组织与领导才能，萨满的应运而生也就成为必然。

综合以上对敖汉陶人造型特征、艺术风格、制作工艺的分析，并结合敖汉陶人出现的时空背景和文化背景，我们认为敖汉陶人体现的是远古时代一位萨满（大觋）甚至是一位王者形象的看法是恰当的（图二十）。尽管没有标志文明社会的文字、金属器、城市的出现，但是在5500—5000年前的红山文化晚期出现了等级化的社会、大型的祭祀礼仪建筑、高等级的技术、对于祖先的崇拜和玉礼制的形成，这些条件足以表明西辽河流域的红山文化晚期进入了文明社会！

（本文引自：《中国民族美术》，2015年第1期。）

注释

[1] 刘国祥：《敖汉兴隆沟发现红山文化罕见整身陶人的经过及意义》，中国考古网。http://www.kaogu.cn/html/cn/xianchangchuanzhenlaoshuju/2013/1026/40344.html

[2] 学者意见主要发表于内蒙古赤峰敖汉旗兴隆沟红山文化整身陶人专家座谈

会，详见新华网直播，http://www.xinhuanet.com/zhibo/20120820/zhibo.htm；以及后续的几篇文章：冯时：《敖汉旗兴隆沟红山文化陶塑人像的初步研究》，《中国社会科学院古代文明研究中心通讯》第24期。吴霞：《内蒙古赤峰兴隆沟遗址新出整身陶人初探》，《赤峰学院学报》第34卷第6期。张国强、刘晓琳：《红山文化敖汉陶人探析》，《赤峰学院学报》第34卷第6期。

[3] Shirokgoroff： General Theory of Shamanism among the Tungus，p246.转摘自凌纯声：《松花江下游的赫哲族》，第103页，南京，1934年。

[4] 富育光：《萨满教与神话》，第13页，辽宁大学出版社，沈阳，1990年。

[5] 凌纯声：《松花江下游的赫哲族》，第102页，南京，1934年。

[6] 富育光：《萨满教与神话》，第17页，辽宁大学出版社，沈阳，1990年。

[7] 富育光：《萨满论》，第141页，辽宁人民出版社，沈阳，2000年。

[8] 富育光：《萨满论》，第138页，辽宁人民出版社，沈阳，2000年。

[9] 凌纯声：《松花江下游的赫哲族》，第105页，南京，1934年。

[10] 金维诺：《中国美术史论集》，第54页，黑龙江美术出版社，哈尔滨，2003年。

[11] 孙守道、郭大顺：《牛河梁红山文化女神头像的发现与研究》，《文物》，1986年第8期。

[12] 张光直：《考古学专题六讲》，第4页，文物出版社，北京，1986年。

[13] 张光直：《考古学专题六讲》，第10页，文物出版社，北京，1986年。

[14] 李伯谦：《中国古代文明演进的两种模式——红山、良渚、仰韶大墓随葬玉器观察随想》，《文物》，2009年第3期。

殷墟妇好墓出土人像及相关问题探讨

王　苹

殷墟是商代后期的都城，位于河南省安阳市西北郊。1976年，中国社会科学院考古研究所安阳工作队对殷墟妇好墓（五号墓）进行了发掘[1]。该墓埋在一座商代房址之下，未遭破坏，墓主人为商王武丁的配偶"妇好"，庙号"辛"，卒于武丁时期。该墓出土各类随葬品十分丰富，共计1928件，其中铜器468件（未计小铜泡）、玉器755件（未计少量残片和有孔小圆片）、石器63件、宝石制品47件、陶器11件、骨器564件（未计残损严重的笄头）、象牙器5件、蚌器15件。此外，还有红螺2件、阿拉伯绶贝1件、货贝6820余个。

妇好墓出土的玉、石人像资料，对研究商代人的发式、服饰以及礼仪姿态均具有重要学术价值。人像的造型特征具有鲜明的时代风格，而某些方面如冠的形态、坐姿等均能在更早的新石器时代文化中找到传承的依据。

一、妇好墓出土玉石人像分析

妇好墓共出土玉、石人像标本15件。其中，玉人13件、石人2件。玉人之中，又包括圆雕人像及人头像5件，浮雕人像及人面7件，人兽合体头像1件。

以上的15件人像标本中，根据雕琢工艺的不同，可分为圆雕人像和浮雕人像两种。圆雕人像共8件，又可分为整身雕像和头部雕像两类。整身雕像5件，分别为M5:371、M5:372、M5:375、M5:376、M5:377（图一）。头部雕像3件，分别为M5:534、M5:374、M5:577（图二）。圆雕人像特征具有较强的写实性，着重表现人物的发饰、服饰，以及面部表

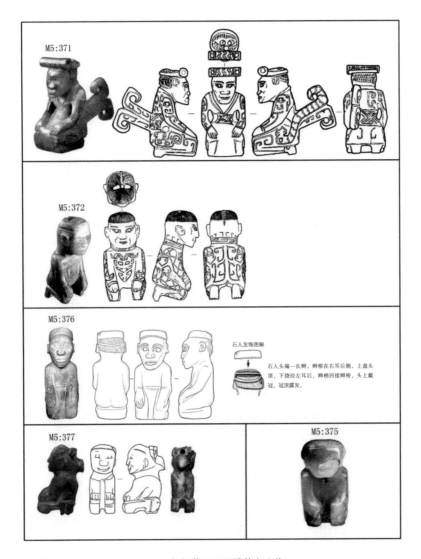

M5:371

M5:372

M5:376

石人发饰图解

石人头编一长辫，辫根在右耳后侧，上盘头顶，下绕经左耳后，辫梢回接辫根，头上戴冠，冠顶露发。

M5:377

M5:375

图一　妇好墓玉石圆雕整身人像

情、人体姿势等。浮雕人像共7件，也可分为整身雕像和头部雕像两类（图三）。整身雕像6件，分别为 M5:373、M5:518、M5:987、M5:470、M5:959、M5:357。头部雕像1件，为 M5:576。浮雕人像特征具有一定的抽象性，着重表现出冠和人体蜷缩的姿态，用特定纹饰表示人体的特定部位或衣纹。

　　妇好墓出土的整身人像中，根据姿态的不同，可分为坐姿、跪姿和

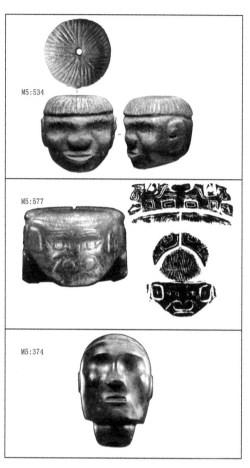

图二　妇好墓玉石圆雕头部像

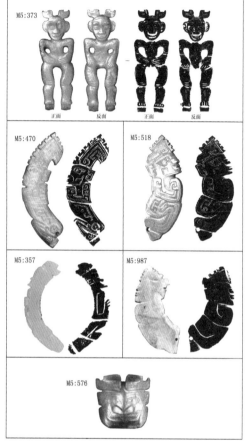

图三　妇好墓玉石浮雕人像

站姿等三种姿态。以M5:371的姿势为例，发掘报告写作"跪坐"。
"坐"、"跪"在古代实际代表了两种不同的姿态。坐姿小腿着地，臀部压
在脚后跟上，是坐具出现之前较为主要的、正式的休憩的姿态。《说
文》："坐，止也。"跪姿亦为小腿着地，但臀部与双脚却是分离的，跪
是礼仪性动作，多表示对宗教、祖先、天地、君王、父母等的虔诚、惧
怕、尊敬等心理。《说文》："跪，拜也。"另外，有的文章中把这一类姿
态称为"跽坐"，"跽"与"跪"类似，跪姿将起，耸身直腰，谓之
"跽"。妇好墓中出土玉、石人像中，属于坐姿的共5件，分别为M5:
371、M5:372、M5:375、M5:376、M5:377。这些人像均弯腿屈膝，小腿
着地，上身略向前倾或直立，头略向下低，神态安详。属于跪姿的共4

件，均为片状浮雕人像，分别为 M5:518、M5:987、M5:470、M5:357。这些人像均双腿弯曲，膝部向前，臀与脚呈分离状态，双手曲于胸前。除标本 M5:357 掌部自然张开，掌心向外，其余3件均攥拳于胸前，表现出祭拜的礼仪姿态。属于站姿的仅有1件，为 M5:373，阴阳合体，一面为男性，另一面为女性。男性直身耸肩，双手放于胯间，膝盖略内屈，胳膊和腿上以细线刻画出肌肉，雕琢手法细腻。女性的形象与男性近似，但眉较细弯，双手置于腹部，有阴部的刻画。关于此件阴阳玉人的文化价值、内涵与寓意等问题有专门的研究文章 [2]，不是本文关注的重点，在此不做赘述。

妇好墓出土的玉、石人像表现出的发饰较为多样，分有冠和无冠两种。有冠的共6件，分别为 M5:371、M5:376、M5:518、M5:987、M5:470、M5:357。M5:371、M5:376 为圆雕人像，冠的形状比较清楚，其余4件为浮雕人像，只表现出冠的轮廓。M5:371，戴圆箍形冠，冠前连有卷筒状饰。头顶露发丝，梳长辫一条，辫根在右耳后侧，往上盘至头顶，由头顶绕至左耳后侧，又由左耳侧伸向右耳，辫梢与辫根相接。M5:376，戴一较宽的圆箍形冠。头发向后梳，贴垂于脑后，在右耳后侧梳成辫，向上盘至头顶，经左耳后侧，再至右耳后，辫梢压在辫根下。无冠的共8件，分别为 M5:372、M5:375、M5:377、M5:373、M5:534、M5:374、M5:577、M5:576。其中，M5:373、M5:576 为浮雕人像，只刻画出发髻的轮廓，发髻位于头顶左、右两侧，髻角向外，左右对称，或为插入的笄状装饰物。其余的均为圆雕人像，发饰较为清楚。可分为有辫和无辫两种。有辫者仅1例，为 M5:372，头发向上梳起，在头顶中心梳小辫一条，垂于脑后，辫上似缚有发绳。其余均无辫，有垂髻和头顶短发两种。垂髻者以 M5:377 为例，脑后有下垂的发髻，发髻之上有半圆形的"发饰"。头顶短发者以 M5:375、M5:534 为例，顶留短发一周，发丝较粗。

妇好墓出土的圆雕整身玉、石人像中表现出衣纹的共4件，分别为 M5:371、M5:372、M5:375、M5:376。M5:371，身着衣，交领垂于胸，长袖至腕，袖口较窄，腰束宽带，带上有"米"字形纹样。衣下缘似及足踝。衣上施云纹和目形纹，右侧下缘有蛇形纹。腹前悬长条形"蔽膝"，下缘至膝部，似穿方头鞋。M5:372，刻画有衣纹，圆领，窄袖，袖口至手腕部。胸前为兽面纹，后背为云纹，两侧为头部相对的蛇纹，共4条，分别刻画在四肢侧面，左、右对称分布，赤足。M5:375，身部着衣，长袖窄口，衣襟不明显，后领较高，衣下缘及臀部。背后衣服上雕刻有云纹，似着鞋。M5:376，衣纹不明显，只在腹部悬长条形"蔽膝"，下缘至膝部。

以上人像中，根据造型或人物的发饰、服饰及姿态的不同，其使用功能也有差异。具体可分为祭祀类和装饰类两种。祭祀类人像以M5:371为例，坐姿，身部着衣，腰左侧佩一柄状装饰，上端作卷云形，下端弯曲呈蛇头形。柄一面饰节状纹和云纹，与衣纹不连。此件玉人腰后的柄状装饰，较为奇特。发掘报告推测其可能为表示武器或具有某种含义的器物。根据对商代出土器物中类似造型器物的考察，这种所谓的柄状装饰应为龙纹的简化或代表某种飞翔的含义。妇好墓出土绿松石人鸟合体像（M5:377），或亦表达人能够像鸟一样飞翔的意愿。四川省成都市金沙遗址出土的1件青铜龙首浮雕（2001CQJC:506）[3]（图四），龙首张口露齿，上颚前端有两个并列的倒勾形牙齿，其后为一个两侧相向、勾尖外卷的"牙齿"，与妇好墓M5:371人像腰后的柄状装饰物极为相似。铜龙首脑后的勾角，与红山文化"C"形玉龙脑后的勾角相同，均应为表现飞翔的羽翼。另外，在湖北随州叶家山西周墓葬发现的玉器中（图五）[4]，也有

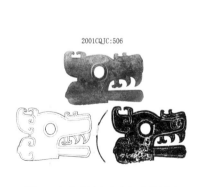

图四　金沙遗址出土青铜龙首浮雕

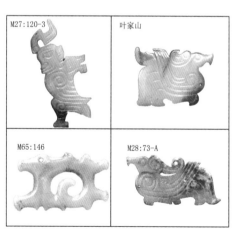

图五　叶家山西周墓葬出土玉器

类似的造型。如人首鸟身玉佩（M27:120-3），头顶装饰有S形勾角，身后及尾部的羽翼均与妇好墓玉人的柄状装饰物类似；回卷形冠凤鸟（M28:73-A），脑后有卷云状勾角，尾部羽翼亦与妇好墓玉人的柄状装饰物类似。叶家山西周墓地还出土1件红山文化勾云形玉器（M65:146），应为抽象的玉龙造型，器体左上部为简化的龙头，其蘑菇形装饰角与妇好墓出土玉龙头部蘑菇形角极为相似，其上有钻孔示目，身体向内卷曲。妇好墓出土的装饰类人像以M5:518、M5:470为例，片状浮雕。下端呈三角形榫状，上有圆孔，可用于插嵌。

二、妇好墓人像与红山文化人像关系探讨

红山文化是分布在内蒙古东南部和辽宁西部地区的一支新石器时代文化，距今约6500～5000年。红山文化有发达的史前艺术，人物造像水平高超。红山文化人像主要发现于牛河梁、草帽山、那斯台、兴隆沟等遗址。有陶塑、泥塑、玉雕、石雕等材质。红山文化人像所表现出的诸多因素，如发饰、姿态、功能等方面对分析妇好墓出土人像具有重要的参考价值。

红山文化人像中发饰较为清楚的可分为有冠和无冠两种。有冠的3件（图六），分别为兴隆沟遗址陶人像[5]、草帽山遗址石人像[6]、牛河梁遗址女神头像[7]。兴隆沟遗址出土的一件整身陶塑人像，泥质红陶，局部施黑彩。陶人头部戴冠，冠顶正中有一圆孔，长发挽起，从圆孔中穿过，并用条带状饰物捆扎，形成横向的发髻。在额顶正中还有一个与发髻平行的长条状饰物，酷似"帽正"。草帽山遗址出土的一件石雕人头像，系用红色细砂岩雕琢而成。头部有冠，面部写实，双目紧闭，口呈闭合状，神态安详，身体部分残缺，仅存颈、胸部上端。牛河梁遗址

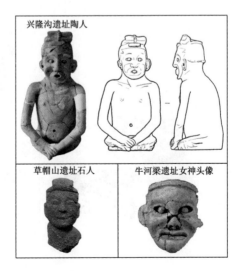

兴隆沟遗址陶人

草帽山遗址石人　　牛河梁遗址女神头像

图六　红山文化出土像

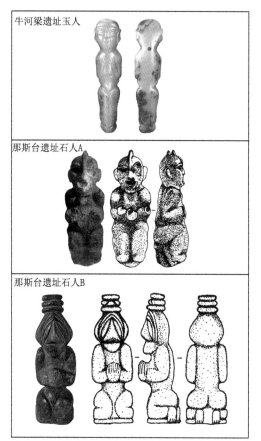

牛河梁遗址玉人

那斯台遗址石人A

那斯台遗址石人B

图七　牛河梁、
那斯台遗址出土
人像

女神庙内出土1件女神头像（N1JIB:3），头顶以上部位略残，额顶有箍饰，鬓角部位有竖行的系带。无冠的2件，一件为牛河梁遗址第十六地点大型墓葬M4出土的玉人像[8]，圆雕，头顶呈圆弧状；另一件为那斯台遗址采集的石雕人像[9]，该遗址共采集到两件石雕人像，为了便于区分描述，分别称之为那斯台遗址石人像A、那斯台遗址石人像B。无冠的为那斯台遗址石人A，头顶部从眉弓开始沿前额向上有一微渐隆起的凸脊，至头顶正中形成两个立起的乳钉状小突，似为发髻。戴冠的是那斯台遗址石人像B，头部刻画较为夸张，头顶部有三层"相轮"形装饰，似为戴冠或为盘状的发髻（图七）。

红山文化人像表现出的姿态可分为坐姿、蹲姿和站姿三种。坐姿像共两件，一件为兴隆沟遗址陶人，双腿弯曲，双脚相对，盘腿而坐。双臂自然下垂，臂肘弯曲，双手交叠，右手在上，搭放在双脚上。这种姿态类似后世的跏趺，属于席地而坐，应是一种古老的坐姿。另一件为那斯台遗址石人像B，双臂弯曲，放置胸前，双手作合掌状，束腰，双腿弯曲，小腿着地，臀部紧贴脚后，属于跽坐。与妇好墓出土的跽坐人像的坐姿相同，是目前我国发现的年代最早的跽坐人像实例。蹲姿人像有1件，为那斯台遗址石人像A，两臂弯曲，捧于腹前。两腿弯曲呈蹲踞状，臀部以下留有琢磨未尽的石材原状。站姿人像有1件，为牛河梁遗址第十六地点M4出土的玉人，圆雕，裸体，体形圆厚，整体形态作祈祷状。人体外轮廓线用片切割技术加工，并在颈、腰、踝等关键部位着力打磨，将人体分成头、躯干、腿、足四个部分，各部分转角圆缓，打磨光滑。五官、上肢等细部用阴线雕刻，双手曲于胸前，手指微张，线条宽短而简约。整体造型优美，神态威仪。

红山文化人像的功能是多方面的，以祭祀功能为主，因出土状况的不同，个体之间亦有差异。兴隆沟遗址陶人出土在一座红山文化晚期的房址内，年代约在距今5300～5000年，属于红山文化时期生者供奉在室内的先祖形象。牛河梁遗址女神头像出土于女神庙址内，其年代与兴隆沟遗址陶人同属红山文化晚期，是供奉在庙内的神像。二者的不同之处是前者出自红山文化聚落的房址内，后者则出土于红山文化埋葬和祭祀区内的庙址内。牛河梁遗址玉人出土于第十六地点四号大型墓葬（M4），出土于墓主左侧盆骨外侧，人像的背面在颈部的两侧及颈后对钻3孔，呈三通状。根据刘国祥先生的研究结果，该墓葬主人应为红山文化晚期出现的"独尊一人"式的王者[10]。郭大顺先生认为这是巫者的形象[11]。草帽山遗址石雕人像，出自红山文化晚期的积石冢内，同样具有祭祀功能。那斯台遗址采集的两件石人像，明确出自红山文化晚期聚落内部，应是红山文化时期供奉的先祖的形象。

通过上述分析，我们可以看出，红山文化人像对妇好墓人像的影响是多方面的。第一，红山文化束发戴冠的传统对妇好墓人像产生了重要的影响，兴隆沟陶人头发盘起，并用绳索捆扎，佩戴发冠。妇好墓出土人像中亦有将头发盘起、戴冠并发现有用绳索捆扎发辫的，足见前者对后者的影响。第二，红山文化人像表现的姿态对妇好墓人像产生了重要的影响，那斯台遗址石人像B，同妇好墓人像的坐姿大体相同，均属踞坐，所不同之处在于前者双手合十，捧于胸前，后者大多双手放置在膝盖上。第三，红山文化人像具有的祭祀功能在妇好墓人像中亦有发现。妇好墓玉人M5:371，坐姿，腰后佩戴有代表飞翔意义的羽翼状装饰物，其功能来源明显受到红山文化的影响。

红山文化对妇好墓产生的影响，还表现在妇好墓出土了典型的红山文化玉器或受到红山文化风格影响的玉器。

妇好墓出土的红山文化玉器包括1件勾云形玉器和2件勾形器。勾云形玉器M5:948，发掘报告写作椭长形饰，该件勾云形器同红山文化牛河梁遗址发现的1件勾云形器[12]较为相似。根据刘国祥先生《红山文化研究》中对红山文化勾云形玉器的类型划分结果[13]，该件符合D型的特征，具有典型的红山文化风格。

妇好墓出土的玉勾形器，共2件，形制略有不同。M5:964，前段较直，有薄榫，其上有圆孔；后段呈弧形略下弯，似勾状，中部较宽，有一条竖直浅槽。长9.1厘米、后段宽1.9厘米、厚0.5厘米。M5:1120，形似刀柄，前端有三角形榫，其上有一圆孔，一端残缺；后端略下弯。两面各刻与器身近似的阴线，前端刻三道阴线。器身一侧近柄端处亦有一孔。长7.3厘米、厚0.4厘米。这两件玉勾形器同红山文化那斯台遗址出土的1件玉勾形器[14]造型相同（图八）。

妇好墓中出土的受到红山文化玉器风格影响的玉器主要为圆雕蜷体玉龙，其造型同红山文化玉猪龙近似，二者的区别在于妇好墓玉龙表面阴刻商代典型的装饰性图案（图九）。

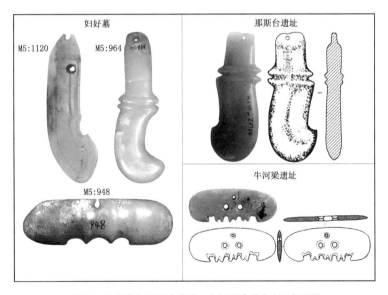

图八　妇好墓与那斯台遗址、牛河梁遗址出土玉勾形器

三、结语

通过上面的分析不难看出，殷墟妇好墓出土的人像受到了红山文化人像雕造、使用传统的强烈影响。红山文化时期，原始宗教信仰发达，祖先崇拜、龙崇拜发展成熟，这两者同为商代祭祀活动的主要对象。

现有的考古发现和研究结果表明，在红山文化晚期晚段，距今5300～5000年，红山文化发展进入到初级文明社会。其主要标志为："一是以建筑、玉雕、陶塑为代表的高等

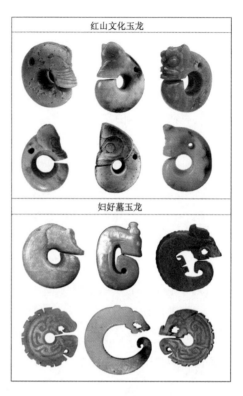

图九　红山文化与妇好墓出土玉龙

级技术能力的出现；二是等级制度确立，玉礼制系统形成，特权阶层出现，独尊一人式的王权确立；三是公共信仰和祭祀礼仪系统成熟，以祖先崇拜、天地崇拜、龙图腾崇拜最具代表性。红山文明所揭示出的社会管理体系是神权和王权的统一。以种植粟、黍为主导的成熟的旱作农业体系和发达的渔猎经济传统助推了红山文明的诞生。"[15] 而商代社会则是具备了权衡进入文明社会的三个要素：青铜器、城市和文字，已属于中华文明发展和演进的成熟期。

种植粟、黍，雕琢和使用蜷体玉龙，红山文化与商文化是相同的；耐人寻味的是，商代小麦、水稻已经广泛种植，而商王却主食黍米，以粟（小米）祭祀，这一传统源自何方？无疑是探讨先商文化，准确说是商王朝缔造者祖先来源的重要线索。越来越多的考古证据表明，商王朝缔造者祖先应源自西辽河流域，也正因如此，我们认为形成于距今5300～5000年的红山文明，应为中华文明的重要源头之一。

（本文引自：《博物院》，2018年10月。）

注释

[1] 中国社会科学院考古研究所：《殷墟妇好墓》，文物出版社，1980年。

[2] 杨红梅：《殷墟妇好墓玉阴阳人文化蕴含初探》，《殷都学刊》，2011年第3期。

[3] 成都市文物考古研究所、北京大学考古文博院编：《金沙淘珍——成都市金沙村遗址出土文物》，文物出版社，2002年，第52页。

[4] 湖北省博物馆、湖北省文物考古研究所、随州市博物馆：《湖北随州叶家山——西周早期曾国墓地》，文物出版社，2013年。

[5] 刘国祥：《敖汉兴隆沟发现红山文化罕见整身陶人的经过及意义》，中国考古网，http://www.kaogu.cn/cn/xianchangchuanzhenlaoshuju/2013/1026/40344.html.

[6] 刘国祥：《红山文化研究》（下册），科学出版社，2015年，第676页。

[7] 辽宁省文物考古研究所：《牛河梁——红山文化遗址发掘报告（1983~2003年度）》（上册），文物出版社，2012年，第19页。

[8] 辽宁省文物考古研究所：《牛河梁——红山文化遗址发掘报告（1983~2003年度）》（中册），文物出版社，2012年，第405页。

[9] 巴林右旗博物馆：《内蒙古巴林右旗那斯台遗址调查》，《考古》，1987年第6期。

[10] 刘国祥：《红山文化研究》（下册），科学出版社，2015年，第746页。

[11] 郭大顺：《红山文化"玉巫人"的发现与"萨满式文明"的有关问题》，《文物》，2008年第8期。

[12] 辽宁省文物考古研究所：《牛河梁——红山文化遗址发掘报告（1983~2003年度）》（上册），文物出版社，2012年，第85页。

[13] 刘国祥：《红山文化研究》（下册），科学出版社，2015年，第565页。

[14] 巴林右旗博物馆：《内蒙古巴林右旗那斯台遗址调查》，《考古》，1987年第6期。

[15] 刘国祥：《红山文化研究》（下册），科学出版社，2015年，第772页。

大甸子彩绘陶器纹饰试析

王 苹

摘 要： 大甸子墓地属于夏家店下层文化时期的遗存，包含有居址和墓地两部分。该墓地共清理出804座墓葬，出土420件彩绘陶器，具有极高的考古与艺术价值。根据图案内容，可将大甸子彩绘陶器纹饰分为卷曲纹、动物面目纹、几何纹、特殊纹样四大类。大甸子彩绘陶器数量多寡、组合关系、纹饰种类的变化等具有标志墓主人生前社会等级、地位、身份等功能，是夏家店下层文化进入文明社会的重要物质成就和精神成就。

关键词： 大甸子；彩绘陶器；纹饰分类；早期青铜时代

大甸子遗址位于内蒙古自治区赤峰市敖汉旗兴隆洼镇大甸子村东南，地处大凌河支流的牤牛河上游，是一处文化性质单纯的夏家店下层文化时期的遗存，包含有居址和墓地[1]，保存相当完好。居址高于周围地表约2米，大致呈圆角长方形，面积约7万平方米，是一处有夯土城墙和壕沟环绕的高等级聚落。墓地紧邻居址的东侧和东北侧分布，总面积约1万平方米，共清理出804座墓葬，出土各类随葬品十分丰富，其中，彩绘陶器的集中出土是大甸子墓地最重要的考古成果之一，对于深入探讨夏家店下层文化时期的祭祀观念、宗教信仰、礼仪制度、工艺技术、审美情趣、文化交流等提供了珍贵的第一手材料。

一、彩绘陶器出土概况

大甸子墓地是一处与居址相对应的大型公共墓地，西、西南侧与居址夯土墙外的壕沟相邻，墓地北侧发现有作为茔域边缘的界沟。该墓地经过较周密的规划，墓穴排列密集，间距多不足1米，但少见打破现象。墓地中部和偏南区域，各有一条呈东北－西南向分布的空白无墓地带，大体平行，将墓地划分为北、中、南三区。根据墓葬分布疏密和随葬器物类型的差异，发掘者在三大区内又划分出若干小区，分别以北Ⅰ～Ⅵ，中a、b；南a～f表示。北区发现墓葬数量最多，共有545座；中区有143座；南区有116座。

现已发掘的墓葬多为长方形竖穴土坑墓，在471座墓葬中发现有壁龛，其中，有壁龛的大型墓为136座，占95%；有壁龛的中型墓为296座，占68%；有壁龛的小型墓为39座，占22%。墓主人头向皆朝西北。整个墓地有超过半数的墓葬未发现葬具痕迹。已发现的葬具可分为木构葬具和土坯垒砌葬具两大类，以前者居多，共有209座；后者仅有5座。也有一部分墓葬在底部留有生土二层台，共有89座。此外，还有3座侧壁浅洞室墓。从墓葬形制和随葬品的种类和数量看，整个墓地存在明显的等级分化。以圹穴的规模为例，M726圹口长4米、宽1.4米、深7.8米，是大甸子墓地中圹穴规模最大的一座墓葬；M765圹口长0.7米、宽0.25米、深0.15米，是已知圹穴规模最小的一座墓葬。不同规格的墓葬间，随葬品的种类和数量多寡不一。在大型墓葬中，随葬品丰富，发现有成组的陶质鬶、爵、盉等礼器，成组的彩绘陶器、漆木器、海贝、玉器等；在中、小型墓葬中，随葬品的种类和数量明显偏少，有的墓葬内仅随葬1件陶器，也有的墓葬内无随葬品。在大甸子墓地出土的所有随葬品中，彩绘陶器最具特色，自发现之初便广受学术界关注，至今仍是夏家店下层文化研究的热点和难点课题之一。

从大甸子墓地随葬陶器的整体情况看，在已发掘的804座墓葬中，共有642座墓随葬陶器，总计1683件。主要器类有陶罐、鬲、壶、鼎、钵、尊、鬶、爵、簋、盉、豆等。其中，陶罐和陶鬲出土数量最多，分别为656件和540件。此外，还出有129件陶壶、120件陶鼎、19件陶钵、18件陶尊、12件陶鬶、11件陶爵、1件陶盉、1件陶豆等。从单一墓葬随葬陶器的数量看，随葬1件陶器的墓葬共有151座，随葬2件陶器的墓葬共有222座，随葬3件陶器的墓葬共有191座，随葬4件陶器的墓葬共有52座，随葬5件及5件以上陶器的墓葬共有26座。位于北Ⅱ区的

M905随葬陶器数量最多，共有12件，其中，陶鬶和陶爵各有1件，另外10件为彩绘陶器，分别为4件彩绘平底罐、1件假圈足罐、1件长筒形罐、1件彩绘陶鬲和1件彩绘陶鼎。位于北Ⅰ区的M726随葬陶器数量次之，共有11件，其中，陶鬶和陶爵各有1件，另外9件为彩绘陶器，分别为2件彩绘平底罐、1件圈足罐、3件彩绘陶鬲、2件彩绘陶鼎和1件彩绘陶壶。

在出土的1683件陶器中，包含有420件彩绘陶器，约占出土陶器总数的25%。在已发掘的804座墓葬中，共有222座墓葬内出土彩绘陶器，约占已发掘墓葬总数的28%。从单一墓葬随葬彩绘陶器的数量看，随葬1件彩绘陶器的墓葬共有104座，随葬2件彩绘陶器的墓葬共有78座，随葬3件彩绘陶器的墓葬共有24座，随葬4件及4件以上彩绘陶器的墓葬共有16座。其中，M905随葬10件彩绘陶器，M726随葬9件彩绘陶器，是大甸子墓地中随葬彩绘陶器数量最多的两座大型墓葬。从随葬彩绘陶器的墓葬在北、中、南三区的分布数量看，北区共有146座墓葬随葬彩绘陶器，约占该区墓葬总数的27%；中区共有43座墓葬随葬彩绘陶器，约占该区墓葬总数的30%；南区共有34座墓葬随葬彩绘陶器，约占该区墓葬总数的29%。上述分析结果表明，根据是否随葬彩绘陶器以及随葬彩绘陶器数量和组合关系的变化，能够准确地反映出墓葬间的级差，这是大甸子墓地显著的特征之一，也是划分夏家店下层文化时期墓葬等级高低的重要依据。

从大甸子墓地单一墓葬随葬陶器的组合关系看，在随葬2件陶器的222座墓葬中，共有167座墓葬明确为鬲、罐组合关系；在随葬3件陶器的191座墓葬中，共有179座墓葬存在鬲、罐组合关系；在随葬4件陶器的52座墓葬中，共有51座墓葬存在鬲、罐组合关系；在随葬5件及5件以上陶器的26座墓葬中，均存在鬲、罐组合关系。由此可见，鬲、罐组合在大甸子墓地随葬陶器中占据主流，并且已经形成一种固定的组合关系，是夏家店下层文化埋葬习俗的重要体现。从大甸子墓地单一墓葬随葬彩绘陶器的组合关系看，随葬2件及2件以上彩绘陶器的墓葬共有118座，其中，在97座墓葬中存在彩绘陶鬲和彩绘陶罐的组合关系。从出土状况看，彩绘陶器多放置在墓穴的壁龛内，部分彩绘陶鬲覆扣在彩绘陶罐之上，两种不同器类的组合在所施彩绘纹样方面具有明显的关联性。

鉴于彩绘陶器具有标志墓主人生前社会等级、地位、身份等功能，同时又具有特定的宗教祭祀含义，故彩绘陶鬲和彩绘陶罐形成的组合关系应隐含更深层次的葬仪寓意和礼俗。

大甸子墓地彩绘陶器纹饰均以毛笔作为工具绘制而成，主要有红、白两种颜色。其中，白色颜料主要成分为碳酸钙（$CaCO_3$），红色颜料主要成分为硫化汞（HgS），也发现有红色赤铁矿颜料。彩绘纹饰主要绘制在陶罐、鬲、壶、鼎、尊等器物的外壁或口沿内侧。在夏家店下层文化的遗址中，陶鬲、甗、盆、罐、鼎等器类在所出陶器中的比率较高[2]。但在大甸子墓地中，以彩绘陶罐和陶鬲为主，所占比率明显高于彩绘陶壶、鼎、尊等器类。其中，彩绘陶鬲器型相对单一，以尊式鬲为主；而彩绘陶罐器型多样，尤其是假圈足罐、异形罐等器型在居址中少见或不见。陶鬶、爵、盉等具有典型中原风格的仿青铜陶礼器，虽为本地烧制[3]，但均未施彩。由此可见，大甸子墓地中随葬的彩绘陶器与居址中出土的日常生活用陶器之间存在一定的共性，也存在显著的差异。彩绘陶器的烧制和施彩具有选择性和专属性，在彩绘陶器种类和施彩纹样等方面均有突出的反映。

二、彩绘陶器纹饰分类

在《大甸子——夏家店下层文化遗址与墓地发掘报告》[4]中对彩绘陶器纹饰进行了系统分类，同一种纹饰在不同墓葬中出土的不同类型的彩绘陶器上均有发现，同一墓葬出土的彩绘陶器纹饰种类并不相同，单件彩绘陶器上大多绘制有不同种类的纹样。刘观民先生认为："从这100多种纹式中我们首先看到图案单元有大与小、繁复与简单的差别。从最简单的小单元来看，都是由若干卷曲的笔道构成。复杂的大单元同样也是，不过笔道的量多了，结构复杂了。因此自简单的小单元开始易于从不同面貌的卷曲笔道中寻求构成纹式的基本因素。在整理这批资料时，我们摹写了所有卷曲笔道之后，得知其基本因素只有两个，一为C形卷曲，一为S形卷曲。二者不同之处在于笔道两端的卷曲方向不同，一为两端相同，一为两端相反。此外虽然还有多种因素，但俱是上述两个基本因素复合而成"[5]。由此可见，富于变化的卷曲纹是大甸子彩绘陶器纹饰中的核心组成部分，除了C形卷曲和S形卷曲外，还应包括T形卷曲和Π形卷曲，共4种。此外，大甸子彩绘陶器纹饰中还有一类非常重要的有眼睛的花纹，刘观民先生称之为"目"纹，并指出："各种'目纹'都是组装在纹式之中，皆以'目纹'为重心，纹式中的其他因素随势调整，即呈现正视或侧视的动物面目。不论其面目似禽或似兽，都是写意之作"[6]。为描述准确和叙述方便，在此将该种彩绘纹饰称之为动物面目纹。据统计，在已发掘的大甸子墓地中，共有16座墓葬出土的彩绘陶器中发现有动物面目纹，其中有15座属于圹口长度达2.2米以上的一等墓，仅有1座属于圹口长度在1.7～2.2米之间的二等墓。由此可见，动物面目纹具有标志墓主人生前社会等级、地位和身份的功能，应是一种特殊的彩绘纹饰，与商代青铜器上的饕餮纹具有某种内在的联系。此外，还有少量的几何类彩绘陶器纹饰和特殊类彩绘陶器纹饰。

综上所述，可以将大甸子彩绘陶器纹饰分为A、B、C、D四大类，分别代表卷曲纹、动物面目纹、几何纹、特殊类纹饰。A类卷曲纹是大甸子彩绘陶器纹饰中最常见的一类，单一或组合纹样均有发现，画面简单或复杂，根据排列和组合变化，可以分为a、b、c三个亚型。Aa型，以单一样式卷曲纹为主，多以二方连续图案构成纹饰带条（图一：1、2）；Ab型，相同或不同样式之间的富于变化的卷曲纹组合，以二方连续图案构成纹饰带条或以四方连续图案构成主要画面（图一：3、4、5）；Ac型，采用长弧线或直线与卷曲纹组合，多以四方连续图案构成主要画面（图一：6、7、8、9）。B类动物面目纹是采用写意手法绘制而成，是大甸子彩绘陶器纹饰中具有专属性的一类，多作为主体纹饰出现，横绕器壁一周，根据画面双目和单目的不同及繁、简之差别，可以分为a、b两个亚型。Ba型，正面的动物面目纹，双目突出，左右对称，眼眶近似梭形或呈菱形，圆睛或与眼眶外轮廓相一致的菱形睛，外眼角斜朝上，内眼角斜朝下，有鼻，有下颌的动物面目纹在大甸子墓地中仅见1例，其余均未见下颌，整个画面虽然用写意手法绘制完成，但威仪感和神秘感尤为强烈（图一：10、11、12）；Bb型，单目，构图相对简单，似为动物面侧视，眼眶呈梭形、圆形或近似半月形，以圆睛居多，眼眶周围或一侧绘制卷曲纹（图一：13、14、15）。C类为几何纹，以三角形、菱形、各类平行线纹为主，多以二方连续图案构成较窄的纹饰带，横绕器壁，作为辅助纹饰（图一：16、17、18）。D类为特殊纹饰，发现数量相对较

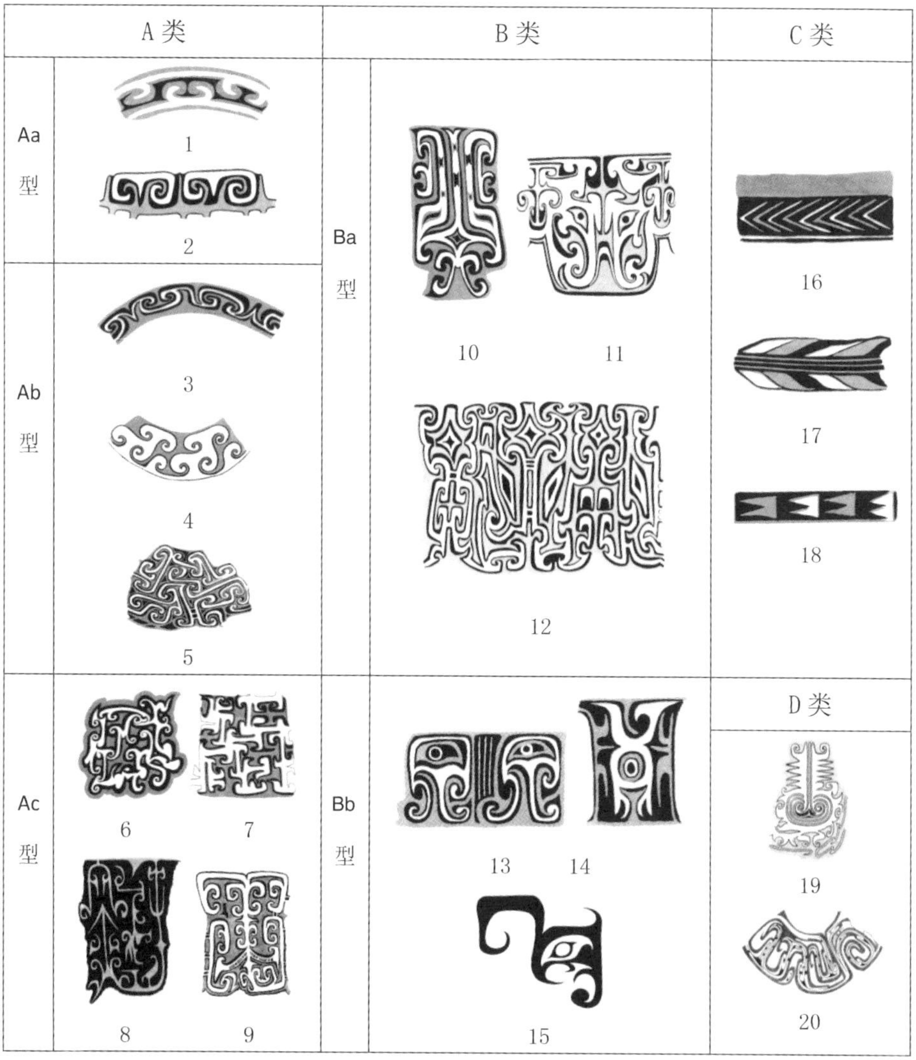

图一　大甸子墓地彩绘陶器局部纹饰分类

1. 平底罐（M452:2）　2. 平底罐（M1021:1）　3. 尊式鬲（M349:1）　4. 假圈足罐（M702:2）　5. 平底罐（M388:8）　6. 平底罐（M726:6）　7. 尊（M817:1）　8. 尊式鬲（M682:4）　9. 尊式鬲（M4:1）　10. 尊式鬲（M371:7）　11. 尊式鬲（M761:1）　12. 尊式鬲（M1203:2）　13. 平底罐（M706:10）　14. 平底罐（M659:4）　15. 平底罐（M444:1）　16. 异形罐（M1109:4）　17. 长筒形罐（M713:7）　18. 尊式鬲（M881:2）　19. 尊式鬲（M791:2）　20. 假圈足罐（M840:3）

少，图案各不相同，似应隐含有不同的寓意，均作为独立的单元绘制在器表（图一：19、20）。

以上根据图案内容不同，对大甸子彩绘陶器纹饰进行了概括性分类，前文已经提到，同一件器物可以绘制不同的纹饰，同一类纹饰可以绘制在不同器物的相同或不同部位。刘观民先生对大甸子彩绘陶器画面进行分析，他指出："各类陶器虽然形态各异，但都有一个垂直的轴心，器物的画面都在这个轴心的旋转面上。尽管各类器物的画面各有凹凸、宽窄不同，而每件器物上的画面都是连续相接的条带形画面。在器物不同位置上的画面往往绘画的内容不同，甚至明显地画出分割线以区别主要画面和边缘画面"[7]。根据器物上的不同部位，又可将大甸子彩绘陶器纹饰分为主体纹饰和辅助纹饰两大类。主体纹饰绘制在主要画面上，主要内容为二方或四方连续的图案，具有通用设计性质；还有包含特殊寓意的动物面目纹或具有徽帜形象的图案，单元画幅较大，结构复杂，适合画在主要画面，主要出自少数大型墓内，具有专属设计性质。辅助纹饰通常绘制在边缘画面，主要内容是二方连续图案构成的窄带纹，绘制在陶器的口沿、颈部或圈足等部位。绘制在鼎足、器盖、器纽等特定部位的辅助纹饰，因受施纹部位的局限，多为随形图案。也有的陶器上将辅助纹饰绘制在主要画面上，主要起到区分或分隔主体纹饰的作用。以彩绘陶罐为例，肩部和腹部属于主要画面，其余部位属于边缘画面；以彩绘陶鬲为例，口沿以下至裆部以上为主要画面，其余部位属于边缘画面。

鉴于大甸子彩绘陶器具有重要的考古价值和艺术价值，以彩绘陶器纹饰分类为基础，选择画面清晰的彩绘陶器进行纹饰展开图绘制和复原研究，对于正确解读大甸子彩绘陶器纹饰具有极其重要的意义。现选择1件大甸子彩绘陶器的纹饰展开图予以说明：M377出土彩绘陶尊1件（M377:28），出自墓穴壁龛内，同出的还有1件未施彩的陶钵。该墓葬位于大甸子墓地中区，圹穴长2.06米，有木构葬具，属于二等墓。陶尊口沿外侧涂一周红彩，器腹为主要画面，通施主体纹饰，图案内容为Ac形卷曲纹，以散点式四方连续展开，用红、白两色绘制，白色线条为纹饰，红色线条为填充底色，边缘空白处呈现出陶器外壁的黑色。通观展开的陶尊腹部画面，色彩对比鲜明，纹样复杂，结构紧凑，各种卷曲的勾角隐含有更深层次的含义（图二）。在以往考古发掘和研究工作的基础上，通过开展对大甸子彩绘陶器纹饰展开图的绘制与复原研究，对于正确解读这批早期青铜时代的彩绘资料具有十分重要的意义。

图二　大甸子墓地出土彩绘陶尊（M377:28）纹饰展开示意图

三、初步认识

以夏家店下层文化为标志，辽西地区正式进入早期青铜时代，这也是继红山文化之后，该地区迎来的文化发展的第二个繁荣期。回顾以往的工作，辽西地区最重要的考古成果应是经过几代考古人的不懈努力，初步建立起该地区新石器时代至青铜时代早期的考古学文化序列[8]，依次为小河西文化、兴隆洼文化、富河文化、赵宝沟文化、红山文化、小河沿文化、夏家店下层文化。尽管上述不同考古学文化之间的谱系关系还有待不断丰富认识和持续深入探索，但为该地区开展综合研究和各类专题考古研究奠定了重要基础。从辽西地区的考古材料看，大甸子墓地所清理出的804座墓葬，是迄今为止该地区所发现的规模最大且发掘墓葬数量最多的一处夏家店下层文化时期的墓地，也是出土彩绘陶器数量最多、组合最完备、规格最高的一处墓地，对大甸子彩绘陶器进行深入研究，尤其是重点解读彩绘纹饰蕴含的寓意，应是夏家店下层文化研究中的核心主题之一，也是辽西地区开展考古研究的重要专题之一。

分析大甸子彩绘陶器及相关问题，应注重分析夏家店下层文化所处的时代背景和社会变化，这是探明彩绘陶器盛行的原因所在。夏家店下层文化时期，辽西地区的人口数量迅猛增长，生产力水平显著提高，农业经济占据主导地位，家畜饲养业得到了长足发展，社会分工和社会分化明显，社会内部管理体系和保障体系有力，在对外关系中，战争因素非常突出。从文化面貌看，夏家店下层文化的社会变化非常显著，三足陶器取代了延续数千年的平底筒形陶器，金属制品出现，出现了具有防御功能的大型石城址和建在山梁顶部的大型祭祀中心，红山文化和小河沿文化时期盛行的彩陶消失，彩绘陶兴起。在以往的研究中，我们认为红山文化晚期晚段，辽西地区进入初级文明社会[9]；夏家店下层文化时期，辽西地区进入高级文明社会。如是，彩绘陶器无疑是辽西地区进入高级文明社会的重要物质成就和精神成就之一。鉴于夏家店下层文化与中原地区夏、商时期的考古学文化之间存在明显的交流关系，而大甸子彩绘陶器纹饰与商代青铜器花纹之间究竟存在何种文化联系，这是今后研究工作中需要予以重点关注的课题之一。

在此需要指出，对大甸子彩绘陶器纹饰进行研究，需要考古、历史、美术等不同领域的专家共同努力，通过绘制大甸子彩绘陶器纹饰展开图，无疑是破解这批彩绘图案蕴含深厚寓意的重要手段。

（本文引自：《四川文物》，2019年第6期。）

注释

[1] 中国社会科学院考古研究所：《大甸子——夏家店下层文化遗址与墓地发掘报告》，第2页，科学出版社，1996年。

[2] 张忠培、孔哲生、张文军、陈雍：《夏家店下层文化研究》，《考古学文化论集（一）》，第59页，文物出版社，1987年。

[3] 杜金鹏：《试论夏家店下层文化中的二里头文化因素》，《华夏考古》1995年第3期。

[4] 同[1]。

[5] 刘观民：《中国青铜时代早期彩绘纹饰试析》，《考古》1996年第8期。

[6] 同[5]。

[7] 刘观民、徐光冀：《夏家店下层文化彩绘纹式》，《庆祝苏秉琦考古五十五年论文集》，第228页，文物出版社，1989年。

[8] 刘国祥：《红山文化与西辽河流域文明起源探索》，《红山文化研究—2004年红山文化国际学术研讨会论文集》，第65～96页，文物出版社，2006年。

[9] 刘国祥：《红山文化研究》，第772页，科学出版社，2015年。

福州南宋黄昇墓出土纺织品纹样初探

陈寒蕾

摘 要：福州南宋黄昇墓，共出土纺织品354件。由于黄昇的丈夫赵与骏为南宋宗室，夫之祖父赵师恕与其父亲黄朴曾参与泉州湾船舶贸易的缘故，这批纺织品部分出自官营作坊，其余出自民间私营作坊、个体织户。这样的组成极为难得。纺织品大多饰有纹样。这些纹样的造型如何，包括哪些题材，是如何排列的？对这些问题的探讨有助于加深对南宋纺织品纹样的认知。

关键字：南宋；黄昇墓；纺织品纹样；造型；题材；组织

1975年10月，福州市第七中学在浮仓山扩建操场时，发现了一座三合土结构的石圹墓。通过右圹中出土的买地券和赵师恕为黄昇撰写的墓志推断，此墓为南宋宗室赵与骏与原配黄昇和继室李氏的合葬墓，三个墓圹中唯有埋葬黄昇的右圹保存较好，葬具、遗物均比较完整[1]。

黄昇墓出土的纺织品（服饰、整匹丝织品、剩料）共计354件，绝大多数在出土时保存完好[2]。

纺织品的材质多为桑蚕丝。织物组织品目繁多，其中包括平纹组织的纱、绉纱，平地斜纹绮，绞纱组织的罗、斜纹和异向变化组织的绫、缎。除小部分平素织物外[3]，多为暗花、大、小提花，生织、匹染。在服饰的缘边、对襟、霞帔、荷包上，分别采用了印花（凸纹版印花、镂空版印花）、彩绘、刺绣工艺进行装饰。这些纹样与唐代程式化、抽象化的纹样造型（宝相花、卷草纹），规整的纹样组织（框格结构、弧形结构、团窠结构）和深受西亚、中亚影响的纹样题材（狩猎纹、猪头纹、翼马纹、鹿纹、羊纹等）相比，完全不同。此外尽管唐代已经出现了缠枝花、折枝花，但墓中的纺织品纹样呈现出宋代独有的特点。与江苏金坛、武进宋墓、浙江兰溪、湖南衡阳出土的宋代纺织品相比，在纹样设计、装饰工艺和织造技术等方面都有一些明显的特征[4]。为研究南宋纺织品纹样提供了重要的实物资料。

按《宋会要》对于士庶人丧礼的规定，黄昇无内外命妇的封号，亦非是出身科举而出任官员的妻子，但葬礼与品官的葬制无异。究其原因与黄昇的丈夫赵与骏为南宋宗室和夫之祖父赵师恕与黄昇之父黄朴曾参与或掌管泉州湾的船舶贸易有关。专家根据两匹织物匹端的墨书题记"宗正纺染金丝绢官记"和"南宗正纺织司"的篆体"赵记"朱印推断，部分纺织品可能出自官营的作坊，也有一部分可能出自民间私营作坊和个体织户[5]。因此从这批纺织品中可以窥见南宋江南地区和东南沿海地区纺织品纹样的部分风貌。

本文将以发掘报告《福州南宋黄昇墓》中发表的69幅纺织品纹样为基础进行展开。文中提到的图片编号与发掘报告保持一致。

一、纹样的造型及原因

1. 纹样的造型

墓中出土纺织品纹样的造型源于两个方向，传统纹样（15幅）和自然形象（54幅）。传统纹样在前朝已经存在并发展成比较固定的形式，南宋继续流传，如凤纹、云纹等，造型从前朝演变而来。自然形象源于自然界，是天然生成之物图案化的呈现。宋之前的图案都比较概括、抽象，如唐代的卷草、宝相花，在自然界找不到直接的原型。因此自然形象的造型更能反映出纹样的时代特征。

自然形象在纺织品纹样中占有极大的比重，且造型写实、精准。

其中植物形象种类繁多，凭借花和叶子的特征，可明确辨认出种类，有梅花、水仙、山茶、瑞香、兰花、海棠、桃花、梨花、丁香、蔷薇、牡丹、芍药、月季、玫瑰、栀子、荷花、荼蘼、萱草、玉簪花、木香花、芙蓉、百合、秋葵、锦葵、菊花，以及白萍、菖蒲、茨菰、竹、松等。花头有仰、俯、正、侧各种姿态，叶子有曲折、翻卷的变化。不仅如此，对局部也有深入的刻画，如花蕊、花蒂、叶边缘等。

图一　纹样造型写实、精准

动物形象也有生动的呈现，如图一中的锦鸡，头顶丝状羽冠、后颈围披肩状的扇状羽、腰和短尾上离散如发的覆羽，18枚尾羽，中央一对长尾羽。特征清楚可见。

2. 形成原因

（1）知识阶层增加、理学建立

经历了唐末五代的武人政治，宋代建立了由士大夫组成的文官系统，对知识阶层非常优待；教育也比较普及，中央有太学，民间有书院、社学、家塾；活字印刷使得书籍大量的出版。知识阶层人口与前代相比明显增多[6]。

作为儒学在宋代的新发展，理学走上了官学地位。"理"是理学的核心，看待事物时，超越表象，把握其内在的客观规律。这也成为画家们重要的思维方式，对所要表现对象的形态、自然规律等都有深刻的认识，在《图画见闻志》有专门的章节论述博究物理的重要性。在"格物"对象的选择上，宋人从对宏大意境的追求转移到日常事物上，无论是审美观念还是绘画对象都发生了改变[7]。这些因素都直接影响了纺织品纹样的创作。

（2）技术的改进

纹样设计中更重要的考虑是造型符合制作工艺。沈从文先生在《中国古代服饰研究》中提到"主要是提花技术的进展……产生了许多新品种"[8]。刺绣发展到宋代已经非常成熟，由出土的刺绣品可知，对不同的部位如花瓣、花蕊等都选择了最具表现力的针法。另外雕版印刷技术在汉代就已经出现，宋代刻出精细的线条便不足为奇。故写实的纹样完全可以用提花、刺绣、彩绘

图二　镂空版刷印工艺的纹样造型

和凸纹版印花的工艺制作出来。但图二：1、2、3的工艺为镂空版刷印，纹样就需要以点和短线段来造型，以符合工艺的要求。

二、纹样题材

出土的纺织品纹样，涉及多个不同题材，现做如下分析：

1. 花卉题材

在69幅纹样中，55幅为花卉题材，宋人爱花、赏花、簪花、种花、卖花、斗花，史料常有记载。吴自牧《梦粱录》写到"仲春十五日为花朝节……最堪游赏"，赏红、种花、扑蝶会、祭花神、挑菜节、寒食节均可囊括在花朝节中。《梦粱录》卷二"暮春"及卷十三"夜市"中有"百花尽开，如牡丹……等花，种种奇绝。卖花者以马头竹篮盛之，歌叫于市，买者纷然"，又"四时有扑带朵花，亦有卖成窠时花"[9]。宋人对花卉的喜爱，带动了花卉纹样的盛行。

以下分别对花卉题材的各种组合形式展开描述。

多种花卉的组合。在图三中，揽括了四时花卉，春有海棠、丁香、芍药、蔷薇、荼蘼；夏有栀子、玉簪花、荷花、秋葵、锦葵、萱草；秋有菊花、芙蓉；冬有茶花、瑞香。这样的题材在南宋的绘画中非常流行，如《宣和画谱》中所载，赵昌的《四季丛花图》和《四季花引雏鹩儿图》等。陆游曾在《老学庵笔记》中提到："靖康初，京师织帛及妇人首饰衣物，皆备四时……花则桃、杏、荷花、菊花、梅花皆并为一景。"[10] 四时花卉代表四季轮转，象征生命节律循环不息。在图四：1中，描绘了"三香"、梅花、水仙、瑞香以及茶花。李嵩的《花篮图》现存世有三幅，分别为春、夏、冬三季的花卉。其中保存于台北故宫博物院的"冬"，与图四：1的元

图三　包含四时花卉的纹样

素完全一致。图五：1有不同品种的菊花。图五：2揽括了荷花、茨菰、
菱角等水生植物。其他多种花卉的组合大多与上述三种组合形式类似。

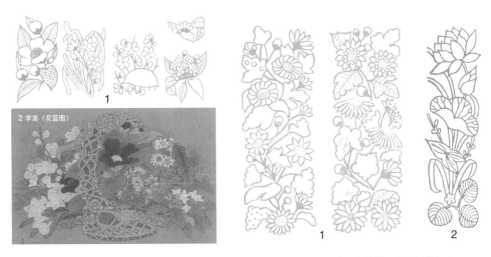

图四　冬季主题的纹样与绘画　　　　图五　不同品种同类植物、水生植物组合

图六　"小景"题材纹样

"小景"式花卉组合，图六：1描绘了园林一角，虽不盈尺，愈视愈远。这样以小见大的绘画类型称为"小景"，郭若虚的《图画见闻志》最早提及"小景"一词，《宣和画谱》中也将其列为单独的一科。图六：2、3均可视为小景。园林艺术在宋代也日益艺术化、典型化。园林是"小景"的题材之一。

"叶中有花"（"花"泛指各种纹样）式花卉组合，叶中填充的纹样包括植物纹如图七：1中的梅花、缠枝纹，图七：3中的朵花；动物纹，图七：3中的芦雁，图七：2中的鹿、狮子。几何纹，图八：1、

2、3、4叶子中填充了龟纹、锁纹、簇四毬纹、簇六毬纹、鱼鳞纹、金铤纹等各式几何纹，这种求全的设计方法让纹样的形象富于变化。

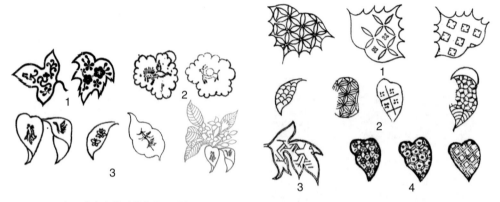

图七　叶中有花（植物纹、动物纹）　　　　图八　叶中填充几何纹

2. 动物题材

除了植物，动物也是常见的表现题材，包括真实动物和想象动物。

真实动物，由于朝廷的支持，宋代"鸟兽草木学"空前发展，相关著作非常丰富，如在谢樵《昆虫草木略》中，按动物的形态、生活习性分为虫鱼、禽、兽三大类，严谨而深入[11]。宋代绘画对这三类动物均有涉猎，这些都直接影响了纺织品纹样中的动物形象。蝴蝶、蜻蜓、锦鸡、鹭鸶、仙鹤、鱼、鹿出现在纹样中（图九）。图十：1、2、3描绘了姿态各异的狮子。狮子虽是真实动物，但它是被视为祥瑞的奇兽，由西域传入中国。狮子纹亦如此，唐早期的

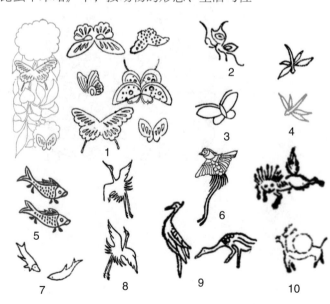

图九　动物题材纹样

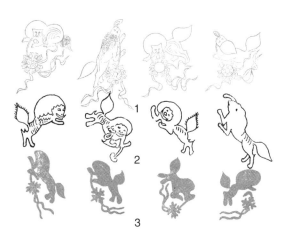

图十　纹样"狮子滚绣球"

狮子纹还带有明显的萨珊、粟特风格，宋代狮子的造型则呈现出本土化的特点。

　　想象动物，凤、凰、鸾为想象的神鸟，其造型在历代不断发展演化。《营造法式》中明确地描绘出三者的不同，其差别在于尾羽[12]。纺织品的纹样形象与《营造法式》中的描绘一致。图十一：1的元素为鸾、凤，图十一：2中的元素为鸾。

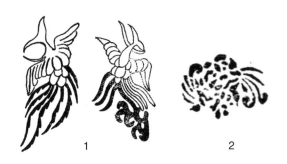

图十一　纹样"凤、鸾"

3. 其他题材（童子纹）

　　图十二：2的缠枝之间，有童子作持花（折枝花、叶片）状。"婴戏图"这一主题绘画在宋代蓬勃发展，邓椿《画继》中记载了"刘宗道、杜孩儿"这两位"婴戏图"画家，作品极受欢迎，"每作一扇，必画数百本，然后出货，即日流布。实恐他人传模之先也；画院众工，必转求之，以应宫禁之须"[13]。表现题材由唐、五代时的三、五种，发展到二十多种，如捉蝶、斗草等。佛教绘画中也有"童子"这一题材，起初为天人化生，从莲花中探出上身；后来化生童子以全身出现，但姿态恭敬；到唐代，童子往生的意义淡化，衣着、姿态都日益世俗化[14]。童子纹样是这一题材在纺织品上的呈现。

三、纹样的组织

组织是纹样中元素排列的布局和章法，是近代图案学（由西方、日本传入）里的概念，出土纺织品纹样的组织，符合图案学的规律，且具体呈现别具一格，足可见宋人的巧思和美学素养。

为了适应生产、使用的需要，墓中出土的纺织品纹样多为连续组织，连续纹样组织是以单位纹样（也称为基本单元）作反复延伸。分为二方连续和四方连续。

图十二　纹样"童子"

1. 二方连续组织

基本单元，沿上下或左右平移，称为二方连续。在出土的纺织品缘饰上，饰有上下延伸的纹样。或因纺织品残缺，或设计需要，在小部分纹样上找不到一个循环的基本单位，但大部分纹样（霞帔、加缝领、大襟边、小襟边、腋下下摆、袖口缘、裙边）都采用了二方连续的组织形式。文物中，二方连续的样式主要有散点式、缠枝式、均衡式。

散点式，以一个或数个散点元素为基本单元，作循环排列。这种样式容易显得单调，但如图十三：1所示，三枝不同品种的折枝花纵向分布，为一组。再将其水平翻转，两组（六枝）为一个单元，增加了散点元素的数量；在图十三：2中，以狮子为散点，绣球为

图十三　二方连续"散点"组织

补充让画图富有动感，再以点状元素填充空白区域。这样处理都克服了单调的问题。

　　缠枝式，以波浪曲线为基本单位，作循环排列。以曲线为枝干，在枝干上安置花、叶。图十四：1、2为典型的缠枝式。图十五中缠枝式的呈现非常自由。在靠近波峰的位置安排两个大小相近的散点为主花，朝向不同，一正一反，相互呼应，单元内重心分布均匀。主花两边，安排两朵辅花（辅花，为花苞、半开的花、与主花比面积较小的花），辅花的位置按视觉平衡的需要分布。从主干上延伸出辅枝连接辅花；主花周围、主花和辅花的空隙间，依据纹样长方形适合的要求和植物的自然生长规律，安排叶子，设计时，利用叶子将一部分枝干掩盖，枝叶关系更加生动紧密。

图十四　二方连续"缠枝"组织（一）　　　　图十五　二方连续"缠枝"组织（二）

　　图十六，在图十五程式化骨架的基础上，再迈一步，将缠枝式，演变为均衡式。一个循环单位内的主花、辅花的分布不完全一样，但整体看来花的数量、面积大概相等。均衡的排列让画面更加灵动。在图十六中，主花数量不同，有单独一朵主花，也有两朵较小花的组合，大小与主花接近，形成主花。还有三朵花成组排列，与外框的大小一致，视觉上十分稳定，又丰富了纹样的表现形式。在上述的排列方式中还可以看到波浪骨架的样貌，大约距离相当的主花，左右平衡，但在图十七：1、

2、3、4中，一个单元内，主花的数量、大小、位置，枝干的形态，更加丰富、复杂。有的只需视觉上均衡即可。

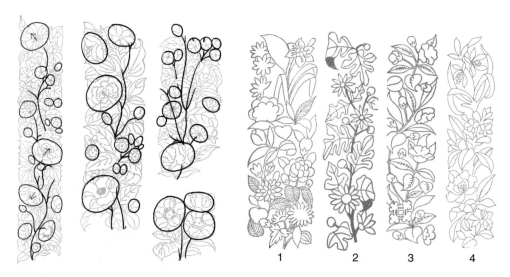

图十六　二方连续"均衡"组织（一）　　　　图十七　二方连续"均衡"组织（二）

2. 四方连续组织

基本单元，向上下左右连续平移，称为四方连续。通过连续，可以方便的装饰成匹面料，墓中出土的部分面料（单衣表、夹衣表、背心表、加缝领、裤表、腰面、裙面、单幅丝织品）采用了这种排列组织。四方连续的样式有散点组织、几何组织、缠枝组织。

散点组织，是指在循环单元内根据需要安置一个或多个不同的元素（可以是单个元素，也可以是多个元素的组合），元素被称为"散点"，散点循环后，之间的距离相当，分布均匀。图十八为一个散点的净地（元素间，间隔大，元素在单元内所占面积较小）斜排，因元素造型、方向、组织结构缺少变化，纹样略显呆板；图十九左上为四个不同造型的散点，密集纵横（元素间，间隔小，单元空间大部分为元素所占据）四分之一斜

图十八　四方连续净地"散点"组织

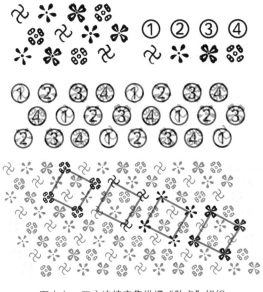

图十九　四方连续密集纵横"散点"组织

排。四个散点横向均匀分布；第一排四个散点向右下平移，形成第二排，第二排的散点在第一排两个散点的中下方；第一排四个散点向下、再略向右平移，形成第三排。每排四个散点的分布，又有内在的规律。单元循环以后，四个相同造型的散点元素组成一个菱形（散点位于菱形的顶点）（图十九）。仅使用了四个散点，通过排列，呈现出丰富而有规律的效果。

几何组织，由一个或数个不同的几何形，作为一个循环单元，连续排列。形与形之间形成相互吻合的几何骨架，规律且富有节奏。

图二十：1为90°横线与竖线交织组合。线与线交织出现正方形，在正方形的顶点和边线的中点，安置一个小的四合如意纹（有明确的如意造型，故非柿蒂纹）；在正方形中心，安置一个较大的如意纹，图二十：2为45°、−45°斜线交织组合。画面中形成了旋转45°的正方形，虽然小元素的安置方式与图二十：1相同，但骨架的变化让两者呈现出不同的风貌。

图二十一：1、2为30°、−30°斜线交织组合，线与线交叉形成菱形的基本形，在基本形中直接填充单个元素，图二十一：1只有一个元素，外轮廓与基本形相同，中心安置外轮廓同为菱形的花纹；图二十一：2中共有六个

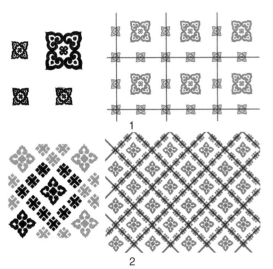

1

2

图二十　四方连续90°横线与竖线交织组合"几何"组织

元素，有四个元素外轮廓为菱形的几何形，另外两个为较写实的自然形（在菱形外框内的合适纹样），六个元素大小一致，规律而富有变化。

图二十二：1、2为折线组织。在图二十二：1中，三根折线为一组，折线A水平位移形成折线C。折线A向右上方位移形成折线B。于是，一组折线内部的空间发生了变化。在折线骨架上安置大小近似造型不同的元素。图二十二：2中，两根折线为一组，折线A水平翻转形成折线B，在折线骨架中填充两个与折线形成的菱形比例相同，面积为菱形四分之一的小元素，将折线的内部空间分割成菱形的网格。

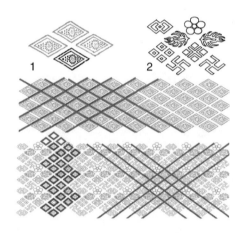

图二十一   四方连续30°、–30°斜线交织组合
"几何"组织

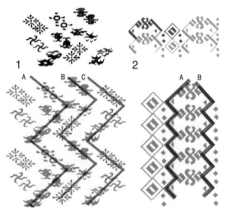

图二十二   四方连续折线"几何"组织

缠枝组织，以几何曲线为骨架，作为主花枝，辅枝填充画面中的留白区域。花、苞、叶、芽都从花枝上生发。

缠枝的组织分为折枝和串枝。折枝是花卉画中的概念，顾名思义不写全株，只画部分花枝。纹样中枝干多为曲线，在画面中灵活穿插，花和叶子的大小、位置，随画面需要分布。图二十三，单个纹样即为折枝。主花由椭圆形的花枝串联。单元作四方连续的排列；图二十四：1中的基本单元为两枝折枝，从折枝的基本骨架、主花

图二十三   四方连续"缠枝"组织—折枝（一）

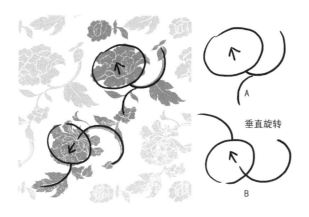

头位置来看，B折枝的骨架由A折枝垂直翻转而成。图二十五中的B折枝由A折枝水平翻转而成。图二十六中的B折枝由A折枝垂直、水平翻转而成。由一枝折枝的基本骨架，翻转后形成新的骨架，两枝花枝的基本形态和主花的位置相同，通过添加辅枝，在枝干的不同位置

图二十四　四方连续"缠枝"组织—折枝（二）

分布叶子和辅花，让两枝花枝有所不同。

图二十五　四方连续"缠枝"组织—折枝（三）　　　图二十六　四方连续"缠枝"组织—折枝（四）

　　图二十七为三枝不同形态、大小的折枝组成一个循环单元。将上述循环单元连续起来，由于折枝之间缺少相互穿插，且不同折枝间花头和叶子大小不一，画面出现了不均匀的情况。

　　串枝则较好的解决这一问题。串枝是将折枝的花枝互相串连起来，图二十八显示了宋人极为高超的串枝纹样组织技巧，组织结构非常复杂。一组单元内，安排了四枝方向不同的叶子，叶子是纹样中面积最大

的单个元素，也是单元的视觉重心，四枝叶子之间的距离相当，组成一
个菱形，每枝叶子分布在菱形的角上，将单元循环起来，叶子在整个画
面中分布均匀。花枝上延伸出不同朝向的穗状小芽，小芽填充单元内画
面的留白，两组单元间的空间也被花枝或小芽填充，再以小花做点缀。
单元内宾主呼应、层次分明。单元纹样按四分之一斜排的方式循环，实
现了构图与实用的统一。

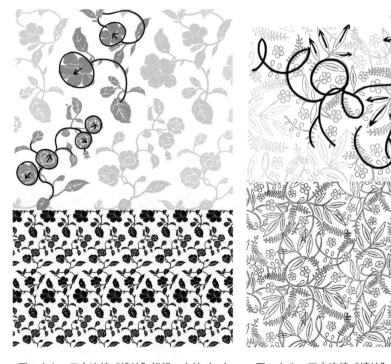

图二十七　四方连续"缠枝"组织—串枝（一）　　　图二十八　四方连续"缠枝"组织—串枝（二）

四、结语

造型、组织、色彩是构成纹样的三个基本因素，由于文物老化，色
彩褪变，且难以看到实物的缘故，本文仅从造型、组织两个方面对出土
的纺织品纹样进行分析，以求对其有多一点的认识，也为当代的纹样设
计提供一些新思路。

（本文引自：《南方文物》2020 年第 4 期。）

注释

[1] 福建省博物馆：《福州南宋黄昇墓》，第1页、第3页，文物出版社，1982年。

[2] 福建省博物馆：《福州南宋黄昇墓》，第9页，文物出版社，1982年。

[3] 福建省博物馆：《福州南宋黄昇墓》，第85页，文物出版社，1982年。

[4] 卞弋：《介绍福州南宋黄昇墓》，《考古》1987年第3期。

[5] 福建省博物馆：《福州南宋黄昇墓》，第137页，文物出版社，1982年。

[6] 许倬云：《万古江河》，第318-325页，湖南人民出版社，2017年。

[7] 管健鸿：《画以载道——理学对南宋宫廷画家马麟的影响》，《荣宝斋》2019年第4期。

[8] 沈从文：《中国古代服饰研究》，第582页，商务印书馆，2011年。

[9]（宋）吴自牧等：《梦粱录》，三秦出版社，2004年。

[10]（宋）陆游：《老学庵笔记》，中华书局，1979年。

[11]（宋）郑樵：《昆虫草木略》，浙江人民美术出版社，2018年。

[12]（宋）李诫：《营造法式》，人民出版社，2006年。

[13]（宋）郭椿：《画继》，人民美术出版社，1963年。

[14] 魏亚丽：《从"莲花化生"到"连生贵子"—论西夏"婴戏莲印花绢"童子纹样的文化内涵》，《装饰》2019年第8期。

遗迹、遗物复原研究

KAOGUHUITUQISHINIAN

含元殿外观复原

郭义孚

　　唐含元殿之记载，散见于史册中。以唐李华《含元殿赋》记述尤为详尽，形容殿貌雄巍崇高，有"进而仰之，骞龙首而张凤翼。退而瞻之，岌树巅而崒云末"之句。建殿之际，工程浩大，赋云"操斧执斤者万人，涉碛砾而登崔嵬；择一干于千木，规大壮于乔枚"等等。由这些记载，我们想见该殿建成后，气魄势必很壮丽。现含元殿遗址已经发掘。发掘时，作者担任测绘工作。回京后，试作了复原图稿。但图中还有很多不完善和尚需存疑之处，留待读者批评和补充。

　　含元殿建筑于"龙首原"高岗上，为大明宫之主殿。其北有宣政殿，东西有宫墙，与之直线相贯。南去里余即是丹凤门。宫殿整个布局：主殿居中，翔鸾阁与栖凤阁分列殿之东南及西南，并各借回廊与殿相接。殿前有龙尾道，自台基倾斜下达于平地。殿址所在，居高临下，南向可俯瞰长安全城。

　　图中所绘殿阁廊道等，系按发掘位置，另据文献记载，还有其他建筑，因无发掘根据，没有加绘在图上。现将其中建筑各部复原情况分述如下。

一、含元殿

　　含元殿之复原，除根据发掘之遗迹遗物及文献记载外，并曾参照唐大中十一年（857年）所建之五台山佛光寺大殿[1]。据《旧唐书》，含元殿系建成于唐龙朔三年（663年），约比佛光寺大殿早194年。

　　含元殿发掘情况已有简报发表[2]，该殿系建筑在夯土基上，但后壁及左、右两壁残基尚存。殿内有方形柱础（痕迹）两排，每排十个，为金柱柱础，将殿均分为十一间，间距5米。后排金柱以北5米处即后檐墙。前排金柱以南5米处当有檐柱（老檐柱），该处地面因遭破坏，现有高度低于原来地

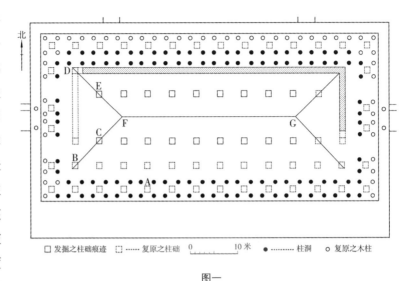

图一

面，故础痕无存。其平面复原位置如图所示（图一）。绘于殿身以外之柱础系廊柱之复原位置，示该殿有"周围廊"。连同殿身则构成面阔十三间之大殿。另外犹有多数圆形柱洞，在殿基四周绕殿排列，均在夯土基上，洞口高度低于殿内地面。此项柱洞，下无柱础（因发掘时无础痕），其埋设之柱当不能承担过重，想系架设木板之用。又因柱数多而间距密，能将其荷载分散，故如此埋设，在力学上自无问题。推其架构方式，系在柱头置栌斗，以承木板（图二）。或与"晋祠飞梁"[3]结构相似。如此架设，即在该殿周围构成架空之廊道。此"架空"之例，于后世中国宫殿建筑中已属罕见，唯于朝鲜建筑中，于今尚存有类此之结构（见刘敦桢：《大壮室笔记》，《中国营造学社汇刊》3卷3期）。

构木架空之法，渊源已久，主要目的在于防湿。《墨子·辞过篇》言先王为宫室之法曰："高足以避润湿。"可见营造宫室时，对防湿一项久已注意。

此外，圆柱埋入地下，尚有材料之保护问题，如地潮湿则易腐朽，但因龙首原地势高亢，气候干燥，加之夯土质坚，水难透入，故可使木材不易腐朽。据《大唐六典》所载："大明宫在禁苑之东南，西接宫城

图二

之东北隅。龙朔二年，高宗以大内卑湿，乃于此置宫。"可见在当时该地亦属干燥。埋柱之法，实为当时当地条件所允许。但埋柱之法对材料保护究属欠妥，久之则难免于腐朽。由发掘迹象看，有些柱子曾被撤换，或是这种原因。

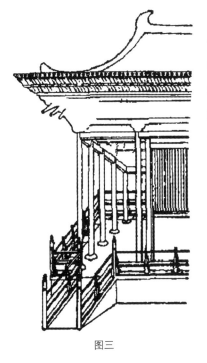

图三

殿前柱洞，每四个形成一组，每组分别与各间之金柱位置南北正对。平面图中，A为前廊柱础，础及柱之复原情况如图二所示，柱础位于木板之下，柱穿板而过，上端借斗栱承托殿之下檐。后面一排木柱承托上檐。是说明该殿具有重檐。李华赋中"飞重檐以切霞"，当指此。

殿前设有东西两阶，阶旁廊边均置栏槛，与敦煌172窟唐"西方净土变"壁画[4]佛殿周围廊（图三）极为相似。

敦煌唐代壁画所绘佛殿多属单檐；然帝王宫殿多系重檐。就外观言，重檐更为庄严宏伟，主殿当取此式。在建筑史上，先秦至清，宫殿、明堂多取重檐式。《礼记·明堂位》云"复庙、重檐，天子之庙饰也"。汉代宫殿亦多为重檐，刘敦桢《大壮室笔记》有所论述。唐东都乾元殿亦为"复霤重檐"，见王勃《乾元殿颂》。

古之宫殿设有两阶，故《尚书·大禹谟》云"舞干羽于两阶"。两阶者，左为阼阶，右为宾阶。据发掘，大明宫中之麟德殿[5]有东西两阶，依此推含元殿亦应如是。现含元殿后有二道，可证殿后亦有两阶。殿前两阶复原位置与殿后两阶相对应。两阶相距五间（合27米），与麟德殿两阶间距同。

含元殿为大明宫之主殿，殿顶复原作"庑殿式"，其举高与进深之比，系取自佛光寺殿顶之近似值。佛光寺为1：4.77，含元殿取1：4.8。殿顶构架进深为20米，则举高为：

$$20 \times \frac{1}{4.8} = 4.2 \text{米}$$

正脊之长，依平面图求出：自B向C引直线，并延长；另自D向E引直线，仍延长之；二线相交于F点；同法交得G点；FG即正脊之长，其值36米。殿顶外形系根据上项数值绘出。正脊置鸱尾，《新唐书·五行志》："太和九年，四月辛丑，大风拔木万株，堕含元殿四鸱尾，拔殿廷树三。"因含元殿系初唐建筑，故按西安大雁塔门楣石刻[6]所刻鸱尾（图四）绘制。于正脊二鸱尾外，下檐亦置鸱尾。敦煌壁画中所见唐以前之建筑、下檐多有置鸱尾者。

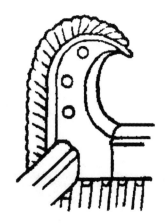

图四

如257窟"佛故事画"及"鹿王本生故事前部"（北魏）。285窟"五百强盗成佛故事后部"（西魏）及290窟"佛传故事画"（隋）中均如是（图五）。唐以后之建筑，殿顶多置"鸱吻"。下檐率置"合角吻"。

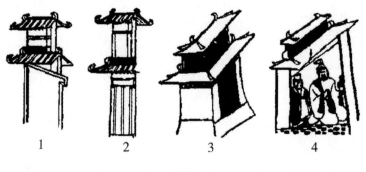

图五

透视图中，该殿木构之下有阶基三重。上层为夯土所筑。下二重系划龙首岗而成，发掘时阶基前沿尚存，立面状如斩壁。赋中所谓"划盘岗以为址"是对的。康骈《剧谈录》曰："殿凿龙首岗为基。"[7]其说亦确。

阶基周围当时设有栏槛。据《旧唐书·德宗本纪》载："贞元四年春，正月庚戌，是日质明，含元殿前阶基栏槛坏损三十余间，压死卫士十余人。"发掘证明，栏槛系石制的（见简报）。

二、翔鸾阁与栖凤阁

翔鸾阁与栖凤阁分别建筑于含元殿之东南及西南，位置对称，形制相同（图六）。因翔鸾阁保存较好，故复原时依以为据。

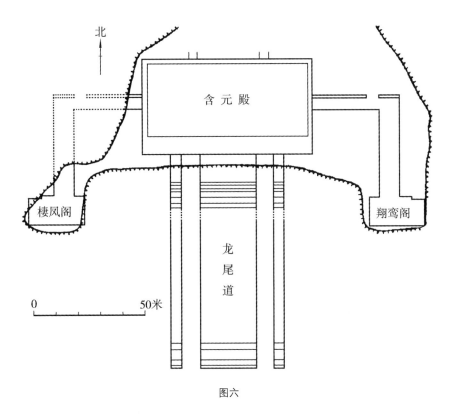

图六

阁下面为一土台，高于平地（过龙尾道南端水准面）10米许。台既如是之高，周围必设栏杆以保安全。

土台之上即为阁之基座（图七），系夯土所筑，下部保存较好，形状略如台阶，上面砌有砖块，即当时表面砌砖之遗存。砌砖时系先倚阶侧面向上垒叠，借砖块逐层递减，以造成收分，至高度与第一层台阶相等为一段。第二段开始先把砖遍铺于阶面上，然后再照前法垒叠（图八）。基座东、西、南三侧皆如此砌之，唯北侧夯土壁直，看来系连续砌上者。

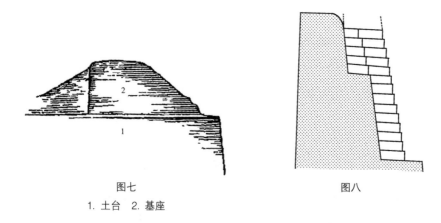

图七   图八

1. 土台   2. 基座

　　基座上部大致与殿基同一水平，因遭破坏过甚，致平面形状毫无遗存。基座上部平面系据底面形状与侧面收分求出者。想像，基座之上有平座，周围绕以勾栏，北与廊旁栏杆相接，阁身建于平座上，与敦煌唐代壁画所绘城楼相似。该阁面阔估作五间，进深二间，间量4米。阁顶作单檐歇山式，四壁以木板为之，前后均有门（图九、图十）。

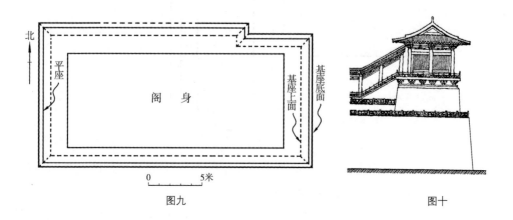

图九   图十

三、廊

　　发掘证明，含元殿与翔鸾栖凤二阁有廊相接，情况一如《大唐六典》所载："元正冬至于此听朝也。夹殿两阁，左曰翔鸾阁，右曰栖凤阁，与殿飞廊相接。"近殿两旁，廊基因低于殿基，故相接之处当为斜廊，廊道系以木板架接，设有阶梯，借以升降。麟德殿两旁与大雁塔门楣石刻所刻佛殿两旁之廊皆系斜廊，唐制多如此。廊之方向，自殿两旁起，先是东西向，分别延至阁之正北，即取直角折向正南，各与其阁相接。

廊之外侧砌有围墙，内侧置以木柱，柱旁安设勾栏，式样与"西方净土变"廊旁勾栏相似。廊顶系照大雁塔门楣石刻廊顶复原。

近拐角处，墙上有门[8]，据发掘东门遗址尚存，西门复原位置与此对称，由门址所在位置观之，不似有门楼者。廊道南折部分，向阁微升，斜率不大，到达距阁6米处，斜率骤增（达60%或3/5），倾斜向上，与阁之基座相接（见图十）。

四、龙尾道

龙尾道为含元殿前升殿之道。后唐王仁裕云："含元殿前玉阶三级，第一级可高二丈许，每间引出一石螭头，东西鳞次，一一皆存，犹不倾垫；第二、三级各高五尺，莲花石顶亦存。阶两面龙尾道，各上六七十步方达第一级，皆莲花砖，微有亏损。"又云："龙尾道者，其两畔亦有石栏。石栏柱之顶，止刻莲花，不刻螭头矣。"宋程大昌《演繁露》据王仁裕、贾黄中之说结论谓："龙尾道夹殿阶旁上，而玉阶正在道中，凡三大层，每层又自疏为小级，其下二大层两旁虽皆设扶栏，栏柱之上但刻为莲花形，无压顶横石，其上一大层者，每小级固皆有栏，栏柱顶更有横石通亘压之，而刻其端为螭首，溢出柱外，是其殿陛所谓螭首者也。"唐韦述《两京新记》亦曾述及该道。谓："含元殿左右有砌道盘上，谓之龙尾道。"《南部新书》载："含元殿侧龙尾道，自平阶至（此处疑有缺文）凡诘曲七转，由丹凤门北望，宛如龙尾下垂于地，两垠栏杆悉以青石为之，至今石柱犹有存者。"

以上记载，以《演繁露》中程氏所述最为明确。然程氏当时对唐制已有不详，其所述系据他人之说作出之推论，非目睹者，故不足为据。今据发掘所得，述复原情况如下。

据发掘知含元殿前道系三条：中间一条宽25.5米，左右两条各宽4.5米，间隔皆8米；在平面图中，方向直指南北，相互平行，无曲折（见图六）。《雍录》"含元殿龙尾道螭道图"将龙尾道绘作"锯齿形"，与实际不符。

上述系指龙尾道之平面，其断面则呈"折线形"，北接龙首岗，南及地面，宛如龙尾下垂于地。

该道南部为"慢坡式"，《营造法式》称"慢道"。《雍录》中所谓"坡陁斜道"者言是。道面系由倾斜（斜率为1：4）和近乎水平之两种平面交接而成。钻探、发掘时，道上发现有大量莲花砖及素面砖，是说明道面原来铺有莲花砖及素面砖。铺砖之复原，系于倾斜面上铺莲花砖，水平面上铺素面砖（图十一），因于麟德殿与兴庆宫[9]发掘中有此范例，且在实用与艺术上有以下意义：（1）道之斜率在1：4左右时，面铺花砖防滑力较素面砖为强；（2）行走其上，无阶限感，故较台阶式为佳；（3）平道面上无铺花砖必要，故铺素面砖；（4）如此铺法，有增加于建筑之美。如此直铺至距殿基15米处。自此以北，该道遗基率呈阶状。阶之高度不等，有达3米者。推想在当时，

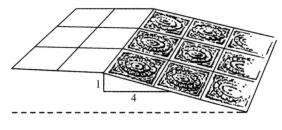

图十一

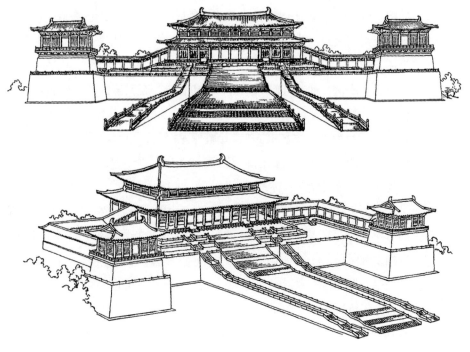

图十二

于各阶间必砌有石级，以相接连（图十三），逐级上盘，颇具崇高之感。道既崇高，必设石栏护险，文献中有此记载，发掘实物已予证实。简报所言龙尾道发掘而出之一些石刻残片，实为该道原来置有石栏之证据。

综合以上诸项，试做出含元殿复原透视图（图十二）。

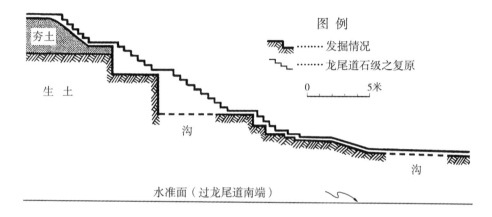

图十三

（本文引自：《考古》，1963年第10期。）

注释

[1] 梁思成：《记五台山佛光寺大殿的建筑》，《文物参考资料》1953年5、6期合刊。

[2] 马得志：《1959—1960年大明宫发掘简报》，《考古》1961年7期。

[3] 《中国营造学社汇刊》5卷3期。

[4] 《敦煌壁画集》第37页。

[5] 中国科学院考古研究所：《唐长安大明宫》图二一，科学出版社，1959年。

[6] 梁思成：《我们所知道的唐代佛寺与宫殿》第八图，《中国营造学社汇刊》3卷1期。

[7] 《雍录》，"宣政紫宸螭头"条。

[8] 《六典》，"殿东有通乾门，西有观象门"。

[9] 马得志：《唐长安兴庆宫发掘记》图版拾伍：2，《考古》1959年10期。

北京琉璃河西周燕国墓地出土漆器复原研究

郭义孚

中国社会科学院考古研究所、北京市文物工作队组成的琉璃河考古队，曾在北京琉璃河西周燕国墓地发掘出许多漆器，漆器胎质虽已腐朽，但仍不失为重要发现。漆器出土时，该队队长殷玮璋同志提出必须将其彻底清剥、妥善保存，并交与笔者进行复原。措施提得非常及时，如此将使距今三千年上下的西周漆器得以再显原貌，重现光辉。

墓地发掘情况见《1981—1983年琉璃河西周燕国墓地发掘简报》，《考古》1984年5期（后称《简报》）。

这批漆器胎质虽已腐朽，但漆皮犹在，彩绘、蚌嵌，大体皆存。漆皮所显示的形状，便是漆器现存形体，外观已非原貌，变形均较严重；但仍能反映出器物类别。要想知道它们的本来面目或确切形貌，便必须通过复原。《简报》中漆觚（M1043:14）和漆豆（M1009:14）复原图及尺寸都是笔者提供的，二图亦曾纳入《中国大百科全书·考古学》中（彩图插页，第27页）。本文将阐明这两件漆器的复原依据和漆罍（M1043:68）的复原过程及结果，该罍曾与上两件漆器发表在一起，并附彩版，但版下器号误印为M1046:68，应予更正。

1043号墓中出土的漆器还很多，现已全部复原。其他墓中出土漆器亦已大部复原。凡经复原的器物，都绘有一般复原图和实物制造图，并曾据图作出部分实物；效果甚佳，可谓西周漆器风貌再现，除上述三件漆器外，其他漆器复原情况将另文发表。

一、复原手段

复原这批漆器所采用的手段与陶、铜器等复原手段截然不同。破碎的陶器可用粘接方法使之成为完整器物；铜器经过矫形、焊接亦可恢复原状。这批漆器的现存形体则无法加以矫正，因器胎已腐朽无余。本文中所说的复原，并非矫正或更动出土物的自身，而是据其现状，应用一定的复原原理求其原状，绘成原大的漆器复原图，表现出漆器原有的形状、纹饰及色泽；如果据图制成漆器实物，则与出土物自身复原具有同等意义。

进行复原研究，可选择其他一些同期器物作为参考材料。但这些材料绝不将其引入复原图中，无论是器形复原，还是纹样复原，均以漆器自身反映为据。在极个别的情况下，曾以该墓地中出土的其他漆器作为借鉴，借鉴之处亦予指明。因此，这样绘出的复原图既表现为复原研究成果，又能为考古研究方面提供可靠的依据。

二、漆器能被复原的条件

古代漆器多因被埋于地下方得保存下来，但有时也会受到一定程度的破坏，如地下水的浸透及泾流会使器胎腐朽、土化，土壤压力可使漆器变形、破裂。琉璃河出土的漆器原来正是处于这种状态，胎质腐朽，外观变形均如前述，但其表面漆皮的存在，却使漆器具备了能被复原的条件。能被完全复原的条件包括以下三项：

1. 无论漆器具有何等程度的变化，仍能大致反映出器形特征；

2. 各特征部位有关数据可经测量、计算得出；

3. 纹样缺损部分，须能另寻同类纹样按其对应部位补齐；如果各部纹饰互有缺存之处，须能互相以存补缺，使之成为完美图案，此谓对应部位互补法。

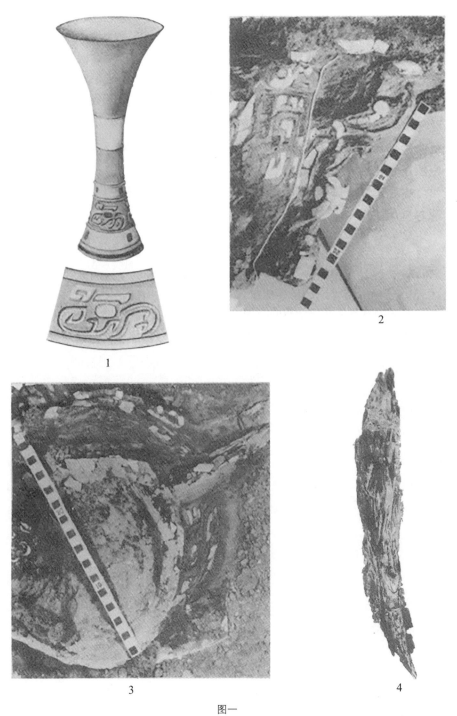

图一

1. 漆觚形象及夔龙纹样的复原　2. 罍耳出土时情况　3. 漆罍底视图　4. 漆罍胎痕（5×）

三、关于漆器胎质及漆皮的伸缩

（一）胎质

用作器胎的材料与漆器制作方法有直接关系，与后来的变形情况也有关系，因此有必要弄清这批漆器的胎质。漆罍在墓中曾与一件铜器挤在一起，锈面粘有已经土化的罍胎痕迹及漆皮少许，经取下、拍照并放大后，显示出清晰的木质纹理（图一：4）；另外一件漆器上剥落的残屑中也有这种胎样，说明都是木胎漆器。漆觚属于薄胎漆器，如果也是以木为胎，能否制出这样薄的器壁？实验证明是可以的。在不用任何机器的情况下，仅系以锯开料，刀凿雕形，即可雕出相当薄的木胎，最薄处仅有1.5毫米。因此有理由认为这批漆器都是木胎漆器。

（二）漆皮的伸缩

漆器在变形过程中，表面漆皮会受到一定的拉力或压力，致使漆皮有所伸缩，但伸缩前后差距不大。因漆皮极薄，强度有限，一遇较大拉力便会破裂。进行复原计算时，对其伸缩差距可不予考虑。

四、漆器上的假想线和求绘复原图时所用的尺

（一）经线、经长

当器身为旋转体时，过旋转轴的平面与器身表面的交线叫作经线。任何一段经线的长度都叫作经长。

（二）纬圈、纬度及纬差

旋转体表面任何一点，在旋转时画出的圆圈都叫作纬圈，也叫作纬线。纬圈本是假想线，但呈旋转体器物的口、底、折肩及其表面弦纹等，都可以当做纬圈看待。在不能明确看到纬圈的器面上，则可设测一些纬圈。

器面某点至口沿的经长，即该点所在纬度。两点所在纬度之差，则叫作纬差。

此处，纬度、纬差都不按角度计算，而是按长度（厘米）计算。

（三）自由弯尺

自由弯尺是一条既柔软而又能固定成一定形状的尺，也可以叫作柔

尺；用于求绘漆器复原轮廓线。这种尺须自己制造，方法是：将米厘格纸剪成宽1厘米的长条，并以厘米为单位在格上注出数字，作为尺的正面；于背面顺向拉一根铅丝（保险丝，5A），上铺一条宽0.5厘米的棉纸，纸上每隔1厘米横粘一段胶纸（剪自透明胶条，每段宽约3毫米），将棉纸粘在尺上，铅丝夹于其中，即成柔尺（图二：2）。

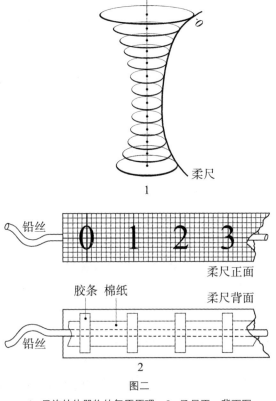

图二

1. 呈旋转体器物的复原原理　2. 柔尺正、背面图

五、纬圈、纬度的量取方法和旋转体器形的复原原理

这三件漆器中，觚、豆纯属旋转体，罍身亦属旋转体。旋转体的形状是靠密集的纬圈及其所在纬度来决定的。当漆器发生变形时，纬圈也随之变形，但周长、纬度及经长各值基本不变。漆皮如有破裂，裂口宽度当然不应计算在内。

（一）量取方法

纬圈周长及纬度可同时量出，方法是利用一些细长而绵软的纸条贴于器面上直接记取诸长（即绘出标记），取下后，用尺分别量出所标长度的具体数值。

（二）复原原理

今假设纬圈是密集的，其中并包括器物各特征部位的纬圈。则纬圈的复原形状及大小是根据其半径绘出之圆；半径等于量得的周长除以2π。纬圈彼此间的复原位置是：圆心同在旋转轴上；所在纬度即所量得的纬度（口沿为零）。这样便能自口沿向下依次按其纬度之值量出各圈所在位置（用柔尺量）。最后，这些纬圈自然会构成旋转体的形状，即漆器复原形状（图二：1）。

（三）对出土物的观察和理解

着手测量之前，先须进行观察，分析漆器变形原因。关于器面上某些起伏，有些是变形现象，有的则属于器形特征，二者必须严加区分。凡特征部位的纬圈及纬度，都必须测量出来，取作关键性的数据。其他部位纬圈，亦须酌情量取。总之，通过观察、分析之后，对漆器要有一定程度的理解，在求绘复原图之前，须能大致看出器面各处原来的曲直情况。实际上，在经线曲率不大的地方，纬圈选测间距可以适当加大，只要邻圈间的经线能接近于直线，均属合乎要求。

六、具体器物的复原

（一）漆瓿（M1043:14）

1. 出土时情况

墓内平卧，口面被土壤压成椭圆形，腰部几被压成平面，器身变形程度较大。瓿面遍髹朱漆，颜色尚鲜艳。瓿身中部至下部饰有三道金箍，下两道上镶有绿色目纹石片（孔雀石）。二箍之间刻有夔龙，目部亦镶此种石片。

2. 器形复原

复原方法，参阅图三：1，步骤如下：（1）量出纬圈周长、纬度，分栏列表；求出纬圈半径，亦予列入表中，如表一；（2）于图纸左侧绘出瓿的旋转轴；自轴向右，各以纬圈半径为距，绘出轴的平行线，即许多纵线，线端注明其半径值；（3）向右绘出口半径，外端命为A点；（4）求下一纬圈（邻圈）半径外端位置；据表，该圈纬度为3厘米，半径为4.71厘米，于是将柔尺零端固定于A点，尺值3厘米处放在标以4.71厘米的纵线上，得B点，即所求位置；（5）B点尺位不动，如以此法向下找点；（6）找出所有各点，并于点间连线，即为该瓿右侧复原轮廓线（尺值29.60以外，尚有0.4厘米的高度，是根据漆皮残余部分绘出的）；（7）注明复原尺寸：通高28.3厘米、口径13.3厘米、底径8.5厘米。

3. 纹饰复原

金箍上下界线复原位置，表中均有所载，求绘复原轮廓线时，可随之绘出。箍面、箍间目纹石片为每圈三枚，相距120度。夔龙计三条，同形，等距，系阴纹刻胎图案，刻纹均匀光润，刀法刚劲有力。出土之际，三龙已非完整，彼此之间，互有存缺，今用对应部位互补法将其复原成完美图案。髹漆情况是，刻纹内外纯为朱色，另外尚有弦纹，呈深褐色。漆瓴及夔龙纹样的复原形象见图一：1。

表一　漆瓴测算数值表（厘米）

序号	纬圈部位	纬度	周长	半径
1	口沿	0	41.80	6.65
2	间插	3.00	29.60	4.71
3	间插	6.00	21.20	3.37
4	间插	9.00	16.30	2.59
5	上箍（上）	11.00	12.90	2.05
6	上箍（下）	14.50	11.80	1.88
7	腰部	18.00	10.30	1.64
8	下箍（上）	21.50	13.20	2.10
9	下箍（下）	23.20	14.70	2.34
10	底箍（上）	27.10	21.30	3.39
11	底箍（下）	28.70	24.00	3.82
12	底周	29.60	26.70	4.25

同墓出土漆器中，带有刻胎纹饰者，并非仅此一件，而且还有阳纹刻胎图案，系采用"剔地隐起"手法雕成。

《髹饰录》中载有"剔红"、"堆红"和"木胎雕刻"等作法。剔红、堆红及今日所见雕漆作法，都是在胎外较厚的漆层上加以雕镂，而不触及器胎。这批出土漆器中不含此例，其凹凸纹样都是木胎雕刻，其表面涂漆；因所有出土实物漆皮皆薄，且能见其刻胎痕迹。

关于求绘复原图时所用纸张，可以是白纸，也可以是米厘格纸；选用后者更较方便。实际上，这批漆器的复原图稿全是在米厘格纸上求绘出来的。

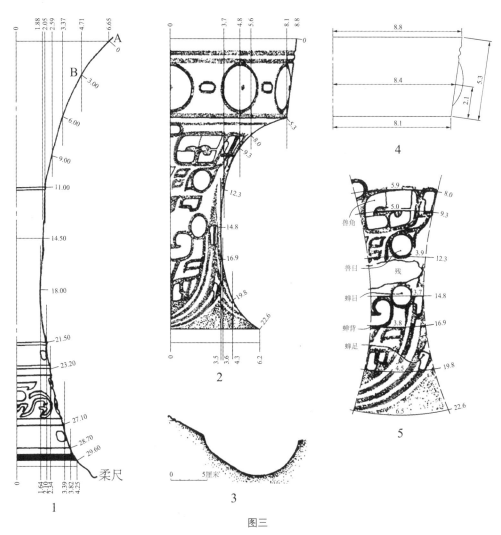

图三

1. 漆觚复原图的求绘方法　2. 漆豆复原图的求绘方法　3. 漆豆出土时的一个侧面
4. 豆盘复原形状　5. 豆柄图案半个单元的近似展开面

（二）漆豆（M1009:14）

1. 出土时情况

器身纵向断裂，且严重变形，图案有局部残损。单靠自身所具纹样难以复原出十全十美的图案。寻找器面保存较好部分，可以测出经线全长，并能反映出器形特征，如图三：3。豆盘，直壁、口略敞，与豆柄交接处，有明显的折棱，在器形轮廓上表现为折点。豆面遍髹褐漆，绘朱纹、施蚌嵌。

2. 复原情况

豆盘壁面本应镶有10枚蚌泡，泡间贴以目纹蚌片，但有些蚌泡早在墓中即已脱落，发掘时已清出。在一段保存情况较好的盘壁上，连续镶有4枚蚌泡。两端泡心间的纬线，长15.8厘米，则其纬圈周长＝（15.8厘米÷3）×10=52.7厘米，半径=52.7厘米÷2π=8.4厘米。又，过二心经线在折棱上所截纬线长度为15.3厘米，同法求出其纬圈半径为8.1厘米。另外量得泡心、盘口与折棱的距离为2.1厘米和5.3厘米。根据以上数据即可绘出豆盘复原形状（图三：4），盘口半径图解尺寸为8.8厘米。

盘壁蚌泡周边勾作朱圈，中心着以朱点，目纹蚌片沿周亦以朱线圈绘。上方、下方都有朱色弦纹。上两道，同时又是刻胎阴线。豆柄周身饰有三组相同图案，由朱纹、蚌嵌构成；其主要内容为兽面及蝉纹，都是左右对称的图形。因此可以假设每组图案都有一条中线（对称轴），组与组间各有一条分界线。经检测，两组图案对应部位尺寸完全相同，说明器形、图形原来均极规整。图形的中线和分界线共将柄面等分为六个纵带（每带半个单元），现在只需测其一带，便能取得柄部复原所需数据。图三：5所示者，是一个纵带的近似展开面，面上数字则系实测数据；分别表示纬线长度及纬度。纬线长度为其周长的六分之一，纬线位置则以所过图案部位为记。其中有"兽角"、"兽目"、"蝉目"、"蝉背"和"蝉足"各项。纬度须连同豆盘一起计算，仍以盘口为零。表二载有其中全部数据，并包括各纬圈的半径。根据此表即可绘出该豆的复原图，方法同前，见图三：2。其复原尺寸是：通高20.3、口径17.6、柄底直径12.4厘米。

表二　漆豆测算数值表（厘米）

序号	纬圈部位	纬度	周长/6	半径
1	盘口	0		8.8
2	棱线	5.3		8.1
3	兽角(上)	8.0	5.9	5.6
4	兽角(中)	9.3	5.0	4.8

序号	纬圈部位	纬度	周长/6	半径
5	兽目	12.3	3.9	3.7
6	蝉目	14.8	3.7	3.5
7	蝉背	16.9	3.8	3.6
8	蝉足	19.8	4.5	4.3
9	底周	22.6	6.5	6.2

因为纬圈位置系以所过图案部位为记，所以纬圈复原位置确定之后，圈上图案高低位置亦随之而定，全部纹样则不难投影于复原图中。兽面嘴部形状，原物上已不存在。该图系据另一漆器兽面图案嘴形复原。嘴部蚌片形状，是两件漆器中共有的蚌片形状。

（三）漆罍（M1043:68）

罍身可分为颈、肩、腹三个部位。口上有盖，腹底有圈足，罍身安有高而宽的罍耳。该物现存及复原情况如下。

1. 罍盖

有变形，已残；约缺损四分之一。尚存部分，沿周镶有许多刻有直纹的矩形蚌片，并施褐地朱纹彩绘。通过观察及测量，可以看出盖面原来有4枚兽头形纽，等距环列其上。如今二纽尚存于盖面，一纽脱盖落于罍颈，并将颈面局部纹饰掩盖其下；现已清出，该处蚌嵌、彩绘均极完好。纽体脱落后，盖上留有明显的纽痕，无凹槽，痕面是与盖面相一致的褐色漆面，痕外为朱彩。说明纽体原系平贴其上，故不牢固。下剩一纽，位置恰居盖面缺损部分，其物已不存在。"兽头"，朱色，侧面插有耳形蚌片，正面以阳纹褐线勾示面容，角、眼皆镶蚌片。每二纽之间，均有一圈涡纹图案，嵌蚌、施彩，精工细致。涡纹两旁镶有目纹蚌片，连同其他彩绘构成定形状的图案，貌似兽面。

罍盖既有变形、缺损，便须纠正、补偿。现在，先量盖周长度，再求罍盖半径：（1）盖周有损，不能量其全长，只能利用周边蚌嵌作为标记，量取半周长度，其值44厘米；（2）罍盖半径=44厘米÷π=14厘米。以此半径绘出圆，即为盖面复原俯视形状及尺寸。然后还须求出罍盖侧面及细节部分的复原图。盖面形状也是旋转体，因此有旋转轴。面上各圈弦纹，是其共轴圆系，利用这些圆的位置可以反求盖面形状。确定共轴圆间的位置，需要以下两项数据：（1）圆的半径；（2）圆的盖表半径（即由盖顶沿盖面量至盖周的最短距离）。前者须根据半圆弧长计算出来，弧长量法仍如前述；后者可沿盖面直接量取。为能求出盖面的准确形状，另外又增设共轴圆二圈，一圈过涡纹、目纹中心，另一圈过褐纹兽面里缘。各项数据测出后，列入表中（表三），以备求绘复原图。绘图时先在米厘格纸左侧确定一根轴线，线上标出一点，作为盖顶，柔尺零端置于顶上，然后向右依次找点。按表在尺上找出盖表半径之值，米厘格纸上找出半径值，尺值放在半径值上，即得所求之点。依次找出各点，并于点间连线，即为盖面复原形状，见图四：4。图中横线，同时可以作为盖面纹饰复原控制线，因此，盖面一切图案均不难投影于图上。图四：3所示，为盖纽复原形象及其所在位置。盖面连同全部盖纽即构成罍盖整体外观复原形状。

表三　漆罍盖面测算数值表

序号	共轴圆	半径	盖表半径
1	轴	0	0
2	弦纹	3.60	3.70
3	弦纹	5.00	5.10
4	插设	6.20	6.35
5	插设	9.20	9.60
6	弦纹	12.40	13.30
7	盖周	14.00	15.20

2. 罍身

罍身原来安有四扇罍耳，如今仅存二耳，耳体均有残损，另外二耳早已脱落，耳体嵌槽尚存于器面，槽内有褐色漆迹（保存甚好），槽深0.3厘米、宽2厘米。耳体、耳槽，纵贯颈、腹，共将壁面均匀分为四瓣。耳体，有一扇保存情况尚佳，残缺部分不大，变形程度亦较轻微，

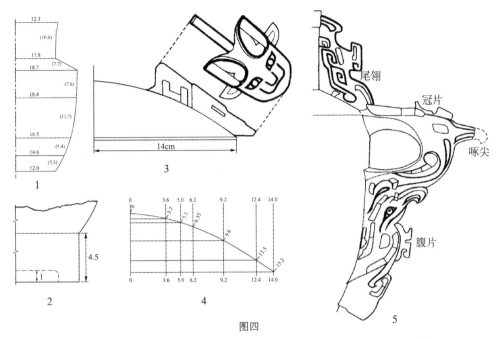

图四

1. 罍身复原形状及有关数据　2. 漆罍圈足局部复原尺寸　3. 罍盖纽复原形象及位置
4. 罍盖面复原侧视图的求绘方法　5. 罍耳复原图

其在颈肩表面上的交线，仍保持着原来时的形状。颈面近于圆柱面，仅微有凹曲；肩面则非常近于圆锥面。上述较佳一耳附近，颈面、肩面未曾变形，远处保存情况较此为差。罍身上下均不存在完整纬圈，但纬圈的四分之一却皆明确存在，此即相邻耳槽槽口中线间所夹弧段。则其半径等于弧段长度乘以0.6366。

测量纬线时，常须利用图案中某个部位作为标记，尤其是在残迹较多的器面上，更须如此。罍上各条纬线的长度及纬线间的纬差，都是围绕器身寻找图案对应部位逐段量出的。该罍肩下原有一条宽度近8厘米的涡、目纹图案带；于罍的正面，该带已随器壁挫断，全部遭到破坏。但背面则整带俱在，且可观其全貌。其他图案，反以正面保存较好。应用对应部位互补法进行复原，则经线长度及原有图案均可全部求出。

罍颈正、背两面图案俱同，各系两只凤鸟，栖于左右颈面上，头向相对，形状对称，由朱褐二色绘成，眼、嘴、冠、翼等部位，分别嵌以象形蚌片。罍颈上下，各有一道褐地朱纹彩带，并贴有矩形蚌片，蚌面竖刻直纹数道。

肩面施朱地褐纹彩绘，连同蚌嵌构成涡纹、目纹图案。折肩上下，沿棱拼贴矩形蚌片，拼棱与肩棱重合。

罍腹上部纹饰即前述肩下图案带，下部为兽面，衬有雷纹及小片蚌嵌。兽面占罍腹大部面积，由多种形状的蚌片拼合而成，外围勾以褐线，鼻部有纽，形状为一凸起的小兽面，亦嵌蚌、施彩。以上是讲罍腹正面。背面图案现存部分，与正面者完全相同。兽面下部已缺损，其复原形状应与正面大体相同，估计其不同之处是鼻部小兽面不再隆起为纽。

罍身复原所需数据的量取、计算方法已如前述。现将各项测算结果随图标出（图四：1），以示颈、肩、腹部复原尺寸及罍身复原形状，横线上数字表示半径，括号中为上下纬圈间的纬差。

3. 圈足

圈足上饰有一圈彩带，与罍颈彩带相同，足壁上有些地方漆皮尚好，能从中量出圈足外皮高度，其值为4.5厘米。里皮高度只有1厘米，上方即达罍底（图四：2），底面为一光滑平面，连同圈足里皮均未髹漆，如今胎质虽已土化，但有多半个圆的面积仍保持着原来的形状：因此可以直接量出圈足壁厚和直径，各为2厘米和24厘米（图一：3）。

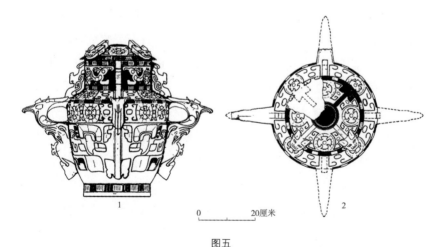

0   20厘米

图五
1. 漆罍复原图 2. 罍耳复原位置图

4. 罍耳

罍耳出土时情况见图一：2。后经清剥，去其浮污，便显示出清晰的彩绘。罍耳该面，蚌嵌俱全，残迹最少。此耳变形不大，稍加纠正，即呈原状。耳形由两只凤鸟上下环接而成，上鸟尾翎张展，下鸟昂首矫立，同施朱地褐纹彩绘，并饰蚌片。上鸟冠片、下鸟腹片均系直插鸟体（木胎），其他蚌片则贴于鸟体两侧。上鸟啄尖有损，今按下鸟嘴形和颈面图案鸟嘴将其复原，见图四：5。现存另一罍耳，保存情况欠佳。两耳互张90度角，即二者间的位置关系是彼此相邻，而非左右对称。以两耳共存部分相比较，对应部位纹饰、细节全同，说明耳形原同。邻耳既同，则四耳必同。罍耳复原位置见图五：2。

5. 漆罍的复原形貌及尺寸

漆罍复原形貌如图五：1。复原尺寸是：通高54.1厘米、通宽69厘米、圈足外径24厘米。

6. 制胎、髹漆及嵌蚌

在胎质腐朽无余的漆器上，找出一块土化胎痕，已属难能可贵。再想从中观察出器胎结构，是根本不可能的。如以今存原始制胎方法，上溯西周时期制胎大体情况，尚可一试。

今走访金漆镶嵌厂，见有许多大、小木胎（瓶、壶等），都是利用简单工具（刀、凿等）徒手制作的，始终未用旋床，但形体极为规整。徒手制作木胎，成形规整与否，全凭手艺高低。其实，利用旋床旋木的方法早已有之，《广韵》中曾讲到"转轴裁器"，《辍耕录》、《髹饰录》中则明确讲到"旋床"。与此相比，仅持简单工具；徒手制作木胎，可以说是非常原始的方法了。根据复原图，可以这样制出全套木胎漆器。厂方一位制作者曾以一木壶为例，讲述了制胎方法，简言之，先行分辨雕胎，然后合缝（黏结）修整。西周漆器木胎，若非旋制而成，只能是采用类似方法制作的。另如罍耳、盖纽，均属后置物体，耳槽内的漆，在制作时是当作黏合剂用的。罍耳嵌入槽内部分，须与槽面相黏结，方能使之牢固。

罍上彩绘，大部分为朱地褐纹。漆皮上，凡朱色表面磨灭处，均显露出褐色底漆；其他几件朱地漆器中也见有这种现象。可以看出，其髹漆程序是先以褐漆垫底，再用朱漆罩面。这样做，一则可使朱漆易于固着，再则可使朱面光润，颜色不浮。朱面上的褐线，多数是用褐色漆勾绘的；朱彩留空显褐的作法甚少，仅其盖面褐色弦纹，是两道朱彩间的空隙。

由于漆罍上贴嵌着蚌片，所以被称为当时的螺钿漆器（包括上述漆豆）。此与后世螺钿相比，当然还不够细致。晚期螺钿漆器，蚌片光洁细腻，且与漆面吻合，在曲率较大的器面上，则利用微小的蚌片拼成各种纹样，因此，蚌面、漆面亦相吻合。组成罍腹兽面的蚌片都相当大，为数亦少。这样，蚌片平面便与带有一定曲率的漆面不能完全吻合，但无琐碎感，反而显得简练、美观。

关于蚌面雕饰，凡矩形蚌片，面上皆有刻纹。盖纽兽耳，蚌片中心染为朱色，罍耳上鸟目片大于所绘眼形，其大出部分与耳体同髹朱漆，在蚌片以内圈出白色的鸟眼。蚌面划纹、刻线，于后世漆器或文献中均可见到，但蚌面施彩之例则甚为罕见。

蚌片施之于漆罍上的方式有以下三种：

（1）平嵌，多数蚌片是这样贴嵌的；（2）凸贴，即有意使蚌面凸出漆面，如盖面、肩面涡纹，蚌面高出漆面竟达至4至5毫米；罍耳下鸟翼部蚌片亦高于漆面；（3）直插，蚌片直插木胎，且与插入处的漆面垂直；凤鸟冠片、腹片和盖纽兽头耳片均属其例。

七、本文的写出目的

前述觚、豆复原图虽已发表，因未阐明复原依据，故令人难以知其可靠性如何。今对原物现存情况如实加以描述，并将复原原理、方法及最后结果和盘托出，主要是为了使大家能明了其复原成果的准确度。漆罍，1990年8—11月曾在故宫博物院公开展出（中国社会科学院考古研究所四十年研究成果展）。《简报》中对该罍的报导内容，主要是在描写其出土实物。实物固然重要、可贵，但若不加复原便显示不出多大的意义，因为它不像马王堆一号汉墓出土漆器那样完好，而是腐朽、变形及残损均为严重，根本不能直接反映出自身的本来面目。即便是对原物进行报导，亦须借助一部分复原成果，方能表达清楚。本文中阐明了漆罍的全部复原过程，并配以多幅插图，目的在于使考古工作者在必要时可以酌情引用。

过去有不少地方曾发现过西周或西周以前的漆器，其中保存优劣程度虽各有不同，但总有一些是可以复原的。希望有关部门的考古、文物工作者也能应用一定的方法将其复原，以便使人能够看到我国各不同区域出土的这类宝贵历史文物的真实形貌。

本文所述漆器复原原理及方法均系笔者首创，现在提供出来，殷切希望读者提出宝贵意见，以便今后再加改进，使之成为一项更较完善的漆器复原方法。

（本文引自：《华夏考古》，1991 年第 2 期。）

窑炉复原

（宁夏灵武窑发掘报告·附录3）

郭义孚

　　磁窑堡窑址考古发掘情况已如报告正文所述，其中报导的窑炉遗迹为复原研究的主要依据。复原研究成果需要借助窑炉复原图来表现；但其复原图又能对该窑炉遗迹中存在的现象给予进一步地解释。本文插入窑炉复原图的目的主要是为了使读者对所发掘的遗迹现象能够得到确切地理解。窑炉复原图均以窑号命名，分别为《Y4复原图》（图二）、《Y1复原图》（图四、图五）和《Y2复原图》（图七）。其中各图都能与报告中同号窑址的平、剖面图相对照。现将各幅复原图的绘制依据分述如下。

一、Y4复原图

　　该图中绘有窑壁（连同窑顶）、窑床、烟道、烟囱和火膛等。火膛下为炉箅，箅下为风道，直通窑外。窑室前端有窑门，烧窑时用土坯将门封闭，坯墙上部留孔，孔中施塞（可启闭），以便观察火候、添加燃料。

　　该窑建造程序是先在地面上挖一个椭圆形坑，将窑床、烟道、炉箅分别置于坑内，然后在地面上围绕坑口垒砌窑壁，窑后垒砌烟囱。

　　上述椭圆形坑即窑址现存部分，坑内窑床虽遭严重破坏，但床底形状却非常清楚，因其遗痕尚在，床址内外土色截然不同，内为黄色沙土，外前方为灰土硬面、两侧为红烧沙土，三色交界处即窑床前壁，形状是一条内凹曲线。由于窑内有大量碎窑砖存在，故在图中将该处绘作砌有砖皮的凹壁，以示窑床前壁复原情况。床后端尚保留着一小部分原来的床面（烧结面），床身高度就是从床面量出的。根据这个高度便能绘出相当准确的床身复原剖视图。另外，在坑壁左右立面上也能看到窑床遗痕及其大体形状，但它只能说明当时床身的存在，而不能反映窑床的准确尺寸。

　　窑床前方为火膛，膛中炉箅如今已不存在，但复原图此处必然绘有炉箅，并设想下面尚有担箅砖牙，嵌于窑壁及窑床前壁上。炉箅下方空间为风道所在，底部有一圆坑，用于储灰，以保风道畅通。复原剖面图中所绘坑形与窑址剖面图（图一）所绘坑形完全相同。

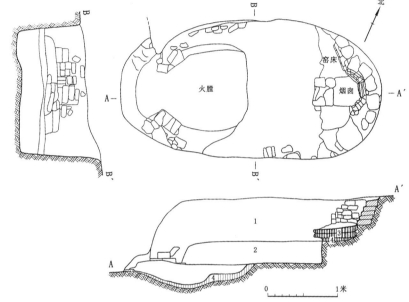

图一　Y4平、
剖面图
1. 红沙土
2. 黄沙土
3. 烧红面
4. 红烧土

　　窑床后端有烟道，系由多层土坯垒砌而成，其方向是向窑后倾斜而上，现存土坯层数仅有五层，每层皆三块。每块均被削成梯形，互相拼成六角形半周之状。五层以上土坯连同原来地面均遭破坏，有待复原。今设想将土坯层数增加，现有地面亦随之提高，令其恒与坯面取平，当高到合乎理想的程度即可视为地面的复原高度，然后在此地面上垒砌烟囱。图中所示情况完全是按照这种想法绘出的。

　　窑壁、烟囱，发掘时已均无遗迹可寻，关于窑顶形状，如今只能按照合理方案将其复原。窑顶可以复原为水平向券顶，窑头略如球面，也可以复原为卵形曲面拱顶。二者之间加以比较，后者更较合理，故取后种方案复原。窑门顶部砌法也不止一种，其中以砌作券顶形式为最好，推测当时窑门应系此式（图二）。

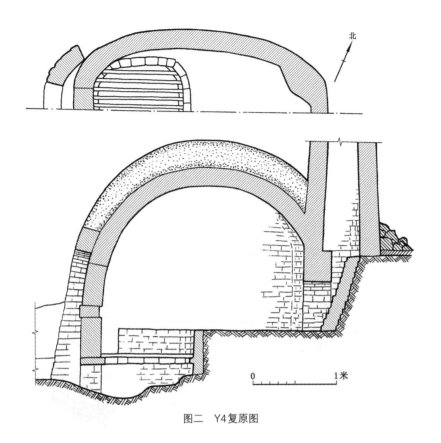

图二　Y4复原图

二、Y1复原图

该窑方向大体朝南（165度）。窑址中尚保存着一部分窑壁、窑床、火膛、窑门残口和两座烟囱。窑床以其西半部保存情况为好，床面沿着窑室西壁形成一条清楚的轮廓线。窑的东半部已遭严重破坏，仅窑后烟囱基址保存较好。两座烟囱基址的存在，决定了窑底平面的复原宽度，即窑室东壁轮廓可以根据西壁取其对称形式绘出。窑址平面图（图三）中已用虚、实两种线型将窑形勾出。故本文中不再插入平面图，而仅插入窑炉复原剖面图（纵剖面、横剖面），平面复原情况仅作文字叙述即可（图四、图五）。

窑室于前方留门，门内即火膛，其后为窑床，床后砌有一段墙，即窑室后壁。两座烟囱分居该墙两端，且与窑壁相贯连，烟囱平面呈 U 形，向窑后凸出。从窑址保存完好部分上看（在窑西北部），窑室进入烟

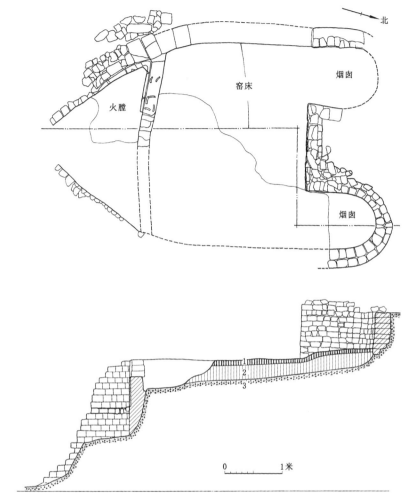

图三　Y1平、剖
面图
1. 烧结面
2. 红烧土
3. 堆积

囱处没有隔墙及烟孔痕迹。发掘时对此曾经做过仔细地观察，该处床面
未损，面上明显是个缺口，情况无可置疑。但缺口上方应系何种结构，
却是复原研究中需要考虑的问题。缺口上方为烟囱南半壁的位置，因此
必须砌有承重结构，以承烟囱半壁之重。其垒砌方式有三种：1. 横施过
梁（石质）；2. 垒为叠涩顶；3. 砌为券顶。三者之间，后者最佳。故在
复原图中将该处绘作券门形状。在这种做法中，拱券的一部分券脚必然
要落在窑室后壁上。后壁残高为1米，居于窑址最高处，则券脚位置应在
1米以上，但也不会过高，故图中仅将券脚置于1.1米的高度上。

　　窑顶复原形状是：前半部为穹隆顶，向后逐渐变为水平向券顶。这

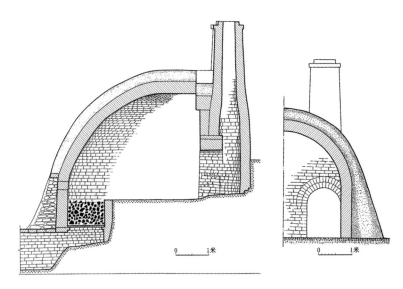

图四　Y1复原图（纵剖面）　　　图五　Y1复原图（横剖面）

种顶式是根据窑底平面形状决定的。窑室后壁陡直，壁表涂为平面，其在当初，该壁上端系与券顶相连接，构成一座完整的窑室。

床址前端立面及火膛周壁同为砖面，并且砖面上还存在着一部分担算砖牙，如今仅未见其炉算，但复原图（纵剖面）中是绘有炉算的。

上述内容为窑炉复原主要部分。另外在窑壁外皮及窑门前方还绘有一些复原结构，情况与《Y4复原图》（图二）中所绘者相似。但于本窑，这种复原结构并无遗迹可资为据，纯由其他窑炉中借鉴而来。

窑址平面图（图三）中绘有窑址纵剖部位指示线。窑炉复原图中纵剖面的剖割部位亦准于此。横剖面的剖割部位则系假想剖自窑室前方0.1米处。

三、Y2复原图

Y2是这些窑址中保存情况最好的窑址。从中可以清楚地看到窑壁、窑门、窑床、火膛、烟道、烟囱（两座）和出灰坑道等部位的完整平面。其整体轮廓是完好的，窑底细节部分亦未遭到较大的破坏，窑内壁面所敷泥皮至今犹在。从窑址上测得平面图（图六1）与其当初情况几无差别，因此本文中无需再行插绘其平面图。复原情况通过《窑炉复原图》（图七）来表示，其剖割部位亦如图六中所示者。

　　窑址现存高度也较其他窑址高度为大，通高竟达5米以上，所以复原图中有一大部分内容为窑址现存情况。于窑址现存部分之外，须加推测，复原之处主要是窑顶和烟囱。

　　窑顶的复原形状是：前半部为穹隆顶，后半部为水平向券顶。建窑之际，如欲砌为此种顶式，当窑壁起至一定高度时便须使壁面朝窑内方向收敛，以便逐渐过渡为拱顶曲面。如今窑址壁面上明显有此收敛趋势；上述窑顶复原式样反可依此为证。另外，从力学角度上讲，这种窑顶是牢固的；从烧窑要求上讲，这种窑形是合乎理想的。

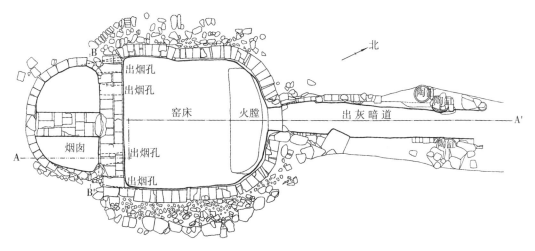

图六（1）　Y2平面图

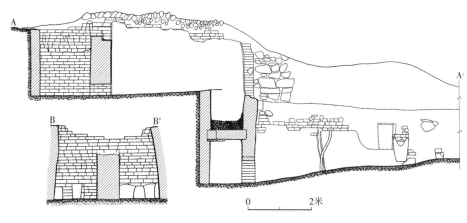

图六（2）　Y2剖面图

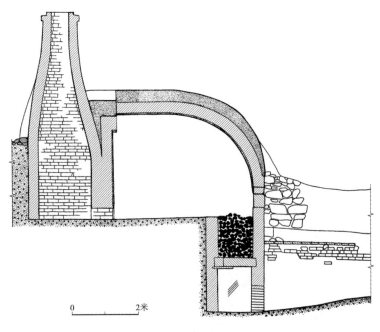

图七　Y2复原图

　　窑室与烟囱之间有一堵隔墙，下有烟道相通。墙址现存高度为2.3米，在这段高度内，该墙既是窑室后壁，又是烟囱的北壁，即后壁外皮恰为烟囱北壁里皮。里皮当高达1.9米时便开始向烟囱中心方向收敛，据此可以顺势推测烟囱原状。两座烟囱的下部是左右并联的，二者之间有一道纵向隔墙，将其空间隔开。烟囱壁厚均为25厘米，隔墙厚70厘米，足以容纳两个烟囱的壁厚。两座烟囱的形状都应当是向上逐渐收敛的，因此二者当起至一定高度时即不再并联，而各向两旁分离，越向上，则其表面距离便越大。估计表面距离开始分离之处是在距床面2米的高度上。

　　另外一种设想是两座烟囱始终不相分离，恒以纵向隔墙为界。那么，其周壁收敛程度便会很大，即壁面内倾角度要增大。这种做法无论是从施工上讲，还是从结构上讲，都不如前种做法，因此未予纳入该窑复原方案。

　　在窑址中，门前方有一条较长的坑道，底面为漫坡状。复原图中则仅取其一段，该段结构形状率如遗迹现状，所不同之处是仅在坑口上添绘了一些石板。板面上可以站人进行操作，板下仍能通风、出灰。今日一些民间窑炉中尚有此类结构，作用亦同。

四、复原图中窑炉的三个构成部分

在磁窑堡考古发掘过程中，笔者曾对上述窑址进行过仔细地观察，经过对其中重要现象的分析及判断，随之作出窑炉复原初步方案，后来根据这些窑址的平、剖面图分别绘出其复原图。每幅复原图中所绘窑炉都是由三个部分构成的。三个部分即遗迹部分、推断部分和借鉴部分，说明如下：

（一）遗迹部分

这是复原图中最重要的一部分，其中包括窑的残体及某些遗痕。遗迹保存情况越好，其复原结果的可靠性便越大。在阐述复原所持依据时，对遗迹中所反映的现象必须作出正确地解释，更不允许对窑址现存情况加以歪曲或篡改。窑址中如有变形部分，在进行复原时当然需要加以纠正，但对其结构特征则不容抹杀。从逻辑上讲，复原情况与遗迹存在情况不应有矛盾之处。

（二）推断部分

对窑址中的缺损部位，通过推测及判断之后将其复原，这样得出的复原部分属于推断部分。对这个部分的要求是：1. 推测中的构筑方式用于实地须能成立；2. 采用的工程做法在当时是存在的；3. 使窑炉在通风、排烟和燃烧时温度等方面都能达到合乎理想的状态。

（三）借鉴部分

对窑址中残缺部分参照其他窑炉（或窑址）中的对应部位将其复原，这样的复原部分属于借鉴部分；但所选择的参照物与本窑址须有一定的共性。

综上所述，在绘制《Y4复原图》（图二）、《Y1复原图》（图四、图五）和《Y2复原图》（图七）时所持依据或理由亦皆概括于上述三个部分的内容之中。

（本文引自：中国社会科学院考古研究所编著：《宁夏灵武窑发掘报告》。中国大百科全书出版社，1995年7月。）

邺南城朱明门复原研究

郭义孚

邺南城是东魏、北齐的都城，始建于东魏[1]。朱明门是该城南垣上的中门，也是城的正门。该城废毁后，门址继遭历代破坏[2]，以至现存高度很低，全部被埋没于近代地表之下。1986年春，由中国社会科学院考古研究所、河北省文物研究所组成的邺城考古发掘队对该门址进行了规模较大的发掘，将其全貌彻底揭出（发掘简报见本刊本期）。当时笔者是该队成员，发掘期间一直在现场进行测绘，同时并对城门原来的建筑结构及外观作过一番推测。后来经过进一步地思考，绘出朱明门复原图，阐明拙见，撰为此文。文中除城门建筑推测部分外，涉及遗迹形制、尺寸等方面的情况则与发表材料中所述完全一致。

一、朱明门遗址平面形制

朱明门遗址的平面形制及其主要部位实测数据曾发表于《中国大百科全书·文物博物馆》672页《邺城遗址》条中。朱明门有三个门洞，中央门洞宽5.4、东西两旁门洞宽皆4.8、洞间隔梁宽皆6米。城门墩宽84、进深20.3米，其值亦即门洞长度。墩的东西两端各与城的南墙相连接，连接处，墙厚9.5米，墩、墙二者外侧边缘在同一直线上，墩里侧则自城墙里侧向北凸出10.8米。墩外侧还有两段厚约12米的南北向城墙，分别自墩的左部和右部向城外（南）伸出，长达33米，尽端各有一座方台与之相接。两段城墙之间夹有一条宽阔的大道，纵贯城门内外。

二、对朱明门原貌的大体推测

该门址的中、东二门洞，各自在其西侧地面上留有少量排叉柱的柱

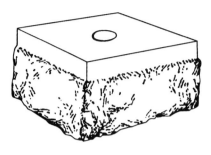

图一　排叉柱础

础印痕，痕形、痕位就是原来柱础底面的形状和位置。础面应当略小于底面，估计础面为每边长约0.8米的正方形平面，中央有一榫眼，础厚在0.4米上下，础形如图一所示。在邺城其他一些北朝建筑遗址中曾经发现过这样的柱础实物，大小亦与上述尺寸非常接近。这些柱础印痕都是大部面积伸入于夯土洞壁之内，位置均经实测，据其实测数据可以计算出洞内排叉柱的原有数目，并能推算出上方城楼的间数。城门应为过梁式城门，靠排叉柱承重。

门址现存建筑结构几乎都是夯筑部分，砖石结构早已毁之殆尽，仅其东门洞中尚余残迹少许，即该洞西壁剩有几块陡砖贴砌于夯土壁面上，门道上有一段残损的石门槛，可据以确定门砧及门扉的位置。

关于该门城楼，《邺中记》中有所记述："门上起楼，势屈曲，随城上下。东西二十四门，朱柱白壁，碧窗朱户，仰宇飞檐，五色晃耀，独雄于诸门，以为南端之表也。"所言情况，比较具体，可供复原时参考，惜未提及城楼层数，其他史籍亦无其载。从北朝壁画、碑刻中可以分别见到三层、二层和单层城楼式样。甘肃天水麦积山第127窟西魏壁画（下文《西魏壁画》均指此）中所绘城楼都是三层楼（图二）；陕西耀县北周四面造像碑上所刻城楼都是二层楼，下层有平坐，上层无平坐，顶为四阿式，正脊施鸱尾，脊、檐均呈直线，见图三[3]。朱明门兴建年代尚属元魏，今参考北魏洛阳城上城楼，感到当时似以二层者最为常见。洛阳城，周匝十三门，十二门上均为二层楼，仅大夏一门例外[4]。朱明门城楼层数既然不见其载，当按二层复原为宜。复原式样应与上述碑刻城楼相似，仅间数不同，脊檐稍异。绘制复原图时须令城楼垂脊稍显凹曲，檐角微有起翘，以便与"仰宇飞檐"之载相符。

朱明门外两座方台，很像双阙遗址，但欲肯定为阙，尚须加以论证。现在需要列举一些元魏以前及以后的阙，作为参考材料，据以进行对比。今以时代为序，依次列举如下。

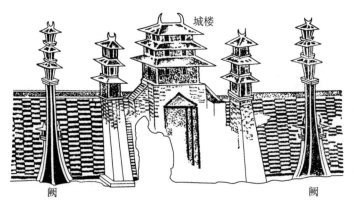

图二　西魏壁画中的城门及阙　　　　　　　　　图三　北周造像碑上所刻城楼

西汉建章宫有圆阙，亦名凤阙，阙址尚在，最大残存高度在十三米以上（六十年代情况），从形制上讲，是属于独立双阙。据记载，阙高二十五丈[5]，合今五十七米多，它已超过当时城墙高度。汉代阙形，可从汉画像砖中见其梗概（图四）[6]，每座阙都是下有阙身，上有阙楼（本文不涉及石阙）。阙身是一座形状高峭的台，多为夯土所筑。阙楼，昔称观，或楼观[7]。另外，城楼亦常称观。圆阙的记载高度竟达如此之大，其值确否，无从验证。如果从阙身现存高度上推测，原来是相当高的。所以张衡《西京赋》中对它的形容是"圆阙竦以造天，若双碣之相望"。

图四　汉画像砖上所见阙形

文献记述东汉洛阳北宫朱雀阙，在四十里以外的偃师尚能望见，且有"郁然与天连"之感[8]。北宫一带地面与偃师路面（汉）高差并无较大的悬殊[9]，而且两地之间还障隔着宫城和罗城的城墙，如此尚能见其高峭阙貌，说明阙身高度必在城墙高度之上。

据《邺中记》载，南邺宫城里表合二十一阙，高一百尺。《西魏壁画》中则绘有许多阙，阙后即城墙，阙身皆高于城墙。

隋唐洛阳宫城则天门（应天门）外筑有双阙[10]。阙址犹在，当时也是两座与宫城相通的高台，其上有观。

唐长安大明宫含元殿左右有翔鸾、栖凤二阙，阙址、殿址均经发掘，整体平面呈门形，东西两旁各与宫城城墙（宫中隔墙）相连，阙身残顶去地高度尚达 16.5 米，合唐代 55 尺。宫城城墙的记载高度是 35 尺[11]。

综观上述诸例，可以看出这样一个问题，即两汉、元魏及隋唐时期的许多阙，无论是属于哪种平面形制，其阙身高度都在城墙高度以上。

北京明清宫城午门前有双阙[12]，但不再有高于城墙的阙身。

图五所示，为朱明门遗址与上述隋唐明清各阙在平面形制上的对比[13]；显系同种形制。在考古发掘工作中，揭露出具有此种形制的罗城门址还是第一次。目前所知，它又是此种形制中时代最早的门址。

从平面形制上对比，朱明门遗址与一些阙址确有相同之处，但从所在位置上对比，则与各阙址都有所不同。凡上述具体各阙，位置都是分别在其宫城门外或宫城之中，而朱明门双台位置却在罗城门外，文献记载中亦未提及该门有阙。这样，它是否也可以叫作阙？那就要看此前有无罗城置阙先例；如果有，它便是阙，原来便应具有阙的形貌，否则其复原形貌便难以肯定。为此特作如下叙述。

《诗·子衿》："挑兮达兮，在城阙兮。"城，通指罗城；城阙便是置于罗城门外的阙。再看各家注解：毛亨《传》，"乘城而见阙"；郑玄《笺》，"国乱，人废学业，但好登高，见于城阙……"；孔颖达《疏》，"在城阙兮，谓城上别有高阙，非宫阙也"；高亨《诗经今注》，"阙，城门两边的高台"。以上见解趋于一致，基本上是正确的。另外也有与此完全不同的解释，但非正确，亦应指出。清马端辰于《毛诗传笺通释》中将"城阙"解释为"城缺"，并说："城缺即南城缺处耳。"现在只须以两周时期的城址与之对照一下，便能看出这种说法是错误的。建于西周春秋之际的鲁国曲阜和战国时期的楚国纪南等城，城墙基址均属完好[14]，都不存在当时的南城缺处，足见马解与实际不符。

方继成《试论城阙的起源和发展》一文[15]，在解释《子衿》中"城阙"时说："古时城与阙并称，就是因为原始的城墙是没有城门的……原始城墙只是在南方有一个缺口，其余几方几乎是没有缺口的"。言其制，究其源，同时还必须阐明其历史年代；今应指明：1.《子衿》是东周时期作品；2. 早在商代便有靠洞壁木柱承重的过梁式城门，门址尚存，柱迹亦在[16]；3. 鲁国曲阜、齐国临淄[17]和楚国纪南等城，东、西、南、北四方都有城门。

过去有些人认为罗城不应当有阙，他们当时未能见到考古发掘材料，而仅以"古者，城缺其南方"、"诸侯之城，缺其南方"等说作为依据，对"城阙"一词牵强附会地加以解释，结果当然是错误的。

东汉洛阳城有阙，魏晋仍袭其制。张衡《东京赋》写道："殿未出乎城阙，旆已反乎郊畛。"[18]陈思王《赠白马王彪诗》："清晨发皇邑，日夕过首阳……顾瞻恋城阙，引领情内伤。"《元河南志·晋城阙宫殿古迹》引《晋书》："洛阳十二门，皆有双阙。"实地勘探情况是：该城一些城门外，确有形制同于双阙的建筑遗迹[19]。结果，记载与实物并能互相印证。

以上说明元魏以前有罗城置阙先例，

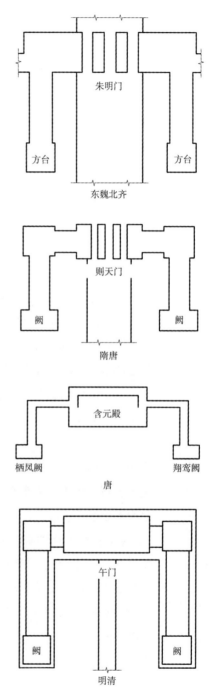

图五　朱明门遗址和隋唐明清各阙的平面形制

且其制度渊源远及先秦。现在则完全可以肯定，朱明门外双台遗址就是双阙遗址；也可以说，原系城阙。另外，筑于宫城门外之阙则叫作宫阙。

该阙平面既与许多宫阙平面形制相同，则其立面形状也应与宫阙形貌大体相似；双台之上同为楼观，当无疑问[20]。再者，令其阙身与城墙相连接的目的主要是为了便于攀登阙楼；当然，如此尚能在城门左右构成两道屏障，利于防守。

有人在解释《子衿》中"城阙"时说："城阙无观，宫阙有观。"[21]此言一则缺乏可靠依据，二未涉及元魏时之城阙；其说确否，无需考虑。

既然城阙也是其下为台，其上置观；因此在进行复原时便须考虑到阙楼的层数和阙身的高度。《西魏壁画》中所绘城楼、阙楼同为三层。从唐代壁画中分别见到的城楼和阙楼都是单层楼。北京明清午门城楼、阙楼均具重檐，同非重观。阙楼层数同于城楼层数，情况虽非尽然，但可谓多有其例。于是朱明门阙楼层数亦随其城楼层数共同复原为两层。至于阙身高度，则应大于城墙高度。

阙楼与城楼之间应有行廊相通，往返其间，借以障日蔽雨，御雪防风。当时在其宫城中有殿、阁之间通廊的做法[22]，意义亦同于此。从建筑造型上讲，行廊能将城上散列三楼连成庞大的建筑整体，使得门阙气魄更加宏伟；仰观其势，尤显壮丽。后世建筑犹承其制，隋唐洛阳宫城应天门阙遗址中行廊遗迹尚在；河南禹州市石幢[23]上所刻城楼与阙楼之间有行廊相接；上述北京午门城楼与阙楼之间有廊庑相通。类此情况，见于文献记载中者，亦不乏其例。

前引《邺中记》对朱明门的记述，说明当时该门是豪华富丽的。高氏父子[24]营建此城，尚奢而不尚俭，明崔铣《嘉靖彰德府志》卷八，《邺都宫室志》写道："右邺都南城，其制度盖取诸洛阳与北邺。然自高欢营之，高洋饰之，卑陋旧贯，每求过美，故规模密于曹魏，奢侈甚于石赵。"石赵时期，北邺城墙曾饰为砖面[25]，那么，奢侈程度有甚于此的邺南城，至少在其作为南端之表的朱明门墙面上亦应饰砖。遗址中，沿着城门外侧的地面上尚留有大量砖块堆积，对此只能解释为城墙砖皮被破坏后的遗物。

前述城墙厚度、城墩大小和阙基边长都是夯土部分上的尺寸，决非复原尺寸；复原尺寸须按包砖边缘计算。

城墩附近应有登城慢道（马道），但其遗迹如今已无可觅，推测原为东西二道，分置城墩左右，贴城而上，与城墩向北凸出处相接。

以上所述者，仅系朱明门复原设想中的大体内容，至于该门建筑结构、尺寸及外观等复原情况，将于以下分项加以叙述。

三、门洞、门墩和城墙

（一）洞内排叉柱列间的跨度和门洞隔梁两侧柱列之间的距离（夹距）

础心（即柱心）位置是在门洞的夯土壁面以内，纳入壁面的尺寸在0.3米左右（图六）。试据该值进行计算如下：

1. 中洞柱列跨度＝5.4＋2×0.3＝6米；
2. 隔梁柱列夹距＝6−2×0.3＝5.4米；
3. 旁洞柱列跨度＝4.8＋2×0.3＝5.4米。

以上三项计算结果，又应依次等于城楼明间、次间和梢间的面宽，其间量大小及相互间的比例均较合适，因此不宜再作他种估算。不然试将础心纳入壁面尺寸改为大于0.3米，则城楼梢间面宽便会随着这种改动而变得大于次间面宽；此与多数建筑中的实例不符。如将础心纳入值改为小于0.3米，则其改动幅度极为有限；幅度稍大，础面便会越出础痕范围，而与发掘情况不符。

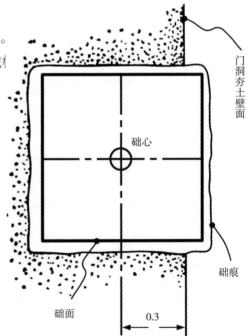

图六　础心纳入洞壁情况

（二）门洞各侧排叉柱的间距、柱数和柱列长度

东洞内尚留有4块础痕，沿洞壁方向作连续排列。第1至4块础痕心距为4.05米，则其平均间距应为1.35米，亦即排叉柱的间距。门洞夯土壁面长20.3米，可容纳15根柱，其柱列长度＝（15−1）×1.35＝18.9米（三洞

中柱列长度、柱数应完全一致）。础面每边长度为0.8米，则础列通长为19.7米，其值尚未超过夯土洞壁长度。夯土洞壁两端尚有城墙包砖，这样，础列两端向外距离砖皮的尺寸便显得更较合适。

（三）门洞木构

排叉柱的础面应略高于门道地面，一般约高出0.1米。今令中洞排叉柱身高度等于其木构洞跨，即6米。在门道两侧的础列上将木柱全部立就之后，各于两列木柱上端通施延衣木，其横截面复原尺寸估为宽0.35米，高0.5米。两道延衣木间横担木板及过梁，梁皆担于柱头上方，横截面估高亦0.5米。梁上施人字形构架（叉手），架顶承脊枋，两坡铺为木板（板顺洞向），脊枋高出过梁上皮2.5米，则高出门道面9.6米。在一部分过梁上，对中排叉柱心插立木柱，以承平坐及城楼木构（图七）。中洞、旁洞木构皆同，仅在高度及宽度上，后者较前者为小。三个门洞的洞口上方均施搏风板，借以饰其外观。门洞正面的复原形状与《西魏壁画》中所绘门洞形状大体相同。其他一些北朝壁画中所绘的城门洞，多数是这种形状。

（四）城墙、门墩和阙身的收分

城墙、门墩和阙身应取同种收分，其中西阙残台四侧夯土壁面尚较完好，该台下宽14.8米，在高达0.75米处，宽14.5米，即左右两侧各收进0.15米，则每侧收分为0.15∶0.75＝1∶5，其率等于20%。侧面偏离垂直方向的角度是11.3°（arctg0.20＝11.3°）；此与汉长安城墙面收角

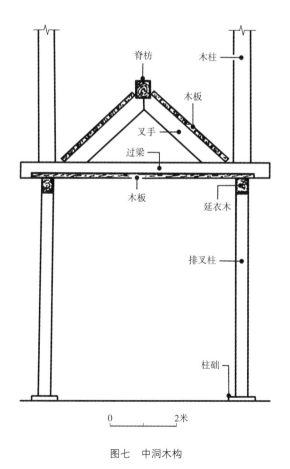

脊枋
木柱
木板
叉手
过梁
木板
延衣木
排叉柱
柱础

0　　　　2米

图七　中洞木构

非常相近，它是在11°左右[26]。

　　从邺城其他一些东魏、北齐时期的建筑遗址中可以看到在夯土台基四周包砖的做法，所包厚度近于1米，据此亦将朱明门墩、城墙及两阙包砖厚度共同定为1米。城墩顶面则复原为平铺砖面，南城墙面的外侧砌有雉堞（女墙），里侧砌有矮墙。两段南北向城墙的顶面，两侧皆砌雉堞。门墩表面遍为砖面，洞内壁面则大部面积敷以草泥，抹成平整的立面，近地面处贴砌陡砖，以护壁。至于门墩、城墙和两阙包上砖皮之后的壁面收分应如何计算？仍然是以百分之二十为率。

（五）门墩的复原高度和进深

　　今览多幅北朝壁画所绘城门，门洞上方人字形构架顶端至墩顶的距离都显得很近，既然多幅画中如此，恐系实际反应，即建筑实物上的这项距离也不会很大，其值于朱明门中洞上估为1.4米。于是，门墩复原高度＝1.4＋9.6＝11米。墩底进深＝20.3（夯土）＋2（包砖）＝22.3米。墩顶进深＝22.3－2×0.2×11＝17.9米。式中"0.2"为砖面收率。

（六）对门墩构筑方式的推测

　　门墩复原高度也就是墩壁砖皮的复原高度。砖皮以内包括着上述夯土隔梁及门洞木构。人字形洞顶两坡木板上还砌有土坯，垒砌高度在脊枋以上。过梁上所立木柱的下半部均被砌筑于土坯范围内。

（七）对城墙高度和厚度的估算

　　城上女墙自身高度估有1.4米，其顶面应与墩顶居于同一水平，则城墙顶面高度＝11－1.4＝9.6米。城墙厚度即其下宽；下宽＝9.5（夯土）＋2（包砖）＝11.5米。上宽＝11.5－2×0.2×9.6＝7.66米。以上是对该城南垣在门墩附近部位的尺寸估算。两段南北向城墙复原高度同上，如法计算其下宽、上宽，结果应为14米和10.16米。

四、关于北朝时期的斗栱

　　在北朝时期的石窟寺中常可见到一些石雕斗栱，式样以一斗三升者居多。河南洛阳龙门古阳洞中除雕有这种斗栱外，还雕有一斗六升斗栱和出跳的斗栱（图八）[27]。甘肃敦煌莫高窟第254窟中则反映当时有令栱替木承枋的做法。这些斗栱，结构仍较简单，当时的木构建筑中还会有其他式样的斗栱。宁夏固原北周李贤夫妇墓出土壁画中绘有门楼一座，其上檐、下檐都有斗栱（图九）[28]。李贤卒于北周天和四年（569年），与北齐天统五年系同一时间；壁画颇有参考价值。画中门楼转角铺作出有角栱两层，第一跳偷心，第二跳的上端为屋檐所障。斗栱纯为朱色，未勾轮廓线；如果勾出它的轮廓及内线，便能区分出斗栱中的细部结构（图十）。所绘转角铺作中除有角栱外，还有华栱和泥道栱。若再勾出柱头铺作的轮廓及内线，同样可以区分出华栱和泥道栱。华栱也应理解为两层，上层者隐于檐后，未现其形，如按最简单的结构来推测，系第一跳偷心，第二跳上施替木，以承橑檐枋。

　　画中栌斗之间均连有阑额，亦朱色。北朝时期一些石质仿木建筑中，有将阑额置于栌斗上者，但也有齐柱头施阑额的做法，定兴北齐义慈惠石柱柱巅石屋上所雕阑额即其一例[29]（图十一）。

　　从这幅壁画中可以清楚地看到，当时已有出两跳的斗栱，至于还有

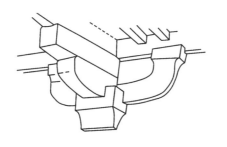

图八　龙门古阳洞中北魏石雕出跳斗栱

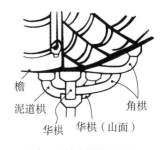

图十　门楼上檐转角铺作

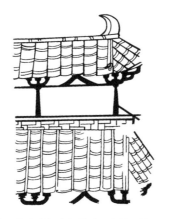

图九　北周李贤夫妇墓壁画中的门楼（局部）

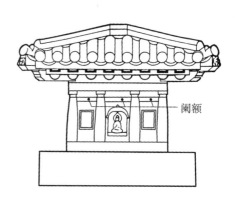

图十一　北齐石柱柱巅石屋

没有自栌斗以上出跳再多的斗栱，目前尚难断言。因此朱明门城楼上檐、下檐斗栱跳数至多只能复原为两跳。

五、对城楼构架及外观的推测

前述门洞过梁上所立木柱应属于城楼平坐木构。柱头上均施栌斗，城楼柱根直插其上，斗口施栱，以承梁、枋。梁上施缴背，以承铺板枋，枋上铺木板。铺于楼内部分，作为城楼地板，伸出于楼外部分即为平坐，周围置栏杆。上层楼地板铺设方式同此，但木板不伸出楼外。城门、城楼整体构架如图十二。图中排叉柱及平坐木柱均作铅直方向，城楼木柱则略有侧脚。

城楼柱根、下方的平坐木柱及排叉柱，三者中心同在一条铅直线上，其平面投影是互相重合的，见图十三。城楼柱网是根据排叉柱的位置决定的，间数是；面宽五间，明间6米，次间、梢间皆5.4米；进深三间，每间皆5.4米，其值为排叉柱间距的4倍。

下层楼设有八门，其中前后各三门，左右各一门。楼梯位置设想是在楼内西门的南侧；走向是先沿山墙向南斜升，然后东折斜上，直抵上层楼的地板。上层楼，四面置窗，窗为直棂式。城楼正观形貌如图十四。

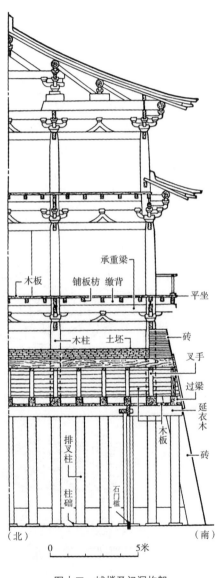

图十二　城楼及门洞构架

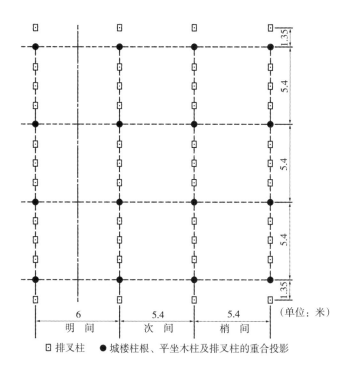

图十三 城楼柱网与排叉柱的关系

六、两阙及行廊

（一）两阙

罗城筑阙目的，并非出于礼制上的规定，而主要是为了巩固城防。两阙钳夹要道左右，守者乘其高台可用蔺石、强弩阻击攻者；身临阙楼，更能瞭敌。当时一定会将阙楼筑为上层、下层都有平坐的重楼，以便远眺四方。再看《西魏壁画》中所绘阙楼，也是每层都有平坐。

阙址平面呈正方形，每边长度为14.8米。外加1米厚的包砖，将其扩为每边16.8米的正方形，便得出阙身底面的复原面积及形状。阙身的平均宽度即其下宽（16.8米）和上宽的平均值，身高不应小于此值；因为这时期的阙仍然具有高峭的形貌，身高若小于此值便会失去这种形貌。今按等于此值计算，则身高应为14米，顶面应为每边长皆11.2米的正方形。

于筑阙施夯过程中，当阙身起至一定高度时便在平整的夯土面上立柱，然后逐渐将柱夯筑于阙身内，柱头施斗栱，以承平坐。若按宋李明

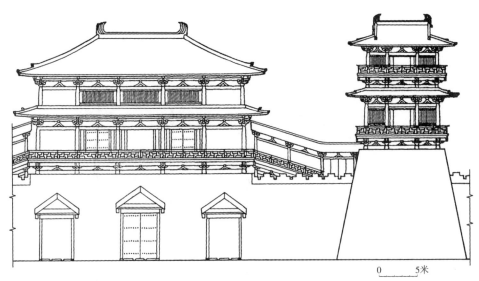

图十四　朱明门复原正视图

仲《营造法式》中规定："凡平坐，先自地面立柱，谓之永定柱。"但在这两座残高有限的阙址上均未见有这种柱迹，恐其早期做法与《法式》规定有异。其实，只要柱身具有足够的高度，一经夯实于土中，自会牢固、稳定。下层阙楼的柱根与下方平坐木柱同心，柱网外周呈正方形，间数则复原为：面宽三间，明间4米，次间3米；进深亦三间，四角进深等于其面宽。

阙楼房顶复原构思情况是：檐角有起翘，不出翘，房顶平面形状因受柱网所限，亦呈正方形。这样便不宜复原为四阿顶，只有在九脊、攒尖二式中考虑；二者之间，取其前者更较合适。今仿龙门古阳洞中北魏石雕佛殿九脊顶（图十五）进行复原。阙楼上层、下层都是在其前后开门，门旁、两山置窗，每座阙楼各有四门。

图十五　洛阳龙门古阳洞中石雕佛殿

（二）行廊

昔日有两种构筑行廊的做法，一种是先在城墙身内靠近左右两侧顺向

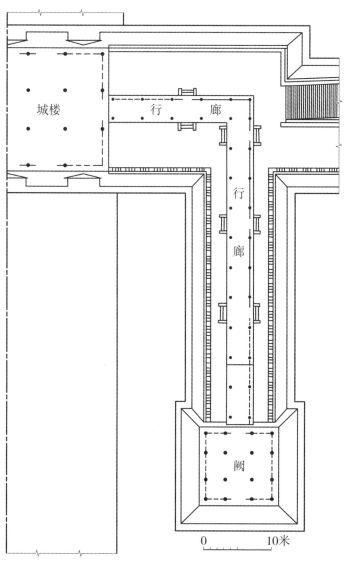

图十六　城楼东侧行廊走向

埋设永定柱，形成两行并行的柱列，柱头均伸出于城墙顶面，上施斗栱，承其平坐及行廊构架；另一种是在城墙顶面或台面上事先筑出廊基，然后将行廊构架直接建筑于廊基上。两种做法均曾见于隋唐时期宫阙中[30]，前朝做法与此不可能有较大差异。后种做法更适用于构筑城阙行廊，因其结构更较坚固，有利于城防。朱明门上行廊应系采用此法构筑。行廊走向是分别自城楼两旁向东西延伸，然后南折，各自转入南北向城墙上，南端与其阙楼相接。东西向廊道的北侧及南北向廊道外侧均封作廊壁，壁上有门，全廊八门（图十六），则城上全部建筑中共有二十四门。

门墩、阙身皆高于廊基，因此在城楼两旁和两阙背后都架有一段倾斜廊道，分别与各楼的平座相接，令其城上建筑高低相贯，颇有随城上下之势。凡倾斜廊道均设有栏杆，水平廊道则不设栏杆，为的是遇到战争时期不至妨碍城上兵员往返调遣于行廊内外。

图十七　朱明门复原鸟瞰图

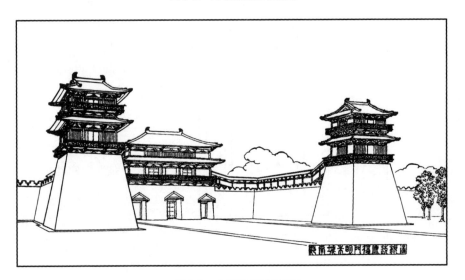

图十八　朱明门复原透视图

七、朱明门整体建筑的复原形貌

城墙、门墩、城楼、两阙及行廊等项建筑复原情况均如上述，不难将其综合为整体建筑的复原结果。为了表达朱明门整体建筑复原形貌，试从两种角度绘制复原透视图二幅（图十七、图十八）。

附记：本文写出后，请杨鸿勋教授审阅过，曾经提出宝贵意见，在此谨致谢意。

（本文引自：《考古》，1996年第一期。）

注释

[1] 魏收《魏书·孝静记》。

[2] 据李延寿《北史》，北周时期邺城曾经历过两次战争破坏，一次是在建德六年武帝率军克邺之际，二次在大象二年，韦孝宽破尉迟迥于邺，随后将城毁折；自此，邺城为墟。以后各代，当地居民在这里进行耕耘、掘地、建窑、取土，使邺城遗址继遭破坏。

[3] 摹自陕西耀县北周四面造像碑拓本。原碑现存于耀县博物馆。

[4] 城楼层数见于杨衒之《洛阳伽兰记》中。

[5] 《关中记》、《三辅黄图》、《三辅旧事》。

[6] 摹自闻宥集撰《四川汉代画象选集》第八〇图、八二图。

[7] 徐锴《说文系传》："中央阙而为道，盖为二台于门外，作楼观于上……以其阙而为道，谓之阙。"

[8] 蔡质《汉官典职仪式选用》。

[9] 曾持地形图进行踏勘。

[10] 杜宝《大业杂记》："寺东抵城（宫城）则天门，两重观，观上曰紫微观，左右连阙。"

[11] 李华《含元殿赋》："左翔鸾而右栖凤，翘两阙而为翼。"康骈《剧谈录》："含元殿，国初建造……左右立栖凤、翔鸾二阙。"发掘情况见《考古》1961年7期所载，马得志：《1959—1960年唐大明宫发掘简报》。《新唐书·地理志》载："宫城在北……其崇三丈有半。"该宫城墙能与大明宫之城墙屈曲相通，彼此之间，墙身高度不可能有较大差异。

[12] 刘若愚辑著，吕毖编次《明宫史》"向南第一重曰承天门……三重曰午门。魏阙两分，曰左掖门，曰右掖门"。今日所见午门建筑是清代再次修建的。

[13] 其中则天门（应天门）遗址平面图系据发掘现场目睹及《中原文物》1988年3期所载，洛阳市文物工作队：《隋唐东都应天门遗址发掘简报》所述情

况加以推算、复原得出。

[14]《曲阜鲁国故城》，齐鲁书社。纪南城情况见《新中国的考古发现和研究》
　　　276页，文物出版社，1984年。

[15] 刊于《人文杂志》，1958年5期。

[16] 中国社会科学院考古研究所河南第二工作队：《1983年秋季河南偃师商城发
　　　掘简报》，《考古》1983年10期。

[17] 群力：《临淄齐国故城勘探纪要》，《文物》1972年5期。

[18] 殿，后军；施，前军。

[19] 中国科学院考古研究所洛阳工作队：《汉魏洛阳城初步勘察》；《考古》1973
　　　年4期。

[20] 阙，虽有单阙，二出阙和三阙之分，但其共同点都是其下为台，上置楼观。

[21] 郝懿行：《尔雅义疏·释宫》。

[22] 据《邺中记》，朱华门内昭阳殿东有长廊通东阁，西有长廊通西阁。

[23] 见刘敦桢主编：《中国古代建筑史》18页，图9，右下。

[24] 指高欢、高洋。

[25] 郦道元：《水经注·浊漳水》。

[26] 王仲殊：《汉长安城考古工作初步收获》，《考古通讯》1957年5期。

[27] 摘自《中国古代建筑史》图72。

[28] 见宁夏回族自治区博物馆、宁夏固原博物馆：《宁夏固原北周李贤夫妇墓发
　　　掘简报》，《文物》1985年11期。壁画现存于宁夏固原博物馆，笔者曾前往
　　　观看，在馆方的协助下，并曾拍得彩色照片。

[29]《中国营造学社汇刊》五卷二期，刘敦桢《定兴县北齐石柱》对杜巅石屋的
　　　记述："柱之上端，刻阑额一层，高五公分，较壁面凸出少许。其上栌斗未
　　　施栱昂。"

[30] 隋唐洛阳宫城应天门上连阙行廊下有平坐及永定柱；在发掘现场中尚能明
　　　确见其柱列遗迹。唐长安大明宫含元殿遗址中反映有直接在廊基上建廊的
　　　作法，夯土廊基如今犹在。

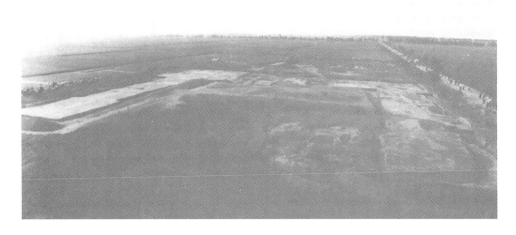

邺南城朱明门门址全景（热气球拍摄）

邺南城朱明门东门道遗址（南—北）

龙泉务辽金瓷窑和辽代瓷器作坊的复原

郭义孚

一、窑炉

北京龙泉务窑的窑址发掘经过及出土情况，已于《报告》正文中详尽介绍，今选择其中Y10、Y13、Y2和Y6四座窑址进行复原，并绘制出窑炉复原图。复原图的绘制，主要是根据窑址实测图。

在前三座窑址中，窑头、火膛、窑床、窑壁、排烟孔及烟囱等部位都有遗存，仅其某些局部结构有损缺之处，这些均已反映于窑址平面实测图中。损缺之处可按对应部分将其复原，这样便能绘出三窑的平面复原图。然而，窑址现存高度却都很低，其中保存高度较大的窑址，高出地面数值也只有40厘米，因此在地面以上都有一大部分窑体结构需要复原，并需绘出它们的剖面复原图或立面复原图。后一座窑址的保存情况较差，其后半部已破坏殆尽，要想复原出该窑的整体形貌，除了以遗迹现存部分作为依据外，尚需借鉴其他材料。

发掘期间，笔者曾对窑址中的遗迹现象进行过仔细观察，推测出建窑时的施工程序，即：1. 选出建窑地点，在地面上规划出窑底平面及各个部位的尺寸；2. 在窑头部位挖坑，挖成火膛形状，并沿膛壁砌砖；3. 铲削出窑床的床面及范围；4. 用砖沿窑床两侧垒砌窑壁，顶部起券，形成窑室，后端封为砖壁(即窑室后壁)，并留出排烟孔；5. 在后壁后面砌筑烟囱，砌成向上逐渐收敛之状；6. 于窑外培土，用以保护窑壁，保持窑温。

对此地所有窑址来说，当初建窑时分别存在以下三种情况：第一种是所建窑炉的下方原无窑址；第二种是在旧窑的上方建窑，而将旧窑破坏或压在下面；第三种是借用旧窑中的一部分结构再次进行修复，而成为一座完整的窑炉。前两种情况中，施工程序是相同的。后种情况中所构成的窑炉多与原窑形制相似，因其结构受前窑影响。今分别叙述各窑复原情况如下。

（一）Y10

Y10兴建之际，属于上述第二种情况，进行复原时，对其所压窑址则不予考虑，复原图中亦不将其绘出。

今假想先将该窑残底修补成为完整窑底，然后按照前述施工程序自窑底继续用砖向上垒砌，最后成为完整的窑炉。这样便能把全窑原有结构具体地反映出来。图中火膛上方用虚线绘出部分表示窑头形状，它在进行装窑之前尚未砌出，而是在装窑、码柴之后才开始垒砌的（图一）。

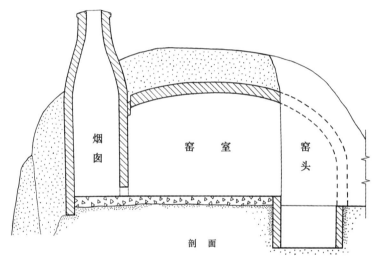

剖　面

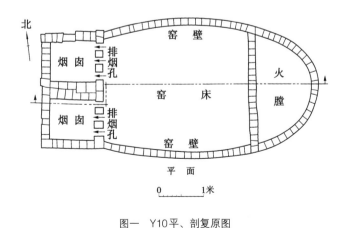

北

窑壁

烟囱　排烟孔

窑床　火膛

烟囱　排烟孔

窑壁

平　面

0　　　　1米

图一　Y10平、剖复原图

（二）Y13

该窑址中保存情况较完好的部分是火膛。膛壁用砖及匣钵片砌成，上端虽已缺损，但壁面现存部分则无坏损之处。壁上没有通风口，膛内亦无炉算遗痕或用作炉箅的代替物，说明原无炉箅，该窑是以木柴为燃料的。另外的几座窑，原来也是烧柴的窑，其中个别窑的火膛内有木炭和煤渣（如Y2）。看来，在烧柴过程中曾经掺入煤块助燃，但其主要燃料仍然是木柴。同这些窑相类似的窑炉，今日仍在使用（江西景德镇亦即有同类窑炉），而且用它可以烧制出精致的瓷器。装窑至点火的大致步骤是，先在窑床上铺一层耐火沙砾，再于上面放置匣钵，作为铺底匣钵，上码第二层匣钵，内装瓷坯，依此逐层向上码放，在窑内形成许多匣钵柱，顶层匣钵扣以匣钵盖（匣钵以仰置为例）。柱间留有缝隙，以便火焰从中穿过。缝内每隔一定高度便填塞一块湿泥，将这些匣钵柱粘在一起，而连成一个整体，以免发生倒塌。每柱中，上下匣钵接缝处均用泥条绕封。然后在火膛内码柴，方法是将木柴条平行排列于火膛底面上，作为第一层；第二层，取垂直方向平放其上，如此逐层码放，形成层层互成正交的柴垛。码放完毕，便在火膛上方砌出拱顶，使之与窑室前端相接，而构成窑头部分。窑头前端留有通风孔，孔上方留有投柴孔，以备烧窑过程中及时补充燃料，不用时则暂将此孔堵塞。烧窑完毕，立即封窑，以后开窑时便将窑头拱顶拆掉。

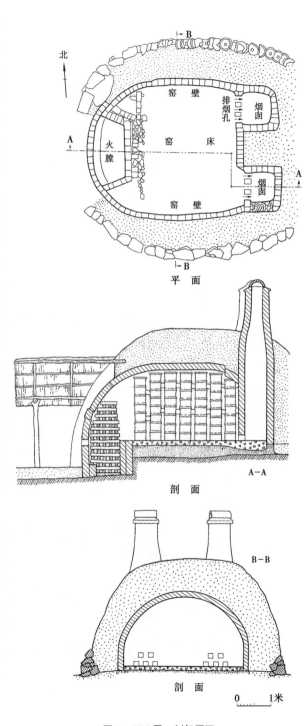

图二　Y13平、剖复原图

按照上述建窑及装烧情况，完全可以对Y13进行复原，复原结果见图二。

（三）Y2

该窑址中，窑室南壁砖基保存情况尚好，呈直线形，且与窑底中轴线平行。北壁已全被破坏，原来应当是与南壁平行的。建窑时，将两壁砌至一定高度便开始砌券，最后在上方形成城门洞式的室顶。因为两壁是互相平行的，所以室顶前后之间的宽度（拱跨）相等，矢高相同。从窑的侧方观看，窑顶为直线形。前述二窑中，窑顶侧视形状在Y10为曲线，Y13中则是中部平直，两端微向下弯。造成它们这样的形状，是由其窑底形状而决定的。以上是说三窑间的不同之处，但大体结构皆同，毕竟是其共性。

Y2窑室部分的复原情况已如上述，至于窑头和烟囱的复原形状，则应当同Y13中形状相似。窑炉复原形貌见图三。由于三窑内部结构基本相同，所以图中不再表示窑炉复原剖视情况。

以上三窑又与北朝时期的一些砖瓦窑非常相似。1993年修筑京深高速公路时，于河北省漳河南岸路段上曾经发现一些北朝时期的砖瓦窑，它们都是在地面以下被掏挖而成的，其中有一座保存情况非常完好的窑炉，中国社会科学院考古研究所做有该窑模型。将上述三座辽窑同这座砖瓦窑进行对比，它们的火膛、窑床及窑室

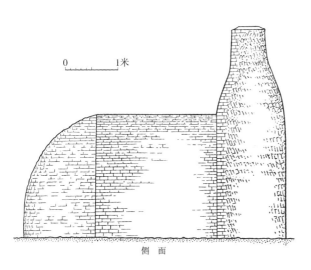

0　　　　　1米

侧面

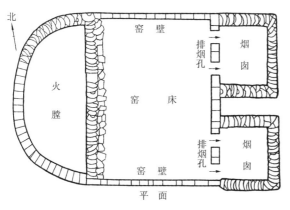

北

窑壁

排烟孔

烟囱

火膛

窑床

排烟孔

烟囱

窑壁

平面

图三　Y2平、剖面复原图

形状都有相似之处，尤其是窑室后壁，同为陡直平面。通过复原和对比，笔者认为龙泉务瓷窑遗址中这类辽窑的形制渊源至少可以上溯至北朝时期。

（四）Y6

该窑平面形制与以上三窑截然不同，因为它有前后两间窑室。二室互相贯通，底面是同一个平面，但略有倾斜，形成一个前低后高的床面。前室前方与火膛相接，室的南侧砌为砖窑壁，形如圆弧，向外缓凸。北侧窑壁（遗迹未能揭出）应与南壁对称，所以两壁围成的窑室（前室）平面应近乎圆形。该室的前后两端均应砌为券门，上方即为室顶，顶式则应当接近于穹隆式。后室大部面积均被破坏，仅其南侧尚留有窑壁残基（砖）一段，与前室窑壁相衔接，按其走向来推测，原来也是向外凸出的弧形窑壁。该室平面亦当接近于圆形，室顶应为穹隆顶，室前端应砌券门，与前室后端的券门相接。这样，前后二室所构成的平面形状便成为葫芦形。窑的后壁，虽然今已破坏无遗，但在当时必然是像其他窑炉那样留有排烟孔，通向后面的烟囱。推测烟囱底面应近乎椭圆形，向窑后方凸出。至于窑头部分，如今火膛尚在，据此可以求出其平面形状。火膛上方仍砌为拱顶，

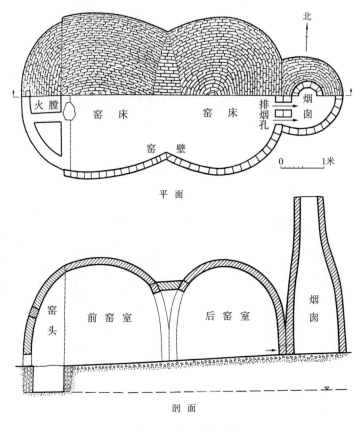

图四　Y6平、剖复原图

构成窑头，所呈形状及砌筑程序与上述三窑基本相同。

过去在其他地方也曾发现过具有前后两间窑室的窑址，其中与Y6形相近者，当数陕西铜川唐代瓷窑遗址中的一座葫芦形窑（《唐代黄堡窑址》上册图二九，文物出版社1992年版），但此窑规模甚小。

以上只谈到该窑的大体复原形状，未言尺寸。其中火膛及前室的长度和宽度都能从实测图中求出，后室及烟囱的长宽则因遭到破坏而不能求出，对此只有参考同类窑址，估出较为合理的数值。估计后室原宽3.4米、进深2.2米、烟囱底面宽1.2米、进深为1米。根据估值、实测图及以上所述复原形状仅能绘出该窑的复原示意图（图四），据此可以对其遗迹现象作出较为全面的解释。

在这种情况下得出的窑室复原面积，当然谈不上精确，但与当初完整窑炉的存在情况尚不至有悬殊差距。该窑火膛与窑床面积之比，较之前三窑中比值为小，所以窑温也比前三窑低，推测该窑只能用于烧制低温陶瓷。

该窑和Y2的窑室外面也应当有护窑土，对此仅作文字说明，不在于复原图中表示。

二、作坊（F4及F2）

（一）从遗迹、遗物中看当时作坊内的生产情况

在制瓷工艺流程中，首先需要对原料进行加工，即将坩子土块碾碎，使它成为粉末，并经淘洗，提出纯净而细腻的坩泥，待湿度合适时将其捧制成为窑度均匀的坯料，俗称捧坯，再放入容器中闷放一段时间方可用以制作器物坯形。另外还须制作釉料，以备上釉。制成的瓷坯经烘干及上釉之后即可入窑进行装烧（指一次性烧制），F4南端地面上镶有青石平面，此即进行捧坯之处。F4和F2的地面下，各埋有一个管筒状容器，二者都是作为闷放坯料用的。房内未发现轮基遗迹及轮盘等物，尚无在此处生产轮制坯形（拉坯）的物证。但可通过手塑或模具来制作他种器形，也可以生产一些窑具，房址中出土的方盘模具和大量支钉等物足以为证。两房中都有灶及火坑，显系烘坯设施。至于淘洗工作，则应当是在淘洗池中进行的，而不属于室内操作项目。那么，这两间作坊内

所承担的项目便是摔坯、闷坯、塑造或模压坯形、制作支钉和烘坯。

这两座作房中所承担的项目仅仅是制瓷工艺流程中的一部分。当然，龙泉务村地下这片辽金时代制瓷遗址原来应当是按其全部工艺流程联系在一起的作坊群体及窑群。但F4及F2仅仅是该群体中的一个局部，单凭这个局部是根本不可能反映出全部工艺流程的。如今还有进行淘洗、制作釉料和拉坯等项工艺设施（如轮基遗迹）未被发掘出来。这些也都属于制瓷工艺中的主要项目。

现在通过钻探及发掘，已将此处遗址范围确切划定，并且得知在其地下还埋藏着许多重要遗迹和相当丰富的遗物。然而由于客观原因致使发掘工作提前结束，故其发掘面积尚嫌不够，尤其是对遗址中心未能进行发掘。如能适当扩大其发掘面积，再揭露出一些重要遗迹，一定能够将其制瓷工艺流程全面地反映出来，同时尚可得到多种类型的器物，从而能为我国陶瓷史和辽金史研究等方面提供更多和更有价值的材料。

（二）作坊的建筑结构及外观

F4和F2为左右并排房间，方向同为坐西朝东。房址平面形制及各部位的尺寸均如《报告》正文所述。其中可据以进行复原的主要部分为房屋的墙基及墙内柱洞。今由F4的北山墙起，向南依次叙述其复原情况。该山墙的中部有一个柱洞，说明墙体中立有山柱。墙的东端和西端各有一柱洞，说明房屋东北角和西北角上都立有角柱。现将山柱原来的高度估为3.7米，两根角柱高度同估为2.2米。角柱上方施以梁架，其中前后两根大梁的外端分别搭于前后两根角柱的柱头上，里端各插于山柱的一侧。大梁上方还承担着一部分构架，共同构成该山墙处的整个梁架。梁架及山柱柱头上施檩条，共计五根，如此即形成房屋北部的顶架。墙身用匣钵片掺以泥沙砌筑而成，墙高原来应当是向上直抵脊檩，并将房屋北端完全封闭。该房南山墙的做法则与此完全不同，墙身是用砖砌成的，内无木柱，而且自后檐墙向前砌至房屋进深的一半以上时即留作豁口。口宽1.6米，口东侧仍为砖墙，并自房内向房外伸出。伸出部分长达3米，形成院落中的一段隔墙。该山墙及后檐墙的复原高度均应与上述角柱高度相同，并且墙的顶面应当是一个水平面，以便承托梁架，梁上重力完全由墙来承担。不过，这种房屋顶上重力不会很大。上述檩条，接

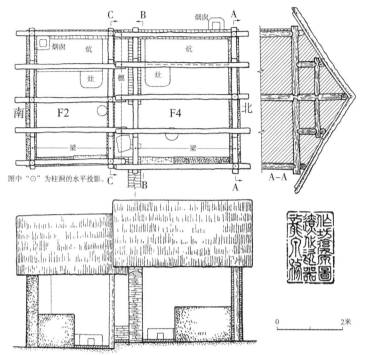

图中"⊙"为柱洞的水平投影。

图五　作坊构架及正立面复原图

近其南端之处皆搭于该梁架上。檩条的复原长度大于该房面阔，其两端都分别伸出于南北山墙之外，而形成悬山式房顶之构架。

该山墙以南0.45米处即为F2的北山墙，两墙方向近乎平行，其间所夹面积仍应属于F4的范围内。它是一道狭窄的长条，后半部（西部）无活动余地，故非进行操作之处，而只能用以存放少量物品。前半部恰为豁口所在，尚能由此出入于山墙内外，同时也是前述"摔坯"之处。它的东端（即前檐下），码放残砖，拦挡其口，这种做法只是一种临时措施，砖的码放高度不会很大。以上分别见图五、图六。

F2北山墙中也立有山柱，墙两端有角柱（柱洞俱在）。角柱上施梁架，架上施檩，其木构部分与F4北山墙中相同，但墙身是用砖砌成的，厚度较薄，做法粗糙，牢固性差。这种墙的高度只能达到大梁下皮，梁的上方则不予封实（图七）。该房南山墙是用匣钵片砌成的，砌法及墙中木构与F4北山墙完全相同。房顶，亦悬山式，但其高度则居于F4的房顶之下，因为该房地面及各根木柱的柱根均比F4中的低。

两房的后檐墙是同一道墙，在其接近F4的西北角处有一个烟囱凸出房外，原系贴墙而上，穿檐而出，此即该房火坑出烟处。F2的西南角处也有一个烟囱，位置是在房内，占坑面之一角，原来的形状应为方柱状，向上直穿房顶，口面略高于房檐。

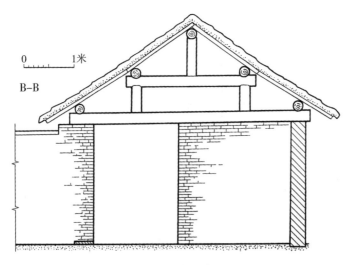

图六 F4南山墙立面复原图

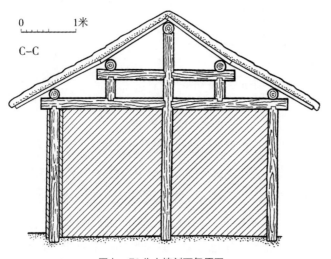

图七 F2北山墙剖面复原图

作坊正面的复原情况是：两房前檐下方各砌一段矮墙，墙旁即为门口。遗址中（F2），门口处地面是用匣钵片铺砌的，保存情况甚好，上面没有嵌槛、立框遗痕，说明其门原无门框及门扇，门旁亦不镶窗。这样，得出的复原结果便是两座棚式作坊，犹如今日工厂中的棚式厂房。取作棚式，采光效果好，便于操作，有利于生产，并且建造时亦省工、省料。类似于这样的建筑，今日民间瓷器作坊中仍能见到。

　　两房房顶均非瓦顶，因为房址中没有发现屋瓦残余，推测原为草顶，做法是先在檩上钉椽，椽上遍覆苇箔，最后在苇箔上敷泥苫草。关于房顶坡度，亦须加以考虑，主要是要求它能使顶上雨水尽快流下，所以坡度不能太小。从实用角度上讲，复原图中所绘房顶坡度还是比较合适的。但在其他建筑中则另当别论，例如辽代佛寺，房顶坡度均比此更小，宫殿可能也不例外。这两座作坊虽然也建于辽代，但远不能同佛寺、宫殿相提并论，因为它（作坊）并不具备一定的模式，且其档次之低，尚在一般民居以下。所以在复原这类建筑时，只需考虑其中采用的工程做法是否合乎当时民间施工情况，而无需考虑有关当时营造方面的规范或则例等问题。

　　作为作坊，当然是进行生产之处，不是居住之处。即便是兼作居住之用，对这两座作坊来说，也是不可能的，因为它们过于简陋。其在当初建成之际，都是内不涂壁，外不饰表（房址中，墙面上未抹墙皮），房屋形貌一如图八所示。

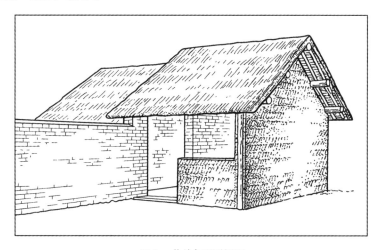

图八　作坊复原透视图

　　在F2以南还有一间作坊遗址，编号为F3，它的北山墙就是F2的南山墙。从历史年代上讲，它们都属于同期建筑，但建房时间却有先后之别，F3是后建的，它借用了F2的山墙。上述情况是在发掘过程中根据遗迹现象观察出来的，再从道理上推论，建造F3时，也只能是当F2被废弃之后方能将其山墙加以拆改、利用。这也说明F3与前述二房并不存在于同一时间内。又因F3的作用同前两座作坊并无多大差别（从遗迹、遗物中看），故复原从略。

（本文引自：《北京龙泉务窑发掘报告》，

文物出版社，2002年12月。）

说伏兔与画辀

张长寿　张孝光

伏兔是古代车制中置于轴上、垫在左右车轸之下的枕木。

伏兔也称为楘。《考工记》"加轵与楘焉"、"自伏兔不至轵七寸"两见之，《注》引"郑司农云：楘……谓伏兔也"。《说文》："楘，车伏兔也。"伏兔又称为屐、輹。《释名·释车》："屐，似人屐也。又曰伏兔，在轴上似之也。又曰輹。輹，伏也，伏于轴上也。"可见古时楘、輹、屐、伏兔通用，一物而异称也。

清代的经学家对于伏兔的解释没有异辞。戴震《考工记图》绘有伏兔图像（图一：左），又据《说文》"輹，车轴缚也"，认为"其下有革以缚于轴"。阮元在《车制图解》中作了更详细的说明，"舆下钩轴者为楘，楘谓之輹，輹谓之伏兔。楘在舆底而衔于轴上，其居轴上之高与辀围径同，至其两旁则作半规形，与轴相合，而更有两长足，少镊其轴而夹钩之，使轴不转，钩轴后又有革以固之，舆底有楘则不致与轴脱离矣"。书中也附有伏兔图形（图一：右）。孙诒让《周礼正义》以为"戴、阮两家说伏兔形制是也"。据此，伏兔是纵向置于轴上，上平载舆，下有半圆形凹口，与轴相合而夹持之，更有革带以缚于轴上。

戴、阮之说是否可信，且看考古的发现。

根据发掘资料，在殷代的车上至今还没有发现过伏兔的痕迹。石璋如复原的小屯第20号、40号车马坑的两辆第一类车，都在轴的两侧画有伏兔[1]，不知道他有什么根

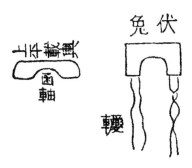

图一　《考工记》和《车制图解》中的伏兔图

据。在周代的车上已经多次发现有伏兔的痕迹，可见是确实存在的。第一个例子是长安张家坡第2号车马坑的第2号车，在轴的两侧各有一个伏兔，它们不在车軨下，而在车毂内侧约30厘米的舆底（图二：上），报告推测原来是垫在两侧的车軨下的[2]。伏兔是顺着轴放的，形状如鞋底，大概是象屦之形。第二个例子是北京琉璃河的西周车马坑，据简报"舆下两侧的轴上有'伏兔'"[3]。由于简报没有详细描述，伏兔的形制不明。但从发表的车子结构图（图三）来看，伏兔外侧紧靠铜的轴饰，高度和軘的"当兔"相同，长度和车軨的宽度相同。第三个例子是上村岭虢国墓地第1727号车马坑的第3号车（图二：下），"轴靠近两毂内端处，各有一块长方形木头，长15、宽7、高3厘米，可能是伏兔"[4]。这是迄今对周代的伏兔的最详尽的说明。由此

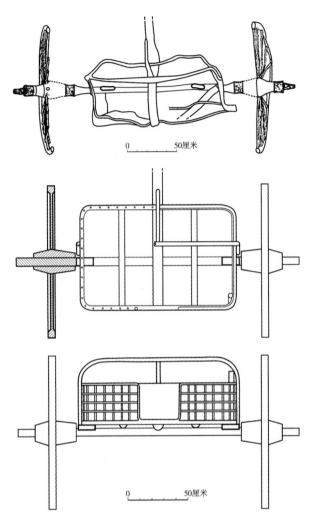

图二　张家坡和上村岭车马坑中发现的伏兔
张家坡第2号车马坑第2号车的平面图（上）
上村岭1727号车马坑第3号车的平面、后视图（下）

可知，周代车上的伏兔是屦形或长方形，都是顺向放在轴上的，也并无所谓函轴的钩心。因此，戴、阮两家说伏兔形制不是"是也"，而是非也。至于伏兔是否用革带缚于轴上，有关的资料中都没有说明。不过，可以推想大概是用革带或绳索把伏兔固定在轴上的。

林巳奈夫根据洛阳东郊的发现，认为伏兔在制作时就连在轴上

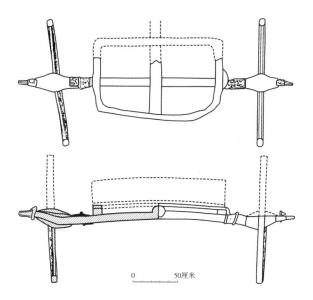

图三　琉璃河第1号车马坑车子的平、剖面图

的[5]。1952年在洛阳下垛村东区发掘的第151号西周墓在二层台上有很多轮舆遗痕，其中"轴痕一（18号），只存一端，残长0.9，贯轮处长0.42，径0.08米，承轮处向上高起，径为0.2米。轴端有铜軎"[6]。按高起的地方确有可能如林巳奈夫所说的，就是伏兔的痕迹，但是，如果说它和轴原是一个整体，似乎还缺少根据。

　　我们注意到西周车马器中有一种轴饰，它和伏兔有密切的关系。这种轴饰最早发现于濬县辛村的西周墓中[7]。它位于轮舆之间的轴上，两侧各一件，靠舆的一端为管状，断面呈卵圆形，靠轮的一端为平板状，复于车毂内侧的上方。琉璃河的西周车马坑在车轴上也有两件这样的轴饰，其形制和出土位置与濬县的完全相同[8]。上述标本在有关的报告和简报中都没有附器形图，现以长安客省庄发现的同类轴饰为例，用图表示其形制（图四）。

图四　长安客省庄西周车马坑中出土的轴饰

这件轴饰通长 20.3 厘米。套管部分长 10 厘米，管的断面为卵圆形，上尖下圆，外口上下径 9.4 厘米、左右径 6.1 厘米，内口略大，上下径 11 厘米、左右径 6.1 厘米，其上有四个钉孔。管的内口连在一块上端平直、下端椭长的挡板上，挡板的上方向外斜折出一块梯形平板，平板长 10.3 厘米、前宽 9.7 厘米、后宽 8.4 厘米。套管和平板的外表都有饕餮纹。在平板的背面还有加强筋，以增强平板和套管的连结。濬县和琉璃河所出的轴饰形制与此相同，长短、大小也近似。

过去由于对这种轴饰的形制和出土情况不甚了解，因此，在如何使用这种轴饰上曾出现过一些误解。石璋如就曾指出沃森（William Watson）复原的车子误把这种轴饰套在舆前的軨上[9]。前两年，林巳奈夫根据金文和考古资料复原了西周的车子[10]，他虽然把这种轴饰安在轴上，但是却把方向弄反了，原来应该复在车毂内侧

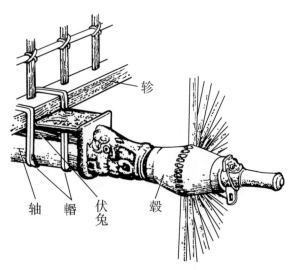

图五　林巳奈夫复原的轴饰图

之上的平板部分被错置成朝向车舆了（图五）。这都是由于不明其形制，没有细读报告中有关出土情形的叙述而造成的失误。

轴饰位于轮舆之间，轴出舆底即通过轴饰的套管进入车毂。但是，车毂的孔径由两端的铜𫐄可知是圆形的，而轴饰的管径是上尖下圆的，两不相合。轴饰如何能固定在轴上而不转动呢？郭宝钧先生认为由轴饰的管径可以"推知轴初出舆处的形状"[11]，他设想轴通过轴饰套管的部分断面是尖圆形的，而进入车毂时又变成圆形的。这在制作上显然是很不便的。我们认为在轴饰的套管中除了车轴之外还加进了一个顶部尖圆、底部略凹和轴密合的"木楔"，其外端抵住车毂，内端伸入舆軨之下，这个"木楔"就是我们所说的伏兔。

事实上，琉璃河西周车马坑的轴饰和伏兔的关系完全证实了上面的

论述，所差的只是轴饰落低了一个伏兔的高度，以致在车子结构图上出现了轴饰的管径和轴一样成为正圆形那样的漏洞。

由于轴饰的管径外侧一端略大，可以推知伏兔是由外侧一端加进去的。伏兔的长度应为轴饰套管的长和车轸的宽二者之和。伏兔的里端垫在车轸之下，外端抵住车毂不使内侵。轴饰固定后，再装轮毂，最后在轴端套上害辖。从轴饰的造型来看，套管上部内壁是一个斜面，这样可以使伏兔楔得很紧，再加上四周的销钉，即使车子受颠，伏兔也不会松动。轴饰的另一端由于加了伏兔而使梯形平板升高，正好复在车毂内侧之上，既不影响车毂的转动又可以防止泥土落入轮舆之间（图六），因此，它不仅仅是装饰而是有实用意义的。

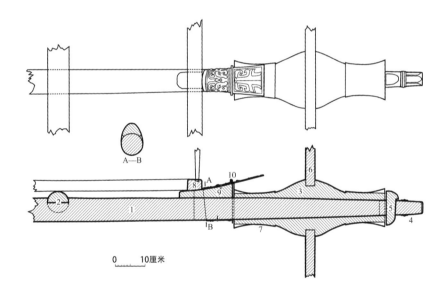

图六　伏兔和轴饰复原图
1.轴　2.轫　3.毂　4.铜害　5.木辖　6.轮辐　7.铜锏　8.车轸　9.伏兔　10.轴饰

由此可知，所谓轴饰实际上主要是用来固定伏兔的。它是用革带捆缚伏兔的一种发展，既有实际功能，又有装饰效果。宝鸡还发现过一种轴饰[12]，它的套管部分只有上半部，不能套在轴上，已经失去固定伏兔的作用，但仍然保留了梯形平板。推其用法应是先将伏兔缚在轴上，然后将这种轴饰覆盖在伏兔之上，再用销钉固定。

这种轴饰是否也有个专门的名称呢？郭宝钧先生曾经管它叫锏，后来觉得义有未安，改称轴饰[13]，沿用至今。西周铜器铭文中讲到册赐车马器物时常常提到画轙、画鞘，轙字原作"甔"，郭沫若先生以为"乃闻字，叚为轙。轙者，伏兔下之革带"[14]。然则，画轙者就是用革带将伏兔缚在轴上，然后髹漆彩绘之谓也。林巳奈夫由于认定伏兔是和轴连在一起的，所以，把轙解释为缚轴（包括安在轴上的伏兔）和轸的革带[15]，这显然是不对的。但是，他指出轴饰也就是画轙却是很对的[16]。这大概是由于轴饰替代了画轙的作用，因而也就沿用了这个名称吧!

（本文引自：《考古》，1980年第4期。）

注释

[1]《北组墓葬》，图四十七、图六十四。

[2]《沣西发掘报告》图九十四。

[3]《考古》1974年5期319页图十九。

[4]《上村岭虢国墓地》43页，又图四十。

[5]《甲骨学》（日文）第十一号，82页。

[6]《考古学报》第九册106页。

[7]《濬县辛村》51页，又图版叁壹，5。

[8]同［3］，320页，又图版拾，1。

[9]《历史语言研究所集刊》第四十本下册627页。

[10]同［5］，70页图1。

[11]同［7］，51页。

[12]《文物》1976年4期36页图六四，13。

[13]同［11］。

[14]《两周金文辞大系考释》64页上。

[15]同［5］，81页。

[16]同［5］，82页。

陇东镇原常山遗址14号房子的复原

张孝光

陇东镇原常山遗址14号居址（见《考古》1981年3期201页），是至今发现的新石器时代晚期居址的一个新类型。发掘报导，14号房址是由住室、门洞和坑道（即门道）三个部分组成，建筑在生黄土里。住室是一个口小底大的袋状深穴，原坑口被破坏，现存上口口径260厘米，距地表70—114厘米，自坑口向下50厘米一段是直壁"颈部"。平面圆形，底径300—320厘米，为路土居住面。地坪用火烧烤过。底部有四个泥圈柱洞。口大底小，上口径30—40厘米，洞深35—40厘米，洞底垫有卵石或碎陶片的暗础，排列成方形，相距80—100厘米。门道在住室的北壁，呈斜坡状，长180厘米（简报作130厘米，经核实为误刊），外端有一级20厘米高的台阶。门洞位于门道内端，现存进深约40厘米，底部宽134厘米，顶塌陷残存部分厚10—50厘米。门洞下方靠南侧有一深10厘米的凹坑。坑内填满灰土和"常山下层文化"陶片。房址中不见草泥土或红烧土块等类有关建筑遗迹。（图一、二）。

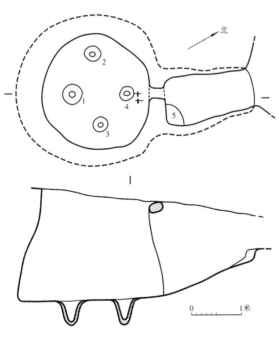

图一 房址（H14）平、剖面图（据简报复制）

1—4. 洞 5. 凹坑

本文拟在发掘现状的基础上，对它进行探索性的复原研究。

一、关于房址的顶盖问题

从发掘现状看，此房址是一个洞穴式的居住址，似无疑问，但房址的顶盖已遭毁没，因此搞清顶盖便成为整个复原工作中的首要问题。照一般常理，洞穴式居址应是生土穹隆顶，此居址穴较深，侧面门道斜穿向下，有生土过洞通入室内，室内

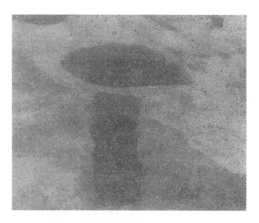

图二　房址（H14）（由北向南摄）

柱洞或可用于安置加固支撑洞顶的柱子。但仔细查阅有关记录资料，我感到还不能轻易下这个结论，理由如下：

第一，从断面形状看，穴形呈袋状，自底向上四壁呈弧线至140厘米处折向上变直，形成一细腰状"颈部"，壁面上下相连，颈部无塌陷痕迹，由于有这个"颈部"的存在这与穹隆顶的条件是不相符的。

第二，居址虽处于坡地，但坡度不大。相反地，穴口跨度大，要得到必要的顶厚，门道必须有足够的斜长。现存门道比较完整，全长仅180厘米，这是缺乏相应的地形条件的。

第三，柱洞排列整齐，制作讲究，洞深达35—40厘米，平放的暗础表明，柱子是垂直方向受力的。如果理解为用于支撑穹顶的柱洞，则柱子必然是后安的，为了撑紧柱子往往要稍有倾斜，不仅柱脚位置难于预先计划准确，柱洞也不需要如此之深。

根据以上三点理由，我认为14号房址应是木构的屋盖，房址中间的四个柱洞，是为支撑屋盖的四根直立的木柱而设置的。生土穹顶的设想应予排除。

二、屋盖形式问题

屋盖形式主要取决于居址的平面形状、穴深以及柱洞大小、数量与其排列情况。同时还应考虑到影响屋盖形式的地理和气候条件。比较过去的发现，袋状深穴为数较少，且其结构与这座房址都不相同。大量的

半穴居址，穴深多在一米以下，为保证有足够使用的空间，上部构筑的屋盖一般比较高大。本房址现存穴深已达220厘米，加上被破坏部分，深度还要大些，也就是说，穴深已足够居住使用。因此从大体上说它的屋盖应该是比较矮小的。常山遗址位于西北黄土高原，海拔在千米以上，地势高气候较寒冷，作为居址，不仅需要深穴，还需要厚顶，这样才能严实暖和。本房址没有发现草泥土顶盖一类的建筑遗留，这就排除它是草泥顶的可能性。从现存不足8平方米的居住面上，有四个分布均匀的柱洞，柱洞深大，并使用了暗础，这说明它们有较大的承重需要。根据屋盖应具有厚重的要求，推测其最大的可能性应是堆土为顶。其做法是，以四根立柱为支撑，上端绑扎横向杆件，在穴口位置上构成"井"字形骨架，再以稍细的杆件搭于穴口与柱顶横杆之间，然后以细枝条、茅草作为中层铺垫，最上覆土拍实而成屋盖。其外观大约像一个扁圆的土丘（图三）。

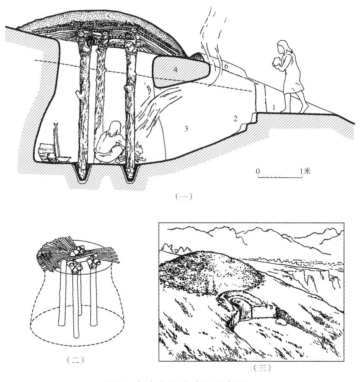

0　　　　1米

（一）

（二）　　　　（三）

图三　房址（H14）复原示意图

（一）H14居址复原的纵剖面图　1. 门道口　2. 门道　3. 门洞　4. 门洞顶　5. 屋盖
6. 门道上的土埂（虚线为现存坑口高度）　（二）复原木构骨架　（三）复原外观

三、门洞和门道口

门洞位于门道内端，是一个无任何支撑的生土过洞，洞顶为拱形，现存最大进深40厘米，靠近中间的最大顶厚不足30厘米，这个数字对于起码的强度要求说，显然是不够的。门洞两壁，壁面略呈向内弯曲状，沿门道向上逐渐变得平直，但至门道口处仍稍向内倾斜。这说明其原有进深较大，由于门洞处在斜坡状的门道上，其拱顶必然亦呈前高后低的倾斜状，因此顶部受破坏严重，现存的只是门洞里侧的一小部分。按住室穴深的复原高度和该居址所处地形，推知其进深至少要在1米左右，顶厚也不会少于80厘米。也就是说门洞大约占去门道口至住室距离的一半左右。

门道的外端是门道口，门道口两侧尚保存有呈八字形向两侧分开的矮墙，长40—50厘米，这种情况说明门道口是开在一个立面上。但我认为这个立面原来也不会很高，如果高了，不仅与该遗址的整个地形不符，而且高了也就不再需要使用斜穿式的门道。至于门道口的台阶，其作用无疑是因为地面坡度小，为取得足够的深度，又要尽量缩短门道长度而设置的，但门道两壁已到门道口，因此门口的台阶也只能再有一层，而不会再多了。

根据以上分析，虽然门口以外被较晚的堆积所破坏，仍可以推想其门口的大体情况和营造方法，当是先在坡地上开出一块平地，在这块平地的上坡一侧形成一个地坎，在地坎上开门道斜穿向下，由于高度有限因此在门道的外端必有一段敞口部分，至一定深度掏生土门洞达室内。这时门口的平地，自然也就形成了室外的活动场地。这个斜穿式的门道是这座居址的最大特点，它不仅解决了深竖穴的出入交通问题，避免了直接从竖穴口上下出入的不便，另一方面也有可能使住室上口完全封闭，得到更好的保暖条件。

四、门道口的围护方式

门道上口已破坏。门道口是否有类似雨篷的顶盖，没有直接的证据。简报推测在坑道筑有人字形小棚，这是可能的。不过从地形上看，我认为用筑个堤埂的简单方法加以围护，倒有更大的可能。因其处在坡地上排水快，内陆地区雨量少，只要在门道口的上方和两侧用石块和土堆起不高的堤埂，就不会发生雨水倒灌。门洞进深大，门道敞口部分相对较小，虽有少量雨水落入门道，其门洞下的凹坑可能就是用做渗水。像这样的处理方法，在现存的穴居中是有相似例子的。如在河南、陕西一带有一种天井窑，也是开在坡度不大的坡地上，这种形式是开一较大的方形或长方形竖穴作为"天井"，在下坡方向的一侧开门洞，门外用斜坡形门道上达地面。在门道与门洞之间有一小段平地，平地的一侧挖一渗水井。天井四壁开侧穿式窑洞为居室，在天井上口砌一周矮墙，高约半米，同样在门道上口的两侧和门洞上方砌矮墙，这样除了门洞是个过洞有顶，门洞以外整个门道均敞口（图四）。这种天井窑与14号房基在结构上虽远不相同，但适应坡地自然条件方面是相同的，在复原14号房基门道上口的围护方式是可以参考的。

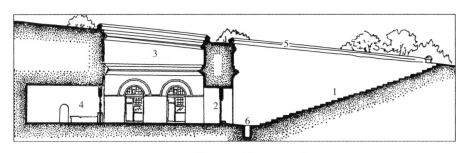

图四　开井窑剖面图（据记忆绘示意图）

1. 门道　2. 门洞　3. 天井　4. 居室　5. 门道上口围护矮墙　6. 渗水井

五、关于排烟问题

这个复原方案没有为此房址设计专门的排烟孔道，这主要是根据它的火塘位置和屋盖情况而得出的。在仰韶文化的半穴居址中，灶或火塘的位置多设在居住面中心或靠近门口处，这应是出于安全的考虑。但它们原来是否都有专门的排烟口，这也不一定。本房址的火塘在住室北壁墙根下，靠近门口，在安全上不会发生问题。向上倾斜的门道，可以靠空气的对流而起排烟的作用。更重要的是，本房址是土顶屋盖，无论在顶盖的哪个部位开排烟口，都将造成顶部覆土沿开口流失。

14号房址发现于常山遗址下层，据碳14测定，年代为公元前2930±180年（树轮较正）。在时间上稍晚于中原地区的仰韶文化。居址本身显示出许多较为进步的作法，如暗础的使用，防潮措施，火塘位置等。这些作法可能受仰韶文化的影响。但它有斜穿式的门道和门洞，区别于以往发现的任何穴居、半穴居址，这又具有其本身的特点。可以认为，它乃是一种适应黄土丘陵地的原始穴居形式。

通过这个实例是否可以说明，人类在其漫长的社会发展中，从开始学会营造自己的居室起，就懂得适应其生存的环境。由于自然或社会的各种原因，在同一历史阶段上，存在着多种不同形式的居室建筑。在长期的发展过程中，各种形式的建筑互相影响，有的被淘汰，有的被改造。在现代的居室建筑中，有的还可以看到它的古老的痕迹。如果说，我国北方平原地区从仰韶文化后期开始全地面上的建筑形式逐渐代替了穴居半穴居，那么上面提到的"天井院"式的穴居与本房址的建筑形式是否也有一定的渊源。而广大黄土地带至今更多见的侧穿式穴居，也将随着考古工作的开展，一定能找到它们在原始时期的雏形。

＊　　　　＊　　　　＊

在复原过程中杨鸿勋同志提出许多宝贵意见，又承考古所泾渭工作队同志详细地介绍了该居址的发掘情况，并提供了照片，谨此一并致谢。

（本文引自：《考古》，1983年5期。）

殷周车制略说

张孝光

本文试图就考古发掘的资料，探讨殷代和西周的车子结构。

乾嘉以来的清代经学家都根据《考工记》的轮舆尺度阐述先秦车制，或以疏证，或作图解。然而，经文简略，论者每相歧异，正如孙诒让所说："众说纷纭，难以质正。且根数一差，则全车度数并随之迁易，黍穄之较，舛驰千里。"[1] 这种闭门造车的状况只是近代考古学在我国出现之后，才有了根本的改变。

30年代前期，在安阳殷墟、浚县辛村的殷代和西周的车马坑或墓葬中，都曾发现过车子的痕迹，但是，限于当时的条件，对于车子的结构都没有做得很清楚。建国初，在辉县琉璃阁战国时期车马坑的发掘中，夏鼐先生才第一次把木结构的车子痕迹完整地剔剥出来[2]。此后，各地发现的殷周车马坑的资料日益增多，对于殷周车子的结构也了解得越来越清楚了。

但是，木结构的车子长期埋在地下，发掘时多已仅存痕迹，稍有不慎，旋即损伤。加以木质抽缩、变形等原因，根据车子痕迹的尺度来复原，必与实际情形有所出入。不过，在大多数殷代和西周的车子上或多或少地保存了一些铜的车器或车饰，根据它们的形状、大小、出土位置，就可以获知有关各部分的比较准确的尺度。把年代相当、结构相近的若干车子的局部综合在一起，就可以装配出一辆在结构尺度上比较准确的殷代或西周的车子，尽管它并不是某个具体的车马坑或墓葬里的某辆具体的车子。

1980年冬，在临潼秦始皇陵西侧发现了一个随葬坑，内有两辆铜车、八匹铜马、两个御车铜俑[3]。这是一个非常重要的发现，单就铜车

而言，就是研究先秦车制的极其重要的资料。由此想到，如果有朝一日
竟有幸发掘出一辆殷代或西周的铜车，那么，现在的讨论也许完全是多
余的了。

　　本文所依据的主要资料就是发掘所得的殷代和西周的各种铜车器和
车饰，没有铜饰的部分则参考木构车痕的尺度。这些资料采自安阳小屯
M20、M40 [4]，大司空村 M175 [5]，孝民屯 M1、M2 [6]，殷墟西区 M7 [7]、
M1613 [8] 等殷代车马坑；浚县辛村 [9]、长安张家坡 [10]、北京琉璃河 [11]、
胶县西庵 [12]、灵台白草坡 [13] 等地的西周车马坑或墓葬的发掘报告，为了
便于比较，也收录了年代相近的陕县上村岭虢国墓地车马坑 [14] 的资料。
各个车子的尺寸都列在文末的附表中，以备查考。

　　各种铜车器和车饰，其长短、大小均在文内按类登记，至于它们的
名称，本文沿用各报告的旧称，不予考证。

一、车子的结构

1. 轮、毂

　　在殷代的车轮上至今还没有发现过任何铜饰，因此，只能根据木轮
的痕迹来讨论，在安阳发掘的车马坑中，以殷墟西区 M7 和 M1613 的车
轮保存最完整，轮的直径分别为 133—144 厘米，126—145 厘米。这些车
轮由于填土的挤压，大都变成扁圆形，如取其平均值，则为 138.5 厘米和
135.5 厘米。孝民屯 M1 和 M2 的轮径只有 122 厘米，似乎太小了一点。

　　殷代车轮的牙高一般在 8 厘米左右，牙厚略小于高，剖面呈长方形或
梯形。车轮的辐数大都是十八辐，殷墟西区 M7 为二十二辐。孝民屯 M2
多至二十六辐，似不可靠。按殷周的车子，年代愈晚，辐数愈增。故殷
代的轮辐以十八辐最为可信。辐长一般约 55 厘米。

　　由于各个车子的轮痕大都变形，而简报所载的毂径、辐长、牙高三
者之和每与轮径不符，今依殷墟西区 M1613 轮痕尺寸略加修正制图，以
示殷代车轮形制（图一）。

　　现已发掘的殷代车毂都是木质的，迄未发现铜饰。车毂的形状如横
置的圆筒，中间建辐处稍粗，两端略细，中空承轴。殷墟西区 M7 车毂长
26 厘米、中径 23.5 厘米、两端径 18.5 厘米、中空据轴径为 13—15 厘米

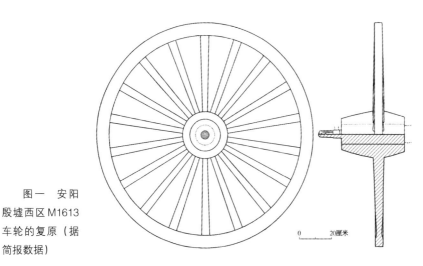

图一　安阳殷墟西区 M1613 车轮的复原（据简报数据）

（图二：1）。M1613 毂长 40 厘米、中径 28 厘米、两端径 19—21 厘米、中空据轴径为 10 厘米。

在车毂上使用铜饰大概始于殷墟晚期。殷墟西区 M701 出土两件"套管"[15]，其状如车毂两端的铜𫐒（图二：3），但较上述殷代车毂的端径为细，而和长安客省庄车马坑所出西周铜𫐒相同[16]。可见殷代另有一种较细的车毂，两端套以此类铜𫐒。

在车毂上加上铜饰，除了把车子装扮得更为华丽之外，主要是起加固的作用。西周时期多在车毂上附加铜饰，而且在形制上也有较多的变化，大致有以下几种形式。

第一种只在车毂两端各加一个铜𫐒，铜𫐒上有钉孔，可以钉在木毂上。这大概是最早出现的形式。长安张家坡 M167、M168 两座车马坑和辛村 M1 部分车轮的毂都是这种形式（图二：2）。这种车毂比殷代的车毂增长，而轮辐居中。

第二种车毂是除了建辐的部分外，两侧各用𫐒、𫐐、𫐒三截铜饰分段套合。辛村 M5 所出车毂就是这种形式（图二：6、7）。这套毂饰外侧的铜𫐒和相邻的铜𫐐大小不相应，和里侧的铜𫐒大小也不同，大概原非一套。这种毂建辐不居中，里侧短，外侧长，车毂两端的孔径也不等。但也有建辐居中的，如辛村 M3 的部分车毂。

第三种车毂是轮辐两侧的铜𫐒、𫐐、𫐒分别合铸成一整节，如辛村 M3 车马坑所出（图二：4、5）。这种车毂比一般的车毂长，或称为长毂。轮辐两侧长度不等，外侧约占全长的五分之三，这种长毂大概是由上一种车毂发展而来的，但两者有共存关系。

　　第四种是整个车毂包括建辐的部分都由铜辄、钏、軝套合，它和第二种车毂的不同就在于把铜軝改为上下密合的两个半圆，而留出纳辐的凿孔，如辛村M1所出的一些车毂（图二：8），宝鸡茹家庄西周车马坑所出的铜軝是将上下两个半圆合铸成一个整圆，中间留出辐孔[17]。这种车毂在发展序列上大概属于最晚的一种形式。

　　西周车轮的辐数，据发掘资料，有十八、二十、二十一、二十二、二十四辐，但上述第四种车毂，辛村M1的铜軝有十八个辐孔，茹家庄的铜軝有二十个辐孔，自以此二者最可靠。根据辐孔的形状可知轮辐入毂处的横断面是六棱形的。辛村M42车毂的铜軝间发现有"辐间齿"，乃是一种细腰形的铜片，用来贴在轮辐之间，两边用铜軝卡住，是部分第二种车毂的附件。由这种细腰形的铜片也可以推知轮辐的形状。

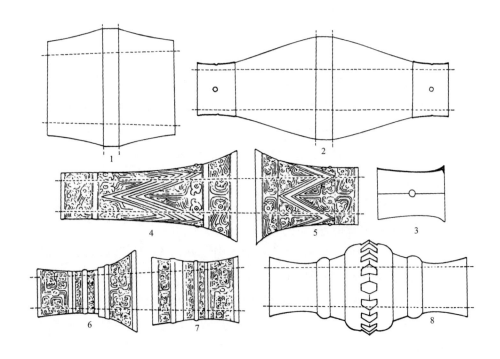

图二　车毂和毂饰

　　1. 安阳殷墟西区M7　2. 长安张家坡M168　3. 安阳殷墟西区M701:75　4. 浚县辛村M3:43　5. 浚县辛村M3:42　6. 浚县辛村M5:24、25、26　7. 浚县辛村M5:21、22、23　8. 浚县辛村M1:2（以上均据报告数据参考图版绘图）

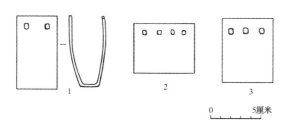

图三　浚县辛村出土的铜牙饰
1. M3:169 2. M3:2 3. M3:191（据报告数据及图版绘图）

西周车子的轮径在125—140厘米之间，平均为136厘米。轮牙的高、厚可由其上的铜饰确定。辛村M3出土三种轮牙铜饰（图三），上村岭也发现过。这类铜饰剖面都作凹字形，但长、宽、高、厚各不相同，可见西周时期轮牙的尺度并不固定，各种轮牙同时并存。不过，有一点是共同的，即断面都呈梯形，着地的一面较窄，承辐的一面略宽。上村岭所出轮牙铜饰每轮二件，位置对称，应是轮牙的接合处。辛村所出有每轮四件的，位置也对称而两两相邻，距离4—6厘米，表明轮牙由二木合圆而有四个接合点。

2. 轴

殷代和西周的车子在轴的两端大都套有铜軎，只要未经移动，车辆的长度是比较容易确定的。车轴的直径，两端可由铜軎测知，通过车毂的那一段可由毂的轴孔确定，只有中间的一段需要按发现的木痕加以复原。据发掘资料，这段车轴的直径一般都在8—10厘米左右。由此可知车轴大致是一根中间较粗、两端渐细，长约3米的圆木。

殷代的车軎长度都在14厘米以上，属长軎型，都用木辖（图四：2）。小屯M20发现一种长方形的铜辖套，用来套在木辖上，再用木楔将铜辖套固定在木辖上（图四：1）。殷墟西区M43在木辖顶端套一个兽形辖套，孝民屯M2也出过兽面形辖套（图四：3）。由此可见，殷代确实还没有使用后来那种带椑的兽头铜辖，而那种铜辖是由殷代的铜辖套发展而来的。

西周的车軎有长短两型。长的和殷代相同，开始用带椑的铜辖（图四：5），也有仍用木辖，但均无铜辖套。短型軎长约10厘米（图四：4），这种軎在西周早期已经出现，和长型軎并存，如张家坡M168的二辆车，一用长軎木辖，一用短軎铜辖。

西周的车子在车毂里侧的轴上常常发现一种铜饰，或称轴饰。辛村

图四　铜軎辖及轴饰
1. 安阳殷墟小屯M20出土的铜辖套　2. 安阳殷墟小屯M20出土的铜軎　3. 安阳孝民屯M2出土的
铜辖套　4. 长安张家坡M168出土的铜軎、辖　5. 长安客省庄出土的铜軎、辖　6、7. 长安客省庄出土
的铜轴饰（7为管口平面图）　8. 洛阳庞家沟出土的铜辖（据图录绘图）

M8、北京琉璃河、长安客省庄的车马坑中都曾发现过。这种铜饰一端是一截断面呈杏仁状的铜管，另一端是一块方形平板（图四：6、7），出土位置在毂舆之间的轴上，左右各一。这类轴饰是要另加木楔才能固定在轴上，其高出轴上的高度和当兔约略相等。由此推想这种铜饰就是用来固定伏兔的[18]。扶风杨家堡西周墓中出土的一件轴饰是分为上下两半单铸的[19]。宝鸡茹家庄出土的轴饰只有上半[20]，可以直接覆在木质伏兔之上，再用销钉固定。这三种不同式样的轴饰正好显示出它的演变。

表一　车毂铜饰登记表　　　　　　（单位：厘米）

器号		𫐐				𫐖			𫐒		
		长度	外径	内径	孔径	长度	外径	内径	长度	外径	内径
殷墟西区 M701:75		14	11	10	8						
客省庄车马坑		13.5	10.1								
张家坡 M167:443		7.8	10.5	11	8						
辛村 M5	内侧 M5:21、22、23	5.8	12.9	11.35	8.7	4.8	11.35	12.05	6.5	12.2	12.85
	外侧 M5:26、25、24	7.2	9.1	8	6.1	5.25	8	8.4	7.7	9.8	15.65
辛村 Ml:2	内侧	9.5	11.4	9.8	8	2.8	9.8	11.6	7.85	11.6	18.6
	外侧	9.5	11.25	9.5	7.5	2.8	9.5	11.3	7.85	11.3	18.3
辛村 M3	内侧 M3:42	长度20.9　　外径11.5　　内径18.8　　孔径7									
	外侧 M3:43	长度32　　外径9　　内径17.7　　孔径6									
上村岭 M1051	内侧	7.5	12.7	11.3	7.1	3.2	11.3	11.2	5.9	11.2	15.1
	外侧	7.6	10.2	9.4	5.1	3.1	9.4	10.5	6.4	10.5	15

表二　轮牙铜饰登记表　　　　　　（单位：厘米）

器号	高度	宽度	上口	下底	
辛村 M3:169	7.3	4.2	3.5	1.8	一轮四件
辛村 M3:191	6.3	5.3			一轮四件
辛村 M3:2	5	6.3			此轮存二件
上村岭 M1051	5.6	4.5	6.1	4.6	一轮二件

　　轴饰套在轴和伏兔之上，其外侧的方形平板恰好悬覆在里侧的车毂之上，其作用也许是为了保护车毂的。外侧车毂一般没有这类保护装置。洛阳庞家沟的西周墓中出土一种铜辖[21]，辖首为一跽坐人像，脸朝外，背后也有一块方形平板（图四：8），铜辖插入軎上的辖孔后，人像背后的方板正好悬覆在外侧车毂之上，与上述轴饰的方板两两相对。这样的铜辖是极少见的。

表三　车軎登记表　　　　（单位：厘米）

器号	軎长	口径	端径	两軎间（通軎）	辖孔长	辖孔宽	辖
小屯 M20R.1797:2	16.5	6.6	5.55		4.2	1.8	木辖铜套
小屯 M20R.1796	15.4	4.85	3.8		3.3	1.2	木辖铜套
小屯 M40R.1800	14.8	6.6	5.9		3.8	1.8	木辖铜套
大司空村 M175:30	15.3	4.8	3.1	300	3.3	1.2	木辖
孝民屯 M2:9	16.1	5.3	3.8		3.2	1.2	木辖铜套
殷墟西区 M7	18	6	4	306	3.8	1.3	木辖
殷墟西区 M43	19	6	4	309	4	1.2	木辖铜套
殷墟西区 M1613	14.5	5	4	294	3	1	木辖
琉璃河车马坑	20			308			铜辖
白草坡车马坑	21.3	5.5		300	4.2	1.1	铜辖
辛村 Ml:107	17.6	5.8	4.2	320			铜辖
西庵车马坑	13.5	5.1	4.5	304			铜辖
张家坡 67M35:16	19	5.3			3.6	1.5	木辖
张家坡 Ml68	14.7	5.6	3.9	307	3	1	木辖
张家坡 M168	10.9	5.2	4.2	294			铜辖
辛村 M5:14	8.3	4.4					铜辖
上村岭 M1051	9.8	4.7	3.7	248			木辖

表四　车轴铜饰登记表　　　　　　（单位：厘米）

器号	通长	管长	管上下径	管左右径	板长	板宽	
辛村 M8:6	21.5	9.5	11.7	6.9	11.9	9.3	
客省庄车马坑	20.3	10	9.4	6.1	10.3	9.7	
杨家堡 M4:4	20	9		6.5	11	9.7	上下分铸成二件
茹家庄 Ml甲:13	21	10	4.5(半径)	6	11	9.5	此件无下半

3. 辕

殷代和西周的车子在辕的前后两端往往有铜饰。在辕尾的称为踵，可以由此获知辕尾的尺度，同时，按其年代早晚又可窥见这类器形的发展和变化。

第一种踵出自小屯 M20，它是一块"T"字形铜板，上部是长条形，背面两侧各有一个横鼻，下部为半圆形，背面有一个突起的竖鼻。正面中央有兽面纹，两侧各有一个六角星纹（图五：1）。这种踵的长条形部分是附着于车轸的，半圆形部分是附着于辕尾的，由此可知辕尾上平下圜，上置车轸。这类踵没有钉孔，全靠背面的三个鼻来固定。小屯 M40 出土一件同样的踵，而背面的三个鼻都是突起的。

第二种踵也出于小屯 M20。这种踵的后视形状与上一种相同，但在背面连接一个马蹄形的套管，套管的后端有凹槽以纳车轸，前端两侧各有一个半圆形鼻。长条形铜板的正中有长方形孔，背面两侧也各有一个半圆形鼻（图五：2）。由此可知辕尾形状为马蹄形，前粗后细，上平下圜，末端开槽以置车轸。

第三种踵是断面呈梯形的套管，末端有凹槽以置车轸。它和第二种踵的不同就在于没有"T"字形铜板，所以辕尾是外露的（图五：5）。这种踵在殷墟西区 M7、孝民屯 M1、张家坡 67M35[22] 中都曾发现过，可知通行于殷代晚期和西周早期。这种踵的两侧虽然也各有一鼻，但穿孔很小，甚至堵塞不通，形同虚设。不过，这却是一个标志，表明这类踵是由上一种踵发展而来的。

第四种踵是一段末端封闭的套管，前端为马蹄形，末端为扁圆形，中部有凹槽以置车轸，管底有方形钉孔（图五：3）。这件踵出自山东胶县西庵的西周车马坑中。

　　第五种踵出于辛村M8。这件踵比较短，实际上只是上一种踵的后半段，断面为马蹄形，槽口的套底也有钉孔（图五：4）。

　　由上述五种踵可知辕尾的形状为马蹄形或梯形，但无论是哪一种，向上的一面都是平的，可以放车轸。前三种踵辕尾与后轸平齐，后两种辕尾伸出舆后。

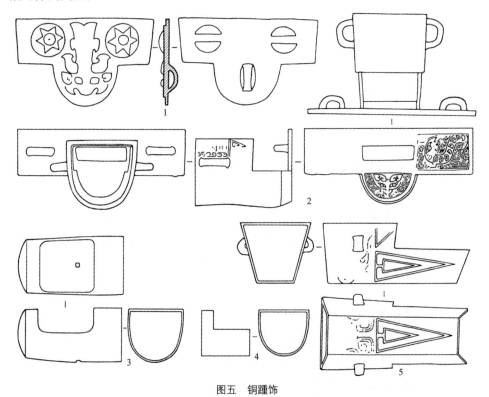

图五　铜踵饰
1. 安阳殷墟小屯M20　2. 安阳殷墟小屯M20　3. 山东胶县西庵　4. 浚县辛村M8:9
5. 安阳殷墟西区M7

　　辕、轴相交于舆底。这个部位从未发现过铜饰，其结构只能靠发掘的情形来说明。殷墟西区M7的车子经解剖，辕、轴的最大径达15厘米，相交处都凿有深6厘米的凹槽，上下嵌合，或更缚以绳索，而车辕仍高出车轴约3厘米，此即所谓当兔。孝民屯M2的车子仅在辕的下侧凿一深2厘米的半圆形凹槽以纳轴。西周的车子辕、轴相交的情况不明，估计挖槽嵌合仍是当时通行的做法。

表五　铜踵登记表　　　　　　　（单位：厘米）

器号	通高	上宽	通长	踵高	踵宽	槽宽	槽深
小屯 M20R.1773	10.2	16.5		5.1	7.6		
小屯 M40R.1771	10	15.5		4.9	7.4		
小屯 M20R.1779+1780	6.7	15.7	9.4	2.6	4.95	3.7	2.8
殷墟西区 M7:3			17.2	6.8	前8.1后6.7	8.5	2.9
张家坡 67M35:20			13.6	6.3	前7.5后5.5	8.4	2.5
西庵车马坑			12.5	6.2	前6.5后6	6.6	2.5
辛村 M8:9			5.6	5.3	5.9	4.2	2.3

车辕前端的铜饰或称为轵。发掘出土的铜轵可分为两类，一类是水平方向的，另一类是垂直方向的。前一类有以下几件，一件是殷代的，出于小屯M20，前端为一双角兽头，后端为一圆管（图六：3），管的末端有上下对应的圆孔，孔径较大，可能是为加木辖以制约车衡的。第二件是西周的，出于辛村M3，位于辕、衡相交处的辕端。它是一个圆形铜饰，上有盘龙纹，后面连一段剖面为椭圆形的铜管，两侧有方形钉孔（图六：1）。第三件也是西周的，出于辛村M25，也位于辕，衡交接处。它是一段前端大后端小的圆管，前端封闭，顶端饰蟠螭纹，后端两侧有穿孔（图六：2）。后一类共二件，都是西周的。一件出于宝鸡茹家庄[23]，上端正面为一兽面，背面为一披发孩童，趴俯在兽头后面，脸向前，身上有纹身鹿纹，下端连一圆管，前后有对应的圆孔（图六：5）。另一件出于辛村M42，为一圆顶竖管，顶端前后两面均为兽头，其下有对应的圆孔（图六：4）。根据上述几件铜轵，可知辕的前端或作水平状突出于衡前，或略向上弯，直立于衡前。还有一种辕前端向后弯曲如手杖状，洛阳下瑶村M151的16号辕痕[24]就是如此。

表六　车辕铜轵登记表　　　　　　（单位：厘米）

器号	长度	直径	銎径	
小屯 M20R.1781	16.6		6.7	横式
辛村 M3:168	12.5	18.2	5.1—6.8	横式

<table>
<tr><td></td><td colspan="4" align="right">续表</td></tr>
<tr><td>器号</td><td>长度</td><td>直径</td><td>銎径</td><td></td></tr>
<tr><td>辛村 M25:31</td><td>9.7</td><td>15</td><td>5.8</td><td>横式</td></tr>
<tr><td>辛村 M43:25</td><td>9.1</td><td></td><td>5.8</td><td>立式</td></tr>
</table>

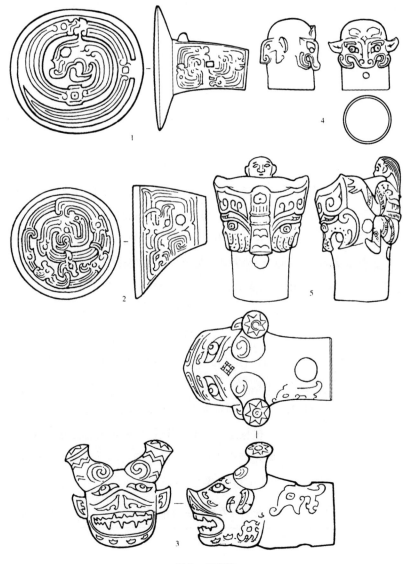

图六 铜轪饰

1. 浚县辛村M3:168   2. 浚县辛村M25:31   3. 安阳殷墟小屯M20

4. 浚县辛村M42:25   5. 宝鸡茹家庄出土

关于车辕的曲度，据辛村M1，辕微突衡前如喇叭形，过衡后渐细渐曲，约1米后又复平直，直达舆前。按该车辕长320厘米、舆前210厘米，曲度止于舆前之半，上曲距下平约60厘米，则衡高约130厘米。参考上村岭M1727的2号车，辕长296厘米、距辕尾90厘米出舆前，即逐渐向上作弧线弯曲，距辕尾235厘米又渐趋水平，辕前端高115厘米。以上情况表明殷周的车子车辕出舆前即逐渐上曲，辕前端高在115—130厘米左右。

4. 衡、轭

衡在辕上。殷墟西区M7和M1613的车子，辕与衡不相连结，衡高出辕上40厘米和20厘米。或以为殷代车子辕、衡的关系应即如是，这实在是一种误解。

殷代和西周的车衡有两种形式，一种是直衡，一种是曲衡。在殷代的车马坑中虽然至今还没有发现过曲衡的痕迹，但从殷代铜器铭文中有不少曲衡车的图像来看，可以肯定当时确有这种车衡。

直衡的长度不一，殷墟西区M7、M1613、辛村M8的衡长约110厘米，而张家坡M168的1号车、胶县西庵的车子衡长均为140厘米。这种差别也许是因为前者驾两马，后者驾四马，但上村岭M1727驾两马的，衡也长140厘米。

客省庄车马坑发现直衡铜饰二件，状如笛管，中空，一端封闭，管身有箍状纹饰和四个穿透的穿孔，孔一面为圆形，相应的另一面为方形。洛阳下瑶村M154曾发现过相似的衡饰，状似长管，一端封闭，也有三个上方下圆的穿孔，管上有牛头形纹饰（图八：10）。这是套在直衡两端的铜饰，由此可知直衡的粗细，由两端铜饰的间距可知直衡的长度。

曲衡在张家坡M167、M168、辛村M1、M42均有发现。这种衡都比较长，通常曲长在250厘米左右，衡的两端高高翘起，末端各插一支镂孔的铜矛（图七：2）。

辛村M3的曲衡上有成组的铜饰，包括衡内饰，衡外饰和衡末饰各二件（图七：1）。衡内饰和衡外饰形状相同，都是圆管，一端平齐，一端有四个尖齿，分列轭的两侧，齿端相向。衡内饰和衡外饰的粗细不同，而且每节的两端也不一致，里端粗、外端细，由是可知车衡中间粗，两端渐细。衡末饰一端为圆管状，套在车衡末端，与衡外饰相连，另一端为向上折起的矛形装饰,其上折的高度很小。洛阳庞家沟西周墓发现过类似的衡末饰[25]。上折高约5厘米。

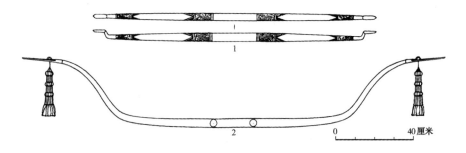

图七 车衡的复原
1. 浚县辛村M3:176、177、183衡饰按报告数据复原
2. 长安张家坡M168(参考沣西发掘报告)

衡上有轭,轭多为木质,外表或全部或局部裹铜饰。木轭的制法是用两根圆木,顶端一面削平,平面相贴插入铜轭首,并由钉孔加楔固定(图八:5),也有在二木之间另加三角形木楔(图八:1),末端则向外揉曲成轭脚。

表七 车衡铜饰登记表 (单位:厘米)

器号	衡内饰长	衡内饰径	衡外饰长	衡外饰径	衡末饰长	衡末饰径	衡末饰间距	形式
客省庄车马坑					20.9	3.2	158	直衡
下瑶村 M154:5					22	2.7		直衡
张家坡 M167:25					20.8		240	直衡
张家坡M168					23		210	直衡
辛村M3:177、176、183	15	3.4—4.5	12.45	2.1—2.6	12.3	2.2		曲衡

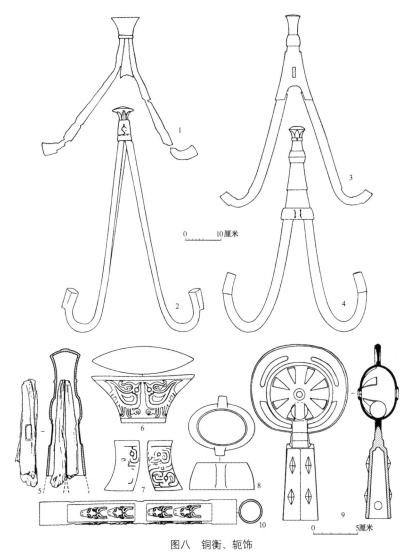

图八　铜衡、軏饰

1. 浚县辛村 M25:34　2. 安阳大司空村 M175:41　3. 长安张家坡 M192　4. 安阳殷墟西区
M7　5. 长安张家坡 67M35　6、7. 浚县辛村 M3:133、145、146　8. 长安张家坡 M168
9. 长安张家坡 M168　10. 洛阳下瑶村 M154:5

　　殷代和西周的軏，按其外部所附铜饰，有以下几种形式。

　　第一种形式，如大司空村 M175 所出铜軏，上端为菌状軏首，下为一
双軏肢，其末端向上翘起，軏首为封顶圆管，軏肢为半管状，末端为椭
圆形管状（图八：2）。小屯 M20、M40 所出铜軏与此相似，只是两軏肢
末端向外撇，其上一有长方形穿孔，另一有枣核形穿孔。

第二种形式，如孝民屯M1所出的轭，由轭首、轭箍、轭肢组成。殷墟西区M7的轭与此相似，只是将轭首的下部分成单独的轭颈，而轭肢只保留末端的管状轭脚（图八：4）。殷墟西区M1613的轭只有轭首，轭箍和管状轭脚。

第三种形式，如张家坡M192所出的铜轭，这式轭也由轭首、轭箍和轭肢组成，它与上一式的不同在于轭箍不是椭圆形管，而作"人"字形，以连接轭首和轭肢（图八：3）。孝民屯M2、辛村M42出土的铜轭与此相似，只是前者没有轭首，后者的轭首为长方形，其上或再加銮铃。

第四种形式只有轭首和两轭肢末端的管状轭脚，辛村所出的大部分轭都是这种形式（图八：6、7）。上村岭M1051的轭也是这种形式。此式轭首与以上各式有明显的不同，它不是圆菌形，而是一个倒梯形的扁圆管，上口为枣核形，下口为椭圆形。辛村出土的这类轭，有的在木质轭肢上还附有铜片，但因太薄而破碎，推想其上或有半管状的铜饰。

第五种形式仅在木轭颈部有一铜轭箍，如张家坡M168的2号车上的轭（图八：8），这是上述第二种轭的简化形式。

表八　车轭铜饰登记表　　　　　　　　（单位：厘米）

器号	轭首高	轭首径	轭箍高	轭箍径	轭脚高	轭脚径	通高	脚距
小屯M20R.1791 1765 1762	6.85	4.5					51	39
小屯M40R.1790 1759 1758	7.6	5.1					60	40
大司空村M175:41	9.3	4.1					55+9.3	
孝民屯M1:2	14.7	5	2.9	7—8			48	34
殷墟西区M7	6.6+10.6	5—5.7	2.8	8—9.4	6	2.1—3.4		
殷墟西区M1613	9	5	2.8	7.8—9.4	5	3		
张家坡67M35	13.4		8.3	3.8—4.8	4		56	36
张家坡M192	9.2	4	15				53	44

器号	轭首高	轭首径	轭箍高	轭箍径	轭脚高	轭脚径	通高	脚距
辛村 M42:31							40	43
辛村 M3:133、145	5.05	11.4			5.7	2.8		
张家坡 M168			3	5.7—7.3				
胶县西庵车马坑			4.2	5—8				
上村岭 M1051	6.4	5—15.3			5.5	4	52	36.5

第六种形式在轭的顶端冠以铜銮。铜銮的下部是一个长方形插座，可以插在轭的顶端，其上为一扁圆形的镂孔铜铃（图八：9），如张家坡M168的1号车的轭。也有在第四、第五种形式的轭上再加铜銮的，如辛村M3和胶县西庵所出的轭。

上述六种形式的轭，第一种只见于殷代，第二、第三两种殷代和西周均有发现，其他三种只见于西周，其中第四种年代较晚，大都是西周晚期。

5. 舆

殷代和西周的车舆保存较好的实例很少。殷墟西区M7发现的车舆痕迹，平面为长方形，周围有辀柱，柱间有横栏，车门在后面中央。殷墟西区M1613的车舆形制与M7相同，只是舆的两前角稍杀，而辀柱数倍之。上村岭的车舆保存较好，平面为圆角长方形，周围有立柱，柱间有横栏，舆的前部有式，车门也在舆后中央。但是，这几个车舆上都没有发现铜饰。

可以确认是舆上的铜饰，且能说明车舆形制的有以下的资料。

小屯M40在和踵饰对应的舆前当辕处发现一种铜饰，或称为轨饰。这种铜饰是由一块长条形中凹的铜饰连接一块长方形的弧形铜板而成（图九：1）。长条形铜饰贴在舆前车轸上，弧形铜板则覆盖在辕上。根据轨饰和踵饰的出土位置可知舆深，由轨饰可推测车轸的高度以及车辕和前轸相交处的结构。在这个车舆周围有一周龙形铜饰（图九：3），大概是车轸上的装饰，由此可知此车舆的形状和宽、广。小屯M20出土一件同样的轨饰，而车轸上饰圆形铜泡。

小屯M20还出土一件另一种式样的铜轨，它是一段略有弧度的半圆铜管，在中部前后各连接一块长方形铜板，平面略呈"十"字形，铜板表面有兽面纹，其上有二个方孔（图九：2）。此舆的车轸上未见铜饰。

张家坡M167在相当车舆的位置有一周蚌饰，推测也是车轸上的饰物。

宝鸡茹家庄的西周车马坑中出土一种车轸上的铜饰[26]，断面呈曲尺状，可以贴在车轸的上侧和外侧。向外的一面有夔纹，这可以和小屯M40的龙形铜饰互证。向上的一面有等距离的长方形穿孔，可供立柱纳榫。此组铜饰原应有八件，现存七件，可以连成一个四角圆转的长方形（图九：4）。由此可知车舆的形状、宽、广，车轸的宽、厚，立柱的实数，车门的位置和宽度。

辛村发现的车舆痕迹，如舆底另有二条与辕平行的梁木，以架车舆底板，两轸之间有十八根立柱，均可参考。辛村还出土一些轸饰、栏杆饰、较饰，大都是舆上的饰物，但因出土位置不清，结构不明。

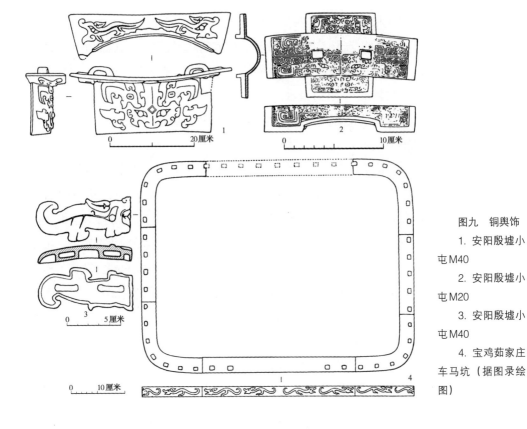

图九　铜舆饰

1. 安阳殷墟小屯M40

2. 安阳殷墟小屯M20

3. 安阳殷墟小屯M40

4. 宝鸡茹家庄车马坑（据图录绘图）

表九　车舆铜饰登记表　　　　（单位：厘米）

器号	长度	宽度	高度	中凹	管径
小屯 M40R.1777	19	6.5	4.7	2.6	
小屯 M20R.1776	17.6	6.5	6.4	2.9	
小屯 M20R.1778	15.2	8.4			3.3—4.1
茹家庄车马坑		5	3.5		

二、车子复原举例

经发掘的殷代车子，据统计有十八辆[27]，都是安阳殷墟发现的。其中大司空村 M175、殷墟西区 M7、M1613 发现的三辆车，有的做过复原，有的发表了结构图。

石璋如根据小屯 M20、M40 的发现，参考大司空村 M175 的数据，复原了三辆车。他称 M40 的车为第一类甲种车，即车舆有辄，车门向前[28]；M20 的一辆车为第一类乙种车，即车舆有辄，车门向后；M20 的另一辆车为第二类甲种车，有无舆辄不能肯定。

上述第一类甲种车，其形制为殷周车制中所仅见，因此，本文选择 M40 为例，试作复原。由于 M40 的车子痕迹保存极少，而殷墟西区 M7、M1613 保存较好，M7 的车子还做了解剖，所以在复原时，除去 M40 自身提供的资料外，主要用 M1613 的数据，并参考 M7 的结构。

小屯 M40 是一个长方形竖坑，坑南北长 2.5 米、东西宽北端 1.8 米、南端 1.55 米、深 0.4 米。墓的西南角被扰乱。坑内有人骨三，马骨二。坑内没有剔出任何木质车痕，仅保存了各类铜的车器和车饰。两件车軎并放在西北隅，车轸四周的龙形铜饰及軓、踵围成一个前端略鼓的椭圆形，位于北部中央（图十），两件铜辄并列在舆前，辄首向西，两件辖套，一在舆东，一在后辄下，二件叶形铜饰，一在车舆内，一出扰乱坑内。此外，还有弓形器、刀、镞等兵器。

根据墓的长宽以及车器的出土位置可以确认车子是拆开后放入的，甚至像轴、辕之类较长的部件根本就没有放进去。

M40 没有发现轮毂的痕迹。石璋如根据大司空村 M175 轮径和軎径的比例，参考《考工记》轮、毂的比例，推算出轮径165厘米、毂长20厘米、毂径33厘米。按殷周车子从未有如此大的车轮，连石璋如自己也感到似乎是太大了。

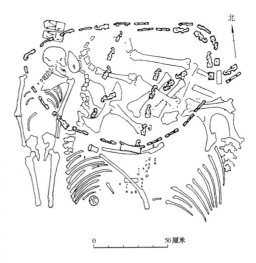

图十　殷墟小屯M40北半部平面图

按M1613轮径的平均值为135厘米、牙高8厘米、毂长40厘米、贤端13厘米、轵端20厘米。辐十八根，毂端径3厘米、牙端径5厘米。按毂长减去贤，轵长度，可以察知辐条毂端断面为3厘米×7厘米的扁长形，其长轴沿着轴向。其牙端据M7辐厚小于牙厚推算为5厘米×3厘米的扁长形，其长轴沿着辋向。至于辐条榫头也据M1613的轮牙小于M7而做了适当缩减。

M1613轴长294厘米、径10厘米，而毂孔为12厘米，两者相差过大，恐有误差。按车轴是中间粗两端细的圆木，M1613没有说明收分的情况，M7由其结构图可知轴木通长粗细比较一致，只是在出毂后突然收杀，纳入铜軎，如是，将难以防止车轮内外移动，石璋如复原的轴是在入毂处突然减细，使轴的两端形成圆形榫头状，这虽然能够不使车轮内移，然而这样的轴最易在榫头的根部折断。

我们注意到已经发掘的殷代车子有一个共同的特点，这就是轮、舆间的距离相当大，其原因之一大概是为了缩小轴出舆后逐渐收杀的收分率。而毂的贤轵两端的孔径则是确定轴的收分的主要依据。因此，我们复原的车轴是按M1613的轴长，轴径，出舆后开始收杀，毂孔断面略有收分的形状，出毂后冒以车軎。

石璋如推测M40的辕长为255厘米，显然太短了。按殷代和西周的车子轴长和辕长大致为一比一，故辕长亦据M1613为290厘米，辕尾、舆前则据M40所出踵饰、轵饰复原。M1613未经解剖，轴、辕相含的情况据M7复原。

M40也没有发现衡的痕迹。石璋如根据两轭及其外侧的叶形铜饰复原成长210厘米的曲衡。按类似叶形铜饰的三角形铜饰在大司空村

M175，孝民屯M1、M2，张家坡67M35均有发现，每车二件，出于两轵的外侧。但上述诸车没有一辆是曲衡的。所以，我们仍按M1613复原成直衡，而把叶形铜饰留在以后去解决，至于轭，则用M40出土的实物。

问题最多的是车舆。M40的车轸四周有一圈龙形铜饰，舆内另有两条龙形铜饰，石璋如认为是轷饰，因而将M40的车舆复原成车门在前的圈椅的形状，用竹篾编成舆围。然而，迄今发掘的殷周车子都是车门在后，无一例外。另外，那两条龙形铜饰都是正面向下，背面向上，如果真是轷饰，则由两侧向里倒塌时，应是正面向上，背面向下，更何况此车原是拆开放的，两条龙形铜饰也许根本和车舆无关。

我们根据M40的轵饰、踵饰及一圈龙形铜饰的周长复原其车舆为广115厘米、深80厘米的圆角长方形，前轸按轵饰的弧度略向外鼓，四轸外侧等距离地缚以龙形铜饰。舆轷则参照M1613，四周立轷柱二十根，轷柱间有三排横栏，轷高45厘米、车门在后，门宽35厘米。

石璋如为使复原的车舆能平稳地放在辕、轴之上，在两侧的车轸下垫以横置在轴上的伏兔。但是，在已发掘的殷代车子上从未发现过这类装置。按M7轴、辕相含后，辕高出轴上3厘米，此即为当兔。而据其踵饰可知后轸是嵌入辕尾的槽内，然则在相当于前轸位置的辕上也挖出等深的槽，使前、后轸均嵌入槽内，左、右轸就落在轴上，车舆就能平稳。M40的踵饰正好盖住辕尾及后轸中部，以加强两者的联系；轵饰的弧形铜板正好盖住辕面，长条形铜板贴住前轸，两者上口取齐，也加强了辕与前轸的联系。

根据以上所述，试作小屯M40的车子复原图（图十一）。

西周的车子发现比较多，分布的地域也较广，但真正做过复原的却并不多。中国历史博物馆根据辛村的资料复原了一辆西周车子的模型作为展品。辛村的报告中对M1的车子有详细的描述，并记录了各个部分的尺度。今即以此为主，参照M3、M8所出的有关车饰，试作复原。

辛村M1的轮径为136厘米，车毂有铜辐、钏、軧，全长40.3厘米，辐条十八根。关于轮牙，按M3所出轮牙铜饰，牙高7.3厘米、上口3.5厘米、下底1.8厘米，每轮四个，分别位于轮牙两个半圆的四个接头上。轮牙的接合，我们没有采用斜面拼合而是用搭接的方法；牙饰也没有按报

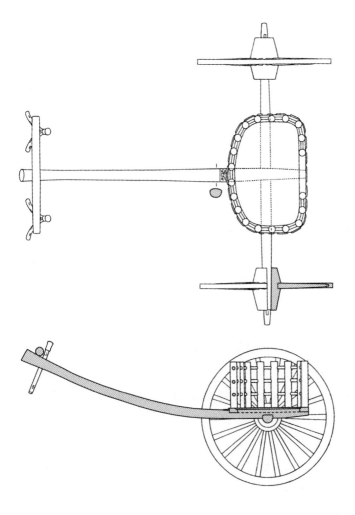

图十一A 安阳殷墟小屯
M40车子复原图
（俯视、侧视）

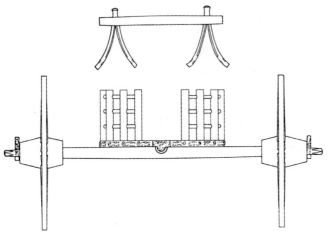

图十一B 安阳殷墟小屯
M40车子复原图
（上为车衡正视 下为车
的后视）

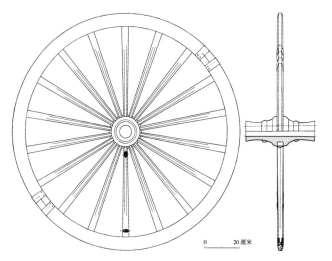

图十二　浚县辛村M1车轮
（据出土铜车器及报告数据复原，铜毂饰M1:2，
铜牙饰M3:169，右图辐未剖）

告所述用皮条绑缚，而是由钉孔安钉固定在轮牙上，以免在转动中移位。关于辐条的形状可按车毂的辐孔确定，至于苗、蚤的情况，因无确切说明，仍按殷车的结构复原（图十二）。

轴长320厘米、径5厘米。文中又说轴两端各出舆外80厘米、加舆广150厘米、则轴长应为310厘米，两不相合。又轴径太细，即依所出铜軎大径也应大于5厘米，显然有误。我们复原时，以軎长、毂长，车毂内侧加轴饰，车舆紧靠轴饰，则车轴全长约287厘米。轴径入軎处为5.8厘米、入毂处为6.3厘米、轴辕相交处为8厘米。

辕长320厘米、舆前长210厘米、径10厘米。按此车辕轴等长，但复原的车轴因上述原因减短，故辕长及有关尺度，也相应修正。辕的曲度按前端100厘米间高差60厘米。辕前端选用M3所出喇叭形的軏饰；辕尾用M8所出的踵饰复原。辕、轴相交处和辕、舆相交处均按挖槽嵌合的方法复原。洛阳东郊下瑶村M151曾出一件辕的痕迹，辕尾有一宽12厘米、深4厘米的槽口以置后軫，其他部分被散置的车轮所压，情况不明。但设若后軫嵌入槽内，而前軫处无槽，则车舆水平时辕前下垂；车辕持平时则车舆上仰。同时，若不以槽口嵌合辕、轴和车軫，在车子转弯时难以防止车身各主要部分的扭动，不仅缚绑物受力过大，也难于扎紧。

衡自平处度量长130厘米、径5厘米。两端翘起，末端有铜矛，两矛间连弯度长250厘米。

车舆广150厘米、深110厘米，轴前50厘米、轴后60厘米。舆底两侧各有一条纵梁，相距100厘米。车舆四角为圆角；车舆前部两輢间有十八根小立柱，残高24厘米，门宽35厘米。

表一〇　殷周车子各部尺寸表

（单位：厘米）

车号	轮径	牙高	牙厚	毂长	毂径	辐数	辐宽	轨宽	舆广	舆深	轿高	门宽	辋长	辋径	轴长	轴径	衡长	衡径	轭高
大司空村M175	146	6	6	20+	26	18	3.5—5	215	94	75	?	?	280	11	300	7	120	?	55+ 9.3
孝民屯M1	122	8	8	36	28	?	3—4	240	134	83	?	?	268	7—8	310	8	?	?	48
孝民屯M2	122	8	6	30	28	26	2—4	?	100	?	41	?	260+	7—9	190+	8	?	?	?
殷墟西区M7	133—144	10	7.5	26	23.5	22	3—4.5	217	129—133	74	45	42	256	9—15	306	13—15	110	9	?
殷墟西区M43	134—147	6	4	12	22	18	2—2.3	223	137	73	22+	40	292	10	309	10	?	?	?
殷墟西区M1613	126—145	8	5	40	28	18	3—5	224	150	107	45	35	290	13	294	10	113	8	?
辛村M1	136	?	?	40.3	18.6	18	?	?	150	110	24+	?	320	10	320	5	250	4.5—5	?
辛村M8	134	?	5	?	?	18	?	?	135	?	?	35	?	?	320	?	114	9	70
张家坡167	129	4.4	?	?	?	22	?	?	107	86	25	28	281	6.5	292	?	240	?	?
张家坡M168:1	136	6.5	?	55	?	21	?	225	138	68	45+	40	298	?	307	?	137	4.4	73 通銮
张家坡M168:2	135	5.6	?	51	?	21	?	?	135	70	20	?	295	7	294	7.8	210	4	?
张家坡M185	140	6.5	?	?	?	22	?	?	125	80	42	50	?	?	?	?	?	?	?
琉璃河车马坑	140	7	7	40	22	24	2—5	244	150	90	?	?	66+	14	308	8	?	?	?

续表

车号	轮径	牙高	牙厚	毂长	毂径	辐数	辐宽	轨宽	舆广	舆深	轸高	门宽	辕长	辕径	轴长	轴径	衡长	衡径	轴高
白草坡车马坑	125	9	5	?	17	20	2.5—3	?	?	?	?	?	270	?	300	9	110+	3.5—4	43+
胶县车马坑	140	10	9	40	?	18	?	224	164	97	29+	?	284	8—10	304	?	138	7	26+
上村岭 M1051:7	127—142	6	6	36.9	?	28	?	200	?	?	?	?	300	6—8	248	7	?	?	52
上村岭 M1727:3	110—145	6	6	35	18.7	25	2.7—3.7	184	130	86	30	34	250+	5.5—8.2	222	6.7	?	?	?

以上是复原辛村M1西周车子的各部分尺度。最后需要略加讨论的是西周的车毂与轴饰。从上文列举的西周铜毂，都是贤端的孔径略大于轵端，这表明轴在毂内的一段也是有收分的，与毂孔壁呈顶角十分微小的锥面结合，当地面不平而车身左右倾斜时，一侧的车轮侧向受力使车轮内移，但只要有足够的余量，有轴饰相抵，车轮也不会涩滞。因此，由轴饰固定在轴上的伏兔，其作用就不完全是使车舆平稳了。因为殷代车子不用伏兔可以使车舆四轸落实于辕、轴，西周仍然沿用这种方法。所

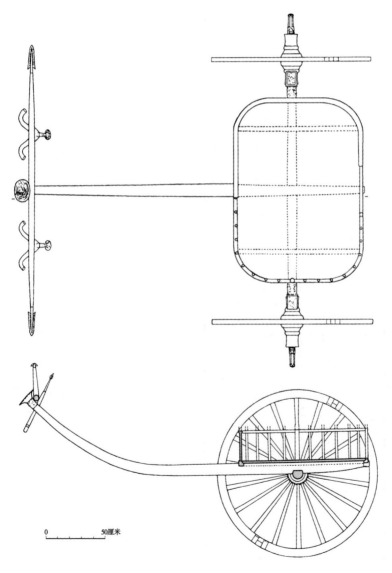

0　　　　50厘米

图十三A
浚县辛村M1车
子复原图（俯
视、侧视）

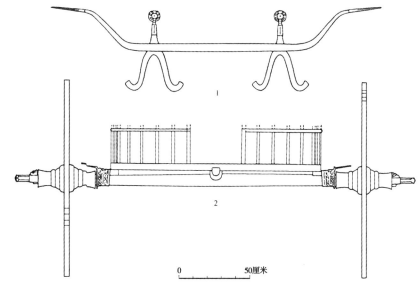

图十三 B
浚县辛村 M1 车
子复原图
　　1. 车衡的正
视图　2. 车的后
视图

以，伏兔的设置主要是抵住轮毂，防止其内移，当然，有了伏兔以后，可以缩小辕、轴相交处和辕与前后轸相交处挖槽的深度，从而增强辕、轴杆件的强度。这从考古发掘的实际情况来看，除个别车子的伏兔不是直接抵住车毂外，大都显示了它的这种功能。

　　基于上述认识，我们复原了辛村 M1 的西周车子（图十三）。

　　以上复原的两辆殷代和西周车子，主要根据考古发掘中出土的各种铜的车器和车饰，辅以车子的木质痕迹。虽有移花接木之嫌，但都求其实有所据，也许大体上能反映当时车子的情况。本文实是一种尝试，也需要在今后的考古发现中去验证。

（本文引用了宝鸡市博物馆和洛阳市博物馆的几件展品，特此致谢。）

（本文引自：《中国考古学研究——夏鼐先生考古五十年纪念论文集》，第一集，文物出版社，1986 年。）

注释

[1] 孙诒让：《周礼正义》卷七十四。

[2] 中国科学院考古研究所：《辉县发掘报告》，46～52页，科学出版社，1956年。

[3] 秦俑考古队：《秦始皇陵二号铜车马清理简报》，《文物》1983年第7期。

[4] 石璋如：《北组墓葬》，1970年。

[5] 马得志等：《一九五三年安阳大司空村发掘报告》，《考古学报》第9册，1955年。

[6] 中国科学院考古研究所安阳发掘队：《安阳殷墟孝民屯的两座车马坑》，《考古》1977年第1期。

[7] 中国科学院考古研究所安阳工作队：《安阳新发现的殷代车马坑》，《考古》1972年第4期。

[8] 中国社会科学院考古研究所安阳工作队：《殷墟西区发现一座车马坑》，《考古》1984年第6期。

[9] 中国科学院考古研究所：《浚县辛村》，科学出版社，1964年。

[10] 中国科学院考古研究所：《沣西发掘报告》，文物出版社，1962年。

[11] 琉璃河考古工作队：《北京附近发现的西周奴隶殉葬墓》，《考古》1974年第5期。

[12] 山东省昌潍地区文物管理组：《胶县西庵遗址调查试掘简报》，《文物》1977年第4期。

[13] 甘肃省博物馆文物队：《甘肃灵台白草坡西周墓》，《考古学报》1977年第2期。

[14] 中国科学院考古研究所：《上村岭虢国墓地》，科学出版社，1959年。

[15] 中国社会科学院考古研究所安阳工作队：《1969～1977年殷墟西区墓葬发掘报告》，《考古学报》1979年第1期。

[16] 中国社会科学院考古研究所沣西发掘队：《1976～1978年长安沣西发掘简报》，《考古》1981年第1期。

[17] 宝鸡市博物馆展品。

[18] 张长寿、张孝光：《说伏兔与画轊》，《考古》1980年第4期。

[19] 罗西章：《陕西扶风杨家堡西周墓清理简报》，《考古与文物》1980年第2期。

[20] 宝鸡茹家庄西周墓发掘队：《陕西省宝鸡市茹家庄西周墓发掘简报》，《文物》1976年第4期，图六四，13。

［21］《文化大革命期间出土文物》：第一辑，88页，文物出版社，1972年。

［22］中国社会科学院考古研究所沣西发掘队：《1967年长安张家坡西周墓葬的发掘》，《考古学报》1980年第4期。

［23］《陕西出土商周青铜器》（四），图94，文物出版社，1984年。

［24］郭宝钧等《一九五二年秋季洛阳东郊发掘报告》，《考古学报》第9册，1955年。

［25］洛阳市博物馆展品。

［26］《陕西出土商周青铜器》（四），图95，文物出版社，1984年。

［27］杨宝成：《殷代车子的发现与复原》，《考古》1984年第6期。

［28］石璋如：《小屯四十墓的整理与殷代第一类甲种车的初步复原》，《历史语言研究所集刊》第四十本下册。

西周时期的铜漆木器具

——1983—1986年沣西发掘资料之六

张长寿　张孝光

用不同质料做成复合工具的工艺是从新石器时代就开始的，例如用石斧和木柄捆绑在一起，以利于砍伐，将细石器镶嵌在骨质刀把的槽内，以利于切割，等等。到了青铜时代，这种传统的工艺，特别是木质的附件，仍然广泛地被用于许多青铜工具和兵器上，如斧、锛、凿之类需在銎内加木榫，而戈、矛之类则需要安木柲。凡此，都是为了便于使用。至于像轮、舆，更是集木工、金工之大成，由各种铜木组合的构件装配而成，这不仅是为了便于运转，而且还有加固和装饰上的需要。

但是，在生活用具上采用铜木复合工艺大概是在漆木器兴盛以后出现的。漆木器虽早在新石器时代就已有发现，而作为一种新兴的工艺是在商周时期才盛行的，这由商代和西周的墓葬中漆器多有发现而得以证实。北京琉璃河的燕国墓地中曾发现过漆罍、觚、豆等，其器形大都仿自青铜器，而器表色彩鲜艳，并用各式蚌片拼成各种花纹图案，其中一件漆觚，更是贴金镶翠，金碧辉煌[1]。陕西长安张家坡西周墓中也发现过镶有蚌片花纹的漆俎和漆豆等[2]。而在漆木器上镶铜、包铜，做成铜漆木的复合器具，既代表了一种新的风尚，又继承了固有的工艺传统，应该说是富于时代气息的。

然而，由于漆木器在北方的商周墓葬中不易保存，出土时，大都朽没或仅具痕迹，而铜漆木器具也因木胎腐朽而只留下其上的青铜附件。这类器具原来的器形需要根据残存的青铜附件参考同类器物的形态进行复原。1983—1986年，我们在发掘张家坡西周墓地时，在一些墓葬中也发现若干这类铜漆木器具的青铜附件，本文就其中的几件，试作讨论和复原，以示西周时期铜漆木工艺的一个侧面。

一、达盨（M152:36），出于M152井叔墓的头厢内，共三器，每器包括一个长方形板状的铜盖和一个圆形的铜圈足，形制、大小完全相同。盖板上有铭文五行四十字，作器者名达，器自铭为旅盨[3]。出土时，每一件盖都扣在一个圈足上，这种情形表明它们原本是铜漆木的器皿，木胎朽没后，就剩下青铜的盖和圈足。

盖板长12厘米、宽5.8、厚0.2厘米。盖板中间微鼓，呈弧形，比两端高出约0.7厘米，背面中央有一小纽，长1.4厘米、宽0.5厘米、高0.7厘米，中有穿孔。圈足为圆形，底部直径9.5厘米、上口直径7.5厘米、高2.5厘米。上口两侧各有一对凸齿，在另两侧的足壁上各有一个长方形穿孔（图一：1、2）。

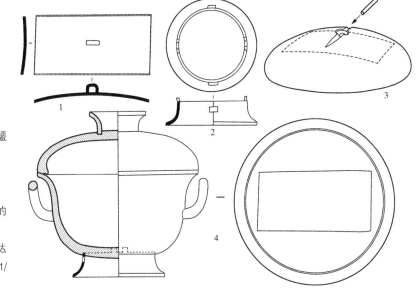

图一　达盨
（M152:36）
　1. 铜盖板
　2. 铜圈足
　3. 铜盖板的
固定方法
　4. 复原的达
盨(1、2、4约1/
3)

据盖铭，此器应作盨形。但是，由圈足来判断，我们推想器身不大可能是椭圆形的，而只能是圆形的，而板状盖乃是镶在漆木器盖里侧中央的部分，从器物的整体外形以及盖板与圈足的大小比例来说，应是带盖的圈足簋，很少可能是其他器形。

此器的底部形态由圈足的大小、高矮得以确定。器盖的直径应大于长方形盖板的对角长度，其弧度可由盖板的两端向外延伸。木胎的厚度各部分可能不尽相同，盖的中央厚度应不小于盖板连纽的高度。其加工过程应在完成器盖木胎后，在盖内侧刻槽将铜盖板部分卧入槽内，盖的中心部位凿孔纳盖板上的铜纽，在另一面盖的顶面刻沟露出纽孔，加竹、木销钉固定盖板（图一：3），打磨平整后，髹漆使盖的里面与盖板的刻铭面平齐。器身作盆状，而铜圈足在距上口边缘有0.2—0.3厘米的一段里外两面均平整无泡状发锈，而其他部分发锈严重，估计这一段当是嵌入木胎底部的，其上沿的一对凸齿是作为榫头同时嵌入木胎，以加强圈足的牢固程度。

按西周中期的带盖簋大致有两种主要的形态，一种是圈足较大而矮，有的在圈足下更附有三小足，器腹较浅，双耳有珥，如陕西出土的卫簋[4]。另一种圈足较小而高，器腹较深，双附耳，如传世的命簋[5]。达盨的圈足较小，和前一种簋的形制不合，因此，我们按照第二种簋的形态，并以命簋为主要参考进行复原。命簋不连耳的宽、高比约为1比1，盖深和腹深的比约为1比2。根据达盨所存铜附件的大小，参照上述的各种数据，我们将铜漆木的达盨作了复原（图一：4）。其盖顶的捉手和器耳的设计，也是为了复原的造型需要，参照命簋的形式作木制拼装的，当然不排除其他可能。

二、铜足漆案（M170:85），出于M170井叔墓的头厢西北部，案的长边贴近西壁。案面为长方形木胎，长130厘米、宽40厘米、厚6.5厘米，髹黑漆，四边有一周宽1厘米的红漆，案面中央也有一周长方形红漆，长100厘米、宽20厘米，漆宽也为1厘米。案的侧面也髹黑漆，其上以红漆画一周窃曲纹。在案的北端有2件青铜的兽足形案足，其造型显然有前后之分，其一为前肢，位于东侧，残高10.7厘米，另一为后肢，位于西侧偏南，残高11.7厘米。两兽足的外侧都有精细的花纹，而内侧则略无纹饰（图二：1）。由于这两件铜兽足都出于案的一端，而足上的花纹都位于外侧，可知这是同一侧的两件案足。案足分前后，前足在东，后足在西，则此类案也有前后之别。

这类铜足漆案在信阳楚墓中也曾发现过。信阳一号楚墓出土过一件完整的铜足漆案[6]，案面也为长方形，长150厘米、宽72厘米，四角各包一铜角，案的两侧镶嵌有铜铺首衔环，案底有四个蹄状铜足，高仅6.5

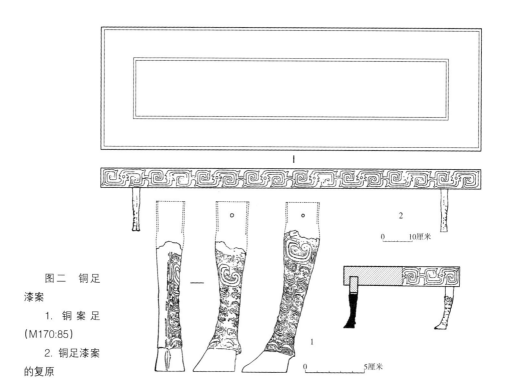

图二　铜足漆案

1. 铜案足（M170:85）

2. 铜足漆案的复原

厘米。信阳的这件铜足漆案和井叔墓所出的形制基本相同，所异者，信阳的铜足上部为一平面，有的甚至有折角，可以平稳地托住案面的底部和侧面，而井叔墓所出的铜足根部有残损，似乎原有一段空銎，推测其安足的方法有所不同。因此，我们在复原时按照对称的原则在案底设计4个木榫，以纳入铜兽足上部的空銎。经复原后的铜兽足高约13.3厘米、连同案面的厚度，铜足漆案高约20.5厘米（图二：2）。

在M170井叔墓内，除了这件铜足漆案外，还有几件残漆案，形制相似而较小，而相邻的M152井叔墓也出有同样的漆案，但都没有发现铜足。在宝鸡强国墓地中，一些较大的墓也都曾发现过长方形的漆盘，长约70厘米、宽约40厘米，其上都放置青铜酒器。报告编写者认为这种漆盘实质上是一种禁，专门用来摆放酒器，并引用M170井叔墓的铜足漆案，认为明显属于漆禁[7]。按西周时期的禁，其形制有宝鸡两次所出的柉禁为证[8]，可置勿论。我们认为这种没有铜足的漆案或漆盘，其下或有漆木的案足，其形制或如信阳楚墓所出的另一种漆案，案两端各有三足，其下有一横跗者，这种禁长约100厘米、宽约44厘米、高约22厘米。

三、包铜漆木方盒（M176:3），出于墓主人头前二层台上。出土时尚具器形，外观为一略呈方形的铜器，取器时，因铜器很薄，成为碎片。据田野所绘墓葬平面图，器为长方形，长约13.5厘米、宽约10厘米。

铜器仅厚0.1－0.15厘米，是用青铜锤揲而成的，像这样薄的铜片是很难用作器具的，因此，推测它是用来包在漆木器的外壁的。由于在碎片中发现至少有6个转角，可知有器有盖，根据碎片可知器、盖各高2.1厘米（图三：1、2）。

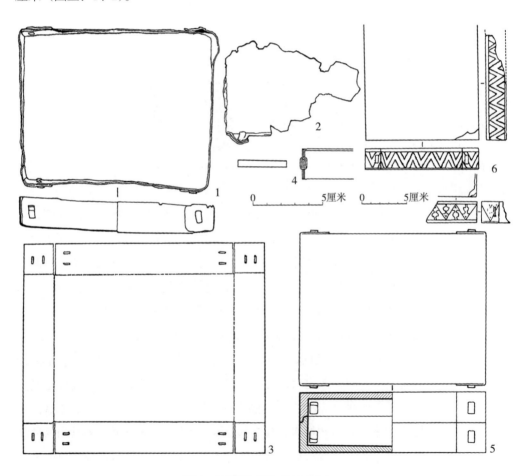

图三　包铜漆木方盒（M176:3 ）

1、2. 漆木方盒铜件　3. 漆木方盒的展开　4. 铆合断面及铆片　5. 包铜漆木方盒的复原
6. 黄君孟夫妇墓出土的漆木方盒铜件

这件包铜漆木方盒的制作方法，是先用锤揲好的青铜片作板材，剪裁成长17.7厘米、宽14.2厘米的长方形，在距两长边四角2.1厘米处，剪开深2.1厘米的切口，然后四边折起，四隅转角包叠，并在包叠处各凿出一对长条形铆孔，用相同的材料裁成长3.5厘米、宽0.5厘米的铜片，穿绕铆孔固定，作为漆木方盒的外壁包镶（图三：3、4）。由于盒的大小已经固定，其木胎的加工有两种可能，一是用整木雕挖成型，一是以刮好的板材分片嵌入，以胶料黏合，方盒的木胎作成子母口，器、盖相合不露木胎。盒的里面髹漆，外观则为铜盒，因此，也可以说它是一件以漆木为内衬的铜方盒（图三：5）。

这类包铜的漆木方盒在河南光山春秋时期的黄君孟夫妇墓中也曾发现过[9]，在夫人孟姬的棺旁顺放着大小两件长方形的铜盒，从发表的平面图上可以看到完整的外形，但都由于铜胎很薄，在取器过程中破成碎片。其中的小铜盒简报中有复原图，长17厘米、宽12.6厘米、高2.3厘米，器身外侧有三角波纹，器盖外侧有三角柿蒂纹（图三：6）。值得注意的是铜盒四隅的转角和铆合方法与本器完全相同。但是，简报只是简单地将它当作铜盒来复原，事实上，黄君孟夫妇墓中的两件铜盒也应是包铜漆木盒。

宝鸡弓国墓地中也曾发现过一件圆形铜盒[10]，大概原来也是漆木胎的，出土时，木胎已朽，只剩围在胎壁上的铜圈，其上有鸟纹，上下边缘各有8组钉孔，可知原是钉在木胎上的。盒内放铜梳、发笄等小件器物。张家坡M176和黄君孟夫妇墓所出的包铜漆木盒内都没有发现其他遗物，从两者都出自女性墓中推测，或有可能是盛放妇女用的脂粉、巾帕之类的小件物品的。

四、铜漆木壶（M61:26），这是一件漆木壶上的铜釦，是由该墓所出的几块残片拼对而成，也许原来的漆木壶上还有其他部分的青铜附件，但因墓被盗扰，不得而知。这件铜壶口略呈椭圆形，上口外径为12.5厘米×11厘米、内径为10.2厘米×9厘米、高3厘米，下口径为12.3厘米×10.5厘米，两侧有贯耳，通耳宽14.5厘米（图四：1）。

这类铜漆木壶在山西洪洞永凝堡的西周墓葬中曾有发现，而且保存有盖、口、腹、圈足等4件青铜附件和部分木胎和漆皮[11]。发掘简报对这件铜漆木壶作了复原，但复原图误将圈足直接连在中腹的铜圈上，故而不成壶形。现将这件铜漆木壶重行复原（图四：2），由于有盖、口、腹、圈足多件铜附件的数据控制，复原后的形状当与原器相去不远。

然而，我们发现的只是漆木壶的铜钮，因此，对于器形、高度、腹径等只能参考同时代的铜壶进行复原。按西周中期的铜壶主要有三种形态，一是圆口长颈，垂腹圈足，颈两侧有耳衔环，有盖；二是圆口直颈，鼓腹圈足，壶体修长，颈两侧有贯耳，有盖；三是方壶，长方口，束颈，垂腹圈足，颈两侧有贯耳，亦有盖[12]。我们根据壶口略呈椭圆形，两侧有贯耳的特点，认为有可能属于第二种形态，因此，参考陕西出土的鸟纹壶的形状加以复原。

关于漆木壶木胎的加工方法，由于口小腹深，推测有可能是将整木破开成两块剜挖成型，然后黏合，因此，器底与器壁、圈足可以上下连成一体。至于铜口上沿向外微侈与木胎直口之间形成的微小空腔，当是用类似腻子的填料加以填充（图四：3）。

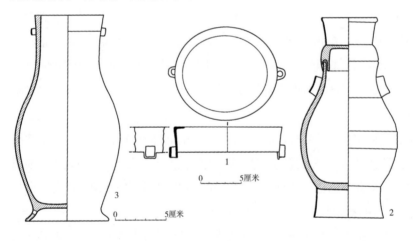

图四　铜漆木壶

1. 铜漆木壶上的铜钮（M61：26）

2. 山西洪洞永凝堡铜漆木壶的复原

3. 复原的张家坡西周墓铜漆木壶

五、铜漆木罍（M152:33、34），出于M152井叔墓的头厢内，共三器，每器有器口、器底铜钮各一件，形制、大小完全相同。器底铜钮（M152:33）为器底的折角部分，圆形，上口直径21.5厘米、底径20厘米、高1.3厘米、底宽1厘米、厚0.35厘米（图五：2）。器口铜钮（M152:34）也为圆形，平沿折颈，口径21.5厘米、沿宽1.7厘米、颈径20厘米、高2.2厘米（图五：1）。由这两件铜钮可知原器为平沿、收颈、斜收腹、平底，口底大小相若，根据上述的一些特征，我们推测有可能是平底罍

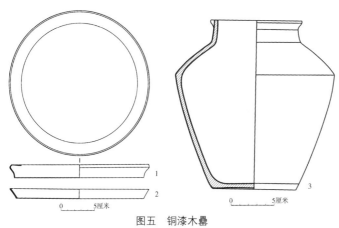

图五　铜漆木罍
1. 铜漆木罍器口铜钮（M152:34）　2. 铜漆木罍器底铜钮（M152:33）
3. 复原的铜漆木罍

一类的器形。由于只有器口和器底，原器的高度、腹径等都不能确定，需要参考有关的资料。

琉璃河燕国墓地曾发现过一件漆罍，器形为弇口，折肩，腹微鼓，圈足，双耳，有盖。漆罍通体有彩绘，朱地褐彩，并用各式蚌片镶嵌在器表组成图案花纹。这件漆罍经剔剥、修整后，器通高54.1厘米[13]。

我们参考了上述漆罍和张家坡西周墓葬中出土的年代相当的陶罐，将这件铜漆木罍复原成平口沿，短颈，折肩，斜深腹，平底（图五：3）。各部分的比例，口和底据铜钮为1比1，口和高约为1比2，高和肩宽约为1比1。我们没有复原器盖和器耳，这是因为没有发现任何可以依据的线索，当然，也不排除它可以有漆木胎的盖和耳。

漆罍的木胎成型与器口铜钮的安装，可能均与上述的铜漆木壶相似。

六、叔作宝彝尊，这是一件传世的西周铜器，器高27.6厘米、两端口径分别为16.2厘米和14.2厘米（图六：1）。器现藏美国华盛顿萨克勒美术馆[14]。陈梦家先生认为此器甚奇，形如尊而无底[15]。或以为器无底不得称为容器，而称之为管。其实这也是一件铜漆木器，器原有漆木底，因木质朽没遂成两端透空的圆筒。

上述的推测可以从张家坡西周墓地的发掘资料中得到有力的旁证。在M170井叔墓中出土了一件筒状象牙杯（M170:69），是截取一段象牙做成的，略呈椭圆形，上口长径12.4厘米，下口周壁略内凹做成假圈足，长径9厘米。这件杯也是两端透空，似若无底。但是，此杯出土时，杯内近下口处有一厚层淤土，这一厚层淤土自然分为上下两小层，两小层之间，整整齐齐地有一层朱红色的漆木底的痕迹，由此可以判定这件象牙杯原本有一个漆木的杯底，我们根据淤土的厚度和内壁的痕迹，复原了象牙杯的漆木底（图六：2）。日本收藏的一件殷代象牙杯和此相似而有底[16]（图六：4）。同墓还出土了一对小象牙杯（M170:70），也是两端透空，但在上口的外壁都涂一周宽1.7厘米的朱红，近下口有一条宽0.2厘米的朱线，而在外壁上有明显的安把的痕迹，大概原来也是安装有漆木胎的把手。我们根据那件大象牙杯的底部情况和把手的痕迹，复原了小象牙杯（图六：3）。把手是参照妇好墓的象牙杯，采用了西周中期流行的鸟纹造型，当然，也有可能是简朴无华式样的。总之，是为了说明象牙杯也可以配漆木胎的杯底和把手的。

　　在本次发掘中还出土了一件薄胎磨光黑陶的筒形器（M193:035），也是两端相通，口径9.4厘米、高16.1厘米、厚0.6厘米。这件陶器可以说和叔作宝彝尊完全一样，考虑到这件陶器胎质细腻，制作精致，很可能也是安有漆木胎的器底而作为饮杯使用的（图六：5）。

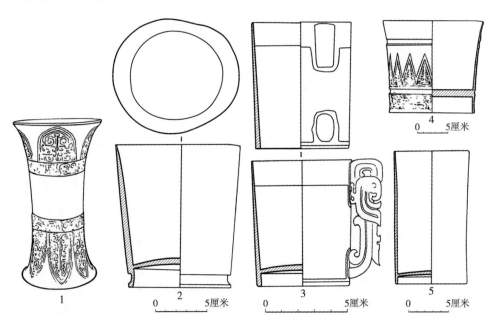

图六　叔作宝彝尊、象牙杯及黑陶筒形器

1. 叔作宝彝尊　2. 象牙杯（M170:69）　3. 小象牙杯及其复原（M170:70）
4. 日本江口治郎氏藏象牙杯（16）　5. 黑陶筒形器（M193:035）的复原

　　由此可知，西周时期铜漆木器具有很大的发展，而且漆木胎的附件更扩大应用到象牙器皿，甚至陶器上，这种情况表明当时在制作不同质料的复合器具方面的发展和新的时代风尚。

　　上述几件铜漆木器具构件，反映了当时部分漆木器铜件的镶嵌工艺，为便于说明，我们按工艺的具体形式，暂分为箍镶、包镶、平嵌和立嵌四种，它们对器具在实用、加固和装饰等方面各有侧重，或兼而有之。

　　箍镶，主要是以铜件对漆木器的口部、底部或腹部进行箍套，如上复原的壶和罍。我们推测这种箍镶形式与漆木器的成型工艺有关，不同的器形可以有不同的成型方法，有的器具可以由一块整料直接雕斫而成，但对于一些口小腹深或肩宽腹广的器形可能都是刳挖而成，即将材料破开成两块，分别雕斫，然后黏合成型。因此，这种箍镶工艺形式可能多用于刳木成型的圆形漆木器具。

　　包镶，主要是以铜件对漆木器具的某些局部，主要是边角部分，或对其绝大部分进行包裹，所以又可以分为局部包镶和全包镶。上面提到的信阳楚墓出土的漆案的四个铜案角，就是局部包镶的一种。我们复原的铜漆木方盒就是一种全包镶。局部包镶可能是一种加固或保护性措施，防止边角磕碰和磨损，同时也兼有装饰意义。全包镶有不同的意义，它的外观为铜器，靠木衬加大其强度，从而比铜铸件减轻了重量。

　　平嵌，是将铜件嵌在漆木器的表面，如达盨的铜盖板。这种工艺出现较早，到西周时期应用渐广，铜件较小的多作扁平状、泡状，较大的或厚重的多有钉孔或在背面有鼻。这类铜件多因其形式不同或镶嵌部位不同而具有不同的意义，多数是用于装饰，有的则主要为了实用需要。

　　立嵌，这类铜件多是直接作为该器具的某个组成部分，如漆案的铜足，达盨的铜圈足，或器耳、把手、盖纽等组件。由于这类铜件和漆木胎的衔接面较小，为镶嵌稳定和牢固，在工艺上有两种方式，一是榫接，即铜件本身连有插入漆木胎的榫头，如达盨铜圈足上口的两对凸齿。或铜件根部有銎，以漆木件的榫头相接。另一种方式是扩大铜件的衔接面，与漆木件粘接或钉接，如信阳楚墓的铜案足在足根连接一个带折角的铜板，以保证案足的稳定和牢固。一般立嵌的铜件多数是为了器具功能的实用需要，它们的装饰作用往往是同时赋予的。

　　上述四种工艺形式，根据需要可以单独使用，也可以分别使用在同一器具的不同部位，以收到实用和美的效果。在上面复原的几件器具中，铜漆木壶的铜钮造型，还为我们提供了另一种启示。我们查阅了这一时期的贯耳铜壶，贯耳多在颈部中腰。这件铜口的立面设计较高，两个贯耳本来可以完全和铜钮铸接在一起，但是，现在的贯耳下缘却与铜钮错开，且不说这是否增加了铸造的麻烦，只从设计思想看，显然是出于整体造型的需要，意在工艺上一举两得，既要满足对壶口的箍镶加固，又能解决贯耳的立嵌之难。但结果是两耳的位置偏上，在器具的整体造型上并未取得理想的效果。不过，这个铜构件却告诉我们，可能还会有一些几种工艺形式结合应用的铜构件，由于漆木胎的朽没，虽发现了还没有被认识。作为一种实用艺术，总是以满足实用需要为前提与美的要求相结合而发展的，上述四种工艺形式，虽不能说已括概了所有铜漆木器具的镶嵌工艺，但从以后的发展上可以看出，它的基本工艺形式在西周时期已经大体具备了。

（本文引自：《考古》，1992年6期。）

注释

[1] 中国社会科学院考古研究所、北京市文物工作队、琉璃河考古队：《1981—1983年琉璃河西周燕国墓地发掘简报》，《考古》1984年5期。

[2] 中国社会科学院考古研究所沣西发掘队：《1967年长安张家坡西周墓葬的发掘》，《考古学报》1980年4期。

[3] 张长寿：《论井叔铜器》，《文物》1990年7期。

[4] 陕西省考古研究所等：《陕西出土商周青铜器》（二）、（三），文物出版社，1980年。

[5] 中国科学院考古研究所：《美帝国主义劫掠的我国殷周铜器集录》A233，科学出版社，1962年。

[6] 河南省文物研究所：《信阳楚墓》，文物出版社，1986年。

[7] 卢连成、胡智生：《宝鸡强国墓地》，文物出版社，1988年。

［8］原端方收藏的柉禁现在美国纽约大都会博物馆。另一件禁现藏天津市艺术博物馆。

［9］河南信阳地区文管会、光山县文管会：《春秋早期黄君孟夫妇墓发掘报告》，《考古》1984年4期。

［10］同［7］。

［11］山西省文物工作委员会、洪洞县文化馆：《山西洪洞永凝堡西周墓》，《文物》1987年2期。

［12］同［4］。

［13］同［1］。

［14］Jassica Rawson: Western Zhou Ritual Bronzes from the Authur Sackler Collection，1990.

［15］同［5］A454。

［16］梅原末治：《殷墟》第76页图三二，2。

井叔墓地所见西周轮舆[*]

张长寿　张孝光

在陕西长安张家坡村发现的西周井叔家族墓地中，M157、M152、M170等三座井叔墓及其车马坑M155都随葬有数量不等的车辆。这些车子都被拆散成轮、舆、辕、轴、衡、轭等部件，分别放在椁盖上、二层台的四周、墓道的底部和两侧，车马坑则和马匹杂放在一起。除了被扰毁坏的，在M157的南北两个墓道和椁盖上共发现三十个车轮，十二个车厢，还有辕、轴、衡、轭等遗迹；在M152的南墓道共发现五个车轮和一个车厢；在M170的椁盖上、二层台上和南墓道里共发现三十一个车轮，三个车衡以及辕、车厢等遗迹；在M155车马坑中则有四个车轮、二个车厢、一个车衡和二段车辕。这些车辆的部件都是木质的，在发掘时都已仅存痕迹，但是，其中有一部分还保存着其上原有的各种青铜饰件；此外，上述诸墓还出土了大量青铜车器。根据这些轮舆的遗迹和青铜车器实物可以获知各个车辆部件的确切形制和尺度。由于这几座井叔墓的年代比较明确，大约相当于懿王和孝王时期，因此，根据这些资料可以探讨西周中期的轮舆制度，并试作复原。

一、有关的轮舆资料

（一）资料一，M170第18号车轮的车毂

第18号车轮是M170墓道西侧南起第三个轮子。这个车轮紧靠在墓壁上，由于墓道底部是斜坡，为了使车轮得以放稳，预先在墓壁的相应的地方挖一个圆形毂槽，把靠里侧的半个车毂塞在毂槽里，车轮就能紧

---

*本文为1983—1986年沣西发掘资料之七。

贴在墓道壁上。大凡侧立在墓壁的车轮，都是采用这种办法。这个车轮的轮牙和辐条俱已不存，但车毂却保存完整。这个车毂上有一套完整的铜饰，包括二件辖、二件钏、二件軧和二十四个辐间铜饰。辖为圆筒形，套在木质车毂的两端，外端中央有轴孔，用以贯轴，辖壁上有两个对称的钉孔，可用铜钉将其固定在木毂上。辖长6.2厘米、径12厘米、轴孔径7.6厘米（图一：2）。钏为圆环形，箍在木毂左右两侧的中部。钏长1.8厘米、径13厘米（图一：3）。軧的内侧作弧形鼓起，两軧合抱于木毂中部的建辐处，軧壁上也有两个对称的钉孔。軧长5.1厘米、外径13.5厘米、内径20厘米（图一：1）。辐间铜饰是侧视为"人"字形的铜片，中部突起处呈细腰形，两侧有上翘的"脚"，这种铜饰用于车辐之间的木毂上，两侧的"脚"由左右两軧卡住而得以固定（图一：8）。由辐间铜饰的数目即可知该轮的辐数，由相邻两个辐间铜饰所形成的空隙即可知车辐入毂处的形状。由这个车毂的实测图可知车毂两端直径12厘米、建辐处直径20厘米、轴孔直径7.6厘米、全毂长51厘米，车辐二十四根（图一：9）。

（二）资料二，M157北墓道第27号车轮

这个车轮平放在北墓道底部东侧连接墓室的地方，上面还压着一个车厢（图二）。这个车轮保存完好，轮径140厘米、牙高9厘米，车辐二十二根。在上述几座墓葬中发现的车轮遗迹数量最多，总数达七十轮，但能测知轮径、牙高、辐数者仅有二十二轮。其中只有两个车轮的直径为135厘米，其余二十轮均为140厘米。牙高有十四轮为9厘米、八轮为5或6厘米。车辐有十六轮为二十二辐，六轮为二十四辐。可见第27号车轮是一个常规的轮子。

在这个车轮的轮牙上发现有四个青铜牙饰，它们两两相对，分列于轮牙的两边，北边一组牙饰之间相距14厘米，南面一组相距18厘米。这是在张家坡的西周墓葬和车马坑中迄今发现的唯一的牙饰实例。这四件牙饰都是用青铜薄片锤揲成"U"字形的牙套，套在轮牙上，再用铜钉固定。据复原，牙饰M157:67（图一：4）高6.5厘米、宽3厘米、槽宽4.7—6.5厘米，顶端两面各有一钉孔。由此可知轮牙着地的一面较窄，纳辐的一面略宽。这种牙饰在浚县辛村的西周墓葬中发现较多，形制相同，也是每轮四件，两两相对，但均是铸件[1]。我们曾据此推测轮牙是

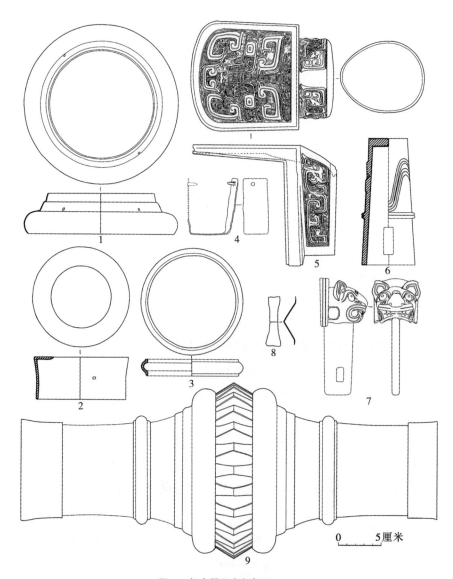

图一   铜车器及车毂复原

1. 轵（M170:51）   2. 辖（M170:50-1）   3. 钏（M170:50-2）   4. 牙饰（M157:67）

5. 轴饰（M170:36-9）   6. 害（M170:36-7）   7. 辖（M170:106）

8. 辐间饰（M170:50-3）   9. 车毂复原

由两个半圆交错搭接而成，而在四个搭接点上各套一个牙饰，以加固轮牙[2]。估计第27号车轮的轮牙也是用这种办法揉曲交错搭接而成的。

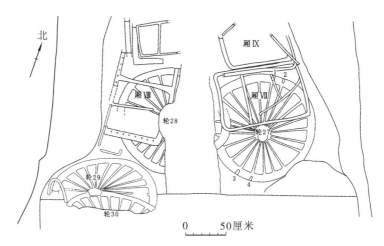

图二　M157
北墓道的车轮和
车厢出土情况

（三）资料三，M170的軎、辖和轴饰

上述几座墓葬中没有发现完整的车轴痕迹，而出土铜軎十六件，铜辖三十一件。这些軎、辖都是散出的，只有M157北墓道出土的一件铜軎套在一段残轴的一端，其上不见铜辖，或许原是用木辖的。M170出土的軎、辖较多，共出軎十件、辖二十一件。軎的形状相同，都是一端封闭的平顶圆筒形，器壁斜收，饰波浪纹或三角纹，而长短有别。出于南二层台上的一对軎是较长的一种，M170:36—7（图一：6）长15.3厘米、大径6.3厘米、小径5.2厘米。较短的一种，长约9.5厘米、大径5.7厘米、小径4.5厘米。由此可知轴两端的粗细。辖的形状大都相同，辖首为兽头状，下连一窄长的键，插入軎的辖孔，键的下端有一长方形的穿孔，露在辖孔之外，用以纳拴或结绳，以防车辖脱落。M170:106（图一：7）辖首作虎头形，通长13.5厘米、键宽3.5厘米、厚0.9厘米。

轴饰共发现两件，均出自M170中。两器形制相同，而长短有别，花纹各异，原本不是一套。M170:36—9（图一：5）由一段上尖下圆的短管连接一块圆角方板而成，方板表面饰雷纹地兽面纹，短管表面饰带状夔纹。器出南二层台上，与轪、轵、軛及上述一对长軎等放在一起，似是从同一辆车上拆下来的一组车器。轴饰安在车毂里侧的轴上，圆管纳车轴及其上的伏兔，方板覆于里侧的车毂之上[3]。器通长17.2厘米、管长4.2厘米、板长13厘米、宽12.5厘米、管最大径9.6厘米。据此可知这一段车轴的直径和伏兔的高度。

（四）资料四，M170 的直衡和曲衡

在 M170 中发现三个保存较完整的车衡遗迹，都是直衡，其中的第 2 号车衡横放在墓道东侧靠近墓室的地方，衡的中部还连着一段辕木（图三）。这个车衡上有五件铜饰，衡的中部是一件衡中饰，M170:47—4（图四：1）是由两个相同的铜圈和一个马鞍形的提梁连接而成，套在衡的中部，提梁居上，中间的下凹处搁置辕首，再用绳革将两者捆紧。器长 10 厘米、高 8.4 厘米、圈内径 4.6 厘米。衡中饰的两侧各有一个车軏，是用来捆绑连结车轭的。M170:47—6（图四：3）是一段里侧粗外侧细的圆管，管上左右立两个圆圈。器长 23 厘米、里侧内径 3.6 厘米、外侧内径 2.8 厘米。衡的两端各有一个衡末饰，M170:47—3（图四：2）为圆形铜帽，顶端中央有钉孔，可用铜钉固定于衡的两端。器长 1.2 厘米、内径 2.1 厘米。根据这几件铜饰的内径和两个衡末饰外端的距离，可知直衡中间粗 4.6 厘米、两边逐渐变细，当軏处粗 3.6—2.8 厘米、两端粗 2.1 厘米、全长 122 厘米（图四：7）。

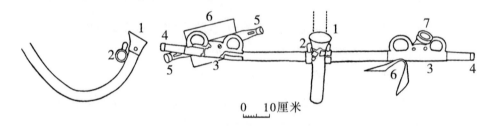

图三　M170 第 2 号车衡出土情况

1. 铜轩　2. 铜衡中饰　3. 铜軏　4. 铜衡末饰　5. 軏钩　6. 軏套痕迹　7. 铜軏首

在第 2 号车衡的里侧，左右两个车軏上都连接着一个木轭，木轭作"人"字形，除了轭首上有薄铜片围成一圈的铜箍外，别无它饰，轭肢之间附有红色软质衬垫。在同墓的第 1 号车衡上也有相同的发现。第 1 号车衡在墓道的西侧，与第 2 号车衡左右相对。这个车衡也是直衡，但中间折断，上下错落，而衡上的两件木轭则全部用铜饰或铜片包裹，其形制是准确无误的。M170:52—1（图四：6）轭首用铜铸件，作椭圆形的圈状，高 2.1 厘米、长径 6.1 厘米、短径 4.8 厘米。其下的轭颈和轭肢是用锤揲的薄铜片，分为左右两半包在木轭的外部，接合部上下叠压，用铜钉固

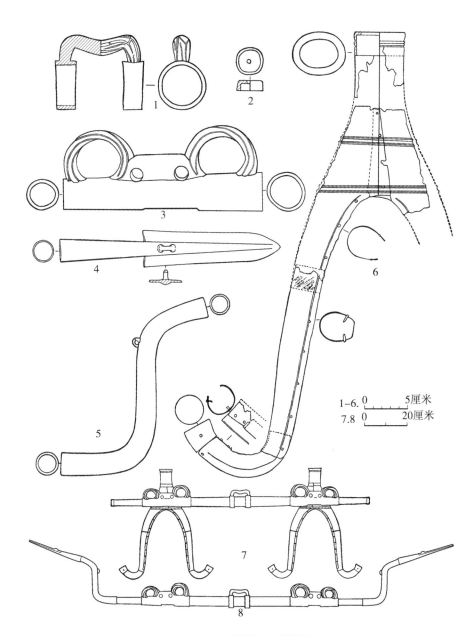

图四　车衡铜饰及车衡复原

1. 铜衡中饰（M170:47-4）　2. 铜衡末饰（M170:47-3）　3. 铜軏（M170:47-6）

4. 铜衡矛（M170:103-1）　5. 铜曲衡饰（M170:103-2）　6. 铜饰木轭（M170:52-1）

7. 复原的直衡　8. 复原的曲衡

定。轭肢的弯曲处有长方形穿孔，可以系结绳革。末端有轭脚，均为铸件，作圆帽状，两侧有钉孔，径3.5厘米。这件轭通高50厘米、轭裆高31.5厘米、两轭脚外端相距44厘米。

除了直衡外，在M157和M170两墓中都发现有曲衡的铜饰。所谓曲衡就是衡的两端往上翘起向外延伸。在西周早期的车马坑中发现的曲衡都是木质的[4]，需将衡木两端揉曲，末端再加矛饰，而在井叔墓中则只需在直衡的两端加上一个曲衡铜饰，末端再加衡矛，在工艺上大为改进了。M157出土两件曲衡饰，都在椁盖上，其中一件还连着一段衡木，但没有发现衡矛。M170发现的曲衡铜饰较多，计曲衡饰十四件，衡矛十二件，则至少有六、七乘车是曲衡的。M170:103是其中保存较好的一套。曲衡饰略呈"S"形，上下两端为圆管状，大径在下朝里，小径在上朝外，中间的连接部分为实胎，两端互不相通。大径套在直衡的末端，小径内另安小衡木以连接衡矛。器长16.5厘米、高20.3厘米、大径2.6厘米、小径2.2厘米（图四：5）。衡矛两叶作长三角形，正面有脊，延长为筒，背面有一鼻，可以垂缨，所谓"二矛重英"是也。器通长25.5厘米（图四：4）。如以直衡长122厘米，再加上两端曲衡饰和衡矛的长度，则曲衡水平长206厘米，两端高出20.3厘米（图四：8），与张家坡第二号车马坑中的曲衡大致相当。

（五）资料五，M170的辕首和辕尾

在上述几座墓葬中，都不只一处发现有车辕的遗迹，但没有一处是首尾完整的，因此，只能根据有关的遗迹和遗物确定车辕的某些局部的结构和尺度。

上文提到的M170的第2号车衡上还连着一段辕木，这段辕木由衡的下面绕至衡的上面，在辕头上还有一件铜轵，正好压在衡中饰之上（图三）。由此可知，这种车辕的辕头并不是与车衡十字相交，而是有一个180度的弯曲，就像手杖的杖首那样，而将车衡含在其中。在M157的椁盖上也有一段车辕遗迹，其辕头也是弯曲的，顶端也有一件铜轵，在墓室西北角的墓壁上也靠着一段车辕，其一端也是弯曲的。可见这种式样的辕头是相当普遍的。在这类辕头上的铜轵，形制也相同。M170:47—1（图五：3）是连在第2号车衡上的铜轵，为一个偏心圆的銎管，顶端封

闭，銎管的上缘是直的，下缘是弧形的，两侧有钉孔，顶端饰蟠蛇纹。器长5.8厘米、顶端径9厘米、銎径6.6厘米。

但是，从同墓出土的另一件铜轪表明辕头也有不同的形式。M170：36—1（图五：1）出于南二层台上一堆车器之中，此器下部为一段圆管，其上为一双面怪兽的圆雕。正面的兽头有巨大的双角，圆睛，高鼻，口两侧有獠牙。背面的兽头双角残损，也是圆睛、高鼻、张口，露出一排方形板牙。圆管上有上下交错的四个圆孔。这件铜轪应是立式安装的，即将圆管套在辕木顶端，由四个圆孔和榫固定，圆雕直立在衡木正中上方，从内外两面都能看到兽面。器通高23厘米、銎径6.5厘米。

车辕的辕头、辕尾和舆前等各个部分的形状、大小是各不相同的（图五：5），M170出土的铜辕颈饰是首次发现的说明车辕前部形态的绝好资料。M170:36—2（图五：4）与上述轪、曹、轴饰等同出于墓室南二层台上。其形似一段截尖的象牙，作曲体椭圆形，前端较细，后端变粗，由细端逐渐下曲，至中部渐趋水平。它由两个半圆管合成，底侧用

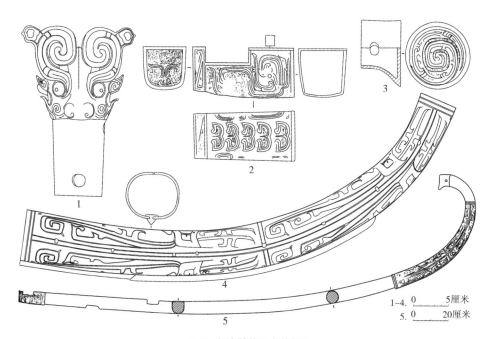

图五　铜车辕饰及车辕复原

1.铜轪（M170:36-1）　2.铜踵(M170:25)　3.铜轪（M170:47-1）
4.辕颈铜饰（M170:36-2）　5.复原的车辕

1-4. 0 5厘米
5. 0 20厘米

一条三角形的凸脊将两者卡住，每半管上有三行方形钉孔，每行八孔，可以用钉固定在车辕上。器表饰曲体夔纹。器水平长61厘米、小径5.3厘米、大径7.6厘米×6.4厘米。根据这件辕颈饰可以确知车辕前端部分的形状、粗细和曲度。

车辕在舆底的部分大概就由椭圆形变为上平下圆的马蹄形，这由车辕尾部的铜踵即可确定。M170共出土四件铜踵，其中M170:25（图五：2）侧视呈"凹"字形，前端为一段方銎，中间为一凹槽，以纳车舆的后轸，后端也是一段方銎而尾部封闭有挡。此器通体有繁缛的花纹。通长14.4厘米、前高6.7厘米、宽7厘米、后高5.9厘米、宽6.2厘米、凹槽长（即后轸宽）6.1厘米、深（即后轸厚）2.1厘米。其他三件在器形上略去了前端的方銎，只有后轸槽和踵尾，尺寸也略小，但踵尾高为5.5或5.6厘米、宽均为6厘米，可知车辕尾部的形状和大小是大致相同的。

（六）资料六，各墓的车舆遗迹

在M157中，共发现十二个车厢遗迹，其中保存较好的有第2号和第8号车厢。第2号车厢在南墓道的西壁下，有一小部分压在一个车轮之下（图六：1）。车厢的底部为长方形，四边为四轸，中间还有两条平行的枕，以加固车厢的底盘。四轸上有排列整齐的卯孔，可以立柱纳榫。舆广115厘米、深80厘米、轸宽7厘米、枕宽3厘米。卯孔长1.5厘米、宽1.2厘米、间距4厘米。车厢的高度和车门的情况均不明。在车厢底上还有一层白色的编织物痕迹，很可能是用竹篾或皮条编织成的茵簟（图七）。

第8号车厢遗迹在北墓道两壁靠近墓室的地方，它的下面还压着一个车轮（参见图二）。车厢的结构和第2号车厢相同而略小，舆广100厘米、深76厘米、轸宽8厘米、枕宽3.5厘米。四轸上也有卯孔，孔距6.5厘米。车厢西部保存一部分车栏，高33厘米。车厢底部也有一层白色的编织物痕迹。

M155车马坑内发现有两个车厢遗迹，其中的第2号车厢保存较好。这个车厢放在坑的北壁下，车厢前面有一段辕木，上面还压着一个车轮（图六：2）舆广94厘米、深65厘米，四轸上有短小的立柱，立柱上围一圈栏杆，计前轸十四柱，左轸九柱，柱径2厘米，栏高25厘米。在车厢两侧中部另有一根略粗的立柱，连接两柱的有一片漆皮痕迹，推测这两

图六　车轮、车厢、铜轵饰出土情况

1. M157南墓道车轮和车厢出土情况　　2. M155车厢出土情况　　3. M121铜轵饰出土情况

侧的立柱原有横木相连，应即是车轼，其间的漆皮痕迹大概就是覆轼之鞪。在车厢前的车辕上还有一条斜撑的木柱，直接搭在前栏上，根据上村岭虢国墓地车马坑的发现，这根斜柱原应延伸到车轼上，用以支撑车轼和覆鞪[5]。由于这个车厢的后部情况不明，车门的情形仍不得而知。

在M152中也发现一个车厢遗迹，它放在墓道的中央，车厢前面还连着一段辕木。这个车厢与上述几个车厢不同，它不是立柱安栏，而是四面揜版，也许有不同的用途。舆广110厘米、深80厘米，高56厘米。车门在后部中央，宽30厘米。在车厢底部也有白色的编织物的痕迹。

（七）资料七，M170的轸饰

车厢上的铜饰有M170出土的轸饰，它们多出于西侧的二层台

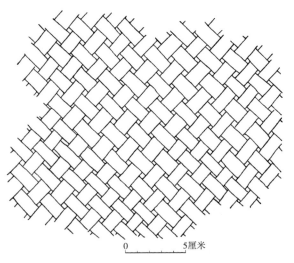

0　　　　　5厘米

图七　M157第2号车厢底编织遗迹

上，多为残器，只有一件经拼对后成为完器。M170:99（图八：9）为长条形的铜片，一端弯成圆弧形，器表饰两条相顺的曲体夔纹，背面有三个半环状的鼻。器长35厘米、宽2.8厘米、鼻高1厘米。这种铜饰是贴在轸木的外侧的，安装时需要在轸木上凿孔，将轸饰背面的鼻纳入孔内再用梢拴住，这是商代以来安装轸饰的传统办法。

相同的轸饰在井叔家族墓地附近的M121中也有发现。在这座墓的椁盖上放着一个车厢，在车厢的左、右、后三面的轸木上都附有轸饰（图六：3）。这组轸饰共八件，都是长条形铜片，有直的，也有一端是弯曲的，器表饰相顺的两条曲体夔纹，背面有两个半环形的鼻。由这组轸饰围成的车厢，后面的两个角是圆的，由此推测车厢的四隅都是圆角的。这八件轸饰的长度不尽相同，最长的24.7厘米，最短的只有20.5厘米，一般都在23厘米左右，宽约为2.2厘米（图八：1—8）。由这组轸饰围成的车厢，广100厘米、深55厘米。

M170出土的那件轸饰从其形状而言相当于M121那组轸饰中的第2件或第6件，即组成两个圆角的两件之一。如果同样按照八件一组分饰于车轮的三面，则M170的那个车厢广约140厘米、深约70厘米，较之上述几个车厢遗迹宽出了很多，轸木的厚度也相应增为2.8厘米。

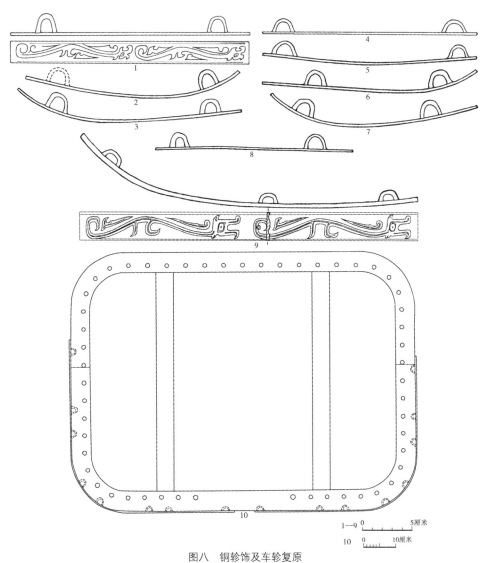

图八　铜轸饰及车轸复原

1—8. 铜轸饰（M121:8-1至M121:8-8）　9. 铜轸饰（M170:99）　10. 复原的车轸

二、车子的复原

　　井叔墓及其车马坑的轮舆资料已如上述，然而，单凭这些资料要装配复原一辆当时的车子还是有一定困难的。一是资料仍不够完备，例如轴长、辕长都无确切的数据，只能参考其他方面的资料；二是上述的轮舆资料总究不是同一辆车上的，因而在复原时难免会有抵牾，这就需要对某些数据做适当的修正。总之，我们做这样的尝试，无非是想把所有这些资料汇集起来，以期对西周时期的轮舆制度有更多的了解。

（一）轮牙的接口和轮辐的安装

复原的轮、毂分别采用M157的27号车轮和M170的18号车轮上的毂。毂上有铜辖、钏、軧及辐间饰，形制、结构清晰，两端直径12厘米、建辐处直径20厘米、全长51厘米，辐条二十四根。车轮的直径140厘米、牙高9厘米，轮上有四枚牙饰，着地的一面牙宽4.7厘米、上宽6.5厘米。这个车轮的辐条原是二十二根，因车毂的原因，改为二十四辐，而在M157的随葬车轮中也确有二十四辐的。关于辐条的形状，从辐间饰形成的空隙来看，入毂处应是横向的椭圆形，而入牙处很可能变为纵向的椭圆形。至于笛、蚤的情况，因各车轮仅存痕迹，没有解剖，只能付诸阙如了。

至于轮牙的对接，因是由两个揉曲的弧形材料对接成圆的，它的接口可以有多种方式，常见的有以下三种。

斜口对接，这是最简单的一种，将两个对接的料端截成相反的两个斜面，斜面角度依材质和料的大小而定，一般在45度以下，以胶料黏合再加销钉固定。对接后在料的另一侧面成斜线接缝（图九：1）。

夹口榫接，是在相对接的两个料端，一个做三分之一的榫头，另一个做三分之一的夹口，榫头嵌入夹口，夹口两端与榫肩相抵。对接后在料的另一侧面成一纵向的直线接缝（图九：2）。

搭口榫接，是在相对接的两个料端，各在相反的一侧截去料宽的一半，截去的长度一般要大于宽度，成一相反的单肩榫头，相互扣合头肩相抵。对接后在料的另一侧面成横向的"N"字形接缝（图九：3）。这类接法一般多为平肩，也有截成耸肩，为耸肩搭口榫（图九：4）。

上述三种接口方式，第二种是近代木车轮通用的方法，应用地域较广，但它在轮牙侧面只见一条接缝，似不需要用一对牙饰去加固或装饰，与遗存情况不符。第一种方法虽然在接缝两端可以各用一个牙饰，而且在接缝中段还可另加销钉，但根据车轮的情况，其强度恐难承受。因此，第三种接口方式的可能性最大。这次复原采用了耸肩搭口榫，它不仅可以加强轮牙的接合强度，同时还能克服轮牙的更大张力。

　　按复原轮径140厘米，其外缘周长为439.8厘米，依二十四辐则每两辐间距为18.3厘米，两组牙饰相对，每组两牙饰相距分别为14厘米和18厘米，因此，每个接口榫的两个肩缝分别处于相邻的两个辐间空位置，而两个半圆的轮牙各有一根辐的榫眼位于轮牙的接榫上，轮牙的高度为9厘米，接口榫头的宽度为牙高的一半，即4.5厘米，辐在牙端的榫头一般较短，不会影响牙、辐的强度（图九：5）。

　　轮子的组装当是先将辐上端的榫插入车毂，再分别装两个半圆的轮

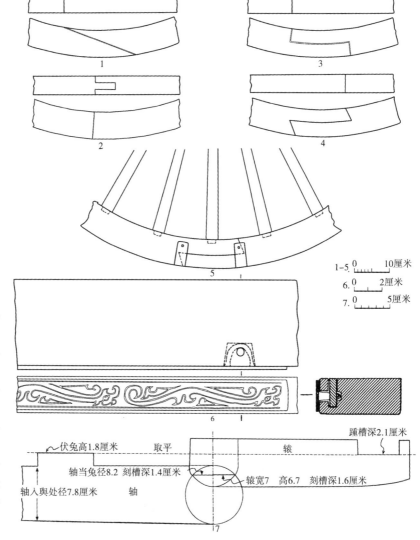

图九　轮舆结构
1. 斜口对接
2. 夹口榫接
3. 搭口榫接（直肩）
4. 搭口榫接（耸肩）
5. 铜牙饰在轮辐间的位置
6. 铜轵饰的安装方法
7. 辕、轴相含及刻槽形状（轴旋转90°）

牙，最后黏合和钉合轮牙的两个接口。就每半个轮来看，各十二辐，最外侧的两辐，即第1和第12、第13和第24，所形成的张角为165度，其两端点的距离不算榫头为121厘米，而轮牙内缘径为122厘米，在近牙端榫头不长的情况下，从一边装起依次装好十二根辐是可能的。

（二）轴的长度与轴、辕相含的深度

车轴的长度，根据张家坡历次的发掘资料，在292至312厘米之间 [6]。我们过去复原浚县辛村的西周车子时，曾以軎长、毂长、轴饰的管长和车厢的广度来确定轴的长度 [7]。这次井叔墓发现的几个车厢广度不一，由此得出的轴长也不同。如按軎长15.3厘米、毂长51厘米、轴饰管长加板的厚度6.4厘米、车厢广度以M121的轸饰复原为106.2厘米、合计为251.6厘米，考虑到各铜饰间，尤其是转动部分应留的余地，我们复原的轴长为258厘米。对比张家坡的发掘资料来说，虽然短了一些，但这在很大程度上取决于车厢的广度，如以M170的轸饰复原车厢，则轴长约为285厘米，两者大致相符。

轴的形状为中间较粗、两端有收分，入軎处为6.3厘米、入毂处为7.6厘米、入轴饰处为7.8厘米，车厢下面的一段，据两端收分情况，应略大于7.8厘米，这不单是为了要在中间刻槽与辕相含，也是为了加强整个轴的强度，因此，我们将轴的中段直径复原为8.2厘米。

轴与辕在舆下成十字相交，按辕在上轴在下绑扎在一起，这种方法至秦时仍然使用 [8]。但仅仅绑扎是不能稳固的，在运动中很容易松动，因此，轴辕必须刻槽相含。刻槽的工艺要求较细，各自的槽形必须依照对方的断面形状，扣合后保证槽底、槽壁相互贴合严密。槽深不宜过小，小了力不够，过深将破坏材料强度，一般在料的五分之一至三分之一之间。

这次复原的辕在进入舆底时由椭圆形变为上平下圆的马蹄形，其高度逐渐加至与踵的前口的高度相当。轴在入舆处的直径以轴饰圆管的正圆形算为7.8厘米，当兔的轴径复原为8.2厘米。轴、辕相加后伏兔和轸底的高差就是轴、辕相含的深度。现以轴的中心计算，轸底高度为半个当兔的轴径，$8.2 \div 2 = 4.1$，加踵高6.7厘米，减去踵的槽深2.1厘米，为8.7厘米；伏兔高度为半个入舆处的轴径$7.8 \div 2 = 3.9$，加伏兔的厚度1.8厘米，为5.7厘米。两者高差3厘米，即是轴、辕相含的深度（图九：7）。

我们根据轴、辕粗细不同，断面形状也不同，因此在复原刻槽深度时也做了不同的处理，轴的槽深为1.4厘米、辕的槽深为1.6厘米，均为料的五分之一左右。

（三）辕的长度和辕头上扬高度

根据M170和M157的车辕遗迹，辕头的形状为弯曲似杖首，呈向上的倒钩状，车衡含于钩中。钩的大小略有差别，但至少钩内口应容下衡中铜饰，大约在10—15厘米。这次复原是按15厘米计算的。

直衡和轭均有完整的资料作为依据。

车辕的长度在井叔墓中没有发现完整的资料，根据以往在张家坡的发掘资料，在275—298厘米之间。辕长是依车子的其他部件的尺寸按一定的比例确定的，因此，不能孤立地参照某个部分的尺度，而必须从车子的整体情况尤其是辕、轴的长度比去考虑。我们曾做过一些统计，殷代的五例车子，均是辕长小于轴长，西周的六例，辕长小于轴长的四例，辕、轴长度相等的一例，辕长大于轴长的一例，而春秋的两例均为辕长大于轴长[9]，从这里可以看出辕由短变长的趋势。另外，在复原辕长时还应从马的身长和实际需要考虑，辕过短影响马的运动，过长则加大车的转弯半径，不便于驾车。根据上述考虑，我们在复原辕的水平长度时定为258厘米，辕轴长度比例为一比一。

辕的上扬高度是参考了马的肩高、衡、轭等有关局部的尺度而复原的。据资料统计，马的肩高平均为140厘米，加上轭的衬垫、轭颈高度、衡的直径以及辕头后曲的高度，辕头的实际高度约为160厘米。减去车厢底盘高度75.7厘米（轮半径70加轴纵向轴心与辕下缘高差0.2厘米加辕在舆底径7.6厘米减踵槽深2.1厘米，实高75.7厘米），辕自车厢底盘水平位置至辕头后钩，上扬84.3厘米（参见图五：5）。以上均为我们复原时的尺寸，实际上并不需要如此精确，一般上扬高差10厘米以内，对车厢的平仰不会产生多大影响。

（四）车軫的工艺和舆栏

井叔墓中保存较好的车厢广为94—115厘米、深为65—80厘米，而M170所出的軫饰尺寸较大，两不相合。M121所出的軫饰大小相仿，所以用它来复原车厢。

M121出土的铜轸饰共八件，按其出土位置进行拼合，得到一个大圆角矩形，为车轸的左、后、右三个边，在后轸中间两个轸饰之间让出车踵的宽度6.2厘米，则车厢的实际宽度为106.2厘米。左右两圆角半径为17厘米，前部按对称方式复原，车厢的深度不得小于72厘米。如果与宝鸡茹家庄所出铜轸饰[10]得到的车厢尺寸93×69的比例相较，车厢深度应为78厘米。因此，我们复原的车厢左右广106.2厘米、前后深78厘米（参见图八：10），与井叔墓所出的车厢尺寸相合。

车轮的用料大小是以车踵后槽为依据的，M170出土的踵饰后槽纵向宽6.1厘米、深2.1厘米，如以此尺寸确定车轮用料应该说是偏小的，尤其是料的用法是大面向上起承重作用，所以实际上轸厚都大于槽深。如殷墟M20所出车踵轸厚大于踵槽，也就是车轮的顶面略高出车辕顶面；张家坡M121所出的铜轸饰宽2.2厘米，也略大于踵槽深度。因此，我们复原的车轮用料为6.1厘米×2.6厘米，仍是大面向上。作为车厢底盘，使用这种用料方法，应和单辕车的受力特点有关，因此，在工艺方面，车厢四角多为或大或小的圆角，而这次复原的车厢底盘，圆角半径几乎达到料宽的三倍，是不宜按一般的框架做法，用四根料在四角榫接，可能也像轮牙那样，是用两根圆木揉曲，取平，插装桄木后，前后两半对接，接口位于左右车轮当轴的位置，接榫形式亦同轮牙。

在每件铜轸饰的两端各有一环状鼻纽，显然不是钉装用的，如用绑缚的方法，则纽高1.2—1.8厘米，无法贴紧车轮，所以必定是用刻槽镶嵌的方法进行安装的，即在车轮侧面相当于鼻纽的部位刻槽，将纽卧入槽内，再在上面钉入竹木梢使其固定（图九：6）。按M121的八件轸饰而论，安装后车厢后侧大半周有铜轸饰，左右轸不等，或宽45或宽50厘米，前侧小半周无铜轸饰，其分界在轴前相当于车轵左右立柱的地方。

按M157和M155发现的车厢痕迹，轸上有卯孔或立柱，柱上有栏。在上述复原的车厢底盘上，以柱径2厘米、间距5—6厘米立柱，则前轸十七柱，左右轸各十三柱，后轸车门两侧各七柱，除去四角重复计算的共53根立柱，栏高25厘米、车门宽30厘米。门两侧的第一根立柱略粗，与上栏相连，为一整木揉曲而成。

轵的左右两立柱在舆栏外侧，径3.5厘米，其高度，参考上村岭

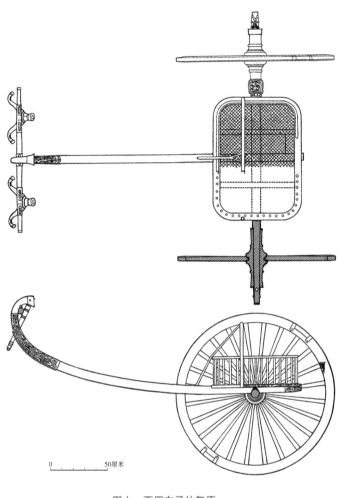

图十　西周车子的复原

M1727 等资料[11]，应在 55—60 厘米之间，相当跽坐车中曲肘、小臂平伸的高度。其形状为"∏"形，包括横杆和两侧立柱，也是用一根整木揉曲而成，圆转角半径较大。轼的横杆中间有撑，M155 的遗迹仅存舆前栏至车辕的一段，应过舆栏再向上斜伸，撑在轼的中间，如上村岭 M1727 的 3 号车。也有在接近轼的横杆时分成两叉，以两个支点撑住横杆，更有在两侧各另加一个撑的。考虑到井叔墓中的遗迹和其他地方发现的车子在结构上的差别，我们的复原只参考了中间一撑分叉的作法。

根据上述的资料和认识，复原西周中期的车子（图十）。

（本文引自：《考古学报》，1994 年第 2 期。）

注释

[1] 中国科学院考古研究所：《浚县辛村》，科学出版社，1964 年。

[2] 张长寿，张孝光：《殷周车制略说》，《中国考古学研究——夏鼐先生考古五十年纪念论文集》，文物出版社，1986 年。

［3］张长寿，张孝光：《说伏兔与画辐》，《考古》1980年4期。

［4］中国科学院考古研究所：《沣西发掘报告》，文物出版社，1962年。

［5］中国科学院考古研究所：《上村岭虢国墓地》，科学出版社，1959年。

［6］中国科学院考古研究所：《沣西发掘报告》，文物出版社，1962年。

［7］张长寿、张孝光：《殷周车制略说》，《中国考古学研究——夏鼐先生考古五十年纪念论文集》，文物出版社，1986年。

［8］袁仲一、程学华：《秦陵二号铜车马》，《考古与文物丛刊》第一号，1983年。

［9］张长寿、张孝光：《殷周车制略说》，《中国考古学研究——夏鼐先生考古五十年纪念论文集》，文物出版社，1986年。

［10］卢连生、胡智生：《宝鸡弻国墓地》，文物出版社，1988年。

［11］中国科学院考古研究所：《上村岭虢国墓地》，科学出版社，1959年。

陕西武功赵家来院落居址初步复原

梁星彭　李　淼

1981—1982年，中国社会科学院考古研究所武功发掘队在陕西省武功县赵家来村发现了一处客省庄二期文化的院落居址[1]。该居址有夯土筑成的院落围墙、夯土地面以及四座居室。建筑形式新颖，保存状况较好，为研究我国西北地区新石器时代建筑情况提供了可贵的资料。下面我们拟据发掘情况对这处居址的布局及居室的居住形式做初步的复原研究，谬误之处请专家及同志们指正。

一、关于院落布局

这处院落居址发现于赵家来村东的黄土坡塬中腰上。坡塬东高西低，西临漆水。发掘的地层堆积状况表明，这里的古今地貌是大致相同的。

院落居址已揭露的范围大约为南北19米、东西6—9米。若将居室范围包括在内，则东西宽可达15米。就目前揭露范围而言，这处院落包括有四座居室、六道夯土院墙和一片平坦的夯土院落地面（图一）。

四座居室自北而南依次编号为F11、F2、F1、F7。它们的屋门均为西向，居室的穴壁均掏进于坡塬的黄生土层之内。按照《武功发掘报告》的研究，这四座居室都属于客省庄二期文化偏早阶段地层的遗迹，应是属于同一时期的。其中，F1压着F2，始建年代自应有先有后，但它们基本上处于同一位置，估计F1是在F2的基础上加以改建而成的。因之，这两座居室实是同一住处的前后两个阶段的建筑，也还是属于同一时期的。

院墙Ⅰ，南北走向，已知长度为8.65米。它是院落的西围墙。它的南端已到尽头，但北端尚向北延伸。

院墙Ⅱ，是东西走向的墙体，长7.75米。它的东部成了F7的北墙，它的西端则与院墙Ⅰ相接成T字形，这样它便把整座院落分为南、北两个小院。北边的小院包括了F11、F2和F1三座居室，而由于F1是在F2基础上改建的，因之从外观上看，实际上只包括有两座居室。南边的小院则只包括F7一座居室。

院墙Ⅲ，为东西向，长3.6米。院墙Ⅳ，为南北向，长4.7米。两墙相接呈曲折状墙体。院墙Ⅲ的西端又与院墙Ⅰ相接成T字形。这样，院墙Ⅰ、Ⅲ、Ⅳ便构成了一个建筑空间。

值得注意的是，在院墙Ⅰ

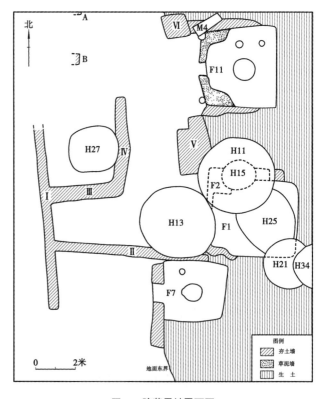

图一　院落居址平面图
Ⅰ—Ⅵ为院墙

的北端三米开外还暴露出两块夯土，我们可把最北的那块称为夯土A，南边的那块称为夯土B。夯土B的南北长度为0.6米，与院墙Ⅰ的宽度接近，因之我们估计它会是东西向的墙体，很可能它的西端是与院墙Ⅰ向北延伸的部分相接成直角形的。假如这一推测能够成立，那么院墙Ⅰ、Ⅲ、Ⅳ相接构成的空间便可根据夯土B的位置复原为一个南北长约5.9米、东西宽约3.7米的长方形建筑处所。根据发掘情况报道，在这一空间范围内，未发现有生火痕迹以及白灰居住面；再从复原的空间范围的面积来看，这里较之一般人类居室为大，因此我们推测这里可能是饲养牲口的地方。院墙Ⅳ的北端与夯土B之间相距约2.5米，有可能是牲口厩的出入口，当时这里可能以栅栏为门，防止家畜逸出。此外，由于院墙Ⅲ墙体稍宽于院墙Ⅰ和院墙Ⅳ，我们推测院墙Ⅲ原来的高度会略高于院墙Ⅰ、Ⅳ。这种情况提示我们，原来在墙Ⅲ上面有可能是搭架有南高北低的斜坡状窄顶棚的。今日农村的牲口圈也有这样的窄檐顶棚为家畜遮挡风雨。

院墙Ⅴ位于F11与F1、F2之间。它的西壁与院墙Ⅳ的东壁平行，相距约2.5米，形成廊道形状。院墙Ⅴ长2.7米、宽1.5米、高1.15米。其宽度远大于院墙Ⅰ—Ⅳ而长度又较短，呈土墩状。从它所处位置及其东部紧靠坡塬生土崖的状况推测，应是为了防止坡塬生土向西垮塌而设，是保护F11和F1（或F2）的加固措施。

院墙Ⅵ位于院墙Ⅴ的北部，是一堵平面为平行四边形的夯土墩子。它的东部与F11的北墙西端紧相连接。其作用也许与院墙Ⅴ相近，是为了加固坡崖，防止北部生土垮塌，保护F11而设的。

将赵家来院落居址分隔成南、北两个小院落的院墙Ⅱ并无缺口，因之南、北两小院之间是没有通道的。由于院墙Ⅰ南端已到尽头，所以我们可以认为南小院的出入口就在院墙Ⅰ南端的尽头处。北小院的出入口则有可能在院墙Ⅰ北部的夯土A与夯土B之间。由于某种客观上的原因，夯土A与夯土B未能全部清理出来。我们在前面曾经提到过，夯土B可能是一道东西向的墙体，其西端应与院墙Ⅰ北端相接。夯土A与夯土B南北相对，相距约2米，很可能也是一道东西向的墙体，其西端有可能拐折向北与院墙Ⅰ对应呈南北一线。假若这一推断能够成立，则夯土A与夯土B之间便是一道走廊式的门道。

南、北两个小院的地面均由夯土筑成，表面基本上平坦。两个小院的地面处于同一水平高度。

总括上述，我们可以大致将赵家来院落居址复原为一处包括有两个小院以上的院落群体。院落处于坡塬中腰的台地上，居室背靠坡塬，坐东朝西。目前已揭露的北小院虽有三座居室，但由于F1是在F2基础上改建的，所以实际上北小院在同一时期内，在外观上只包括两间居室，先是F11与F2同处，后是F11与F1同处，位置基本不变。此外，北小院还应包括有一处牲口厩。牲口厩之北则为北小院的出入口。南小院则只有F7一座居室，因为院墙Ⅰ，即院落的西围墙南端已经到了尽头，再南已没有看到院落的围墙了（图二）。虽然在F7的东南还发现有F12和F9两座房子，但这两座房子看来与夯土院落并无必然联系。因为：F12是一座周壁全为生土的完全窑洞式的居室，与F7等四座居址建筑形式上有所差异，而从居址所处层位上看，F12出于6B层，属于较晚时期，比F7等居址为晚，因而不应属于南小院的建筑；F9在层位上虽然与F7等四座房子属于较早时期，但在建筑形式上属于半地穴式居室，因而也难断定它是否属于南小院的建筑。

图二　院落居址复原图

二、关于居室结构

赵家来院落遗址的四处居室是半地穴式的还是横穴式的建筑形式？这是我们复原中需要首先确认的问题。

所谓半地穴居室，是指从地面垂直向下挖坑，以坑穴的周壁作为居室的墙壁，然后再在坑穴之上架设屋顶的建筑形式。所谓横穴式居室，是指从侧面向坡崖掏进，形成洞穴，以窑洞作为居室的建筑形式。

由于日久天长，风雨剥蚀，土层坍塌以及人为的破坏等等原因，远古的遗址中，无论半地穴居室还是横穴式居室的上部构造都很少能够保存到今天了。仅剩了下半部的居住遗址往往是很难区别半地穴居室还是横穴式居室的，因为它们都直观地给我们一种感觉，是以土穴周壁作为屋墙。但是，我们还是可以从以下几种现象判定赵家来的这四座居室为横穴式建筑。

1. 四处居室门均朝西，居室的北、东、西三面均掏进于赵家来村东坡塬的生土崖壁之内；

2. 有的居室的后墙（即东穴壁）很高，如F11的后墙残高为1.9—2.2米，F1的后墙残高为2.5—2.6米，远比一般半地穴的穴壁保存高度为高；

3. F11及F1的东、北、南三壁均以一定弧度向里口收缩，表明它们的顶部有可能是穹隆状。F11在清理过程中还发现有坍塌下来的顶部黄土，可观察到顶部南北为拱形；

4. 四处居室的西墙都是由夯土或草泥土起建的地面墙体，与一般半地穴周壁均为穴壁的状况迥然有别。

　　根据上述现象，我们将这几座居室的结构形式恢复为窑洞形的横穴式居室。

　　在四座居室中，F11是保存状况最好的一座。下面我们首先对F11试作复原。

　　F11平面呈凸字形，东西进深3.5米，南北宽4.05米，东壁及南、北两壁的东段最高处达2.2米。南、北两壁的西段有夯土墙，墙宽0.6米、残高1米。西墙以草泥土垛成，厚0.4—0.65米，残高0.4米。门道开在西墙正中，宽0.65米。居址底部有0.15米的花夯土作为房基，在房基之上再抹草泥白灰浆作居住面。灶址圆形，设在居室中部。居位面分上下两层。下层居住面靠东壁处有南北排列的两个柱洞（柱洞3、4）；上层居住面靠北壁处有东西排列的两个柱洞（柱洞8、9）；此外，在房址的南墙上也有几个小柱洞（柱洞5—7）；在西墙南、北两头各有一个柱洞（柱洞1、2）（图三）。

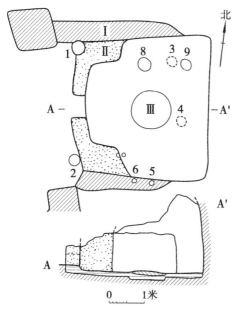

图三　F11平、剖面图

Ⅰ. 夯土墙　Ⅱ. 草泥墙　Ⅲ. 灶址　1—9. 柱洞

　　根据F11周壁残存高度来看，居室内部的空间是东部较高而西部较矮的。居室西墙厚仅0.4米，估计西墙的草泥土只能垛到1.3米左右，不能再垛得更高了，因为如果垛得更高就很易坍塌。西墙的厚度可以进一步证明居室东高西矮的判断。由于发现有顶部生土坍塌的现象，F11的顶部可证实是穹隆状的。我们可以估计F11顶部最高处为2.7米左右。

　　F11的平面为凸字形，突出部分像个小门厅，而居室的门道设于突出部分正中以外。F11的这一平面形状，与山西石楼岔沟F5等居址的平面形状是十分相似的。张孝光同志在复原F5的结构时提出："这种形状的洞穴是否可以认为是我国早期横穿式窑洞的主要特征，还有待更多的发掘材料来证明。"[2] 赵家来F11的发现，可为他的推测提供新的材料。张孝光同志认为，这种房址形状的设计主要是为了适应房屋的安全要求，因为生土洞穴的洞口最易塌方，如果居室靠近门口的部分跨度小一些，安全系数就大一些。我们认为这种看法是有道理的。

赵家来F11有两层居住面。在上、下两层居住面上，都有两个较大的柱洞。早期——即下层的两个柱洞（柱洞3、4），直径分别为0.2米和0.22米，深分别为0.32米和0.31米，柱洞设在靠东墙较近的地方，说明当时洞穴的前部（西部）保存尚好。可是到了晚期——即上层的两个柱洞（柱洞8、9），直径分别为0.34米和0.2米，深分别为0.5米和0.34米，位置挪到了靠近北墙的地方，而最大的柱洞8号更向西移了许多。这一情况显示了居室的北部和西部已出现了某种危象，因而有必要用更粗壮的木柱来支撑穴顶。

F11的南、北两壁西段均有一道夯土墙。夯土墙墙面与居室南、北两壁东段的生土穴壁平齐，同在东西一线上，夯土墙的外侧则分别向南、北两面扩出。类似的情况亦见于F1和F7的北壁，很有可能这是当时的一种建筑习惯，也有可能是居室墙壁有了损坏以后进行修建的措施。如果属于前一种情况，则应是在掏挖穴室的时候便有意把南、北两壁的西段控得宽一些，然后再填土用石头木棒之类加以拍打夯砸而成。

F11的西墙是用草泥土垛成的墙体。门道设在西墙正中，把西墙分成南、北两部分。西墙的南、北两部分均呈曲尺形，即北部墙体之北端及南部墙体的南端均弯曲折向东一米多。在向东折的部分墙体都比门道两侧的墙体厚许多，最厚处达0.75米，看来这是有意这样做的，目的是为了加强居室口部对穴顶的支撑能力。

紧靠着西墙外侧的南、北两头各有一个柱洞（柱洞1、2）。它们的口径分别为0.3米和0.25米，深分别为0.76米和0.75米。这两个又大又深的柱洞表明，当时这里立有两根粗大的承重的木柱，它们应即用以支撑洞口穴顶的支柱。在这两根支柱之上应架有横梁，横梁以上还应有几根短木顶着穴顶，同时留出窗户以便通风透气。窗户两侧可能用木骨草泥为墙。由于西墙厚度只有0.4米左右，我们在前面已推测它的高度可能只有1.2米左右。如果这一推测是合理的话，那么F11的门道就应宽0.65米、高1.3

图四　F11复原透视剖面图

米左右，当时的人入门的时候还要弯下身子才能进入室内（图四）。

F1、F2已被严重破坏。根据F1北壁有夯土墙，西壁有草泥墙等情况来看，其结构与F11应是比较接近的。

下面我们再来讨论一下F7的复原问题。

F7平面为长方形，东西进深3.7米，南北宽3.05米，残高0.45米。东、南两壁均为生土穴壁。北墙东段仍为生土穴壁，北墙西段则为与院墙Ⅱ相接的夯土墙体。西墙是一道南北向的夯土墙，偏北部被F7的门道分开，成为南、北两道小墙。南部的小墙较长，大部分伸延到了居室范围之外，而它的东侧则与坡塬的黄生土紧密相靠。门道的宽度为1米。居住面分上、下两层，均为草泥白灰面。西壁的夯土墙压在白灰面之上。灶址设于居室中部迎门处。灶址北面有一口径为0.3米、深0.4米的柱洞（图一）。

从F7东、南两壁及北壁东段均为黄生土穴壁的状况判断，F7原本也应是横向掏进于坡塬崖壁上的。西墙以夯土起墙，与F11以草泥起墙在墙体用材方面有所不同，但它们在建筑形式上却是一致的。因此，我们认为F7原先也是窑洞式的横穴居室。根据灶址北面有一粗大口径的柱洞的情况来看，F7的西北部穴顶曾出现过危象，所以必须以粗壮的木柱来支撑穴顶。但是，由于F7的北壁大部分是与院墙Ⅱ相连接的墙体，而院墙Ⅱ的北侧则进入了北小院的范围，似不应为黄土坡塬，这样倘若把F7复原为窑洞式结构，就较难解析北部夯土墙是怎么起筑的，因为起筑北部夯土墙的时候，就要把北壁挖空，窑洞顶部就会坍塌。所以，我们推测F7北壁夯土墙是在F7西北部室顶坍塌以后才建筑起来的。其目的是改建垮塌后的居室。垮塌后的居室可能保留了窑洞东南部的穴顶，如果在其北部筑起夯土墙，并在其西北部以木椽禾草架设顶棚，其外再敷以草泥以防雨水，则居室仍可继续使用。据说现今长武县（在武功县以北）一带居民在窑洞坍塌之后，也有用木棍、禾草或土坯进行修补继续居住的。至于F7西墙南段有较长的一段夯土墙伸延出居室范围之外，其作用大概是为了保护坡崖的表面，避免雨水冲刷，崖面剥蚀而导致窑体塌陷而设的。

以窑洞作为居室是我国西北地区黄土地带居民的传统习惯。这种习惯已有久远历史。根据考古资料报道，时代最早的窑洞居室是甘肃宁县阳峨发现的F10 [3]。这座居室分洞室与过道两部分，整个平面有如球拍，洞室平面圆形，有如拍面，直径4.6米，穹隆顶，高约2.8米，过道平面长条形，有如拍把，进深1米、高1.6米、宽1.5米，拱顶，如隧道状。这座居室时代属仰韶文化晚期，是目前已报道的最早，也是最完整的一座横穿式居址。时代稍晚的窑洞居室是山西石楼岔沟F3、F5，其形状与赵家来的F11非常相似，而且在居室之外也都有一片院落，所不同的是，岔沟的房址与房址外面的场院都是在生土崖壁上挖就的，而赵家来的居室则使用了夯土起墙技术，场院筑有夯土围墙，居室的前墙也使用了夯土墙和草泥墙，连场院地面都经过夯砸。与石楼岔沟F3、F5大体同时的窑洞式居址还见于山西襄汾陶寺 [4] 和甘肃镇原常山 [5]。常山H14分居室和过道两部分：居室平面为圆形，口小底大如袋状，底部有四个柱洞；过道呈斜坡状，顶部呈拱形，外部为生土。根据张孝光同志复原，H14居室有木构屋盖，其上复以树枝茅草，再覆土拍实呈土丘状 [6]。以现存的发掘所见的迹象来分析，他的复原是合理的。但是，也不排除复原的情况是在H14改建以后的情况，而H14原先则是以生土土层为顶部的，即是完全的窑洞式的，因为H14的过道就是一条侧穿的隧道，它周壁都是生土。较之岔沟居址时代要晚的便是赵家来的居址，而与赵家来居址大致同时的窑洞式居址则有宁夏海原县菜园村的F3 [7]。该居址分居室、门道、场地三部分。居室平面圆形，门道突出，呈长条形，场地呈半圆形。居室顶部塌落，东西剖面呈拱形。比菜园村F3更晚一些的窑洞居室是山西夏县东下冯的二里头文化居室 [8]。在那里，发现有回字形的里外两道围沟，居室十多座就开凿于这两道围沟的壁上。其中F565位于外沟的北沟壁，平面圆形，穹隆顶，居室空间如半球状，高约1.5米。

同上述各地横穿式居址比较，赵家来的横穿式院落建筑群应是比较进步、比较讲究的建筑式。就形状来说，赵家来的居室最为规整，就布局来说，赵家来的居室有较为复杂整齐的院落，就结构来说，赵家来的居室又使用了较为进步的夯土墙体，这与现代以夯土墙为窑洞前墙的进步形式已很接近。当然，赵家来居室的夯土墙建筑也还是较为原始的，其一是它直接起筑于地面，不向下挖出基槽；其二是它还未见有很规范的夯窝痕迹。这些情况，为研究古代建筑发展史提供了宝贵的材料。

西北地区黄土地带的土层结构紧密，不易塌裂，所以从古到今都流行窑洞式居室。由于窑洞顶部塌陷以后，便不易与半地穴居室区分，因此过去所发现的半地穴居址中，也许便包含有一些实为窑洞式居室在内，这是我们今后需要注意的。同时，我们相信，在今后的发掘中，还会有更多的窑洞居址的发现。

附记：写作过程中，张孝光同志多予指教，谨此致谢。

（本文引自：《考古》，1991年3期。）

注释

［1］中国社会科学院考古研究所：《武功发掘报告——浒西庄与赵家来遗址》，文物出版社，1988年版。

［2］中国社会科学院考古研究所山西工作队：《山西石楼岔沟原始文化遗存》，《考古学报》1985年2期。

［3］庆阳地区博物馆：《甘肃宁县阳㟍遗址试掘简报》，《考古》1983年10期。

［4］中国社会科学院考古研究所山西工作队、山西省临汾地区文化局：《陶寺遗址1983—1984年Ⅲ区居住址发掘的主要收获》，《考古》1986年9期。

［5］中国社会科学院考古研究所泾渭工作队：《陇东镇原常山遗址发掘简报》，《考古》1981年3期。

［6］张孝光：《陇东镇原常山遗址14号房子的复原》，《考古》1983年5期。

［7］宁夏文物考古研究所、中国历史博物馆考古部：《宁夏海原县菜园村遗址、墓地发掘简报》，《文物》1988年9期。

［8］东下冯考古队：《山西夏县东下冯遗址东区、中区发掘简报》，《考古》1980年2期。

滕州前掌大马车的复原研究

李　淼　刘　方　韩慧君　梁中合

内容摘要：山东滕州前掌大墓地发现的车马坑遗迹，是研究商末周初马车形制和制车工艺的重要资料。出土的5辆车子虽有不同程度的损坏，但根据存留的木痕和青铜附件的方位，可以对马车进行复原。经过分析和测算，以M41为例，绘制了马车的正投影复原图和透视复原示意图。

通过复原研究，可知前掌大马车的整体形制与殷墟基本相同，而局部结构存在着明显的差异：前掌大M41辀木的曲度与过去复原的商车不同，这种造型被以后所继承。衡木两端弯曲上翘，这种曲衡也被周车效法。衡末饰、栏饰和柱饰位置清楚，均作了准确复原，解决了过去的模糊认识。出土的马辔具经过整理，已经恢复原貌，填补了商车马具复原的空白。

通过复原研究，可知商末周初方国的制车工艺已经达到了较高的水平。如辀木曲度合理、计算精确；车具结构严谨、造型精美；马具构思巧妙、种类多样；构件榫卯复杂、交接牢固。这些都说明当时的工匠具有很强的设计能力和很好的制作技能。他们不仅掌握了商王朝的制车工艺，又在此基础上融入了浓郁的地方特色。使我们对商周方国的手工业有了更深入的了解。

关键词：山东；前掌大墓地；商末周初；马车遗迹；复原研究

1995年—1998年滕州前掌大墓地出土了目前山东境内时代最早、规模最大的车马坑遗迹，为研究商周制车工艺提供了宝贵的资料[1]。本文仅就出土马车的性质、结构及复原等问题进行初步探讨。

一、马车的出土情况

除了少数墓葬中有零星的车马具出土外，前掌大的马车资料都集中在5座车马坑中，编号分别为M40、M41、M45、M131、M132。为了确定比较合理的复原方案，首先要对马车的出土情况进行分析和研究。

1. 车马坑的时代

5座车马坑中仅M41出土了两件青铜礼器，觚（M41:11）与殷墟西区的父已觚（GM856:1）相同，爵（M41:10）与张家坡的子铖爵有许多相同之处[2]，原报告将M41定为商代晚期。从出土的车具看，与安阳郭家庄M52[3]、梅园庄M40和M41[4]、西安老牛坡M17[5]、青州苏埠屯十分[6]接近，应是同一时期的产物。同时考虑到商王朝对周边方国影响的延滞性，因此将M41定为商代末期更为合适。其他4座车马坑虽然没有出土典型器物，但马车的形制基本一样，车马具的造型与M41也大体相同，可以认为它们的年代比较接近。从排列布局上看，5座车马坑均属于墓地南区，其中M45、M40、M41位于墓地的最南端，由西向东均匀排列，估计是一组殉葬遗迹。另外，3辆车上都放有盾牌，也说明它们的关系密不可分。因此，M40和M45也应为商代末期。又据原报告：M131是M109的陪葬坑，M132临近的大墓是M38。 M109、M38的时代定为西周早期早段，由此可知，这2座车马坑的时代估计为西周初期。通过以上分析，5座车马坑的时代应大致在商末周初之际。

2. 车马坑的形制

5座车马坑的形制较为统一，均埋有两马一车。整车埋葬，辀向南、舆在北，舆内均放有兵器。两马杀死后，置于辀的两侧。M41规格较高，衡前及舆后各殉葬1人，舆内置伞盖。其他4辆车仅舆后殉葬1人，均为男性，应是生前驾车的驭手。马车的主体结构为木质，仅在关键部位使用了青铜附件，出土时木质部分已全部腐朽，只能根据残存的痕迹剥剔出车子的大概形状。

3. 马车的结构

马车的结构基本一致，均由双轮独辀、一衡双轭、栏式车舆等主要部件构成，仅在具体尺寸和局部形式上有所不同。轮辐在18根～22根之

间。轮上未见有青铜附件。轴贯穿舆的底部，并与两侧的车轮相连，軎
套在轴两端辖制住车轮。辀位于车的中部，衡的下边，连接衡与轴，并
上承舆。辀出舆后上翘，M41辀首装有铜軏，辀与前轸交接处多置铜
轵。辀尾均装有铜踵。衡在辀的前部，配以三角形衡末饰，衡两侧各有
一轭束马。舆的平面多为长方形，四边装栏式车轮，有的舆上发现栅栏
式隔断，车门在舆后部正中，两侧一般有栏饰。M41中发现了铜盖顶
饰，可以认为是商代最早出现的车伞。舆的左侧多放有一盾牌，为前掌
大马车所独有。舆内置有随葬的兵器和玉器等。

根据原报告，我们对前掌大五辆马车主要部件的尺寸进行了统计
（见表1），并将商代晚期较完整的马车一并收入，以供读者对比研究。

另外，前掌大车马坑中还出土了较为完整的辔具。马头上有勒，结
构基本相同，勒上的饰件各具特色。马的颈部都配有颈带，个别马的腹
部发现肚带饰件。在舆前和马头附近发现有铜泡组成的辔饰，辔带应由
衔镳处伸出，末端系于舆上。舆前辔的痕迹有两条、三条、四条不等，
说明辔的形式多样化。这些都为复原商周马辔具提供了绝好的资料。

二、马车的复原研究

5辆车的保存状况较好，主要结构清晰可辨。每辆车虽有局部损坏，
但均可根据其他车的情况加以弥补。现以M41为例（图一），参考其他4
辆车进行复原。

1. 轮的结构

据原报告，M41的轮径为145厘米~150厘米，复原后直径为148厘
米。轨宽为230厘米。毂为圆木制成，保存不好，毂的结构和尺寸不清
楚。从形制上看，它与殷墟马车相近，其上没有安装青铜附件。因此，
我们将M41车毂复原为中间大、两头小的腰鼓形，尺寸参考M131和
M132，复原为长32厘米，建辐处直径20厘米。辐的数目不清楚，可参
考其他几辆车轮的数据进行推测复原：M131轮径157厘米~161厘米，
直径较大，辐的数量为22根。M132轮径138厘米~143厘米，直径较
小，辐数18根。M45轮径142厘米~145厘米，辐数20根，与M41接
近。因此将辐数复原为20根，每根长度58厘米。轮牙高6厘米，厚5厘

表1　车马尺寸统计表

（单位：厘米）

车号	轮径	牙高	牙厚	毂长	毂径	辐数	辐宽	轨宽	舆广	舆深	栏高	门宽	辀长	辀径	轴长	轴径	衡长	衡径
前掌大M40	120~140	5~8	6			22			130~160	80~100	25~35	70		8~12	310	6~7		8~9
前掌大M41	145~150	5~6	5					230	140	97~105		50	266	6~9	310		185	8~10
前掌大M45	142~145	5~6	4			20		220	123~140	77~80		68	245	5~9	307		183	8~10
前掌大M131	157~161	8~9	4~5	24	19	22	2~4	232	117~134	102	34	38	274	7	309	9	133	6~7
前掌大M132	138~143	5	6	35	12~18	18	2~4	227	106~145	82~85	40	40	268	8	303	8	105残	7
老牛坡M27	140	6	10	45	28	24		225	100	62	14残	50	265	10	320			
郭家庄M52	134~150	8	6	44	21~28	18	2~4.5	250	142~161	94~103	38~50	41	261	8~12	308	10~12	216	6~9.5
郭家庄M146	120~141	7	6	44	21	16	2~4	223	168~172	106~109	47~49	35	266	11.5	300~312	12	220	7
郭家庄M147	132~142	7	6	44	21~25	20	2~4	226	149~151	90~94	48~49	34	272	11	308~312	12	140	7~7.5
大司空M175	146	6	6	20	26	18	3.5~5	215	94	75			280	11	300	4~7	120	

续表

车号	轮径	牙高	牙厚	毂长	毂径	辐数	辐宽	轨宽	舆广	舆深	栏高	门宽	辀长	辀径	轴长	轴径	衡长	衡径
大司空M757	140	8	8			20				100	44		292	12	274	12		
孝民屯M1	122	8	8	36	28		3~4	240	134	83			268	7~8	310	5~8		
孝民屯M2	122	8	6	30	28	26	2~4		100		41		260	7~9	190残	5~8		
孝民屯M7	133~144	10	7.5	26	23.5	22	3~4.5	217	129~133	74	45	42	256	9~15	306	13~15	110	9
孝民屯M43	134~147	6	4	12	22	18	2~2.3	223	137	73	22残	40	292	10	309	10		
孝民屯M1613	126~145	8	5	40	28	18	3~5	224	150	107	45	35	290	12~13	294	10	113	8
梅园庄M1	144~150	8	6	41	17	22	2~3	220	164	113	55	35	274	10	302	10	135	9
梅园庄M40	137~149	6	6	43	20	18	2~4	240	134~146	82~94	39~50	57	265	8~12	310	8~10	114	7~8
梅园庄M41	130~142	7	6	36	18	18	2~4	217	128~144	75	44	35	280	9~11	305	9~10	153	8

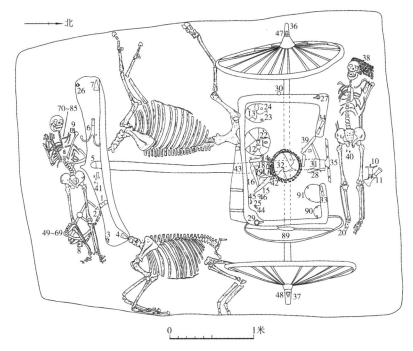

图一　前掌大M41田野实测平面图

1. 轭首　2. 轭肢　3. 管形饰　4. 衡末饰　5. 轧　6. 轭　7. 衡末饰　8、9. 镳　10. 铜爵
11. 铜觚　12、13. 金箔　14. 铜斧　15、16. 铜戈　17. 铜锛　18. 铜销　19. 金箔
20. 海贝　21~24. 骨管　25. 铜泡　26. 管形饰　27. 柱饰　28. 铜凿　29. 柱饰
30. 柱饰　31. 踵管　32. 盖顶饰　33、34. 栏饰　35. 踵板　36、37. 軎　38. 海贝
39. 铜戈　40. 绿松石　41. 海贝　42. 铜刀　43. 轧　44. 骨弄帽　45、46. 骨管　47、
48. 辖　49~69. 左服马鞴具饰件　70~88. 右服马鞴具饰件　89. 盾牌　90、91. 漆器

米。轮牙接口处未发现铜牙套，结构不明，暂不作复原。

2. 轴及附件的结构

轴长即两軎间的距离310厘米，轴径不详。通过以往的发现，我们知道轴中间较粗，两边自内向外逐渐收杀成纺锤形，两端直径就是軎外挡的内径，应为3.6厘米。中部的直径究竟是多少？我们可根据軎的尺寸进行推算：M41的軎长17.5厘米，挡外径4.3厘米，口外径5.3厘米，轵端处应与軎口外径相等，即5.3厘米。根据軎的收分，轴在贤端处的直径为6.3厘米，在轸下的直径为8厘米，估计舆下的轴径也是8厘米。另外，从軎上的辖孔可知轴两端各凿有一个3.5厘米×0.9厘米的长方孔，使铜辖插入其中，辖上的两个小孔用于穿系皮条，使辖牢牢地固定在軎上

（图二：1、2）。山东青州苏埠屯出土的一种軎与此件极为相似（图二：3）。

　　复原时还应注意的是，軎的内端有摩擦的痕迹，表明此车曾使用了一段时间。在过去出土的商周车軎中，也有口沿处破损的现象，证明軎的确是深入毂内的，这样可以加大轴的耐磨性，并且减小轴、毂之间的摩擦力。M41的軎入毂长度约为2.2厘米（图二：2）。

　　前掌大其他的车上还出土了另外一种形制的軎和辖，軎身细长，挡平齐。兽形辖套头，内侧与底均敞口，用来装木辖键。在兽头与前爪之间有方穿，可用皮条将辖捆缚在軎上（图二：4、5、6）。这种軎和辖在殷墟多有出土，形制与此基本相同。

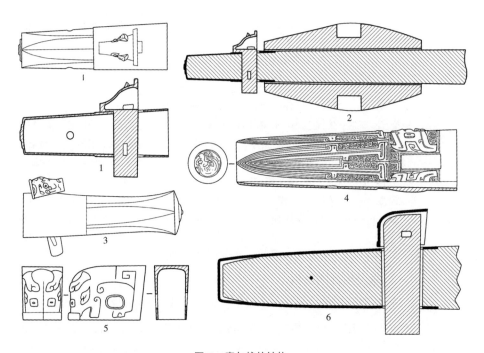

图二　軎与辖的结构

1. 軎与辖（前掌大M41:37、48）　2. 軎与辖安装示意图（前掌大M41:37、38）

3. 軎与辖（苏埠屯）　4. 軎（前掌大M45:23）　5. 辖套头（前掌大M45:26）

6. 軎与辖安装示意图（前掌大M45:23、26）

3. 辀及附件的结构

辀木痕迹保存较差，但辀首和辀尾均有青铜附件，辀木直线长266厘米，应是比较准确的尺寸。辀径6厘米～9厘米，则是一个大概的尺寸。根据发掘现场的观察，舆底一段比较平直，出舆后似仍笔直前伸，衡下方的一段形状不很清楚，我们再来分析一下辀上青铜附件的情况，这是复原辀木的主要资料。

辀木前端套有铜軓（图三：3）。軓整体呈筒状，顶面前弧后平，宽7.5厘米，高9.1厘米，顶面与立面夹角为80度。由此可知辀木前部横截面的形状也是如此。軓的底边略高于衡的顶面，軓下正好缚皮条与衡固定。这种軓出土较少，仅见于安阳梅园庄M1、青州苏埠屯。有一点要特别注意：軓出土时口向下并略向前倾斜，说明辀木的前端基本上也是竖直向上并略向前倾斜的。这对搞清辀的形制十分重要。

辀尾部装有铜踵，由踵管、踵板两个部件组合而成，结构比较复杂。踵管的前半部是倒置的半圆形，两侧有穿。前口上宽9厘米，高6.6厘米，后口上宽8.1厘米，高6.5厘米。踵管后半部为凹槽形，槽上沿距踵管顶面3厘米，这即是放置轸木的高度，槽底部有方孔。我们根据踵管的尺寸和收分，就可以计算出辀木至轴处的高度为7厘米左右。踵板呈"T"形，通高6.5厘米。上部为长条形，高3厘米，背面有4个方穿。下部半圆形，背面也有凹槽和一个小穿。由于辀木和轸木均已腐朽，出土时踵板已经从辀尾脱落，背面向上，倒在轸木之外。实际上，它原来是对接在踵管上的，踵管凹槽与踵板凹槽正好吻合在一起（图三：1）。长条形铜板上的四个方穿嵌入轸木立面事先凿好的卯眼之中，轸木顶面上相应的位置再用钉固定方穿。与此同时，辀木尾部下方也凿槽，然后将踵板下部小穿套入皮条，通过踵管凹槽方孔进行捆缚，这样就使辀木和轸木紧紧地连接成一体了（图三：2）。这种铜踵在安阳殷墟、青州苏埠屯和西安老牛坡等地都有出土，可见当时广泛流行。

另外，根据组合复原后的踵板倾斜度，可知轸木外立面也向外倾斜12度，高度为3厘米。同时可知：

轸木宽度=6.5厘米（踵管凹槽长度）+1.0厘米（踵板凹槽长度）

=7.5厘米

辀与前轸木交接处安装有铜軏，由轸板和辀板两部分构成（图三：4）。轸板贴在轸木外侧，高3厘米，这大致就是轸木的高度。它的正面中

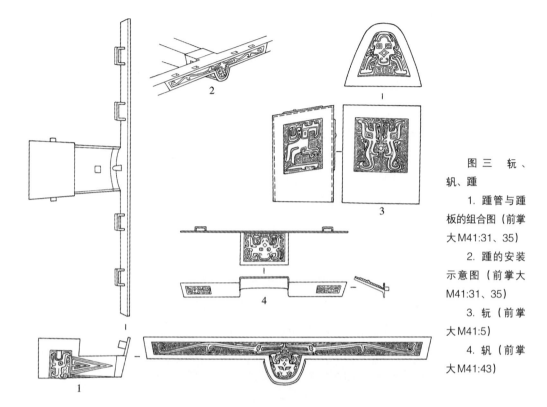

图三　轭、
轨、踵

1. 踵管与踵板的组合图（前掌大M41:31、35）

2. 踵的安装示意图（前掌大M41:31、35）

3. 轭（前掌大M41:5）

4. 轨（前掌大M41:43）

部有凹槽，开口向下，与辀板相接。这种结构主要是卡住辀木，防止其左右移动。它的背面有两个方穿，可以嵌入轸木中，再用钉固定。辀板两侧有立沿，扣在辀木上，起到加固的作用。辀板宽10.6厘米，减去壁厚，可知此处辀木的宽度为10厘米，估计车轴处辀木的宽度与此处相差无几。值得注意的是，与殷墟出土的轨不同，辀板与轸板并不垂直，其夹角为70度。由于辀板和轸板都是与辀木和轸木紧密相贴的，可知前轸外立面与后轸一样是向外倾斜的，角度也应是12度左右。并且安装后辀板仍略上扬，水平扬角8度左右（图四：3）。再比较其他车上的轨，前掌大M45辀板与轸板的夹角也为70度，M40为72度，M132为90度（轸板垂直、辀板水平）。西安老牛坡的一件为75度。说明轨的轸板和辀板夹角是根据轸木、辀木的形式而变化的。

通过以上分析，我们就可以勾绘出辀的形状了。它的前部向上竖起并略向前倾斜，前倾约10度。由顶端向下40厘米左右开始向后呈弧形弯曲，到了约100厘米处开始变直，但仍略上扬，水平扬角8度左右，进入舆底则变为平直（图四：4）。过去，对于文献记载的"辕曲中"有各种不同的看法[7]，通过对前掌大M41的复原，使我们对商代軥的形制有了更深入的认识。

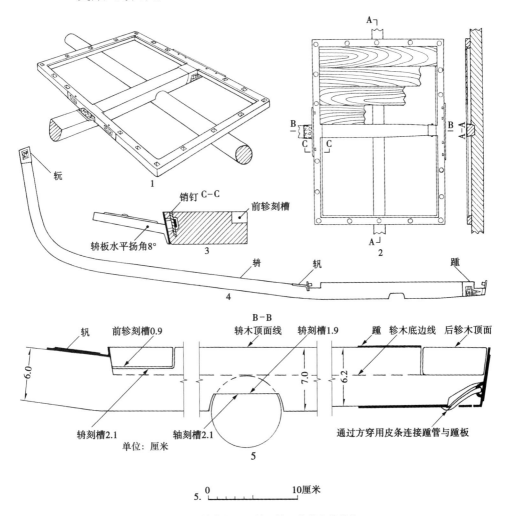

图四　前掌大M41轴、軥、軑的交接结构

1. 舆底结构透视　2. 舆底平剖面图　3. 軑安装结构剖图（C–C）　4. 軥及附件立面示意图

5. 轴、軥、軑交接结构剖面图（B–B）

4. 轴、軥、軑的交接结构

M41没有发现伏兔与轴饰，因此，軥、轴相交处必然要刻槽，以保证承托舆的支点在一个水平面上。根据前面的推算，轴径为8厘米，轵高7厘米，刻槽的深度可以参考踵、轨进行复原。根据铜踵的结构，后轸木应正好放在踵管的后部，踵管凹槽的上缘就是轸木底边，它的水平延长线应与轴的顶端相接（图四：5）。由此我们可以得出：

轴入轵的深度等于轵的高度（7厘米）减去轸木高度（3厘米），即4厘米。

为了达到这一深度，根据轴径与轵径的比例关系（8:7），轴木应比轵木刻槽稍深一些，具体计算如下：

轴刻槽深度=4厘米×8/15≈2.1厘米

轵刻槽深度=4厘米−2.1厘米=1.9厘米

以此类推，前轸木及相应的轵木处也应刻槽，刻槽深度即轸木高度3厘米，再根据轵木和轸木高度的比例关系（7：3）则轵刻槽深度为2.1厘米，前轸刻槽深度为0.9厘米。这样就使车轸平稳地安放在轵、轴的四个支点上了（图四：1、2、5）。

5. 衡及附件的结构

根据报告，衡长185厘米，中部平直，两边向后弯曲上翘。它的截面呈椭圆形，中部稍粗，约10厘米，两端变细，约8厘米。衡两头安装有三角形衡末饰，背面后部有穿，顶角有銎，用以固定在衡端，长16.9厘米，宽7.9厘米（图五：3、7）。这种衡末饰最早出自安阳殷墟的车马坑中，原来对它的用途有过不同的认识，有的学者先称它为当卢，后来改称衡端饰[8]。有的学者认为它是轭与衡相缚处的韇饰[9]。青州苏埠屯的4件，被称作"A型当卢"。陕西老牛坡也有出土，被认为是马首饰。它的造型略有变化，器身带短柄，背面也有一个鼻纽（图五：5）。安阳郭家庄M52出土的一对，造型和纹饰与M41的十分接近，长16.4厘米，宽7.6厘米。紧贴于衡的末端，其下有朽木的痕迹（图五：2、6）。安阳孝民屯M2的则素面无纹，造型十分简洁（图五：4）。M41两个衡末饰附近还出土了管形饰，两侧有环耳，管高4.5厘米，直径2厘米，环耳内径0.8厘米。估计是用来穿系流苏的，原来应竖放，挂在衡两端的下方作为装饰。出土时是横放的，可能下葬时衡距墓底较近，管形饰接触地面所致。

在衡的后面立有两铜轭，由轭首、轭箍和轭肢组成。通高54.5厘米，轭肢直径4厘米。轭首、轭颈上均有穿孔，可用皮条固定在衡上（图五：1）。轭下有椭圆形红、黑色彩绘痕迹，应为轭的皮制衬垫。复原后轭缚在衡上，夹在马颈下面，轭脚下套有颈靼（图五：7）。轭肢上有靾孔，靠近辀的靾孔上应套有靷绳。

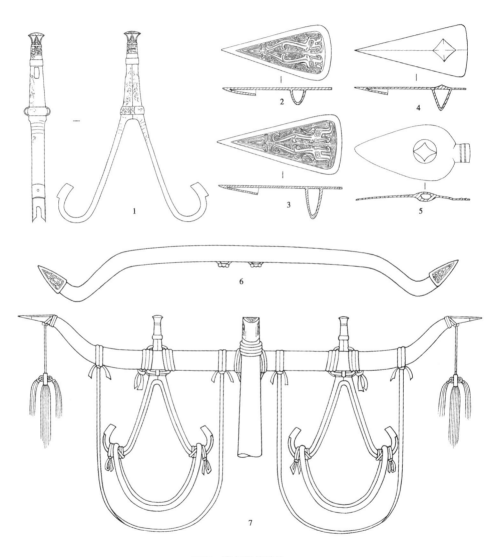

图五　衡与轭的结构

1. 轭（前掌大M41:6）　2. 衡末饰（郭家庄M52:3）　3. 衡末饰（前掌大M41:4）　4. 衡末饰（孝民屯M2:1）
5. 衡末饰（老牛坡M17:1）　6. 衡的平面示意图（郭家庄M52）　7. 衡的立面复原图（前掌大M41）

前掌大马车紧靠辀两侧的衡上，多发现有"革带"，为两条嵌铜泡的皮条。殷墟的马车上也有出土。有些车在辀颈两侧的衡上，还镶嵌兽面衡饰（图五：6）。有的学者认为它就是文献中所说的"胁驱"[10]。前掌大M41虽未发现铜泡，估计也有皮条制成的胁驱，它内端缚在辀侧的衡上，穿过马胁部和腹部，外端拴在衡外侧。此带的作用是使两服马保持在适当的距离之内，同时可把衡、轭和马连成一体，防止因衡轭的上扬而造成轭上的颈靼束逼马颈。故此，我们也将胁驱作了推测复原（图五：7）。

6. 舆及附件的结构

舆底盘为长方形，复原尺寸为140厘米×100厘米。除了4根角柱以外，前轮可见到4根宽约3厘米的立柱。按照前轮立柱的间隔，后轮也应有4根立柱，即车门立柱与车舆角柱之间各有1根立柱，舆两侧角柱之间应各有3根立柱。车轮保存较差，轮高不详。参考其他车辆，轮高复原为40厘米，横栏按两层复原，中层横栏与立柱交接处可能缚有绳索或革带。根据报告，舆底部有板痕，它应与辀木顶面平齐，因此，辀木两侧的轸木内沿均要刻槽，用来铺置荐板（图四：1、2）。车门宽50厘米，门两侧的上边有栏饰。车轮的东南角和西北角各有一件带柄的柱饰，上部有圆环，可供穿系辔带和绳索（图六：1）。

栏饰主要流行于商末周初。过去，关于它的性质和结构都不很清楚，例如：郭家庄M52出土的一对，呈方筒形，一端封闭，顶面略宽，中部为方孔，底面中部为圆孔。两立面饰长夔纹，顶面饰两条小夔纹，长15.3厘米，宽2.7厘米，对称放在车舆中间偏后处。报告称"铜杆头"，认为"杆头口部近方形，而车子的栏杆和立柱截面为圆形，所以它又不像栏杆或立柱的饰件。其真正用途，尚待探讨"。老牛坡M27出土的一对，正面中部饰螺形纹，长12厘米，报告认为是"衡饰"。青州苏埠屯出土的一件，器形与纹饰近似郭家庄，顶面有两个圆孔，底面有凹槽，长19.2厘米，宽2.4厘米，报告称"长条形车饰"。洛阳老城发现的一对，圆管形，底面有凹槽，长19.3厘米，径3.3厘米，头对头横放在近门之两侧，报告称"铜管状饰"[11]。张家坡M155出土的一对，横在车舆中部，套在两段木栏上，顶端对顶端，间距26厘米。M121的一对，一件横在车舆中部，一件在另一侧的后轸附近。M170出土的一对，略呈圆管形，一端封闭，顶面平而无纹，上有钉孔，底面有槽，正背面各饰一分尾鸟纹，长11.9厘米，径3.3厘米。报告称其为栏饰，认为"也许车箱中部左右两侧有横栏，其上套栏饰为装饰"[12]。前掌大 M41 出土的一对，与郭家庄的形制相同（图六：2）。位于车门两侧立柱上层的横栏上，栏饰上的龙头均朝向车门，长13.9厘米，宽3.2厘米，高2.3厘米，可知此处横栏也是长方形的。我们认为以上几个地点出土的标本均应称为栏饰，具体位置也是安装在车门两侧立柱上层的横栏上（图六：3）。

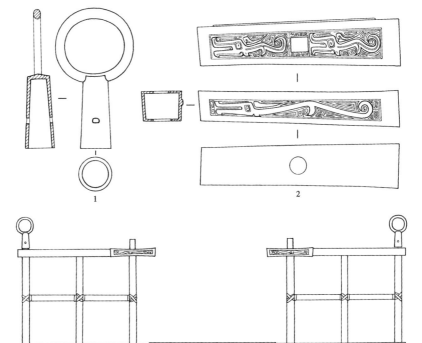

图六 柱饰与栏饰

1. 柱饰（前掌大 M41:29）

2. 栏饰（前掌大 M41:33）

3. 柱饰、栏饰安装示意图（前掌大M41）

舆上有伞盖的痕迹，仅存一圆形铜盖顶饰，周围环绕两圈海贝，共计82枚。这是迄今为止最早的车伞遗迹。车伞估计为圆形伞盖，盖顶饰直径26厘米，中心有一圆孔，用以连接盖杠（图一）。由于未出土盖斗、盖弓帽和盖杠箍等附件，车伞结构无法复原。北京琉璃河1100号车马坑发现的车伞，为西周早期，时代稍晚于前掌大 M41[13]。

M41 左侧的轮舆之间置一盾牌，背面有横梁和把手。M40、M45 的相同位置处也有发现，M45的盾牌中部还嵌有圆形铜片。M41的随葬品多置于舆中。青铜兵器和工具有戈、斧、锛、凿、刀、销等。铜器下及舆的东南角皆铺有朱砂。中部朱砂下有金箔。东南角朱砂中嵌有3件骨管器，不见金箔铺底。舆南及西南部有两件直径约17厘米的椭圆形金箔，每块金箔上嵌有两骨管器，其用途不明，无法复原。舆西部有麻织品痕迹，舆上均铺有席子（图一）。

7. 马具及附件的结构

M41舆前驾两匹马。两马置于辀东西两侧的浅土槽内，两马背部相对，马头分别朝东西方向。东侧马四肢曲向腹部。西边马的前腿微曲，后腿略直。马骨上下皆有席纹。出土马具主要有勒、颈带、鞦和辔。

勒出土时虽然也多已散乱，但经细心整理得以复原[14]。勒主要由额带、颞带、颊带、鼻梁带、鼻带、衔与镳组成。额带穿过当卢，在耳根部与颊带相接。衔含于马嘴内，两端与铜镳相连，镳上面接在颊带处，后面有穿孔，可以系辔带。5辆马车的勒饰各具特色，当卢和节约形式多样。M41皮条上全部穿套铜条形带饰（图七：6、10），并在交接处饰兽面形节约。哑铃形当卢则将鼻梁带和节约合为一体（图七：9），使这套马勒更加坚固（图七：7、8）。方形镳内还配有钉齿镳（图七：2、3、7），用以控御烈马。

颈带过去未见出土。前掌大的颈带均为皮条制成，两端有带扣，系于服马的颈部。其上的装饰各不相同，M41出土的颈带上有两行长方形铜泡，每行25个，首尾相连，复原长度90厘米（图七：1、4、5）。应当指出，颈带所处的位置，与秦始皇陵铜车马的缰索相同，而后者只在骖马上使用。它的一端曲成环形套在马颈上，另一端系结于服马的轭首和车衡上，以防两骖马外逸。前掌大的颈带套在服马上，没有发现伸出的缰索，因此，称之为"缰"仍缺乏足够的依据。另外，它的位置也与秦始皇陵铜车马上的缨环不同，缨环的上部套在骖马鬐甲部，下部垂于胸前。故此，这里称之为颈带。

辔用于驾驭服马。从目前的发掘资料看，我们对商末辔的结构还不十分清楚，但根据前掌大辔饰的出土情况，使我们对它的形制有了一些了解。辔一般为皮条制成，其上饰有铜泡。它的前端系于马口两侧的镳

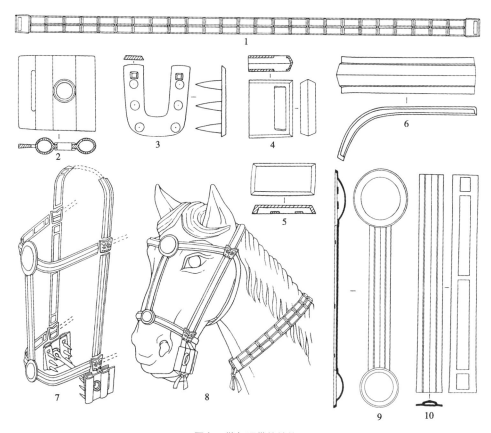

图七　勒与颈带的结构

1. 颈带复原图（前掌大M41）　　2. 镳（前掌大M41:8）　　3. 钉齿镳（前掌大M41:9）

4. 颈带扣（前掌大M41）　　5. 颈带饰（前掌大M41）　　6. 额带饰（前掌大M41:52）

7. 勒的结构示意图（前掌大M41）　　8. 勒的佩戴示意图（前掌大M41）

9. 当卢（前掌大M41:51）　　10. 颊带饰（前掌大M41:58）

尾孔上，后端穿过衡达于舆上的驭者手中。有的前端皮条上系辔饰，如M131，两侧马头上各残存一列铜泡，约12枚，与勒的关系明确。有的在中部系辔饰，如M132，车辀中部两侧分别有8枚圆铜泡。有的在末端系辔饰，如M40，舆前为两行圆形铜泡，呈人字形排列。M45近舆处有4行海贝，每行11枚，长28厘米，东边两行正放，西边两行背放。M41出土的辔饰与M45基本相同，在辀近舆的位置发现3行铜泡，共计21枚。

　　通过以上的分析和研究，我们对前掌大M41马车进行了初步复原，并绘制了马车的平面图和立面图（图八）。

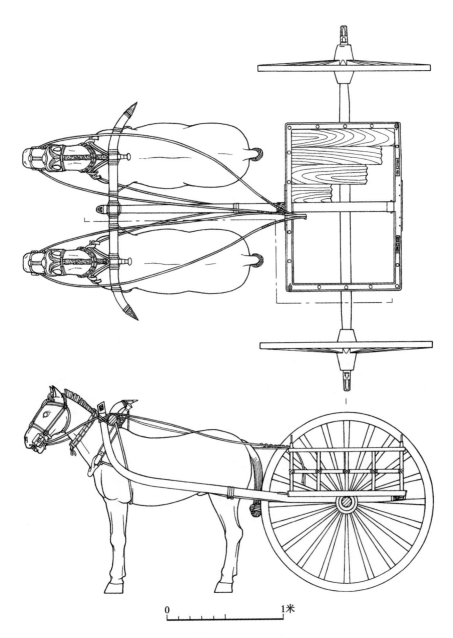

0　　　　　　　1米

图八　前掌
大 M41 马车平、
立面结构复原图

三、结语

我国古代的马车最早出土于20世纪30年代的安阳殷墟，在后冈、西北冈和小屯均发现了车马坑[15]，属于商代晚期遗存，距今3000年左右。新中国成立以后，商代晚期的马车出土日益增多，分布的地域也更加广泛，除了安阳大司空村、孝民屯、郭家庄、梅园庄和刘家庄[16]以外，在西安老牛坡、渭南南堡村[17]、青州苏埠屯、灵石旌介村[18]和滕州前掌大均有发现，因此，对于商代车制的了解也逐渐深入。特别是前掌大车马坑的发现，不仅为复原商末周初的马车提供了宝贵资料，同时也为这一时期制车工艺的研究打下了良好的基础。

1. 关于商车的复原

商车的复原研究，自20世纪50年代开始陆续展开，如1955年对大司空村M175马车的复原[19]、1967年对小屯M20、M40马车的复原[20]、1972年对孝民屯M7、M1613马车的复原[21]和1986年对小屯M40的第2次复原[22]等。通过这些复原，使我们对于商代晚期的车制有了进一步认识。同时也可以看到，由于各种原因，复原研究的确存在着一些缺憾。近年来随着考古新发现的不断涌现，除了安阳殷墟以外，山东、陕西、山西相继出土了商代车马坑，这些方国马车的形制与中原商王朝的关系如何，它们有什么相同和不同，还不是很清楚，需要我们分析和研究，前掌大马车的复原即试做这方面的探讨。今后，还应对更多地点有特色的马车进行复原，以进一步推动商代制车工艺的研究。

2. 关于马车的性质

我们认为前掌大马车均为战车。5辆马车的舆内均放置不同数量的兵器，M40的舆内发现了铜胄，M40、M41、M45舆的一侧还配有盾牌，这些都是最有力的证明。除此之外，辀木较短，马距车舆较近，驭手便于驾控马匹，作战时也能使车身转向灵活。从辔具上看，M41的勒带上整体包裹铜条，衔上套有锋利的钉齿镳，通过辔、策就能有力地控制烈马，进一步加强车战时的威力。过去殷墟出土的马车，舆内也多发现兵器，说明当时陪葬的马车应以战车为主。

3. 关于马车的结构

通过复原研究，我们认为前掌大马车的整体结构与殷墟马车基本相同。如轮和轴的形制基本一致、毂上未见西周早期流行的青铜附件、辀与轴交接处需要刻槽、舆的形制基本一样等等。与此同时，我们也对以前商车结构上存在的疑问进行了分析和探讨，并且发现了一些新特征，现总结如下：

以往复原的商车辀木，大致有3种类型，第一种辀出舆后一直水平前伸，辀首在马肩下约70厘米（图九：1），第二种先平直再逐渐上扬，弯曲度不大，辀首在马肩下40厘米左右（图九：2、3）。第三种也是先平直再上扬，弯曲度较大，至辀首达到马肩的高度（图九：5）。显然第三种是较准确的，符合辀缚衡、轭所需的实际高度。根据前掌大M41出土轵、軏的方位和辀木中段的痕迹，可知辀出舆后随即小角度直线上扬，距衡下方不远处作圆弧形弯曲，最后变为竖直略向前倾斜，辀颈处正好达到马肩的高度（图九：6）。近年来殷墟新发现一种辀，出舆后仍水平延伸，至衡下方才陡然弯曲向上（图九：4），或许第一种的形制也是如此，只是当时未搞清楚衡下的辀木痕迹而已。根据力学原理不难看出，小屯M40（第2次复原）和前掌大M41辀的曲度比较科学，服马拉车时会更加舒适和省力，这种形制被以后所继承，逐渐成为定制。

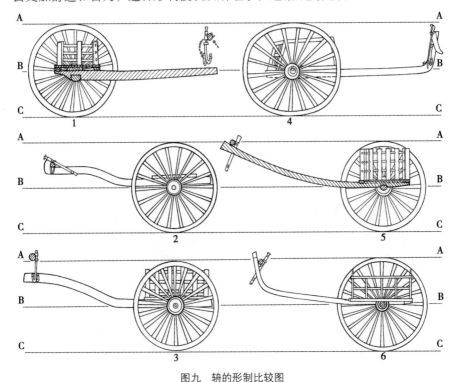

图九　辀的形制比较图

1. 孝民屯M17　2. 大司空M175　3. 孝民屯M1613　4. 梅园庄M41　5. 小屯M40　6. 前掌大
M41　A–A. 车轮高度线（约等于马颈高和辀颈高）　B–B. 车轴高度线（约等于舆底高）
C–C. 地面线

以前对于商代曲衡的认知，仅仅依据金文的资料，没有出土实例。从近年来的新发现看：前掌大5辆车中，有2辆为曲衡；郭家庄的3座车马坑中，有1辆为曲衡；梅园庄的2辆中，有1辆为曲衡，3个地点曲衡平均占40%左右，可见曲衡在商车中已经流行，只是造型还不是很固定，如梅园庄M41向下弯曲，郭家庄M52先向后弯曲，末端再向前翘起。前掌大M41的曲衡则是两端向后弯曲上翘，结构十分清楚。这种形制也被周车效法。

过去对于胁驱的概念不很清楚，近年来郭家庄、梅园庄的车上，均发现在辀左右两侧的衡上有一对兽面衡饰，有的还配以镶嵌铜泡的革带，这即是胁驱。前掌大的5辆马车中有4辆发现胁驱，结构明确。它其实为一条革带，是衡上的附件。内端固定在衡中间，穿过马胁部和腹部，外端拴在衡外侧，把衡、轭和马连成一体。胁驱不仅能使两马行进时保持住合适的距离，并且防止因衡轭的上扬而束逼马颈，影响马车行进的速度。

以往对于商代的舆饰认识比较模糊，也没有准确的复原。前掌大出土的栏饰和柱饰位置清楚，为复原提供了可靠的依据。这种栏饰在安阳殷墟、西安老牛坡、青州苏埠屯等地均有出土，可见在商代晚期广为流行，并且一直延续到西周时期。出土的两种柱饰殷墟尚未发现，是具有地方特色的车具。

过去对于商代马具的了解不多，复原研究就更少了，至今尚未发表过马辔具的复原图。前掌大出土的马辔具，保存较为完好，并作了精心的修整，为我们的复原工作提供了宝贵的资料。勒的结构最为清楚，勒饰有明显的地方特色，颈带和辔也可以进行复原。这也是本次复原研究的主要收获。

前掌大M41出土的伞盖和盾牌在商代马车上还是首次发现，有着十分重要的意义。它们的具体结构还不是十分清楚，因此没有作实测复原，但考虑到直观的效果，仍作了立体复原示意图（图十），以供参考。

4. 关于马车的制作工艺

制作马车是一种比较复杂的工艺，不仅要有铸铜及木工技术，还要有机械知识，通过前掌大马车的复原研究，使我们对这一时期的制车工

图十　前掌大 M41 马车立体复原示意图

艺水平有了新的认识。从车马具的设计上看，结构合理、计算精确、匠心独具。如辀木曲度的合理设计、轨的辀板扬角与軫板倾角的准确计算、踵管和踵板的组合和连接、铜勒饰件的巧妙构思和搭配等，都可以看出当时的工匠具备了较高的专业设计水平。从车马具和马车的制作上看，车马具规格整齐、纹饰精美、铸造精良。马车的榫卯复杂、做工考究，木工技术更加成熟。他们不仅掌握了商王朝的制车工艺，又在此基础上融入了浓郁的地方色彩，这也为商末方国手工业研究提供了重要的资料。

5. 尚待解决的问题

虽然我们对前掌大 M41 马车进行了初步复原，但还很不深入。一是对车子的某些部件的交接方式还不清楚，如辀和衡、衡与轭、轴与軫的交接方式等。有的学者认为在未使用伏兔之前，轴与軫之间应采用"輹"进行填充和固定[23]。輹估计是麻或皮革一类的东西，这需要今后发掘资料的证实。二是对轮舆的细部结构还不清楚，因此无法深入复原。三是对个别小件车马具还不甚了解，如出自舆上的一些饰件，对于它的使用和安装方式还不确定。四是对出土鞴具的组织结构仍有许多地方还缺乏认识，有待今后新的发现与研究。

鞧是马车鞁具的主要组成部分，前端与轭连接，后端与靷、轴相连。鞧为皮条制成，至今未见出土实物的报道，仅在金文中才对它的形制有所了解[24]。本文考虑到前掌大 M41 马车复原图的完整性，也对鞧的形式作了推测复原，它的真实结构有待今后出土资料的证明。

前掌大 M40、M131、M132 的舆上发现有"栅栏式隔断"，有的学者认为是车轵[25]。过去一般认为西周马车上才有车轵，商代是没有的。1992 年后安阳刘家庄和梅园庄相继发现了车轵，特别是 1995 年梅园庄 M40（南车）出土的轵，保存较好。它横跨车舆，伸至辀外侧中段。轵中部还有支撑的横木，与前栏相交。而前掌大舆上的隔断结构较清晰，与轵的形制不同，或许它是具有地区特色的一种新的形式，这个问题有待今后更多的资料证实。

前掌大 M40 出土了鞧，俗称肚带。皮条制成，上面饰有铜泡。在服马的背部还有嵌铜泡的革带与鞧相连接，接合部形成一个等腰三角形，此带前端似与轭首后部相连。张家坡第二号车马坑第一号车的鞧带形式与此相似[26]，它的具体结构有待今后复原。

前掌大地处山东西南部，就目前发现的墓葬规模和等级来看，应是一处方国王侯级的墓地。距墓地 1 公里处曾发现一座薛国故城，时代为西周中期至春秋战国。根据文献记载，薛人经历夏、商、周三代，长时期在这一带活动。因此，前掌大墓地应与古薛国有密切的关系。从前掌大马车资料看，出土的车马具颇有地区特色，应是本土制造的，并且估计该地区的制车业已经相当发达，具有很高的技术水平。我们认为前掌大出土的马车很有可能就是商末周初薛国人制造的。当然，仅从这 5 座车马坑的资料，对于了解这一地区的制车业还很不够，特别是本地区铸铜和手工业作坊遗址的情况、它与周边地区的关系、马车形制的演变等还都不清楚，有待今后发掘资料的进一步证实。

附记：本文在编写过程中，得到了胡秉华、王影伊、谷飞先生的大力支持，在此表示衷心的感谢。

（本文引自：《科技考古》第一辑，中国社会科学出版社，
2005 年 10 月。）

注释

[1] a. 中国社会科学院考古研究所山东工作队：《山东滕州市前掌大商周墓地1998年发掘简报》，《考古》2000年第7期。

　　b. 中国社会科学院考古研究所：《滕州前掌大墓地》，文物出版社，2005年。

[2] a. 中国社会科学院考古研究所：《殷墟青铜器》，文物出版社，1985年。

　　b. 中国社会科学院考古研究所：《张家坡西周墓地》，中国大百科全书出版社，1999年。

[3] 中国社会科学院考古研究所：《安阳殷墟郭家庄商代墓葬—1982年～1992年考古发掘报告》，中国大百科全书出版社，1998年。

[4] a. 安阳市文物工作队：《安阳梅园庄殷代车马坑发掘简报》，《华夏考古》1997年第2期。

　　b. 中国社会科学院考古研究所安阳工作队：《河南安阳市梅园庄东南的殷墟车马坑》，《考古》1998年第10期。

[5] 刘士莪：《老牛坡》，陕西人民出版社，2002年。

[6] 夏名采、刘华国：《山东青州市苏埠屯墓群出土的青铜器》，《考古》1996年第5期。

[7] 郭宝均：《殷周车器研究》，文物出版社，1998年。

[8] a. 石璋如：《殷墟后五次发掘的重要发现》，《六同别录》上册、下册，1945年。

　　b. 石璋如：《小屯·第一本·遗址的发现与发掘·丙编·殷墟墓葬之一·北组墓葬》上册，历史语言研究所，1970年。

　　c. 石璋如：《小屯第四十墓的整理与殷代第一类甲种车的初步复原》，《历史语言研究所集刊》第四十本下册，1969年。

[9] 马得志、周永珍、张云鹏：《一九五三年安阳大司空村发掘报告》，《考古学报》第九册，1955年。

[10] a. 秦始皇兵马俑博物馆、陕西省考古研究所：《秦始皇陵铜车马发掘报告》，文物出版社，1998年。

　　b. 孙机：《中国古代马车的系驾法》，《自然科学史研究》第3卷第2期，1984年。

[11] 中国社会科学院考古研究所洛阳唐城队：《洛阳老城发现四座西周车马

坑》，《考古》1988年第1期。

[12] 中国社会科学院考古研究所：《张家坡西周墓地》，中国大百科全书出版社，1999年。

[13] 北京市文物研究所：《琉璃河西周燕国墓地》，文物出版社，1995年。

[14] 王影伊：《山东前掌大商代晚期马具复原》，《中国文物报》2003年1月3日。

[15] a. 石璋如：《河南安阳后冈的殷墓》，《历史语言研究所集刊》第十三本，1948年。

　　 b. 梁思永、高去寻：《侯家庄·1001号大墓》，历史语言研究所，1962年。

　　 c. 梁思永、高去寻：《侯家庄·1003号大墓》，历史语言研究所，1967年。

[16] a. 中国科学院考古研究所安阳发掘队：《1958-1959年殷墟发掘简报》，《考古》1961年第2期。

　　 b. 中国科学院考古研究所安阳发掘队：《安阳殷墟孝民屯的两座车马坑》，《考古》1977年第1期。

　　 c. 中国科学院考古研究所安阳工作队：《安阳新发现的殷代车马坑》，《考古》1972年第4期。

　　 d. 中国社会科学院考古研究所安阳工作队：《1969-1977年殷墟西区墓葬发掘报告》，《考古学报》1979年第1期。

　　 e. 中国社会科学院考古研究所安阳工作队：《殷墟西区发现一座车马坑》，《考古》1984年第6期。

　　 f. 刘一曼：《安阳殷墟刘家庄北地车马坑》，《中国考古学年鉴（1993）》，文物出版社，1995年。

　　 g. 安阳市文物工作队：《1995-1996年安阳刘家庄殷代遗址发掘报告》，《华夏考古》1997年第2期。

[17] 左忠诚：《渭南县南堡村发现三件商代铜器》，《考古与文物》1980年第2期。

[18] 陶正刚：《石楼式商代青铜器概述》，殷墟甲骨文发现90周年国际学术讨论会论文，1989年。

[19] 马得志、周永珍、张云鹏：《一九五三年安阳大司空村发掘报告》，《考古学报》第九册，1955年。

[20] 同注［8］c。

[21] 杨宝成：《殷代车子的发现与复原》，《考古》1984年第6期。

［22］张长寿、张孝光：《殷周车制略说》，《中国考古学研究－夏鼐先生考古五十年纪念文集》，第一集，文物出版社，1986年。

［23］郑若葵：《论商代马车的形制和系驾法的复原》，《东南文化》1992年第6期。

［24］同注［23］。

［25］中国社会科学院考古研究所：《中国考古学·夏商卷》，中国社会科学出版社，2003年。

［26］中国科学院考古研究所：《沣西发掘报告 1955-1957年陕西长安县沣西乡考古发掘资料》，文物出版社，1962年。

先秦车马具的结构与画法

李　淼　刘　方　韩慧君

内容摘要：考古发掘出土的先秦车马具种类繁多、形态各异。它们原来大部分是按实用的位置安装或佩带的，由于木质马车已腐朽无存，随葬马匹也仅存骨架，这就造成出土时车马具零部件多已散乱移位的状况，对于车马具的识别和复原带来许多困难。因此，在科学发掘的基础上，认清车马具的功能、结构和制造原理，清绘出车马具正确的实测图，无疑是至关重要的，它是复原先秦马车和研究先秦车制的基础。

车马具零部件不仅有很高的实用性和艺术性，而且具有很高的科技含量。从几十年积累的发掘资料看，表现它们的大部分墨线插图是科学的、规范的，能够较好地反映出它们的真实面貌。当然，也有一部分插图的绘制存在着不少问题，需要今后加以纠正。

本文通过先秦各个时期车马具零部件的诸多典型实例，分门别类地说明它们由于功能的不同而导致的结构变化，阐述根据这种变化在绘图时所采取的合理的、准确的表现方法，并且指出过去经常出现的错误画法和不规范画法。对于一些复杂的零部件还绘制了使用安装示意图和局部组合复原图，从而使读者对先秦车马具的功能、结构和画法有一个系统的、全面的、正确的认识。

关键词：商至战国时期；出土车马具；功能；结构；画法

先秦车马具最早出土于20世纪30年代的安阳殷墟遗址。新中国成立后，随着车马具出土的日益增多和田野发掘技术的迅速提高，我们对先秦车制的了解逐渐增加。特别是20世纪80年代以来安阳郭家庄、梅园庄[1]、西安老牛坡[2]、滕州前掌大[3]、北京琉璃河[4]、长安张家坡[5]、洛阳北窑[6]、宝鸡強国墓[7]、三门峡虢国墓[8]、临猗程村[9]、上马墓地[10]、包山楚墓[11]、中山王𦤒墓[12]以及秦始皇陵铜车马[13]的发掘，为认识先秦车制的内涵提供了详实可靠的资料，使先秦车制的研究揭开了新的篇章。

先秦车马具的种类繁多，形态各异，认清车马具的功能和结构，并绘制出精确的实测图和复原图，是研究先秦车制发展演变的基础。从几十年积累的发掘资料看，其中大部分插图是科学的、规范的，当然，也有一部分插图存在着问题，需要我们加以纠正，本文尝试着全面地围绕出土先秦车马具的功能、结构和画法等问题进行探讨。

一、车具的结构和画法

（一）轮及附件

车轮由毂、辐、牙三部分组成。毂位于车轮的中部，是轮的核心。辐为车轮中凑集于毂的若干直木条，辐的两端凿有凸榫，接毂的股端名菑，近牙的胶端名蚤。牙也名辋，即接触地面的轮圈，牙的内侧凿有卯眼，用以安装辐。先秦的车轮普遍比较大，直径平均为135厘米左右。车轮的变化主要表现在毂的形制上，牙和辐的变化不大。

1. 毂及附件

毂用圆木制成。毂内有孔，称壶中，用以贯轴。毂靠近舆的一边称贤端，靠近轴头的一边称轵端，中部建辐处是毂径最大的部位，其上有一圈卯眼，用以纳辐。商代的毂多为腰鼓形，平均长35厘米，中径25厘米（图一：1）。由于毂在转动时容易内侵车舆，所以有的贤端比轵端明显要粗一些，这种结构为以后所承袭[14]。为了加大毂的支撑面，使车行进时更稳定，西周以后毂的形体加长，有的近似橄榄形（图一：2），有的毂长达60厘米左右（图一：12），又名畅毂[15]。到了春秋战国，壶中仅两端与轴接触，中部凹陷，使得毂与轴之间的摩擦力明显减小（图一：13）。另外，毂变长后，当车子运行中发生倾斜时，毂受到轴的扭压力矩也随之增大，为了加强毂的承受力，防止木质开裂，毂上要安装一些青铜附件，常见的有𫐐、𫐉、𫐖等。𫐐在商末就已经出现了，到了西周早期，𫐐、𫐉、𫐖已经开始同时使用。春秋以后，对毂进行加固的做法发生了很大变化，开始采用皮条或麻绳缠绕、髹漆等制作工艺，𫐐、轵、辋不再流行，而在壶中两端以及相对应的轴上出现了钎和锏，用来增加毂和轴的强度。

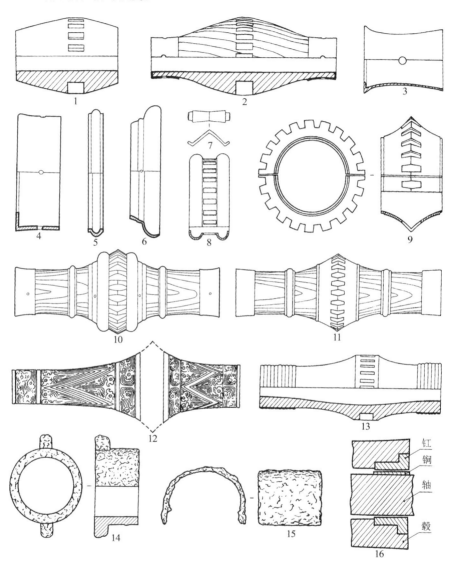

图一　毂及附件

1. 毂的复原图（殷墟西区 M1613）　2. 毂的复原图（张家坡 M168）　3. 軎（殷墟西区 M701:75）　4. 軎（张家坡 M170:46）　5. 轵（张家坡 M170:46）　6. 轵（张家坡 M170:46）　7. 辐间饰（张家坡 M170:40:3）　8. 轵（茹家庄 CH1:2-23）　9. 轵（茹家庄 CH3:1-21）　10. 毂的附件组合示意图（张家坡 M170:46）　11. 毂的附件组合示意图（茹家庄 CH3:1-21）　12. 毂的附件的组合示意图（辛村 M3:42、43）　13. 毂的复原示意图（程村 M1009:5）　14. 钎（燕下都）　15. 锏（中山王譻墓 CHMK2:56-1）　16. 钎和锏的组合示意图

（1）辖　套在毂两端的一对青铜附件。有的对称，也有的贤端大、轵端略小。均为圆筒形，内端敞口，用以承毂，辖壁上有对称的钉孔，将其固定在木毂上。多数外端有环挡，中央为大圆孔，用以贯轴，少数外端亦敞口，没有环挡。商代的辖形体较长，殷墟西区出土的两件[16]，端口外翘后向内折沿，钉孔较大，长14厘米，轴孔径8厘米（图一：3）。西周出现軝、轵以后，辖的长度开始变短，张家坡出土的一件，中部有4个钉孔，长4.5厘米，外端径11.7厘米，轴孔径8厘米（图一：4），有的更短，长仅2厘米，孔径变化不大。

（2）軝　安装在毂中部的青铜附件，起着加固辐的作用。它的变化较多，大致分为四种形式：第一种为左右两个对称的铜圈，内侧作弧形鼓起，两軝合抱于建辐处，圈壁上有四个钉孔，长4.6厘米，外端径13.5厘米（图一：6）。其间装有辐间饰（图一：7），为"人"字形铜片，中部突起处为细腰形，两侧有上翘的"脚"，被左右两軝卡住（图一：10）。第二种为軝和辐间饰合铸在一起，分为上下两合，扣在建辐处，中间突起折棱，并留有扁六棱形辐孔，四角有方形钉孔，两合共20个辐孔，长9厘米，最大径18厘米（图一：9）。第三种为整体铸造，无上下两合之分，建辐处平直，辐孔为长方形，左右两边呈带状隆起，唇沿内敛，长9厘米，最大径18.5厘米（图一：8）。此种軝的两侧还装有一对附件，均为圆环形，一端侈口，一端敛径，环壁上有钉孔，附于軝的内、外沿上。第四种是将两侧的軝分别与辖、轵合铸成一整节，两节不对称，外侧的一节长32厘米，内侧长20.9厘米，最大径18.8厘米，安装后仅留建辐处的木质部分（图一：12）。

（3）轵　套在辖、軝之间的一对青铜附件。轵均为一个圆形的窄铜圈，张家坡出土的一件，两端大小相若，中间呈弧形突起，长2厘米，外凸径14.4厘米（图一：5）。

辖、軝、轵的主视图应分别垂直放置，下部半剖，钉孔要放在半剖线上或剖面上。侧视图一般为一组同心圆，如没有特殊结构，也可以不画。过去，不少插图将它们的主视图横置，有的不半剖，都是不规范的。辐间饰的主视图应横放，再画一个俯视图。木毂出土时多已腐朽，有些可以根据痕迹绘制复原示意图（图一：1）。毂上有青铜部件的，应将外露的毂壁上绘出木纹，使毂的结构更加清晰（图一：2、10、11）。

（4）钏与铜　战国以后，出现了钏和铜，多为铁制[17]，主要作用是加强毂、轴的坚固性和耐磨性，减少车轮转动时毂轴之间的摩擦力。钏装在壶中的两端，呈圆筒形，有的报告误将它当作辋，两者的主要区别是：钏的直径较小，壁较厚，而辋的直径较大，壁较薄。燕下都出土的钏，外壁一端有两个对称的凸榫，其作用是嵌入木毂后防止钏体松动。钏的内壁光滑，与轴上的铜抱和，长4.8厘米，外径7.4厘米（图一：14）。中山王𰯽墓出土的铜呈筒瓦状，两端各有两枚铁钉固定于轴上，内壁残留有木轴痕迹，长5厘米，外径6.6厘米（图一：15）。

钏一般应画两个视图，主视图竖放，凸榫垂直放置，下部半剖，再画一个侧视图（图一：14）。铜也要画两个视图，由于是半圆形的，主视图可以不到半剖，再画一个侧视图即可（图一：15）。另外，为了反映钏和铜的结构关系，还可以绘制组合示意图（图一：16）。

2. 辐

辐用木条制成，造型变化不大，平均长50厘米，宽3厘米左右。而在辐的数量上，商至战国呈现出逐渐增多的趋势。商代多为18根、20根，西周一般为22根，春秋战国多为26根左右，到了秦，定制为30根。辐的菑端是横向入毂，蚤端是纵向入牙，两端的形状各不相同，菑端可根据轵上的辐孔形状确定。例如根据宝鸡茹家庄出土铜轵上的辐孔，可知辐的数量为20根，横截面有的为长方形，有的为扁六棱形。陕西长安张家坡出土的辐，其数量和形状应与辐间饰所形成的空隙相吻合，多为22根，少数车为24根，横截面应为扁椭圆形。关于蚤的形式，至今仍未获得理想的资料，仅有少量的报道，有些则参考秦始皇陵铜车马的形制进行了推测复原。（图二：5）[18]。

3. 牙及牙饰

牙用木材烘烤揉弯后拼合而成，平均高7厘米，厚5厘米左右。长安张家坡出土的车轮，牙由两个揉曲的木条对接在一起，接口处用牙饰固定，以防开裂。牙饰多为锤揲成倒梯形的青铜薄片，少数为铸造而成的。有的两壁上部各有一钉孔，高6.5厘米，上宽6.5厘米，下宽4.7厘米

（图二：2）。还有的牙壁略呈弧形，两壁上部各有两个钉孔（图二：3）。根据牙饰的形状，可知轮牙内侧较宽，着地的外侧较窄。张家坡M157第27号车轮牙的接口处各有两个牙饰，推测它的接口是耸肩搭口榫（图二：1），即在相对接的两个料端，各在相反的一侧截去料宽的一半，形成一个相反的单肩榫头，相互扣合，头肩相抵，对接后在牙的正面形成横向的"N"字形接缝[19]。牙饰的主视图应开口向上，再画一个侧视图，同时绘制轮牙接口处的结构示意图（图二：4）和轮的复原示意图（图二：6）。

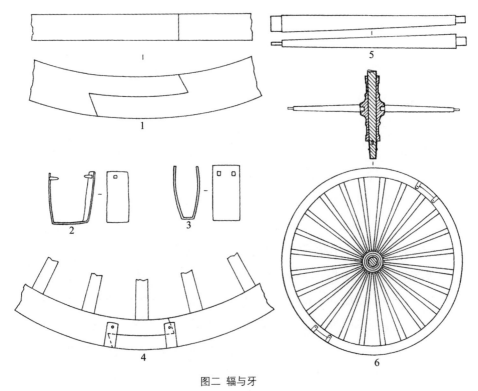

图二 辐与牙

1. 轮牙接口复原示意图（张家坡M157）　　2. 牙饰（张家坡M157:67）

3. 牙饰（辛村M3:169）　　4. 牙饰安装示意图（张家坡M157）

5. 车辐复原示意图（程村M1009:5）　　6. 车轮复原示意图（张家坡M157）

（二）轴及附件

轴为一根承舆持轮的圆木，出土实物极为少见。但先秦的轴头上都套有軎，只要没有扰动，根据軎的位置，就可以计算出轴的长度和两端的直径，中间的直径可以根据发现的木痕复原。由此可知，车轴大致是一根中间较粗、两端渐细的圆木，长度一般在300厘米左右。轴中部直径一般为10厘米左右，轴头处有穿辖的长方形孔。先秦时期有些车轴与辀木相交的部分刻有凹槽，或安装当兔，与左右轸交接的地方装有伏兔和轴饰等，以加强辀、舆和轴结合的稳定性。

1. 軎与辖

軎与辖为车轴上最重要的青铜附件。軎多为筒形，内端一般略粗，上下有键孔，用来穿辖。辖由辖首和辖键组成，辖首和辖键的下端有小孔以穿绳索或皮条将辖缚住不至于脱落。軎的功能主要是用来保护轴头的，辖紧靠毂的䐉端，其作用是限制毂在转动时不至于从轴上脱出。

商代的軎多为直筒形，内端插入毂内，外端有挡。有的体细长、挡微鼓，辖孔两侧各饰夔纹，外部饰云雷纹地蕉叶纹，端面饰盘龙纹，中部有对称的钉孔，长19.5厘米，口径5.3厘米（图三：3）。与它共出的为兽形辖套头，内侧面与底面敞口，用来装木辖键，在兽头与前爪之间有圆穿，可以加楔固定辖键，长4.3厘米，宽2.3厘米，高3.2厘米（图三：5、6）。有的挡饰同心圆凸纹，辖孔两侧素面，外部饰凸起的蕉叶纹，长22.8厘米，口径5厘米（图三：7）。还有的形体较短，挡平齐，辖孔两侧饰八角星纹，外部饰蕉叶纹[20]，长16.6厘米，口径6.7厘米（图三：2）。与它同出的辖套为长条形，顶端封闭，底端敞口以纳木辖，中部有方孔，可以用木楔对辖加固，以防辖套松动脱落，辖套一面有鼓泡，入軎后防止辖体下滑，辖套四面分别饰有夔纹、虎纹和菱形纹，长3.8厘米，宽2.3厘米，高10.8厘米（图三：1、4）。

西周的軎与商代的形制相近。一种为鼓挡軎，早期的特点是：挡凸鼓、形体长。有的身饰四蕉叶纹，中部有钉孔[21]，长18.8厘米，口径4厘米。与它同出的兽头形辖造型简洁，上下两端各有一穿（图四：5）。中期挡微鼓，除了四蕉叶纹，还有竖条纹、水波纹、斜线纹等，器形逐渐变短，洛阳北窑的一件，中部有一阶棱，鼓挡饰涡纹，长9.6厘米，口径4.9厘米（图四：6）。到了西周晚期，鼓挡軎不再流行。另一种是平挡軎，从早期到晚期造型变化不大，主要特点是挡平齐，筒壁直。早期形

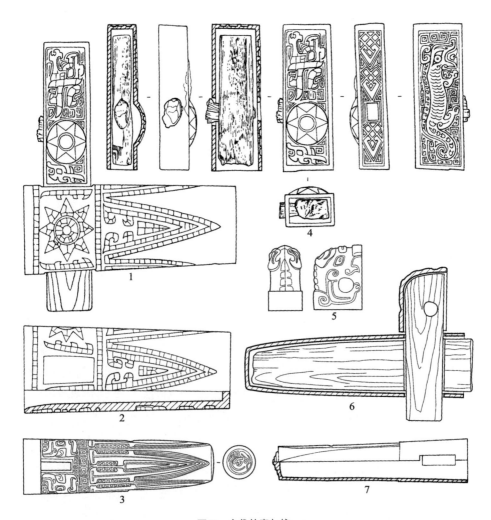

图三　商代的軎与辖

1. 軎与辖组合示意图（小屯M20）　　2. 軎（小屯M20）　　3. 軎（郭家庄M52:12A）

4. 辖套（小屯M20）　　5. 辖套头（郭家庄M52:12B）　　6. 軎与辖组合示意图

（郭家庄M52:12A、12B）　　7. 軎（老牛坡M27:6）

体很长（图四：1），中期变短（图四：2），晚期形体最短（图四：3）。
除了四蕉叶纹外，还有云雷纹、凸棱纹、覆瓦纹、重鳞纹、四波纹、夔
纹、饕餮纹等。洛阳北窑的平挡軎从西周早期一直延续到晚期，可以清
楚地看到它的演变过程（图四：1、2、3）。这一时期辖的造型也逐渐增
多，除了各种兽头形辖以外（图四：5），还有在辖首处饰以人像的，洛
阳庞家沟出土的一件铜辖，辖首为一跽坐人像，脸朝外，背后有一块方

形平板，辖插入軎上的辖孔后，人像背后的方板正好悬覆在外侧车毂之上，与轴饰上的方板两两相对，这样的铜辖无论从式样和人物造型都是西周极少见的[22]。人形辖一直流行到春秋时期，陕西户县宋村出土的一件，軎筒中部有带槽的圆箍一道，辖头为一捆缚的奴隶，双手背后，坐于辖的顶端[23]，軎通长16.2厘米，口径5.7厘米，辖通高12.8厘米（图四：4）。

西周晚期至春秋初期，軎的形制有了明显的变化，最突出的特点为内端向外折沿，到了战国折沿变厚，使軎更加坚固[24]。在出土的商周车軎中，由于軎的端口插入毂内，的确因长期磨损而豁口的情况，翻折至毂外端后，除了本身不易磨损外，还可助辖以制辖外侵，表现出制车工艺水平的明显提高。从造型上看，春秋战国的軎大致可分为两种形式，一种为圆筒形，有的筒细长，饰错金银变形龙纹，挡封闭，饰圆涡纹，兽形辖首，方辖键，长8.6厘米，口径6厘米（图四：11）。有的筒身饰蟠螭纹，挡中心镂空作圆涡纹，辖键内收[25]，通长8.4厘米，径8.5厘米（图四：7）。有的筒身较短，饰蟠螭纹，末端无挡，兽头形辖首，长3.8厘米，缘径7.7厘米（图四：8）。有的在侧壁立一长方形环耳，另一侧壁立一螭首钩，筒身为错金银卷云纹和竖条纹，末端也无挡，长7.3厘米，口径5.6厘米（图四：13）。还有的侧壁上安装可以转动的鸭首方形带扣，可系革带，它与环耳的功能基本相同，估计都是为固定骖马靷绳而设置的[26]，长8.2厘米，口径6.2厘米。辖首铸成虎形，虎的双足间有椭圆形穿孔（图四：10）。另一种筒身为多棱柱体，有的为8棱柱，上饰蝉纹，挡面饰卷云纹[27]，长10厘米，缘径9.4厘米，兽头形辖首（图四：9）。有的为14棱，素面，长方形辖首，辖体两侧各有一圆穿，长7.5厘米，缘径8.3厘米（图四：12）。春秋战国时期，还有一种特殊的车軎，它的外端有锋利的矛状物，估计是安装在车战上的。驭手驾车快速前冲时，这种有刃车軎也能对敌军步兵造成一定的伤害（图四：4）。

軎的主视图应根据实际安装的方位绘制，即将軎身水平放置，端口向左、向右均可以，辖则应竖放，辖首的朝向应与軎保持一致。以往的插图中有些将軎身竖放，辖横放，都是不规范的。商周时期的軎，很大一部分出土时是与辖分开的，所以多将内端的键孔放在中间被半剖，剖

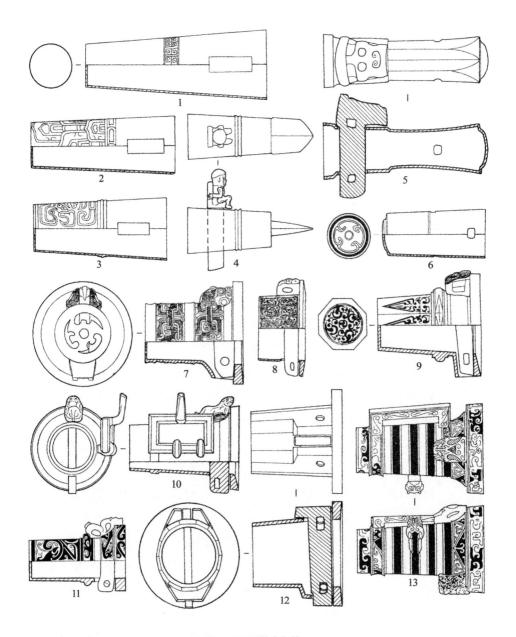

图四 两周的書与辖

1. 書（北窑M147:1） 2. 書（北窑M350:6） 3. 書（北窑568:7） 4. 書与辖（户县宋村）

5. 書与辖（洛阳林校M230:108） 6. 書（北窑M32:5） 7. 書与辖（后川2040:243）

8. 書与辖（上马M15:22） 9. 書与辖（曾侯乙墓N.147） 10. 書与辖（太原赵卿墓M251:70、

712） 11. 書与辖（望山M2:T82） 12. 書与辖（上马M2008:49）

13. 書与辖（中山王譽墓CHMK:67-1、2）

面中部还可以表现固定辖的钉孔。另外，出土的軎和辖，如果可以确定是一套的，应绘制组合示意图，并根据实物特点采取不同表现形式，一般采用横向半剖，剖面放在下面。有的纹饰精致或表面结构复杂，也可以不剖，加挡面的侧视图或軎的俯视图（图四：3；图四：13）。有的为了表现内部结构，还可以全剖（图三：6；图四：5、12）。形制特殊或花纹复杂的要根据具体情况适当增加视图，并按规范的视图排列顺序绘制（图三：4；图四：12）。

2. 伏兔

伏兔是置于轴上、垫在左右车轸之下的枕木，也称輹、屐。伏兔顺向放在轴上，下有弧形凹口与轴吻合，上面平直，承拖车轸，它们之间要用皮条捆缚，使三者接合得更牢固。由此我们可以看出，伏兔最重要的作用是对轴、舆的固定，同时车在运行中，伏兔充当着轴和舆的中间介质，它能起到缓冲和减震的作用[28]。伏兔最早见于西周，均为木质，出土时已腐朽，报告中一般没有详细的描述和独立的正投影图。上村岭1727号车马坑第3号车出土的伏兔，形状为顶面平齐、底面带凹槽的长方体，长15厘米，宽7厘米，高3厘米[29]（图五：1），是迄今为止发掘资料中对西周伏兔最详尽的描绘。张长寿、张孝光先生根据长安客省庄出土的轴饰，对其安装结构进行了复原（图五：2），由此可知，伏兔的内侧为长方形，外侧为楔形，端面呈月牙形（图五：3）[30]。临猗程村M1009的伏兔为上下两面均有凹槽的长方体，结构比较清楚（图五：4、5），它的顶面中间有一横向凹槽用以承轸，并有革带的痕迹。

先秦伏兔的复原，因无实物可考，仍然不很准确。而秦始皇陵出土的伏兔为青铜铸造而成，保存极为完整，与轴、轸的结构关系十分清晰，还刻画出皮条缠扎的纹理，长16厘米，宽4.8厘米，高6厘米，伏兔上的盖板长4厘米，宽6.4厘米（图五：6、7），为我们复原先秦时期的伏兔提供了宝贵的实物依据[31]。

3. 轴饰

轴饰是安装在轴和伏兔上的车具。也称画轙、輨踏。轴饰始见于商代晚期，1995年安阳梅园庄M41出土的轴饰位于舆外侧，尚存一对梯形木板，平贴于轴上，长11厘米，近舆端宽9厘米，近贤端宽10厘米，顶

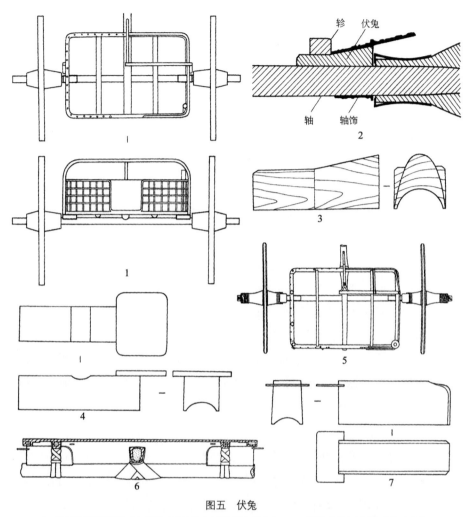

图五　伏兔

1. 伏兔位置示意图（上村岭1727号车马坑第3号车）　2. 伏兔安装示意图（客省庄）
3. 伏兔复原图（客省庄）　4. 伏兔复原图（程村M1009:5）　5. 伏兔位置示意图（程村
M1009:5）　6. 伏兔安装示意图（秦始皇陵铜车马一号车）　7. 伏兔（秦始皇铜车马一号车）

面有彩绘纹饰。这也是目前所知商代轴饰唯一的报道。由于轴中段断
折，轴饰套管痕迹已难分辨，軝下与套管相接处是否有伏兔，尚不清
楚，有待新的发掘资料证明[32]。到了西周早期，轴饰多为带盖板的青铜
套管。有的近舆的一端开口较小，断面呈卵圆形，上尖下圆。近毂的一
端开口较大，连接在一块上边平直、下边椭长的挡板上，挡板的上方向
外斜伸出一块梯形盖板，用以障泥。套管下面开一个方孔，套管上饰夔

纹，盖板外壁饰变形饕餮纹，通长20.3厘米，宽9.6厘米（图六：3）。有的套管较短，盖板外端为圆角弧形，盖板上饰兽面纹，套管两侧为夔纹，通长17厘米，宽12厘米（图六：1）。过去由于对它的出土情况不甚了解，曾在使用上出现过误解，有的将它套在了辀上，有的虽安在轴上，但方向却反了[33]。正确的安装方法是将轴饰套在舆和毂之间的轴上，梯形盖板覆于车毂贤端的上方，防止泥土落在轴上（图六：2）。套管上部加一"木楔"，其外端抵住毂，内端伸入轸木之下，这个"木楔"在前面已经提到，即是伏兔。由此看来，轴饰不仅仅是车轴上的装饰

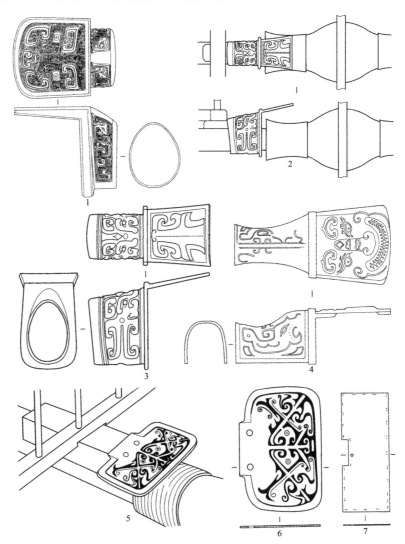

图六　轴饰与掩板

1. 轴饰（张家坡M170:36:9）

2. 轴饰安装示意图（客省庄）

3. 轴饰（客省庄）

4. 轴饰（茹家庄CH3:2-22）

5. 掩板安装示意图（九店104CH:5）

6. 掩板（九店104CH:5）

7. 掩板（中山王䉅墓CHMK2:57-1）

物，而且对轮舆起着加固和保护的作用。

西周中期以后轴饰在形制上有了明显变化，主要表现在套管上，有的仍延续西周早期的形制，但有些管壁下面的方孔变大，到了西周晚期，最大的孔长9厘米，宽6厘米。有的套管为上下两半分别铸成，扣合在轴上，再加以固定。还有的套管变为筒瓦状，中间的脊棱逐渐隆起，两侧饰对称虎纹，盖板上饰兽面纹，通长20.5厘米，半环弦径5.3厘米（图六：4）。由于这种轴饰不能直接套在轴和伏兔上，已经失去了套紧加固的功能。安装方法是先将伏兔用鞃缚在轴上，再将它扣在伏兔上，用钉固定，起到装饰作用[34]。

轴饰的造型复杂，一般应采用三视图表示，主视图应将套管水平放置，过去，有些报告中将轴饰竖放，是不规范的。侧视图最好画全，这样才能把套管和挡板的结构关系表现出来（图六：3）。由于套管上面饰有花纹，因此可以不剖，或者加隐剖。管壁下边有长方孔的，还应画仰视图，或者将管壁半剖。过去发表的轴饰插图，有些仅绘制两个视图，有的视图对应不够准确，这都给研究带来不便。

4. 掩板

掩板即固定在伏兔上的盖板。由轴饰演变而成，由于固定轴和伏兔的套管已经消失，掩板实际上完全脱离了车轴，失去了轴饰的加固作用，仅用于障泥（图五：4、7）。也有学者认为它仍是画鞃的一种形制[35]。大约从春秋早期，轴饰的覆瓦部分就开始退化，最后完全改变了性质，仅存盖板部分。有的掩板为圆角长方形平板，内侧中部外凸，上有钉孔两个，用钉固定在伏兔上端，正面镶嵌对称云纹[36]，长12.8厘米，宽8.8厘米，厚0.2厘米（图六：5、6）。有的为椭圆形，纹饰略有变化[37]。还有的为长方形，与伏兔接合处为方形凹槽，中部有一钉孔，周围有伏兔外端的痕迹，盖板周边有小孔29对，用小钉固定在衬板上，长33.5厘米，宽14厘米（图六：7）。掩板的造型较为简单，画一个俯视图和一个横剖图就可以了，剖口最好选择在钉孔的位置处。

（三）辀及附件

辀即车辕，先秦时期的马车为木制的独辀。根据发掘资料，辀在舆下的一段置于轴上，较平直，自舆前开始上扬。辀与轴十字相交，交接处在辀的下边刻槽，与轴上面的刻槽相卯合。辀与舆的前后轸木相交处也刻槽，使车更加牢固。辀的前端装有軎，和前轸木交接处装有轨，后端装有踵，有的在軎下装有辀颈饰（图七：2）。商代的辀长度平均270厘米左右。西周以后辀有逐渐变长的趋势，到了春秋战国，辀的长度为350厘米左右。辀径一直变化不太大，平均10厘米左右。

1. 軎

軎是辀上的主要青铜附件，套在辀最前端，起着保护和装饰的作用。商至战国均有出土，大致分为三种形式：第一种为水平式的，流行时间较长，造型各异。有的前端为一双角兽头，后端为圆形套管，管的末端有上下对应的圆孔，孔径较大，可能是为加木辖以固定车衡的，出自商代晚期（图七：1）。有的为前端大、后端小的一段偏心圆管，上缘平直，下缘为弧形，端面饰一条盘曲的蛇纹和云纹，器长5.8厘米，端面径9厘米，銎径6.6厘米（图七：9），出自西周早期。有的为长方形套筒，顶端为一粗眉大嘴的兽面，筒壁两侧各有一个圆形穿孔，长6.3厘米，高5.5厘米（图七：3）。有的为虎头形，没有套管，后背为半圆形，虎耳后边有对称的方孔，可以用榫将它固定在辀上，长8.5厘米，宽10厘米，高6厘米，（图七：6）。以上两件为西周中期。到了战国，軎的做工更加精湛，有的为错金银兽头形（图七：12），长22厘米，高8.3厘米[38]。第二种为竖直式的，最早出自商晚期，为半圆筒形，顶面前弧后平，与立面夹角为80度，饰兽面纹。立面及侧面饰夔纹，宽7.5厘米，高9.1厘米（图七：4）。西周以后多为兽头形，有的为双面兽头形圆雕，下部为圆形套管，正面兽头有巨大的卷云状双角，形象生动威武，圆管下端有对称的圆穿，两侧也各有一个圆孔，背面的管壁略有凹陷，应是紧贴车衡的地方。銎径6.5厘米，通高23厘米（图七：7）。有的正面为一大兽头，背面蹲伏一小人，小人后背文身，图案为一对回首鸣叫的小鹿，形象动人，銎径4.8厘米，通高13厘米（图七：8）。第三种为弯曲式的。有的管口较粗，随着管身上扬而变细，顶端为一兽头，双角耸立，颔下有方孔，用以固定在辀端，车衡应位于兽头的颔下，兽头面向车厢，长12.5厘米，高11厘米，銎径4.8厘米，出自西周中期（图七：5）。有的套管略呈弧形，軎首为马头形，纹饰精细，长10.4厘米，銎径3.8厘米，出自战国早期（图七：11）。

　　轫应根据造型的不同而设置视图，造型简单的用主视图和侧视图即可（图七：9），复杂的可以采用三视图或四视图表现（图七：7、12）。轫的前端多为兽头形，有的制作十分精美，要用粗细线表现出圆雕的立体感，并注意主、侧视图的对应。另外，还要将视图摆放的角度与实际

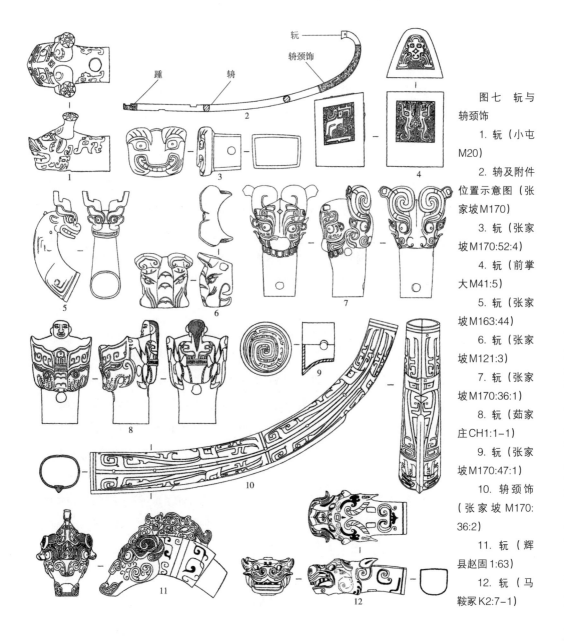

图七　轫与辀颈饰

　　1. 轫（小屯M20）

　　2. 辀及附件位置示意图（张家坡M170）

　　3. 轫（张家坡M170:52:4）

　　4. 轫（前掌大M41:5）

　　5. 轫（张家坡M163:44）

　　6. 轫（张家坡M121:3）

　　7. 轫（张家坡M170:36:1）

　　8. 轫（茹家庄CH1:1−1）

　　9. 轫（张家坡M170:47:1）

　　10. 辀颈饰（张家坡M170:36:2）

　　11. 轫（辉县赵固1:63）

　　12. 轫（马鞍冢K2:7−1）

安装方向一致（图七：5）。

2. 軜颈饰

軜颈饰安装在軜的下边，起加固和装饰作用。仅见于张家坡，它酷似一段去了尖的象牙，为前端细后端粗的椭圆形铜管，由两个半圆管合成，合缝处用一条三角形的脊条将两个半圆管锁住，由前端开始下曲，约至中部渐趋水平，器表饰曲体夔纹，每半管四组，前后左右两两相对，每半管上各有三行方形钉孔，每行八孔，水平长61厘米，最大径7.6厘米。安装时，先将左右两个半管套在軜颈上，用脊条从底侧将半管卡住，再用铜钉固定。由于是首次发现，原报告插图用整版、四个视图表现它的结构，是十分必要的（图七：10）。

3. 軛

軛安装在车軨前部外侧正中间，盖住軜的顶面和軨外侧的立面，用钉销紧后，使车舆和軜连接为一体，起到加固的作用（图八：5）。一种平面为十字形，出自安阳殷墟小屯M20，軨板为略带弧度的半圆形铜管，軜板为一块长方形铜板，中间略凹，铜板表面饰兽面纹。其上有两个方孔，与軜固定，长15.2厘米，宽8.4厘米（图八：2）。另一种平面为T形。有的軜板与軨板垂直相交，軜板为中部微鼓的长方形，軨板略宽于軜板，中间凹陷，背面有两个鼻纽，用榫和軨木固定，长19厘米，高4.7厘米，出自殷墟小屯M40（图八：7）。西安老牛坡出土的一件形制相同，只是軨板加长到23.5厘米。滕州前掌大出土的一件，軨板饰兽面纹。軨板加长到36.8厘米，两端饰夔纹，背面有方穿，可以用榫固定在軨木上（图八：8）。值得注意的是，軜板与軨板呈70度角，说明軜出舆后略有上扬，这种形式殷墟尚未发现。从以上实例我们可以看出，軛的不同结构是根据軜、軨的形制变化而设计铸造的，到了西周中期以后，軛饰逐渐消失。

軛一般采用三视图就可以了。殷墟小屯M20出土的軛原报告用了6个视图，侧视图、仰视图和后视图均可以省略（图八：7），规范的画法应将軨板的立面作为主视图，原主视图（即軜板的平面）作为俯视图，再画一个侧视图。也可以将侧视图变为剖视图（图八：2、8）。

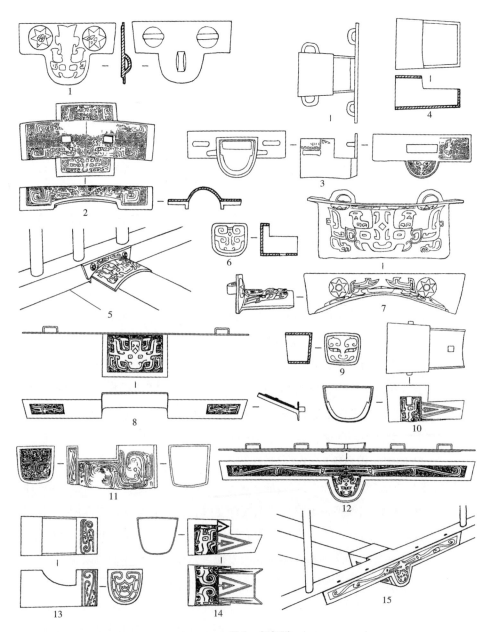

图八　轵与踵

1. 踵（小屯M20）　2. 轵（小屯M20）　3. 踵（小屯M20）　4. 踵（琉璃河Ⅱ M202CH:30）　5. 轵的
安装示意图（小屯M40）　6. 踵（张家坡M170:32）　7. 轵（小屯M40）　8. 轵（前掌大M41:43）
9. 踵（茹家庄CH3:1-23）　10. 踵管（前掌大M41:31）　11. 踵（张家坡M170:25）　12. 踵板（前掌
大M41:35）　13. 踵（茹家庄CH1:2-12）　14. 踵（前掌大M215:2）　15. 踵的安装示意图（前掌大
M41:31、35）

4. 踵

踵装在辀的末端，起加固作用，最早出自商代晚期，一般由两部分组成，前端为踵管，后端为踵板。有的仅为一个"T"形踵板，它的上部为长方形，背面两侧各有一个横鼻，下部为半圆形，背面有一个凸起的竖鼻，正面中央有兽面纹，两侧各有一个六角星纹（图八：1）。有的踵板与前者相近，长15.7厘米，但前面有半圆形踵管，管的末端有凹槽以纳车轫，前端两侧各有一个半圆形鼻纽，由此可知辀尾形状也是半圆形的，前粗后细，上平下圆，末端开槽以纳车轫（图八：3）。商末周初，踵管与踵板开始分离。有的踵管上的鼻纽变小，踵板加长到41厘米，饰细夔纹和兽面纹，背面鼻纽增加为5个踵管与踵板的凹槽可以对接成一体（图八：10、12、15）。有的不装"T"形踵板，踵管与前者相近，只是管口呈倒梯形，踵管敞口，踵尾外露（图八：14）。到了西周中期，踵管末端开始封闭。有的中部为一方形凹槽，以置车轫，踵尾露出辀木，凹槽两侧饰鸟纹，后挡饰兽面纹（图八：11）。有的凹槽呈半月形，踵尾后挡及周边饰窃曲纹和斜三角纹，长10.8厘米（图八：13）。有的末端与轫平齐，踵尾封闭（图八：4）。有的则把前面的踵管切去，仅留后轫凹槽和踵尾，后挡上饰单线变形兽面纹（图八：6）。还有的仅存踵尾，后挡饰兽面纹，套在露出轫外的辀末端，长3.4厘米，高4.3厘米（图八：9）。西周中期踵的造型逐渐简化，春秋以后，踵不再流行。

踵一般要画主、侧、俯三个视图。结构复杂的可以用四个视图（图八：3）。结构简单的可以用两个视图。有的踵为踵管和踵板两件组合而成，一般发掘报告的插图都是分别绘制的（图八：10、12），为了使它的结构更加清楚，还应绘制组合图和安装示意图（图八：15）。

（四）衡及附件

衡装在辀颈上，是缚轭驾马的圆木。有两种形式，一种为直衡，中间稍粗，两端较细，长多为120厘米～140厘米（图九：20），直衡出土数量较多。另一种为曲衡，衡的两端曲折上翘，均长于直衡。商代铭文中所见的车衡，有不少是弯曲的，但实物资料极为少见。安阳郭家庄车马坑M52出土的衡，两端略向上翘起，长216厘米，中部径9.5厘米，证实了商代曲衡的存在（图九：19）。西周以后曲衡逐渐增多，早期多为木制，需将衡木揉曲，两端加衡末饰。后来变为在直衡的两端加上错衡饰，末端再加衡末饰（图九：21），长206厘米[39]。衡上的青铜部件主要有鞶纽、软、衡内饰、错衡饰、衡末饰、銮铃等。

1. 鞶纽

鞶纽是安装在衡中间的青铜附件。西周以后开始流行，铜纽多为提梁式，缚衡的鞶带从中穿过，将衡系结在辀上（图九：21）。有的提梁顶面饰一对相向的兽头，提梁的两脚下各有一个圆形套管（图九：3）。还有的提梁下为筒瓦形底座，与衡扣合，四角有方形钉孔，长9厘米，弦长4厘米（图九：5、20）。鞶纽的主视图应水平放置，根据器物的不同特点，配以相应的视图。套管式的可配以俯视图和套管的侧视图，这样才能将提梁顶面的兽头和套管横截面的形状表现出来（图九：3）。筒瓦式的结构比较简单，主视图半剖，再加一个侧视图就可以了（图九：5）。

2. 软

软是衡两侧用来固定轭的青铜附件，最早见于商代晚期，出自安阳梅园庄M40（图九：2），长圆管形，中部两侧有小孔，上部铸有一对立兔，长12.5厘米，管外径4.2厘米。滕州前掌大M4也有出土，形制相似。到了周初，软的形式有了变化，圆管上部改为一对环纽，不仅用来缚轭，同时辔亦由此穿过，以防游移牵挂。有的为一段里侧粗外侧细的圆管，管上两端各有一个圆形铜圈，连接两圈间的铜管加高，剖面呈瓢形，其上有一对圆形穿孔，圆管底部有一长方形孔，两铜圈饰绳索纹，器长23厘米，时代为西周中期（图九：4、21）。有的为前后两片合成的长管，里粗外细，用以纳衡，左右两端各有一个半圆形的铜圈，估计其上原来嵌有木圈，两圈之间的长管加高，剖面呈瓜子形，中部前后两片都有一对长方形穿孔，用以穿绳捆轭，左右两侧各有一钉孔，出土时钉孔内还保存有铜钉，用来固定在车衡上，软的表面饰回首夔纹和鳞纹，通长33.8厘米，高11厘米，内径5.6厘米，外径4.2厘米（图九：8）。有的则直接套在衡木两端，圆管底部各有两个长方形孔（图九：20）。有的为半环形，脊背镶嵌有一道凸起的脊棱，两直脚，截面为长方形，两脚一长一短，嵌入衡木后，形成内高外低的斜环状，长8.8厘米，高7厘米（图九：14）。软的主视图应水平放置，再配以侧视图或移出剖面图（图九：4、8、14）。

3. 衡内饰

衡内饰西周中期以后出现，造型变化较少，圆管形，套在轙纽与轭之间，内端较粗，外端较细，除了装饰作用外，也能加强衡木的牢固性。茹家庄3号车马坑出土的衡内饰，铜管两端各射出四齿，其上饰曲折三角纹和变形蝉纹，铜管中部有三道弦纹，通长11.5厘米，大径4厘米（图九：6）。它与筒瓦式轙纽、圆环式车轭同出，可绘制衡饰的组合示意（图九：20）。

4. 错衡饰

错衡饰西周时期最为流行，整体呈"S"形，两端为圆管状，大口在下面，与直衡相接，小口在上面，再用一段小衡木与衡末饰套合起来。有的错衡饰折角明显，曲管下部有一个半圆形鼻纽，用以穿缀璎珞，通长13.6厘米，大口直径2.2厘米（图九：9）。有的错衡饰转折圆缓，两端并不相通，中间夹有范芯，曲管上翘部分的内侧有一个半圆形的鼻纽，器身水平长25厘米，大口直径3.2厘米（图九：12）。

5. 衡木转动接管

衡木转动接管为中间带转轴的套管，两节的粗细相同，转轴制作精密，可以向上转折成直角，圆管内尚存朽木，一端与中部衡木套合，另一端与外侧短衡木相接。中山王𰯼墓共出土了两对这样的接管，分别属于二号车马坑的3号车、4号车，但具体安装结构不清楚，其中一件通长16.8厘米，径4厘米（图九：10）。

6. 衡末饰

衡末饰一般是指安装在曲衡两端的饰件，有些直衡末端的套管也在此一并叙述，它的造型变化较多，大体分为四种形式：第一种整体呈等腰锐角三角形，最早出自安阳殷墟的车马坑中。原来对它的用途有过不同的认识，有的学者先称它为当卢[40]，后来则改称衡端饰[41]。有的学者认为它是轭与衡相缚处的轙饰[42]。青州苏埠屯的几件被称作"A型当卢"[43]。西安老牛坡也有出土，被认为是马首饰[44]。安阳郭家庄M52出土的一对，正面饰双夔纹及三角纹，背面顶端有錾，中部为一个拱形鼻纽，长16.4厘米，宽7.6厘米。紧贴于衡的末端，其下有朽木的痕迹，表明它应是衡末饰（图九：15、19）。滕州前掌大出土的三角形衡末饰与郭家庄的形式相同，也装在衡的末端。西安老牛坡的造型略有变化，器身带短柄，正面中部有一个圆形突起，内饰四角星纹，背面有一个竖直的鼻纽，通长12.5厘米（图九：16）。第二种为矛形，也称铜衡矛，均安装在曲衡的两端。青州苏埠屯的一件，中部有脊棱，尾端有菱形銎，长22.2厘米（图九：17），时代为商末周初，可能是最早的一件[45]。张家坡出土的一件，长矛三锋，中有脊，两叶镂孔，圆形长銎，自中脊至筒口有六道箍棱，背面在筒上有一个小鼻纽，用以悬缨，长22厘米，叶宽5.5厘米，时代为西周中期（图九：18）。第三种为套管形。最早见于商代晚期，安阳梅园庄M40出土的一件位于北车衡木末端，残长4.8厘米，管径2.6厘米。中山王舋墓出土的一件为骨制品，圆管外端敞口，管壁由内向外逐渐加厚，表面绘赭色卷云纹，长5.9厘米，径3厘米（图九：11）。第四种为兽头形。有的顶端为马头形，颈背有鬃毛，竖耳，下有弧形圆銎，通高20厘米，径2.4厘米，时代为西周早期（图九：13）。还有的圆銎龙首，双目突出，长嘴微启，銎管平直，銎边有方棱，管壁上下有钉孔，金制，长9.8厘米，径3厘米，战国中山王舋墓出土（图九：7）。

衡末饰的主视图均应水平放置，过去有的竖放，是不规范的，应予纠正。三角形衡末饰应配以纵剖视图（图九：15、16），矛形衡末饰可以加一到两个横剖面（图九：17、18），管形衡末饰有纹饰的还要增加俯视图和仰视图（图九：11），制作精美的兽头形衡末饰可以采用三视图（图九：7）。

（五）挽具及附件

轭和靷是牵引马车的主要挽具。先秦的马车一般驾有两匹马，左右两匹服马的颈上各驾一轭，两轭分别缚于衡上，轭脚上一般各接一条靷绳，两服马负轭、靷牵动衡轴，带动轴轮运转而行。西周以后还有驾四匹马的车，即两服、两骖。北京琉璃河、长安张家坡的车马坑中，同一辆车的四匹马颈上都驾一轭，即两骖马亦负轭、靷协助服马拉车，这与秦始皇陵铜车马的轭靷形制有所不同。

1. 轭及附件

轭缚在衡的内侧，左右各一，距衡中心长度相等（图十：19），轭脚

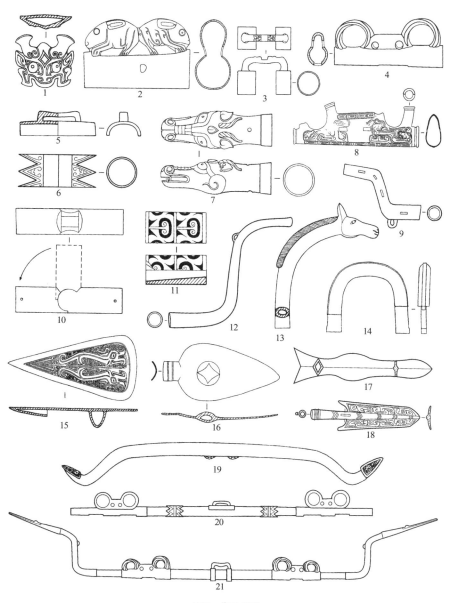

图9 衡及附件

1. 兽面衡饰（郭家庄 M52:7）2. 軝（梅园庄 M40:20）3. 辔纽（北窑 M298:3）4. 軝（张家坡 M170:47:6）5. 辔纽（茹家庄 CH3:1-3）6. 衡内饰（茹家庄 CH3:1-3）7. 衡末饰（中山王𰽤墓 CHMK:48-1）8. 軝（张家坡 M157:8）9. 错衡饰（北窑 M519:3）10. 衡木转动接管（中山王𰽤墓 CHMK2:72-1）11. 衡末饰（中山王𰽤墓 CHMK2:37-1）12. 错衡饰（张家坡 M121:1）13. 衡末饰（琉璃河 M202CH:10）14. 軝（中山王𰽤墓 CHMK2:49-1）15. 衡末饰（郭家庄 M52:3）16. 衡末饰（老牛坡 M17:1）17. 衡末饰（苏埠屯）18. 衡末饰（张家坡 M313:1）19. 曲衡及附件组合图（郭家庄 M52）20. 直衡及附件组合图（茹家庄 CH3:2）21. 曲衡及附件组合示意图（张家坡 M170）

处一般有靷孔，用以纳靷。轭通体呈人字形，用它夹住服马的颈部，轭脚的钩首处连接皮条制成的颈靼，将整个马的胸颈括约起来。轭的造型从商代到战国一直变化不大，均为两根揉弯的木条拼合而成，有些出土的轭首内还保存着木轭残段，可以看出安装的结构（图十：20）。

（1）轭首　套在木轭的顶端，青铜制成，形式变化较多。有的为菌状，顶端封闭微鼓，上有同心圆凸纹，顶下素腰，上有突起的三角纹，两侧有对称的钉孔，高4.8厘米，口径2.7厘米，出自商代晚期，西周时期仍继续使用（图十：7）。有的为喇叭形，顶部敞口，横截面为橄榄形，正背面的中间有方形钉孔，高7.7厘米（图十：8）。有的为中间素腰、上下喇叭口形，除中腰部分前后有钉孔外，两侧还有长方形榫眼，通体饰鳞纹和夔纹，高18.5厘米（图十：5）。有的为圆环形，上口外鼓内卷，周边饰绳索纹，器身较短，高2.2厘米，口径6.4厘米（图十：9）。有的为人字形，即轭首和轭颈连铸在一起，肩部有三道弦纹，正背面各有一组，通高20厘米（图十：6）。以上几件均出自西周时期。春秋以后青铜轭首不再流行，到了战国时期，又出现了新型轭首。中山王𢆶墓出土的一件，正面呈拱形，上部伸出一个小兽头形梁纽，銎口为扁椭圆形，高4.5厘米（图十：18）。

（2）轭颈　轭首下部的青铜附件，流行于西周。有的上口为长方形，前面封闭，后面上部略有突起，下部敞口，两侧有长方形穿孔，通高8.5厘米（图十：10）。有的为圆柱体，中部两侧各有一长方形孔，通高9厘米（图十：12）。

（3）轭箍　套在两轭肢间的青铜附件。有的为椭圆形铜圈，上小下大，正、背面各有一纽，高3厘米、下口宽7.3厘米（图十：16）。有的更为简单，用一窄长条经捶揲的青铜片围在木轭颈部，接口处用两枚铜钉固定，高仅1.2厘米（图十：11）。有的为人字形，上口呈椭圆形，正、背面各有一纽，通高11.6厘米（图十：15）。

（4）轭肢　轭颈下面的青铜附件。有的是将木轭全包的薄铜皮，出土时多已残破，可以绘制复原图（图十：19）。有的为半圆形铜管，一般连有轭脚（图十：1、2、3）。有的为铜条形，由轭首处一直通到轭脚后变为短圆筒（图十：4）。

（5）轭脚　一种为青铜圆筒，顶端有挡，侧壁有钉孔，流行于西周。有的素面无纹，高4.5厘米，口径3厘米（图十：13）。有的器表饰花纹，外挡有半圆形鼻纽，高5.6厘米，口径2.8厘米（图十：14）。另一种为曲勾形，金质，两边有立沿，外端平，呈长圆形，内端有三齿，长4.4厘米，高7厘米，仅见于战国时期（图十：17）。由于轭脚实际的位置有一定的倾斜度，而多数轭脚出土位置不很清楚，因此轭脚的画法可以竖放，开口向下，半剖（图十：13）。有纽和纹饰的，可以不剖，另加俯视图和仰视图（图十：14）。曲勾形轭脚用标准的三视图表现（图十：17）。

轭的附件要分别绘制正投影图，可以确认为一套的，还要画出组装结构图（图十：4）。附件视图的方位要规范，如轭脚过去多开口向上放，是不符合实际的，应改为开口向下放（图十：13、14）。

2. 銮

銮是安装在轭首或车衡上的青铜附件，下部有銎，上部为圆形铃头，行车时震动作响。一般的车为两銮，装在两服马的轭首上，有的装六銮，即在衡或轼上增加四銮[46]（图十一：7），如果两骖马的轭上有銮，最多可达八銮。銮最早见于商末周初，盛行于西周，春秋以后逐渐减少。一种为带边轮的铃头，边轮将铃头分成前后两部分，半球的中心有圆孔，四周为辐射状裂孔，中含响丸，銮管多为方形，两侧有钉孔，出土数量最多。有的为圆形铃头，边轮上部有辐射状镂孔，銮管两侧有半环耳，通高17.3厘米（图十一：1）。有的铃体较小，双层边轮，均饰四个弧形镂孔，通高11.5厘米（图十一：3），以上两件为西周早期。有的出土时尚套在轭首上端的木骨上，结构清晰，铃头圆角方形，边轮上有四个弧形镂空，通高16.8厘米，时代为西周晚期（图十一：4）。有的铃头两侧有条形孔，边轮宽大，周围有六个扇形镂空，短銮管，通高17.3厘米，属春秋时期（图十一：5）。还有的銮管上端为一横梁，横梁上托两个銮铃（图十一：6）。另一种铃头无边轮。如洛阳北窑出土的一件，铃头中部折棱，周身有菱形裂孔，圆形加长銮管，上饰三角纹，通高21.8厘米，时代为西周早期（图十一：2）。銮一般应画两个视图，侧视图也可全剖（图十一：4、5）。

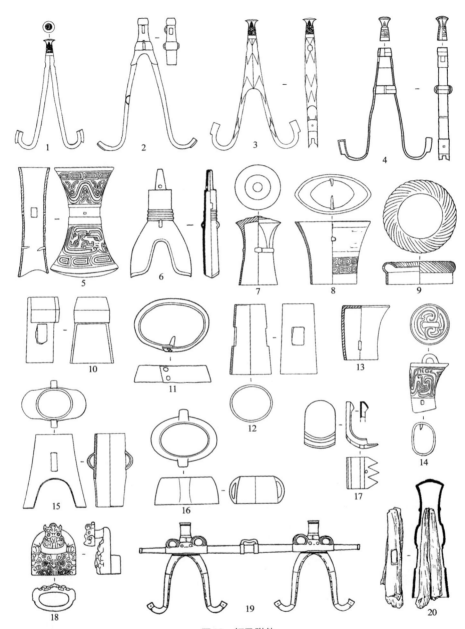

图10　轭及附件

1. 轭（郭家庄 MS2:6）　2. 轭（琉璃河Ⅱ M202CH:32）　3. 轭（前掌大M40:5）　4. 轭（前掌大M214:84）　5. 轭首（张家坡M157:12）　6. 轭首（茹家庄(HB:1-6)　7. 轭首（郭家庄MI48:2）　8. 轭首（张家坡MIS7:72）　9. 轭首（张家坡M170:080）　10. 轭颈（前掌大M204:2）　11. 轭箍（张家坡M170:47:5）　12. 轭颈（前掌大M221:3）　13. 轭脚（张家坡M2:3）　14. 轭脚（张家坡MI57:12）　15. 轭箍（前掌大 M21:4）　16. 轭箍（张家坡二号车马坑二号车）　17. 轭脚（中山王譻墓HMK2:51-2）　18. 轭首（中山王譻墓CHMK2:41-1）　19. 轭与衡组合示意图（张家坡M170）　20. 轭首结构图（张家坡67M35）

3. 靷及附件

靷多为皮条制成的绳索，未见出土实物的报道，具体结构不清，所以关于先秦车靷的问题历来各执一词[47]。从张家坡2号车马坑1号车看，四匹马身上都有鞁，鞁带中部装有青铜游环，孙机先生认为这即是穿靷之环，并根据这个推断，绘制了透视复原图[48]。秦始皇陵铜车马的出土，使我们对靷的性质有了进一步了解。一号、二号铜车马的服马和骖马均有靷，并且都是单靷。以一号车服马的靷为例，可分为前后两段，前段位于舆前，两服马各有一靷，前端系于轭脚上；后段位于舆下，两服马共用一靷。前后两段靷的连接处另有一靷环，两段靷分别系结于靷环上，从而使前后两段连为一体。前段靷现为铜条制成，原物应为长宽相等的皮条上下叠合而成，前端分别系于轭内肢的轭脚上，后端有一环形纽鼻，套接于靷环的上侧。后段靷原物应为革条扭结成的韦索，其后端系于轴辀的交叉处，前端有一环形纽鼻套于舆前靷环的下侧。整个后段靷均位于辀下，古名阴靷。靷环位于舆前轸的外侧，套于辀上（图十二：3）。根据甲骨文、金文和铜车马的实证，可知先秦车靷应多为此种形制[49]。当然，张家坡2号车马坑1号车有所不同。我们也进行了推测复原（图十二：1）。这里需要说明的是，每匹马均有两根靷绳，靷的前端应系于两个轭脚上，再通过马身两侧的游环，最后分别缚在车轴相对应的部位。

另外，秦始皇陵铜车马的靷环上还装有盖板，这在先秦的马车上尚未见到。盖板近似方形，两侧边及底边平齐，顶端呈连弧形，其中部鼓起后向两侧缓缓弯曲成弧形面。盖板上部有两个长方形孔，其下侧边缘连有下凹的舌状铜片，用于扁平的革带穿过。盖板左右下脚各有两个小圆孔，由此穿绳将盖板固定在辀上。盖板背面光素，正面饰精致的流云纹，长10.9厘米，宽9.4厘米。盖板主要的作用是将靷绳的间距加以固定，防止其相互纠结或脱离辀面向两侧下坠（图十二：2）。

4. 胁驱

先秦的一些车衡中部发现有两条革带，最早见于商代晚期，安阳郭家庄M52、梅园庄M41紧靠辀两侧的衡内面，发现了兽面衡饰（图九：1、19），并与嵌铜泡的革带相连。前掌大马车在相同的位置上也出土了

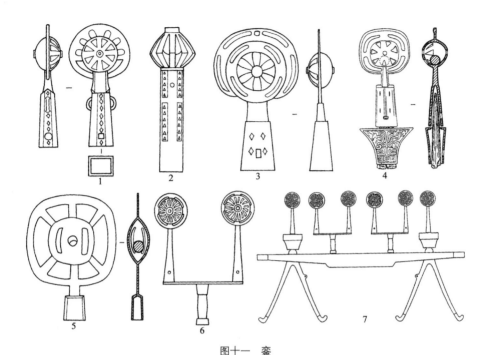

图十一　銮

1. 銮（北窑M192:2）　2. 銮（北窑M216:25）　3. 銮（琉璃河Ⅰ M53CH:5）　4. 銮（三门峡（M2001:402）　5. 銮（上马M1284:4-1）　6. 銮（马鞍冢K2:4-29）　7. 銮的安装示意图（马鞍冢4号车）

嵌铜泡的革带。报告较详细的为张家坡第二号车马坑，第一号车"在靠近车辕两侧的衡上各有一个大铜泡，和辔带相连接"，根据平面图，每条上饰有十余枚长铜泡。第二号车"在辕的两侧的衡上还有用一个大蚌泡和八个贝组成的花朵状的装饰，并和辔带相连"，每条的前端由两行海贝组成，每行尚存20余枚，海贝末端有向舆延伸的皮条痕迹。孙机先生认为它即是"胁驱"，此带的作用是为了使两服马保持在辀侧之适当的距离之内，以防其外逸而设[50]。秦始皇陵铜车马一号、二号车上均安装有胁驱，报告还特别指出："悬挂胁驱的条带通过服马胁下，其两端分别系结于服马轭两侧的衡上。这样又可把衡、轭和马连成一体，防止因衡轭的上扬而造成轭上的颈靼束逼马颈"。根据这一点，我们认为张家坡第二号车马坑第一号车的胁驱条带的功能也是如此，它是轭靼式系驾法的必要保障（图十二：1）。另外，值得注意的是，秦始皇陵一号、二号铜车辀、衡交叉处两侧各有一个大银环，与张家坡一号、二号车的情况相

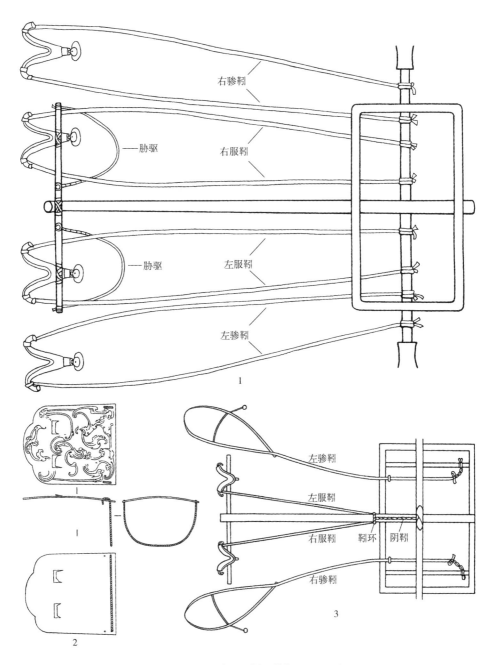

图十二　靷及附件

1. 靷的复原示意图（张家坡二号车马坑一号车）　2. 盖板（秦始皇铜车马一号车）　3. 靷在舆底系
结示意图（秦始皇陵铜车马一号车）

同，但未见连接的条带，报告认为可能是因为服马的胁下已有一条系挂胁驱的革带和衡轭固着一起，其外逸和内入均受胁迫，故可省却。

（六）舆及附件

舆是车的荷载部分，即车厢。舆的底盘一般由三部分构成：四周的木框名轸，轸间的木梁名桄，用以铺荐板或编革带，有的上面还要铺垫茵席。舆的四周装有立柱和栏杆，名轛。轛的前部顶端有横木，名轼，供乘者伏握。处在舆左右两侧的轛称輢。为了防止乘车人左右倾侧，有的车在輢上面安装扶手，名较。轛的后部一般留有缺口，名軨，即车门，以便乘者上下。

先秦车舆大多保存的不理想，根据现有资料，商代车舆平面的形状主要有三种：第一种为长方形，最早出现，流行时间较长。小的舆广130厘米，进深70厘米左右，大的舆广170厘米，进深105厘米左右，如孝民屯M7、M1613、郭家庄M146、M147等。有的外长方、内椭圆形，如西安老牛坡M27。第二种为椭圆形，如小屯M20、M40（图十三：1）、刘家庄北地M339、M874等。这类车舆面积较小，一般不超过1平方米。第三种为梯形。如刘家庄北地M348、梅园庄M40（甲车），舆的面积要大于1平方米。西周以后车舆的平面形状以圆角长方形为主（图十三：5、9），一般舆广130厘米~150厘米，进深70厘米~90厘米。轛的高度一般在40厘米~50厘米左右。

1. 轸饰

轸由长条形木料拼合而成，顶面有卯眼用来装立柱。轸的外侧面一般装有轸饰。一种为各自独立的青铜附件，见于商代晚期。有的为圆形铜泡，表面饰八角星纹，共40个，镶嵌在轸壁四周[51]。有的为龙形轸饰（图十三：2），共22个，其中18条铜龙，四条玉龙，轸饰的背面有鼻纽，可以用暗榫固定在轸的外壁上（图十三：1）。另一种为长条形铜饰，流行于西周时期。有的呈片状，正面饰卷尾夔纹，背面有两个鼻纽，共8条，长度20.5厘米~24.7厘米，首尾相接，固定在轸上（图十三：6、7、8、9）。还有的横截面为曲尺形，7件一套，顶面有均匀分布的方孔，与轸木上的卯眼吻合，再将立柱插入方孔中，立面饰龙纹，仅前轸中部未见铜饰出土，由此可知车舆广95厘米，进深68厘米，底轸宽

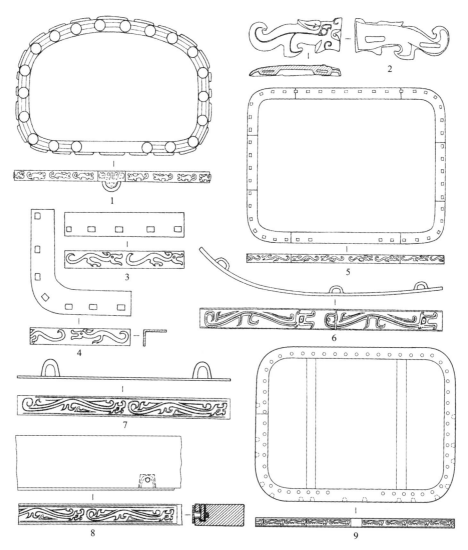

图十三　轸及轸饰

1. 轸饰组合示意图（小屯 M40）　2. 轸饰（小屯 M40）　3. 轸饰（茹家庄 CH1:2-9）　4. 轸饰
（茹家庄 CH1:2-8）　5. 轸饰组合示意图（茹家庄 CH1）　6. 轸饰（张家坡 M170:99）
7. 轸饰（张家坡 M121:8:1）　8. 轸饰安装示意图（张家坡 M121:8:1）
9. 轸饰组合示意图（张家坡 M121:8:1～8）

5厘米，高3.5厘米。这种轸饰将整个木框的顶面和外侧面基本盖住（图
十三：3、4、5），可见它除了装饰作用外，还起着加固和保护车轸的作
用。龙形轸饰采用主视、后视和纵剖面表现，曲尺状条形轸饰采用主

视、俯视图和移出横剖面表现，车轮饰件保存完整的，还可以绘出安装示意图（图十三：8）和组合示意图（图十三：1、5、9）。

2. 栏饰

栏饰是指车轮横木上的青铜饰件，最早见于商代晚期。过去，关于它的具体位置和安装方法不很清楚，例如：安阳郭家庄出土的一对，方筒形，一端封闭，顶面略宽，中部为方孔，底面略窄，中部为圆孔，正面和背面饰长夔纹，顶面饰两条小夔龙，长15.3厘米，宽2.7厘米，对称放在车舆中间偏后处。报告称"铜杆头"，认为"杆头口部近方形，而车子的栏杆和立柱截面为圆形，所以它又不像栏杆或立柱的饰件。其真正用途，尚待探讨"[52]。西安老牛坡出土的一对与郭家庄形式相近，正面中部饰螺形纹，长12厘米，报告认为是衡饰（图十四：3）。青州苏埠屯出土的一件，器形与纹饰酷似郭家庄，只是顶面有两个圆孔，底面有凹槽，长19.2厘米，宽2.4厘米（图十四：2），报告称长条形车饰[53]。洛阳老城发现的一对，圆管形，底面有凹槽，长19.3厘米，头对头横放在近门之两侧，报告称"铜管状饰"[54]。洛阳北窑出土的几件形制基本相同，外端封闭，前后各饰两组夔纹，上面有两个方孔，下面有两个对称的圆孔。另有一对管身饰三周带状弦纹，长19厘米，管径3.2厘米。时代均为西周早期，原报告称为"管形衡末饰"（图十四：4）。张家坡M155出土的一对，横在车厢中部，套在两段木栏上，顶端对顶端，间距26厘米。M121所出的一对，一件横在车舆中部，一件在另一侧的后轮附近。M170出土的一对，略呈圆管形，一端封闭，顶面平而无纹，上有钉孔，底面有槽，正背面各饰一分尾鸟纹，长11.9厘米，径3.3厘米。报告称其为栏饰，认为"也许车厢中部左右两侧有横栏，其上套栏饰为装饰"（图十四：6）。前掌大出土的几对，与郭家庄的形制相同（图十四：1），均出自车门两侧立柱的横栏上，位置清楚，栏饰上的龙头均朝向车门，同时可知，与之相接的横栏也应是方形的。据此，我们认为以上几个地点出土的标本均应称为栏饰，具体位置也是安装在车门两侧立柱的横栏上（图十四：13）。关于栏饰多数出土位置散乱的问题，可能是由于埋葬时或葬后，栏杆倾覆、栏饰坠落所致。栏饰均应横放，一般采用三视图，为了使其结构表现得更加清楚，还可以适当增加视图，如前掌大出土的栏饰顶面中间为方孔，而底面为圆孔，可以增加仰视图（图十四：1）。

3. 柱饰

柱饰为装在立柱顶端的青铜饰件，共同特征是下部都有銎，以便安装在立柱上。商代末期的柱饰造型简单，出自前掌大的马车上。有的为环柄形，位于軨的转角处，由两部分构成，上面为一略扁的圆环，下端为圆銎，近环处封闭，下部两侧有钉孔，通高10.7厘米，环径6.2厘米，銎径2.5厘米（图十四：9、13）。有的为圆管形，一侧有半圆形穿，出土时位于"栅栏式隔断"和侧栏的交接处，管径2.5厘米（图十四：5）。以上两件都可以穿接皮条或绳索，具有较强的实用功能。西周以后柱饰造型逐渐多样化，但实用功能减弱。如西周中期的柱饰，有的为兽头形，下部銎管椭圆，管壁两侧有对称的圆孔，通高5厘米，管径2厘米（图十四：10）。有的銎管中部隆起为圆球形，上端敞口，高3.4厘米，球径4厘米（图十四：12）。战国时期的柱饰，有的顶端呈碗状，下面为圆形銎管，高8.4厘米，銎径3.6厘米（图十四：11）。有的为圆管形，顶端封闭，有斜沿，顶面中心有一圆孔，周围饰错银卷云纹，管壁上部有三道错银凸旋纹，其下饰三角纹，高7.5厘米，銎径2.8厘米，安装在车后两角及后门两侧的立柱上（图十四：7）。还有的为菌状，顶部饰卷云纹（图十四：8）。

造型较简单的柱饰，一个半剖的主视图就可以了（图十四：5、11、12），造型复杂的可以画两个视图，不用半剖（图十四：10），纹饰精彩的还可以采用局部剖面的形式，使花纹保持完整（图十四：8）。

4. 门饰

门饰为车门两侧立柱下部安装的青铜饰件。一种为圆角曲尺形，见于西周中期。有的形体较小，高仅5.5厘米（图十五：6），两端有钉孔，内侧透空，横剖面为半圆形，上端较粗，下端较细，扣伏在车门的下角处。有的为圆角曲形铜管，形体稍大，高7厘米，顶面有两组方孔以纳车门两侧的栏杆（图十五：4）。另一种为勾连曲尺形，出现于春秋以后。有的中部为一穿孔，上端呈管状，水平与栏相接，垂直部分为长方柱体，下端有榫，与后轸卯合，正面饰虎纹，侧面饰云雷纹，高8.3厘米

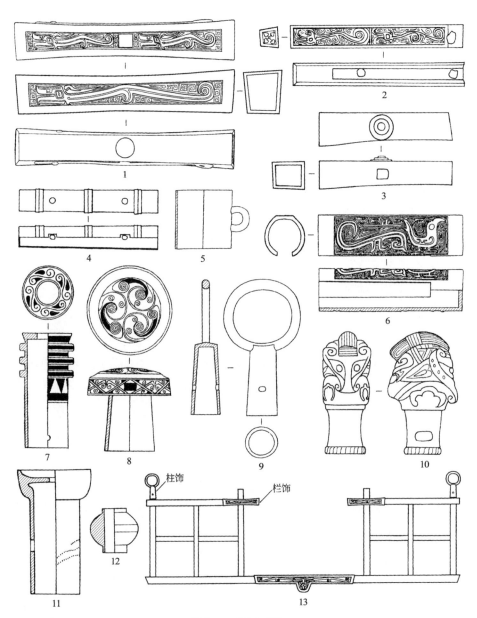

图十四　栏饰与柱饰

1. 栏饰（前掌大M132:20）　2. 栏饰（苏埠屯出土）　3. 栏饰（老牛破M27:3）　4. 栏饰（北窑M451:15）　5. 柱饰（前掌大M40:33）　6. 栏饰（张家坡M170:34）　7. 柱饰（中山王舋墓CHMK2:92-1）　8. 柱饰（辉县固围）　9. 柱饰（前掌大M41:29）　10. 柱饰（北岳M52:26）　11. 柱饰（马鞍冢K2:4-14）　12. 柱饰（北岳M52:16）　13. 栏饰和柱饰安装示意图（前掌大M41）

（图十五：2）。有的上部为椭圆形横管，中间有穿孔，固定在横栏上，下部为长方形直筒，固定在轸木上，长5.9厘米，高5.8厘米（图十五：1）。还有的素面无纹，曲勾处平直（图十五：5）。门饰至少要有两个视

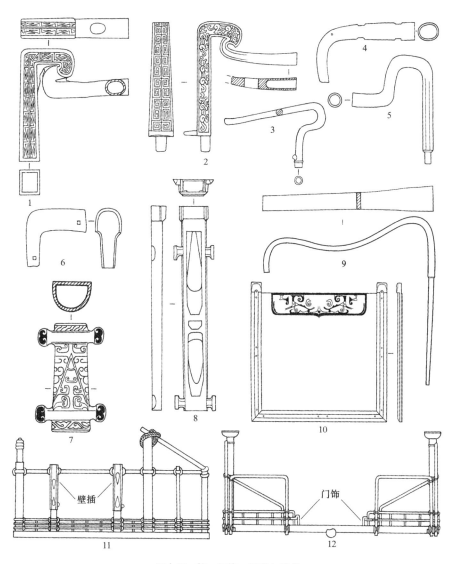

图十五　较、门饰、壁插与壁袋

1. 门饰（程村M1009:1）　2. 门饰（上马2号车马坑:4-2）　3. 较（辛村M3:33）　4. 门饰（茹家庄CH1:2-11）　5. 门饰（马鞍冢K2:4-52）　6. 门饰（茹家庄CH1:2-10）　7. 壁插（天星观534）　8. 壁插（九店104CH:3）　9. 较（包山4:45-1）　10. 壁袋（包山2:266）　11. 壁插位置示意图（九店104H:3）　12. 门饰位置示意图（程村M1009）

图（图十五：5、6），有纹饰的应增加视图，将结构表现清楚（图十五：1、2），出土位置明确的，还应绘制安装示意图（图十五：12）。

5. 轼

在20世纪90年代以前，一般认为西周车子才有轼，商代是没有的。1992年以后安阳刘家庄和梅园庄相继发现了车轼，从而确证车轼在商代晚期已经出现。梅园庄M40（南车）的轼，保存较好，长145厘米，径5厘米，略高于栏，它横跨车舆，伸至两辀之外侧中段，轼的中部，还有支撑的横木，与前栏相交[55]。西周以后轼的形制基本固定，高度一般在60厘米左右，横木长130厘米左右，中间有一根倾斜的支柱，下端固定在辀木上（图五：1）。春秋以后，为了加大轼的负荷量，有的车轼还在横木前方左右增加支柱，它的上部由横木处向前下方斜伸，再垂直下折为立柱，固定于车轸之上（图五：5）。关于前面提到前掌大舆上的"栅栏式隔断"，有的学者认为即是车轼，这个问题有待今后的发现和研究。

6. 较

西周以后，车轮左右两侧的輢上开始安装较。有的扶手处为曲钩形，一端有銎，可以插在立柱上，銎壁两侧有钉孔，顶部平直，长21.5厘米，以便用手扶持（图十五：3）。还有的扶手处为鞍桥形（图十五：9），长27.5厘米。上面髹黑漆，一端有小圆孔，另一端下面出一长方形凸榫。第一种较横截面为圆形，在主视图中部加一个重合剖面，底部加一个仰视图就可以了。另一种由于较的扶手部分宽而薄，因此应增加一个俯视图，重合剖面可绘在俯视图中部（图十五：9）。

7. 壁插与壁袋

壁插为安装在立柱上的青铜插座，多见于战国。有的截面为长方形，纵向捆附于立柱上，器形细长、中空、口沿处加厚形成方箍，正背两面均有镂孔，两侧的上下各有一对"T"形栓纽，高25.5厘米，宽3.2厘米（图十五：8）。还有的横截面为半圆形，表面饰勾云纹[56]，器形较小，高5.4厘米（图十五：7）。壁插应竖置，有的发掘报告将其横放，是不规范的。一般采用三视图（图十五：8），器形简单的也可以采用主视图加移出剖面表现（图十五：7），出土位置清楚的，还应绘制安装示意图（图十五：11）。

壁袋整体呈方形，两侧及底边为木制边框，中间为皮革袋。包山楚墓出土的一件边框上端雕刻抽象兽头，周边有七对圆孔，壁袋外壁残缺，内壁上口平齐，髹黑漆，口部外露部分用红色漆绘变形凤鸟卷云纹，通高33厘米（图十五：10）。江陵望山沙冢楚墓也有出土，但皮革袋已腐朽，仅存边框，呈凹字形，框宽34厘米，高36厘米，木胎黑漆，正面有梯形凸棱，并彩绘红黄两色卷云纹。

（七）伞及附件

伞是舆上供乘者避雨遮阳的用具，一般由伞盖、盖斗、盖杠等部分组成。伞盖多为圆形，伞盖的中心为盖斗，其周边凿有卯眼用来安装盖弓，多者28根，少的14根左右，盖弓中部和尾部有小孔，用来穿绳将各条盖弓牵连在一起，其上再蒙覆盖帷。盖斗和盖杠连接，盖杠则与舆底盘固定，车伞即可立于舆的中央。车伞一般为单层伞盖，江陵望山楚墓出土的一件盖斗呈喇叭状，周边有20个卯眼，以容盖弓，盖斗下部作圆锥形，插入第一节盖杠的凹槽里，第一节与第二节也如此连接，两个接口处各套一对盖杠箍，第二节盖杠的下端有一长方孔，以便插入荐板后再缚绳索固定，盖弓长126.5厘米，盖杠长194厘米[57]（图十六：5）。有的为双层伞盖，也称华盖。曾侯乙墓出土的一件伞盖圆而平，每层均装在上下两个相连的球形盖斗上，每个盖斗上装6根盖弓，上下错开。盖弓均在一定高度弯曲90度折平，然后将盖弓扎在5个大小不等的同心圆竹圈上，最后铺丝织物，估计伞盖周围还应有垂缨等装饰物。上层盖杠下端呈圆锥尖榫状，可插入下层盖杠上端的凹槽中，复原盖径283厘米，高394厘米（图十六：11）。过去，一般认为最早的车伞见于北京琉璃河1100号西周车马坑，1995年前掌大M41车舆中出土的伞盖以及山东青州苏埠屯出土的盖弓帽，证实了商代末期车伞就已经出现了。

1. 盖顶饰

盖顶饰是伞盖中心处的装饰，有的为一个青铜圆片，最早见于商代末期的前掌大遗址，直径28厘米，中间为直径1厘米的穿孔，有82枚海贝分两圈镶嵌在圆铜片的周边（图十六：12）。还有的为圆盘形，由银盘和包金铜泡两部分构成，银盘周边有下折的短立沿，沿内侧有四个等距离的系鼻，可穿带固定在伞盖顶上，背面中间有一圆形槽，槽的中分处

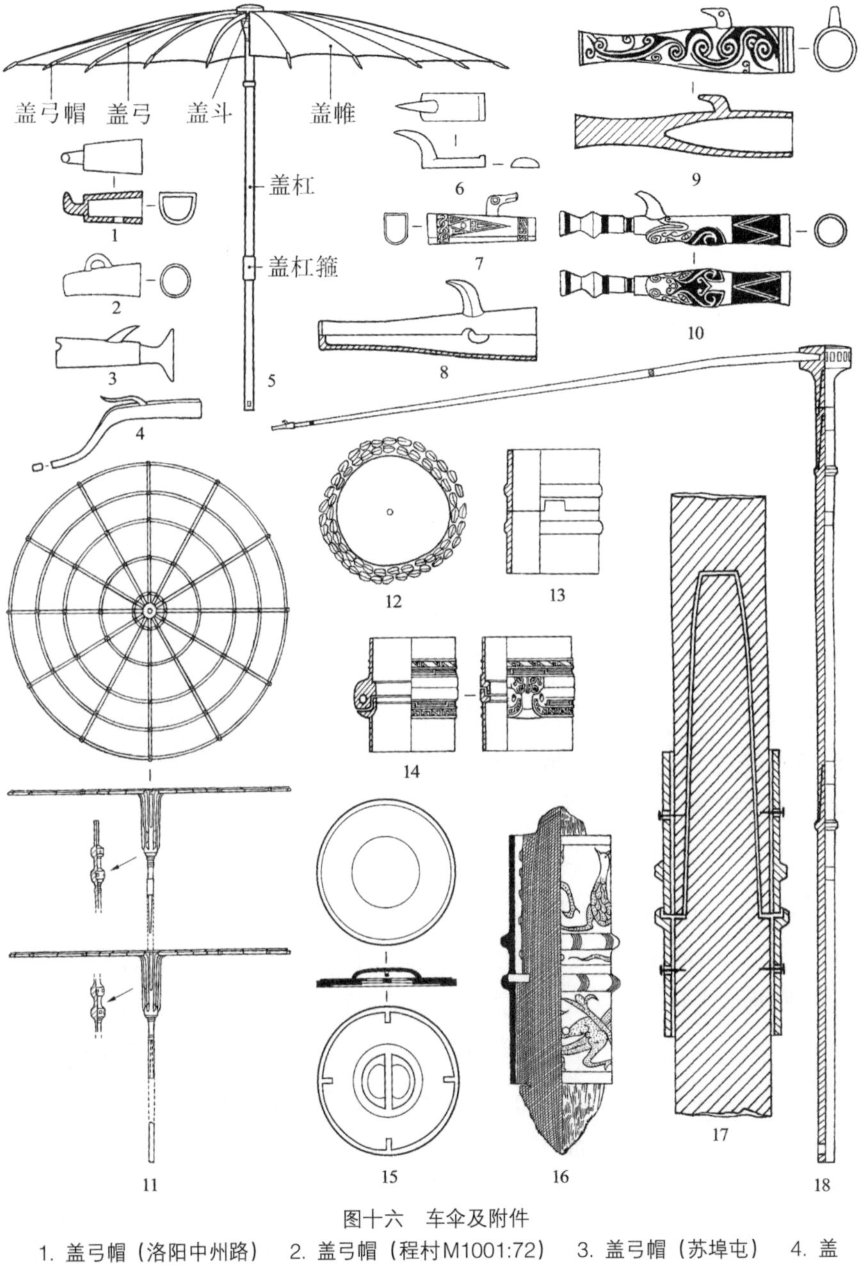

图十六 车伞及附件

1. 盖弓帽（洛阳中州路） 2. 盖弓帽（程村M1001:72） 3. 盖弓帽（苏埠屯） 4. 盖弓帽（莒县） 5. 车伞复原示意图（望山M1:B31-25） 6. 盖弓钩（中山王?墓ZXK:6-1） 7. 盖弓帽（赵家湖JM45:13-1） 8. 盖弓帽（长沙M937:11） 9. 盖弓帽（九店436:26） 10. 盖弓帽（辉县固围1:46） 11. 华盖（曾侯乙墓） 12. 盖顶饰（前掌大M41:32） 13. 盖杠箍（九店316:15） 14. 盖杠箍（赵家湖JM45:9-1） 15. 盖顶饰（中山王?墓CHMK2:64-1-2） 16. 盖杠箍（辉县固围1:168） 17. 盖杠箍安装示意图（辉县固围1:168） 18. 车伞结构示意图（包山2:258）

有一衡梁，梁两侧各一长圆孔，此梁系带既可结于伞盖上，又可连接上部金泡饰的系鼻，银盘正面有一周凹槽，恰好将金泡饰嵌入，直径15.1厘米。可用三视图表现，主视图半剖，再绘俯视图和仰视图（图十六：15）。

2. 盖弓帽与盖弓钩

盖弓帽安装于盖弓的外端，多为筒形，顶面有一棘爪，用来钩住盖帷，使伞盖撑开后保持平整。先秦时期的盖弓帽造型颇具变化，多数圆筒形，棘爪在筒的中部，长3厘米~7厘米（图十六：3、8、9、10）。有的为方筒形，底面呈弧形凸起，棘爪为一个兽头，表面饰绳索纹和蕉叶纹，帽上有一对钉孔，长4.4厘米，口径1.1厘米[58]（图十六：7）。有的为半圆筒形，形体短小，棘爪位于帽的末端（图十六：1）。有的帽身曲折，横截面为长方形（图十六：4）。还有的帽身上部为一半圆形鼻纽，长3.2厘米，銎径1.3厘米（图十六：2）。盖弓钩为长方形铜片，底面平齐，上面圆凸，在凸面的外端有一棘爪，内端顶面有凸棱，长4厘米。从出土时器上遗留的痕迹看，原来是用线缠绕固定在盖弓外端的（图十六：6）。

盖弓帽的主视图应水平横置，棘爪在上，下部半剖[59]（图十六：8），有纹饰的，可以不剖，根据具体需要增加侧视图或仰视图等（图十六：10），也可以增加纵向全剖面，再配以帽口侧视图（图十六：9）。盖弓钩与盖弓帽画法基本相同，应绘制三个视图，不用半剖。过去的一些插图，多将盖弓帽口向下竖放，是不规范的，应予纠正。

3. 盖杠箍

盖杠多为圆木杆制成。为了实用，伞盖必须装卸自如，因此，盖杠多分成几截，其间用盖杠箍连接，使盖杠交接处的强度增加（图十六：18）。盖杠箍均为青铜的，呈竹节状，上下两节，扣合在一起。有的结合部为子母口，箍内还有木杠的遗存[60]，可以将其安装结构加以复原（图十六：16、17）。它是盖杠箍最流行的一种形式。有的为榫卯形，一节的接口处有方形榫头，另一节有卯槽，使盖杠插入后不会转动，通长4.8厘米，直径3.7厘米（图十六：13）。还有的为子母口加凸纽形，对接后上下凸纽相互咬合，中间有一穿，可以用绳束缚，更加强了盖杠的牢固性，通长5.3厘米，直径4.3厘米（图十六：14）。

盖杠箍均应竖放、半剖。有的报告误将它当辖，水平放置，应予纠正。外壁有纹饰的，可以绘制展开图。为了反映凸纽的结构，可以用主视图加侧视图表现，主视图剖线位置由中间移至凸纽的左侧（图十六：14）。盖杠内部保存较好的还要绘制对接结构示意图（图十六：17）。

二、马具的结构与画法

（一）驾驭马的鞴具

驾驭马的鞴具主要有羁、勒、镳、颈带和鞦等。多为皮条制成的革

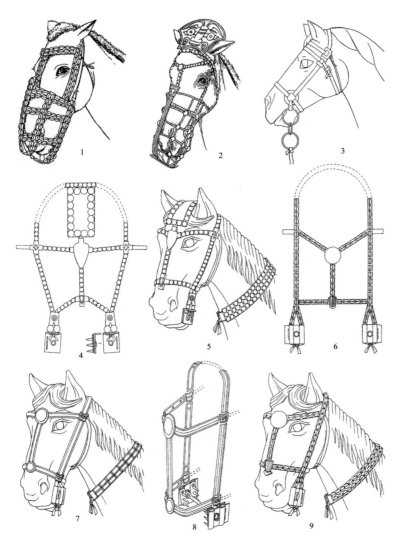

图十七　羁与勒

1. 羁的复原示意图（张家坡第二号车马坑第二号车）
2. 羁的复原示意图（张家坡第二号车马坑第一号车）
3. 羁的复原示意图（中山王𰻘墓）
4. 勒的展开示意图（前掌大M40）
5. 勒与颈带的复原示意图（前掌大M40）
6. 勒的展开示意图（前掌大M45）
7. 勒与颈带的复原示意图（前掌大M41）
8. 勒的结构示意图（前掌大M41）
9. 勒与颈带的复原示意图（前掌大M45）

带，其上有各种装饰物。由于皮条出土时都已腐朽，鞴具饰件散落移动，所以有些鞴具的功能和结构尚未搞清，有待今后考古发掘的进一步印证。

1. 羁、勒及附件

羁也叫络头，它与勒的主要区别是：羁没有衔和镳等附件，而勒是带有衔、镳的羁[61]。有关先秦时期羁与勒完整的复原资料十分少见。从长安张家坡第二号车马坑的资料看，羁有两种形式，一种全部由皮条构成，无青铜饰件，皮条上装饰有海贝（图十七：1）。另一种由皮条和青铜附件构成（图十七：2），下部的笼嘴是以笼嘴中轴为骨架、用革带或绳索编成的嘴兜，笼嘴中轴由两件首尾叠接的长条勾状铜器组成[62]。战国中山王𰯼墓出土的羁，额带、颊带、鼻带等均由皮条制成，交接处有宽边环、卡环、和节约等青铜部件相连（图十七：3）。

1995年～1998年中国社会科学院考古研究所曾对滕州前掌大车马坑进行了发掘，出土的勒虽然也多已散乱，但用套箱整取回室内，经细心整理得以复原[63]。它由额带、颞带、颊带、鼻梁带、鼻带组成，额带穿过当卢，在耳根部与颊带相接，铜镳与颊带相连。根据饰件的不同，可分为三种形式：第一种为皮条组成，上饰海贝，配圆泡形当卢，鼻梁处有镳形铜泡，下面为长方形马镳（图十七：6、9）。郭家庄车马坑M146出土的勒，也属于这种结构。第二种皮条上饰小铜泡，马额正中为桃形当卢，其上的顶带为长方形，耳根部和鼻梁处为十字形节约，铜镳上为"人"字形节约（图十七：4、5）。第三种皮条上穿套勒带铜条，哑铃形当卢，耳根、嘴角处饰兽面铜泡（图十七：7、8）。

从滕州前掌大车马具的整理和清绘可以看出，马鞴具的展开图十分重要，它能清楚地表现出勒的组织结构，同时配以立体的复原示意图，更增强了直观效果。

（1）当卢　为羁与勒上面的主要青铜附件，佩带于马的前额处，商周时期名钖。当卢主要分为五种形式：第一种为圆形。商代的为一个大圆铜泡，正面呈圜状凸起，周围有宽边，背面置二横梁，直径4.9厘米（图十八：1）。西周以后，圆形当卢不再流行，到了战国时期，当卢则变为圆形，其上大都饰蟠螭纹或夔纹（图十八：2）。第二种中间为椭圆形，其上有两犄角，下垂长方形鼻梁。有的正面突出无纹，背面凹进，两犄角及下部鼻梁处各有一组，通高18.4厘米（图十八：3）。有的正面仅中间圆泡突起，犄角之间有横梁，通高18.5厘米（图十八：4）。这种形式的当卢出土数量最多，在西周时期较为流行。第三种为鸡心形。有的正面微突，顶部及两侧伸出短銎，用以穿接皮条，背面下部有一鼻纽（图十八：5）。有的无短銎，两侧各有一个长方孔，背面有两个半环纽，凸面饰有连眉纹、绹纹和竖条纹，高10厘米（图十八：6）。第四种上端为兽头形，下面垂长舌。有的上端为一兽面铜泡，卷云状双角，口下含一条状长舌，末端又接一个带圭角的圆铜泡，背面有两个横鼻，长31厘米（图十八：11）。有的上端铜泡虽无兽面，但头顶及两侧有线纹宽边，酷似中分披发状，下连一舌状鼻梁，表面有三层凸起的脊棱，上端铜泡背面有两个竖鼻，鼻梁背面有两个横鼻，长27厘米（图十八：10）。第五种为哑铃形，上端为一个大圆铜泡，下端为一个小圆铜泡，其间连以铜条，背面有5个横梁（图十八：7）。第四、第五种当卢体形较长，从马额一直到马鼻端，实际上是把勒上的鼻梁带和节约合而为一了。

圆形当卢的插图，剖面以往多平放，因佩带于马头的前额，应该竖置（图十八：1、2）。鸡心形当卢过去有的心尖向上，也是不对的，根据前掌大出土情况看，应向下放置（图十七：4；图十八：5）。造型复杂的当卢，还可以增加横剖面（图十八：10）。

（2）笼套及附件　笼套即马嘴上的嘴兜，由革带或绳索编结而成，一般与羁组合使用。西周时期有的笼套上安装一些青铜附件，主要有笼套中轴和节约。笼套中轴是由两条首尾叠接的长条勾状饰件组成，一种为器形相同的两件套，一大一小，顶端为一兽面，下含舌形长条，末端为勾状，大的一件背后有三个横鼻，长20.7厘米（图十八：19），小的一件背后有两个横鼻，长13.2厘米。另一种为两件弧形长铜条，两端平齐，均无兽面，背面各有三铜鼻，大件长23厘米，小件长22.5厘米（图十八：20）。以笼套中轴为骨架，再用皮条串联成嘴兜状，皮条的交接点穿插有十字形节约，就组成了完整的笼套（图十七：2）。

（3）铜条带饰　套在勒带皮条上的青铜饰件，仅见于前掌大M41。颊带为尺状铜条，正面有凸棱，背面有四个横梁，用以穿皮条，（图十八：8）。额带、颡带和鼻带均为弧形铜条，横截面与颊带相同（图十八：9）。

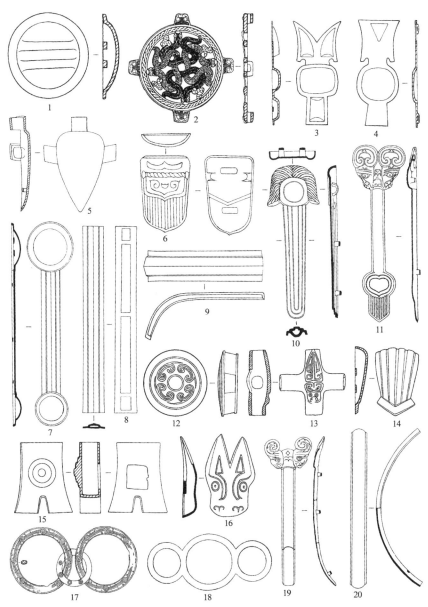

图十八　羁、勒附件

1. 当卢（郭家庄M147:5）　　2. 当卢（陕县后川2040:157）　　3. 当卢（北窑M20:11-1）　　4.
当卢（竹园沟M13:153）　　5. 当卢（前掌大M40:47）　　6. 当卢（北窑M418:4-2）　　7. 当卢
（前掌大M41:51）　　8. 颊带饰（前掌大M41:58）　　9. 额带饰（前掌大M41:52）　　10. 当卢
（张家坡M138:46）　　11. 当卢（张家坡M125:9）　　12. 节约（包山楚墓2:298-58）　　13. 节约
（张家坡M2:12）　　14. 节约（前掌大M131:30）　　15. 节约（前掌大M40:52）　　16. 节约（前
掌大M132:42）　　17. 三连环（中山王罍墓CHMK2:114-7）　　18. 三连环（中山王罍墓CHMK2:
45）　　19. 笼套中轴（张家坡M36:16）　　20. 笼套中轴（张家坡M184:3）

（4）节约　羁与勒由革带组成，革带的交叉处一般要安装各种形状的青铜饰件或带扣，统称节约。有的为圆形，出土数量最多（图十八：12）。有的为十字形，西周以后开始流行，变化较多，背后均透空，大的8厘米左右，小的3厘米左右（图十八：13）。有的为镳形，商周均有出土，安装在鼻带与鼻梁带的交接处，上端圆弧形，下端呈三角形，正面突出，背面有二横梁，高4厘米（图十八：14）。有的为"人"字形，安装在颊带与镳之间（图十八：15）。有的为兽面形，安装在鼻梁和鼻梁带的交叉处（图十八：16）。

（5）三连环　连接羁和辔的铜环。一种中间的环较小，相套的两环较大，截面呈椭圆形，两面饰卷云纹，通长19.5厘米（图十八：17）。另一种中间一环较大，两边小环与大环连铸成一体（图十八：18）。均流行于战国时期。

（6）衔与镳　勒的下部为衔和镳，衔是马嘴中的嚼子，衔的两端有环，环中贯镳，衔和镳大部分是青铜的，并分开铸造。铜衔商代出土较少，西周以后逐渐增多。主要有四种形式：第一种为两端有穿孔的铜棒，最早见于陕西老牛坡晚商遗址，两端各有一个椭圆形小孔，长26厘米（图十九：1）。西周时期这种衔仍在使用，有的铜棒上还铸出绳索纹，说明铜马衔是由皮条或绳索演变而成的，长14.3厘米（图十九：2）。第二种由两部分组成，结构如链环，左右对称，最早见于殷墟西区M1613。这种衔数量较多，一直流行到战国晚期。有的衔为两节铜杆构成，每节铜杆两端各有一大一小的环，两小环相套，铜杆也做成绳索状（图十九：3）。有的每节的两端为三角形环，大小相同，一节两环在同一平面上，另一节两环呈90度角（图十九：4）。第三种是由三个套环连在一起的，两边为外端方孔，内端为圆孔的链环，中间用一个"8"字形的双环套在一起，通长15.6厘米，从西周早期到战国一直都在使用（图十九：5）。第四种为四节"8"字形纽索组成，最外端两环较大（图十九：16）。

镳大体可以分为六种形式：第一种为长方形，中央有一个大圆孔，用以纳衔。有的圆孔两侧为三角形套管，内穿革带连在勒上，后端有一个扁平鼻纽可连接辔索，形体较小，长4厘米，宽3厘米，出现于商代晚期（图十九：6）。有的套管为椭圆形（图十九：22），内侧配马蹄形钉齿镳（图十九：21、23）。这种钉齿镳在西周车马坑中往往只出一件，且具体位置不明确，前掌大车马坑出土的钉齿镳均为两件，并且钉齿向内，位置确凿，安阳梅园庄 M41 也有出土，估计是驾驭烈马所用。苏埠屯出土的一件形制相近，误为"马镫形车饰"。有的套管两侧的铜板呈翼形倾斜，时代为西周晚期，长9厘米，宽3.6厘米（图十九：7）。有的中央圆孔两侧无套管，而在顶部的折沿上有两个小圆孔，用以穿系革带，与勒相连（图十九：8）。还有正面饰兽面纹，嘴部有圆孔，背面有鼻纽（图十九：9）。第二种为圆形，中央有一孔，用以纳衔。有的出土时镳与衔就连在一起，一侧有纽，用来连辔，外面饰圆旋纹，背面中间有一个连接衔的纽，两侧有四个鼻梁，用来穿带接勒，直径7.3厘米（图十九：10）。有的表面饰鸟纹，长嘴圆眼，头飘绶带，身体上卷，背面有三个横鼻，直径9厘米（图十九：11）。第三种为曲体形，变化较多。有的整体呈螺旋形，体浑圆，有短尾，器身中部有圆孔，正面突出，饰涡纹，背面有五个鼻纽，长10.5厘米，宽8.2厘米（图十九：12）。有的体椭圆，尾变长，器身部中央也有圆孔，面饰曲状弦纹，背面有三个鼻纽，长10厘米，宽5厘米（图十九：13），以上两件为西周早期。有的为曲体宽条状，器身中部有方孔，由头部至方孔有一个曲尺形的穿孔，器表饰平行条纹，背面有三个横鼻，长12.8厘米，时代为西周中晚期（图十九：14）。有的为曲体窄条形，似由上一件演变而来，器身饰鳞纹，背面有两个鼻纽。长13.2厘米（图十九：15）。还有的为曲体圆头形，素面无纹，长10.1厘米（图十九：16）。从中我们可以看出曲体形镳的变化过程。第四种形状如弯曲的羊角，有青铜和骨制的，横断面呈八棱形，侧面纵列两长方形孔（图十九：17）。第五种为弧形，木制，通体髹红漆，中部较粗，并有两个长方形孔，两端有骨套，骨套髹黑漆，并阴刻圆卷纹，长31厘米（图十九：19）。这种镳也有铜、骨和角制成的。第六种为直体形，骨制，两端细中间粗。有的横截面呈八棱形，中部钻两个圆孔，长19.2厘米（图十九：20）。还有的为圆棒形，顶端有小孔（图十九：18）。后三种多出自春秋战国时期。

商末还有一种比较特殊的衔，将衔、镳合二为一，整体呈 U 形圆柱

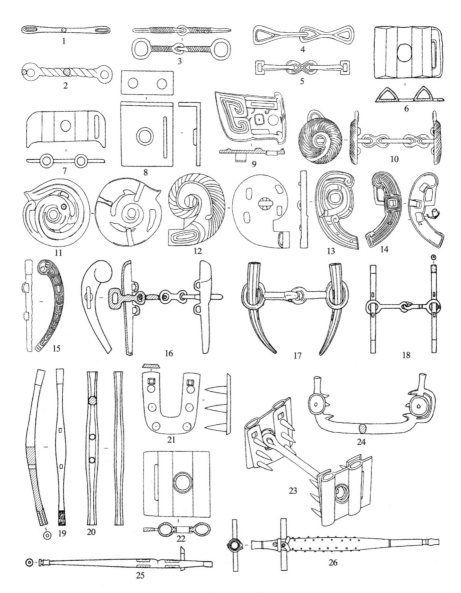

图十九　衔与镳

1. 衔（老牛坡86XLⅢ1M17:2）　2. 衔（前掌大M18:8-1）　3. 衔（九店436:19）　4. 衔（琉璃河
Ⅰ M22:14）　5. 衔（张家坡M152:12）　6. 镳（郭家庄M148:4）　7. 镳（北窑M20:10-1）　8. 镳
（前掌大M40）　9. 镳（前掌大M132:26）　10. 衔、镳（张家坡M22:1）　11. 镳（张家坡M192:
023）　12. 镳（北窑M418:4-1）　13. 镳（琉璃河M205:33）　14. 镳（张家坡M204:11）　15.
镳（张家坡M351:1）　16. 衔、镳（茹家庄M1乙:124）　17. 衔、镳（后川2040:262）　18. 衔、
镳（包山2:344、344-1）　19. 镳（望山M1:B106）　20. 镳（包山2:213-1）　21. 钉齿镳（前掌
大M41）　22. 镳（前掌大M41）　23. 衔、镳及钉齿镳组合示意图（前掌大M41）　24. 衔（后冈
M33:11）　25. 橛（包山2:348）　26. 橛（秦始皇陵铜车马二号车）

状，两端向上弯曲，内侧各有三个尖齿及一个圆组，一端外侧有一个半圆形环耳，通高7.3厘米，长15.6厘米（图十九：24）[64]。

衔画法较简单，横放，一个视图就可以了，其间可配以重合剖面。镳因形式多变，清绘时首先要注意它的方位，如方形镳有的应横置（图十九：22、23），而有的就要竖置（图十七：4、5；图十九：8），长条形镳均应竖放。衔与镳是一套的还要绘制组合图（图十九：16、17、18）。

（7）橛　圆棒形，两端置于镳上，和衔平行横放在马口中。包山楚墓出土的一件，木质，中间粗两头细，中部呈束腰形，两端安装骨帽，内侧一端横贯一根扁薄长方形骨条，两者呈十字形交叉，骨条上有一个小圆孔，中部与马齿相对应处，各平行凿两排、每排四个长方形浅槽，槽内嵌入长方形骨片，骨片突出棒面。橛通长57.2厘米（图十九：25），与秦始皇陵铜车马的形式相同（图十九：26）。

2. 颈带

颈带过去发现较少，滕州前掌大出土的颈带为皮条制成，套在服马的颈部，根据青铜饰件的不同，可以分为四种样式：第一种上饰两行海贝，每行40枚，复原长度116厘米（图二十：1）。两端为长方形带扣，顶面封闭，内端敞口，正背面均有长条形透孔（图二十：8）。第二种其上有两行长方形铜泡（图二十：7），每行25个，首尾相连，带扣与第一种相同，复原长度90厘米（图二十：2）。第三种为一行花形铜泡（图二十：5），均匀排列，共21枚，带扣为圆形铜泡（图二十：6），复原长度为112厘米（图二十：3）。第四种饰三行小圆铜泡，每行57枚，带扣同第一种，复原长度115厘米（图二十：4）。颈带除了绘制青铜饰件图和复原展开图外，还应绘制立体复原示意图（图十七：5、7、9）。

应当指出，颈带所处的位置，与秦始皇陵铜车马的缰索相同，而后者只在骖马上使用。它的一端曲成环形套在马颈上，另一端系结于服马的轭首和车衡上，以防两骖马外逸。前掌大的颈带套在服马上，没有发现伸出的缰索，因此，称之为"缰"仍缺乏足够的依据。另外，它的位置也与秦始皇陵铜车马上的缨环不同，缨环的上部套在骖马鬐甲部，下部垂于胸前。故此，这里称之为颈带（图十七：5、7、9）。

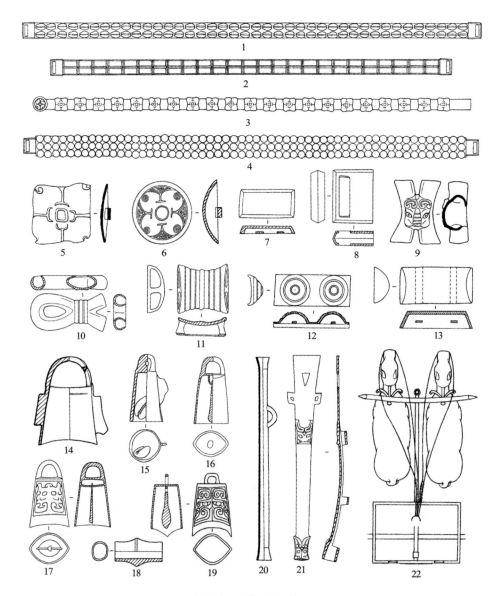

图二十　颈带、辔、策

1. 颈带复原展开图（前掌大M131）　2. 颈带复原展开图（前掌大M41）　3. 颈带复原展开图（前掌大M132）　4. 颈带复原展开图（前掌大M40）　5. 颈带饰（前掌大M132）　6. 颈带饰（前掌大M40）　7. 颈带饰（前掌大M41）　8. 颈带扣（前掌大M41）　9. 辔饰（张家坡M349:7）　10. 辔饰（张家坡M170:59）　11. 辔饰（张家坡M2:11）　12. 辔饰（张家坡M22:8）　13. 辔饰（张家坡M14:49）　14. 铃（殷墟）　15. 铃（老牛坡86XLⅢ1M41:39）　16. 铃（前掌大M214:43）　17. 铃（前掌大M45:18）　18. 辔饰（张家坡M155:7）　19. 铃（三门峡M2001:384）　20. 策柄（殷墟AGM391:13）　21. 策柄（前掌大M40:15）　22. 辔的结构示意图（前掌大M45）

3. 辔

辔是驾驭马的革带。最早出自殷墟的马车上。从目前的发掘资料看，我们对先秦时期辔的结构还不十分清楚，但根据一些痕迹和辔饰出土的位置，对它的形制也有了一些了解。辔一般为皮条制成，其上有装饰物。每匹服马有两根辔，它的前端分别系于马口两侧的镳上，后端穿过马轭两侧衡上的两个軜环，达于舆前驭官手中。有的前端皮条上穿戴辔饰，如前掌大M131，两侧马头上各残存一列铜泡，约12枚，与勒的关系明确。有的在中部及后端穿戴辔饰，如前掌大M40，为圆形铜泡共两行，散落在舆前，呈人字形排列，中部的一行辔饰与鞃带垂直相交。有的仅在后端发现辔饰，如前掌大M45，近舆处有4行海贝，每行11枚，长28厘米，左边两行正放，右边两行背放。还有的仅见中部穿戴辔饰，如前掌大M132，两条内辔的中间分别有8枚圆铜泡。综合以上情况，我们对西周早期辔的结构，作了推测性复原（图二十：22）。辔饰出土数量较多，造型变化也很大。有的为圆形铜泡，背面有横梁，穿系在皮条上。有的为环套形，仿照绳索制成，有的为带双脚的环套，交叉处有三周凸棱，背面腰部有一方形穿孔，环套上有三个长条形穿孔，长7.8厘米（图二十：10）。有的为圆形细管，中部有鼓出的棱脊，长3.6厘米（图二十：18）。有的为长条形，两端呈斜坡状，长5.7厘米（图二十：13）。有的长条形底座上突起两个球面铜泡，长5.5厘米（图二十：12）。有的为X形，即交叉或并列在一起的细腰管，表面饰弦纹，背面为方孔，长3.9厘米（图二十：11）。辔饰应水平放置，个别有纹饰的，为了将花纹放正，可以竖置（图二十：9）。造型简单的两个视图就可以了（图二十：18），结构复杂的可采用三视图（图二十：10—13）。

4. 策

策即马鞭，出土时仅存策柄，最早见于商代，多为青铜制成。一种为圆管状，出自殷墟西区，管柄上下贯通，口微侈，上部一侧有一个拱形鼻纽[65]，长24.3厘米，底径1.7厘米（图二十：20）。这种形制的策柄前掌大也有出土。另一种正面呈窄长条形，上端变宽，略呈倒梯形，下端饰一兽面，中上部饰一浅浮雕兽面纹，近上端两侧各有一刺，呈耳形，上有一椭圆形穿孔，近顶处有一倒三角形孔，背部有两横穿，其中窄穿较高，下部为一长方形库，通长22.6厘米，宽3.2厘米（图二十：21）。这种形制的策柄苏埠屯也有出土，原报告称"弧形条饰"，误作马面上的饰物。策的主视图应竖放，结构复杂的至少画两个视图（图二十：21）。

5. 鞦

鞦即现在所说的马肚带，最早出现于商代末期。前掌大M40的服马腹部套有一条镶圆铜泡的皮条，至背部形成三角形，其前端一直伸向轭首，结构较为清楚。西周时期保存较好的鞦为张家坡第二号车马坑第一号车，鞦带披在马腹两侧，在腹下栓扣，靳饰由鞦带中间伸至马鬐甲部，最后系于轭上，结构清楚，可以复原。青铜附件穿接次序是：鞦带两侧各7件鳞形饰，首尾相连，上边4件，下面3件，中间为一游环，用于纳靷。鞦带最上端的两件鳞形饰与靳饰相连，其上接一节细长的铜管，背带由此穿过，再接一件方形带扣，最后一件圆形带孔铜泡，与轭连接，可以绘制结构复原图（图二十一：16、18）。

（1）鞦饰　鞦带的主要饰件。主要有五种样式：第一种为鳞形。有的整体竖长，上沿呈弧形三尖齿状，下沿两角圆弧，两侧及底缘有宽边，正面饰垂鳞纹，背面有两个鼻纽，高7.5厘米，宽5.7厘米（图二十一：1）。有的扁而宽，正面饰双重垂鳞纹，高6厘米，宽9厘米（图二十一：2）。第二种为盾形，顶部有上扬的双角，下端作圆弧尖状，表面有阴线纹，有镂空，背面有两条横梁，高、宽均7.7厘米（图二十一：4）。第三种略呈平行四边形。有的表面饰鸟纹，高冠、尖喙、双翅飞舞，四角各有一对钉孔，高6.8厘米，宽5.2厘米（图二十一：3）。有的外形相同，正面饰粗线条回纹，四角各有一对小孔，高7.7厘米，宽6.4厘米（图二十一：5）。第四种略呈"S"形，表面有两个透雕的虎纹，一正一倒，中央为虎头，背面无鼻，周边也无钉孔，估计用镂空穿接，高9厘米，宽8厘米（图二十一：6）。第五种为鸟形，束冠扬尾、钩喙曲体，背面有两个竖鼻，高5.5厘米，宽5.7厘米（图二十一：7）。鞦饰应竖放，结构简单的，一个视图就可以了，背面有穿的，配以纵剖面。

（2）游环　用于穿接鞦带和靷绳。有的直径较大，周围有一圈宽边，中央为一个大圆孔，背面有三个横鼻，直径9厘米，孔径2.8厘米（图二十一：8）。有的为细圆环，横截面为椭圆形，长径6.5厘米（图二十一：10）。有的为圆形小环，上饰绳索纹，径3.4厘米（图二十一：9）。

（3）靳饰　位于马背前部，连接轭与鞦的铜饰，主要由前后两部分构成，后部为一兽面形饰，整体呈三角形，上端为一短圆管，下扩为两个并列的大铜泡。铜泡表面饰相对称的卷鼻象纹，象体卷曲，两者构成一个兽面纹，鼻梁中间饰菱形纹，泡背后各有一横纽，面高10厘米，宽13.5厘米。前部为一个圆管，体细而长，表面无纹饰，长18厘米，径1.3厘米（图二十一：15）。

（4）方带扣　位于圆孔小铜泡和圆管之间，前端有一长方形孔，后面是一段扁平的空管。有的整体方形，素面无纹，长1.85厘米，宽1.4厘米（图二十一：14）。有的器表饰一对张口吐舌的曲身夔纹，长5厘米，宽3.4厘米，厚1.2厘米（图二十一：11）。有的下端作弧形尖齿状，正面饰心形纹等（图二十一：13）。

（5）圆孔铜泡　前面与轭相连，后面与方形带扣结合。正面鼓起，周围有一圈宽边，中央有圆孔，空口微向上卷，背面有一个横鼻，径4.7厘米（图二十一：12）。

（6）三叉管　形状为"人"字形，其作用与兽面饰相同，即将两股背带合为一股。最小的长6.7厘米，宽4.2厘米，径1.5厘米（图二十一：17）。最大的长10.7厘米，宽5.5厘米。

（二）马身上的饰件

除了驾驭车马的鞦具外，马身上还有一些起着防护功能和装饰作用的马具，如先秦一直流行的铜铃，西周时期流行的马冠，西周至战国使用的马甲胄，以及春秋战国流行的纛等。

1. 铃

铃为车马上的青铜响器，上部有纽，铃身呈梯形，腔内有铃坠。铃主要系于马的头部或颈部，车的其他部位也有出土，由于多数位置不清楚，权且将其归在此处。先秦的铃造型变化一直不大。一种纽与铃顶面

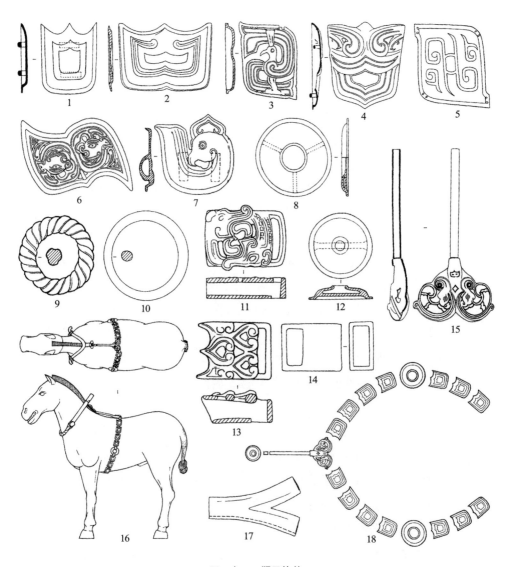

图二十一　鞶及饰件

1.鞶饰（张家坡第二号车马坑第一号车）　2.鞶饰（张家坡M199:15）　3.鞶饰（张家坡M170:
066）　4.鞶饰（张家坡M36:11）　5.鞶饰（张家坡第三号车马坑）　6.鞶饰（张家坡M2:2）
7.鞶饰（张家坡M183:63）　8.游环（张家坡第二号车马坑第一号车）　9.游环（张家坡M308:
1）　10.游环（张家坡M36:3）　11.小方带扣（张家坡M374:7）　12.圆孔小铜泡（张家坡第二号
车马坑第一号车）　13.小方带扣（张家坡M152:75）　14.小方带扣（张家坡第二号车号坑第一号
车）　15.靳饰（张家坡M36:12、13）　16.鞶带装配示意图（张家坡第二号车号坑第一号车）
17.三叉管（张家坡M152:20）　18.鞶带展开示意图（张家坡第二号车马坑第一号车）

同宽。有的铃身较宽，半环纽，两侧饰扉棱（图二十：14）[66]。有的铃口较圆，纽孔细小，一侧有扉棱，铃舌为一海贝（图二十：15）。有的铃口呈合瓦形，腔内有半圆形鼻纽，系铃坠，通高8.8厘米，宽4.6厘米（图二十：16）。还有的腔内以横梁系铃坠（图二十：17）。以上四件出自商代晚期。第二种铃身较宽，铃纽较小，铃身饰兽面纹，体形较大，通高16.3厘米，出自西周晚期（图二十：19）。铃一般半剖，再画铃口底视图，有纹饰的，可应采用三视图（图二十：17、19）。

2. 马冠

马冠是带在马头上的装饰品和防护性马具。最早见于西周，冠体为一个皮套子，出土时已腐朽无存，皮套上面缚铜兽面，其两个下角夹在马耳间（图十七：2）。有的兽面顶部圆秃，两侧内收，下部为双角状，双目及鼻孔均镂空，周边有六对钉孔，高29.3厘米，宽30.5厘米（图二十二：1）。有的为兽头形，面部隆起，鼻梁高凸，巨角卷曲，双目镂空，额顶及两侧有钉孔，高15.5厘米，宽19.8厘米（图二十二：7）。有的由四件组成，两耳两目为一件，口为一件，两角各为一件，高23厘米，宽25.5厘米（图二十二：2）。还有的由六件组成，五官均分铸，眉、眼、鼻、嘴合成一个兽面（图二十二：3）。

3. 蠲

蠲为马额上的装饰物，多木制，见于战国墓葬中。有的为蚌形，由形制相似的盖与底相扣和而成，前尖后圆，平底，器壁上有许多小圆孔，并插入小木棍，估计小木棍上原来还有装饰物，通体髹黑漆，高12.5厘米，长14.7厘米（图二十二：5）。有的为靴形，整木凿成，内空，圆形平顶，其上钻密集的透孔，孔内插有竹签，竹签上部残断，两侧下部各钻三个小圆孔，底长15.3厘米（图二十二：8）。有的上部圆台形，顶面上钻有许多小孔，孔内留有朽麻，下部为椭圆形底座，周壁浮雕兽面纹，上下有榫卯相连（图二十二：4）。有的上部无圆台，弧顶上钻密集的透孔，内插竹签，竹签顶部缠丝绵，丝绵上髹黑漆，长径13.2厘米（图二十二：3）。蠲的画法应灵活掌握，较简单的采用一个半剖的主视图就可以了（图二十二：5）。一般采用主视和俯视图表现（图二十二：3、8），结构复杂的，也可采用三视图（图二十二：4）。

图二十二 马饰及马甲胄

1. 马冠（张家坡 M199:8） 2. 马冠（辛村 M2:39） 3. 蠹（包山 2:241） 4. 蠹（信阳 1–319）

5. 蠹（望山 M1:B57） 6. 马冠（辛村 M8:6） 7. 马冠（竹园沟 M13:128） 8. 蠹（包山 2:

313） 9. 马胄（张家坡 M196:2） 10. 马胄（上马 M4078:32） 11. 马胄（曾侯乙墓Ⅳ号）

12. 马胸颈甲（曾侯乙墓Ⅳ号） 13. 马身甲（曾侯乙墓Ⅳ号）

4. 马甲胄

马胄最早见于西周中期，青铜制成。有的略呈三角形，上边有一凹入的缺口，正面有变形夔纹，周边有五对钉孔，长32.5厘米，宽24.5厘米，安装在马的面颊处（图二十二：9）。有的凹口加深，底边圆秃，整体呈倒置的R形，器面为几何形镂空图案，周边有穿孔，长33厘米，宽18厘米，厚0.1厘米（图二十二：10）。曾侯乙墓出土的马甲胄保存较好，由胄、胸颈甲及身甲等部分组成，均为皮胎模压定型，开孔髹漆、彩绘而成。Ⅳ号马胄形如马面，两颊对称，顶部正中压成圆涡纹，两耳、两眼留有穿孔，内外均为黑漆地朱漆彩绘龙兽纹、绹纹、云纹，运笔纤细，造型精美，展开横长80.5厘米，高56.5厘米（图二十二：11）。胸颈甲皆残损，出土时紧靠Ⅳ号马胄，复原后整体呈半环状，由五排甲片编成，上排压下排，每排五片，中间一片在上，依次向两边叠压，共25片，每排甲片，中间三片为梯形，左右两片近镰刀形，均内外黑漆地，外表红漆彩绘勾连云纹（图二十二：12）。身甲分左右两部分，披在马背的两边，均为圆角长方形，各由四横排组编，每排六片，再另附盖孔片，共27片组成，每边身甲长115厘米，宽65厘米（图二十二：13）。身甲中部近马背处凹进，下腹边缘有对称的凹槽，凹槽外端呈勾状。前上方四片合组成一直径10厘米的圆孔，孔上安装盖片，圆穿与勾状凹槽在上下一条直线上，此圆穿当为穿系鞴带之用。先秦的马甲胄出土较少，原报告采用甲片分解图及组合图表现，十分清楚，如再绘制马甲胄的装配示意图，整体效果将会更好。

三、结语

综上所述，通过对已发表的车马具插图资料进行分析比较，可以看出在画法上主要存在以下三个方面的问题：

一是对车马具的功能认识不清楚。有的对它的用途不了解，如将车具误作马具，或将车舆饰件误作车衡附件等等；还有的则对具体使用情况和安装方法不甚了解。因此，清绘时在器物放置方位和表现形式上出现错误。

二是对车马具的结构表现不清楚。有的对零件的结构不了解，导致画法错误；还有的是对结构特点表现不到位，如应该用三视图表现的，仅用了一个视图，或是应该用剖视图的而没有将器物剖割等等。

三是对车马具的形态刻画不规范。有的对零部件的造型绘制不准确，还有的对零部件的细部描绘和纹饰刻画不到位。也在一定程度上影响了今后的深入研究。

本文通过先秦各个时期车马具诸多的典型实例，详细说明它们由于功能的不同而导致的结构变化，简要论述了先秦车马具的演变过程，具体指出根据这种变化在绘图时所采取的合理的、科学的和规范的表现方法，以及过去经常出现错误画法和不规范画法。对于一些复杂的零部件还绘制了使用安装示意图和局部组合复原图。当然，这仅仅是对先秦车马具的结构和画法进行了初步探讨，仍不够全面和深入，有些问题尚未解决，特别是部分车舆附件和车马辔具，由于出土位置不明，至今对于它们的实际功能和组织结构还未搞清楚，有待今后新的发现和研究。

　　附记：本文在撰写过程中，得到了张长寿、张孝光先生的指导，梁中合、王影伊同志给予了大力支持，并提供了宝贵资料，在此表示衷心的感谢。

（本文引自：《科技考古》第一辑，中国社会科学出版社，
2005年10月。）

注释

[1] a. 中国社会科学院考古研究所：《安阳殷墟郭家庄商代墓葬——1982年~1992年考古发掘报告》，中国大百科全书出版社，1998年。

b. 安阳市文物工作队：《安阳梅园庄殷代车马坑发掘简报》，《华夏考古》1997年第2期。

c. 中国社会科学院考古研究所安阳工作队：《河南安阳市梅园庄东南的殷墟车马坑》，《考古》1998年第10期。

[2] 刘士莪：《老牛坡》，陕西人民出版社，2002年。

［3］中国社会科学院考古研究所：《滕州前掌大墓地》，文物出版社，2005年。

［4］北京市文物研究所《琉璃河西周燕国墓地》，文物出版社，1995年。

［5］中国社会科学院考古研究所：《张家坡西周墓地》，中国大百科全书出版社，1999年。

［6］洛阳市文物工作队：《洛阳北窑西周墓》，文物出版社，1999年。

［7］卢连成、胡智生：《宝鸡强国墓地》，文物出版社，1988年。

［8］河南省文物考古研究所、三门峡市文物工作队：《三门峡虢国墓》，文物出版社，1999年。

［9］中国社会科学院考古研究所、山西省考古研究所、运城市文物局、临猗县博物馆：《临猗程村墓地》，中国大百科全书出版社，2003年。

［10］山西省考古研究所：《上马墓地》，文物出版社，1994年。

［11］湖北省荆沙铁路考古队：《包山楚墓》，文物出版社，1991年。

［12］河北省文物研究所：《𰵼墓——战国中山国国王之墓》，文物出版社，1996年。

［13］秦始皇兵马俑博物馆、陕西省考古研究所：《秦始皇陵铜车马发掘报告》，文物出版社，1998年。

［14］a. 孙机：《中国古独辀马车的结构》，《文物》1985年第8期。

　　　b. 张长寿、张孝光：《殷周车制略说》，《中国考古学研究–夏鼐先生考古五十年纪念文集》第一集，文物出版社，1986年。

［15］中国科学院考古研究所：《浚县辛村》，科学出版社，1964年。

［16］中国社会科学院考古研究所安阳工作队：《1969–1977年殷墟西区墓葬发掘报告》，《考古学报》1979年第1期。

［17］a. 洛阳博物馆：《洛阳中州路战国车马坑》，《考古》1974年第3期。

　　　b. 河北省文物研究所：《燕下都》，文物出版社，1996年。

［18］同注［9］。

［19］张长寿、张孝光：《井叔墓地所见西周轮舆》，《考古学报》1994年第2期。

［20］石璋如：《小屯·第一本·遗址的发现与发掘·丙编·殷墟墓葬之一·北组墓葬》上册、下册；历史语言研究所，1970年。

［21］洛阳市文物工作队：《洛阳林校西周车马坑》，《文物》1999年第3期。

［22］同注［14］b。

［23］陕西省文管会秦墓发掘组：《陕西户县宋村春秋秦墓发掘简报》，《文物》1975年第10期。

［24］郑洁祥：《河南新野发现的曾国铜器》，《文物》1973 年第 5 期。

［25］中国社会科学院考古研究所：《陕县东周秦汉墓》，科学出版社，1994 年。

［26］山西省考古研究所、太原市文物管理委员会：《太原晋国赵卿墓》，文物出版社，1996 年。

［27］湖北省博物馆：《曾侯乙墓》，文物出版社，1989 年。

［28］朱思红、宋远茹：《伏兔、当兔与古代车的减震》，《考古与文物》2002 年第 3 期。

［29］中国社科院考古研究所：《上村岭虢国墓地》，科学出版社，1959 年。

［30］张长寿、张孝光：《说伏兔与画轎》，《考古》1980 年第 4 期。

［31］同注［13］。

［32］同注［1］c。

［33］同注［30］。

［34］a. 同注［6］。

　　　b. 罗西章：《陕西扶风杨家堡西周墓地发掘简报》，《考古与文物》1980 年第 2 期。

［35］同注［13］。

［36］湖北省文物考古研究所：《江陵九店东周墓》，科学出版社，1995 年。

［37］中国科学院考古研究所：《辉县发掘报告》，科学出版社，1956 年。

［38］河南省文物研究所、周口地区文化局文物科：《河南淮阳马鞍冢楚墓发掘简报》，《文物》1984 年第 10 期。

［39］同注［19］。

［40］石璋如：《殷墟后五次发掘的重要发现》，《六同别录》上册，1945 年。

［41］a. 同注［20］。

　　　b. 石璋如：《小屯第四十墓的整理与殷代第一类甲种车的初步复原》，《历史语言研究所集刊》第四十本下册，1969 年。

［42］马得志、周永珍、张云鹏：《一九五三年安阳大司空村发掘报告》，《考古学报》第九册，1955 年。

［43］夏名采、刘华国：《山东青州市苏埠屯墓群出土的青铜器》，《考古》1996 年第 5 期。

［44］刘士莪：《老牛坡》，陕西人民出版社，2002 年。

［45］同注［43］。

［46］同注［38］。

［47］a. 林巳奈夫：《中国先秦时代の车马》，《东方学报（东京）》29册，1959年。

　　　b. 孙机：《始皇陵二号铜车马对车制研究的新启示》，《文物》1983年第7期。

　　　c. 孙机：《中国古代马车的系驾法》，《自然科学史研究》第3卷第2期，1984年。

　　　d. 郑若葵：《论商代马车的形制和系驾法的复原》，《东南文化》1992年第6期。

［48］孙机：《从胸式系驾法到鞍式系驾法——我国古代车制略说》，《考古》1980年第5期。

［49］同注［47］d。

［50］同注［48］。

［51］中国社会科学院考古研究所：《殷墟的发现与研究》，科学出版社，1994年。

［52］同注［1］a。

［53］同注［43］。

［54］中国社会科学院考古研究所洛阳唐城队：《洛阳老城发现四座西周车马坑》，《考古》1988年第1期。

［55］a. 同注［1］c。

　　　b. 刘一曼：《殷墟车马及甲骨文金文车马》，《中原文物》2000年第2期。

［56］湖北省荆州地区博物馆：《江陵天星观1号楚墓》，《考古学报》1982年第1期。

［57］湖北省文物考古研究所：《江陵望山沙冢楚墓》，文物出版社，1996年。

［58］湖北宜昌地区博物馆、北京大学考古学：《当阳赵家湖楚墓》，文物出版社，1992年。

［59］湖南省博物馆、湖南省文物考古研究所、长沙市博物馆、长沙市文物考古研究所：《长沙楚墓》，文物出版社，2000年。

［60］a. 同注［37］。

　　　b. 郭宝钧：《殷周车器研究》，文物出版社，1998年。

［61］杨英杰：《先秦古车挽马部分辅具与马饰考辨》，《文物》1988年第2期。

［62］中国科学院考古研究所：《沣西发掘报告（1955-1957年陕西长安县沣西乡考古发掘资料）》，文物出版社，1962年。

［63］王影伊：《山东前掌大商代晚期马具复原》，《中国文物报》2003年1约3日。

［64］中国社会科学院考古研究所安阳队：《1991年安阳后冈殷墓的发掘》，《考古》1993年第10期。

［65］杨宝成：《殷代车马的发现与复原》，《考古》1984年第6期。

［66］中国社会科学院考古研究所：《殷墟发掘报告（1958－1961）》，文物出版
　　　社，1987年。

雕龙碑房址的复原

李　淼

雕龙碑的建筑遗迹，大体上分布在遗址的东南和西北两个区域。经过发掘，西北区保存较好，共发现房屋基址20座，可分为三期：第一期为椭圆形半地穴式建筑，斜坡式门道，房间内和周壁有柱洞，属于仰韶文化中期建筑。第二期为长方形单间或双间地面建筑，开始采用木骨泥墙，有了矮墙式灶围，是雕龙碑文化典型建筑的雏形阶段。第三期的营造形式与一、二期相比有了很大不同，从整体布局上看，初步形成了规划合理的排房式聚落，房屋大都为东北—西南方向，排列有序，前后两排之间相距20米左右，房屋左右之间相隔约5米。从个体形制上看，出现了大型多间式地面建筑，使用了红烧土块奠基，有了承重结构和维护结构合一的木骨泥墙，房顶为两面坡式，由檩、椽、横木、草拌泥等材料构建，采用了石灰、细砂等合成的混凝土料浆（类似现代的水泥）处理屋顶和居住面的工艺，出现了结构完善的单侧推拉门和排烟功能较好的灶围。是雕龙碑文化典型建筑的代表。现以第三期建筑遗址中保存较好的几座房屋进行复原。

（一）F15 的复原

F15位于第四次发掘探方区的东北角，属于雕龙碑第三期文化遗存偏早的建筑，距今约5000年。房址保存较好，长11.5米、宽8.8米，面积约101平方米。现存高度最高为50厘米，墙体、柱洞、门道及室内其他设施结构清楚，为我们复原提供了有力依据（复原情况见图一）。下面就复原的几个主要问题加以说明：

1. 房间布局

F15的主体结构呈"田"字形，中部"十"字形主墙体将整栋房屋分

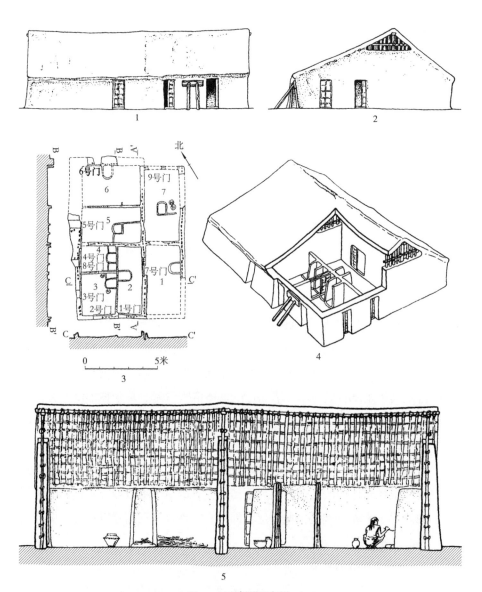

图一　F15复原示意图

1. F15西立面复原示意图　2. F15南立面复原示意图　3. F15平、剖面图
4. F15立体复原示意图　5. F15A–A'剖面复原示意图

成4个房间，其中东部的2个开间各为1大间，西北部的开间为2大间，
西南部的开间为3间（2大间1小间）。以居住形式划分，1、2两间为1个
单元，3、4两间为1个单元，5、6、7分别为1间1个单元。整体为5个单
元7个房间（图一～图三）。故此，我们称它为大型多间式房屋建筑，以

下简称"大屋"。

2. 墙体和房顶的复原

F15的墙基结构清楚，只是由于6号房间北墙东段被破坏后，留下一点疑问，即6号房间现存的北墙西段与7号房间的北墙明显不在一条直线上，也就是说，整栋大屋的北山墙中间出现了错位。如何解释这一现象呢？根据F15东北角墙基整体加厚的现象分析，很有可能是6号房间曾经倒塌，重建时北墙向外扩出所形成的。

房址为直壁木骨泥墙，复原高度不低于1.6米。主要依据是F15立柱粗大、加工规整、排列密集，外墙用红烧土块砌筑，类似现在的红砖，十分坚实，因此主墙体略高于一个人的高度，也完全可以承受住大面积屋顶的重量。

根据主墙体的结构，从理论上分析，房顶应为东西向的两面坡式，房脊应架在中部"十"字形主墙体的南北向墙体上。因为东、西外墙之间的距离要比南、北外墙之间的距离小2.7米，这样，构筑东西两面坡的房顶跨度较小，房顶自重减轻，房屋不易坍塌，符合建筑力学原理。据发掘现状上分析，也证明东西两面坡是毫无疑问的；从剖面图上可以看出（图一～图三），南、北山墙和中部"十"字形主墙的东西向墙体未发现倾斜的现象，而东、西外墙明显向外倾斜，这说明斜坡屋顶对墙体有一个向外的水平推力，将墙体推斜。由于西坡跨度明显大于东坡，致使西外墙倾斜角度最大，同时中部"十"字形主墙的南北向脊墙也受西外墙的拉力略向西倾斜。

房顶的高度主要由顶盖排水的经验坡度所决定的。从《考工记·匠人》载："茸屋叁分，瓦屋四分。"可以得知先秦建筑关于斜坡屋顶高度的计算方法，即茅草屋的顶高是跨度的三分之一，瓦顶屋的顶高是跨度的四分之一（图二）。由于相邻的F19发现了石灰质混凝土制作的屋顶残片，估计F15也应是这种混凝土式的泥顶，因此可以归入"瓦屋"之类。另外，应该考虑到，南北向的隔墙并不在"大屋"的中间，西边跨度较大，东边跨度较小，我们应以西边较大的跨度5.4米作为计算坡度的主要参考。

则房屋总高（H）=房顶高（h_1）+外墙高（h_2）

$$=5.4 \text{米} \div 2 + 1.6 \text{米}$$

$$=2.7 \text{米} + 1.6 \text{米}$$

$$=4.3 \text{米}$$

由此我们得出，南北向内墙高于外墙2.7米。房顶总高度为4.3米左右。

F15的建造程序是：在铺垫好的基础上挖"田"字形基槽，外墙基槽很浅，中部"十"字形主墙体基槽较深。先将长方木柱埋在中部墙基槽中，顶部用檩木固定，南北向脊墙立柱均高4.3米，东西向山墙的木柱高度由脊墙立柱至檐墙立柱依次递减，形成"十"字形木骨式篱笆墙体，它也成为了"大屋"的核心支撑结构。再以同样方法建造外墙，砌筑红烧土块、草拌泥墙体，再经火烧烤。主墙体建好后铺设顶盖的横木和板椽，建造隔墙。顶盖均用红烧土、草拌泥抹平，最后使用石灰、细砂等合成的混凝土加工地面和房顶。

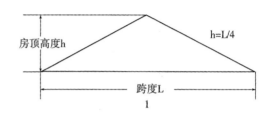

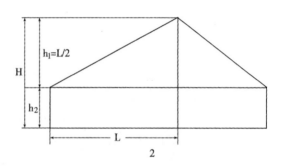

图二　F15房夯内复原高度示意图

1.《考工记·匠人》"瓦屋四分"示意图

2. F15复原高度示意图

H. 房屋总高

L. 西面坡跨度

h_1. 房顶高度

h_2. 外墙高度

这里需要引起注意的是，前面提到的北山墙东、西两部分出现明显转折，也从另一个方面证明了当时还没有大梁，或者说，东、西墙体之间还没有一个完整的横木连接，因此斜坡房顶产生的水平推力必然使墙体向外倾斜。外墙的西北部明显加厚，门道外缘还出现立柱，估计是由于墙体外斜严重而采取的加固措施，或许是墙体倒塌后重建时有意将墙体增厚的。另外，F15东南部3号房间西墙剖面的倾斜十分严重，但墙体并未加厚，估计当时墙外应有木柱支撑，以防倒塌（图一：1、2）。

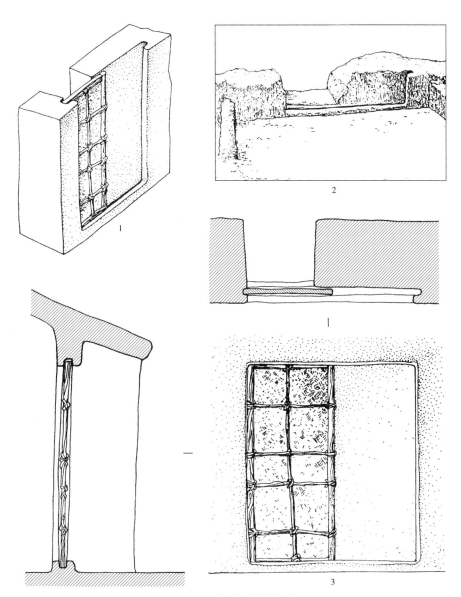

图三　F15推拉门复原示意图

1. F15推拉门立体复原示意图　2. F15第4号门址素描图

3. F15推拉门平面、立面及剖视复原图

3. 门和窗的复原

共发现8个门址，均为单侧推拉式房门，保存完整，结构清晰（复原情况见图三）。门框是直接在墙体上挖塑而成的，现存的门框沟槽有相互

贯通的左右两侧及底部3条，推测顶部也应有和底部相对应的沟槽。其制作过程是：在构筑墙体木骨架的同时栽埋门的立柱，立柱顶端与檩木连接，然后砌筑门道，门道一侧的内墙厚度减薄，形成推拉门的内框。内外框用泥塑制，其间留有沟槽，表面光滑坚硬，使门易于推拉，不宜倾倒。

值得注意的是，有的泥质门槛沟槽中残存一些朽木，证明门扇为木制的。估计门扇的外框为木板制成，中间施以木条、苇席或兽皮，使门扇重量减轻，易于推拉。河南邓州八里岗 F21 出土的推拉门，与雕龙碑 F15 略有不同，其内外门框亦为木制的，有榫卯结构，内门框的木制门槛同时还起到木轨的作用，有的木轨内侧还发现有榫眼，可能为限定门扇的木制机关 [1]。根据这种情况，估计 F15 的门扇也有可能有榫卯结构，使其上下框缘平整光滑，推拉自如。7 号房由于部分墙体遭到破坏，未发现门址，估计 9 号门址位置应在北墙的西部（图一：3）。

8 号门址形制较为特殊，位于 3 号房和 4 号房隔墙的东段，两侧未见门框和沟槽存在，仅存门槛和沟槽。门槛东段两侧是储藏室，西端是东西向隔墙，估计东西向隔墙与南北向隔墙之间的顶端有两根横木连接，形成门框上缘，两横木之间留有空当，即是门扇滑动的沟槽。平时门扇推至储藏室处，作为两个储藏室的隔断。因此，它既可以作为 3 号房和 4 号房之间的推拉门，也可看作是一堵活动的隔墙。

根据已发表的资料看，除了邓州八里岗房址外，淅川下集 [2]、镇平赵湾 [3]、唐河茅草寺 [4] 等同时期的房址也发现有推拉门，但因各种原因，当时未能及时确认。由此可以得出：唐白河流域仰韶文化晚期流行的推拉门为我国新石器时代所特有的一种建筑形式，它的结构合理，制作考究，体现了当时较高的建筑工艺水平。同时，推拉门开启时不占地方，大大提高了室内空间的利用率，反映了一种先进的建筑设计思想。

房址是否有窗的存在，目前还没有可靠依据。但地面建筑的出现、两面坡式房顶的形成，为室内通风口设置于房间墙壁的垂直面上创造了必要条件。同时这一时期的房屋面积大、灶位多，因此在墙体上开窗的可能性很大，以利于排烟通风，估计窗开在南、北两个山墙顶端，此处位置最高，利于排烟通风，又便于砌筑。郑州大河村 F1～F4 窗的复原就采用了这种形式[5]。另外，前面已经提到，F15 估计使用了檐檩，所以，在檐檩下开窗的可能性也很大。这在较晚的湖北应城门板湾 F1 中得到了证实，该房址墙体最高处可达 2.2 米，共设有 7 扇窗，有的窗楣、窗台、窗框均保存完好[6]。

4. 灶围及囱的复原

灶围的分布很有规律，即一间一灶，估计是为了一家一户独立的生活需求而建。反映了当时氏族社会中家族生活的具体模式。灶的形制特殊，有木骨泥墙式的灶围。灶的正面构筑弧形突棱，类似门槛，灶围的侧壁与门槛相连，形成灶门。灶围的厚度与隔墙相同，推测其高度应与隔墙相同。灶围除了有隔离防火功能外，也可看成烟道的雏形。依此推测，灶围的上方可能留有囱。例如：同期的河南淅川下集正方形大屋被中隔墙分为南北两间，其灶围分别依隔墙中段而建，两灶围的四角均有一个很大的柱洞。这些柱子有两个功能，一是支撑四面坡式的房顶，二是便于在灶围上方的屋盖处开设囱[7]。河南邓州八里岗 F34 的灶围两侧筑有短墙，两端也有较粗的柱洞，柱洞旁的墙体也稍厚，简报认为其两面坡式的屋盖上可能会有排烟的天窗，即"囱"[8]。F15 的灶围与前两例略有不同，即灶围侧壁两端不见明显加粗的柱洞，而只有排列均匀的细木柱。侧壁还有内收的迹象，这使得在屋盖上开设囱的可能性变小。也许，正是由于灶围遗迹出现的差异，证明雕龙碑的原始居民采用了更先进的排烟通风设施，即由构筑较落后的囱，一跃变为开设较先进的窗，彻底解决了倾斜屋盖上"囱"的排水难题。

另外值得注意的是，3 号、7 号房间的灶围附近各发现有两件"多孔器"，略呈椭圆形，正面隆起如龟背，有圆形戳孔，背面较平，有的有木纹的印痕。郑州大河村 F19 也曾发现有此类器物，称为"插簪器"，三角形，正面较平，戳有圆孔，背面亦有木板痕迹，发掘简报认为是插簪子或插骨锥用的[9]。西安半坡的房址中出土的最多，杨鸿勋先生认为是房顶塌落下来的囱缘残段[10]，其中 F3 和 F4 的出土情况十分清楚，有的与屋顶残面相连，有的为囱缘转角处的突棱，有的为囱缘两端的残块，有的正面隆如龟背，并有戳孔。证明这种观点是有说服力的。邓州八里岗F34 的灶围旁也出土有几块"多孔器"，其中临近柱洞的一块呈长条形，略带弧线，一端有明显的断痕，正面有圆孔，截面为三角形，背面较平，与西安半坡F34出土的囱缘残段形制相同。说明八里岗F34很有可能设有囱。雕龙碑F15出土的"多孔器"（F19、F13、F14也有出土）与上述几个地点有所不同，它的制作精致，表面光滑，应为独立使用的个体。从出土位置看，均临近灶围，其功能肯定与炊事有着密切的关系，却又不像灶围上方坠落的囱缘残段。也有可能是将它黏贴在灶围墙壁上或平放在灶围附近的地面上，以供插放一些小件炊具之用。

根据上面的分析，F15的通风排烟系统是通过门—灶围—窗进行的，较仰韶文化早期的排烟设施有了很大进步。

（二）F19的复原

F19位于F15北部，和F15的距离约5米，层位、朝向与F15一致，说明两者关系密切，应该是聚落中某一排建筑的相邻的两座"大屋"，年代应该和F15接近。这是目前我国新石器时代保存较好的一组土木混凝结构建筑遗址。F19南北最长11.3米，东西最宽9.2米，面积约104平方米（复原情况见图四）。由于营造方式与F15类似，因此，相同之处不再赘述。仅就不同之处加以说明：

1. 房间布局

F19整体结构与F15略有不同，平面主体部分为曲尺形，也可看成F15的"田"字形结构缺少右下角一块。是"大屋"的另一种户形。"大屋"西半部可分成南北两个开间，每个开间又各自分割成3间。"大屋"东半部为1间。与西部的北大间连通，并在该间的北部接出一个室外建筑。

以居住形式划分，西半部的南大间可分为2个居住单元，1号为一个单元，2、3号为一个单元。北大间亦分为2个居住单元，4号为一个单元，5、6号与东半部的7号为一个单元。总计4个单元8间房子，其中1间一套2个，2间一套1个，3间一套1个。在8号的北部发现不少木块，估计8号是一个储物间或是操作间，应该附属于F19最北部的一套房子使用。

2. 墙体及房顶的复原

据F19的发掘情况和平面结构，主墙体可能分两次建成，先建西半部1~6号房，东半部的7、8号房可能是后接出的。西墙明显加宽，分成

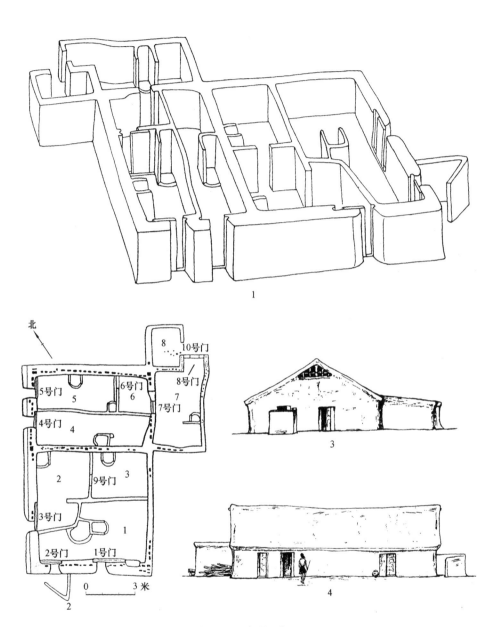

图四　F19复原示意图

1. F19墙体结构复原示意图　2. F19平面结构复原示意图

3. F19南立面复原示意图　4. F19西立面复原示意图

两部分，内壁为坚硬的红烧土，外壁厚30厘米，为没有经过烧烤的细黄土，说明当时房顶西坡对墙体的推力已经使西墙倾斜，才进行加固，防止倒塌。或者是房顶西坡滚檐后，重新进行修筑时加厚的。复原高度同F15。

　　F19虽然排柱尚未分化，但绝大多数立柱横断面为长方形，加工规整，四角的立柱十分粗大。基本上可以承受大跨度房顶的重量。估计木骨墙体的搭建过程为：在挖好的基槽里栽埋立柱，用长条方木固定在排柱顶端，再用藤条、绳索捆绑，使檩木与排柱接触更加紧密牢固。排柱中间每隔30厘米左右内外两面用横向木杆扎实。房顶的板椽也用此方法与脊檩、檐檩固定。由于房间内未发现柱洞，说明当时室内并无承重的立柱，估计南、北山墙与中部主隔墙之间也应有横木相连，与板椽形成纵横交织的网状结构。用以加强顶盖的承重能力（图四）。

　　F19的顶盖应先建在"日"字形的主墙体上，它南北长12米，东西宽8米，比F15的宽度少了0.8米。从出土房顶椽木痕迹看，椽木均较细，宽度4厘米左右，因此，房顶的跨度不可能很大，估计是东西两面坡。与F15不同，F19没有中部的南北向脊墙，估计是用两根脊檩分别连接南、北山墙和中间的山墙的山尖，再用较细的木料搭建网状屋盖。另据报告，2号、3号交界处、4号的中部、5号、6号的大部分都发现有倒塌的房顶堆积，结构相同，在板椽上是一层15厘米左右的红烧土，其上为3层3～5厘米的红烧土，最上面是一层2～4厘

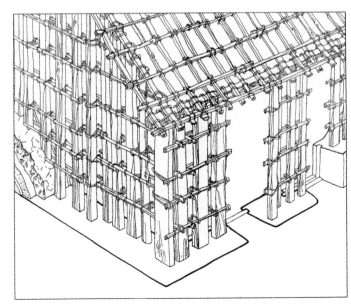

图五　F19木骨结构示意图（西北角）

米的白灰、细砂合成的混凝土，抹得十分平滑。为顶盖的复原提供了有力的依据。

F19东半部后接出的两间，考虑房顶排水问题，南墙和北墙应是西高东低的单面斜坡形，房顶则在原西檐下顺势接出，为了保持房顶的高度，房顶的坡度估计十分平缓。

3. 门窗及灶围的复原

门的保存状况不如F15，结构与F15基本相同，为单侧推拉门。现存门道7个，其中5个向外，2个连通室内隔间。由于墙体多处被地层打破，估计F19还有门道存在，从房间布局结构情况看，2号、3号房之间应有一门，7号房最北部应开一门，复原后的平面图应有10个门。与F15不同的是，F19面向室外的门道多呈喇叭口状，2号门道外建有一个"V"形护墙，形制较为特殊。

由于F19房顶的中部和北部倒塌后大部分保存下来，结构十分清楚，这些房顶残片上未发现囱的遗存，这也证实了前面的推断，估计这一时期的建筑，房顶上已不再开设囱。与F15相同，囱被开在山墙顶端的窗所取代。当然，也有可能开在"大屋"中部2号、3号房间的西墙、东墙上，便于排烟通风（图四：1），这种推测有待今后考古发掘资料的进一步证实。

F19的灶围与F15的分布略有不同，F15是一间一灶，而F19的第5号有两个灶围，第6号无灶。第8号为室外操作间也未发现灶围。

另外，在2号房灶围的东南角发现一"多孔器"，它呈圆形，形制特殊，直径18厘米，平放在居住面上，正面戳有7个椭圆形小孔。它与八里岗F34灶围旁的"多孔器"有着更加显著的区别。说明这一时期圆形"多孔器"肯定不是囱缘残段，很可能用于插放一些小件炊事用具。

（三）F13、F14的复原

F13、F14为两间相连的房子，总长9米，宽6米，面积54平方米。从地基看，是一次性建造的，中间隔墙无门道，又是各自独立的两个居住单元。根据地层叠压关系，属于雕龙碑三期文化偏晚的建筑（复原情况见图六）。复原说明如下：

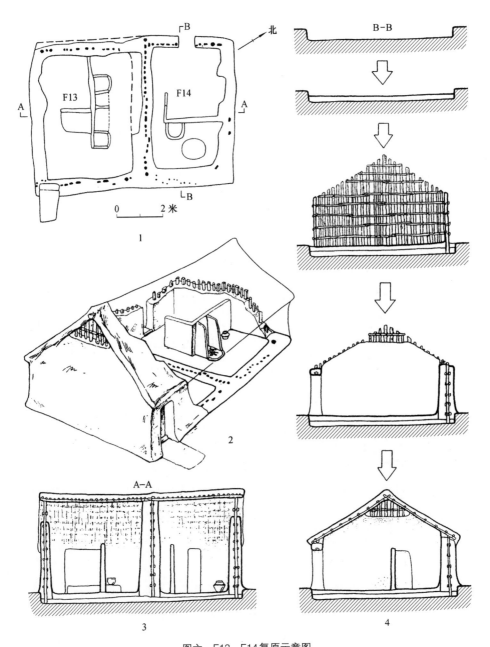

图六 F13、F14复原示意图

1. F13、F14平面复原示意图 2. F13、F14立体复原示意图

3. F13、F14剖视复原示意图 4. F14建造程序示意图

1. 地基的做法

根据报告，先在地面上挖一个浅坑，距地表40厘米左右。在坑里铺垫一层约10厘米的纯净姜黄土，压紧后经烧烤，表面变黑，即在姜黄土上栽埋木柱。在烧干的姜黄土上再垫一层20厘米左右的红烧土块，砸平整，并用红烧土垛墙。然后在上面抹几遍细泥，每抹一层，便烧烤一次，每层厚4厘米左右。最后在烧好的细泥地面上再铺饰一层白灰、细砂合成的混凝土料浆，室内的其他设施都是建在白灰混凝土地面上的。

2. 房屋建筑结构的复原

根据倒塌堆积物分析，最上层堆积的红烧土块，上面抹有一层细泥，下面发现有茅草的痕迹，故推测房顶是茅草加泥顶结构。两面坡的倾斜度与F15、F19相同。

根据房址的平、剖面图，主墙体结构较清楚，由于晚期遗迹的破坏，南山墙柱洞已无存，北山墙也只有很少的柱洞，而中间隔墙柱洞较密集。但从墙体结构上看，应与F15、F19相同，房顶也应该是南北两面坡式。窗开在东、西山墙的顶端。因为房间少、面积小，窗开在房檐下的可能性会更大。前面已经提到过，与它时代和地域比较接近的屈家岭文化应城门板湾F1，就建有7个窗，其中2个开在房檐下，应同时具有排烟和通风的功能。

F13的门道开在东南角，门道外铺有红烧土，门道内设有门槛，门及门道均宽84厘米。F14门宽68厘米，门道两壁光平，门内左右两壁无任何现象，明显与F15、F19的推拉门结构不同。F13的地面较F14略高，证明F13与F14互不相连。两间房内地面接近墙根的地方都有坡度较大的护墙。

3. 其他遗迹现象

根据室内的遗物分析，有一些是用于贴挂的装饰物，如F13发现的猴面形陶塑等，其正面刻画出具体形象，背面则十分平整，并有木纹的痕迹，很有可能是贴在墙壁或者室内屋顶上的装饰品。F14发现的多孔器与F15、F19出土的形制相近，估计也应是贴在灶围、墙壁上或平放在地面上，插挂一些小件生活用具的物体。

F13、F14晚于F15、F19，房间面积变小，间数减少。由此可以看出，三期偏晚的房屋在营造形制上有了一些变化。F13、F14门道处未见推拉门的结构，也可能推拉门就此逐渐减少或消失。

（四）几点认识

雕龙碑遗址现存面积50000平方米，是我国长江与黄河流域交汇地带的一处仰韶文化中晚期大型氏族聚落，目前发掘的1500平方米，仅仅揭露出遗址的一小部分。虽然如此，通过对几座建筑遗迹初步的复原，也取得了不少收获，使我们得到了以下几点认识：

（1）以第三期文化房址为代表的雕龙碑建筑遗存，与同时期关中和中原地区的建筑遗迹区别十分明显，但也有着大的共性，如河南郑州大河村[11]、洛阳王湾[12]、安徽蒙城尉迟寺[13]、陕西西安半坡、华县泉护村[14]、西乡李家村[15]、甘肃秦安大地湾[16]等，此时都出现了大型多间地面式建筑，有的聚落，如大河村和尉迟寺，也形成了布局合理的排房式聚落。另一方面，雕龙碑三期文化建筑也与鄂西北、豫西南地区的其他同期房屋遗迹密不可分。如雕龙碑北部的河南唐河茅草寺遗址，西北部的河南镇平赵湾、淅川下集、邓州八里岗等，就与雕龙碑三期文化建筑有许多共同之处。这些遗址不仅发现了大型多间式地面建筑，而且有篱笆式木骨泥墙、单侧式推拉门和隔墙式灶围等。早在1958年发掘的唐河茅草寺遗址，F1平面呈曲尺形，分为南北两个开间，南间的南壁发现有泥敷的门槛和凹槽，根据平面图分析，即为现在认定的单侧式推拉门。同年在镇平赵湾遗址也发掘出土了大型房基遗址，它的平面现存部分呈长方形，分为东西3间，门均向南开，东间南墙西端有明显的转折，不排除南面尚有房间的可能。现存的外墙、隔墙、推拉门和灶围结构清晰，与雕龙碑遗址的形制十分接近。据该简报称，南阳黄山也曾发现过大型多间式地面建筑，最多的可达6间，并在各间之间有小门相通，同时发现有方形或椭圆形灶围。1959年发掘的淅川下集遗址，房址平面呈正方形，分为南北两间，木骨泥墙和推拉门均保存完整，结构与雕龙碑相似。1991年开始发掘的邓州八里岗遗址，共清理房屋遗迹48座，F21和F34为数套房间相连而成的"长屋"，呈东西走向。一般两间一套（一大间一小间）或三间一套（一大间两小间）。与河南淅川下王岗的"长屋"结构相同[17]。墙体、推拉门及灶围与雕龙碑极为接近，而下王岗未发现推拉门，灶围结构也与雕龙碑不同。下王岗以西的青龙泉与大寺遗址[18]，建筑形式与下王岗类似，也未发现推拉门和灶围。这说明雕龙碑三期文化带有推拉门式的典型建筑主要流行于唐白河流域及丹江下游的部分地区，地域特征十分明显。

（2）雕龙碑第三期文化的建筑，结构设计、建筑程序、施工工艺、维修方式都达到了较高的水平，从中给予我们许多新的认识：一栋多间建筑，较单间建筑在使用面积相同的情况下，节省了材料和劳力；建筑空间的分割组合，推拉门的发明使用，提高了室内空间的利用率；侧壁内收的灶围与门窗相结合，构成了先进的排烟系统；利用红烧土块铺筑房基和墙体以及完备的烧烤防潮技术；利用类似现代水泥的混凝土材料处理地面和房顶的技术；塑形建筑装饰的应用；都说明这一时期的建筑水平进入了一个崭新的阶段。雕龙碑房址为研究鄂西北、豫西南新石器时代晚期房屋建筑的发展演变提供了丰富的实物资料。填补了我国史前建筑研究的空白。

（3）雕龙碑第三期文化建筑虽然有着独特的风格和较先进的建筑技术，但木骨结构的墙体和房顶、多套间相连的"大屋"和"长屋"，是火灾的隐患，发掘证明，房屋毁弃的主要原因都是失火造成的。因此，到了三期偏晚的时候，这种结构的"大屋"或"长屋"逐渐消失，以后再未出现。就连结构新颖的推拉门也随之一同消失。

最后，我们相信，随着考古发掘工作深入地进行，雕龙碑原始氏族聚落的真实面貌会被完全揭开，一个独具特色的建筑群体也一定会展现在我们面前。

（本文引自：《枣阳雕龙碑》，科学出版社，2006年4月。）

注释

[1] a. 樊力：《八里岗仰韶聚落发掘的收获及意义》，《中国文物报》1997年11月16日。

　　b. 北京大学考古学系、南阳地区文物研究所：《1992年河南邓州八里岗遗址的发掘与收获》，《考古》1997年12期。

［2］原长办考古队河南分队：《淅川下集新石器时代遗址发掘报告》，《中原文物》1989年1期。

［3］河南省文化局文物工作队：《河南镇平赵湾新石器时代遗址的发掘》，《考古》1962年1期。

［4］河南省文化局文物工作队：《河南唐河茅草寺新石器时代遗址》，《考古》1965年1期。

［5］a. 郑州市文物考古研究所：《郑州大河村》，科学出版社，2001年。

　　b. 杨鸿勋：《仰韶文化居住建筑发展问题的探讨》，《考古学报》1975年1期。

［6］李桃元：《应城门板湾遗址大型房屋建筑》，《江汉考古》2000年1期。

［7］原长办考古队河南分队：《淅川下集新石器时代遗址发掘报告》，《中原文物》1989年1期。

［8］北京大学考古实习队、河南省南阳市文物研究所：《河南邓州八里岗遗址发掘简报》，《文物》1998年9期。

［9］郑州市博物馆：《郑州大河村遗址发掘报告》，《考古学报》1979年3期。

［10］杨鸿勋：《仰韶文化居住建筑发展问题的探讨》，《考古学报》1975年1期。

［11］a. 郑州市文物考古研究所：《郑州大河村》，科学出版社，2001年。

　　b. 杨鸿勋：《仰韶文化居住建筑发展问题的探讨》，《考古学报》1975年1期。

［12］北京大学考古实习队：《洛阳王湾遗址发掘简报》，《考古》1961年4期。

［13］中国社会科学院考古研究所：《蒙城尉迟寺》，科学出版社，2001年。

［14］黄河水库考古队华县考古队：《陕西华县柳子镇考古发掘简报》，《考古》1959年2期。

［15］陕西省社会科学院考古研究所汉水队：《陕西西乡李家村新石器时代遗址一九六一年发掘简报》，《考古》1962年6期。

［16］甘肃省文物工作队：《甘肃秦安大地湾901号房址发掘简报》，《文物》1986年2期。

［17］河南省文物研究所、长江流域规划办公室考古队河南分队：《淅川下王岗》，文物出版社，1989年。

［18］中国社会科学院考古研究所：《青龙泉与大寺》，科学出版社，1991年。

附录

KAOGUHUITUQISHINIAN

A16
备案号：37259—2012

中华人民共和国文物保护行业标准

WW/T 0035 — 2012

田野考古制图

Field archaeology mapping

2012-07-31发布   2012-08-01实施

中华人民共和国国家文物局   发 布

目　次

前言 ·· Ⅲ

引言 ·· Ⅴ

1　范围 ·· 1

2　规范性引用文件 ··· 1

3　术语和定义 ·· 1

4　总体要求 ··· 2

　　4.1　基本原则 ··· 2

　　4.2　制图内容 ··· 2

5　考古测绘 ··· 3

　　5.1　基本规定 ··· 3

　　5.2　图根控制测量 ·· 5

　　5.3　野外数据采集 ·· 6

　　5.4　测量数据的处理和制图 ·· 8

6　考古绘图 ··· 12

　　6.1　正投影 ·· 12

　　6.2　基本规定 ··· 13

　　6.3　图样画法 ··· 18

附录A（规范性附录）常用比例尺 ·· 37

附录B（规范性附录）双折线和波浪线的画法 ·· 38

附录C（规范性附录）旋转符号的尺寸和比例 ·· 40

附录D（规范性附录）三足器半剖视图的画法 ·· 41

参考文献 ·· 43

前　言

本标准按照GB/T 1.1—2009 给出的规则起草。

本标准由中华人民共和国国家文物局提出。

本标准部分由全国文物保护标准化技术委员会（SAC/TC289）归口。

本标准负责起草单位：中国社会科学院考古研究所。

本标准主要起草人：刘方、刘建国、李淼、张蕾、朱岩石、徐良高、贾笑冰、王小庆、韩慧君、王莘。

引　言

本标准是首次制定的田野考古制图行业标准，它的制定、实施和推广会对田野考古与文物保护工作产生深远的影响。

本标准根据我国田野考古制图多年来形成的习惯，结合测绘制图、技术制图、建筑制图、机械制图等相关国家标准制定。

在田野考古调查、勘探、发掘和整理的过程中，要求记录调查路线、遗址位置、海拔、地形、地质、环境、范围等空间信息，同时需要测绘各类遗迹和遗物图。制定本标准，对于统一、规范田野考古制图中的术语、画法等内容，提高考古图样的科学性，具有现实意义。

本标准依据国家文物局2009年发布的《田野考古工作规程》第二章考古调查、第五章考古发掘中的相关内容为编写基础。对遗址位置图、地形图、发掘区平面图、探方图、地层图、遗迹图、遗物图等田野考古工作中必须绘制的考古图样进行了测图和绘图的制图规范。

本标准对形成于20世纪的田野考古制图的方法和技术进行了修改和补充。

本标准所涉及的测绘和制图方面的条款，与国家测绘行业标准、建筑制图标准、机械制图标准等部分条款有所区别。因此，本标准的这些条款仅适用于田野考古制图行业的工作。

制定与实施本标准后，可使田野考古制图的表现形式规范化，以适应田野考古与文物保护等工作的学术交流和学科发展。

田野考古制图

1 范围

本标准规定了田野考古制图中考古测绘和考古绘图的工作内容和基本要求，并给出了有关的表现形式。

本标准适用于考古测绘、考古绘图的制图工作，文物、考古出版物的插图绘制工作可参照执行。

2 规范性引用文件

下列文件对于本文件的应用是必不可少的。凡是注日期的引用文件，仅注日期的版本适用于本文件。凡是不注日期的引用文件，其最新版本（包括所有的修改单）适用于本文件。

GB 2312　汉字信息交换编码字符集　基本集

GB/T 13361　技术制图　通用术语

GB/T 13923　基础地理信息要素分类与代码

GB/T 14911　测绘基本术语

GB/T 16948　技术产品文件　词汇　投影法术语

GB/T 20257.1　国家基本比例尺地图图式 第1部分: 国家基本比例尺地图图式 1:500 1:1000 1:2000地形图图式

3 术语和定义

GB/T 13361、GB/T 14911、GB/T 16948界定的以及下列术语和定义适用于本文件。

3.1

田野考古制图　field archaeology mapping

在田野考古调查、勘探、发掘和整理的过程中，通过考古测绘和考古绘图对遗迹、遗物进行的规范制图。

3.2

考古测绘　archaeological mapping

在考古调查和发掘过程中，测量并绘制考古遗址内部及其周边一定范围内的遗迹形状、分布、文化属性、地表形态和地貌信息等图形的技术与方法。

3.3

独立坐标系　independent coordinate system

相对独立于国家坐标系外的局部平面直角坐标系。考古测量中一般以遗址所在地区的磁子午线为坐标纵轴，向北为正，坐标原点的位置设在测区（遗址）的西南角外，原点向东为横轴，向东为正，建立平面直角坐标系。

3.4

测量控制点　survey control point

在遗址内选定并埋设一些对整个遗址具有长期测量控制作用的点，用高精度的测量仪器精确测定各点的平面坐标和高程，是测量整个遗址内遗迹、现象、现代地物和地貌的测图骨干。直接用于测绘地形图而且精度较低的测量控制点称为图根控制点。

3.5

遗址地形图 topographic map of site

考古遗址内古代遗迹分布、地表起伏和现代地物位置、形状等在水平面上的投影图。

3.6

探方图 drawings of test square

带有发掘探方轮廓线的考古图样。

3.7

考古绘图 archaeological drawing

应用制图学的理论绘制遗迹图和遗物图的方法和技术。

3.8

考古图样 examples of archeological drawing

通过田野考古制图绘制的各种图样。

3.9

遗迹图 drawing of features

表现古代遗迹内容和形式的考古图样。

3.10

遗物图 drawing of artifacts

表现古代遗物内容和形式的考古图样。

3.11

剖视图 section

假想用剖切面剖开物体，将处在观察者和剖切面之间的部分移去，而将其余部分向投射面投射所得的图形。剖视图可简称剖视。

［GB/T 17452-1998，定义3.3.1］

3.12

剖面图 profile

假想用剖切面将物体的某处剖开，仅画出该剖切面与物体接触部分的图形。剖面图可简称剖面。

4 总体要求

4.1 基本原则

4.1.1 通过田野考古制图绘制的考古图样应具有准确性、科学性和规范性。

4.1.2 由于出土遗迹、遗物的种类繁多、形态各异，考古图样的比例选择、表现形式、线型处理应根据实际情况规范设置，以达到清晰、简明、真实的效果。

4.1.3 无论采用测绘仪器、数字摄影、计算机制图或手工测量绘图，均应按本标准的各项规定绘制考古图样。

4.1.4 在一般情况下，应采用正投影法中的第三角画法绘制遗迹图、遗物图。特殊情况下可适当采用其他投影法制图。

4.2 制图内容

4.2.1 可根据田野考古调查、勘探、发掘和整理内容的需要，对田野考古绘制的所有考古图样进行整体设置，并处理好各考古图样之间的相互关系。

4.2.2 考古测绘的制图内容主要包括遗址位置图、分布图、地形图、勘探图、探方图、地层图；遗迹

2

平面图、立面图、剖视图、剖面图等。

4.2.3 考古绘图的制图内容主要包括遗迹和遗物的多面正投影图、剖视图、剖面图、局部图、复原图、展开图等。

5 考古测绘

5.1 基本规定

5.1.1 坐标高程系统和投影

5.1.1.1 坐标系统一般采用1980年西安坐标系，亦可采用1954年北京坐标系或独立坐标系。高程系统采用1985年国家高程基准。当采用独立高程系统时，应与1985年国家高程基准联测。

5.1.1.2 平面控制采用高斯—克吕格投影，按3°带计算平面直角坐标。当投影长度变形大于2.5cm／km时，亦可采用高斯—克吕格投影3°带或任意带平面直角坐标系统，但其投影面可采用1985国家高程基准面、抵偿高程面或测区平均高程面。

5.1.1.3 面积小于25km²的测区，可不经投影采用平面直角坐标系统在平面上直接进行测量，采用磁北作为坐标纵轴方向时必须标明"磁北"或"MN"。

5.1.2 平面和高程控制测量

5.1.2.1 平面控制测量。应使四等以下各级平面控制的最弱点相对于起算点点位中误差满足下列要求：

　　——1:500地形图测图不超过5cm；

　　——1:1 000、1:2 000地形图测图不超过10cm。

5.1.2.2 高程控制测量。不论采用水准测量或电磁波测距三角高程测量，应使四等以下各级高程控制的最弱点相对于起算点的高程中误差不大于2cm。

5.1.3 地形图的分幅和编号

5.1.3.1 地形图的分幅可采用正方形或矩形，其规格为40cm×50cm，或50cm×50cm。

5.1.3.2 根据上述标准进行分幅的数目较少时，可以不进行分幅。

5.1.3.3 图号以图框西南角坐标公里数值为编号，X坐标在前，Y坐标在后，中间用短线连接，如：1:2 000，10.0—21.0；1:1 000，10.5—21.5；1:500，10.50—21.75。对于已施测过地形图的测区，可沿用原有的分幅和编号。

5.1.3.4 带状测区或小面积测区，可按测区统一顺序进行编号。

5.1.4 地形图的基本等高距

　　地形图的基本等高距根据地形类别和用图的需要，按表1规定选用。

表1 不同比例尺地形图中基本等高距的规定　　单位为米

比例尺	平 地	丘陵地	山 地	高山地
1:500	0.5	1.0（0.5）	1.0	1.0
1:1 000	0.5（1.0）	1.0	1.0	2.0
1:2 000	1.0（0.5）	1.0	2.0（2.5）	2.0（2.5）
注：括号内的基本等高距依用图需要选用。				

　　一个测区同一比例尺宜采用一种基本等高距。当基本等高距不能显示地貌特征时，应加绘半距等高线（间曲线），见图1中的虚线。

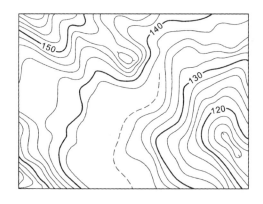

图1 地形图的等高线

平坦地区和城市建筑区，根据用图的需要，也可以不绘等高线，只用高程注记点表示。

5.1.5 高程注记点的密度

高程注记点一般选在明显地物点或地形特征点上，其密度为图上每100cm²内5～20个。

5.1.6 地形图的精度

5.1.6.1 地物点的平面位置中误差

地形图图上地物点相对于邻近图根控制点的点位中误差和邻近地物点间距中误差，不得超过表2的规定。

表2 点位中误差和点间距中误差的规定 单位为米

地区分类	比例尺	点位中误差	邻近地物点间距中误差
城镇、工业建筑区、 平地和丘陵地	1:500	± 0.15（± 0.25）	± 0.12（± 0.20）
	1:1000	± 0.30（± 0.50）	± 0.24（± 0.40）
	1:2000	± 0.60（± 1.00）	± 0.48（± 0.80）
测量困难和隐蔽地区	1:500	± 0.23（± 0.40）	± 0.18（± 0.30）
	1:1000	± 0.45（± 0.80）	± 0.36（± 0.60）
	1:2000	± 0.90（± 1.60）	± 0.72（± 1.20）
注：括号内的点位中误差和邻近地物点中误差依测图精度要求选定。			

5.1.6.2 高程注记点的高程中误差

高程注记点相对于邻近图根点的高程中误差，不得超过基本等高距的1/3。测量困难和隐蔽地区放宽0.5倍。

5.1.6.3 等高线插求点高程中误差

等高线插求点相对于邻近图根点的高程中误差，平地不应大于基本等高距的1/3，丘陵地不应大于基本等高距的1/2。山地不应大于基本等高距的2/3，高山地不应大于基本等高距。

5.1.6.4 数字高程模型的精度

由外业数字测图方法在野外实测生成的DEM（数字高程模型）一般为不规则格网DEM，参与构成不规则格网的点的高程中误差，相对于邻近图根点不应低于相应比例尺地形图的高程注记点的精度要求。

规则格网DEM可由不规则格网DEM内插生成。其格网点的高程中误差不应低于相应比例尺地形图等高线插求点的高程中误差。根据实地地形情况，其格网单元尺寸可选用$1.25 \times M \times 10^{-3}$（m），$2.5 \times M \times 10^{-3}$（m），$5 \times M \times 10^{-3}$（m）。（M为测图比例尺分母，以下同。）

5.1.7 地形图符号及注记

地形图符号及注记一般按GB/T 20257.1的规定执行。

对图式中没有规定的地物、地貌符号，文物考古专业符号等根据用图的需要，可另作补充规定。

5.1.8 极限误差

极限误差应不大于二倍中误差。

5.1.9 仪器的精度要求和检验

各项野外测量工作应该使用测量型卫星定位系统、实时差分卫星定位系统和电子全站仪，电子全站仪的测角精度应不低于6″，测距精度应不低于±（3mm + 2ppm）；卫星定位系统的精度应不低于±（5mm + 1ppm）。还可以运用数字摄影测量或三维激光扫描等方式完成测量任务。对于所使用的测绘仪器，必须做到及时检验和校正。

5.2 图根控制测量

5.2.1 一般规定

5.2.1.1 图根控制点应根据需要埋设适当数量的标石（见图2），长期开展考古发掘工作的遗址内标石的埋设，应考虑满足长期、多次考古遗迹测绘、地形图修测的需要。

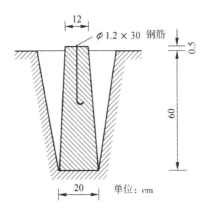

图2 控制点标石尺寸

5.2.1.2 图根控制点（包括高级控制点）的密度，应以满足测图需要为原则，一般每平方公里控制点1:500不应少于64个；1:1000不应少于16个；1:2000不应少于4个。重要考古遗迹附近应适当增加图根控制点的密度。

5.2.1.3 图根控制点使用电子全站仪、测量型卫星定位系统进行测量和平差计算，记录各点的三维坐标，并详细绘制点位分布图，以便于后续测绘时寻找和使用。

5.2.1.4 四等以下各级基础平面控制测量的最弱点相对于起算点点位中误差不应大于5cm。四等以下各级基础高程控制的最弱点相对于起算点的高程中误差不应大于2cm。

5.2.1.5 图根控制点相对于图根起算点的点位中误差，按测图比例尺：1:500不应大于5cm；1:1000、1:2000不应大于10cm。高程中误差不应大于测图基本等高距的1/10。

5.2.2 测站点的增补

外业数字测图应充分利用已有的图根控制点。当图根控制点密度不足时，可采用支导线、极坐标法、自由设站法等方法增设测站点。不论采用何种方法，测站点相对于邻近图根点，点位精度的中误差不应大于$0.1 \times M \times 10^{-3}$（m），高程中误差不应大于测图基本等高距的1/6。

5.3 野外数据采集

5.3.1 野外数据采集系统硬件的配置和软件的功能要求

5.3.1.1 系统硬件的配置：

a）电子全站仪或测量型卫星定位系统；

b）数据自动记录器；

c）与微机的通信接口；

d）便携式计算机。

5.3.1.2 数据采集软件的功能要求：

a）测站表头信息记录，包括遗址名称、测站号、观测日期、时间、温度、气压、仪器型号、仪器号、观测者、记簿者，以及棱镜高和仪器高。上述各项内容的代码自行定义；

b）碎部点的观测记录，包括测点号、数据采集编码、棱镜高、北坐标、东坐标和高程，其记录格式可自行规定；

c）具有对数据记录查询显示（或打印）和信息编码修改的功能。

5.3.2 野外数据采集技术要求

5.3.2.1 数据采集时，仪器的设置及测站定向检查应符合下列要求：

a）仪器对中偏差不大于5mm；

b）以较远一测站点（或其他控制点）标定方向（起始方向），另一测站点（或其他控制点）作为检核，算得检核点的平面位置误差不大于$0.2 \times M \times 10^{-3}$（m）；

c）检查另一测站点（或其他控制点）的高程，其较差不大于1/6基本等高距；

d）每站数据采集结束时，应对标定方向进行检测。检测结果如超出b)、c)两项所规定的限差，其检测前所测的碎部点成果必须重测。

5.3.2.2 测点时，测距最大长度按表2中规定的地物点平面位置精度来决定。当地物点平面位置精度选取表2括号内规定的精度时，测距长度限定为：1:500不超过300m；1:1000不超过500m，1:2000不超过700m；否则，测距长度规定为：1:500不超过200m；1:1000不超过350m，1:2000不超过500m。

5.3.2.3 测站表头应按5.3.1.2中提出的内容进行记录

5.3.2.4 仪器高、棱镜高量取至厘米；当加、乘常数改正大于2cm时，应考虑其改正；施测地物点时，若棱镜偏离地物中心点大于5cm，应加偏心距改正。

5.3.2.5 地形点间距规定为：1:500不超过15m；1:1000不超过30m，1:2000不超过50m。对于山脊线点、山谷线点、变坡线点、山顶点、盆底点、鞍部点等按其地形变化进行采集。

5.3.2.6 探方格网的每个点都需要进行测量。规则遗迹直接测量拐点位置，不规则遗迹应该根据其边缘变化情况进行测量。遗迹的不同台面、层位等都应该测量其形状和高程。

5.3.2.7 每日施测前，应对数据采集软件进行试运行检查，确保无误方可使用。对输入控制点的成果数据，需打印（或显示）进行检校。

5.3.2.8 野外观测资料的整理和检查，应在一天或一阶段采集工作完成后及时进行，其内容包括：

    a）对照草图检查所采集的数据。检查可根据设备的情况采用显式和打印数据记录对照草图逐条核对，也可以采用小型绘图机绘制略图进行核对；

    b）当对照检查发现有矛盾时，如草图绘制有错误，应按照实地情况修改草图；如数据记录有错误，可修改测点编号、地形码和信息码，对于记录中的北坐标、东坐标、高程、棱镜高等观测数据禁止修改，必须返工重测；

    c）对经检查修改后的数据及时存盘，并对存储的数据进行检核，并做备份。

5.3.3 测绘内容的取舍

5.3.3.1 各类遗迹应该按实际形状测绘，尽量详细。近期准备进行发掘的区域使用放样的方法布设探方格网，格网点的定位精度小于5mm。

5.3.3.2 考古发掘区的探方格网应单独测绘。墓葬、房址、灰坑等遗迹应测绘完整的形状。墓葬开口、二层台、墓室、壁龛，房址的居住面、火塘以及灰坑开口、底部等须标注高程数据。

5.3.3.3 现代大型建筑物、构筑物及主要附属设施均应进行测绘。房屋以墙外角为准，临时性建筑可舍去。居民区可适当加以综合。建筑物、构筑物轮廓凸凹在图上小于0.5mm时，可用直线连接（如图3）。

5.3.3.4 具有方位意义的独立地物能按比例尺表示的，应实测外轮廓，不能按比例尺表示的，应准确测定其定位点或定位线。

5.3.3.5 管线（包括栅栏、电线等）转角点均应实测，管线直线部分的支架线杆和附属设施密集时，可适当取舍。

5.3.3.6 水系及其附属物，应按实际形状测绘。水渠应测注渠底高程，堤、坝应测注顶部及坡脚高程，泉、井应测注泉的出水口和井台高程。

5.3.3.7 地貌一般以等高线表示，明显的特征地貌应以符号表示。山顶、鞍部、凹地、山脊、谷底及倾斜变换处，应测注高程点。

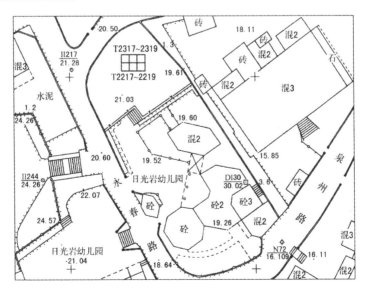

图3　地形图内容的取舍示例

5.3.3.8 露岩、独立石、梯田坎等应测注比高。斜坡、陡坎比高小于1/2基本等高距或在图上长度短于5mm时，可舍去。当坡、坎较密时，可适当取舍。

5.3.3.9 同一地块中一年分几季种植不同作物的耕地，以夏季主要作物为准；地类界与线状地物重合时，按线状地物测绘。

5.3.3.10 考古遗迹如果当时有名称的应该按当时的名称注记；现代居民地、机关、学校、山岭、河流等的名称，应按现有名称注记。

5.4 测量数据的处理和制图

5.4.1 用于数据处理、制图的基本软件及功能要求

5.4.1.1 系统软件

系统软件的操作，应采用菜单或提示。所有的系统软件应具较好的兼容性。

5.4.1.2 数据通信软件

解决野外测量数据记录器与微机的联机通信，实现数据的单向传输或双向传输。

5.4.1.3 控制测量数据处理软件

对野外原始测量数据文件进行解码，分离出有关数据，并对观测值进行各项改正；建立网点数据结构文件和网点自动排序；坐标近似值的自动生成和对各控制网、线的平差计算；按一定格式打印出成果表，以及绘制控制网、线图等功能。

5.4.1.4 碎部测量数据处理软件

对原始碎部测量数据进行分类、碎部测点坐标计算，图幅接边及剩余点的数据处理等，形成碎部点文件。根据点文件信息，将属于同一地物的各个测点按照一定的格式进行排列和处理，形成图形文件。并且有对点文件、图形文件进行查询、修改、追加、删除等数据编辑功能。

5.4.1.5 等高线自动绘制软件

利用离散高程点，并考虑到地性线和断裂线的处理，自动建立数字高程模型，自动进行等高线跟踪、等高线的断开处理以及形成等高线高程点记录文件；可用人机交互式对等高线进行编辑；能在绘图仪上输出等高线图。

5.4.1.6 图形编辑软件

该软件的主要功能包括对屏幕上显示的各种图形进行增补、修改、删除、平移、旋转和注记等；对显示的图形具有开窗功能；能按层进行编辑和层的叠加。

5.4.1.7 批量式绘图软件

对图形文件数据进行处理，自动调用相应的子程序，绘制出相应的地形图要素符号及注记；可进行分层绘制；能绘制图廓线、方格网线，且能进行图廓整饰和图幅外规定的注记内容；对超过一幅图面积的内容能自动分割，并处理好图幅边缘数据和图形。

5.4.2 对数据处理和图形编辑的要求

5.4.2.1 数据处理的要求：

a）只能对原始碎部测量数据、点文件和图形文件的非测量数据进行修改；

b）在图形文件中，数据应分层存放，分层可参照表3进行；

c）绘图文件中的地形图基础地理信息要素分类与代码宜按照GB /T 13923 执行，也可采用其他的地形图要素代码。汉字信息的编码按GB 2312标准执行。

5.4.2.2 图形编辑的步骤和要求：

a）在进行图形编辑之前，按照一定的比例尺，分层绘制出单色（或多色）编辑样图；

表3 图形文件中数据层层号的规定

层名	层号	层名	层号
测量控制点	1	水系及附属设施	6
遗迹、现象	2	境界	7
居民地和建（构）筑物	3	地貌和土质	8
交通及附属设施	4	植被	9
管线及附属设施	5	注记	10

　　b）在绘制出的编辑样图基础上，根据外业绘制的草图和实地情况，按照GB/T 20257.1以及5.3.3中地形图编辑原则，或按照测图的具体要求，确定需要修改和增加的内容。而后进行图廓、方格网及要素的分层编辑。

　　分层编辑完后，应绘制出相应比例尺的检查图，找出存在的问题，对有问题的图层继续进行修改，直到编辑出一幅完整而符合要求的地形图。

5.4.3 地形图的编辑原则

5.4.3.1 探方格网、探沟与考古遗迹的编辑原则：

　　a）发掘区中探方格网、探沟等使用较粗线条绘制；

　　b）比例尺大于1:2000地形图上残存的城墙、封土、墩台等遗迹应该用等高线表示；比例尺小于1:2000地形图上残存的城墙等遗迹可以使用粗线条表示；

　　c）房址、灰坑、墓葬等根据实际情况绘制，有叠压、打破关系的遗迹中，下层遗迹或被打破的部分可考虑用虚线表示；

　　d）计算机绘图时，不同遗迹应该绘制在不同的图层中（如图4）。

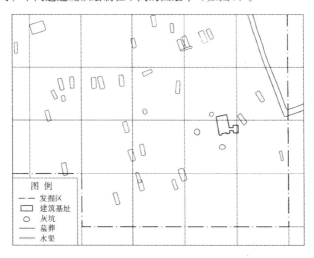

图4 不同遗迹的绘制示例

5.4.3.2 居民地的编辑原则：

　　a）街区与道路的衔接处，应留0.2mm间隔；

　　b）建筑在陡坎和斜坡上的建筑物，按实际位置绘出，陡坎无法准确绘出时，可移位表示，并留

0.2mm的间隔；

　　c）悬空建筑在水上的房屋与水涯线重合时，房屋照常表示，间断水涯线。

5.4.3.3 点状地物的编辑原则：

　　a）两个点状地物相距很近，同时绘出有困难时，可将高大突出的准确表示，另一个移位表示，但应保持相互的位置关系；

　　b）点状地物与房屋、道路、水系等其他地物重合时，可中断其他地物符号，间隔0.2mm，以保持独立符号的完整性。

5.4.3.4 交通线路的编辑原则：

　　a）双线道路与房屋、围墙等高出地面的建筑物边线重合时，可以建筑物边线代替道路边线。道路边线与建筑物的接头处，应间隔0.2mm（如图5）；

　　b）铁路与公路（或其他道路）水平相交时，铁路符号不中断，而将另一道路符号中断；不在同一水平相交时，道路的交叉处，应绘以相应的桥梁符号；

　　c）公路路堤（堑）应分别绘出路边线与堤（堑）边线，两者重合时，可将其中之一移动0.2mm。

5.4.3.5 管线的编辑原则：

　　a）城市建筑区内电力线、通信线可不连线，但应绘出连线方向；

　　b）同一杆架上架有多种线路时，表示其中主要的线路，但各种线路走向应连贯，线类要分明。

5.4.3.6 水系的编辑原则：

　　a）河流遇桥梁、水坝、水闸等应中断；

　　b）水涯线与陡坎重合时，可用陡坎边线代替水涯线；水涯线与斜坡脚重合时，仍应在坡脚将水涯线绘出。

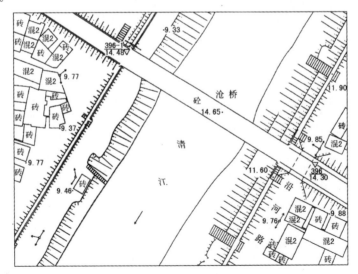

图5 居民地、水系、道路等的绘制示例

5.4.3.7 境界的编辑原则：

　　a）凡绘制有国界线的图，必须按国家有关规定执行；

　　b）境界线的转角处不得有间断，应在转角上绘出点或曲、直线；

c）境界以线状地物一侧为界时，应离线状地物0.2mm按图式绘制；如以线状地物中心为界，不能在线状符号中心绘出时，可沿两侧每隔3cm～5cm交错绘出3cm～4cm节符号。但在境界相交或明显拐弯及图廓处，境界符号不应省略，以明确走向和位置。

5.4.3.8 等高线的编辑原则：

a）单色图上等高线遇到房屋及其他建筑物、双线道路、路堤、路堑、坑穴、陡坎、斜坡、湖泊、双线河、双线渠以及注记等均应中断；

b）多色图上等高线遇双线河、渠和湖泊、水库、池塘应中断，遇其他地物一律不中断；

c）当等高线的坡向不能判别时，应加绘示坡线。

5.4.3.9 植被的编辑原则：

a）同一地类界范围内的植被，其符号可均匀配置；大面积分布的植被在能表达清楚的情况下，可采用注记说明；

b）地类界与地面上有实物的线状符号重合时，可省略不绘；与地面无实物的线状符号重合时，将地类界移位0.2mm绘出。

5.4.3.10 注记的编辑原则：

a）文字注记要使所表示的地物应能明确判读，字头朝北，道路河流名称，可随线状弯曲的方向排列，各字侧边或底边，应垂直或平行于线状物体；

b）文字的间隔尺寸：文字之间最小间隔应为0.5mm；最大间隔不宜超过字大的8倍。注记时应避免遮断主要地物和地形特征部分；

c）高程注记一般注于点的右方，离点位间隔0.5mm；

d）等高线注记字头应指向山顶或高地，但字头不应指向图纸的下方。地貌复杂的地方，应注意配置，保持地貌的完整；

e）考古遗址、遗迹等的名称，应该使用比一般标注文字大一号的黑体字注记，以便突出考古遗址、遗迹等文化遗产；

f）图廓整饰注记按GB/T 20257.1的有关规定执行（如图6）。

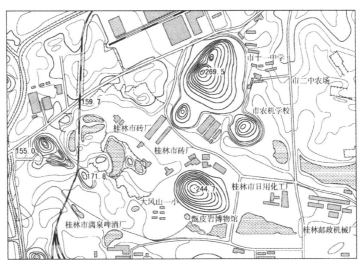

图6 地形图的注记示例

11

5.4.4 地形图检查内容及方法

5.4.4.1 数学基础检查：

将图廓点、公里网交点、控制点等的坐标按检索条件在屏幕上显示，并与理论值和控制点已知坐标值核对。

5.4.4.2 平面和高程精度的检查：

a）数字地形图平面检测点应是均匀分布，随机选取的明显地物点。平面和高程检测点数量视地物复杂程度等具体情况确定，每幅图一般选取20～50个点；

b）检测方法：检测点的平面坐标和高程采用外业散点法按测站点精度施测。用钢尺或测距仪量测相邻地物点距离，量测边数每幅图一般不少于20处；

c）检测中如发现被检测的地物点和高程点具有粗差时，应视其情况重测。当一幅图检测结果算得的中误差超过5.1.6的有关规定，应分析误差分布的情况，再对邻近图幅进行抽查。中误差超限的图幅应重测；

d）检测结果应建立统计表格和编写野外检测报告。

5.4.4.3 相邻图幅接边要求：

接边精度的检测时，通过量取两相邻图幅接边处要素端点的距离是否等于0来检查接边精度，未连接的要素记录其偏离值；检查接边要素几何上自然连接情况，避免生硬；检查面域属性、线划属性的一致情况，记录属性不一致的要素实体个数。

5.4.4.4 属性精度检测以下内容：

a）检查各个层的名称是否正确，是否有漏层；

b）逐层检查各属性表中的属性项是否正确，有无遗漏；

c）按地理实体的分类、分级等语义属性检索，在屏幕上将检测要素逐一显示，并与要素分类代码核对来检查属性的错漏，用抽样点检查属性值、代码、注记的正确性；

d）检查公共边的属性值是否正确。

5.4.4.5 逻辑一致性检测以下内容：

a）用相应软件检查各层是否建立拓扑关系及拓扑关系的正确性；

b）检查各层是否有重复的要素；

c）检查有向符号，有向线状要素的方向是否正确；

d）检查多边形闭合情况，标识码是否正确；

e）检查线状要素的结点匹配情况；

f）检查各要素的关系表示是否合理，有无地理适应性矛盾，是否能正确反映各要素的分布特点和密度特征；

g）检查水系、道路等要素是否连续。

6 考古绘图

6.1 正投影

6.1.1 基本要求

物体的多面正投影有6个基本视图，视图名称见表4，从前方投影的视图应尽量反映物体的主要特征，该视图为主视图。

在明确表达遗迹、遗物特征的前提下，宜使视图数量为最少，力求制图简便。

6.1.2 第三角画法

第三角画法的投影面处于观察者与物体之间，六个基本投影面的展开方法如图7所示。各视图的配置如图8所示。

表4　多面正投影的基本视图

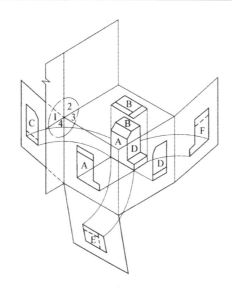

方向代号	方向	视图名称
A	自前方投影	主视图或正立面图
B	自上方投影	俯视图或平面图
C	自左方投影	左视图或左侧立面图
D	自右方投影	右视图或右侧立面图
E	自下方投影	仰视图或底面图
F	自后方投影	后视图或背立面图

图7　第三角画法投影面展开图

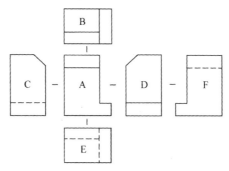

图8　第三角画法的视图配置

6.2 基本规定

6.2.1 图纸幅面

6.2.1.1 在田野考古制图中，宜根据遗迹、遗物的体量、规模和复杂程度选择图纸的幅面。

6.2.1.2 遗物图一般宜选用A4号纸的幅面，遗迹图最大不宜超过A0号纸的幅面。

6.2.2 图框

6.2.2.1 遗址位置图、分布图、地形图等宜设置图框。其他考古图样可根据情况决定是否设置图框。

6.2.2.2 图框一般采用中粗的单实线绘制，形状为正方形或长方形。

6.2.2.3 特殊情况下采用双线图框时，外框为粗实线，内框为中粗线。双线之间可标注经纬度数字及其他内容。

6.2.3 图例栏

6.2.3.1 图例栏是考古图样的一部分，用于集中列出图例的符号及其文字说明。

6.2.3.2 图例栏的框线与图框宜同等粗细，长度和宽度不限。

6.2.3.3 图例栏一般放在图框的右下角或左下角，特殊情况也可放在左上角或右上角。

6.2.3.4 图例栏上边为"图例"二字，居中排列。图例的排序是：古代图例排在前边，现代图例排在后边；图例的符号在左边，文字说明在右边。

6.2.3.5 没有图框的考古图样，可不加图例框，宜将图例放在图的下方。

6.2.4 图样说明

6.2.4.1 在考古图样下边可注明图号和图题，左右居中。

6.2.4.2 在图题下边为文字说明，包括考古图样中遗迹或遗物的详细编号、名称、地点和其他说明等。

6.2.5 比例

6.2.5.1 比例系列及表现形式

常用的比例系列（用比例号表示）见表5。必要时，也可以选择其他的比例系列。

表5 比例系列

种 类	比 例				
原值比例	1:1				
放大比例	2:1 $2 \times 10^n:1$	3:1 $3 \times 10^n:1$	4:1 $4 \times 10^n:1$		
缩小比例	1:2 $1:2 \times 10^n$	1:3 $1:3 \times 10^n$	1:4 $1:4 \times 10^n$	1:5 $1:5 \times 10^n$	1:10 $1:10 \times 10^n$

比例也可用分数（1/2、1/3、1/4、1/5、1/10等）或比例尺的形式表示。

6.2.5.2 比例尺的画法

以$1:10 \times 10^n$为例，它的画法如图9所示。其中L为比例尺的总长，d为比例尺长度线的宽度，比例尺刻度线的宽度宜为长度线宽度的二分之一。

常用比例尺的标注方法见附录A。

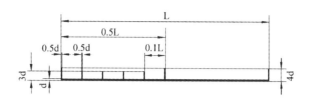

图9 比例尺的画法

6.2.5.3 比例尺的位置

有图框和图例栏的，将比例尺放在图例栏内最下边，左右居中（如图38）。特殊情况下也可以将比例尺放在图样下方的空白处（如图37）。

没有图框的，将比例尺放在考古图样的下边，一般左右居中（如图39），特殊情况也可放在左下方或右下方（如图27）。

6.2.6 指北针

6.2.6.1 指北针的种类

指北针包括磁北、真北和坐标北三种：

a）用磁北标注的考古图样中，指北针箭头处标注"MN"或"磁北"；

b）用真北标注的考古图样中，指北针箭头处标注"N"或"北"；

c）用坐标北标注的考古图样中，不标注指北针，而用简化的坐标网格表示，如图3中的十字符号所示。

6.2.6.2 指北针的画法

指北针的画法如图10所示。其中d为指北针南北方向线的宽度。

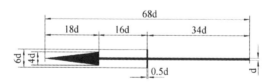

图10 指北针的画法

6.2.6.3 指北针的位置

指北针宜放在图框内的右上角。右上角有图线时，也可放在左上角（如图37）。如果必须压在图线上时，可将指北针压住的线条断开。

没有图框的考古图样，指北针宜放在平面图的右上角、遗迹轮廓线的外面（如图27）。

除特殊情况外指北针箭头的方向宜尽量朝上。

当指北针与考古图样形成一定的角度时，字母"MN"或"磁北"宜放正（如图27）。

6.2.7 字体

6.2.7.1 手写字体宜做到字体工整、笔画清楚、间隔均匀、排列整齐。

6.2.7.2 计算机打字宜首选宋体。当考古图样内文字内容种类较多时，可以依次选用黑体、仿宋体等，以便区分。

6.2.7.3 河流、湖泊、海洋等名称采用左斜体，即字的竖画均向左上倾斜，与铅垂线的夹角为15°。

山脉名称采用右耸肩体，即字的横画均向右上倾斜，与水平线的夹角为15°。

6.2.7.4 汉字均采用《汉字简化方案》中规定的简化字。阿拉伯数字、罗马数字、拉丁字母等可参照国标相关规定书写。

6.2.8 图线

6.2.8.1 线型及应用

主要线型及其应用范围见表6。可根据考古图样内容合理选用。

表6 主要线型及应用

线型No.	线型	一般应用
01.1	粗实线	1. 剖面轮廓线 2. 外轮廓线及主要结构线 3. 基址边界线
01.2	中粗实线	1. 图框线 2. 内轮廓线及次要结构线 3. 剖切符号线 4. 单一剖切线 5. 视图连线 6. 指北针南北方向线 7. 比例尺长度线
01.3	细实线	1. 尺寸线及尺寸界线 2. 剖面线 3. 细部线 4. 过渡线 5. 指引线和基准线
02	虚线	1. 可见轮廓线的复原线 2. 不可见轮廓线 3. 分区线或范围线
03	点画线	1. 对称中心线或轴线 2. 平行剖切线 3. 分区线或范围线 4. 不可见轮廓线
04	双点画线	1. 分区线或范围线
05	点线	1. 分区线或范围线
06	画点线	1. 分区线或范围线 2. 县界
07	双画单点线	1. 分区线或范围线 2. 地级政区界
08	画双点线	1. 分区线或范围线 2. 省、直辖市界
09	双折线	1. 人为断开处的边界线
10	波浪线	1. 局部复原处的边界线 2. 自然破损处的边界线

6.2.8.2 图线的宽度

图线宽度的最小值宜在0.1mm左右。同一幅图内不同宽度的图线宜在三种左右，且同类图线的宽度应一致。

粗实线、中粗实线和细实线的宽度比率约为3:2:1。

6.2.8.3 线素的长度

线素长度的尺寸见表7，考古图样中各种线素的长度宜参照表7的内容设置。

表7　线素长度　　　　　　　　　　　　　　　　　　　　　　　　　　　（线素宽度为d）

线素	线型No.	长度	备注
点	03～08	d	
间隔	02～08	4d	其中两点的间隔为2d
画	02、06～08	12d	
长画	03、04	48d	

6.2.8.4 图线的画法

除非另有规定，两条平行线之间的最小间隙不宜小于0.7mm。

主要线型No.02～04、06～08宜恰当地相交于画线处，如图11中a)～f)；No.05应准确地相交于点上，如图11中g)。

绘制虚线时应注意以下几点：

——在表现复原结构时，一般仅画出遗迹、遗物的外轮廓，使复原处简洁、明确；

——在表现不可见结构时，宜避免过多使用虚线表示细部结构；

——虚线的转角处、交叉处不应出现间隔，如图11中b)～f)。

双折线、波浪线的画法及应用见附录B。

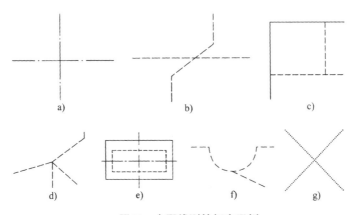

a)　　　　　　　　　b)　　　　　　　　　c)

d)　　　　e)　　　　f)　　　　g)

图11　主要线型的相交示例

6.2.9 图样的精确度

6.2.9.1 遗迹图的误差

遗迹图的误差依据5.1.6的有关规定进行检测和校正。

6.2.9.2 遗物图的误差

遗物图误差检测数据的多少视遗物复杂程度等具体情况确定。它的相对误差不宜超过±1.0%。

相对误差的计算公式为：

$$e=(E/A) \times 100\%$$

式中：

e—为相对误差；

A—为真值，即遗物真实的尺寸；

E—为绝对误差，即测绘尺寸与真实尺寸之差。

6.3 图样画法

6.3.1 视图

6.3.1.1 基本视图

基本视图的配置关系及排列形式如图12所示。考古图样宜首选基本视图的排列形式。

视图之间应画出视图连线。连线宜为中粗实线，画在视图之间居中位置，与各个视图留有适当的间距。当两个视图之间已有剖切符号时应省略视图连线。

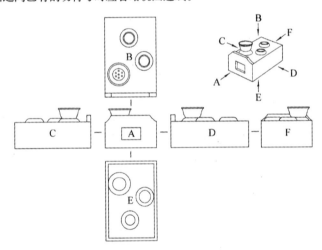

图12 基本视图的配置示例

6.3.1.2 向视图

向视图是可以自由配置的视图。六个视图的配置和标注方法有两种形式：

a）在向视图的上方标注"×"（"×"为大写拉丁字母），在相应视图的附近用箭头指明投射方向，并注明相同的字母，如图13中a）；

b）在视图下方（或上方）标注视图名称。标注的位置宜根据需要和可能，按相应的规则布置，如图13中b）。

6.3.1.3 局部视图

局部视图是将物体的某一部分向基本投影面投射所得的视图。有两种表现形式：

a）按基本视图配置并标注，如图14所示；

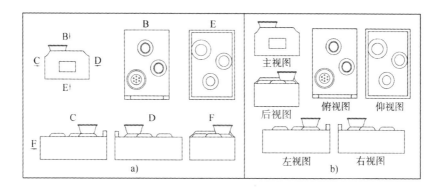

图13　向视图的配置示例

图14　按基本视图配置的局部视图示例

b）按向视图配置并标注，如图15所示。

图15 按向视图配置的局部视图示例

为了节省图幅，某些考古图样可绘制成局部视图，如图16所示。

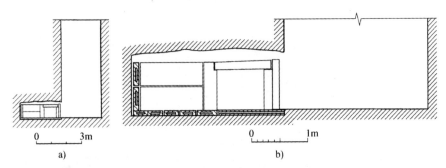

a) 墓葬剖视图 b) 墓葬局部剖视图

图16 局部视图示例

6.3.1.4 斜视图

斜视图是物体向不平行于基本投影面的平面投射所得的视图。有两种表现形式：

a）可按基本视图配置并标注，如图17中a）所示；

b）必要时，可将斜视图旋转配置。表示该视图名称的大写字母宜靠近旋转符号的箭头处，如图17中b）所示。旋转符号的结构见附录C。

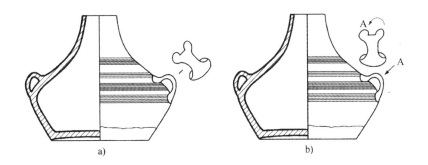

图17　斜视图配置示例

6.3.2　剖视图和剖面图

6.3.2.1　剖切面的种类

根据物体结构的特点，可选择以下几种剖切面剖开物体：

a）单一剖切面，如图18所示；

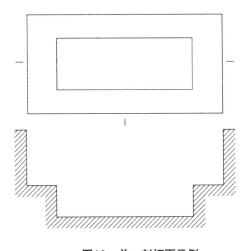

图18　单一剖切面示例

b）几个平行的剖切面，如图19所示；

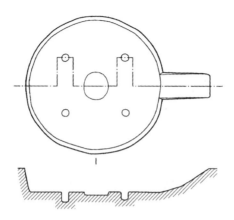

图19　几个平行的剖切面示例

c）几个相交的剖切面，如图20所示。

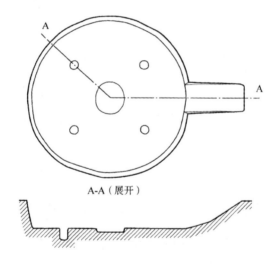

图20　几个相交的剖切面示例

6.3.2.2　剖视图

剖视图可以分为全剖视图、半剖视图和局部剖视图三种形式：

a）全剖视图。用剖切面完全地剖开物体所得的剖视图（如图21）；

图21　全剖视图示例

b）半剖视图。当物体具有对称平面时，向垂直于对称平面的投影面上投射所得的图形，可以对称中心线为界，一半画成剖视图，另一半画成视图（如图22）。三足器半剖视图的画法种类较多，常见的画法参见附录D；

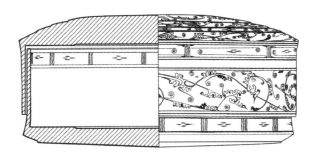

图22　半剖视图示例

c）局部剖视图。用剖切面局部地剖开物体所得到的剖视图（如图23）。

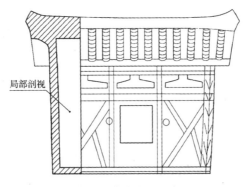

局部剖视

图23　局部剖视图示例

6.3.2.3　剖面图

将剖面图置于视图之外，称移出剖面图。轮廓线用粗实线绘制，有4种配置方法：

a）一般情况下可按基本视图配置（如图18）；

b）特殊情况下也可按向视图配置（如图27）；

c）长条形遗迹、遗物的横剖面宜配置在剖切线的延长线上（如图24）；

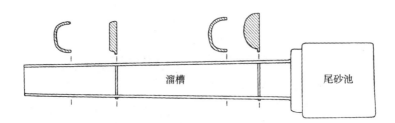

溜槽　　　尾砂池

图24　长条形遗迹的移出剖面图示例

d）器皿残片的纵剖面宜配置在主视图的左边（如图25）。

图25　器皿残片的移出剖面图示例

将剖面图置于视图之内，称重合剖面图。宜画在剖切面所在的位置，剖面轮廓线用粗实线绘出。当视图中结构线与剖面图重叠时，可以略去不画，如图26中a)。也可将剖面空白或加浅灰阴影，保留视图中所有结构线，如图26中b)。

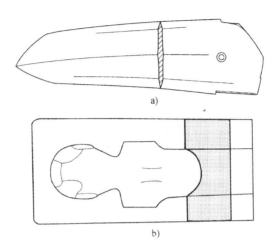

图26　重合剖面图示例

6.3.2.4　剖视图和剖面图的标注

剖视图和剖面图的标注方法一般有四种形式：

a）按基本视图配置时，剖视图或移出剖面图可不标注编号，仅在主视图上画出剖切符号和视图连线，如图18所示；

b）按向视图配置时，可标注剖视图或移出剖面图的编号"×－×"（×为大写拉丁字母或阿拉伯数字），在相应的视图上用剖切符号表示剖切位置和方向，并标注相同的字母，如图27所示；

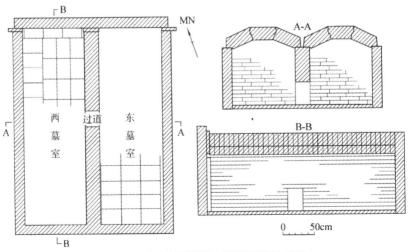

图27　按向视图配置剖视图的标注示例

c）剖切符号、剖切线和拉丁字母可组合在一起进行标注，如图28中a)所示。剖切线及考古图样内
　　的拉丁字母也可省略，如图28中b)所示；

d）遗物的剖视图和移出剖面图宜省略剖切符号、剖切线和拉丁字母，仅画出视图连线，如图25所
　　示。

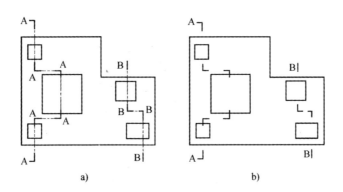

a)　　　　　　　　　　　　　　b)

图28　剖切符号、剖切线和拉丁字母的标注示例

6.3.2.5　剖切符号的画法

6.3.2.5.1　剖视图的剖切符号画法如图28中A所示：

　　a）剖切符号由剖切位置线及投射方向线组成，均以中粗实线绘制；

　　b）投射方向线应垂直于剖切位置线，长度宜短于剖切位置线；

　　c）剖切符号不应与其他图线接触，宜留有适当的间距；

　　d）编号可注写在投射方向线的端部，字母或数字均宜排正。

6.3.2.5.2　移出剖面图的剖切符号画法如图28中B所示：

　　a）剖切符号只用剖切位置线表示，以中粗实线绘制；

　　b）剖切位置线与其他图线应留有适当的间距；

　　c）编号可注写在剖切位置线的一侧；其所在的一侧是该剖面的剖视方向。

6.3.3　剖面区域的表示法

6.3.3.1　剖面线

剖面区域内可用剖面线表示。剖面线的画法应注意以下几点：

　　a）剖面线由若干条间距相等的平行线组成，与剖面整体方位成右斜或左斜的45°角。剖面线的最
　　　小间距不宜低于0.7mm；

　　b）相邻物体的剖面可用方向不同的剖面线表示（如图29）；

　　c）在剖面区域较大的情况下，可使用沿周线的等长剖面线表示（如图18）；

　　d）在同一件遗物中，不同材质的剖面宜用不同的剖面线表示。

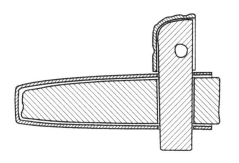

图29　剖面线画法示例

6.3.3.2　阴影或调色

剖面区域可用阴影或调色表示。调色宜采用黑色。用调色或阴影表示时应注意以下几点：

a）阴影宜采用带点的图案表示，如图26中b）；

b）阴影可以在面积较大的剖面中使用，而黑色不宜在面积较大的剖面使用；

c）器壁较薄的遗物及其他狭小剖面宜用黑色来表示。在相邻的剖面之间至少需留下0.7mm的间距（如图30）；

d）镂空遗物不宜采用空白剖面，可用阴影或黑色表示，如图30所示。

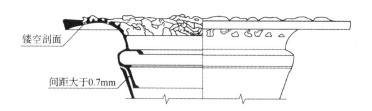

镂空剖面

间距大于0.7mm

图30　相邻狭小剖面的示例

6.3.3.3　空白

剖面区域内以下情况可以空白：

a）在特殊需要的情况下，遗迹、遗物图中剖面区域内均可以空白；

b）表现遗迹、遗物剖面内部的结构时。剖面区域内均可以空白，如图31所示；

c）当剖面区域内有字符时，字符处的剖面线或阴影应空白。

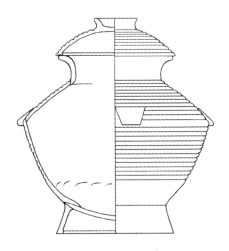

图31　剖面区域的空白示例

6.3.3.4　特殊材料

剖面区域还可以用其他符号表示。如根据各种材料或质地的不同，设置各种符号绘制在对应的剖面区域内，并在图例栏内注明符号含义。

6.3.4　复原图的画法

6.3.4.1　遗物残片的局部复原

旋转体一类的遗物残片可以进行器形的局部复原，残片的弧长宜大于其所在圆周长的1/8。常用的表现形式有：

　　a）一般情况下可作器皿的半剖复原，如图32中a）所示；

　　b）特殊情况下可作器皿的非半剖复原，如图32中b）、c）所示；

　　c）器皿局部复原的边界处可根据实际残断情况用波浪线封闭，如图32中a）、b）所示；

　　d）有纹饰的残片可以居中放置，下边省略波浪线，如图32中c）所示。

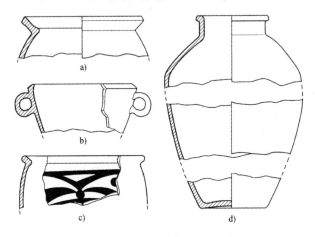

图32　器皿残片复原图示例

6.3.4.2 遗物残片的整体复原

旋转体一类的遗物残片也可以进行器形的整体复原，在复原时宜注意以下几点：

a）能够确认是同一件器皿的残片，并可分别进行口部、底部、腹部等关键部位的局部复原；

b）能够有同类型的完整器皿进行参照复原；

c）器皿的口部、腹部、底部等未衔接部分宜用虚线连通，如图32中d）所示。

6.3.5 展开图的画法

6.3.5.1 可展开曲面的展开图

圆柱体（包括棱柱）类遗迹、遗物壁面的展开图为一矩形，这个矩形的边长分别为柱体的高和周长，如图33所示。

正圆锥体、圆锥台类遗迹、遗物壁面的展开图为一扇形。

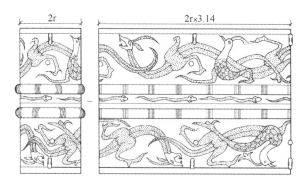

图33　圆柱体壁面展开图示例

6.3.5.2 不可展开曲面的展开图

不能展开的曲面，可做近似展开图或展开示意图。宜根据遗迹、遗物纹饰的特点选择展开形式：

a）幅面较大的纹饰带作整体展开时，纹饰带的上、下两部分有较大变形，可作为纹饰结构的展开示意图，如图34中a)所示；

b）两条以上的纹饰带宜分条展开。几条纹饰带都是正圆锥、圆锥台的近似展开图，如图34中b)所示。

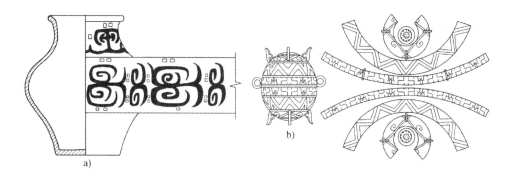

图34　圆锥体、圆锥台壁面展开示意图示例

6.3.6 指引线和基准线

6.3.6.1 指引线

6.3.6.1.1 指引线为细实线，是遗迹、遗物与附加字母、数字、说明之间的连线。使用时应注意以下几点：

　　a）指引线不宜和相邻的图线平行，与相邻的剖面线所成角度宜大于15°，如图35中b）；

　　b）指引线可弯折成锐角，如图35中c）；

　　c）两条或几条指引线可以共用一个起点，如图35中c）、d）；

　　d）指引线不应穿过其他的指引线、基准线以及图形符号或尺寸数值等。

6.3.6.1.2 指引线的终端有如下的几种形式：

　　a）实心箭头。如果指引线终止于轮廓线或其他图线上，可以采用实心箭头，如图35中b）、d）；

　　b）一个点。如果指引线的末端在一个物体的轮廓内，可以采用一个点，如图35中e）；

　　c）无终止符号。如果指引线在另一条图线上，或在尺寸线、平行剖切线等线上，也可省去终止符号，如图35中a）、f）。

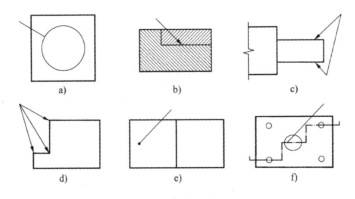

图35　指引线画法示例

6.3.6.2 基准线

　　基准线是与指引线相连的水平或竖直的细实线，可以在上方或旁边注写说明。每一条指引线都可以附加一条基准线。

　　基准线可以是长度相同的线段，或与说明同等长度，如图36中a）。

　　在特殊情况下，如指引线为水平方向时，可以省略基准线，如图36中b）。

　　说明优先注写在基准线的上方，如图36中a）。也可注写在水平指引线的后面，字符的中部与水平指引线对齐，如图36中b）。

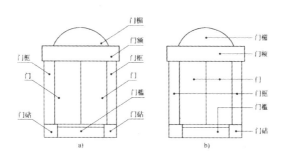

图36 基准线画法示例

6.3.7 简化表示法

6.3.7.1 根据表现内容多少的需要，考古图样可以使用简化表示法，如图37、38所示。

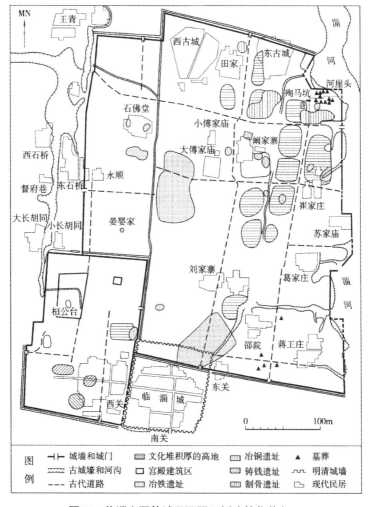

图37 临淄齐国故城平面图示例（简化前）

图38 临淄齐国故城平面图示例（简化后）

6.3.7.2 在另有遗迹实测图的前提下，探方平面图中的遗迹可以使用简化表示法，如图39、40所示。

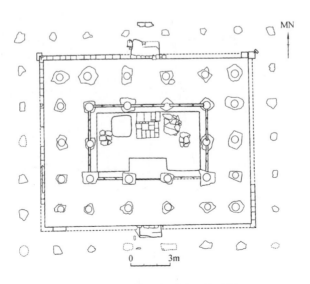

图39 建筑遗址实测平面图示例

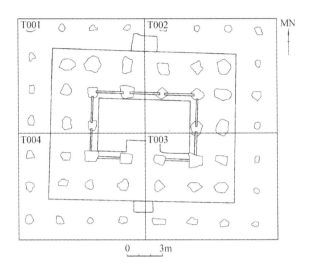

图40 探方图中建筑遗址的简化示例

6.3.7.3 遗迹地层图可以使用简化表示法，如图41、42所示。

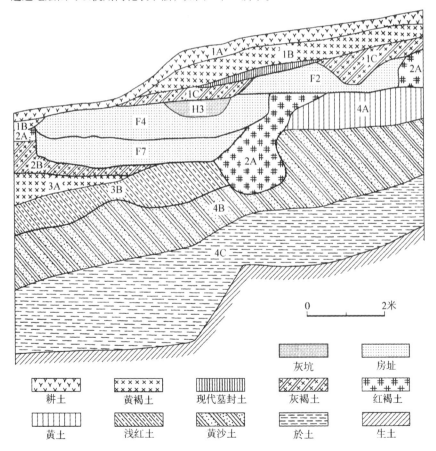

图41 地层图简化前画法示例

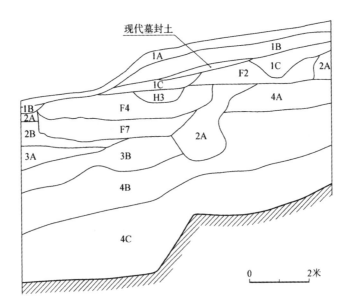

图42　地层图简化后画法示例

6.3.7.4 剖视图中剖切面后面的结构可以使用简化表示法，如图43所示。

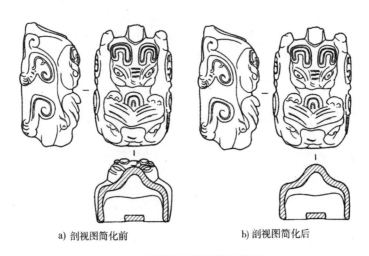

a) 剖视图简化前　　　　　　　　　　　b) 剖视图简化后

图43　剖视图的简化画法示例

6.3.8　尺寸注法

6.3.8.1　基本原则

考古图样一般不标注遗迹或遗物的尺寸，有特殊需要时，也可标注尺寸。

遗迹、遗物的真实大小以所注的尺寸数值为依据，与考古图样的大小无关。

考古图样中（包括图样说明）的尺寸一般以厘米为单位，大型遗迹以米为单位的需标明单位，以厘米为单位的图样不再标注单位。

6.3.8.2 尺寸界线、尺寸线、尺寸数字

尺寸界线用细实线绘制，并应由图形的轮廓线、轴线或对称中心线处引出（如图44）。也可以利用轮廓线、轴线或对称中心线作尺寸界线。

尺寸线用细实线绘制，其终端可以用箭头（如图44中a）或短斜线（如图44中b）表示。

尺寸数字应注在尺寸线的上方（如图44）。

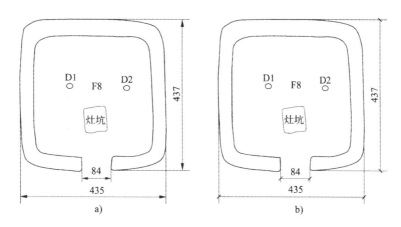

图44 尺寸标注示例

6.3.9 图例

6.3.9.1 基本要求

在考古图样中，图例的种类较多，可根据国家相关标准制定所需要的图例。

绘制遗址图时，线状图例与符号图例宜根据遗迹大小配合使用（如图37）。

文化、遗迹、遗物等图例也可以根据内容的需要自行设置符号，基本原则是造型简单、明确、醒目和规范，便于识别。

6.3.9.2 简化图例

根据考古图样表现内容的需要，也可使用简化图例。图例可根据具体内容自行制定，基本原则是符号的形状简明、标注规范。

图中有两种以上图例时，可依次用黑等边三角形、黑圆点、黑方块等表示（见表8）。

表8 简化图例

图例种类	选用符号
1	▲
2	▲ ●
3	▲ ● ■
4	▲ ● ■ ▼
5	▲ ● ■ ▼ ◆

6.3.9.3 色彩图例

在黑白线图中，当遗迹或遗物本身底色为空白时，色彩图例按以下顺序排列：

a）只有一种颜色，调色可采用黑色；

b）有两种颜色时，可分别采用黑色、带点的图案；

c）三种或三种以上颜色时，可用黑色、带点的图案、平行竖线、平行横线绘制（见表9）。

表9 遗物纹饰色彩图例

图例种类	选用符号				
1			■		
2		■	▨		
3		■	▨	▨	
4	■	▨	▨	▥	
5	■	▨	▨	▥	▤

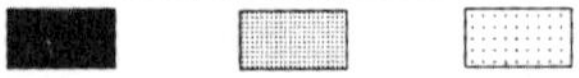

附　录　A
（规范性附录）
常用比例尺

常用比例尺如A.1所示。

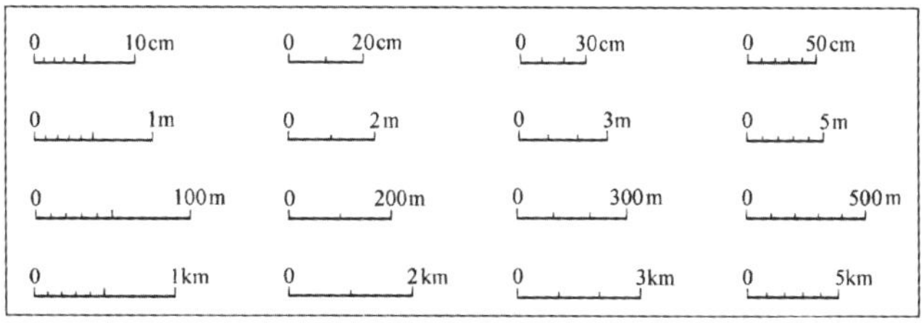

图A.1　常用比例尺

附　录　B

（规范性附录）

双折线和波浪线的画法

B.1　双折线的规范画法如图B.1所示。

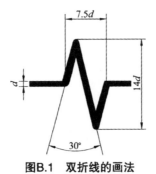

图B.1　双折线的画法

B.2　双折线的应用画法示例如图B.2所示。

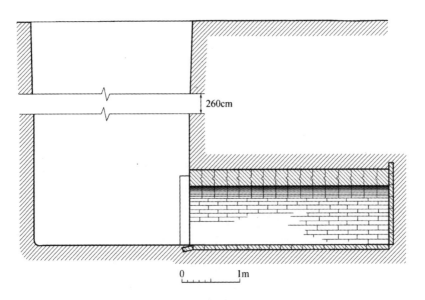

图B.2　双折线的应用画法示例

B.3　波浪线的应用画法示例如图B.3所示。

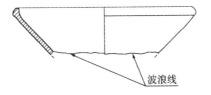

图B.3 波浪线的应用画法示例

附 录 C

（规范性附录）

旋转符号的尺寸和比例

旋转符号的尺寸和比例如图C.1所示。

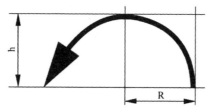

h为符号高度，并与表示该视图名称的大
写拉丁字母等高

h=R

图C.1　旋转符号的画法

附 录 D
（规范性附录）
三足器半剖视图的画法

D.1 实心三足器的半剖画法

实心三足器的种类较多，在双耳对称放置的前提下，常用的画法有四种，以鼎为例说明如下：

a）两足在前，对称放置，半剖后将左边一足放回原处，如图D.1中a）所示；

b）两足在前，对称放置，半剖后将左边一足用虚线表示，如图D.1中b）所示；

c）将一足放在左边的剖切面上进行全剖，另外两足放在右边，如图D.1中c）所示；

d）一足在前，居中放置，仅半剖器壁，保留完整的鼎足，如图D.1中d）所示。

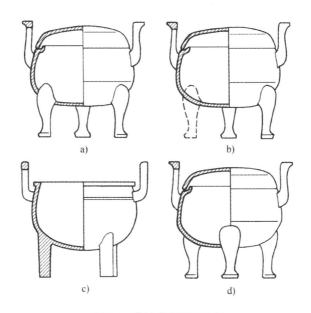

图D.1 鼎的半剖画法示例

D.2 空心三足器的半剖画法

常见的空心三足器有鬲、斝、盉、甗、鬶等，画法有以下两种：

a）两足在前，对称放置，延左边一足的外轮廓进行剖切，如图D.2中a）、c）所示；

b）将一足放在左边的剖切面上进行全剖，另外两足放在右边，如图D.2中b）所示。

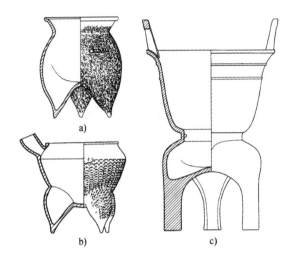

图D.2 空心三足器的半剖画法示例

参 考 文 献

[1] GB 14912—2005 大比例尺地形图机助制图规范

[2] GB/T 14912—2005 1：500、1：1000、1：2000外业数字测图技术规程

[3] GB/T 20257—2007 国家基本比例尺地图图式

[4] GB/T 14692—1993 技术制图 投影法

[5] GB/T 14690—1993 技术制图 比例

[6] GB/T 14691—1993 技术制图 字体

[7] GB/T 17450—1998 技术制图 图线

[8] GB/T 17451—1998 技术制图 图样画法 视图

[9] GB/T 17452—1998 技术制图 图样画法 剖视图和断面图

[10] GB/T 17453—2005 技术制图 图样画法 剖面区域的表示法

[11] GB/T 4457.2—2003 技术制图 图样画法 指引线和基准线的基本规定

[12] GB/T 4457.4—2002 机械制图 图样画法 图线

[13] GB/T 16675.1—1996 技术制图 简化表示法 第1部分：图样画法

[14] GB/T 16675.2—1996 技术制图 简化表示法 第2部分：尺寸注法

[15] GB/T 50001—2001 房屋建筑制图统一标准

[16] GB/T 16900—1997 图形符号表示规则 总则

[17] GB 958 区域地质图图例

[18] 《田野考古工作规程》，国家文物局（编），北京：文物出版社，2009年

中国社会科学院考古研究所考古绘图人员参与发表、出版的各类图书

一、调查、发掘与研究报告

1. 安志敏：《河北唐山贾各庄》，《考古学报》1953 年 Z1 期。插图：陆式熏。

2. 黄文弼：《吐鲁番考古记》中国科学院考古研究所编著。中国科学院出版，1954 年 4 月。插图：考古所技术室郭义孚。

3. 中国科学院考古研究所：《辉县发掘报告》，科学出版社，1956 年 3 月。插图：陆式熏、徐智铭、郭义孚、张心石、敖纫阑、宋慧英、张孝光、张广立、曹继秀、钟少林、高英、魏善臣、白万玉。

4. 安徽省文物管理委员会、安徽省博物馆、中国科学院考古研究所：《寿县蔡侯墓出土遗物》，科学出版社，1956 年 12 月。插图：考古研究所技术室绘图组。

5. 中国科学院考古研究所编著：《长沙发掘报告》，科学出版社，1957 年 8 月。插图：考古所技术室。

6. 黄文弼：《塔里木盆地考古记》中国科学院考古研究所，科学出版社，1958 年 4 月。插图：考古研究所技术室绘图组。

7. 中国科学院考古研究所：《洛阳中州路·西工路》，考古学专刊。科学出版社，1959 年 1 月。插图：张广立等。

8. 河南省文化局文物工作队、中国科学院考古研究所：《郑州二里冈》，科学出版社，1959 年 8 月。插图：高秋菊等。

9. 中国科学院考古研究所：《庙底沟与三里桥》，科学出版社。1959 年 9 月。插图：张广立、曹继秀等。

10. 中国科学院考古研究所：《上村岭虢国墓地》，科学出版社。1959年10月。插图：张孝光。

11. 中国科学院考古研究所：《唐长安大明宫》，科学出版社。1959年11月。插图：考古研究所技术室绘图组。

12. 中国科学院考古研究所、洛阳区考古发掘队：《洛阳烧沟汉墓》，科学出版社，1959年12月。插图：考古研究所技术室绘图组。

13. 中国科学院考古研究所：《新中国的考古收获》，文物出版社，1961年12月。插图：考古研究所技术室绘图组。

14. 中国科学院考古研究所：《沣西发掘报告》，文物出版社，1963年3月。插图：郭义孚等。

15. 中国科学院考古研究所、陕西省西安半坡博物馆：《西安半坡——原始氏族公社聚落遗址》，文物出版社，1963年9月。插图：张孝光、陆式熏、杨秋涛等。

16. 郭宝钧著，中国科学院考古研究所：《濬县辛村》，科学出版社，1964年10月。插图：徐智铭。

17. 中国科学院考古研究所：《长安张家坡西周铜器群》，文物出版社，1965年3月。插图：考古研究所技术室绘图组。

18. 中国科学院考古研究所：《京山屈家岭》，科学出版社，1965年9月。插图：高英、陆式熏、许觉等。

19. 中国科学院考古研究所：《西安郊区隋唐墓》，科学出版社，1966年6月。插图：曹国鉴、冼自强。

20. 湖南省博物馆、中国社会科学院考古研究所：《长沙马王堆一号汉墓》，文物出版社，1973年10月。湖南省博物馆李正光和考古研究所技术室绘图组张孝光、张心石、张广立、王亚蓉、曹国鉴等。

21. 山东省文物管理处、济南市博物馆：《大汶口》新石器时代墓葬发掘报告，文物出版社，1974年12月。插图：张孝光、张守中、杨斌涛等。

22. 中国社会科学院考古研究所、河北省文物管理处：《满城汉墓发掘报告》，文物出版社，1980年10月。插图：郭义孚、张孝光、陆式熏、张广立、张心石、王亚蓉、赵泉、曹继秀、曹国鉴。

23. 中国社会科学考古研究所：《殷墟妇好墓》，文物出版社，1980年1月。插图：张孝光、张心石、王亚蓉、李淼等。

24. 中国社会科学院考古研究所：《唐长安城郊隋唐墓》，文物出版社，1980年5月。插图：考古研究所技术室绘图组。

25. 中国社会科学院考古研究：《中国古代天文文物图集》，文物出版社，1980年6月。插图：张孝光等。

26. 北京大学历史系考古教研室、中国社会科学院考古研究所：《元君庙仰韶墓地——黄河水库考古报告之四》，文物出版社，1983年4月。插图：刘慧达 和考古研究所技术室绘图组。

27. 黄文弼：《新疆考古发掘报告（1957—1958）》，中国社会科学院考古研究所，文物出版社，1983年10月。插图：考古研究所技术室绘图组。

28. 中国社会科学院考古研究所：《宝鸡北首岭发掘报告》，文物出版社，1983年12月。插图：张孝光、张广立、张心石、曹继秀、李淼、刘方、夏长春等。

29. 湖北省荆州地区博物馆、中国社会科学院考古研究所：《江陵雨台山楚墓》，文物出版社，1984年4月。插图：雷小波、邓世国、刘德艮，张孝光指导了整个插图的编辑修改工作。

30. 青海省文物管理处考古队、中国社会科学院考古研究所：《青海柳湾》文物出版社，1984年5月。插图：刘溥、马兰、张孝光等。

31. 王仲殊：《汉代考古学概说》，中国书局出版，1984年6月。插图：郭义孚。

32. 西藏自治区文物管理委员会、四川大学历史系、中国社会科学院考古研究所：《昌都卡若》。文物出版社，1985年1月。插图：王东元、张孝光。

33. 河南信阳光山县文物管理所：《春秋早期黄君孟夫妇墓》，《考古》1984年第4期。得到中国社会科学院考古研究所技术室赵铨、张孝光、王�、李淼等同志的支持和帮助。

34. 中国社会科学院考古研究所：《殷墟青铜器》，文物出版社，1985年2月。插图：张孝光、张心石、韩慧君等。

35. 中国社会科学院考古研究所：《山西石楼岔沟原始文化遗存》，《考古学报》1985年第2期。插图：张孝光、汪义亮等。

36. 中国社会科学院考古研究所：《殷墟青铜器》，文物出版社，1985年。插图：张孝光、张心石、韩慧君。

37. 敦煌文物研究所，潘玉闪、马世长：《莫高窟窟前殿堂遗址》，文物出版社，1985年12月。插图审改张孝光。

38. 河南省信阳地区文管会、河南省罗山县文化馆：《罗山天湖商周墓地》，《考古学报》1986年第2期。插图：张孝光、李淼、韩慧君、刘莉等。

39. 中国社会科学院考古研究所：《殷墟发掘报告1958-1961》，文物出版社，1987年11月。插图：张孝光、张心石、曹国鉴、韩慧君等。

40. 中国社会科学院考古研究所：《胶县三里河》，文物出版社，1988年3月。插图：张孝光、曹国鉴、王艳英、王成国、吐尔逊、林尊元、张秀云等。

41. 中国社会科学院考古研究所：《武功发掘报告—浒西庄与赵家来遗址》，文物出版社，1988年6月。插图：李淼等。

42. 中国社会科学院考古研究所：《宁夏灵武窑——宁夏回族自治区成立三十周年纪念》，马文宽编。紫禁城出版社，1988年8月。插图：郭义孚。

43. 杨锡璋、刘一曼：《安阳郭家庄西南的殷代车马坑》，《考古》1988年第10期，插图：李淼、刘方。

44. 半坡博物馆、陕西省考古研究所、临潼县博物馆：《姜寨——新石器时代遗址发掘报告》，文物出版社，1988年10月。插图：李凌、程学义、窦彦鹏、刘晓红、刘润霞、顾荣仙、贾雅莲、仵君魁、赵付康、王斌等，原始村落及房屋复原图张孝光。

45. 中国社会科学院考古研究所、中国历史博物馆、山西省考古研究所编著：《夏县东下冯》。文物出版社，1988年11月。插图：刘震伟、武俊玲、曹继秀、胡良仙、郭胡玲。

46. 湖北省博物馆：《曾侯乙墓》上、下册，文物出版社，1989年7月。插图：湖北省博物馆，插图审改张孝光。

47. 中国社会科学院考古研究所：《洛阳发掘报告1955—1960年洛阳涧滨考古发掘资料》，北京燕山出版社，1989年12月。插图：考古研究所技术室绘图组郭义孚等同志。

48. 中国社会科学院考古研究所、定陵博物馆、北京市文物工作队：《定陵》上、下册，文物出版社，1990年5月。插图：北京市文物研究所和考古研究所技术室绘图组张心石、李淼、张孝光，郭义孚，刘震伟。

49. 广州市文物管理委员会、中国社会科学考古研究所、广东省博物馆：《西汉南越王墓》上、下册，文物出版社，1991年10月。插图：张孝光、刘方、刘凯军、黄凤好、陈红冰等。

50. 中国社会科学院考古研究所：《北庭高昌回鹘佛寺遗址》，辽宁美术出版社，1991年12月。插图：张孝光、刘莉、张心石、曹国鉴。

51. 内蒙古自治区文物考古研究所、哲里木盟博物馆：《辽陈国公主墓》，文物出版社，1993年4月。器物图绘制李宁，考古研究所技术室绘图组张孝光、张广立二位老师指导。

52. 中国社会科学院考古研究所：《汉杜陵陵园遗址》，科学出版社，1993年7月。插图：刘凯军、张孝光、郭义孚、韩慧君、李淼。

53. 青海省文物考古研究所：《上孙家寨汉晋墓》，文物出版社，1993年12月。插图：朱岁明、刘溥、柳春城，张孝光审定。

54. 中国社会科学院考古研究所编著：《临潼白家村》，巴蜀书社。1994年8月。插图：刘凯军、刘震伟、王林。

55. 中国社会科学院考古研究所：《陕县东周秦汉墓——黄河水库考古报告之五》，科学出版社，1994年8月。插图：曹继秀、张心石、冯振慧、刘莉、陈江浩。

56. 中国社会科学院考古研究所：《殷墟的发现与研究》，科学出版社，1994年9月。插图：张孝光、韩慧君、刘小珍等。

57. 中国社会科学院考古研究所：《宁夏灵武窑发掘报告》，中国大百科全书出版社，1995年7月。插图：郭义孚、张孝光等。

58. 宁夏文物考古研究所，许成、杜玉冰编：《西夏陵》，东方出版社，1995年8月。插图：李淼、刘方、韩慧君、刘建国。

59. 中国社会科学院考古研究所：《汉长安未央宫发掘报告》，中国大百科全书出版社，1996年11月。插图：张孝光、刘凯军。

60. 中国社会科学院考古研究所：《敖汉赵宝沟发掘报告——新石器时代聚落》，中国大百科全书出版社，1997年11月。插图：张悦，刘海文、李淼、刘方，房址复原图郭义孚。

61. 中国社会科学院考古研究所：《六顶山与渤海镇——唐代渤海国的贵族基地与都城遗址》，中国大百科全书出版社，1997年11月。插图：曹继秀、张心石、郭义孚。

62. 中国社会科学院考古研究所：《大甸子——夏家店下层文化遗址与墓地发掘报告》，科学出版社，1996年3月。插图：张广立、刘莉、张孝光、张心石、曹继秀、曹国鉴、冯振慧、郭义孚。

63. 湖北省文物考古研究所：《江陵望山沙冢楚墓》，文物出版社，1996年4月。插图：胡志华、吴嘉林、莫麓云，张孝光审阅报告线图。

64. 中国社会科学院考古研究所：《北魏洛阳永宁寺1979—1994年考古发掘报告》，中国大百科全书出版社，1996年6月。插图：李淼、刘方、曹国鉴、韩慧君、刘凯军。

65. 中国社会科学院考古研究所：《安阳殷墟郭家庄商代墓葬1982～1992年考古发掘报告》，文物出版社，1998年8月。插图：李淼、刘震伟、刘方、刘建国、刘小贞。

66. 四川省文物考古研究所：《三星堆祭祀坑》，文物出版社，1999年4月。插图：张广立、罗泽云、王静、黄家全。

67. 中国社会科学院考古研究所：《师赵村与西山坪》，中国大百科全书出版社，1999年5月。插图：张孝光、卢引科、曹桂梅、刘震伟、刘建国、王林。

68. 中国社会科学院考古研究所：《偃师二里头1959年～1978年考古发掘报告》，中国大百科全书出版社，1999年6月。插图：张孝光、张广立等。

69. 中国社会科学考古研究所：《张家坡西周墓地》，中国大百科全书出版社，1999年6月。插图：张孝光、韩慧君、张广立、陈江浩、刘方、张蕾、李淼。

70. 邹兴华、李浪林、吴耀利：《香港马湾岛东湾仔北史前遗址发掘简报》，《考古》1999年第6期。插图：李淼、胡倩雯。

71. 中国社会科学院考古研究所、西藏自治区文物局：《拉萨曲贡》，中国大百科全书出版社，1999年12月。插图：卢引科、刘方。

72. 袁靖：《胶东半岛贝丘遗址环境考古》，社会科学文献出版社，1999年12月。插图：李淼。

73. 中国社会科学院考古研究所：《山东王因》，科学出版社，2000年2月。插图：曹国鉴、冯振慧、刘方、徐明。

74. 梁中合、贾笑冰、王吉怀、谷飞：《山东滕州市前掌大商周墓地》，《考古》2000年第7期。插图刘方、毕道全。

75. 中国社会科学院考古研究所：《偃师杏园唐墓》，科学出版社，2001年10月。插图：张广立、刘方、韩慧君、焦建涛、党国平。

76. 中国社会科学院考古研究所：《蒙城尉迟寺——皖北新石器时代聚落遗存的发掘与研究》，科学出版社，2001年10月。插图：卢引科、毕道全、李淼。

77. 中国社会科学院考古研究所、河北省文物研究所：《磁县湾漳北朝壁画墓》，科学出版社，2003年03月。插图：张孝光、郭义孚、曹国鉴、李淼、刘方、韩慧君。

78. 北京大学考古系著、中国社会科学院考古研究所：《华县泉护村》，科学出版社，2003年10月。插图：曹继秀、刘慧达。

79. 中国社会科学院考古研究所、广西壮族自治区文物工作队、桂林甑皮岩遗址博物馆、桂林市文物工作队：《桂林甑皮岩》，文物出版社，2003年11月。插图：卢引科、曹桂梅、师孝明、毕道全、张小波、蒋新荣、张蕾。遗址平、刘建国测量绘制剖面图。刘方绘制动物遗骸图。李淼绘制遗迹及地层平、剖面图。

80. 中国社会科学院考古研究所：《西汉礼制建筑遗址》，文物出版社，2003年12月。插图：郭义孚、张心石、曹国鉴、曹继秀、李淼、董慧杰。

81. 中国社会科学院考古研究所：《安阳小屯》，世界图书出版公司北京公司，2004年7月。插图：韩慧君、刘小珍。

82. 浙江省文物考古研究所、萧山博物馆：《跨湖桥》，文物出版社，

2004 年 12 月。插图：张蕾。

83. 中国社会科学院考古研究所：《汉长安城武库》，文物出版社，2005 年 11 月。插图：张广立、张孝光、李淼。

84. 中国社会科学院考古研究所：《腾州前掌大墓地》，文物出版社，2005 年 11 月。插图：刘方、毕道全、李淼、姜海丽、王小红。

85. 中国国家博物馆水下考古研究中心、海南省文物保护管理办公室：中国水下考古报告系列（二），《西沙水下考古》（1998-1999），科学出版社，2006 年 1 月。插图：赵荣娣、赵秀玉、刘方。

86. 中国社会科学院考古研究所：《徐家碾寺洼文化墓地——1980 年甘肃庄浪徐家碾考古发掘报告》，科学出版社，2006 年 6 月。插图：王丛苗、李淼、韩慧君、刘方。

87. 中国社会科学院考古研究所：《南邠州·碾子坡》，世界图书出版公司北京公司，2007 年 4 月。插图：张孝光、董红卫、李淼、韩慧君、刘方。房址、窑址复原图李淼。

88. 中国社会科学院考古研究所：《张家坡西周玉器》，文物出版社，2007 年 7 月。插图：李淼、韩慧君。

89. 南水北调中线干线工程建设管理局、河北省南水北调工程建设委员会办公室：《徐水西黑山——金元时期墓地发掘报告》，文物出版社，2007 年 10 月。插图：李淼、刘方、巴特尔等。

90. 中国社会科学院考古研究所、河南省文物考古研究所：《灵宝西坡墓地》，文物出版社，2010 年 7 月。插图：灵宝队等同志，刘方绘制重要遗迹图。

91. 中国社会科学院考古研究所、内蒙古自治区文物考古研究所、内蒙古自治区呼伦贝尔民族博物馆等：《哈克遗址——2003～2008 年考古发掘报告》，文物出版社，2010 年 10 月。插图：赵艳芳、哈达、赵艳红、马奎生、于世芹、侯正维、毕道传、刘方、王苹。

92. 中国社会科学院考古研究所、河北省文物研究所邺城考古队：《河北邺城遗址赵彭城北朝佛寺与北吴庄佛造像埋葬坑》，《考古》2013 年 7 期。插图：刘方、王苹、任红、王帅帅。

93. 杨勇、白云翔、魏成敏、郑同修、韩伟东：《山东临淄齐故城秦汉铸镜作坊遗址的发掘》，《考古》2014年6期。插图：刘方、江励、杨勇。

94. 中国社会科学院考古研究所：《二里头（1999～2006）》，文物出版社，2014年10月。插图：王丛苗、赵静玉、刘方、任红、王帅帅等。

95. 中国社会科学院考古研究所、新疆维吾尔自治区阿克苏地区文物局、拜城县文物局：《拜城多岗墓地》，文物出版社，2014年11月。插图：郭物、李淼、刘方、王苹、王帅帅、任红等。

96. 中国社会科学院考古研究所：《青龙寺与西明寺》，文物出版社，2015年12月。插图：李振远、韩彦民、蔡合庆、李淼、刘方。

97. 中国社会科学院考古研究所、山西省临汾市文物局：《襄汾陶寺1978～1985考古发掘报告》，文物出版社，2015年12月。插图：张孝光、冯九生、李淼、刘方、刘震伟、王林等。

98. 中国社会科学院考古研究所内蒙古第二工作队、内蒙古文物考古研究所：《内蒙古巴林左旗辽祖陵一号陪葬墓》，《考古》2016年10期。插图：巴特尔、汪盈、王岩、刘方、任红。

99. 中国社会科学院考古研究所、美国哈佛大学皮保德博物馆：《豫东考古报告》，"中国商丘地区早商文明探索"野外勘察与发掘。科学出版社，2017年6月。插图：张孝光、冯九生、荆志淳、黄晓芳、高天麟、唐际根、冷健、刘方、王苹。

100. 中国社会科学院考古研究所、山西省考古研究所：《下川：旧石器时代晚期文化遗址发掘报告》，科学出版社，2016年4月。插图：刘震伟、张孝光、李夏廷、胡良仙、曹国鉴、李淼、刘方等。

101. 宁夏文物考古研究所、彭阳县文物管理所：《王大户与九龙山——北方青铜文化墓地》上、下册，文物出版社，2016年9月。插图：高雷、刘方、徐永江。

中国社会科学院考古研究所：《枝江关庙山》，文物出版社，2017年11月。插图：张孝光、李淼、刘方、徐明。

二、论著、资料与工具书

1. 徐智铭：《考古应用绘图》，《文物参考资料》1953年第9期。

2. 郭义孚等：《考古绘图》，见《考古学基础》第三部分，科学出版社，1958年7月。

3. 郭义孚：《含元殿外观复原》，《考古》1963年10期。

4. 石兴邦：《半坡氏族公社》，陕西人民出版社，1979年8月。插图：张孝光、李淼、刘方等。

5. 张长寿、张孝光：《说伏兔与画轵》，《考古》1980年4期。

6. 杨泓：《中国古代兵器论丛》，文物出版社，1980年6月。插图：张广立。

7. 卢兆荫、张孝光：《满城汉墓农器刍议》，《农业考古》1982年第一期。

8. 安志敏：《中国新石器时代论集》，文物出版社，1982年。插图：考古研究所技术室绘图组。

9. 张广立：《漫话西汉木俑的造型特点》，《文物丛谈》1982年6期。

10. 张孝光等：《考古绘图》，见《考古工作手册》，文物出版社，1982年12月。编写及插图张孝光、郭义孚、张心石、张广立、曹继秀、曹国鉴。

11. 张孝光：《陇东镇原常山遗址14号房子的复原》，《考古》1983年5期。

12. 中国社会科学考古研究所：《新中国的考古发现和研究》，文物出版社，1984年5月。插图：张孝光、张心石、张广立、曹继秀、曹国鉴、冯振慧、李淼、刘方。

13. 苏秉琦：《考古学论述选集》，文物出版社，1984年6月。插图：张孝光、冯振慧、马鸿藻。

14. 张孝光：《殷墟青铜器的装饰艺术》，《殷墟青铜器》。文物出版社，1985年。

15. 张孝光：《彩陶与彩绘陶器》，人民美术出版社，1985年2月。插图：张孝光、张心石、张广立、曹继秀、曹国鉴、冯振慧、李淼、刘方。

16. 中国美术全集编辑委员会：《中国美术全集 工艺美术编6、7印染织绣》上、下册，黄能馥主编，文物出版社，1985年12月。插图：李淼、刘方等。

17. 中国大百科全书考古学编辑委员会：《中国大百科全书》考古学卷，中国大百科全书出版社 1986 年 8 月。插图：张孝光、张心石、张广立、曹继秀、曹国监、冯振慧、李淼、刘方。

18. 张广立：《中国古代青铜金银器纹饰》，人民美术出版社，1986 年。

19. 张长寿、张孝光：《殷周车制略说》，《中国考古学研究——夏鼐先生考古五十年纪念论文集》第一集。文物出版社，1986 年。

20. 李淼、刘方：《希腊瓶画》，中国工人出版社，1987 年 7 月。

21. 徐殿魁、曹国鉴：《偃师杏园东汉壁画墓的清理与临摹札记》，《考古》1987 年 10 期。

22. 李淼、马小宁：《黑非洲雕刻》，中国工人出版社，1988 年 4 月。

23. 张广立：《中国古代石刻纹样》，人民美术出版社，1988 年 7 月。

24. 庆祝苏秉琦考古五十五年论文集编辑组编：《庆祝苏秉琦考古五十五年论文集》，文物出版社，1989 年 8 月。插图：冯振慧等。

25. 佟柱臣：《中国东北地区和新石器时代·考古论集》，文物出版社，1989 年 10 月。插图：张孝光、张秀云。

26. 王亚蓉：《大葆台出土的刺绣残片》，《北京大葆台汉墓》（七）纺织品，文物出版社，1989 年 12 月。

27. 王亚蓉：《汉代的组及其工艺研究》，《北京大葆台汉墓》，文物出版社，1989 年 12 月。

28. 张孝光：《报告插图的画法和使用》，《华夏考古》1990 年第 1 期。

29. 王镛、李淼：《中国古代砖文》，知识出版社，1990 年 12 月。

30. 郭义孚：《北京琉璃河西周燕国墓地出土漆器复原研究》，《华夏考古》1991 年 2 期。

31. 张广立、徐庭云：《漫话唐代金银平脱》，《文物丛谈》1991 年 2 期。

32. 梁星彭、李淼：《陕西武功赵家来院落居址初步复原》，《考古》1991 年 3 期。

33. 刘方、肖淮雁：《新编学生百科定义词典—考古学》，延边大学出版社，1991 年 12 月。

34. 李淼、刘方：《世界岩画资料图集》，中国工人出版社，1992 年
1 月。

35. 李淼、刘方：《秘鲁彩陶资料图集》。中国工人出版社，1992 年
1 月。

36. 李淼、刘方：《北美原始艺术资料图集》。中国工人出版社，1992
年 1 月。

37. 张长寿、张孝光：《西周时期的铜漆木器具——1983～1986 年沣
西发掘资料之六》，《考古》1992 年 6 期。

38. 刘正成主编，本卷主编王镛、副主编 许景元 、李淼：《中国书法
全集 9 秦汉金文陶文》，荣宝斋出版社，1992 年 10 月。

39. 刘正成主编，何应辉编著：《中国书法全集 7、8 秦汉刻石一、
二》，荣宝斋出版社，1993 年 3 月。地图编辑：李淼。

40. 刘正成：《中国书法全集 2 商周金文》。荣宝斋出版社，1993 年 4
月。地图编辑李淼。

41. 文物出版社编：《中国岩画》，文物出版社，1993 年 5 月。插图：
李淼。

42. 马文宽、曹国鉴：《灵武窑西夏瓷的装饰艺术》，《中国考古学论
丛——中国社会科学院考古研究所建所 40 年纪念》。科学出版社，
1993 年。

43. 中国青铜器全集编辑委员会：《中国青铜器全集 14 滇昆明》，文
物出版社，1993 年 12 月。插图：丘富科、李淼、白文祥、王桂蓉。

44. 张长寿、张孝光：《井叔墓地所见西周轮舆》，《考古学报》1994
年 2 期。

45. 赵慧民：《西藏曲贡出土的铁柄铜镜有关问题》，《考古》1994 年
第 7 期，插图：刘方。

46. 马文宽：《辽陈国公主墓出土伊斯兰錾花铜盆考》，《内蒙古文物
考古文集》第一辑，中国大百科全书出版社，1994 年 8 月。插图：刘方。

47. 刘方：《古今兵器图典－古代兵器》，经济管理出版社，1995 年
1 月。

48. 王岩：《万历帝后的衣橱——明定陵丝织集锦》，东大图书公司，

1995年3月。插图：吴平、李淼、冯振慧。本书得到罗青、王孖、王亚蓉女士，以及东大图书公司编辑部和各位朋友们的热情帮助。

49. 刘正成：《中国书法全集13三国两晋南北朝墓志》，荣宝斋出版社，1995年6月。地图编辑：李淼。

50. 中国青铜器全集编辑委员会：《中国青铜器全集 15 北房民族》，文物出版社，1995年7月。插图：李淼、刘方。

51. 郭义孚：《窑炉复原》，《宁夏灵武窑发掘报告·附录三》，中国大百科全书出版社，1995年7月。

52. 白荣金、王影伊：《邺南城出土的北朝铁甲胄》，《考古》1996年第1期。插图：曹国鉴、李淼、刘方。

53. 郭义孚：《邺南城朱明门复原研究》，《考古》1996年1期。

54. 李淼：《西汉南越王墓玺印述评》，《中国篆刻》1996年第2期。

55. 佟柱臣：《中国新石器研究》，巴蜀书社，1998年。插图：张孝光、李淼、张心石、曹国鉴、冯振慧、曹继秀、韩慧君、刘方。

56. 中国青铜器全集编辑委员会：《中国青铜器全集5西周1》，文物出版社，1996年7月。插图：丘富科、李淼。

57. 刘正成主编，徐畅编著：《中国书法全集4春秋战国刻石简牍帛书》，荣宝斋出版社，1996年11月。地图编辑：李淼。

58. 李淼：《1990年新发表历代印章汇考》，《中国篆刻》1997年第2期。

59. 中国青铜器全集编辑委员会：《中国青铜器全集2商2》，文物出版社，1997年9月。插图：魏淑敏、李淼、刘凯军、韩慧君、刘小贞。

60. 中国青铜器全集编辑委员会：《中国青铜器全集3商3》，文物出版社，1997年9月。插图：魏淑敏、李淼、刘凯军、韩慧君、刘小贞。

61. 刘正成：《中国书法全集5、6秦汉简牍帛书一、二》，荣宝斋出版社，1997年10月。地图编辑：李淼、韩慧君。

62. 中国青铜器全集编辑委员会：《中国青铜器全集9东周3》，文物出版社，1997年12月。插图：丘富科、魏淑敏、李淼。

63. 中国青铜器全集编辑委员会：《中国青铜器全集11东周5》，文物出版社，1997年12月。插图：丘富科、李淼、韩慧君。

64. 中国青铜器全集编辑委员会：《中国青铜器全集第7卷东周1》，文物出版社，1998年6月。插图：丘富科、李淼。

65. 张广立：《釉陶与瓷器》，人民美术出版社，1999年7月。插图：张广立、张心石、张孝光、曹继秀、曹国鉴、冯振慧、李淼、刘方、韩慧君。

66. 刘正成、赖非：《中国书法全集12北朝摩崖刻经》，荣宝斋出版社，2000年1月。地图编辑：李淼。

67. 胡谦盈：《周文华考古研究选集》，《论窑洞》，四川大学出版社，2000年2月。胡谦盈、张孝光合作编绘。

68. 刘庆柱：《古代都城与帝陵考古学研究》，科学出版社，2000年7月。插图：李淼。

69. 袁靖：《中日両国における貝塚の環境考古学研究−中日両国中贝冢环境考古研究》，《日本考古学の基础研究》第4册，2001年3月第1版（日文）。插图：张蕾。

70. 袁靖：《Shell Mounds in the Jiaodong Peninsula: A Study in Environmental Archaeology》，《日本考古学の基础研究》第4册，2001年3月第1版（日文）。插图：张蕾。

71. 张广立：《中国陶文艺术》，人民美术出版社，2001年6月。

72. 李红等：《中国工艺美术简史》，高等教育出版社，2001年07月。插图：李淼、刘方。

73. 张蕾：《菩提妙相——三缘堂藏佛图集》，辽宁人民出版社，2001年9月。

74. 保利艺术博物馆：《保利藏金续》，岭南美术出版社，2001年12月。插图：刘方、董红卫。

75. 刘建国、张蕾：《洹河流域区域考古信息系统的建设与探索》，《考古》2001年第9期。

76. 袁靖：《Pig domestication in ancient China 中国古代猪驯养》，《Antiquity》《古代》Vol.76, No. 293 ，2002。插图：张蕾。

77. 中国社会科学考古研究所：《二十世纪中国百项考古大发现》，中国社会科学出版社，2002年5月。插图：李淼、韩慧君、刘方、张蕾。

78. 张辛：《中原地区东周陶器墓葬研究》，科学出版社，2002年7月。插图：张辛、刘方。

79. 张蕾：《亨利·摩尔来到中国》报道，《中国社会科学院院报》，2002年11月28日。

80. 郭义孚：《龙泉务辽金瓷窑和辽代瓷器作坊的复原》，《北京龙泉务窑发掘报告》。文物出版社，2002年12月。

81. 李淼.《关于考古绘图的几点思考》，《21世纪中国考古学与世界考古学》。中国社会科学出版社，2002年12月。

82. 中国社会科学考古研究所：《21世纪中国考古学与世界考古学》，中国社会科学出版社，2002年12月。插图：李淼、韩慧君、刘方、张蕾。

83. 姜波：《汉唐都城礼制建筑研究（考古新视野丛书）》，文物出版社，2003年3月。插图：张蕾。

84. 袁靖著：《Pig domestication in ancient Chi Two Issues Concerning Ancient Domesticated Horses in Chinana 中国古代驯养马的问题》，《The Museum of far Eastern Antiquities- 远东古物博物馆文物》，No. 75, pp.110-128，2003。插图：张蕾。

85. 李裕群：《北朝晚期石窟寺研究》，文物出版社，2003年4月。插图：李裕群、刘方。

86. 陕西省文物局：《中国史前考古学研究》，出版社，2003年11月。插图：张蕾等。

87. 中国社会科学院考古研究所：《新世纪的中国考古学-王仲殊先生八十华诞纪念论文集》，科学出版社，2005年10月。插图：李淼、张蕾等。

88. 中国社会科学院考古研究所：《中国考古学-夏商卷》，中国社会科学出版社，2003年12月。插图：李淼、张孝光、韩慧君、刘方、张蕾。

89. 郭物：《国之大事-中国古代战车战马》，四川人民出版社，2004年1月。插图：郭物、张蕾。

90. 袁靖著：《中国古代农耕社会的家畜化发展过程》，《国立历史民

俗博物馆研究报告》第119集，2004年第1版（日文）。插图：张蕾

91. 赵志军：《植物考古学的田野工作方法——浮选法》，《考古》2004年第3期，插图：刘方。

92. 中国社会科学院语言研究所：《新华字典》第10版，商务印书馆，2004年8月。插图：刘方。

93. 张蕾：《浅谈考古制图中Photoshop的运用》，《中国文物报》2004年4月9日。

94. 中国社会科学院考古研究所：《中国考古学–两周卷》，中国社会科学出版社，2004年12月。插图：李淼、张孝光、韩慧君、刘方、张蕾。

95. 白云翔：《先秦两汉铁器的考古学研究》，科学出版社，2005年4月。插图：白云翔、李淼、刘方、张蕾。

96. 中国社会科学院考古研究所：《新世纪的中国考古学－王仲殊先生八十华诞纪念论文集》，科学出版社，2005年10月。插图：李淼、张蕾等。

97. 李淼、刘方、韩慧君：《浅谈商周车具的功能与结构》，《新世纪的中国考古学——王仲殊先生八十华诞纪念论文集》，科学出版社，2005年10月。

98. 李淼、刘方、韩慧君、梁中合：《滕州前掌大马车的复原研究》，《科技考古》第一辑。中国社会科学出版社，2005年10月。

99. 李淼、刘方、韩慧君：《先秦车马具的结构与画法》，《科技考古》第一辑。中国社会科学出版社，2005年10月。

100. 张蕾：《浅谈考古制图中Photoshop的运用》，《科技考古》第一辑。中国社会科学出版社，2005年10月。

101. 白云翔、张光明：《山东临淄齐国故城汉代镜范的发现与研究》，《考古》2005年第12期。插图：刘方。

102. 袁靖：《New Zooarchaeological Evidence for Changes in Shang Dynasty Animal Sacrifice 商代动物献祭中的动物考古学的新证据》，《Journal of Anthropological Archaeology 人类学考古学杂志》24（2005）。插图：张蕾。

103. 张蕾：《古玉器断代与辨伪》，学苑出版社，2006年1月。

104. 中国社会科学院考古研究所：《二十一世纪的中国考古学—庆祝佟柱臣先生八十五华诞学术文集》，文物出版社，2006年2月。插图：李淼等。

105. 李淼：《雕龙碑房址的复原》，《枣阳雕龙碑》，科学出版社，2006年4月。

106. 李淼、刘方、张蕾：《文物考古绘图专业的重大技术革新——完全正交摄影在考古绘图中的应用》，文物报2007年1月。

107. 张长寿：《殷商时代的青铜容器》，《商周考古论文集》，文物出版社，2007年5月。插图：曹继秀。

108. 中国社会科学院考古研究所考古杂志社：《探索求原——考古杂志社成立十周年纪念学术文集》，科学出版社，2007年8月。插图：李淼、刘方。

109. 刘正成主编，本卷主编孙伯翔、本卷副主编吴鸿清：《中国书法全集10、11三国两晋南北朝碑刻摩崖一、二》。荣宝斋出版社，2007年8月。地图编辑：李淼。

110. 商务印书馆辞书研究中心：《小学生字典》，商务印书馆，2007年8月。插图：刘方、李杨桦。

111. 郭物：《第二群青铜（铁）镀研究》，《考古学报》2007年第一期。插图：刘方、韩慧君。

112. 张蕾：《浅谈考古制图中Photoshop的运用》。《中国社会科学院院报》2007年10月。

113. 李淼、刘方、杨锐：《浅谈完全正交摄影在考古绘图中的应用》，《考古》，2007年第11期。

114. 刘建国、张蕾：《遥感与GIS支持的洛阳盆地聚落考古研究》，《科技考古》第二辑，科学出版社，2007年12月。

115. 刘正成主编，刘一曼、冯时编著：《中国书法全集1甲骨文》，荣宝斋出版社，2009年7月。地图编辑：李淼。

116. 张蕾、刘建国：《数字影像纠正与考古绘图》，《考古》2009年第7期。

117. 中国社会科学院考古研究所、中国社会科学院历史研究所、湖南省文物考古研究所：《里耶古城·秦简与秦文化研究》，科学出版社，2009年10月。插图刘方等。

118. 张光直：《考古学专题六讲》，生活·读书·新知三联书店2009年11月。插图：张蕾。

119. 刘正成：《中国书法全集16、17北朝造像题记一、二》。荣宝斋出版社，2010年1月。地图编辑：李淼。

120. 中国社会科学院考古研究所研究：《中国考古学　新石器卷》，中国社会科学出版社，2010年7月。插图：李淼、张孝光、韩慧君、刘方、张蕾。

121. 中国社会科学院考古研究所研究：《中国考古学　秦汉卷》，中国社会科学出版社，2010年7月。插图：李淼、张孝光、韩慧君、刘方、张蕾、王苹。

122. 中国社会科学院考古研究所：《考古中华—中国社会科学院考古研究所成立六十年成果荟萃》，科学出版社，2010年7月。编写及插图：李淼、刘方、张蕾、王苹。

123. 张蕾：《考古绘图中计算机技术的运用》，《考古学集刊》第18集，2010年7月。

124. 席永杰、孙永刚、王苹：《西辽河流域史前陶器纹饰图录》，内蒙古出版集团，内蒙古人民出版社，2011年8月。

125. 中国社会科学院语言研究所：《现代汉语词典》第六版，商务印书馆出版，2012年6月。古代词条插图：刘方

126. 刘方、刘建国、李淼、张蕾、朱岩石、徐良高、贾笑冰、王小庆、韩慧君、王苹：《田野考古制图》，中华人民共和国文物保护行业标准，WW/T0035-2012。文物出版社，2012年12月。

127. 徐龙国：《秦汉城邑考古学研究》，中国社会科学出版社，2013年5月。插图：徐龙国、刘方。

128. 中国社会科学院考古研究所、中国社会科学院蒙古族源研究中心、内蒙古自治区文物局等单位：《呼伦贝尔民族文物考古大系·陈巴尔虎旗卷》，文物出版社，2014年1月。插图：刘方、黄义军、王苹。

129. 中国社会科学院考古研究所、中国社会科学院蒙古族源研究中心、内蒙古自治区文物局等单位：《呼伦贝尔民族文物考古大系·鄂伦春自治旗卷》，文物出版社，2014年1月。插图：刘方、王苹。

130. 王巍：《中国考古学大辞典》，《科技考古·考古绘图》，上海辞书出版社，2014年3月。编写及插图：李淼、刘方、张蕾、王苹。

131. 何立群：《从北吴庄佛像埋藏坑论邺城造像的发展阶段与"邺城模式"》，《考古》2014年5月。插图：刘方、王苹、任红、王帅帅。

132. 刘建国、张蕾：《遥感与GIS支持的洛阳盆地聚落与环境研究》（论文）。《二里头（1999~2006）》文物出版社，2014年10月。

133. 王苹：《5000多年前陶人的功能猜想》，《中国文化报》，2014年10月23日。

134. 王苹、刘国祥：《从考古发现看辽西地区龙的起源》，《四川文物》，2014年第6期。

135. 大辞海编辑委员会：《大辞海》文物考古卷，上海辞书出版社，2014年12月。插图：李淼、韩慧君、刘方、王苹。

136. 刘方、张亚斌：《数字摄影制图法在考古绘图中的应用》，四川文物，2014年第6期。

137. 张蕾：《动物骨骼三维重建的探索》，《四川文物》2014年第6期。

138. 王苹：《敖汉兴隆沟红山文化整身陶人艺术特征及性质探析》，《中国民族美术》2015年第1期。

139. 中国社会科学院考古研究所、中国社会科学院蒙古族源研究中心、内蒙古自治区文物局等单位：《呼伦贝尔民族文物考古大系·扎赉诺尔区卷》，文物出版社，2015年2月。插图：刘方、王苹。

140. 中国社会科学院考古研究所、中国社会科学院蒙古族源研究中心、内蒙古自治区文物局等单位：《呼伦贝尔民族文物考古大系·新巴尔虎左旗卷》，文物出版社，2015年2月。插图：刘方、王苹。

141. 张蕾：《邺城佛教造像的三维重建探索》，《南方文物》2015年第4期。

142. 杜金鹏：《临朐西朱村龙山文化玉器研究》，科学出版社，2015

年6月。插图：刘方、任红、王帅帅。

143. 刘庆柱：《中国古代都城考古发现与研究》上、下册，社会科学文献出版社，2016年1月。插图刘方等。

144. 王苹：《兴隆沟整身陶塑人像的发现与绘制》，《中国名牌—第三届世界小米起源与发展国际会议专刊》，中国名牌杂志社，2016年9月。

145. 王苹、田彦国：《红山文化》，《人民画报》，2017年敖汉特刊。

146. 王苹：《夏家店下层文化》，《人民画报》，2017年敖汉特刊。

147. 王苹、刘国祥：《巴林草原史前玉文化与中华文明》，《中国社会科学报》，2017年12月7日。

148. 田彦国、王苹：《红山古国—敖汉旗红山文化典型遗址》，内蒙古科学技术出版社，2017年10月。

149. 张蕾：《可移动文物多视角三维重建的拍摄方法探索》，《华夏考古》2018年第1期。

150. 张蕾：《邺城佛教造像的三维重建探索》，《科技考古》（第五辑），科学出版社2018年4月。

151. 王苹：《殷墟妇好墓出土人像及相关问题探讨》，《博物馆》2018年第5期。

152. 中国社会科学院考古研究所：《中国考古学　三国两晋南北朝卷》，中国社会科学出版社，2018年10月。插图：李淼、张孝光、韩慧君、刘方。

153. 刘方：《考古绘图中剖视图和剖面图的规范化法》，《考古学集刊》第21集，2018年10月。

154. 王苹：《中国少数民族服饰文化研究》，内蒙古科学技术出版社，2018年12月。

155. 中国社会科学院考古研究所、中国社会科学院蒙古族源研究中心、内蒙古自治区文物局等单位：《呼伦贝尔民族文物考古大系·海拉尔区卷》，文物出版社，2018年12月。插图：刘方、王苹。

156. 中国社会科学院考古研究所、中国社会科学院蒙古族源研究中心、内蒙古自治区文物局等单位：《呼伦贝尔民族文物考古大系·额尔古纳市卷》，文物出版社，2018年12月。插图：刘方、王苹。

157. 刘方、王博涵、王泽湘、何利群、沈丽华：《多视角影像三维重建技术与考古遗物绘图》，《南方文物》2019 年第 1 期。

158. 刘方、田苗、吕杨：《考古遗址位置图的制图规范》，《草原文物》2019 第 1 期。

159. 王苹：《珞巴族服饰之美》，人民政协报，2019 年 5 月 30 日。

160. 王苹：《内蒙古敖汉旗大甸子墓地出土彩绘陶器纹饰试析》，《四川文物》2019 第 6 期。

161. 孟凡人：《宋代至清代都城形制布局研究》，中国社会科学出版社，2019 年 8 月。插图：李淼、刘方、韩慧君、王苹。

162. 白云翔：《秦汉考古与秦汉文明研究》，文物出版社，2019 年 10 月。插图：白云翔、李淼。

163. 田彦国、王苹：《大辽丹青−敖汉辽墓画》，内蒙古科学技术出版社，2019 年 10 月。

164. 张蕾：《临淄齐故城冶铸业考古》，科学出版社，2020 年 9 月。

165. 陈寒蕾：《福州南宋黄昇墓出土纺织品纹样初探》，《南方文物》2020 年第 4 期。

166. 王苹：《祝福你，祖国》，光明日报，2020 年 10 月 4 日。

167. 王苹：《森林民族鄂伦春族的传统服饰》，人民政协报，2020 年 10 月 22 日。

168. 王苹：《赫哲族的鱼皮衣》，人民政协报，2020 年 11 月 19 日。

169. 叶晓红、张蕾、张鹿野：《见微知著"微"观中国早期玉器技术发展》，《中国文物报》2020 年 11 月 20 日。

170. 张蕾：《考古文物的多视角影像拍摄与三维重建》，《中国文物报》2021 年 1 月 5 日。

171. 孟凡人：《宋代至清代帝陵形制布局研究》，中国社会科学出版社，2021 年 11 月。（李淼先生总领本书插图设计，韩慧君、刘方和王苹先生为本书绘制了大量线图。）

后 记

　　考古学是根据古代人类遗留下来的实物资料研究古代社会历史的一门学问，文图并茂是考古学比较互证研究的特色之一。因此，自考古学诞生时起，考古绘图就贯穿于田野考古工作的始终，它用科学制图学的方法形象地记录和说明考古材料，考古插图的精确与规范，对考古学研究起到至关重要的作用。

　　考古研究所历来十分重视考古绘图工作，自1950年建所时就成立了技术室绘图组，从此开启了田野绘图和室内绘图的各项工作，绘制了一批重要的田野发掘报告插图，如《西安半坡——原始氏族公社聚落遗址》、《长沙马王堆一号汉墓》、《殷墟妇好墓》、《西汉南越王墓》、《磁县湾漳北朝壁画墓》等；与此同时，参加了《考古学基础》、《考古工作手册》的编写工作，对考古绘图的方法与技术作了全面系统的总结。1995年绘图组并入考古科技中心，在做好日常绘图工作的基础上还承担了社科基金重点项目《中国考古学》九卷本、《中国考古学大辞典》等插图的编绘工作；制定了中华人民共和国文物保护行业标准《田野考古制图》，对我国考古绘图首次建立了专业标准规范。2015年代后，根据考古研究工作的需要，绘图组纳入编辑室，加强对核心期刊《考古》、《考古学报》、《考古学集刊》插图的审改、绘工作，为文物考古类出版物插图科学化、规范化作出了贡献。

　　70年来，绘图组一直追求考古图样画法的革新，不断实践和总结新的绘图方法，如1976年青铜器绘图的简约尝试的报告；1980年代的"直角坐标绘图法"、"轴对称绘图法"、"灯光投影绘图法"等；2000年代的"完全正交摄影绘图法"；2010年代的"数字摄影制图法"和"多视角影像三维重建制图法",并撰写相关文章,对考古绘图的发展起到了科学普及推动作用。

这本论文集收录了考古绘图组新老组员历年来撰写的论文40余篇,这些文章大都发表在文物考古类期刊、杂志和专刊、专著上。论文均按时间顺序编排,其中早期发表的论文插图由于时代所限印刷效果欠佳,因此作了适当加工,以便阅读和引用。入选论文主要包括以下几个方面:一是涉及考古绘图理论方法与技术、计算机考古制图新技术的论述;二是古代遗迹、遗物复原研究方面的文章,如城门和宫殿遗址、房屋和院落遗址、陶窑和瓷窑遗址、车马遗迹、漆木器等的复原论述;三是古代遗物使用功能和装饰艺术的研究,如青铜器、金银器、漆木器、车马具、生产工具、陶瓷器、雕塑、壁画、纺织品等。内容不仅涉及多个考古绘图知识领域,同时也涉及到考古学研究领域,是一本综合性、实用性很强的考古绘图参考书。

诚然,由于篇幅所限,一些相关的著述未能收录,如《考古学基础》第三部分的"考古绘图",《考古工作手册》中"考古绘图"部分等,又因绘图组历年来人员变化较大,不能将所有绘图人员的相关论文收入进来,在此深表歉意。

为了使读者系统了解考古研究所有关考古绘图方面的著述,本书后加印附录一:《田野考古制图》、附录二:《中国社会科学院考古研究所考古绘图人员参与出版的各类书刊存目》,以便查阅。论文集由刘方负责收集、整理、选编,李淼、王亚蓉对论文作了审校,文中插图由赵娜、孔翰劼、许昕作了加工和清绘。

本论文集年初启动编纂工作,3月底完成初稿,时间较紧,论文集中难免会有错误或遗漏,对此深表歉意!文稿整理期间得到张孝光先生、卢兆荫先生、卢红、张文辉、汤超女士的多方帮助,在此表示感谢!感谢北京燕山出版社夏艳社长、王亦言编辑对本书编辑、出版工作的辛勤付出!

编　者

2021年3月30日

图书在版编目（CIP）数据

考古绘图70年：中国社会科学院考古研究所考古绘图论文集 / 中国社会科学院考古研究所编；刘方，李淼、王亚蓉主编；孔翰劼，赵娜，许昕绘图. -- 北京：北京燕山出版社，2023.5

ISBN 978-7-5402-6323-2

Ⅰ. ①考… Ⅱ. ①中… ②刘… ③李… ④王… ⑤孔… ⑥赵… ⑦许… Ⅲ. ①考古制图 — 文集 Ⅳ. ①K854.1-53

中国版本图书馆CIP数据核字（2021）第254623号

考古绘图70年：中国社会科学院考古研究所考古绘图论文集

责任编辑	王亦言　杨春光
封面设计	王　鹏
内文设计	姿　兰
出版发行	北京燕山出版社有限公司
社　　址	北京市西城区椿树街道琉璃厂西街20号
邮　　编	100052
电话传真	86-10-65240430（总编室）
印　　刷	北京富诚彩色印刷有限公司
开　　本	889×1194　1/16
字　　数	640千字
印　　张	43.5
版　　次	2023年5月第1版
印　　次	2023年5月第1次
标准书号	ISBN 978-7-5402-6323-2
定　　价	298.00元